GUSTAV FABER
ZWÖLF REISEN DURCH DEUTSCHLAND

Geschichte und Gegenwart

INSEL VERLAG

Erste Auflage der erweiterten Ausgabe 1992

Druck: MZ-Verlagsdruckerei, Memmingen
Printed in Germany

Zwölf Reisen
durch Deutschland

SCHWIERIGES VATERLAND

Deutschland, aber wo liegt es?
Ich weiß das Land nicht zu finden.
Goethe

Wenn wir den Gesamtraum jener Bühne betrachten, auf der sich deutsche Geschichte abgespielt hat, sehen wir, daß die Szene nicht so überschaubar ist wie etwa die englische, französische, spanische. Nicht kompakt, in sich geschlossen, in geprägter Form und sinnvoller Konsequenz erscheint der Ablauf der verschiedenen deutschen Reiche, sondern offen, von allen Seiten durchlässig. Sie verlief in Mäandern (Carlo Schmid). Sie entbehrte der klaren Grenzen – geographisch wie politisch. Das Volk der Mitte engagierte sich bald zum Westen, bald zum Osten hin. Volk der Mitte? Es ist nicht nur ein stolzes Wort, das soviel bedeutet wie ein in sich ruhender Pol, eine für Gesamteuropa verbindliche politisch-ethische Instanz. Öfter brachte die »Mitte« Verhängnisvolles ein, Unklarheit des Standortes, ein unentschiedenes Fluktuieren von West nach Ost, auch von Nord nach Süd, Verletzlichkeit in allen Teilstücken des nationalen Lebenskreises, Keim für eruptiv ausbrechende Konflikte. Doch natürlich auch geistige Befruchtung und Beweglichkeit, Aufnahmebereitschaft, Verständnis für die Umwelt, Weltbürgertum – dies aber sind Momente, die eher die Kulturgeschichte betreffen als die Geschichte. So ist es auch von jeher leichter gefallen, bei einer nationalen Ortsbestimmung an das kulturelle Deutschland zu denken als an das staatlich-politische. Bei einem großen Teil der Bürger macht sich indessen der Wunsch nach einem neuen Selbstverständnis der eigenen Geschichte bemerkbar.

Die nachfolgenden Kapitel wollen die deutsche Historie auf exemplarischen Reiserouten durch die verschiedenen Bundesländer lebendig machen und auch die geistigen Impulse aufzeigen, die Spiegelung in Kultur und Kunst. Deutschland soll weder als »Salz der Erde« noch als Prügelknabe der Welt in Erscheinung treten, sondern als ein Land, das gute und schlechte Schicksalsfäden aufweist, das zwiespältig und problematisch ist wie jede individuelle menschliche Natur, und in dem wir leben möchten.

Heinrich Heine, Romantiker und Revolutionär, war einer der gallenbittersten Kritiker der deutschen Wirklichkeit seiner Zeit. »Deutschland, ein Wintermärchen« ist, obwohl in Versen niedergeschrieben, ein heute noch lesbarer und lesenswerter Reisebericht aus der Feder des streitbaren Vormärz-Publizisten mit seiner zarten, unter Zensur und Verfolgung leidenden, sehr verwundbaren Seele. Bekannter als das Wintermärchen ist seine Verszeile »Denk ich an Deutschland in der Nacht...« Daß er dann um den Schlaf gebracht sei – wie das Gedicht fortfährt –, bezieht sich einzig auf die trüben Nachtgedanken des Poeten an seine alte Mutter, die ihm, dem Emigranten, in seiner Pariser »Matratzengruft« gekommen sind. Im allgemeinen Sprachgebrauch wurde die Eingangszeile des Gedichts, umdeutend zitiert wie so viele Zitate, auf die Sorge um Deutschland umgemünzt.

In diesem Sinne wollen wir die Zeile unserer geschichtlich orientierten Reise voransetzen – einer Reise, die ein Geschichtsbild jenes Landes vermitteln will, das man mit gewissem Recht ein »schwieriges Vaterland« genannt hat.

ERSTE REISE:

LANDSCHAFT AM MITTELRHEIN

DAS GOLDENE MAINZ

Werden und Vergehen versinnbildlicht das Wappen des 2000-jährigen »Goldenen Mainz, der geliebten Tochter der römischen Kirche«: die beiden durch das Kreuz verbundenen Räder, die man auf rotem Fahnentuch bei Festbeflaggung oder aber in Reliefform am alten Gemäuer des Eisernen Turmes sieht. Kaum eine andere Rheinmetropole hat das sich drehende Rad der Geschichte auf dem eigenen Grund so intensiv erlebt, kaum eine mit solcher Tatkraft auf das Vergehen immer wieder neues Werden folgen lassen. Die Zerstörung von Mainz, die uns Goethe übermittelt hat, war unerheblich im Vergleich zum Untergang, dessen Zeitgenossen viele von uns selber gewesen sind. Genau wie in den Jahren nach der Französischen Revolution ist der Phönix wieder aus der Asche gestiegen. Doch die Feuerstürme und zumal der letzte haben in der Goldenen Stadt ihre Spuren hinterlassen. Bei einem Gang durch den Stadtkern spüren wir zugleich das gewichtige Alter und den Optimismus der Jugend im Antlitz der vielbesungenen und hart erprobten Aurea Moguntia. Glaspaläste steigen empor, Zeugnisse modernen funktionalen Denkens. Was einmal gewesen ist und was heute noch Städte wie Rom auszeichnet, die geschlossene historische Kulisse, ist in der ehemaligen kurfürstlichen Hauptstadt am Mittelrhein nicht mehr vorhanden. Wir werden eher an London erinnert, unter dessen leichtgebauten elisabethanischen Fachwerkbauten mehrere Brände gewütet haben, so daß die Vergangenheit nur noch bruchstückhaft zu uns spricht.

An der Themse sind die Reste der versunkenen Epochen mehr oder weniger zufällig erhalten geblieben. Am Mittelrhein hat man sie aus den Trümmern des letzten Krieges bewußt herausgesucht und in die neue Stadtkonzeption des Städteplaners Professor May mit viel Sinn für das Traditionelle und ebensoviel Verstand für die Übereinstimmung von alt und neu hineinkomponiert. Im Altstadtrevier sieht man an sachlich-nüchternen Fassaden anmontierte Renaissanceerker oder übers Portal gesetzte Barockmadonnen. Die bauliche Überlieferung – Kunst und Handwerk der Zünfte, patrizische Freude an Heraldik und Ornament – ist zumindest noch in wenigen Akzenten gegenwärtig, in wegweisenden Runen einer geschichtlichen Entwicklung, die zurückreicht bis in die Zeit der Römerherrschaft am Rhein.

Paradestraße und Via Triumphalis des Goldenen Mainz ist die gradlinige Große Bleiche. Am Münsterplatz, dem Ausgangsort der Feststraße, sind zwei Stadtpaläste aus dem 18. Jahrhundert erhalten: der Erthaler und der Stadioner Hof. Beim Neubrunnenplatz stoßen wir auf ein Stück Rom, wenn auch kopiertes Rom: einen Obelisken, den Kurfürst Lothar Franz von Schönborn (er ruht im Mainzer Dom) in der Vorliebe seines Zeitalters für Antikes 1726 hat errichten lassen.

Hier verbreitert sich die Große Bleiche. Am ehemaligen Marstall der Kurfürsten und der 1748/56 errichteten Peterskirche vorbei gelangt man zum Ernst-Ludwig-Platz. Im Mauerwerk eines Springbrunnens sind römische Funde »eingebacken«, darunter eine Platte mit der Darstellung römischer Legionäre, die zum Kampf ausrücken. Dem Brunnen gegenüber steht die Nachahmung einer Jupitersäule. Sie ist fast zehn Meter hoch und besteht aus zwei rechteckigen Sockeln, fünf Trommeln, dem Kapitell und der Fußplatte für die verschollene Statue des römischen Staatsgottes. Die Sockel zeigen Figurenschmuck: einen der Dioskuren mit Pferd sowie den Götterboten Merkur mit einer Göttin; zwischen ihnen stößt der olympische Adler nieder, das heraldische Tier des Göttervaters Jupiter und zugleich des römischen Weltreichs.

Am Säulenschaft sieht man Reliefs von 28 Gottheiten. Das Dativus-Portal, ein weiteres Römermonument, gibt in verkleinertem Maßstab einen Triumphbogen wieder. Um die schlanke Pforte rankt Weinlaub: Sinnbild der schönsten Gabe der Rheinufer um Moguntiacum.

Vom Kurfürstlichen Schloß stehen nur noch zwei Flügel. Auch als Torso darf die ehemalige Residenz der Mainzer Fürstbischöfe zu den führenden Renaissancebauten nördlich der Alpen zählen. Die Fenster sind von gezackt kannelierten Säulen umrahmt. Den Hauptgiebel krönt das kurfürstliche Wappen, zu dessen beiden Seiten Windspiele lagern. Heute ist das Schloß Tagungsort von Kongressen und karnevalistischen Sitzungen. Außerdem verwahrt man hier einen der größten Schätze von Mainz: die Sammlung des Römisch-Germanischen Zentralmuseums. Eine Vielzahl von Funden – Stelen, Porträtbüsten, Inschriftsteine, Gebrauchs- und Kunstgewerbe, Schmuck und Münzen – veranschaulichen das Gastspiel der Römer am Mittelrhein. Es sind Gegenstände, wie man sie ähnlich in La Coruña in Spanien und in Doura Europos im Zweistromland, im englischen York und an der Grenze des Sudan ausgegraben hat: Zeugnisse der prägenden Kraft des Imperium Romanum, dessen Grenzen fast die ganze damals bekannte Welt umfaßten.

Symbolträchtig für das Moguntiacum der Römer, das Mainz der Zeitenwende, ist vor allem der Stumpf des Drususmonuments, Torso eines runden Ziegelbaus im Bereich der ehemaligen Mainzer Schanze. Die säulenumgebene Rotunde war ursprünglich von Jupiters Adler gekrönt. Erst in den 80er Jahren des vorigen Jahrhunderts wurde das Bauwerk unter Mitwirkung eines Pionierbataillons freigelegt. Rundbauten als Grabdenkmäler waren alter römischer Brauch, der auf die Etrusker zurückgeht. Die Mausoleen des Augustus, des Hadrian und der Caecilia Metella im Bannkreis Roms ähneln dem in Moguntiacum, wenn ihre Anlagen auch monumentaler sind. Doch für die Provinz des Imperium Romanum erscheint das Drususgrabmal aufwendig. Es beweist den Rang des Feldherrn, der wie kein anderer den Abwehrkampf des sterbenden römischen Weltreichs gegen die vordrängenden, noch zivilisationsfernen Germanen verkörpert.

JUPITERS ADLER ÜBER DEM RHEIN

Nachdem Cäsar die keltischen Gallier besiegt hatte, setzte die Weltmacht Rom sich am Rhein fest. Marcus Vipsanius Agrippa errichtete am Zusammenfluß von Rhein und Main 38 v. Chr. ein ständig befestigtes Lager. Agrippa war eine weltbekannte Persönlichkeit. Als Schwiegersohn und militärischer Oberbefehlshaber des Kaisers Augustus galt er nach dem Imperator als wichtigster Mann im Reich. Seinen respektvoll eingemeißelten Namen finden wir an zahlreichen Mauerruinen am Mittelmeer. Dieser »starke Mann« des Augusteischen Zeitalters hat mit seinem Feldlager am Knotenpunkt der Fernstraßen Italien–Niederrhein und Gallien–Böhmen den eigentlichen Grundstein von Mainz gelegt. Unter seinem Nachfolger Drusus wurde Moguntiacum dann Kapitale der römischen Provinz Obergermanien. Drusus gehörte als Stiefsohn des Augustus ebenfalls dem kaiserlichen Haus der Julier an; er erfreute sich der besonderen Gunst des Imperators. Von 12 bis 9 v. Chr. hielt er sich auf dem niederrheinischen Kriegsschauplatz auf, wo er die Bataver, die Vorfahren der Niederländer, und die Friesen unterwarf. Als Stützpunkt am Niederrhein gründete der römische Feldherr Castra Vetera bei Xanten.

Danach drang Drusus durch das heutige Niedersachsen bis zur Weser vor. Es schien, als sei dies die künftige römische Grenze. Cherusker und Chatten hielten Frieden. 50 Kastelle sicherten zwischen Rhein und Weser das von den Römern besetzte Germanien. Man hoffte sogar, das Land bis zur Nordsee zu unterwerfen. Auf einem neuerlichen Zug wollte Drusus die Elbe überschreiten. Wie Tacitus mitteilte, trat ihm ein

Weib von übermenschlicher Größe entgegen, das ihm in balladesker Weise Halt gebot und sein Ende prophezeite. Römer waren abergläubisch; Drusus kehrte um. Ein wenig später stürzte er vom Pferd und verletzte sich tödlich.

Der Feldherr ließ seinen älteren Bruder Tiberius – den nachmalig vielumstrittenen, zwielichtigen Kaiser – aus Pavia ans Sterbelager kommen und übergab ihm in Germaniens Urwäldern die Feldzeichen seiner Truppen, indem er ihn zum Nachfolger designierte. Wölfe schlichen um das Lager. Nach des Drusus Tod brachten seine Soldaten den Leichnam nach Moguntiacum. Auf dem Forum wurde er feierlich verbrannt. Der Name »Germanicus«, ihm von Rom verliehen, ging auf den Sohn des Drusus über.

Das Castrum am Mittelrhein, das Drusus von Agrippa übernommen hatte, war aus vergänglichem Material erbaut. Kaiser Claudius ließ es zwei Menschenalter später in eine feste Zitadelle umwandeln. Teile des claudinischen Mainz sind auf dem Kästrich und am Eisgrubenweg erhalten geblieben. Bomben des Zweiten Weltkriegs brachten weitere Bauteile an der Hinteren Bleiche zutage, die zweifelsfrei als Reste Moguntiacums erkannt worden sind. Neben Colonia Agrippina (Köln) und Augusta Trevirorum (Trier) blieb Mainz während des halben Jahrtausends, in dem das Imperium Romanum noch Bestand hatte, entscheidende Etappenstadt. Man weiß, daß sich im römischen Mainz neben dem Drususmonument ein Jupitertempel und eine ansehnliche Therme befanden. Jede Römerstadt, die etwas auf sich hielt, mußte neben Präfektur, Theater und Amphitheater auch einen Badebetrieb besitzen, mit Kalt-, Warm- und Heißwasserbad, doch nie mit tiefem Becken. Das Bad war auch Stätte für Schwatz und Klatsch. Während die Offiziere, Beamten und Kaufleute Moguntiacums auf den Stufen eines der Bassins hockten, um ihre gichtigen Beine ins Wasser zu strecken, unterhielten sie sich über die steigenden Weinpreise, die bevorstehende Kaiserwahl, und daß die Sekte der Nazarener am Fluvius Rhenus in bedrohlicher Zahl zunehme.

GRABLEGE DER ERZBISCHÖFE

Will man einen Unterricht in englicher Geschichte erhalten, so gehe man in die Westminsterabtei in London. Will man eine Lektion in Mainzer Geschichte mitbekommen, so begebe man sich in den St.-Martins-Dom. Wie Westminster Dutzende von Grablegen, Epitaphe und Statuen meist weltlicher Prominenzen birgt, so reihen sich an Wänden und Pfeilern des Mainzer Doms zahlreiche Grabsteine der Erzbischöfe und Kurfürsten, zugleich kirchlicher und säkularer Herren der Goldenen Stadt. Als Gründer der Domkirche gilt Erzbischof Willigis (975). Der Wagnersohn soll über seinem Lager ein Rad aufgehängt haben, um stets seiner volksnahen Herkunft zu gedenken. Neben anderen Deutungen des Mainzer Stadtwappens gibt es auch diese: die Räder erinnern an den Kirchenfürsten, dessen Vater ein Wagner war.

Das vom Sandstein rotgetönte Dom-Innere ist der schönste Sakralraum von Mainz, vergleichbar den Kirchenschiffen von Speyer und Worms. Mit Speyer teilt es die nazarenischen Fresken, die man in der ersten Hälfte des vorigen Jahrhunderts über den Arkadenreihen angebracht hat. Wie es bei manchen Mittelrheinkirchen üblich ist: an beiden Enden des Langhauses, in Ost und West, sind Chöre angeordnet, im Osten eine Apsis nach ottonischer Art, mit schlichtem Altarbaldachin, im Westen eine breiter angelegte staufische Chor-Konzeption, von Renaissanceemporen umrahmt und dekoriert mit dem barock überschäumten Chorgestühl des Franz Anton Hermann. Über den romanischen Arkaden des Längsschiffes zwischen den beiden Chören strebt ein gotisches Gewölbe auf; Halbsäulen steigen an jedem zweiten Pfeiler in mächtigem Vertikaldrang zur Decke empor und unterstreichen den Eindruck eines steinernen Credo.

Es ist nichts im großartig ausgewogenen Raumgefüge, das man als zweitrangig und störend bezeichnen könnte. Hier ist auch das Verständnis der Restauratoren zu loben, die all die vielen Veränderungen, Verfälschungen, Verstümmelungen des Raums beseitigt haben. Im Bereich des Westchors steht ein zinnerner Taufstein von 1328 aus der Werkstatt des Gießers Johannes: unter gotischem Blendmaßwerk sieht man die leitmotivisch überall im Dom wiederkehrende Gestalt des hl. Martin, der in urchristlicher Caritas dem Bettler ein Stück seines Legionärsmantels darreicht.

Im Kirchenschiff, dem Alabasterfenster sicher noch besser anstünden als die neuzeitlichen Farbscheiben, reiht sich Epitaph an Epitaph. Die meisten Grabsteine der Kirchenfürsten sind aufgestellt, obwohl sie über der jeweiligen Grablege fast durchweg liegend gedacht waren; das beweisen die Kopfkissen und die zu Füßen der Grabbildwerke angeordneten heraldischen Tiere. Dennoch sind die Platten sicher im Stehen gemeißelt worden, und die Augen fast aller Dargestellten sind offen. Es handelt sich um geistliche, aber zugleich weltlichstolze Herren, oft mehr Kurfürsten von absolutistischem Machtbewußtsein als geistliche Oberhirten, zugetan nicht nur dem kirchlichen Amt, sondern auch – wären sie sonst Mainzer? – den Genüssen eines frohen irdischen Lebens. Aber an das Memento mori dachten sie dennoch. Ein Erzbischof aus der Zeit des Sonnenkönigs schaut mit gepflegter Allongeperücke aus dem Schrein, in den er gebettet liegt. Zu Häupten des geistlichen Würdenträgers sieht man ein nacktes Totengerippe. Ein Erzbischof aus dem 15. Jahrhundert trägt auf der Brust ein auffälliges Medaillon, das den Domheiligen zeigt, Ankündigung der Renaissance. Ein anderes Steinbildwerk, das dann schon ganz dem neuen Stil zugehört, wird umrahmt von satyrhaften Atlanten, die den Giebel tragen: thematischer Anklang an die damals wieder lebendig gewordene heidnische Antike, deren man sich selbst unter geweihtem Dach nicht scheute. Ein anderer dieser im Epitaphbild verkörperten Oberhirten, der Versuchung zur Sünde sich wohl bewußt, tritt mit dem Fuß auf des Teufels Kopf, nach Art früher Madonnenbilder; unter dem Rocksaum des Erzbischofs schauen die Hörner Luzifers heraus. Eine Epitaphfigur aus dem frühen Mittelalter trägt die Züge eines Jünglings. Fast realistisch öffnet er halb den Mund, wie im Erstaunen über den allzu plötzlich herannahenden Tod. Auf der Brust schwebt ihm, ohne Standfläche, ein Kelch. Aber auch diese Statue war ja zuerst liegend gedacht, so daß der Kelch in den Falten des Brustgewandes gebettet lag. Bonifatius, der Apostel der Deutschen und erster Erzbischof von Mainz, ist auf einem Epitaph mit glatten, fast antik stilisierten Zügen abgebildet. Doch es ist kein authentisches Porträt. Das Relief wurde erst sechs Jahrhunderte nach dem Tod des Missionars in Stein gemeißelt.

Die geschichtlich bedeutendste Grabplatte gibt jenen Kirchenfürsten wieder, der im Hochmittelalter gleich zwei Könige »gemacht« hat: Siegfried von Eppstein. Als Gegner der Staufer fiel er vom schwäbischen Kaiserhaus ab und krönte nacheinander zwei Gegenkönige, Wilhelm von Holland und Heinrich Raspe, Landgraf von Thüringen, einen Schwager der heiligen Elisabeth. Auf der Grabplatte sind die beiden Krönungsakte der Jahre 1246 und 1247 synchron wiedergegeben: der groß in der Mitte dargestellte geistlich-weltliche Herr der Aurea Moguntia setzt gerade den beiden Antipoden Kaiser Friedrichs II., die neben dem Erzbischof wie Eleven wirken, die Königskronen auf. Die Kronen brachten den sogenannten »Pfaffenkönigen« wenig Glück; sie konnten sich gegen Fürstenmacht nicht durchsetzen. Sie starben früh. Die Krönung Heinrich Raspes fand übrigens im Dom selber statt. Dies unterstreicht den Rang von Mainz als »goldenes Haupt und Diadem des Reiches«.

»Anno Domini MCCCVIII Henricus Frowen-lob dem Gott genadt«, lesen wir auf einer Grabplatte im Ostflügel des Kreuzgangs. Hier hat einer der volkstümlichsten Minnesänger des Hochmittelalters seine letzte Ruhestätte gefunden, Heinrich von Meißen, genannt Frauenlob. Erzbischof Peter von Aspelt ist der Förderer Frauenlobs gewesen, den er wohl in

Böhmen für Mainz gewonnen hat. Dort begründete der Minnesänger eine Singschule. Das schöne Geschlecht verdankt ihm einen wichtigen Schritt auf dem Weg zur Gleichberechtigung. Heinrich stritt mit anderen Sängern um den Rang der Bezeichnung »Frouwe« (Frau) und »Wip« (Weib), wobei er der »Frau« den Vorzug gab. Aus der mittelhochdeutschen Literatur ist Frauenlob nicht wegzudenken. Sein »Großes Buch von Mainz« wurde zu einer Art Regelbuch des Wettsingens. Es steht auf der Scheide zwischen höfischem und bürgerlichem Sang, zwischen Minnesänger und Meistersinger, und kennzeichnet damit auch eine politisch-soziologische Wende. Nach der Sage haben Mainzer Frauen den Dichter und Verfechter ihrer Vortrefflichkeit zu Grabe getragen. Außer dem Grabstein erinnert ein Blatt in der Manesseschen Handschrift, dem kostbaren Schatz der Heidelberger Universitätsbibliothek, an den prominenten Mainzer Wahlbürger. Einige bereits ganz bürgerliche Poeme gehen auf den Einfluß des großen Lehrmeisters zurück: »Rumkrone berühmter Meentzer«; »Güldene Singerlade von Meentz«, »Des güldenen Meentz Gloriensäul und Silberthron«.

FRISCHER WIND AUS FRANKREICH

Die Französische Revolution, die dem feudalistischen Europa ein Ende bereitete, hatte in Mainz eine ihrer Nebenbühnen. Sie setzte der weltlichen Macht der Erzbischöfe ein Ende. Goethes bekanntes, bei Valmy gesprochenes Wort »Hier beginnt ein neues Zeitalter« kennzeichnete prophetisch die Umbruchsituation.

Der Revolutionsgeneral Custine hatte kein schweres Spiel, als er sich dem Goldenen Mainz näherte, denn viele Bürger waren als »Clubisten« Anhänger der Revolution. In Mainz erlebte man ein Satyrspiel zum Welttheater des großen Umbruchs in Paris. Man errichtete einen »Freiheitsbaum« und einen Altar für die »Göttin der Vernunft«, der die Grande

Révolution als Tochter der Aufklärung besonders huldigte. An die Stelle der Religio trat die Ratio. Selbst Geistliche waren »Clubisten«. Der Universitätsprofessor Böhner nannte als Parteigänger der Republikaner seinen neugeborenen Sohn Gracchus, in Erinnerung an die Gracchen, die Sozialkämpfer der alten römischen Republik. In einer geschichtsgetränkten Stadt dachte man mit Vorliebe geschichtlich. Unter den Bürgern, die durch die Revolutionswirren zu einem ungewöhnlichen Schicksal berufen – oder verdammt waren, ist jener Mainzer namens Lux zu nennen, der laut für Charlotte Corday, die Mörderin des Revolutionstribuns Marat, eingetreten war. Natürlich fiel unter so vielen Köpfen auch der seine. »Kein Deutscher vergesse ihn«, mahnte der romantische Dichter Jean Paul.

Durch die Revolution ist der Komet Napoleon aufgestiegen. Den Militär par excellence interessierte an Mainz einzig die strategische Position. »Mainz ist ein guter Platz«, äußerte er 1804, ein Jahr vor seinem Sieg bei Austerlitz, »vielleicht einer der wichtigsten bezüglich der Offensive wie auch der Defensive. Man muß den Platz stets in gutem Zustand erhalten.« Einige Jahre später stattete der Kaiser mit seiner zweiten Gemahlin, der österreichischen Kaisertochter und Erzherzogin Marie Louise, dem Goldenen Mainz einen Besuch ab. Als die Kaiserin den Balkon des Deutschherrenhauses betrat, rief sie entzückt: »Ah, comme c'est beau!« Sofort befahl Napoleon, das Haus als kaiserlichen Palast einzurichten.

Die »Franzosenzeit« 1792 bis 1814 wurde kaum als Fremdherrschaft empfunden. Man kannte weder den Begriff »Résistance« noch »Kollaborateur«. Einen deutschen Nationalismus gab es nur begrenzt. Die freiheitlichen Ideen der Französischen Revolution zog man der Pedanterie der einheimischen Kabinette vor. Man war sich mancher Verwaltungsvorteile und der loyalen Gesinnung der Besatzungsmacht bewußt. Aus Untertanen eines Fürsten wurden Bürger eines Départements. Qualifizierte Beamte wie der von Napoleon ernannte Präfekt

Baron de Saint-André legten dem Wiederaufbau des kriegszerstörten Mainz eine vernünftige, großzügige Konzeption zugrunde. Der verdienstvolle Baron fiel während seiner Mainzer Dienstzeit einer Typhusepidemie zum Opfer. Sein Mainzer Ehrengrab wird noch heute gepflegt.

Als 1814 die Fürstenkoalition den Usurpator Napoleon gestürzt hatte, verschwanden die napoleonischen Bienen aus dem Mainzer Stadtwappen mit dem Doppelrad. Die Rue Napoléon erhielt ihren ursprünglichen Namen zurück. Statt des Empire goutierte man das Biedermeier der Restaurationszeit. Im »Kuhhandel« der Neugestaltung der europäischen Landkarte, der auf den Sieg von Waterloo folgte, kam Mainz an das Großherzogtum Hessen. Seither gibt es den Begriff »Rheinhessen«.

Mit der Säkularisierung 1803 waren die kurfürstlichen Hoheitsrechte des Mainzer Kirchenfürsten erloschen. Der Erzstuhl wurde nach Regensburg verlegt. Mainz behielt nur den Rang einer Bischofsstadt. Die Bischöfe trugen keine Adelsprädikate mehr – bis auf den einen, berühmten: Emmanuel von Ketteler, der aber gerade als »Sozialbischof« in die Kirchengeschichte eingegangen ist. Die Annalen des bürgerlichen Jahrhunderts erzählen nicht mehr von Kaiserkrönungen und Turnieren, von blutigen Fehden und welthistorischen Beschlüssen. Es wehte der milde Wind der Geschichtslosigkeit, und solche Zeitläufte sind vom Standpunkt des Bürgers die begehrenswerteren. Neben dem eigenständig politischen Leben erlosch auch das akademische. Die Universität schloß ihre Tore, die sie erst wieder nach dem Zweiten Weltkrieg öffnen sollte. Dafür tat 1838 eine andere Institution ihre Pforten auf, die hinfort den Namen »Mainz« noch bekannter machte als die Alma mater: der Mainzer Carnevals-Verein.

Es ist jenseits der Grenzen von Mainz wenig bekannt, daß in der Zeit der Reaktion und Restauration nach den Napoleonischen Kriegen, als sich Bespitzelung und Duckmäuserei in

Deutschland breitmachten, politisch-freiheitliche Bestrebungen das Karnevalsgeschehen bestimmten. In den »Sitzungen« wandte man sich hinter der Maske des Humors gegen das autoritäre System der Fürsten und Kabinette. Der Einfluß der revolutionären Ideen Frankreichs, des französisch-republikanischen Gastspiels am Mittelrhein wirkte nach und äußerte sich unangreifbar in karnevalistischen Andeutungen. Der Carnevals-Verein mit Anti-Metternich-Tendenzen war eine parlamentarische Monarchie en miniature. Dem Prinzen Carneval trat der Elferrat zur Seite, der in Mainz in Erinnerung an die Französische Revolution heute noch Comité genannt wird. Als »Armee« fungierten die Carnevals-Garden.

»DAS WORT, DAS FLÜGEL HAT«

Der Liebfrauenplatz an der Südseite des Mainzer Doms stellt mit dem Markt, dem Höfchen und dem Gutenbergplatz ein geschlossenes langgestrecktes Platzgebilde dar. In der Mitte des Gutenbergplatzes steht das von Thorvaldsen geschaffene Denkmal des aus Mainz gebürtigen Erfinders der Druckpresse, ihm gegenüber das klassizistische Stadttheater Mollers, das nach der Ausbombung gut restauriert worden ist. Ein wohlproportionierter Bau des 16. Jahrhunderts ist die alte Universität. Im Tympanon der Portale prangen die Wappen des Mainzer Domkapitels und des Kurfürsten Schweikard von Cronberg, der das Gebäude für die Schule der Jesuiten errichtet hat. Ebenfalls Renaissance, doch schmuckreicher, ist das Haus »Zum Römischen Kaiser«, in dem Goethe Quartier nahm und das heute, wiederhergestellt und um einen kubischen Anbau vergrößert, das Gutenberg-Museum beherbergt.

Die Gründung des Museums geht auf das Jahr 1900 zurück. Das Paradestück ist die Gutenberg-Bibel, die ihres Wertes wegen eigens hinter einem Gitter verwahrt wird. Außerdem besitzt die Sammlung im »Mainzer Psalter« von 1457 den ersten Mehrfarbendruck der Welt, zugleich das erste Buch, das mit einem Druckerzeichen versehen ist, nämlich dem der Fust-Schöfferschen Offizin. Auch enthält das Museum mittelalterliche Handschriften und Inkunabeln sowie Drucke, die auf Gutenberg folgten und eine kontinuierliche Linie der Entwicklung des Buchdrucks erkennen lassen. Ein anschauliches Zeitdokument ist die im Museum aufgestellte Druckwerkstätte aus der Epoche Gutenbergs. Eine Zeitungsdruckerei aus dem Jahrhundert der Aufklärung versetzt uns in jene Jahrzehnte, als alle Welt die sogenannten »Intelligenzblätter« las.

Die in der Nähe gelegene romanisch-gotische Christophoruskirche, in der Gutenberg getauft worden ist, hat man nicht wieder aufgebaut, sondern als Ruine stehengelassen – ein berechtigter Entschluß. Neue Zutaten, die bei einer Wiederherstellung unumgänglich sind, hätten dem Baukörper seinen originalen Charakter genommen.

Ohne die Möglichkeit der Mitteilung gibt es kein geistiges Leben, keine Kultur und keinen Fortschritt. In drei großen Stufen ging der Weg umfassender Verständigung vor sich: in der Heranbildung der Sprache, der Entwicklung des Alphabets, der Vervielfältigung geschriebener Texte. Diese letzte Stufe betrat man in Mainz, der Stadt der Erfindung des Buchdrucks – »des Wortes, das Flügel hat« (Emanuel Geibel).

Der Erfinder, der jeden Nobelpreisträger unserer Tage an fundamentalem Rang seines Ingeniums ausstechen könnte, war Sohn der Aurea Moguntia. Gensfleisch – dies sein eigentlicher Name – begann früh zu basteln, Buchstabentypen zu ersinnen, die sich übrigens eng an den Schreibduktus der Mönche hielten, sie aus strapazierbarem Metall herzustellen. Er betrieb seine Arbeit »um ihrer selbst willen«, ohne genaue Kalkulation von Soll und Haben. Also nahm er bei dem Mainzer Advokaten Johannes Fust Kredit auf. Als er nicht zurückzahlen konnte, versuchte Fust, die Summe einzutreiben. Der Rechtserfahrene eröffnete einen Monsterprozeß und setzte durch, daß der Erfinder in das Achtbuch der Stadt eingetragen wurde, daß seine Werkstatt mit allem Inventar an ihn, den geldleihenden Advokaten, überging.

Fust zerstörte Gutenbergs Existenz und Ruf. Indem er auf dessen Druckpresse Foliant auf Foliant herstellte und hohe Einnahmen verbuchte, brachte er die Fama auf, er selber sei der Erfinder der »Schwarzen Kunst«. Zumindest hat 1509 ein gewisser Johannes Schöffer, dessen Vater Teilhaber Fusts geworden war, diese Version weiterverbreitet, die sich dann hartnäckig hielt. Inzwischen stellte sich längst heraus, daß der vom Gnadengeld des Kurfürsten lebende und bald vergessene Johannes Gutenberg jener Mann gewesen ist, der neben den Humanisten und Reformatoren, den Entdeckern und Eroberern ferner Küsten die Neuzeit eingeleitet hat.

Wie alle großen Erfindungen, beruht die Einrichtung der ersten Druckpresse nicht auf einem kompliziert erklügelten System, sondern auf einem grandiosen Einfall. Gutenberg fertigte für jeden Buchstaben einen Stahlstempel, den er in einen Kupferblock einschlug. Dadurch entstand eine Matrize, mit der er Typen in beliebiger Zahl herstellen konnte. Das flüssige Metall, das er in die Matrize eingoß, war eine Legierung aus Zinn, Blei, Antimon und Wismut. Die Gußzapfen feilte er nachträglich ab. So einfach das Verfahren anmutet, so berechtigt ist der Satz Victor Hugos: »Die Sonne des Mittelalters ging hinter der gewaltigen Presse von Mainz unter.«

Gutenberg hat neben der Bibel auch andere Werke verbreitet, so die im Mittelalter volkstümliche Schrift »Catholicon«. Die Einleitungsworte, die der Erfinder seinem Druck mitgab, zeigen an, wie sehr er sich der weittragenden Bedeutung der Druckpresse bewußt war: »Unter dem Beistand des Höchsten, auf dessen Wink der Unmündigen Zungen beredt werden und der oftmals den Geringen offenbart, was er den Weisen verhehlt, ist dieses vortreffliche Buch Catholicon im Jahre der Menschwerdung des Herrn 1460 in Mainz, der hehren Stadt der berühmten deutschen Nation, die Gottes

Güte mit so hohen Geistes Licht und freigebigem Geschenk den übrigen Völkern der Erde vorzuziehen und auszuzeichnen gewürdigt hat, nicht mit des Rohres, des Griffels oder der Feder Hilfe, sondern durch der Patronen und Formen wunderbaren Zusammenhalt, Verhältnis und Ebenmaß gedruckt und vollendet worden.«

UND RUHIG FLIESSET DER RHEIN . . .

Wenn man vom Rhein spricht, meint man den Mittelrhein. Er macht dabei nur ein Zehntel der Gesamtlänge des Stromes aus. Ausländer setzen ihn symbolhaft mit allem Deutschen gleich. Er ist, metaphysisch betrachtet, ein nationales Eigentum. Materiell gesehen, ist er Allgemeinbesitz, indem nämlich die Wasserstraße seit der Rheinschiffahrtsakte von Mannheim 1868 für jedermann unentgeltlich zugänglich ist. Andere Länder haben keinen ähnlichen Paradestrom, der Hochstimmung erzeugt. Der Tiber in Italien, die Themse in England, der Tejo in Portugal sind zu kleinwüchsig, um zu zählen. Allenfalls die Seine könnte sich mit dem Rhein messen, Frankreichs heiliger Strom, an dessen Ufer Rouen liegt, die Stadt der hl. Johanna. Den Rhein wird niemand heilig nennen. Hingegen wird in Frankreich niemand ernstlich auf die Idee kommen, die Seine zu besingen, wie man es seit den Romantikern beim Rhein getan hat. Es gibt keine Seine-Romantik (obwohl dies beim Unterlauf berechtigt wäre), doch eine Rhein-Romantik. Sie reicht von der Schwärmerei der Romantiker bis zum »Wagelawaia« der Wagnerschen Rheintöchter. Vor allem die Loreley vereinigte für unsere Urgroßväter potenzierte Romantik in sich, wie die Sirenen der »Odyssee« den Inbegriff sinnlicher Verführung. Man gibt sich den romantischen Gefühlen heute immer noch gerne hin, sei es in weinseliger Erinnerung an eigenerlebte Vergangenheit, sei es mit einem Deut Ironie, die romantisches Pathos erträglich macht, wie es Erich Kästner zum Ausdruck brachte:

Wir wandeln uns. Die Schiffer inbegriffen.
Der Rhein ist reguliert und eingedämmt.
Die Zeit vergeht. Man stirbt nicht mehr beim Schiffen,
bloß weil ein blondes Weib sich dauernd kämmt.

So ohne Illusion war man nicht immer. Achim von Arnim, Romantiker durch und durch, sah sich noch ganz dem Air der Rheinlandschaft ausgeliefert. »In einen alten Mantel gehüllt«, notierte er 1802, »im Gesange der Schiffer von tausend neuen Anklängen der Poesie berauscht, ohne Tag und Nacht zu sondern, frei von Sturm und Ungewitter – so möchte ich wohl noch einmal leben; das Leben war frisch angebrochen wie die echte Quelle des rheinischen Weines.«

Ob heute noch das Leben frisch angebrochen ist? In einem der letzten Jahre trieben 40 Millionen tote Fische an der Wasseroberfläche. Der Rhein wurde zur Industrielandschaft. Das Wasser führt Schmutz mit. Stromauf, stromab gleiten Frachtschiffe, die Massengüter transportieren, Kohle, Erz, Erdöl. Es sind großenteils Selbstfahrer. Auf der sogenannten Gebirgsstrecke zwischen Kaub und Koblenz, wo der Rhein von Bergen eingeschnürt ist, besteht Lotsenzwang. »Und ruhig fließet der Rhein ...« Von der Romantik Heines ist nicht mehr viel zu spüren, so rege, so pulsierend ist hier der Verkehr. Vorbei die Zeiten, als Stromschiffe noch Segel trugen oder von Pferden »getreidelt« wurden. Ein von Rossen gezogener Rheinkahn ist an einer Gasthausfassade südlich von St. Goar abgebildet, nahe der Bahnlinie.

Als um die Mitte des vorigen Jahrhunderts die Dampfschiffahrt auf dem Rhein aufkam, gab es Proteste und tätlichen Widerstand. Die Schiffergilden legten sich ins Zeug. Die Halfter von Weißenthurn, welche die Pferde für die Schiffe stellten, schossen sogar mit Böllern und Salven auf die qualmenden Teufelsboote. Der Fortschritt ließ sich indessen nicht aufhalten. Heute ist auch ein Dampfschiff auf dem Rhein antiquiert, nicht anders als früher eine »Mainzer Lade« oder eine »Köl'sche Aak«, Rheinkähne, die laut Ringelnatz aussahen wie ein »ausgelatschter Schuh«.

Pappeln und Weiden umsäumen Deutschlands populärsten Strom. Wo der Rhein nicht von Bergsäumen eingeengt ist und sich wohlig ausdehnen kann, machen sich langgezogene, von grünem und silbergrünem Buschwerk bewachsene Inseln im Strombett breit. Am Inselufer steht Schilf. Herabhängende Äste spiegeln sich im dunklen Wasser. Manchmal schaut ein einsames Haus aus dem Dickicht hervor; an Anlegestellen sind Boote verkoppelt. Molen dirigieren die Flut, rote Bojen kennzeichnen die Fahrtrinne.

Solange der Rhein Geschichte kennt, hat er Menschen an seine Ufer gezogen, zur Bildung von Gemeinwesen verführt. Und sooft der rote Hahn über die Rheinstädte flog, sie sind immer wieder auferstanden. Metropolen reihen sich an seinem Saum, aber keiner ist es recht gelungen, den Strom in den Griff zu bekommen, seine beiden Flanken zu besetzen (wie es Paris mit der Seine, Rom mit dem Tiber gelang), ihre Anrainerschaft begnügt sich stets mit einem Ufer. Trotz dieser und mancher anderen Sonderstellung vereinigt der Rhein alle übrigen Eigenschaften der europäischen Ströme in sich. »Er ist schnell wie die Rhône«, so der rheinbegeisterte Victor Hugo, »breit wie die Loire, eingeschlossen wie die Mosel, gewunden wie die Seine, grün wie die Somme, geschichtlich wie der Tiber, königlich wie die Donau.«

Auf einer historischen Erkundungsfahrt durch die Bundesrepublik gibt es kaum eine ergiebigere Route als entlang dem Rhein. An seinen Ufern haben Kelten, Römer, Germanen, Hunnen, Kosaken, Bischöfe, Kaufleute, Ritter und Raubritter ihre Spuren hinterlassen, Sieger und Besiegte, bis hin zu den Söhnen der Neuen Welt, die nach dem Zweiten Weltkrieg ihre Vorliebe für Europas Schicksalsstrom entdeckten.

BIEBRICH, INGELHEIM, RÜDESHEIM

Bei Kastel, dem rechtsrheinischen Brückenkopf von Mainz, mündet breit und gemächlich der schiffbare Main in den Rhein, der größte Nebenstrom der »Völkerstraße« und wie diese reich an Geschichte, Romantik und Wein und – in unsern Tagen am Unterlauf – an Industrie. Früher befuhren Flöße Main und Rhein, heute Laster und Leichter.

Sieht man vom eleganten Schwung der Autobahnbrücken, den Schloten der Industrielandschaft westlich von Mainz ab, so ist die Mittelrheinlandschaft bis Bingen heiter-bukolisch, manchmal von südlichem Licht überstrahlt. Die blauen Bergzüge des Taunus und des Pfälzer Waldes treten weit zurück und geben den Blick frei auf urbanistische Zentren und weißgefleckte Dörfer, meist Weinnester. Die Rebe ist das große, immer wieder angestimmte Thema, man steuert von Weingut zu Weingut, von Ausschank zu Ausschank. Bauchige Mammutfässer, am Straßenrand aufgebaut, laden zum Trunk eines Riesling oder Silvaner im Freien ein. An den Hängen ziehen zwischen gelben Kornfeldern die Zeilen von Rebstöcken empor bis zum Kamm; Stützmauern, zu denen schräge Steinstiegen hinaufführen, geben den Rebparzellen Halt. Rote Dreiecksflaggen bezeichnen die Grundstücke. Mancher Rebbauer hat seine Stöcke mit Silberstreifen dekoriert, Schutz gegen gefiederte Traubendiebe. Am Kamm der Rebhügel breitet sich macchiaartiger Niederwald aus.

Biebrich, rechtsrheinisch der größte Ort nach Mainz-Kastel, ist heute eine Vorstadt der hessischen Landeshauptstadt Wiesbaden, die sich somit vom Taunus bis zum Rheinufer erstreckt. Einst war hier am Strom der Sommersitz der Nassauer Herzöge. 1704 hatte der Fürst von Nassau-Idstein seine versteckte Residenz im Taunus aufgegeben, um in die ihm mehr zusagende Atmosphäre des Rheingaus umzuziehen. Der Anblick von Versailles auf einer Parisreise gab den Anstoß zum Schloßbau. Im Zeitalter des Absolutismus ahmten viele deutsche Duodezfürsten (Kleinstaat-Potentaten) den Sonnenkönig nach; meist bauten sie, zu Lasten ihrer Untertanen und zum eigenen Glanz, viel zu aufwendig im Vergleich zu ihren Miniaturstaaten.

Der Haupttrakt des Nassauer Schlosses ist ein Rundbau; auf dem Dachgesims blicken mythologische Gestalten rheinwärts. Das im Krieg stark lädierte Gebäude ist wiederhergestellt. Im Innern der Rotunde läuft eine Galerie um einen Kreis von Marmorsäulen. In der Mitte befindet sich eine runde, geländerumrahmte Versenkung. Eine Kapelle konnte hier bei Festen ungesehen konzertieren – bereits hundert Jahre bevor Richard Wagner in Bayreuth das versenkbare Orchester einführte. Die Biebricher Einrichtung war dem Musikdramatiker durchaus bekannt.

1862 schrieb Wagner von Paris aus an seinen Mainzer Verleger Franz Schott, er wolle an den Rhein, um eine »neue große komische Oper« zu schreiben. Es handelte sich um die »Meistersinger von Nürnberg«. In Biebrich komponierte er dann auch das Vorspiel; das Werk wurde bei Schott verlegt. Wagner lebte in Biebrich in dem ihm eigenen fürstlichen Stil, empfing viele Gäste, darunter Hans von Bülow und dessen Gemahlin Cosima, hatte aber nie Geld. Er hielt sich an seinen Verleger, den er immer wieder um »Momentanhilfen« ersuchte. Einige Billetts sind erhalten, in einem heißt es: »Schleunige Hilfe. Sonst gehe ich ins Wasser.«

Schott wurde es zuviel. Er stellte die Vorschußzahlungen ein: Nur ein Großbankier oder ein Fürst, der über Millionen verfüge, könne Wagners Bedürfnisse befriedigen. Dieses Wort aus dem Mund des Verlegers sollte sich später bestätigen: als Ludwig II. von Bayern diese mäzenatische Rolle übernahm. War Wagner in Biebrich auch über seinen zugeknöpften Verleger ungehalten, so hat er ihm Jahre danach doch seinen Dank für die am Rhein geleisteten Dienste ausgesprochen, wobei er allerdings hinzusetzte – »wenngleich ich bedauern muß, daß Sie gerade zur entscheidenden Zeit in das Schwanken gerieten und dadurch große Zögerungen in unsere Unternehmungen brachten.«

Es ist von geschichtlichem Reiz, dem weiteren Schicksal »ausgedienter« Kaiserpfalzen nachzugehen. Einige wurden total demontiert, wie etwa das einst hochbedeutende Tribur am Rhein, gegenüber Oppenheim, Schauplatz von Hoftagen; nur ein Dorfname erinnert heute an die Pfalz-Existenz. Andere blieben als kunstgeschichtlich interessante Ruinen erhalten, wieder andere bildeten den Kern aufstrebender Städte. Die Pfalz Karls des Großen in Ingelheim hat, wenn man ihre kontinentale Bedeutung bedenkt, ihr posthumes Geschick nicht verdient. Ihre Reste sind wenig ansehnlich. In den »Drei Tannen« in Niederingelheim erhält man auf Wunsch beim Ausschank einen Bund mit zwei Schlüsseln fast für Burgtorschlösser. Man kann damit im Alleingang ohne jede Aufsicht die Hinterlassenschaft der Kaiserpfalz Karls des Großen besichtigen.

Zunächst tritt man in ein Miniaturmuseum, kaum größer als ein Spritzenhaus, und findet als aufschlußreiches Anschauungsobjekt des Pfalzareals ein Modell der ehemaligen Palastanlage sowie einige dort entnommene Architekturteile, darunter ein korinthisches Kapitell aus der Römerzeit, dessen sich die Erbauer der Kaiserpfalz bedient hatten. Dann begibt man sich durch ein Gittertor in das Pfalzgelände selbst, um sich anhand des Grundrisses die verschiedenen Bautrakte der Karls-Residenz, die nahezu eine kleine Stadt gewesen ist, zusammenzusuchen. Der historische Boden ist mit Häusern überbaut, so daß es nicht leicht ist, sich in der Topographie der ehemaligen Palastanlage zurechtzufinden. Einige der Gebäude-Torsos der Kaiserpfalz dienen heute als Mauerwerk eines Wohnhauses, andere findet man als Bestandteile eines Hofes, eines Schuppens, eines Gartens. Der weitaus bemerkenswerteste Teil ist die Apsis der einstigen Aula Regia – jeder Ingelheimer von heute nennt den Namen mit ehrfürchtigem Stolz –, die auch als Bruchstück ihren einst imperialen Rang erkennen läßt: Thron-, Audienz- und Gerichtshalle des großen Karl, wichtiger Herrschersitz des größten Reiches der frühmittelalterlichen Welt. Von der Palastkapelle treffen wir noch einige Baureste in der Remigiuskirche an, die auf die Stauferzeit zurückgeht.

Wenn Karl der Große, der das Imperium Romanum erneuerte, sich als Nachfolger der Cäsaren auffaßte, dann entsprach dem seine Vorliebe für Badehygiene. Der heilenden Quellen wegen wählte er Aachen als Residenz. Auch in seinem Palast in Ingelheim durfte eine Therme nicht fehlen; sie wird heute noch lokalisiert. Einige der Schaustücke im Palastgelände darf man allerdings nicht der Karolingerzeit zuordnen, so etwa einen Trog, der das kurmainzische Wappen trägt, oder zwei Karyatiden von barocker Grazie.

In den karolingischen Reichsannalen ist Ingelheim 774 erstmals erwähnt. »Der ruhmreiche König«, so vermerkt der Federkiel des mönchischen Skribenten, »kam mit Gottes Hilfe als Triumphator ins Frankenreich zurück.« Karl hatte den Langobardenkönig Desiderius geschlagen und damit jenseits der Alpen Fuß gefaßt. In Ingelheim hielt er Kriegsrat ab und schickte »vier Kommandotrupps nach Sachsen« – Ouvertüre seines nächsten großen Sieges, nämlich über das damals noch wotangläubige Volk des Herzogs Widukind an Weser und Elbe.

Neben der Residenz Aachen war Ingelheim der liebste Aufenthalt des Frankenherrschers. Sein Sohn Ludwig der Fromme baute die Pfalz weiter aus. Nach der Teilung des Reichs hielten sich die sächsischen und salischen Kaiser ebenfalls mit Vorliebe in ihr auf. Heinrich I. verbrachte in Ingelheim 927 das Weihnachtsfest. Heinrich III. gab in der Pfalzkapelle 1040 Agnes von Poitou das Jawort; der Ehe entstammte Heinrich IV., bekannt durch seinen Canossa-Gang.

Das eigentlich romantische, von Bacchus gesegnete Rheinufer zwischen Mainz und Bingen ist das rechte, das nördliche: denn der Strom macht hier, vom Taunus abgedrängt, einen Knick in Richtung West. Mit der Fähre kann man den Rhein überqueren, bei Winkel, das sich mit dem »Grauen Haus« des ältesten Steinhauses Deutschlands rühmt. Am Fuß des Taunus ist die Perlenkette der mittelrheinischen Weindörfer aufgereiht. Eltville war einst Sommerresidenz der Kurfürsten von Mainz. Der Ort besitzt das früheste Stadtrecht des Rheingaus; es geht auf das Jahr 1332 zurück. Nahe Eltville liegt in waldigem Tal das Zisterzienserkloster Eberbach. Die aus Frankreich stammenden ersten Mönche haben den Riesling an den Rhein gebracht. Sie unterhielten ein vom Papst genehmigtes Lagerhaus in Köln, waren vom Zoll befreit und besaßen eigene Schiffe, so die »Eberbacher Sau« und den »Eberbacher Bock«.

Die Rheinorte haben eine unverkennbare Physiognomie. Sie strecken sich in die Länge, weil der Raum zwischen Strom und Berghang nichts anderes zuläßt; der Schienenstrang hat die Ortschaften noch weiter eingeengt. Sie haben vielfach Reste ihres Stadtgemäuers auf unsere Tage retten können; Mittelalter ist ganz besonders am Mittelrhein konserviert. Die schieferbedeckten Häuser sind mit dunklem Basalt gemauert, das gibt ihnen etwas Schwermütiges, obwohl an den Rheinufern eigentlich ein heiteres Savoir-vivre zu Hause ist, das alle Erdenschwere abgelegt hat. Das Lastende des Hausteins wird oft aufgelockert von leichtem Fachwerk. Weingüter, Weinschenken sind die zur Rast verleitenden Relaisstationen auf der Route entlang dem Mittelrhein.

Inbegriff eines Rhein-Weinortes ist Rüdesheim. Seine »Corniche« erscheint als Jahrmarkt der Touristik, bunt und manchmal billig drapierte Rhein-Riviera. In den Vitrinen der Souvenirläden stapeln sich Rhein-Andenken. Die Geschichte Rüdesheims ist mit Rebensaft geschrieben. Schon Karl der Große soll den Auftrag erteilt haben, Traminer Trauben in den idealen, sonnigen Lagen gegenüber seiner Ingelheimer

Pfalz anzupflanzen. In der Weinstadt befindet sich ein Weinmuseum. Man hat es in der Brömserburg eingerichtet, die am Westausgang Rüdesheims liegt, ursprünglich Wasserveste der Mainzer Erzbischöfe, später ein Raubritternest.

Auf einer Straße, die zwischen Weingrundstücken aufwärts führt, gelangt man inmitten des Weindorfs Eibingen, eines Vororts von Rüdesheim, zu einer bescheidenen modernen Kirche, die an historischer Stätte liegt: hier stand eines der beiden Klöster, die Hildegard von Bingen als Äbtissin geleitet hat (das andere war auf dem Rupertsberg nördlich der Nahemündung), und hier wurde sie 1179 beigesetzt.

Im Mittelalter, in dem Frauen gewöhnlich zu einem zurückgezogenen Leben verdammt waren, erfreute sich Hildegard einer vielbeachteten Publizität. Sie sprach auf Marktplätzen und in Kirchen zur Menge, korrespondierte mit der geistlichen und weltlichen Creme ihrer Zeit. Die Tochter aus adligem Hause des Nahegaus ging zur Stauferzeit durch die Schule des Benediktinerinnen-Klosters Disibodenberg, der Gründung eines irischen Missionars, wo sie 17jährig ihr Ordensgelübde ablegte. Das Kloster hat als Ruine die Zeiten überstanden, es liegt auf einem Waldberg zwischen Sobernheim und Odernheim; man kann aus den Fundamenten und dem noch aufrechten Gemäuer schließen, welch bedeutende Stätte mittelalterlicher Gelehrsamkeit hier gewesen ist.

Hildegard von Bingen war Mystikerin, noch vor dem Hauptvertreter der Richtung, dem Meister Eckhart, vor Tauler und Seuse. Scholastik und Mystik stellten im Hochmittelalter die wesentlichen Zweige der Philosophie dar, die allerdings in der Epoche des absoluten Dogmenanspruchs nichts anderes sein konnte als eine »Magd der Theologie«. Während die Scholastik sich bemühte, Glaube und Logik auf einen Nenner zu bringen (was ohne Denk-Artistik, ja Trugschlüsse nicht möglich war), versuchte die Mystik, durch Inspiration, Vision, erkennende Versenkung, ekstatische Intuition dem Absoluten nahezukommen. Hierin zeigen sich verwandte Züge mit der Gnosis, dem jüdischen Chassidentum, dem fernöstlichen Buddhismus. Es ist begreiflich, daß eine Frau eher zur Mystik als zur Scholastik neigte.

Die Wirkung der Mystikerin in der damaligen christlichen Welt überstieg jedes Maß. Der Einfluß eines Billy Graham bleibt daneben blaß. Ihr Ruf drang bis Irland. Ein Papst, Eugen III., erwies ihr seine Reverenz. Ihre Gesichte, die sie »Lichter« nannte, verbreiteten sich rasch und stärkten die Vorstellung des Mittelalters vom Vorrang des Jenseitigen gegenüber dem Irdischen. Schon zu Lebzeiten hieß Hildegard »prophetissima teutonica«. Sie war eine Art Pythia, bei der Päpste, Könige, Fürsten Rat holten, ganz zu schweigen von der Masse des kleinen Volks.

Auf dem Bergkamm über Rüdesheim, im Niederwald, erhebt die zehn Meter hohe Germania auf massigem Sockel ihr ehernes Haupt. Sie ist weithin sichtbares Wahrzeichen der Rheinlandschaft bei Bingen, zugleich aber auch Dokument einer ebenso gloriosen wie umstrittenen Phase deutscher Geschichte. Wer sich nicht der Germania wegen an diesen Punkt des Niederwaldes begibt, wird durch etwas anderes entlohnt: eine der großartigsten Fernsichten, die die Bundesrepublik zu bieten hat, auf Rhein und Nahemündung, auf sanfte Höhen, die die Welt nicht verriegeln, sondern den Blick in die Weite schweifen lassen. Heitere Wolken hängen über den pastellblauen Höhen. Die in die Mulde der Rheinsenke gestreuten Ortschaften sind freundliche Pointen dieses mittelrheinischen Kanaan.

ES BRAUST EIN RUF WIE DONNERHALL

Die wehrhafte Dame in ihrer Brünne, Allegorie siegreichen Teutonentums und im Wilhelminischen Reich jedem Untertan schon von den Briefmarken her vertraut, ist ein Werk des Bildhauers Johannes Schillings, der das Monsterdenkmal im

Geist der Gründerzeit 1881 »zum Andenken an die einmütige siegreiche Erhebung des deutschen Volkes und an die Wiederaufrichtung des deutschen Reiches 1870 bis 71« geschaffen hat. Germania hält die Reichskrone zum Himmel empor wie Hermann der Cherusker auf der Höhe des Teutoburger Waldes sein Schwert. Ein posauneblasender Engel steht am Sockel vor dem Reliefbild, das den 77jährigen ersten neudeutschen Kaiser inmitten seiner Mitkämpfer zeigt. Man liest die Schlachtorte des Siebziger Kriegs, sieht weitere allegorische Bilder, so Krieg und Frieden, Rhenus und Mosella, und läßt zuletzt seine Augen über eine stolz in den Sandstein gemeißelte Verszeile schweifen: »Es braust ein Ruf wie Donnerhall ...«

Nicht umsonst blickt die wilhelminische Walküre zum linksrheinischen Ufer hinüber. Sie nimmt eine Verteidigungsstellung ein, die zugleich drohend ist, als personifizierte Wacht am Rhein: »Der Rhein Deutschlands Strom, nicht Deutschlands Grenze«. Dabei war zumindest der Mittelrhein nie ernstlich gefährdet, es sei denn während der kurzen Spannen der französischen Revolutionsepisode, der Rheinbundexistenz, des Separatistenspuks nach dem Ersten Weltkrieg. Bis zur eigentlichen Grenze, zumal der Sprachgrenze, ist es noch weit. Und doch scheint das Hünenweib, dem »Erbfeind« die Stirn bietend, weit ins Land zu rufen: »Sie sollen ihn nicht haben ...«

Daß man im August 1914 mit einer Art Hurrapatriotismus in den Ersten Weltkrieg eintrat, die Gewehrläufe mit Eichenlaub geschmückt, hatte viele Gründe. In windstillen Jahrzehnten sehnte sich eine Bürgergesellschaft und deren ausgeruhte Jugend nach »Bewährung«, nach mannhafter Schirm »heiliger Güter«. Die zur Massenpsychose ausartende Kriegsbegeisterung (die September 1939 keineswegs mehr bestand) erklärt sich auch daraus, daß man den Siebziger Krieg vor Augen hatte – den letzten Krieg alter Prägung, ohne Materialeinsatz, technisierten Ablauf und technisierten Massentod. Noch galt Schneid des Einzelkämpfers etwas. Es war ein Krieg der

Reiterattacken und triumphal aufgenommenen Siegesmeldungen, ein Krieg, der sich noch nicht in Schützengräben und Unterständen verbiß, fast mehr eine Parforcejagd als ein Krieg. Gravelotte, Spichern, St. Privat, diese Namen des Draufgängertums gingen in die Schullesebücher ein, Namen, welche die Siege anno 1813, voran die Völkerschlacht von Leipzig, glorreich fortsetzten. Dabei gab es in diesem neuen Krieg bereits eine Art »Wunderwaffe«: das Zündnadelgewehr der Preußen, mit dem man auch bei Regenwetter schießen konnte und das dem veralteten welschen Chassepote-Gewehr überlegen war.

Der Siebziger Krieg, der trotz seiner Hochstimmung auch Leid kannte wie jeder Krieg, drängte zu jenem strategischen Höhepunkt hin, bei dem Nemesis aus damaliger deutscher Sicht französische Herausforderung bestrafte: Sedan. Der Name des entscheidenden Schlachtortes gewann im Bismarckreich weihevollen Klang, wie die Sedanfeiern anzeigten. In Sedan ergab sich Napoleon III., nachdem er gleich dem ersten seines Hauses eine kometenhafte Laufbahn des Sieges hinter sich gebracht und den Franzosen das gegeben hatte, was sie heute noch hochhalten: Gloire.

Napoleon III. war kein Deutschenhasser. Am Bodensee und in Augsburg war er aufgewachsen, am Piano sang er deutsche Lieder. In den Krieg war er hineingeschlittert, teils vom Revanchegeist seines Volks getrieben, teils von Bismarck geschickt hineinmanövriert, vielleicht auch aus der Situation eines notwendigen Auswegs heraus, in der Krisenzeit seines damals bereits sinkenden Sterns. Oft war er in Deutschland zu Gast, desgleichen seine attraktive Gemahlin Eugenie; beide besuchten gelegentlich auch das Nassauer Schloß in Biebrich. Und nun kam 1870 dieser unnötige, schlecht vorbereitete Krieg, der Napoleons Kaisertum beendete.

Daß der Siebziger Krieg noch ein Krieg alter Spielregeln war – vergleicht man ihn mit den beiden Weltkriegen unseres Jahrhunderts –, geht aus den Depeschen hervor, welche die

Kriegsgegner, Besiegter und Sieger, am Tag von Sedan austauschten. Als Belege einer Geschichtsepoche, bei der Kriegführung und Haltung dem Feind gegenüber trotz allem Siegeswillen immer noch human waren, mögen die Texte hier im Wortlaut folgen.

Napoleon schrieb: »Mein Herr Bruder! Nachdem es mir nicht vergönnt war, in der Mitte meiner Truppen zu sterben, bleibt mir nichts übrig, als meinen Degen in die Hände Eurer Majestät zu legen. Ich bin Eurer Majestät guter Bruder Napoleon. Sedan, 1. September 1870.«

Preußens König Wilhelm antwortete: »Mein Herr Bruder! Indem ich die Umstände, in denen wir uns begegnen, bedaure, nehme ich den Degen Eurer Majestät an und bitte Sie, einen Ihrer Offiziere bevollmächtigen zu wollen, um über die Kapitulation der Armee zu verhandeln, die sich so brav unter Ihrem Befehle geschlagen hat. Meinerseits habe ich den General Moltke hierzu bestimmt. Ich bin Eurer Majestät Bruder Wilhelm. Vor Sedan, 1. September 1870.«

Napoleon bezog als Gefangener Schloß Wilhelmshöhe bei Kassel, wo sein Onkel Jérôme als »König Lustig« sechs Jahre residiert hatte. Ein Jahr später begab er sich nach Schloß Chiselhurst bei London, wo er 1873 einem Steinleiden erlag, das ihn bereits in Sedan gequält und den Elan seiner jüngeren Jahre gemindert hatte.

Der Krieg war mit Sedan nicht zu Ende. Die deutschen Armeen mußten die nun ausgerufene französische Republik niederzwingen, die weiterhin Widerstand leistete. Es kam zur Einschließung von Paris, der furchtbaren Hungersnot, dem Aufstand der Kommune. Auf die endlich erklärte Kapitulation Frankreichs folgte dann am 18. Januar 1871 die Staatsaffäre von Versailles: die opereske Einigung Deutschlands, Kleindeutschlands, unter Waffenklirren, die Proklamation der Kaiserkrönung.

Deutschland war nie im eigentlichen Sinne Kaiserreich gewesen. Dies hat man im Geschichtsunterricht früher nie genügend präzis formuliert. Die Sachsen, Salier, Staufer waren deutsche Könige, nicht Kaiser. Die Kaiserkrone mußten sie sich immer erst in Rom holen. Nicht jeder tat es, nicht jedem gelang es. Der hohe Titel, der an die Imperatorenwürde der römischen Cäsaren anknüpfte, war über Langobarden und Karolinger an die deutschen Könige weitervererbt worden, doch nur als Würde, ohne konkreten Machtanspruch.

Mit dem Untergang der Stauferdynastie 1266 verblaßte die Aura, welche die Kaiserwürde umgab. Zwar bestand sie weiter, viele Habsburger schmückten sich damit, doch ohne die hohe Sinngebung, die der imperialen Idee im Mittelalter innewohnte, nur noch als Dekor. Nun erst, als die Würde ihrer Substanz bereits beraubt war, kam der hochtrabende Titel vom »Heiligen Römischen Reich Deutscher Nation« auf. Im Mittelalter hatte es ihn nicht gegeben. Als das Römerreich der Deutschen unter den militärischen Schlägen Napoleons 1806 zusammenbrach und der Titel endgültig fiel, nahm kein Mensch mehr ernstlich Notiz davon.

Der preußische König Wilhelm, den man an dem schicksalhaften Tag von Versailles im Januar 1871 zum deutschen Kaiser machen wollte, war sich der Problematik des Titels wohl bewußt. Es gab keine Cäsaren-Nachfolger, kein Imperium Sacrum mehr. In preußischem Geist erzogen, ganz den monarchischen Vorstellungen der Dynastie verschworen – in seiner Jugend hatte Wilhelm die revoltierenden Bürgerlichen niederkartätscht –, war er von preußischer Schlichtheit, mehr preußisch als deutsch. Alles Überschwengliche, Exaltierte, Dekorative war ihm verhaßt. Wie formulierte Moltke, sein Generalstabschef, preußisches Ethos? »Mehr sein als scheinen.« Auf Wilhelm traf es zu. Sein Königtum war fundiert. Die Kaiserwürde war Schein. Deutschland als Ganzes, die Revoluzzer Süddeutschlands inbegriffen, war ihm noch von seiner Jugend her suspekt. Er wollte König bleiben.

Als Spitze eines geeinten Deutschland konnte der Monarch aber nicht mit dem Königstitel über Königen stehen. Nur als

Kaiser. Er schlug vor, daß die Könige von Napoleons Gnaden, der Bayer und der Württemberger, ihre vom Feind empfangenen Königskronen wieder ablegen sollten, um ihre alten guten Herzogstitel anzunehmen. Sie wollten nicht, es war unzumutbar. Blieb also, um die Rangerhöhung des Hauses Hohenzollern anzuzeigen, nur der »Kaiser«.

»Kaiser von Deutschland?«, »Deutscher Kaiser?« Solche Unterscheidungen scheinen uns heute unwichtig. Dennoch hat man damals sehr auf solche Nuancen geachtet. In gewissem Sinne zeigte die Formulierung sogar Rechtspositionen an. Napoleon I. hat immer Wert darauf gelegt, nicht »Kaiser von Frankreich«, sondern »Kaiser der Franzosen« zu sein. In Versailles 1871 handelte es sich darum, ob der preußische König als Oberhaupt des geeinigten Deutschland Primus inter pares (Erster unter Gleichen) sei oder ob er sich in die Belange der anderen deutschen Staaten einmischen dürfe. Der Titel »Kaiser von Deutschland« hätte dem stattgegeben. Darum hatten die anderen Souveräne, vor allem Ludwig II. von Bayern, gegen diese Formulierung Bedenken. »Deutscher Kaiser« war wiederum Wilhelm, wenn schon der Kaisertitel zur Debatte stand, für den ihm zustehenden Rang zu wenig: ein Titel ohne Hintergrund, nichts als Fassade. Es heißt, daß der Preußenkönig im Konflikt mit sich selbst am Vorabend der Kaiserkrönung geweint habe. Auch viele aus dem preußischen Hofstaat hatten bei dem bevorstehenden Akt kein gutes Gefühl. Hinzu kam die Reserve der andern deutschen Monarchen über die mögliche preußische Bevormundung. Ohne eindeutige Zustimmung, im Vorgefühl späterer Auswirkungen (wie verhängnisvoll sollten sie eintreten!) nahte der große Tag von Versailles.

Der Konflikt um die Formulierung des Titels war noch nicht ausgetragen, da war der Augenblick der historischen Kaiserkrönung da. Anton Werner hat ihn nach der Art der damals modischen Historienmaler – Piloty war Vorbild der Schule – im Monumentalbild festgehalten. Der Saal des nationalen

Schauspiels ist heute noch in seinem damaligen Aussehen vorhanden, der Akt selbst in der Phantasie nachvollziehbar. Nach dem Tedeum begab sich der König mit seinem prächtig uniformierten Gefolge nach der vor dem »Salon de la Guerre« erbauten Estrade und rief den Fahnenträger mit der zerschossenen Fahne des 1. Bataillons des Ersten Garderegiments zu Fuß sowie die drei seines Grenadierregiments, von denen einer die ebenfalls zerschossene Fahne trug, unmittelbar zu sich heran, so daß diese dicht hinter ihm und Arm in Arm mit dem Kronprinzen standen. Rechts und links nahmen die deutschen regierenden Fürsten und Erbprinzen Platz, hinter denen sich die Fahnen und Standarten erhoben.

Nach der Ansprache des Preußenkönigs an die deutschen Souveräne verlas Bismarck, über den Titel-Disput grimmig verstimmt, in tonloser, ja geschäftiger Art und ohne Spur von Wärme die Proklamation »an das deutsche Volk«. Der den gordischen Knoten durchhieb und die Titelfrage spontan löste, war der badische Großherzog Friedrich. In der ihm eigenen natürlichen Würde rief er laut mit erhobener Rechten: »Es lebe Seine Kaiserliche Majestät der Kaiser Wilhelm I.« Ein sechsmal wiederholtes Hurra durchbebte den Raum. Die Standarten senkten sich über dem Haupt des neuen Imperators: »Heil dir im Siegerkranz.«

Es ist nicht zu verkennen, daß das Volk in seiner Breite die Einigung wollte. Es war bereits leidenschaftlich in der 48er Bewegung dafür eingetreten, die sozialrevolutionäre und zugleich nationale Ziele verfochten hatte. Doch im Spiegelsaal von Versailles hatte das Volk keine Stimme. Die Einigung war ein Werk der Fürsten, eine Aktion »von oben«.

All diese Bilder einer noch nicht allzu fernen Vergangenheit steigen vor uns auf, wenn wir vor dem Germaniadenkmal im Niederwald über Rüdesheim stehen: »Zum Andenken an die einmütige siegreiche Erhebung des deutschen Volkes ...« Zugleich, neben der Vision von Versailles 1871, kommt uns heute die Vision des Versailles 1918, das in gewissem Sinn eine Folge des ersten Versailles gewesen ist. Das gleiche Deutschland, das sich ein halbes Jahrhundert zuvor als Weltmacht hatte auffassen können, mußte nun riesige Gebietsverluste in Kauf nehmen und sich zur alleinigen Kriegsschuld bekennen. Nur mit Handschuhen nahm Außenminister von Brockdorff-Rantzau die Feder zur Hand, um die Unterschrift zu leisten. Clemenceau, Deutschlands entschiedenster Gegner, sagte damals: »Wir werden für die notwendigen Vorkehrungen und Sicherungen sorgen, damit auf diesen zweiten Versailler Frieden, der einen so schrecklichen Krieg abschließt, kein weiterer folge.«

Hier irrte Clemenceau. Ein noch furchtbarerer, der zweite große Krieg unseres Jahrhunderts, brach aus, der die Welt veränderte. Ob all das, was auf das Bismarckreich folgte, auch ohne die Einigung in Versailles Januar 1871 gekommen wäre – wir wissen es nicht. Was wir wissen, ist die nackte Bilanz: über 20 Millionen Tote in zwei Kriegen, die Gebietsverluste Deutschlands, die weitreichende Zerstörung der deutschen Kulturlandschaft. Es braust ein Ruf wie Donnerhall...

DREIMAL RHEINÜBERGANG

Die Pfalz bei Kaub mit dem Hintergrundprospekt der Hangburg Gutenfels gibt ein klassisches Ansichtskartenpanorama ab. Einst bot die Veste mitten im Rhein graues Gemäuer; jetzt ist sie wie ein lustiges Rheinschiff heiter-bunt bemalt, weiß und rostbraun, was dem Eindruck ihrer bedrohlichen Wehrhaftigkeit Abbruch tut. Der deutsche König Ludwig der Bayer hat den sechseckigen Wehrbau mit seinen Erkern und Türmchen aufrichten lassen; die Nordseite gleicht einem Wellenbrecher oder einem spitz zulaufenden Schiffsbug. Die Barockzeit wirkte an dem Bauwerk weiter und fügte im Innenhof Arkaden ein. Seither krönt auch eine barocke Haube die Pfalz.

Von der Stadtumgürtung des auf dem rechten Rheinufer liegenden Kaub steht noch dicht am Rhein ein Wachtturm, an dessen Gemäuer ein Wasserstandsmesser anzeigt, daß der Strom am 30. November 1882 einen Meter angestiegen ist. Tritt man in das altertümliche Städtchen ein, so trifft man immer wieder auf denselben Namen: Blücher. Man entdeckt eine Blücherstraße, ein Weinlokal »Fürst Blücher«, eine Blücher-Gaststätte. Zwischen Bahnlinie und Rhein steht ein Blücherdenkmal. In einem Blücher-Museum kann man sich unterrichten, was sich in der kalten Neujahrsnacht 1813/14 bei Kaub zugetragen hat. Damals ging Fürst Blücher, der berühmte »Marschall Vorwärts«, mit seinen preußischen Regimentern über den zugefrorenen Rhein, um der in der Völkerschlacht von Leipzig geschlagenen napoleonischen Armee nachzusetzen. Blüchers Stromüberquerung ist eines der historisch bemerkenswertesten Ereignisse am Mittelrhein. Von der Pfalzinsel aus überwachte der Marschall persönlich die Bewegung der Truppen. Trotz des Befehls absoluten Stillschweigens brachen die Regimenter nach Überquerung des Stroms in lauten Jubel aus. Die Bewohner des linksrheinischen Ufers hießen sie willkommen, vor allem die einst zur Pfalzgrafschaft gehörige Hunsrück-Bevölkerung, während die Untertanen der »Krummstabslande« (der ehemaligen Erzbistümer Trier und Mainz) sich reservierter verhielten. Mit seinen 84 000 Mann, von denen allerdings zahlreiche Abteilungen als Festungsbesatzungen zurückblieben, marschierte Blücher nach Brienne, der Stadt, in der Napoleon einst sein Militärexamen absolviert hatte. Blücher meinte, auch die Preußen hätten hier ihr Examen bestanden. Zeitlebens mit der Orthographie auf Kriegsfuß, schrieb er am 2. Februar: »Der große Schlag ist geschehen; gestern habe ich den kaißer Napoleon ufs haupt geschlagen, er ist in völligem Rückzug uf Parib wihr dürwen einen balldigen Friden entgegen sehen, den er kan uns nicht mehr die Stihrn biten. Der kaißer von Rußland und unser könig wahren zu Schauer, hatten mich aber alles übergeben.

Alexander drückte mich die hand und sagte, Blücher heütte haben sie ihren Sigen die krone ufgesetzt, die menschheit wird ihnen Segnen.«

Die russischen Koalitionspartner Blüchers überquerten ebenfalls den Mittelrhein, bei Koblenz. Sie stießen auf einen neuerrichteten Brunnen neben der Kastorkirche. Er trug eine prahlerische Inschrift zu Ehren der Einnahme von Moskau. Der russische General St. Priest ließ vergnüglich sein »Gesehen und genehmigt« daruntersetzen.

Mit den Ereignissen des Feldzugs 1813/14 war Napoleons Schicksal besiegelt – eine politisch-militärische Karriere, die mit den sensationellen Siegen von Austerlitz (1805) und Jena (1806) begonnen hatte und den korsischen Emporkömmling eine Zeitlang zum Herrn des Kontinents machte. Er plante bereits damals ein vereinigtes Westeuropa – freilich unter seiner Alleinherrschaft. Auf deutschem Boden hatte er mit der Zersplitterung in unzählige Territorien aufgeräumt und mit einer radikalen »Flurbereinigung« den Weg gebahnt zum Bismarckschen Einheitsstaat.

Als Blücher über den Rhein zog, kamen die Leute neugierig aus ihren Häusern, und mancher, der später noch den 70er Krieg erlebte, wird als frierender Junge dabei gewesen sein. Die Jagd auf den großen Antichristen wurde im Januar 1814 zum lokalen Ereignis – die Jagd auf jenen, dem man noch vor zwei Jahren zugejubelt hatte, auch am Mittelrhein. Sicher hatten die preußischen Truppen auf ihrem Zug nach Paris noch zahlreiche Gefechte und Verluste zu verbuchen. Eigentlich bekannt geblieben und geschichtswürdig geworden ist aber nur jener denkwürdige Tag, an dem Marschall Vorwärts die wichtigste natürliche Barriere überquerte, den Rhein bei Kaub.

Gegenüber von Weißenthurm-Andernach liegt Neuwied, 1653 von Graf Friedrich von Wied-Neuwied schachbrettförmig angelegt, um in liberaler Weise Ansiedler zu gewinnen, »ohne

Unterschied der Religion und ohne einen Pfennig zu zahlen«. Der lange Hauptplatz mit seinen Baumreihen ist von klarlinigen, mansardenbedeckten Häuserreihen umrahmt. Das in einem riesigen Park gelegene Schloß mit seinem Säulenportikus versetzt uns in das 18. Jahrhundert. Auf den beiden Rasenflächen davor stehen zwei mannshohe Steinpokale, aus denen Blumen quillen. Schlichter, stilklarer Klassizismus ist die Mennonitenkirche, die, dem Rhein zu, vor dem herrschaftlichen Entree des Schlosses liegt. Die Herren von Wied-Neuwied sind heute noch Eigentümer; die das Schloß umgebende kleine Stadt hat Residenzcharakter.

Neuwied ist der mutmaßliche Ort der zweiten Rheinüberquerung von welthistorischem Rang. Cäsar hat während des von ihm gewonnenen und beschriebenen »Gallischen Kriegs« hier 55 v. Chr. innerhalb von vier Tagen eine hölzerne Jochbrücke bauen lassen, um sich 18 Tage lang ins rechtsrheinische Germanien zu begeben, damals Niemandsland der Zivilisation, weißer Flecken auf der römischen Landkarte. Angeblich sollte das Unternehmen dazu dienen, germanische Stämme einzuschüchtern, die den linksrheinischen keltischen Galliern immer wieder gegen die Römer Hilfe leisteten. Wie Cäsar in seinem Geschichtswerk mitteilt, hat er Germanien so rasch wieder verlassen, weil sein Planziel geglückt war: Schockwirkung und Abschreckung der rechtsrheinischen germanischen Stämme. Man darf annehmen, daß diese Begründung tendenziös ist. Einen Mißerfolg frisierte er zu einem Erfolg um. Die Bedrohung durch kampfstarke suebische Kontingente ließ es Cäsar geraten erscheinen, seinen »Ausflug« in die sumpfigen Urwälder der germanischen »terra incognita« abzukürzen und einer Auseinandersetzung mit einem großen Barbarenheer aus dem Wege zu gehen. Darum retirierte er vorzeitig aufs linke Ufer und zerstörte hinter sich die Brücke. Zwei Jahre später baute er ein Stückweit stromabwärts eine neue, die er danach nur auf germanischer Seite abbrach. Am gallischen Ufer beließ er einige Joche und einen stark befestigten, bemannten Brückenkopf, der den Germanen die bedrohliche römische Präsenz vor Augen halten sollte.

Ganz gleich, welche militärpolitischen Gründe dem Bau der Brücken und ihrem Abbruch zugrunde lagen – der Brückenschlag selbst war eine bewunderungswürdige Leistung römischer Pioniertruppen. Der Stolz darüber spricht aus der genauen Darstellung in Cäsars Kriegsrapport. Man könnte die Brücke, nach der Detailschilderung im »Bellum Gallicum« trotz einiger Unklarheiten nachbauen. Dies ist zumindest in einem Modell geschehen, das sich heute im Andernacher Museum befindet. Der Anfertigung lag neben Cäsars Schilderung eine ähnliche Brücke in Waal bei Zuilichen in Holland zugrunde. Cäsars Pioniere senkten die tragenden Pfahlpaare von hölzernen Pontons aus mit Kranen ins Wasser und trieben sie mit Rammen in den Stromgrund, doch nicht senkrecht, sondern schräg gleich gespreizten Beinen. Damit hielten sie der Rheinströmung stand.

Brückenbauen schien den Römern, den geborenen Organisatoren und Verkehrsingenieuren, so bedeutend bis zum Metaphysischen hin, daß Pontifex – Brückenbauer – eine hochangesehene Bezeichnung wurde. Pontifex hieß der Oberpriester. Cäsar und Augustus waren Pontifices. Heute ist der Name zur Unterstreichung der traditionsreichen Würde des Nachfolgers Petri in Rom noch in Gebrauch.

Hinter Koblenz bilden die Eifel und der Westerwald die Gebirgsumsäumung des Mittelrheins. Wo aus der Eifel die Ahr in den Rhein mündet, liegt Remagen, das einst keltische Ricomagus, mit Resten eines Römerkastells. Über der Stadt ragen die krabbengeschmückten Filialen der neugotischen Apollinariskirche aus dem Baumwipfelwerk hervor. Am Remagener Pfarrhoftor, das Wagen- und Fußgängerdurchlaß besitzt, schildert ein Fries des 13. Jahrhunderts die menschlichen Laster. Der Neid ist durch zwei streitende Gänse verbildlicht, der Zorn durch einen zähnefletschenden Hund, die Unzucht durch eine Sau mit Ferkeln, die Hoffart durch Alexander, der sich von Greifen in den Himmel ziehen läßt – eine beliebte Darstellung des Mittelalters.

Auch Remagen hat seine Brücken-Historie; sie spielte sich am Südausgang der Stadt ab und ist die jüngste der drei bedeutsamsten am Mittelrhein, zugleich diejenige, die uns heute noch am stärksten berührt. Denn viele Menschen unserer Tage waren Zeitgenossen oder von dem Ereignis selbst betroffen: dem Übergang der Truppen Eisenhowers über die Eisenbahnbrücke am 7. März 1945.

Nach dem Unternehmen Overlord – der Invasion an der Küste der Normandie am 5. Juni 1944 – strebten die alliierten Armeesäulen unaufhaltsam auf den Rhein zu. Die kaum mehr realistisch zu nennende, mit unzureichenden Mitteln gestartete Ardennen-Offensive der hitlerischen Wehrmacht konnte den Impetus des Vormarsches unverbrauchter gegnerischer Truppen nur noch eine Weile aufhalten. Eisenhower näherte sich dem Mittelrhein, während die Briten in Holland, die Franzosen am Oberrhein gegen das zusammenbrechende Dritte Reich vorstießen. Das deutsche Oberkommando klammerte sich an diese letzte Hoffnung: die natürliche Verteidigungslinie des Rheins. Man gab den Befehl, sämtliche Brükken zu sprengen, um unter allen Umständen zu verhindern, daß der Gegner ins Ruhrgebiet, Deutschlands (allerdings schon stark demolierte) Waffenschmiede, eindrang. Dies würde das totale Ende bedeuten – ein Ende, das sich ohnehin schon abzeichnete, das man aber selbst in der Agonie der letzten Stunde nicht wahrhaben wollte.

Hier nun erlebte die Brücke von Remagen ihre entscheidende Stunde. Die Zerstörung blieb aus; nur eine kleine Ladung ging unter ihr los. Nach zuverlässiger Darstellung beteiligter Militärs waren die Sprengvorbereitungen sachgemäß erfolgt. Doppelte elektrische Zündleitungen sollten verhindern, daß bei Ausfall der einen die Sprengung mißglückte. Wenige Minuten vor dem Zündbefehl waren die Leitungen noch intakt. Als gezündet wurde, versagten sie jedoch. Ein Zufallstreffer hatte sie lädiert.

Die Verteidigungskräfte waren zu schwach, um den Pionieren das Flicken der Leitungen zu ermöglichen. Die Arbeit hätte nur kurze Zeit erfordert, aber der Gegner stand schneller am andern Ufer als erwartet. Der für die Sprengung verantwortliche Kampfkommandant Major Scheller kam vor ein Standgericht und wurde erschossen. Ein Landshuter Gericht rehabilitierte ihn 1967 posthum.

Eisenhower saß gerade im Hauptquartier in Reims mit den Korps- und Divisionskommandeuren der amerikanischen Luftlandetruppen beim Abendessen, als ihn die Nachricht erreichte, eine Rheinbrücke sei in alliierter Hand. Er traute seinen Ohren nicht. Sehr viel später schrieb er über diesen vielleicht wichtigsten Tag seines »Kreuzzugs in Europa«: »Dieses Ereignis kam völlig unerwartet. Wir waren über den Rhein, wir hatten eine Brücke, der traditionelle Verteidigungsriegel des deutschen Mutterlandes war durchbrochen. Wir hatten schon seit langem damit gerechnet, daß der endgültige Zusammenbruch des Feindes während der Frühjahrs- und Sommerfeldzüge des Jahres 1945 erfolgen würde. Aber plötzlich sah es nun so aus, als stünde der Sieg unmittelbar vor der Tür.«

ADELSSITZE UND RAUBRITTERNESTER

Zur Rheinromantik gehören die Rheinburgen. Sie erst bestimmen die eigentliche Vue romantique des vielbesungenen Stroms. Ihre ursprüngliche Form haben die wenigsten. Die meisten wurden in der Gründerzeit, kurz vor der Jahrhundertwende, im Sinne des Historismus vermeintlich historisch genau und doch verfälschend hergerichtet.

Zu Füßen der Burgen, am Rheinufer, liegen die verträumten Rheinstädtchen, die so viele In- und Ausländer in ihr Herz geschlossen haben. Man verbindet mit ihnen frohen Trunk und frohen Sang, idyllische Hinterlassenschaft in einer nicht mehr idyllischen Zeit, welche die letzten Orte der Verzauberung mit allen Sinnen festzuhalten sucht. Indes, die Rheinorte unter den Burgen waren auch früher alles andere als Idyllen. Sie mühten sich ab unter der Fron der Adelssitze. Die Geschichte des Mittelrheins verzeichnet dauernde Fehden, Raubüberfälle, wucherisch überhöhte Rheinzölle und Beschlagnahmen, den Kampf der Städte gegen die Burgen, der Burgen gegen die Städte, ein jahrhundertelanges Ringen um die Freiheit dieses meistbenutzten Verkehrswegs, der »Völkerstraße« des Kontinents.

Aber auch auf den Burgen selber lebte es sich nicht idyllisch, selbst nicht in den Zeiten, als der Burgherr im sozialen Gefüge noch etwas galt, noch nicht herabgesunken war zu einer Scheinnobilität, die sich ihren Status durch Raub vor den Toren der aufgestiegenen Städte sichern mußte.

In der Blütezeit des Standes bildeten die Ritter auf ihren Edelsitzen neben den Fürsten und der Kirche die besitzende Oberschicht. Die Burgruinen zeugen in ihrer Ausgestaltung vom Aufwand der Burgherren, zu dem sie Repräsentationsbedürfnis und Dokumentation überlegener Macht verpflichteten. Die Aristokratie sah sich ständiger Bedrohung ausgesetzt. Das war eine Art ausgleichender Gerechtigkeit. Ein Graf konnte sich nicht gemütlich in eine Schenke am Stromufer setzen und seinen Humpen leeren. Er lief Gefahr, daß man ihn mit einem Knüppel niederschlug und seiner Barschaft entledigte. Die Rheinstraßen waren voller Räuber, Bettler, Vaganten, die es besonders auf die von Adel absahen.

Darum mußte der Stand der Ritter sich hinter starken, hochgelegenen Mauern verschanzen, in selbstgewählten Gefängnissen. War der Ritter fern (auf einem Kreuzzug etwa), so mußte die Burgfrau monatelang im Burgrevier ausharren. Ihr Auslauf reichte von der Kemenate zum Palas, vom Bergfried zum Burgtor. Im Winter fror sie. Das Kamin- und Herdfeuer reichte nicht aus, die Mauern zu erwärmen. Der Sturm rüttelte an den Holzläden. Fenster aus Glas gab es nicht, geschweige Doppelfenster. Sie badete (wenn überhaupt) in Holzzubern. In langen Nächten boten Fackeln und Kerzen nur dämmriges Licht.

Im späten Mittelalter stimmte der Anspruch der Ritter im gesellschaftlichen Gefüge nicht mehr mit ihrem – inzwischen herabgesunkenen – Rang überein. Die Geldbürger hatten den kleinen Burgadel längst überflügelt. Durch Raubrittertum glaubte dieser seinen Status halten zu können. Doch die Bürgerlichen an den Rheinufern taten sich 1254 bis 1388 im »Rheinischen Städtebund« zusammen, der den Rittern wehrhaft die Stirn bot und deren Raubnester ausbrannte.

Verwunderlich, daß das Wort »ritterlich« seinen noblen Klang beibehielt, obwohl die Angehörigen des Standes keineswegs mehr Kavaliere waren. Die Strahlkraft des Ritterlichen aus der Blütezeit, als man noch einen Ehrenkodex, Turnierspiele und Minnesang kannte, überdauerte dessen Dekadenz und war auch durch den Typus des Raubritters nicht leicht auszublenden. Das Image des Ritters galt noch so viel, daß reichgewordene Bauern, etwa der in die Literatur eingegangene Meier Helmbrecht, sich als Ritter auftakelten.

Die Burgen am Mittelrhein waren vorwiegend Stützpunkte eines weltlichen oder kirchlichen Fürsten. Amtsleute übten die Gewalt aus. Für ihren Herrn zogen sie Zehnte und Zölle ein. Ihre Bedeutung als Fiskale war mindestens ebensogroß wie die als militärische Gefolgsleute. Nur wenige Burgeigner waren selbständig. Die meisten zogen es vor, sich einer höheren Gewalt zu unterstellen.

Die populärste Burg am Rhein ist Stolzenfels zwischen Koblenz und Rhens; sie empfängt jährlich über 100 000 Besucher. Ein fünfeckiger Bergfried ist das Wahrzeichen der auf halber Hanghöhe thronenden Anlage, die der Trierer Erzbischof Arnold von Isenburg zur Zeit des Stauferkaisers Friedrich II. errichtet hat. Die – wie die meisten Burgen – im 30-

jährigen Krieg zerstörte Veste ist von König Friedrich Wilhelm IV. von Preußen, dem »Romantiker auf dem Thron«, in der Manier falschverstandenen Mittelalters restauriert und aufgestockt worden. 1842 zog der Preußenkönig in altdeutscher Tracht mit prächtigem Gefolge auf der Burg ein; der Wiener Maler Mackart hätte seine Freude an dem historischen Aufzug gehabt.

Die Marksburg ist die besterhaltene Burganlage am Rhein; vor anderen, die umfänglicher, prächtiger ausgestattet, »attraktiver« sind, lohnt sie den Besuch. Auf steil abfallendem Fels, schwer zugänglich, hat sie allen Belagerungen widerstanden. Die Herren von Eppstein waren die ersten Burgherren. Sie erfreuten sich guter Einnahmen durch den von ihnen erhobenen Rheinzoll. Dieses Privileg vergab nur der deutsche König, meist als Belohnung für Unterstützung bei der Königswahl. Wahlmanipulation ist ein Thema, das in der Geschichte immer wieder aufklingt, lange vor den Fuggern und Welsern, welche die Kür Karls v. finanzierten. Später ging die Burg an die Herren von Katzelnbogen über, dann an die Landgrafen von Hessen, dann an die Nassauer, die den Rittersaal in Zellen aufteilten und als Gefängnis benützten. Trotz gelegentlicher Veränderungen und Zutaten weisen die Innenräume der Burg nahezu die alte Form auf; das Inventar wurde zeitgeschichtlich zutreffend ergänzt. Seit 1899 hat die deutsche Burgenvereinigung auf der Veste ihren Sitz. Professor Bodo Ebhardt, der sich für die Erhaltung der ursprünglichen Bausubstanz unermüdlich eingesetzt hat, ist ihr Gründer.

Der von Süden aufsteigende steile Burgpfad ist zugewachsen. Man fährt heute von Braubach aus durch ein Laubwaldtal zum Felskegel, der die Burg mit ihrem schlanken viereckigen, oben runden Bergfried trägt. Die Straße führt an der Braubacher Silber- und Bleihütte vorbei, die seit den Römern den notwendigen Rohstoff der unmittelbaren Bergumgebung entnahm. Der Bergbau ist erloschen. Doch man verhüttet immer noch, und dies ist eine der wesentlichen Einnahmequellen

Braubachs. Um von den gelben, giftigen Rauchschwaden verschont zu bleiben, hat man die drei erforderlichen, meist schmutzig qualmenden Schornsteine auf dem rückwärtigen Packertgipfel errichtet, zu dem ein Rohr hinaufführt. Vom Rhein aus sieht man sie, »Türme« unseres Jahrhunderts, neben den Turmbauten des Mittelalters.

Die Serpentine endet beim Zugbrückentor der Vorburg. Über der alten Holztür befinden sich das Burgwappen und ein romanischer Bogenfries. Durch einen Tunnelgang mit Tonnengewölbe kommen wir in den äußeren Burghof, durch das sogenannte Fuchstor in den inneren Zwinger und zum Burgvogtturm. Man sieht hier, daß die Burg unmittelbar aus dem natürlichen Schiefergrund emporwächst. Der Bergfried diente ursprünglich als letzter Verteidigungsort, sein Eingang war nur über Leitern oder Strickleitern erreichbar.

Der Palas, der Kapellenturm, der sogenannte Rheinbau, die mit Geschützen bestückten zwei Bastionen beschwören Mittelalter. An der Angriffsseite sind die Mauern, wie an den Fenstern erkennbar, am dicksten. Oktogonale Holzpfeiler von 1300 stützen die Holzbalkendecke im Rittersaal des Palas. Man hat ihn mit Stollentischen und einer alten Truhe ausgestattet, ganz im Stil der Zeit. Die mit neuzeitlichen Fresken versehene Burgkapelle ist St. Markus gewidmet; aus der Markusburg wurde die Marksburg. Unter den noch erhaltenen romanischen Figurenkonsolen stellt eine einen Schafskopf dar. Hervorragende Anschauung eines Küchen-Interieurs ermöglicht die vollkommen erhaltene Ausstattung des Küchenraums. Die Kessel und Töpfe hängen an Haken und Ketten über der offenen Feuerstelle. In dem ebenfalls von achteckigen Holzpfeilern abgestützten Raum steht als auffälligster Großgegenstand eine mächtige hölzerne Weinpresse von 1767. Die Feuerstelle ist von einem Kaminmantel auf Holzstützen überdeckt. Im tonnengewölbten Keller lagern die Holzfässer; mittels Blasebalgs beförderte man den Wein von einem Faß ins andere. Neben der Kriegskasse mit zehnfachem Verschluß und den kostbaren Harnischen mag dies der größte Reichtum der Marksburg gewesen sein, zugleich die erquickende Freude der Besatzung in langen Winternächten.

Im Mittelalter gab es in Deutschland keine Residenzen. Die Könige hielten sich, wenn sie nicht Gast eines Fürsten, einer Stadt oder eines Klosters waren, auf den Reichsburgen auf, wobei sie öfter den Aufenthalt wechselten. Nur ihre dauernde Präsenz sicherte ihnen Macht. Erstaunlich, wie ein damaliger Potentat sich mit primitivsten Verkehrsmitteln und ohne das Instrument der Massenmedien in einem riesenhaften Territorium behaupten konnte. Die Burgen waren die Schnittpunkte im Koordinatensystem der politischen Landschaft. Sie stellten in trutziger Bildhaftigkeit Autorität zur Schau, um so notwendiger, als eigensüchtige Lokalpolitik der Fürsten sich immer wieder der Kaisermacht widersetzte.

DIE KÖNIGSMACHER VON RHENS

Rhens ist eine hübsche, ummauerte kleine Stadt mit Fachwerkbauten. Ausflugsschiffe von Koblenz halten dicht vor einem ebenfalls in Fachwerk erbauten Gasthaus mit Baumgarten. Durch einen alten Torbogen gelangt man zu dem engen Kern des Ortes und seinem historischen Rathaus, mit kunstvollen Schnitzereien am Gebälk. Oberhalb von Rhens steht der sogenannte Königsstuhl, ein Geviert gotischer Bögen auf einem kleinen Plateau hoch über Reben, Stadt und Rhein. Das Steinmonument befindet sich erst seit 1924 an dieser Stelle. Ursprünglich war der Platz des Königsstuhls dicht am Rhein, am Nordausgang von Rhens. Der preußische König Friedrich Wilhelm IV. hatte den weitgehend zerfallenen Bau 1843 nach alten Vorlagen wiederherrichten lassen.

Der eigentliche Auftraggeber des merkwürdigen Bauwerks war der luxemburgische Kaiser Karl IV., den man den »Vater Böhmens und Stiefvater Deutschlands« genannt hat, denn namentlich für seine Hausmacht Böhmen hat er väterliche Sorge getragen. Seit dem Interregnum war es Brauch geworden, daß die Fürsten den jeweils neuen König in Rhens wählten. Als Karl IV. 1347 die Ehre der Wahl zuteil wurde, mußte er sich bequemen, auf einem simplen Holzstuhl dem Volk vorgestellt zu werden. Das ging ihm, dem reichsten Herrscher Europas, gegen seine Auffassung von Würde, so daß er die Bürger von Rhens beauftragte, »ein gestuls« für die künftig zu wählenden Könige zu erstellen.

Nach einem ursprünglich ungeschriebenen Gesetz amtierten seit dem Untergang der Staufer die sieben mächtigsten Fürsten des Reichs als »Wahlmänner«. Die fürstlichen Sieben, »Kurfürsten« genannt, setzten sich zusammen aus drei Kirchenfürsten, den Erzbischöfen von Köln, Trier, Mainz, sowie vier weltlichen Herren, dem König von Böhmen, dem Pfalzgrafen bei Rhein, dem Herzog von Sachsen, dem Markgrafen von Brandenburg. Reich und Sprachraum waren durchaus nicht identisch, denn im Königreich Böhmen lebten zur Hälfte tschechische Untertanen. Wir dürfen uns die Herrschaftsgebiete der Kurfürsten nicht durchweg als geschlossene, einheitliche Gebilde vorstellen. Sie waren, abgesehen vom Kernland, durch Heiraten und Erbteilungen in unzählige Landfetzen zersplittert, wie die Äcker eines Großbauern, und manchmal lagen »Enklaven« am anderen Ende Deutschlands. Die drei geistlichen und der eine weltliche Kurfürst im Bereich des Mittelrheins herrschten über in sich verschachtelte Territorien, die nicht entlang dem Rhein, sondern linksrheinisch vom Strome weg verliefen. Rhens, der Tagungsort der Königswahl, lag auf kurkölnischem Gebiet, war aber von Trier eng umklammert. Da die Königsmacher sich gegenseitig mißtrauten und Fehden nicht ausgeschlossen waren, ummauerte sich Rhens wehrhaft.

Die Vorzugsstellung der Sieben geht daraus hervor, daß ihr Land unteilbar war, daß sie innerhalb ihrer Machtbereiche über die Königsrechte einschließlich Gerichtsbarkeit verfügten, daß die weltlichen unter ihnen Würde und Land vererbten. Karl IV. hat später die Vorrechte der Kurfürsten in der »Goldenen Bulle« von 1356 niedergelegt. Vorsitz bei der Königswahl hatte der Erzbischof von Mainz inne. Die Kurfürsten waren bestrebt, möglichst einen schwachen König zu küren, der ihre eigene Macht nicht schmälern konnte. Aus diesem Grunde – und das war das Krebsübel des Wahlsystems – mußte jeder Neugewählte notgedrungen bemüht sein, möglichst schnell seine Hausmacht zu erweitern, um der Zentralgewalt und der königlichen Stellung im Kreis der Fürsten den nötigen Respekt zu verschaffen. Das Prinzip »Hausmacht vor Reichsmacht« führte wiederum zu Differenzen mit den fürstlichen Wahlmännern. Als der von ihnen gewählte König Ludwig der Bayer Tirol und Holland an sich bringen wollte, setzten ihn die Kurfürsten ab.

Am 15./16. Juli 1338 kamen die Königsmacher von Rhens am Königstuhl zusammen und beschlossen in einer geschichtlich bedeutenden Resolution, »daß die kaiserliche Würde und Gewalt unmittelbar von Gott komme und daß von Rechts und alter Gewohnheit wegen, sobald einer zum König gewählt sei, er zugleich für einen wahren König und römischen Kaiser zu halten sei, ohne erst der Bestätigung des Papstes zu bedürfen«. Die Neuerung war unerhört, denkt man an den Suprematsanspruch der Kurie von ehedem. Dem Apostolischen Stuhl stand nur noch zu, den Gewählten nach dessen Königskrönung in Aachen zum Kaiser zu krönen – eine reine Zeremonie. Kein Kaiser hätte noch dem Papst die Steigbügel gehalten wie zur Zeit Barbarossas.

Neun Jahre nach dem Fürstentag von Rhens bestieg Karl IV. den deutschen Königsthron. Sein Vater war Johann von Luxemburg (das zum Reich gehörte), seine Mutter die letzte Przemyslidenprinzessin Elisabeth. Damit floß in Karls Adern auch slawisch-tschechisches Blut. Zahlreiche Büsten und Porträts vermitteln sein osteuropäisches Aussehen; er war klein, dunkelhaarig, breitgesichtig, mit breiten Backenknochen. Der König von Frankreich, die Herzöge von Burgund und Österreich waren seine Verwandten. Karl war weitgereist und gebildet, sprach Französisch (die Hofsprache der Luxemburger), Deutsch und Tschechisch. Kaum war er dreißigjährig am Ruder, trieb er die übliche Hausmachtpolitik, indem er zu seinen Erblanden Luxemburg, Böhmen und Mähren die Lausitz, Schlesien und Brandenburg hinzugewann. 1355 sehen wir ihn in Rom nur einen Tag lang (zur Enttäuschung Petrarcas), wo er die Kaiserkrone empfing. Viermal war er verheiratet, erst mit einer Valois, dann mit einer Pfälzerin, einer Schlesierin, einer Pommerin.

Besonders gerne hielt sich der Luxemburger auf dem von ihm in einem böhmischen Waldtal erbauten, nach ihm benannten Karlstein auf – westlich von Prag –, einer der mächtigsten Burgen des Mittelalters mit großartiger Silhouette, unverfälscht erhalten gleich der Marksburg, dabei in mehreren Stockwerken noch großenteils mit dem ursprünglichen Wandschmuck, dem originalen Meublement ausgestattet. Bei einem Gang durch die geräumige, mehrstöckige Burg – heute unter offizieller staatlicher Führung – tritt uns der deutsch-böhmische König im Bild und in zahlreichen Erinnerungsstücken nahe. Das Ansehen des Vaters Böhmens hat in sozialistischer Ära nicht gelitten. Wie Karl der Große in die französische und deutsche Geschichte gleichermaßen einzureihen ist, »gehört« Karl IV. Tschechen und Deutschen zugleich. In Prag hat er 1348 die erste deutschsprachige Universität begründet; das Tschechische setzte er dem Deutschen gleich.

Die Insignien des Reiches lagen in der Kreuzkapelle, die nur wenige Auserwählte betreten durften. Einmal im Jahr bot Karl den Kronschatz dem Volk zur Schau. Neben den Kleinodien barg die Kapelle von Karl erworbene Reliquien, darunter einen Holzbecher, aus dem angeblich St. Wenzeslaus trank. Ursprünglich trug Karl den Namen des tschechischen Volksheiligen; aus Verehrung für Karl den Großen nahm er den neuen Namen an, der die Kaiseridee unterstrich. Die Reliquie, heißt es, soll den Karlstein beschützt haben, denn er wurde nie erobert und nur einmal, durch Schuld eines ungetreuen Burggrafen, geplündert.

Unter Karl IV. rückte das Schwergewicht des Reiches von Schwaben, dem Stammherzogtum der Staufer, nach Böhmen. Spricht man von Prag als der »goldenen Stadt«, so geht dies auf den baulichen Glanz zurück, den der Luxemburger seiner böhmischen Residenz verliehen hat. Der klug wirtschaftende Hausvater Karl blickt noch heute von der Karlsbrücke auf das sozialistische Prag hinab. Was seine kaiserlichen Vorgänger nicht genügend beachtet hatten, das war das Rezept seines Erfolgs – seinem Sohn Wenzel hat er es auf dem Sterbebett mitgegeben: »Spare dein Geld, halte dich gut mit den Pfaffen, sei der deutschen Fürsten Freund!«

Wenzel hörte auf den guten Rat nicht. Er war nicht diszipliniert wie sein Vater, war launisch und jähzornig, kümmerte sich wenig um die Reichsgeschäfte und liebte den Wein. Im Rebland zwischen Mainz und Koblenz hat er sich seine große Begeisterung für den Rhein angetrunken. Im Sommer 1400 erklärten ihn die Kurfürsten auf dem Königsstuhl von Rhens für abgesetzt. Sie wählten als neuen König Ruprecht von der Pfalz. Ruprecht saß als erster auf dem Stuhl aus Stein, den Karl IV. in Auftrag gegeben hatte. Der letzte, der hier thronte, war der Habsburger Maximilian I.

REAKTION UND REVOLUTION

Koblenz, dessen Name bereits den »Zusammenfluß« von Mosel und Rhein kennzeichnet, ist auf einer Fahrt von Mainz nach Köln gewissermaßen Halbzeit. Auch die Geschichte von »Confluentes« lotet in die Tiefe der Vergangenheit bis in die Zeit der Römer. Im 6. Jahrhundert weilte Gregor von Tours, der Historiograph der Franken, in seinen Mauern. 836 wurden die Gebeine des hl. Kastor vom Trierer Erzbischof Hetti nach Koblenz gebracht; dem Umstand verdanken wir das bedeutendste Bauwerk der Stadt, das unter Ludwig dem Frommen erbaute romanische Gotteshaus des Kastor-Stiftes. Ursprünglich lag es außerhalb der Mauern, jetzt erhebt sich die doppeltürmige Kirche im Stadtareal, beim Deutschen Eck. Seine heutige Gestalt stammt aus späterer Zeit, der Stauferepoche: immer noch ehrwürdig und kunstgeschichtlich bemerkenswert genug.

Das linke Rheinufer ist hier so breit, daß sich die Stadt bequem ausdehnen konnte. Die zahlreichen anderen Kirchen, die der Bombenregen des Zweiten Weltkriegs stark angeschlagen hat, Liebfrauenkirche, Sankt Florian, Jesuitenkirche, stammen aus dem Hochmittelalter, als Koblenz, seit den Sachsenkaisern trierisch, Rheinresidenz der Trierer Erzbischöfe wurde; einige der Kirchen sind seither barockisiert und tragen barocke Helme. Die Alte Burg der Fürstbischöfe, ein weißgekalkter, schiefergedeckter Bau mit zwei Rundtürmen, liegt am Mosel-Brückenkopf der Balduinbrücke, die nach dem größten der Trierer Kirchenfürsten heißt, einem Bruder des Luxemburger Kaisers Heinrich VII. Die neuere Residenz der geistlichen Landesherren ist ein breiter barocker Schloßbau mit drei Risaliten, der sich herrschaftlich am Rheinufer entlangzieht. Bauherr war Clemens Wenzeslaus. 1777/78 holte er den französischen Baumeister Michel d'Ixnard nach Koblenz. Was heute noch bei vielen Bauvorhaben erfolgt: der zuständige Beamte, in diesem Falle Baudirektor Seitz, beschnitt den Etat. Ohne den Planer baute man weiter, vereinfacht, ideenlos. Die Franzosen benützten den Bau als Lazarett, Friedrich Wilhelm IV. als Residenz der zu Preußen geschlagenen Rheinprovinz. Nach der Kriegszerstörung 1944 hat man Treppenhaus, Kurfürstensaal und Gartenhaus wiederhergestellt.

Am »Deutschen Eck«, dem Landdreieck an der Moselmündung, erhob sich seit 1216 das Komturgebäude der von dem Stauferkaiser Friedrich II. geförderten Deutschritter. 1897 erbaute man hier ein Denkmal Wilhelms I. als Weihestätte des

Wilhelminismus. Vier Eisenpfosten mit Löwenköpfen und elf Fahnenmasten umgeben das Mahnmal, das die Inschrift trägt: »Nimmer wird das Reich zerstört, wenn ihr einig seid und treu.« Inzwischen ist das Reich zertrümmert, und das Denkmal auch. Der Sockel ist leer. Er dient als »Mahnmal der deutschen Einheit«.

Der bekannteste Sohn von Koblenz ist noch heute umstritten: Clemens Lothar Fürst von Metternich, der Neuordner Europas nach dem Sturz Napoleons, der sich selber »Arzt im Weltspital« nannte. War er wirklich Arzt einer keineswegs heilen Menschheit? Oder war er hoffnungsloser Reaktionär? Der einem Eifelgeschlecht entstammende Fürst war neben Talleyrand die Hauptfigur des Wiener Kongresses, der 1815 – er »tanzte« nicht nur – die Aufgabe hatte, die Landkarte Europas neu zu gestalten. Deutschland bestand vor Napoleon aus 1789 selbständigen Einheiten, einem Teppich von Staatsgebilden, die der Korse bereits zum Glück der Deutschen stark reduziert hatte. Die alten Territorialverhältnisse konnte man erfreulicherweise nicht mehr herstellen; die neugeschaffenen süddeutschen Königreiche waren Realitäten. Man mußte sich an Napoleons, des Gestürzten, Konzept halten und darüber hinaus neue Grenzen schaffen, die nach langen Kriegswirren den Frieden garantierten.

Metternich war hierzu der geeignete Mann; mit lässiger Sicherheit, kühl, elegant, weltmännisch dominierte er an der Donau beim Spiel der Kräfte, der Ansprüche, der Intrigen. Mit 28 Gesandter in Dresden und Berlin, mit 32 in Paris, mit 35 bereits Staatskanzler: die bisherige Laufbahn gab ihm, dem französisch gebildeten, europäisch denkenden Aristokraten vom Rhein, dem Artisten des »Zusammenspiels«, Verfechter des Maßes und der Kunst des Möglichen, das nötige Instrumentarium im »Völkerkonzert« von Wien.

Doch nicht den Kongreß und die in Wien begründete Heilige Allianz, Vorgängerin des Völkerbunds und der Vereinten Nationen, verbindet man in erster Linie mit Metternichs Name. Eigentlich berühmt-berüchtigt war der Kanzler durch seine spätere Reichspolitik, vor allem durch die »Karlsbader Beschlüsse« von 1819, welche die nach den Befreiungskriegen aufflammenden freiheitlichen Bestrebungen breiter Volkskreise, voran der Studentenschaft, unterdrückten. Das bisher »ungeschichtliche« Volk erhob zum erstenmal seine Stimme. Nie hätten die Fürsten ohne das Instrument der Volksarmee über den korsischen Eroberer gesiegt. Für seinen Heereseinsatz erhoffte das Volk nach 1815 den verdienten Lohn: Volksvertretung und Pressefreiheit. Statt dessen veranlaßten die gegen die »Demagogen« gerichteten »Beschlüsse« die Vorzensur und die politische Überwachung der Universitäten. Eine Kommission zur Untersuchung staatsgefährlicher Umtriebe verfolgte alle Regungen einer längst fälligen Volkssouveränität. Die Burschenschaften wurden aufgelöst, deren Farben Schwarz-Rot-Gold streng untersagt, der für mehr Liberalität eintretende Moritz von Arndt verlor seine Stellung als Bonner Professor, man bespitzelte Schleiermachers freisinnige Predigten.

Metternich, der die Revolution 1848/49, die er hatte verhindern wollen, noch erlebte, starb verbittert in der rheinischen Heimat. Die alten Ordnungen, von denen er sich ein befriedetes Europa versprach, konnte er auf die Dauer nicht retten. Vorausgesehen hat er die neuen, die nicht die seinen waren, mit einer Skepsis, die wiederum an eine fast prophetische Gabe des aus Koblenz stammenden Kavaliers und Taktikers glauben läßt: »Mein geheimster Gedanke ist, daß das alte Europa am Anfang seines Endes ist. Ich werde – entschlossen, mit ihm unterzugehen – meine Pflicht zu tun wissen. Das neue Europa ist andererseits noch im Werden; zwischen Ende und Anfang wird es ein Chaos geben.«

Ausgerechnet im gleichen Koblenz erfolgte, aus der Feder eines Koblenzers, einer der schärfsten Proteste gegen die Metternichsche Reaktion, gegen die Karlsbader Beschlüsse und deren restaurativen Geist. Während die Burschenschafter das Banner der Freiheit auf der Wartburg entrollten, wurde in Koblenz ein Mann der Feder zum entschiedenen Antipoden Metternichs: Joseph Görres, der mit dem »Rheinischen Merkur« zugleich ein pressegeschichtlich interessantes Blatt des politischen Journalismus herausgab. Zuerst, 1814, hatte Görres noch gegen Napoleons Autokratie gefochten, die seiner Meinung nach die Ideale der Grande Révolution verriet. Napoleon nahm den »Merkur« ernst und bezeichnete ihn neben den Großmächten Europas, die gegen ihn verbündet waren, als »sechste Großmacht«. Das Wort ist später ein gängiger Begriff geworden, zur Kennzeichnung publizistischer Macht.

Nach dem Sturz Bonapartes begann die eigentliche große Zeit des Blattes: für die verfassungsmäßigen Grundrechte, die Metternich dem Volke vorenthielt, polemisch einzutreten. Der Gegenschlag ließ nicht lange auf sich warten. Eine preußische Kabinettsorder verbot 1816 das weitere Erscheinen. 1819 veröffentlichte Görres ein Pamphlet »Teutschland und die Revolution«. Dem preußischen Verhaftungsbefehl, der die Antwort war, entzog er sich durch die Flucht nach Straßburg.

DAS SIEBENGEBIRGE

Nachdem der Rhein seinen zweiten »Engpaß« verlassen hat, weitet sich das nach ihm benannte Land und bietet entsprechende Horizonte; der Niederrhein kündet sich an und das freilich noch ferne Meer; der Strom lädt zu urbanistischen Abenteuern ein, die schon im Altertum wahrgenommen wurden: die Römer gründeten an diesem Rheinstück Bonna und Colonia Agrippina, Bonn und Köln.

Das Siebengebirge, mit dem der Westerwald nach Norden ausschwingt, nicht allzu hoch, doch mit deutlich sich abzeichnenden Gipfeln, ist auch eine der Paradelandschaften, für die deutsche Gemüter von jeher empfänglich waren, Ausländer nicht weniger. Man kann sich Königswinter, Honnef, Rhöndorf und den zugehörigen Bergprospekt nicht anders vorstellen als im Sonnenschein. Generationen ritten auf Eselrücken zum Drachenfels hinauf, der Burgruine gegenüber Godesberg. Wenn ein Bergkegel eine Sage geradezu provoziert, dann dieser hier. Zwei Zenturionen gerieten zur Zeit Julians des Abtrünnigen in Streit um ein Mädchen. Das Urteil, das sie von ihrem »Spieß« erbaten, lautete nicht gerade salomonisch: man solle es dem Drachen des Drachenfelses vorwerfen. Wenn man das Untier nicht freiwillig fütterte, holte es im Tale selber irgendeine Person, und jeder konnte das Opfer sein. Besser also das Mädchen. Man setzte es auf dem Drachenfels aus. Doch damit hatte der Drache nicht gerechnet: die Maid war verkappte Christin und zeigte, als der Lindwurm zuschnappen wollte, ein Kruzifix, worauf dieser zischend in seine Höhle retirierte. So eingeschüchtert war der Drache, daß Leute vom Rheinufer die Höhle mit Reisig füllen und dieses anzünden konnten. Der Drache verschmorte. Auf dieser Legende fußend, führten die kurkölnischen Burggrafen auf der Veste Drachenfels im Mittelalter einen feuerspeienden Drachen im Wappen.

Breit und anspruchsvoll liegt auf dem Petersberg, dem nördlichen Bergnachbarn des Drachenfelses, das gleichnamige Hotel aus der Zeit des ausgehenden Kaiserreiches. Es stand vom 22. bis 24. September 1938 im Blickpunkt der Welt. Denn dort nahm der britische Premierminister Neville Chamberlain Quartier, als er von England an den Rhein geflogen war, um den Frieden zu retten.

Damals plante der deutsche »Führer« und Reichskanzler im Zuge seiner bisher erfolgreich praktizierten Expansionspolitik den Einmarsch in die Tschechoslowakei. Der Premier versuchte, dies mit allen Mitteln, bis zur Selbstaufgabe und zum Verlust seines Gesichtes, zu verhindern. Denn er wußte: der Einmarsch bedeutete den Krieg, den Weltkrieg. Chamberlain haßte und fürchtete den Krieg. Selbst in neutralen Ländern belächelte man den Friedensmissionar, indem man ihn mit dem stets mitgeführten Regenschirm karikierte: Friedenssymbol dieses Apostels des Ausgleichs, der Verständigung. Dreimal flog der Premier ins Reich, um Hitler von seiner Absicht abzubringen. Die erste Zusammenkunft fand am 16. September in Berchtesgaden statt, die dritte und entscheidende, die Hitler freie Hand gab, am 29. September in München. Dazwischen lag Godesberg.

Während Chamberlain auf dem Petersberg wohnte, hielt sich Hitler in Dreesens Hotel am andern Rheinufer auf. Noten gingen von einem Hotel zum andern. Gegenstand des Notentausches war Hitlers Ultimatum an die Tschechen: Anschluß der Sudetengebiete mit ihrer deutschsprachigen Bevölkerung an das Reich oder Einmarsch in Prag. Chamberlain versprach sich von vermittelnden, ja einlenkenden Gesprächen Entspannung. Doch Hitlers Entschluß in der Sudetenfrage stand fest. Seine Taktik war hinhaltend. Auf das gereizte oder empörte Hin und Her des zweitägigen Godesberger Treffens gingen die Gesprächspartner ergebnislos auseinander.

Staatssekretär von Weizsäcker hat später als Augenzeuge über Godesberg ausgesagt: »Hitler schilderte Ribbentrop und mir das Gespräch in freudiger Bewegung. Er klatschte sich in die Hände wie bei einem höchst gelungenen Vergnügen. Er hatte das Gefühl, den trockenen Zivilisten in die Ecke manövriert zu haben.«

Auch Chamberlains Stellungnahme zu dem ergebnislosen Treffen am Rhein ist überliefert: »Trotz der Brutalität, die ich in seinem Gesicht zu erkennen glaubte, hatte ich den Eindruck, einen Mann vor mir zu haben, auf dessen Wort man sich verlassen kann.«

Sieben Jahre später sah der Petersberg wiederum prominente Gäste aus dem Ausland. Sie waren diesmal nicht als Verhandlungspartner gekommen, sondern als Sieger: die drei Hochkommissare, die über Westdeutschland bestimmten, nachdem das »Reich« Krieg, Einheit und Souveränität verloren hatte. Zunächst hatte der Kontrollrat in Berlin, der sich aus den vier Oberbefehlshabern der Besatzungsmächte zusammensetzte, die Direktiven ausgegeben. Sie bestanden aus den drei D: Denazifikation, Demilitarisation, Dismantling (Demontage). Doch die Urzelle der Geschichte der Bundesrepublik befand sich im Siebengebirge, auf dem Petersberg.

Morgenthau hatte aus Deutschland nach dem verlorenen Zweiten Weltkrieg einen Kartoffelacker machen wollen. Auch wenn Haß in diesem Ausmaß 1945 gesiegt hätte – der Morgenthauplan hätte sich auf die Dauer nicht durchsetzen lassen. Es gibt geopolitische Gesetze. Im Industriezeitalter wäre ein industrielles Vakuum in der Mitte des Kontinents ein Unding, das sich wirtschaftlich auch auf die Nachbarn, die Sieger von damals, ausgewirkt hätte. Statt des Morgenthauplans kam der Marshallplan, die Starthilfe zu ökonomischem Aufstieg, dann, 1948, die Währungsreform, die volle Souveränität, die Einteilung Westdeutschlands in 11 Staaten mit der Sonderstellung West-Berlins, die Wahl der neuen Hauptstadt: Bonn.

Zuerst stand Frankfurt als Hauptstadt der westdeutschen Bundesrepublik in engerer Wahl: weltstädtisch, kosmopolitisch, topographisch und verkehrstechnisch günstig gelegen, mit demokratisch-parlamentarischer Tradition. Der erste Bundeskanzler Konrad Adenauer hat Bonn durchgesetzt. Da man die Bundesrepublik als Provisorium ansah – immer mit dem Blick auf die Wiedervereinigung und die eigentliche, die »heimliche« Hauptstadt Berlin –, wollte man für das Regierungszentrum einen Ort wählen, der Provisoriums-Charakter hat. Allerdings hieß es auch, der Kanzler habe Bonn deswegen gewählt, weil es in so bequemer Nachbarschaft zu seinem Wohnort Rhöndorf lag, den der passionierte Rosenzüchter nicht aufzugeben bereit war. Das gleiche wurde bereits von Washington gesagt, der das Regierungszentrum der Vereinigten Staaten dort erkor, wo sein Blockhaus stand: Fort Vernon.

Und von beiden, Washington und Adenauer, hieß es, sie hätten einen Platz mit »Treibhausklima« bevorzugt, um die schnell ermattenden Parlamentarier leichter lenken zu können. Washington übertrumpft hierin Bonn: dort ist die Luftfeuchtigkeit so groß, daß Diplomaten Härtezulagen erhalten.

Als es 1949 wieder einen Kanzler gab – keinen Reichskanzler, dafür einen Bundeskanzler –, saßen noch immer Vertreter der westlichen Besatzungsmächte auf dem Petersberg. Immerhin präsentierte die alliierte Wache das Gewehr, wenn der Kanzler zu Verhandlungen kam. Oft kehrte er mit abschlägigem Bescheid wieder um. Damals bürgerte sich für den Petersberg der Spottname »Monte Veto« ein.

DIE BUNDESHAUPTSTADT

Nichts ist so dauerhaft wie ein Provisorium. Dieses Sprichwort gilt auch für Bonn. Regierung und Parlament haben sich etabliert und sind etabliert. Bonn hat schon so etwas wie »Geschichte«. Hier leistete 1948 der Parlamentarische Rat vorbereitende Verfassungsarbeit, und zwar im Gebäude der 1930 vom Preußischen Staat errichteten Pädagogischen Akademie, dem Grundstock der späteren Regierungsstadt. Am 23. Mai 1949 trat das Grundgesetz der Bundesrepublik Deutschland in Kraft. Wie man 1918 bis 1933 von der »Weimarer Verfassung« sprach, so redete man nach 1949 vom »Bonner Grundgesetz«. Die ersten Wahlen fanden im gleichen Jahre statt. Die hierdurch konstituierte Bundesversammlung wählte den liberalen Publizisten Theodor Heuss zum Bundespräsidenten, während der Bundestag den früheren Oberbürgermeister von Köln, Konrad Adenauer, zum Bundeskanzler erkor.

Zwischen Bad Godesberg, Sitz und Wohnsitz zahlreicher Diplomaten, und der Stadt Bonn entstand, viel gelobt und viel gescholten, das vorwiegend moderne Regierungszentrum. Die drei wichtigsten Bauwerke sind die Villa Hammerschmidt, Sitz des Bundespräsidenten, das Palais Schaumburg,

Büro des Bundeskanzlers, und das Bundeshaus, Versammlungsstätte des Bundestags.

Die Konrad-Adenauer-Allee, früher Koblenzer Straße, verbindet das Regierungsviertel mit dem Stadtkern. Die Nachfolgerin der Römerstadt Bonna – auch Castra Bonnensia genannt – brauchte sich auf ihren hauptstädtischen Charakter nicht vorzubereiten. Sie war lange genug Residenz: hier, nicht in Köln, residierten die Kölner Erzbischöfe, deren berühmteste in der Neuzeit, nämlich im 18. Jahrhundert, Bayern und Österreicher waren, Wittelsbacher und Habsburger. Etwas Residenzliches hat Bonn beibehalten, die gemessene, noble Ruhe einer fürstlichen Kleinstadt und den barocken Dekor. Dem besonderen Flair hat das Getriebe des Regierungsviertels nicht viel anhaben können, weil es weit genug vor den Toren liegt.

Das Lateinische der ehemaligen römischen Rheinstadt macht sich ebenso in der Klarheit der Stadtanlage bemerkbar wie im klaren, wendigen Denken der Bevölkerung. Was der Bonner Professor Heinrich Lützeler, Sammler rheinischen Humors, vom Rheinländer insgesamt gesagt hat, trifft im besonderen auf die Bonner zu: »Mit ihrem Sinn für Raison und Clarté, Witz und Schlagfertigkeit sind sie gallischem Wesen nahe.« Ihnen kann nichts imponieren, weder fürstlicher noch republikanischer Glanz. Diesen Wesenszug haben sie mit einer andern Hauptstadt gemein. Sagen die Berliner »Mir kann keener«, so meinen die Bonner »Un nit e su vill Jedöns«. Da sie sich nicht so ohne weiteres subordinierten, waren die Bewohner der fürstbischöflichen Residenz nicht immer gute Untertanen. Wie in Rom und in Mainz gab es öfter Auseinandersetzungen zwischen Kirchenfürst und Stadt.

Die kurfürstlich-residenzliche Vergangenheit Bonns hat im Schloßbau des Graubündeners Zuccalli ihren architektonischen Niederschlag gefunden, einem schon fast klassizistisch klaren barocken Vierflügelbau mit vier Eckrisaliten, mansardenbedeckt. Die Residenz des Kurfürsten Joseph Clemens ist nach den Zerstörungen im letzten Krieg mit passablem Gelbanstrich wiederauferstanden. Das Gebäude, das sich an den Hofgarten anschließt, beherbergt heute die Universität, die auf die kurfürstliche Zeit zurückgeht und ihre Meriten hat. Hier war August Wilhelm von Schlegel, der Shakespeare-Übersetzer, erster Professor für Sanskrit. Hier ist das älteste Institut für Kernphysik. Im Institut für Phonetik schuf man die Grundlagen der elektronischen Musik. Neben Berlin besitzt Bonn den einzigen Lehrstuhl für keltische Philologie – nicht ohne Sinn, denn die Stadt liegt auf dem Boden alten keltischen Siedlungsraums.

Der Gegensatz zu den fürstlichen Zentren ist das bürgerliche Bonn, das heute, nach den Kriegsschäden, noch am augenfälligsten der trichterförmige Marktplatz vertritt, auf dem auch wirklich noch ein bunter Markt stattfindet. Am oberen Platzende steht das barocke Rathaus Michel Leveillys, dessen Fassade von acht Pilastern gegliedert wird. Als prächtige Attrappe prunkt ein Wappenaufsatz an der Mansarde, das Portal krönend, zu dem eine doppelläufige Treppe führt.

Eine der Altstadtgassen mit geretteten Häusern aus dem 18. Jahrhundert ist die Bonngasse. Man wundert sich, daß eine Gasse inmitten der Stadt deren Namen führt. Aber der Vicus Bonnae lag früher außerhalb des römischen Castrums und führte auf dieses zu. Der Name blieb erhalten. Im Hof eines mehrstöckigen Patrizierhauses steht, etwas niederer, ein Quertrakt, biedermeierlich, von Reblaub bewachsen. In einer Eckkammer unter der hohen Mansarde wurde Bonns größter Sohn geboren, Ludwig van Beethoven. Haus und Geburtszimmer – heute zum Museum ausgestaltet – sind Wallfahrtsziel der Freunde klassischer Musik aus aller Welt.

Die Beethovens kamen aus dem Flämischen. Großvater und Vater sangen an der Kurfürstlichen Kapelle. Der Großvater wird als akkurat, der Vater als Bohemien und ein wenig schlitzohrig geschildert; daß er ein Trinker gewesen sein soll, mag übertrieben sein. Die sehr ansehnliche Mutter war eine

Leibkammerdienerswitwe aus Ehrenbreitstein. Beethovens Vater ließ den musikbegabten Jungen gelegentlich auftreten. Eine Konzerteinladung ist erhalten: »Avertissement: Heut dato den 26ten Martii 1778 wird auf dem musikalischen Akademiesaal in der Sternengaß der Churköllnische Hoftenorist BEETHOVEN die Ehre haben, zwey seiner Scholaren zu producieren; nämlich: Madlle Averdonc, Hofaltistin, und sein Söhngen von 6 Jahren.« Wir sagten »schlitzohrig«: das »Söhngen von sechs Jahren« war damals bereits acht Jahre alt. Aber Wunderkinder, man denke an Mozart, waren in Mode: je jünger, desto größer das Wunder.

Schon früh erhielt Beethoven eine Anstellung als zweiter Hoforganist mit einem Gehalt von 150 Florins jährlich. Sein Landesherr brachte Wiener Atmosphäre mit: Fürstbischof Maximilian Franz war österreichischer Erzherzog und jüngster Sohn der Kaiserin Maria Theresia. Auf ihn geht die Universität zurück: als »Denkmal der Aufklärung«.

Die Verbindung zu Wien ist damit schon vorgezeichnet. Es heißt, der Landesherr habe neben einigen Bonner Persönlichkeiten dem jungen Beethoven die Studienreise in die Hauptstadt der Musik geldlich ermöglicht, in der er später dauernden Aufenthalt nehmen sollte. »Wenn er so fortschritte, wie er angefangen«, sagte Beethovens Förderer, »wird er noch ein zweiter Mozart.« Daß der Sohn des kurfürstlichen Hofsängers etwas ganz anderes werden sollte als der Schöpfer des »Don Giovanni«, konnte damals niemand voraussehen: was Beethoven bisher produziert hatte, vorwiegend Klavierwerke, deutete auf Begabung, entsprach aber noch dem Zeitstil des Rokoko, zierlich und gefällig.

»Auf den gebt acht, der wird einmal in der Welt von sich reden machen« – dieses angebliche Mozartwort ist romantische Erfindung. Dennoch trafen sich beide Genies, Beethoven mag auch einige Unterweisungen empfangen haben, im Grunde waren sie sich fremd. Der sterbenskranken Mutter wegen kehrte Beethoven noch einmal nach Bonn zurück, dann blieb er endgültig in der Kaiserstadt an der Donau. An der zweiten Umsiedlung soll Haydn nicht ganz unbeteiligt gewesen sein, dem Beethoven in Bonn eigene Kompositionen vorgespielt hat. Jetzt erst, in Wien, begann der künstlerische Aufstieg des Titanen – bei vielfach äußerer Misere. Aus der Ferne verklärte sich für ihn der heimische Rheingau; 1801 schrieb er an eine Freundin: »Mein Vaterland, die schöne Gegend, in der ich das Licht der Welt erblickte, ist noch immer so schön und deutlich vor meinen Augen, als da ich Euch verließ; kurz, ich werde die Zeit als eine der glücklichsten Begebenheiten meines Lebens betrachten, wo ich Euch wiedersehe und unsern Vater Rhein begrüßen kann.«

Das Bonner Münster ist den Blutzeugen Cassius, Florentius und Malusius gewidmet, Angehörigen der im 3. Jahrhundert am Rhein stehenden berühmten Thebaischen Legion. Unter Maximilian (286 bis 305) weigerten sich die Legionäre, bei Christenverfolgungen mitzuwirken, und erlitten samt ihrem Kommandanten Mauritius selbst das Martyrium. Über ihren Gräbern außerhalb des Römerlagers entstand um 400 die erste Märtyrerkirche, Grundstock des späteren Münsterbaus aus dem Hochmittelalter. Die von zwei Türmen flankierte Hauptapsis schließt sich baugeschichtlich an die Kölner Apostelkirche an; im stark barockisierten Innenraum sieht man noch eine über den Arkadenbögen laufende romanische Zwerggalerie. Krypta und Kreuzgang stammen aus der gleichen Epoche: der Stauferzeit. Im Bonner Münster wurden zwei mittelalterliche Könige gekrönt: Friedrich der Schöne 1314 und Karl IV. 1346.

Von der Bedeutung des Mittelrheins innerhalb des römischen Herrschaftsbereichs nördlich der Alpen zeugen erstklassige Fundstücke im Rheinischen Landesmuseum zu Bonn. Der Caeliusstein zeigt, sicher porträtecht, einen Offizier der 18. Legion unter einem ornamentierten Tympanon; sein Harnisch trägt Göttermedaillons; zu beiden Seiten der Grabfigur stehen Büsten von Anverwandten. Ein Familiengrab aus Nickenich hält in Ädikulas drei ganzfigürliche Gestalten in römischer Toga fest. Ein Grablöwe aus Köln ist hellenistisch bewegt.

Wo heute Botschaftervillen stehen, zwischen der sogenannten »Diplomatenrennbahn« (Friedrich-Ebert-Allee) und dem Rhein, standen einst die Landhäuser vornehmer Römer. Die Cives Romani wußten in ausgeprägtem Landschaftsgefühl den Siebengebirgsblick zu schätzen. Erst das frühe Christentum verachtete die Vorzüge des Diesseits, verschmähte den landschaftlichen Aspekt, versteifte sich auf Transzendenz. Vielleicht hatte Plinius d. Ä., von dem wir wissen, daß er in Bonn einen Teil seiner Naturgeschichte schrieb, in einem Atriumhaus am Rhein Quartier genommen. Von jener Villenkolonie mögen die Abfallgruben stammen, die man vor Jahren am Tor des Bundeskanzleramtes gefunden hat: Spuren einer bis zur Zeitenwende zurückreichenden Zivilisation an Europas Völkerstraße.

Das benachbarte Köln hat ebenfalls seine Römertradition. Neben Mainz und Trier war es der wichtigste Stadtplatz des Imperium Romanum nördlich der Alpen. Was vom römischen Köln blieb, liegt meist im Souterrain, in der Colonia subterranea: Reste des Prätoriums unter dem Neuen Rathaus, nicht weit vom Rheinufer, Relikte von Gräberstätten unter den Kirchen St. Severin, St. Gereon, St. Ursula, von Grundmauern unter St. Aposteln, St. Maria im Capitol, ja unterm Dom. Nirgendwo hat man soviel römische Kleinkunst auf deutschem Boden gefunden wie im Untergrund des Köln unserer Tage, Waffen, Gerät, Stelen, Schmuck, Gläser, Münzen. 1941 grub man beim Ausschachten eines Bunkers in Domnähe ein prächtiges Dionysos-Mosaik aus, den Estrich des aufwendigen Domizils eines altrömischen Nobile. Bomben des Zweiten Weltkriegs legten den Standort der Thermen Colonias frei, der Römerstadt im Land der germanischen Ubier, eines ummauerten Schachbretts, dem man die Herkunft vom Militärlager (Castrum) anmerkt.

Auch über der Erde liegen antike Zeugnisse der einst mächtigen Mittelrhein-Metropole. Das auffälligste Monument ist der »Römerturm«, die Nordwestflanke der einstigen Stadtmauer, ein dickbauchiger Rundbau aus Ziegelstein mit kunstvoller Musterung: Rosetten, Halbrosetten, Dreiecke, Rauten. Im Mittelalter diente der Bau als Müllschütte eines Clarissinnenklosters. Vor der Domfassade steht das wirksam arrangierte Fragment des Nordtors von 50 n. Chr., dessen ursprüngliche Form – zwei Zinnentürme flankierten das Portal – anschaulich auf einer Messingplatte abgebildet ist. Auf der Außenseite trug das Tor die Buchstaben CCAA. Dies bedeutete Colonia Claudia Ara Agrippinensis. Das Wort Ara (Altar) bringt in Erinnerung, daß hier einst ein Heiligtum der Ubier stand. Sicher haben die Römer einen ihrer italischen Götter, etwa Jupiter, daraus gemacht, ihm aber den Namen des Ubiergottes als Adjektiv beigegeben, in ihrer klugen Taktik, die Religionsgefühle unterworfener Völker zu schonen. Der Stadtname Kölns während der römischen Kaiserzeit bezieht sich auf die Julierin Agrippina, die die Anordnung getroffen hatte, das Oppidum im Gebiet der Ubier zu einer Colonia zu erhöhen. Tacitus schrieb: »Agrippina setzte durch, daß im Oppidum Ubiorum, ihrem Geburtsort, eine Veteranenkolonie eingerichtet wurde. Dadurch wollte sie den verbündeten Stämmen ihre Macht zeigen.«

DER KÖLNER DOM

Der Kölner Dom, vor dessen Front sich der altrömische Stadttorbogen erhebt, ist das Wahrzeichen der Rheinmetropole, zugleich Deutschlands bekanntestes Baudenkmal. Für den Ruhm des Gotteshauses haben die Briten des vorigen Jahrhunderts mitgesorgt, da ihre populäre Königin Victoria zur 40jährigen Fertigstellung des Domtorsos Pfunde beigesteuert hat.

Strenge Kunstwissenschaftler mögen bedauern, daß man den Dom überhaupt vollendete. Nun überwiegt der romantische Eklektizismus des Bürgerzeitalters und beeinträchtigt die originalen Partien der Baumasse. Der unter Erzbischof Konrad von Hochstadten zur Stauferzeit begonnene Dombau war nur schleppend vorangetrieben worden. In der Epoche Dürers stand der hochragende, diaphane Chor, eine der großartigsten Schöpfungen der Hochgotik, und der untere Teil des Turm- und Fassadentraktes. Als die Kölner Bürgerschaft in der Schlacht von Worringen den Kirchenfürsten besiegt und der weltlichen Gewalt des Erzbischofs ein Ende bereitet hatte, kam der Dombau zum Stillstand. Den Kölner Bürgern waren am Beginn der Neuzeit, als das religiöse Hochgefühl der abendländischen Menschheit abebbte, Profanbauten wichtiger, das Rathaus, der Gürzenich, Handelshäuser, Magazine.

Als Torso muß der Dom einen großartigen Anblick geboten haben, den Goethe bei seinem Kölner Aufenthalt rühmte. Häuser schmiegten sich an das Außengemäuer. An den Chor schloß sich die Kirche Mariagaden an. Die Domumgebung war maßstäblich richtiger als die von heute. Die niedere Höhe der Bauten steigerte die Größe der Kathedralkirche. All diese Häuser, Zeugnisse eines natürlichen urbanen Wachstums und zugleich zwanglose Nachbarschaft von Weltlichem und Sakralem, fielen der Spitzhacke zum Opfer, als das von seiner Fortschrittlichkeit überzeugte vorige Jahrhundert den Dombau zu Ende führte, zwar mit einem rühmenswerten Aufwand an Bautechnik, doch in seiner Selbstgefälligkeit ohne Sinn dafür, daß man die stileigene Substanz der alten Bauhütte nie mehr erreichen konnte. Die gleiche Epoche setzte den Bahnhof neben den Dom: ein Dokument des Industriezeitalters neben dem Steinmanifest einer Epoche handwerklicher Blüte.

Heute ist der Bahnhof eher ein Ärgernis, das man sich bei der Neugestaltung der städtischen Topographie weggewünscht hätte. Doch auch, was unsere Zeit zur Domumgebung hinzufügte, bleibt umstritten: die Nordrampe mit Rolltreppen, Stiegen, Kiosken, für die die Kölner die Wörter »Betonkragen« und »Tortenschüssel« prägten. Ein Glück nur, daß die geplante breite Paradestraße nicht verwirklicht wurde, die auf die Domfassade hinführen sollte – ähnlich wie die auf St. Peter zustoßende Via della Concilazione, die die ursprüngliche städteplanerische Konzeption Roms total verdirbt.

Man denkt, der Dom hätte im letzten Krieg nicht gelitten, durch virtuoses Ausrasten der Brandbomben, die zwar Wohnbezirke, doch nicht das Haus Gottes treffen sollten. Aber so geschickt waren jene, die Köln zu einer der meistzerstörten Stadt Deutschlands machten, wieder nicht. Viele hundert Bomben, dazu 19 Granaten trafen das Bauwerk. Alle Geschosse krepierten glücklicherweise im Maßwerk und in den Gewölben. Der Innenraum blieb unverletzt.

Und gerade im Innern eröffnet sich dem Dombesucher reine Gotik, während von der Außenhaut beim häufigen Auswechseln verwitterter Steine kaum mehr alte Substanz vorhanden ist. Straßburg und Freiburg mögen originaler sein – kein gotisches Interieur bewältigt indessen so zwingend die Idee des Hochstrebenden dieses recht eigentlich christlich-abendländischen Stils. Das Höhen–Breiten-Verhältnis (4 zu 1) läßt Straßburg (2 zu 1) weit hinter sich.

Die kurzen Gewölbejoche geben dem Langhaus Dynamik und ziehen den Blick auf das Allerheiligste, den Chor mit seinem von Frankreichs Norden inspirierten Kapellenkranz. In seiner Höhenkonstruktion hat dieser dem Baumaterial, Trachyt vom Siebengebirge, statisch das Äußerste abverlangt, zumal das tragende Steingerüst den Raum für immense Fenster, diese unerläßlichen Bestandteile des Stils, freiläßt. Es ist ein Wunder baugeschichtlicher Entwicklung, daß die große geistige Idee der Gotik, für die das mächtige Farbfenster unentbehrlich ist, mit der glücklichen Stunde zusammenfällt, in der man diese mittels Bleiruten herzustellen fähig war. Licht wird

Bauelement, ohne das das steinerne Credo nicht voll zur Wirkung käme. Die Monumentalfenster des Kölner Domchors haben noch ihre echten Glasbilder. Im Mittelfenster, am Chorscheitel, sieht man Maria mit dem Kind, dem die drei Könige aus dem Morgenland huldigen. Die Farbkomposition ist bewußt mit den gotischen Steinaposteln der Chorpfeiler zu einem mächtigen Prospekt des Glaubens komponiert, als Generalthema des Chors und des gesamten Gotteshauses.

Denn den drei Königen vor allem ist dieser Aufwand an Statik und Kunst des Mittelalters gewidmet – ja, man kann sagen: der Chor ist ein einziger Reliquienschrein, ähnlich der St. Chapelle auf der Seine-Insel in Paris, die Dornen aus der Dornenkrone Christi verwahrt. In der Mitte des Kölner Domchors nämlich steht Kölns größter Schatz, der Schrein, der die Gebeine der drei heiligen Könige birgt – zumindest jene, die eine lange, ehrwürdige Tradition dafür gehalten hat. Viele Jahrzehnte hatte man den Schrein in eine Seitenkapelle gestellt, jetzt aber steht er wieder mitten im Chor, und das Licht fällt, in bunten Facetten, durch die gotischen Farbfenster auf die vergoldeten Skulpturen von Kölns bedeutendstem Kunst- und Sakralobjekt.

Von Nikolaus von Verdun, der an der Maas sein Handwerk lernte, stammt der Entwurf, wohl auch die Gestaltung der in Säulennischen an den Längswänden dargestellten, sehr individuell gestalteten Propheten und Apostel in getriebenem, vergoldetem Silberblech. An den aus Gold gebildeten Stirnseiten des größten aller mittelalterlichen Reliquiare sieht man die drei Könige, die dem Neugeborenen der Christnacht huldigen. Sie sind als Jüngling, Mann und Greis wiedergegeben; der Greis senkt gerade huldigend seine Knie. Man weiß, daß im Reliquiar tatsächlich die Gebeine von drei Angehörigen verschiedener Lebensstufen gebettet liegen, denn 1864 hat man den Schrein geöffnet: man fand in vermoderten Binden die sterblichen Reste eines Jünglings, eines Mannes, eines Greises, dazu die Überbleibsel immer noch wohlriechender Harze.

RAINALD VON DASSEL

Der Stauferkaiser Friedrich I. trachtete danach, seine kaiserliche deutsch-römische Herrlichkeit auch jenseits der Alpen, in Italien, voll zur Entfaltung zu bringen. Dem stand aber nicht nur der Herr des Kirchenstaates, Papst Alexander III., entgegen, sondern auch die lombardische Stadt Mailand, die Verbündete des Pontifex. Barbarossa war entschlossen, dies letzte Bollwerk in Italien einzunehmen und damit dem Papst sein Schwert aus der Hand zu schlagen. Die Rivalität zwischen Kaiser und Papst, der sogenannte »Kampf der beiden Schwerter«, war Leitmotiv mittelalterlicher Geschichte.

Die Mailänder fühlten sich stark. Sie waren hervorragende Krieger, verfügten über starke Mauern und besaßen einen Trumpf, der ihnen im Zeitalter ungebrochenen Christenglaubens Sieg verhieß: die Gebeine der Heiligen Drei Könige; sie lagen in der Cappella di San Eustargio. Wie aber waren sie in den Besitz der mächtigsten der Lombardenstädte gelangt?

Ein vornehmer Mailänder, so heißt es, habe die kostbaren Reste in Byzanz erworben, dem großen Umschlagplatz für Reliquien. Die Gebeine lagen in schweren Sarkophagen. Wie sie nach Italien bringen? Kein Problem bei der Wunderkraft solcher Objekte. Sie wurden federleicht, als der Mailänder sie emporheben wollte. Mühelos brachte er sie in seine Vaterstadt, die sich seither von den Nachbarstädten Oberitaliens beneidet sah, da diese nicht über solch metaphysischen Reichtum verfügten. Damals berechtigten Reliquien zu realem Machtanspruch. Heilige waren, je nach Rang, juristische Personen. Verständlich, daß die Mailänder im Bewußtsein ihrer militärischen Tüchtigkeit, ihrer Mauern, des Besitzes der Heiligen Drei Könige dem Anmarsch des deutsch-römischen Kaisers in Ruhe entgegensahen.

Barbarossa belagerte die papstfreundliche Stadt mit zäher Geduld. Er hatte Zeit. Die Mailänder Proviantdepots wurden knapper. Durch Zufall oder Verrat gingen die Hauptmagazine in Flammen auf. Man hamsterte. Die Preise stiegen. Unter Androhung schwerer Strafen verbot der Kaiser den Bewohnern der umliegenden Städte, das bedrängte Mailand zu beliefern. Als es Piacenza dennoch wagte, ließ er 25 Lieferanten die rechte Hand abhauen.

Mailand fiel am 26. März 1162. Die Bevölkerung mußte die Stadt verlassen und sich anderswo ansiedeln. Ein Feuermeer wogte durch die Viertel der verwaisten Königin der Lombardei. Rechtzeitig brachte Barbarossa die Reliquien der Drei Könige in Sicherheit, auf deren Hilfe in der Not die Mailänder vergebens gewartet hatten, verständlich aus Friedrichs Sicht, denn sie hatten der göttlichen Majestät des Kaisers getrotzt.

Wenn Kaiser Friedrich seine konsequente Italienpolitik, seine Festigkeit gegenüber dem Papst, seinen Sieg über Mailand jemandem verdankte, dann seinem energischen, unnachgiebigen Kanzler Rainald von Dassel, Erzbischof von Köln und Genie der Staatskunst. Der Staufer fühlte sich gedrängt, seinen »Sonderberater« entsprechend zu belohnen. So verlieh er ihm zum Dank für seine »unermeßlichen und unvergleichlichen Dienste« eine Herrschaft im Tessin und ein Gut bei Andernach. Und er schenkte ihm das Kostbarste der Mailänder Beute, die Drei-Königs-Reliquie, auf daß »die Heilige Kirche und die Stadt Köln aufs glücklichste bereichert und auf ewige Zeiten gerühmt werde«.

Im Juni 1164 kehrte Rainald von Dassel aus Italien in die Stadt seines Erzstiftes zurück. Überall lauerten papstfreundliche Kräfte, so der Pfalzgraf bei Rhein und der Landgraf von Thüringen, Rainalds erbitterte Feinde, den Kanzler abzufangen. Auf geschickt gewählten Umwegen – erst durch Burgund, dann durch Schwaben – schlich sich Rainald heim. Vor seinem Eintreffen ließ er »den Klerus und die Bürger der lieben Stadt Köln« wissen, daß er mit großen Gaben käme, die mit nichts in der Welt verglichen werden könnten.

Man empfing den Kanzler stürmisch. Als er zur Verherrlichung der Drei Könige diese, durch Mimen verkörpert, durch die Stadt ziehen ließ, »ward ein solcher Zudrang von Volk, Rittern, Damen und Pfaffen, daß etwas ähnliches nie gesehen war, und man beschloß, dieses Allegorienspiel alljährlich zu wiederholen«. Die Kölner nahmen die Reliquien ehrfürchtig aus den Sarkophagen. »Ich habe die Leiber selbst gesehen«, schrieb ein Augenzeuge, »sie sind einbalsamiert und gänzlich unversehrt.«

Dem Überbringer der Könige hat die Stadt auf dem nun in Auftrag gegebenen Reliquienschrein ein Denkmal gesetzt. Obwohl man im Hochmittelalter kaum Wert auf Porträtähnlichkeit legte, darf man annehmen, daß das Bildnis des Kanzlers, die Grandezza und leichte Ironie des Ausdrucks, die langgebogene, schmale und sensible Nase, der modisch das Gesicht umrahmende Bart, der Realität entsprach. Der von Barbarossa emporgehobene Kanzler, der seine Lebensaufgabe vor allem in der Erhöhung der kaiserlichen Macht und in der Größe des Reiches gesehen hat, erwies mit der Überführung der Drei Könige auch der Stadt seines erzbischöflichen Sitzes einen hohen Dienst. Wallfahrten aus allen Teilen des christlichen Europa führten zu einem raschen Anwachsen der alten Römerstadt. Die Kölner mußten ihren Mauerring erweitern.

Das Motiv der Drei Könige entdeckt man im Kölner Dom noch an anderer Stelle, auf einem der wertvollsten Beispiele spätmittelalterlicher Tafelmalerei, dem Triptychon der Anbetung von Stephan Lochner, das sich im rechten Querschiffarm befindet. Dürer hatte das Altarbild von großer Lebendigkeit und Leuchtkraft tief bewundert. Über dem Goldhintergrund rankt vergoldetes Blendmaßwerk gleich einem Baldachin, desgleichen auf den beiden Seitenflügeln, die weitere Heilige Colonias wiedergeben, St. Gereon und St. Ursula, die mit der bekannten Schar ihrer Jungfrauen dargestellt ist. Ursprünglich waren es wohl 11 Begleiterinnen, die der britischen Prinzessin nach Köln nachgefolgt sind, wo alle das Martyrium erlitten. Ein mönchischer Schreibfehler – man kennt deren mehrere, die im Mittelalter zu Verwechslungen führten – es wurden 11 000 Jungfrauen daraus, eine Zahl, deren Unsinnigkeit auf der Hand liegt. Doch hat sich ein ikonographisches Schema einmal eingebürgert, ist nicht mehr daran zu rütteln.

Will man eine Gesamtschau mittelalterlicher Kunst am Mittelrhein erleben, so begebe man sich in die romanische Kirche St. Cäcilien beim Neumarkt. Dorthin hat man 1956 die Schätze des Schnütgenmuseums, Glanzstücke vom Lenz bis zum Herbst des Mittelalters, überführt. Das Inventar beruht auf dem Sammeleifer des Domkapitulars Schnütgen, von dem der Maler Hoerle trocken sagte, er habe dem lieben Gott alles von den Altären geklaut. Schnütgen war Theologe und Kunsthistoriker in einem; von ihm ist, wie bei vielen Prominenten, ein berühmtes »letztes Wort« überliefert. Ob authentisch oder nicht, es beleuchtet den kölnischen Sinn für einschätzbare Realität, selbst beim Blick auf die Transzendenz. Als man Schnütgen bei Überreichung der Sterbesakramente ein Kreuz vorhielt, siegte der Kunsthistoriker über den Kirchenmann, er äußerte mit gerunzelter Stirn: »Schlechtes 19. Jahrhundert!«

KAISERIN THEOPHANO

»Es ist gewiß, daß keine Stätte jemals durch solche Feierlichkeit und solchen Glanz von Menschen ausgezeichnet worden ist«, vermerkte eine Chronik aus der Zeit des Sachsenkaisers Otto I. Gemeint ist die im 10. Jahrhundert gegründete Benediktinerabtei St. Pantaleon, die außerhalb der Südmauer Kölns auf einer sanften, heute kaum mehr wahrnehmbaren Erhebung erstand (ein Mauertorso reckt sich in unmittelbarer Nähe empor). Später wurde St. Pantaleon in die nach Süden wachsende Stadt einbezogen, ja ganz von ihr umschlossen.

Der letzte Krieg hat die Abtei-Umgebung zermalmt. Man entschloß sich danach zu der Lösung, St. Pantaleon in einen Park zu setzen. Die Abteikirche präsentiert sich hierdurch nicht schlecht; ihr Standort ähnelt nun einer der englischen Großkirchen, die fast alle ebenfalls in Grünanlagen gebettet sind, abseits der Stadtkerne.

Die eindrucksvoll hochragende Fassade wird immer wieder als echtes Zeugnis des Frühmittelalters gerühmt. Das stimmt nicht ganz. Man sehe sich Bilddokumente von St. Pantaleon aus dem vorigen Jahrhundert an: nichts von dem bezeichnenden Mittelturm mit seinen Biforien, nichts auch von den überragenden Seitentürmen, im Stumpf oktogonal, oben rund und von Kegeln bedeckt. Der Mittelturm hatte damals ein barockes Kleid mit Haube und Laterne. Das, was wir heute als original ansehen und was bereits so etwas wie Patina angesetzt hat, ist die meisterliche, aus romanischer Baugesinnung geschaffene Rekonstruktion aus den Jahren 1890/92, dem Urbild nachempfunden, nur die Vorhalle beließ man leider verkürzt.

Den unverfälschten Klang erlebt man im Innern, vor allem im Westwerk: der quadratische Raum ist aus zwei Arkadenreihen gefügt, deren Bögen den typisch ottonischen Ziegel-Tuff-Wechsel (Zebrastreifung) aufweisen. Das Langhaus verrät deutlich die Herkunft von der altrömischen Basilika: die Basilica Regia unter dem heutigen Rathaus war sicher der Maßstab. Statt der modernen, grün profilierten Kassettendecke hätte man sich lieber eine Holzbalkendecke gewünscht, nach der Art der Frühromanik. Aber vielleicht wollte man sich wegen der nachgotischen Obergadenfenster nicht dazu entschließen. Mit Recht steht der spätgotische Lettner Brabanter Schule mit seinen steilen Kielbögen wieder vor dem Chor. In zwei Konsolenfiguren will man den Erzbischof Bruno und die Kaiserin Theophano erkennen.

Aus der Zeit Brunos stammt der lange zugemauerte Kreuzgang-Rest, über dem sich das Kapitelhaus erhebt. Der Torso mit seinen gedrechselten Pilzkapitellen ist das älteste Dokument eines Kreuzgangs auf deutschem Boden.

Von St. Pantaleon geht ein Hauch von Geschichte aus. Denn in der rechten Seitenapsis steht der Sarkophag der Domina Theophano Imperatrix – der Kaiserin Theophano. Er ist aus weißem Naxos-Marmor von S. Hürten in unserer Zeit, doch aus dem Geist der Romanik gestaltet und umschließt eine kleine Truhe mit den Gebeinen der Gemahlin Ottos II. Bei der Fertigung des Reliefs an der Stirnseite griff der Bildhauer auf eine Elfenbeinschnitzerei um 980 zurück, die sich im Cluny-Museum in Paris befindet; sie stellt Christus dar, wie er Otto II. und Theophano krönt. Man hat der Szene die Hagia Sophia in Konstantinopel und St. Pantaleon in Köln hinzugefügt, Sinnbilder der zur Zeit der Ottonen noch nicht getrennten Kirche.

Theophano liebte St. Pantaleon besonders. Sie erkor die Kirche zu ihrer Begräbnisstätte. Erzbischof Everger nahm 991 die Beisetzung vor, unter Anwesenheit ihres Sohns Otto III.

Theophano war nicht die Tochter, sondern die Nichte des damals in Byzanz regierenden griechischen Kaisers Johannes Tsimikes, dessen ausgeprägte Westpolitik im Zeichen der Entspannung stand. Tsimikes, ein Armenier, hatte den Basileus Nikephoros Phokas II. gestürzt. Als neuer Throninhaber war er eine der bedeutendsten Kaiserpersönlichkeiten am Bosporus, erfolgreich auch als Heerführer. Er schlug die Slawen und drängte die islamischen Araber zurück, jene der Wüste entstammende dynamische Macht, die ein halbes Jahrtausend später Byzanz als christliches Imperium durch die Einnahme von Konstantinopel auslöschen sollte.

Um seinem usurpierten Kaisertum legitimen Glanz zu geben, vermählte sich Tsimikes mit einer entfernten Angehörigen des altehrwürdigen makedonischen Hauses, der Tante Theophanos. Die anmutig-grazile, gescheite und sublim gebildete Nichte seiner Gemahlin behandelte Tsimikes auch als Witwer und während seiner später eingegangenen zweiten Ehe mit einer Aufmerksamkeit, die politisch, aber auch emotional begründet war. Indem er mit Otto dem Großen die Heirat Theophanos mit dem deutschen Thronfolger Otto, dem nachmaligen Otto II., vereinbarte, verschaffte er ihr die beste Partie, die im Kreis der damals verfügbaren christlichen Monarchien in Frage kam. Theophano reiste 972, von dem Kölner Erzbischof Gero in Konstantinopel abgeholt, nach Rom, wo in St. Peter die Prunkhochzeit mit dem jungen Otto und zugleich beider Kaiserkrönung stattfand. Die Urkunde über Ottos Geschenke an seine Gemahlin befindet sich im Staatsarchiv in Wolfenbüttel. Man nimmt an, daß Teile des Diadems, das die Griechin getragen hat, im Emailschmuck eines in München verwahrten Buchdeckels enthalten sind.

Theophanos Auftreten in der deutschen Geschichte war in verschiedener Hinsicht bemerkenswert. Indem Karl der Große ein westliches Kaisertum begründet hatte, das später auf das ostfränkisch-deutsche Königshaus der Sachsen (auch Liudolfinger oder Ottonen genannt) überging, lebten die beiden Großreiche der Christenheit in latenter politischer Spannung. Denn Byzanz beanspruchte die Idee der Nachfolge des Imperium Romanum allein für sich. Aus der Warte des byzantinischen Kaiserhofes in Konstantinopel waren die Kaiser des Westens Emporkömmlinge barbarischer Herkunft, ohne erlauchte Ahnenreihe, keine »Romäer«, das heißt: ohne Anrecht, sich auf Rom zu berufen. Sie waren weder »purpurgekrönt«, wie sich stolz der griechische Kaiser nennen durfte, noch dem lateinisch-römischen Lebenskreis zuinnerst verhaftet. Sie galten Byzanz als neu etablierte Herrscher über Länder ohne historische Tradition und Würde, mit uneleganten Idiomen, ohne die Gesittung des Mittelmeerischen – über Länder, in denen man nicht einmal mit der Gabel aß.

Mit Theophano änderte sich das Verhältnis. Byzanz erachtete nun das westliche Kaisertum zumindest als politisch ebenbürtig. Die Einheit der christlichen Welt (das Schisma trennte sie erst 1054 in Ost und West) erlebte eine großartige Dokumentation an jenem römischen Hochzeitstag von 972.

Theophano brachte also der deutsch-römischen Kaiseridee, auf die gerade Otto I. großen Wert legte, als Morgengabe des Ostens den byzantinischen Segen ein, nach hundertjähriger gereizter und frostiger Koexistenz. Indem die neue Kaiserin des Westens einen Stab griechischer Bildungsträger in ihrem Gefolge mitführte und selber griechisch gebildet war, erhöhte sie das Bildungsniveau des deutschen Königreiches beträchtlich. Der Dynastie der Sachsen haftete, obwohl sie die westliche Kaiserwürde innehatte, immer noch der Geruch des Feldlagers germanischer Heerkönige an. Theophanos Einfluß, ihr geistiges Imago, erhob sie auf die Ebene der Internationalität. Zwar hatte schon unter Kaiser Otto I. und seiner burgundischen Gemahlin Adelheid jene rückbesinnende Erneuerung begonnen, die man ottonische Renaissance nennt, doch im griechisch-byzantinischen Sinne wurde sie unter Theophano erst richtig fortgesetzt. Die merkliche Ausrichtung, die das Reich der Ottonen auf Byzanz, sein Zeremoniell, seine Kunst, sein Kunstgewerbe, sein Lebensgefühl erfuhr, ist Folge der fruchtbaren sächsisch-byzantinischen Verbindung am Ende des ersten christlichen Jahrtausends. Sosehr die Lebenskreise divergieren mochten, die hier zusammentrafen, so einheitlich-homogen mutete die neue Kultursynthese an, die Verschmelzung von Orient und Okzident am ottonischen Kaiserhof. Sie wirkte durch das fernere Mittelalter fort.

Kaiser Otto II. hatte in seiner Reichspolitik keine glückliche Hand. An der Elbe erst hielten seine Streitkräfte die vordringenden Slawen auf. In Kalabrien entrann er mit Mühe, durchs Meer schwimmend, den Sarazenen. Spöttisch sagte man, er habe alle Herrschereigenschaften besessen, außer »siegen zu können«. 983 starb er an Malaria in Rom. Man tat seinen Leichnam in einen Porphyrsarkophag, der lange in der Vorhalle von St. Peter stand. Beim Neubau der Papstkirche gelangten die sterblichen Reste des jungverstorbenen Kaisers in die Vatikanischen Grotten. Aus dem Porphyr des Grabtrogs fertigte man ein Taufbecken, das heute noch in St. Peter steht.

Nach Ottos II. Tod schlug Theophanos politisch große Stunde. Da der Nachfolger Otto III. erst ein Kind war, übernahm die einstige griechische Prinzessin das Amt des Reichsverwesers. Sie konnte sich auf zuverlässige Helfer stützen, so den Mainzer Erzbischof Willigis aus sächsisch-bäuerlichem Geschlecht, den Erbauer des Doms. Doch andere Kräfte machten ihr das Regieren schwer, besonders der ebenfalls sächsische Bayernherzog Heinrich der Zänker. Er wurde schließlich abgesetzt, inhaftiert und, zur Räson gebracht, mit Bayern neu belehnt, freilich mit dem Verlust Kärntens. Dessen Sohn Heinrich sollte später auf den Thron gelangen und als einziger deutscher Kaiser heiliggesprochen werden: als Heinrich II. der letzte Ottone.

Theophano, die letztlich siegreiche Gegenspielerin von Heinrichs Vater, bewies während ihrer neun Jahre der Regentschaft souveränen Geist, politische Umsicht, diplomatisches Geschick, angeborene Würde, königliche Tatkraft und die Überzeugung einer von der Religion geprägten Mission. Dabei war sie nicht bigott wie ihre Schwiegermutter Adelheid, die Gemahlin Ottos des Großen, die aus Jenseitsangst Reichsgut an die Kirche verschleuderte. Theophano war, um nicht dogmatisch eng zu sein, in ihrer Heimat viel zu lange vom Licht von Hellas angerührt, zwar nicht von der längst untergegangenen Sonne Homers, aber doch von jenem humanhellenischen Geist des alten Griechenland, der in verwandelter Form auch noch ins Christlich-Byzantinische weiterwirkte. Andererseits müßte Theophano keine Persönlichkeit des europäischen Mittelalters sein, wenn der christliche Himmel nicht auch dieses Haupt ungetrübt überwölbt hätte. Das christliche Fundament ihres abendländischen Kaisertums begründete ihre hohe Auffassung vom Rang der Kirche für den Glanz ihrer

Krone und ihres Reiches. Wenn sie einmal die Augen schließen sollte, so disponierte sie, dann wollte sie in einer der wirklich repräsentativen Kirchen des Königreiches ruhen, einem himmlischen Jerusalem. St. Pantaleon in Köln war ihr der würdige Platz. Erzbischof Bruno, der Bruder ihres kaiserlichen Schwiegervaters und ihr zu Lebzeiten zugetan, hatte die Kirche erbauen lassen. Seine würdige Grabstätte geht auf Theophano zurück. Der wuchtige Römersarkophag steht noch heute in der kleinen romanischen Krypta unterhalb des Chors, dort wo sich zur Römerzeit eine Villa befand. Doch dies war für die Kaiserin nicht Grund genug, hier ihre ewige Ruhe zu suchen. Der heiliggesprochene Arzt Pantaleon, griechisch Panteleimon, der um 300 in Nikomedien das Martyrium erlitten hatte, war ein legendenumrankter Heiliger ihrer oströmisch-griechischen Heimat.

Die Domina Theophano Imperatrix starb 991 35jährig, viel zu früh, um ihrem griechisch erzogenen Sohn neben seiner musischen Bildung und seinen mystizistischen Neigungen auch etwas Stabilitas mitzugeben, etwas vom staatspolitisch wichtigeren römischen Ordo. Während seiner wenigen Regierungsjahre blieb der Dritte mit dem Namen Otto ein Euphorion auf dem Thron, Utopist und Träumer vom Gottesstaat eines Universalreiches, dem er selber als Priesterkönig und Abbild des Menschensohnes vorstehen wollte. Viele Herrscher früherer Zeiten, vor allem im Jahrhundert des Absolutismus, benützten die Doktrin ihrer Gotterwähltheit den Untertanen gegenüber nur zur metaphysischen Untermauerung ihrer Machtposition. Dieser aber, Otto III., war von der irrealen, hohepriesterlichen Funktion seines Kaisertums noch zutiefst durchdrungen.

Otto zählte 16 Jahre, als er 996 in Rom die Kaiserkrone empfing; der ihn krönte, zählte 24 Jahre: Papst Gregor V. aus sächsischem Geschlecht, griechisch gebildet wie jener, dem er die Krone aufs Haupt setzte. Als der junge Kaiser die Tiberstadt verlassen hatte, stürzten die Römer unter Führung des

Senators Crescentius den deutschstämmigen Pontifex und setzten einen Gegenpapst ein. Otto kehrte in einem zweiten Italienzug nach Rom zurück und ließ den Gegenpapst ergreifen. Die Häscher schnitten ihm Zunge und Nase ab und setzten ihn rückwärts auf einen Esel, den sie durch die Straßen trieben. Crescentius fiel auf der Engelsburg durch das Schwert. Die Hilfe kam für Gregor zu spät; er starb kurz darauf, man nimmt an durch Gift. Otto folgte ihm 1002 im Tode nach, auf seiner dritten Südreise, als der Imperator, der sich mit byzantinischem Hofzeremoniell umgab, gerade dabei war, genau wie sein Vater eine Prinzessin vom Bosporus zu ehelichen. Was er vererbte, war der Traum von einem deutsch-italischen Großreich, dem irdischen Abbild des Gottesreiches. Nichts hatte er an sich vom Wirklichkeitssinn seiner Mutter Theophano, der Tochter Ostroms, die man trotz ihrer griechischen Herkunft »die deutscheste unter den deutschen Kaiserinnen« genannt hat.

ZWEITE REISE:

LAND LINKS DES RHEINS

AACHENER KAISERPFALZ

Aachen, im übrigen Europa mehr als Aix-la-Chapelle bekannt, ist heute Grenzstadt, allerdings mit weitreichenden Kontakten über die Grenze, im Dreiländereck Deutschland-Belgien-Holland stets gepflegte Tradition. Der Grenzübergang an Wochenenden, zu Verwandtenbesuch oder opulentem Essen (das man beiderseits der Grenze schätzt) ist hier alter Brauch. Aachener unterhalten ihre Jachten auf dem Maaskanal, den sie in knapp einer halben Stunde erreichen. Der keltisch-germanisch-romanische Volksstamm diesseits und jenseits des Schlagbaums, ausgezeichnet durch Ratio, schnelles Denken und Savoir-vivre, ist nahezu derselbe. Ein großes Stück der Aachener Stadtgrenze entspricht der Landesgrenze, die man jedoch kaum als solche empfindet; es gibt für Aachener beim Grenzübertritt praktisch keine Legitimationsschwierigkeiten. Man versteht sich wechselseitig, das Verständnis ist familiär. Die Aachener sind nicht so recht zufrieden, daß das Verwaltungszentrum nach Köln gerückt ist, wo man für die Fragen der Grenznähe und der Verbindung über die Grenze hinweg nicht die gleiche Einfühlung hat. Man entscheidet dort binnenländischer.

Aachens Westorientierung hat alte Wurzeln. Man weiß, daß hier früher Grenzen keine Rolle spielten, daß man einst europäisches Zentrum war, ungeachtet nationaler, sprachlicher Unterschiede, Hauptstadt und glorreiche Residenz des größten Imperiums des Frühmittelalters, Kapitale Karls des Großen.

Obwohl seit Karls Kaiserkrönung um 800 bald zwölfhundert Jahre vergangen sind, ist man immer noch Stadt des größten der Karolinger (wie etwa die Welfen in Braunschweig, die Wittelsbacher in München, die Salier in Speyer stets gegenwärtig sind). Was mag Karl bewogen haben, Aachen als bevorzugten Aufenthalt, als erste karolingische Pfalz zu wählen? Über zwanzigmal weilte er in Aachen, in Worms etwas mehr als zehnmal, in Regensburg, Düren, Diedenhofen (bei Metz), Ingelheim, Quiernay (bei Soissons), anderen bevorzugten Pfalzen, allenfalls fünfmal, an den übrigen kaiserlichen Stützpunkten zwischen Minden und Compiègne, zwischen Nimwegen und Schlettstadt sind noch weniger Stationen des kaiserlichen Itinerars vermerkt. Karl hatte es auch nicht nötig, überall persönlich nach dem Rechten zu sehen. Er hatte das Reich in Grafschaften mit kaisertreuer Oberaufsicht eingeteilt. Außerdem sorgten für eine straffe Reichskontrolle seine Sendboten, weltliche und geistliche, die seine wachsame Gegenwart versinnbildlichten, Abgaben und Gerichtsbarkeit kontrollierten, für die Reichseinheit Sorge trugen. Zur Regierungszeit Karls gab es in der Tat auch keine eigenmächtigen Territorialinteressen, keine Bestrebungen einer Irredenta, keine Auflehnung gegen den christlichen Imperator, der gottähnlich über der ganzen abendländischen Welt stand, von Böhmen bis zur Biscaya, von der Nordsee bis zum Fiume Garigliano, südlich des Kirchenstaates, wo das Herzogtum Neapel begann. Aus heutiger Sicht ist es schlecht vorstellbar, wie es möglich war, ein derart gewaltiges Imperium bei miserablen Straßenverhältnissen zusammenzuhalten, zu verwalten und auch nur zu überschauen. Die einigende Idee des Christentums, die vitale Kraft des fränkischen Volksstamms, der eine dünne, aber unangefochtene Führungsschicht stellte, und die überragende Persönlichkeit des Karolingers Karl ließen das Reich eine Zeitlang dauern.

Karl brauchte also nicht, wie in seinen jüngeren Jahren, ununterbrochen auf Reisen zu sein. Das Herrschaftssystem war eingespielt. Älter und bequemer geworden, auch durch Podagra geplagt, hielt er sich seit 795 meist, seit 800, dem

Jahr seiner Kaiserkrönung, nahezu immer in Aachen auf. Die dortigen heißen und heilenden Quellen taten ihm gut. Außerdem lag Aachen ungefähr in der Mitte seines Reiches und nicht weit vom Siedlungsraum der von ihm unterworfenen Sachsen, deren Reichstreue er nie ganz trauen konnte. Auch ließ sich das Gelände um Aachen überschauen; kein schwer überschreitbarer Strom, kein hohes Gebirge hinderte den Kaiser, im Notfall seine Residenz schnell zu verlassen und furchtdrohend – heute würde man sagen: als »politische Feuerwehr« – zur Stelle zu sein.

Natürlich stattete Karl seine Dauerresidenz Aachen, an deren Platz sich zuvor allenfalls ein Königshof befunden hatte, mit entsprechendem Glanz aus, der seinem Komfortbedürfnis, seinem Rangbewußtsein, doch auch seiner gottesgnadlichen Position würdig war – einer Position, die sich im Gegensatz zur Epoche Heinrichs IV. und des Investiturstreites noch klar und selbstbewußt, etwa wie die Sonne über den Mond, über den Bischof von Rom erhob.

Aachen hat im Zweiten Weltkrieg furchtbare Wunden erlitten, teils durch Bomben, teils durch die Granaten des Erdkampfes, teils durch Wind, Regen, Raub, denn die Stadt war in der Endphase nahezu ganz von Menschen entblößt. Niemand war da, Häuser abzudecken, notdürftige Schäden zu beseitigen. Von den 16 000 Gebäuden fiel die Hälfte in Schutt.

Unterdessen ist die Stadt Karls des Großen wiederauferstanden als die zwischen waldigen Hügeln gelegene Großstadt im Grünen. Die Industrie blühte auf, zumal jene, die auf der Aachener Tradition der Tuchmacher fußt; schon im Mittelalter hatte die hier erzeugte Ware europäische Geltung, neben der friesischen und flandrischen. Aachen nimmt an Umfang zu; immer neue Viertel greifen in die Landschaft am Nordrand der Eifel, Aachen ist nicht nur eine der ältesten, sie ist auch eine der modernsten Städte.

Innerhalb des einstigen Grabens und der mittelalterlichen

Stadttore, von denen einige erhalten sind – das Ponttor ist das stattlichste –, hat man viel Historie konserviert und geschickt in das neue städteplanerische Konzept hineinkomponiert. Das Zentrum ist aufgelockert durch Fußgängerzonen. Vor Fachwerk-Invaliden, die man einigermaßen zurechtgeflickt hat, sitzt die Jugend der Hochschulstadt in farbigen Hemden und Blue jeans an Tischen im Freien. Vor Fachwerk schwingt über einen kleinen Platz der Dreiklang von Arkadenbögen, Rest einer ehemaligen römischen Wandelhalle. Daneben streckt sich die weiße klare Front eines Empire-Gebäudes aus, das das Motiv der klassischen Antike harmonisch aufnimmt. Vor dem Gasthaus »Unterm Apfelbaum«, auch hier ein Treffpunkt der Jugend, hat man sinnig einen Apfelbaum gepflanzt. In der Krämerstraße, die von hier auf den Münsterchor sanft abwärts zustrebt, stehen altertümliche Straßenlaternen, die Romantik verbreiten.

Die heilenden Quellen Aachens, die heißesten Europas, insgesamt 38 schwefelhaltige Kochsalzthermen, haben nicht nur badefreudigen Römern und einem rheumaleidenden Frankenkaiser Linderung gebracht. Auch heute ist die Heilwirkung der Aquae Grani gefragt, der Wasser des keltischen Äskulap, der Granus hieß. Die Aquae haben Aachen seinen frühesten Namen gegeben. Als Kurzentrum in unseren Tagen dient der klassizistische Elisabethenbrunnen, wiederauferstandene Antike der einstigen Römerbadestadt, Säulenrund und Säulenhalle, Werk des Klassizisten Cremer, der auch das würdevolle Stadttheater geschaffen hat.

Dominante im städtebaulichen Bild ist der Rathaus-Dom-Bezirk. Zum Glück blieb er weitgehend erhalten, so daß der Geist des großen Karl noch in exemplarischen steinernen Monumenten anzutreffen ist. Das Rathaus, im 14. Jahrhundert erbaut und nach dem Brand 1883 teilweise wilhelminisch erneuert, steht am Platz der ehemaligen Palast-Aula des Frankenkaisers. Von Karls Residenz sind noch zwei aus mächtigen Quadern erbaute Türme übrig, Turris Regia und Granusturm. Dieser diente einst als Schatzhaus. Er ist nicht, wie die Legende will, von einem so benannten Bruder des Kaisers Nero errichtet, sondern er erinnert an eben den hier verehrten Kelten-Heilgott. An die Seitenfront des hoch aufragenden spät- und neugotischen Prachtgebäudes des Rathauses – an der Krämerstraße – ist der aus dem 17. Jahrhundert stammende Holzbau der »Postkutsche« angelehnt, ein beliebtes Stelldichein für jedermann. Der Anbau war 1944 stark angeschlagen, doch aus geretteten Teilen hat man ihn mit seinem vorkragenden Obergeschoß und den gedrehten Säulchen zwischen den Fenstern wiedererstehen lassen.

Im Rathaus kann man den Kaisersaal besichtigen, in dem viele deutsche Könige das Krönungsmahl eingenommen haben, als erster der Luxemburger Karl IV., als letzter der Habsburger Ferdinand I. Auch Reichsversammlungen fanden hier statt. Der Romantiker Rethel, über dessen »Totentanz« man früher Schulaufsätze schrieb, hat den Saal mit Karlzyklen ausgeschmückt. Man sieht auf den riesigen Wandbildern Karl hoch zu Roß mitten in der Schlacht. Otto III. öffnet auf einem anderen Tableau Karls Grab; der Vorgang ist geschichtlich. Doch der Kaiser war nicht, wie hier wiedergegeben, auf dem Thron sitzend beigesetzt. Otto entnahm, wie die Chronik berichtet, ein goldenes Kreuz, das dem Kaiser um den Hals hing, und einige nicht verdorbene Gewandreste. Das abergläubische Mittelalter meinte, daß der Grabesfrevel zu Ottos frühem Tod ohne Nachkommenschaft geführt hat. Man entsprach dem Wunsch des 22jährigen, im Aachener Münster neben dem von ihm hochverehrten Carolus Magnus zu liegen. Fürsten und Bischöfe übernahmen das Geleit. Reichsfeinde griffen den Leichenzug bei Verona an. Ottos Sarg mußte eine Woche lang mit der Waffe verteidigt werden. 1002 wurde der vorletzte Sachsenkaiser, Sohn Ottos II. und der byzantinischen Prinzessin Theophano, in Aachen beigesetzt, nach Platen der »tatenloseste neben dem tatenreichsten Mann«.

Die Topographie der karolingischen »Akropolis« von Aachen ist im Stadtgelände noch deutlich abzulesen. Ein langgestreckter Platz, der Katschhof und frühere Pfalz-Innenhof, liegt zwischen dem Standort des Palastes und der Palastkapelle, heute teilweise von modernen Bautrakten aus Stahl, Beton, Glas, teilweise von Jahrhundertwende-Bauten umgrenzt. Vor zwölfhundert Jahren führte eine Wandelhalle vom Palas zur Kapelle, durch den der Imperator von seiner Residenz unmittelbar in den oberen Umlauf des Sanktuariums gelangen konnte, dorthin, wo sein Marmorsessel stand. Karl besuchte in den Jahren seines Aachener Daueraufenthaltes die Messe regelmäßig, auch sonst hielt er sich meist morgens und abends, manchmal auch nachts in der Rotunde betend auf: der von Gott Eingesetzte, für den er sich hielt, im Hause Gottes.

Das Westwerk des Münsters erreicht man durch ein Portal mit spätgotischem »Eselsrücken«. Ein gassenähnlicher Hof mit Priesterquartieren führt zur Eingangshalle der Pfalzkapelle, in der eine bronzene Bestie mit aufgerissenem Maul und ein riesiger Pinienzapfen stehen. Zur Stauferzeit schrieb ein Araber aus Sizilien in sein Tagebuch: »Im Hofe des Domes sah ich beim Hinausgehen einen Wolf, aus dessen Maul eine Wassersäule hervorschoß, und einen großen Pinienzapfen aus Bronze. Die beiden Dinge kamen aus unserer Heimat und waren uralt.« Trotz des veränderten Standplatzes berührt es eigentümlich, vor zwei Werkstücken zu stehen, auf die das prüfende Auge eines Mannes aus dem 13. Jahrhundert fiel, dazu in diesem Fall eines hochgebildeten Begleiters des Stauferkaisers Friedrich II. Die von dem Sarazenen als »uralt« bezeichneten Bildwerke sind inzwischen genau doppelt so alt. Der »Wolf« wird heute allerdings für eine Bärin gehalten. Er gehörte im 2. Jahrhundert zu einer Gruppe: der keltischen »Diana« Artio mit ihrem Lieblingstier. Von dem Pinienzapfen sagt die Sage, er sei die Seele der Bärin. Dabei handelt es sich um ein altes Fruchtbarkeitssymbol, das, von der Antike übernommen, noch dem Barock als Schmuckform diente.

Über den Bau der Pfalzkapelle, in die wir aus der Vorhalle eintreten, hat uns Eginhard, Karls Biograph und zugleich Bausachverständiger, einen anschaulichen Bericht gegeben. »Der christlichen Religion, zu der er von Jugend auf angeleitet worden«, heißt es in dem Rapport »Vita Caroli«, »war er mit Ehrfurcht und frommer Liebe zugetan. Darum erbaute er auch das herrliche Gotteshaus zu Aachen und schmückte es mit Gold und Silber und mit Kerzen und mit ehernen Gittern und Türen. Da er die Säulen und den Marmor für die Kirche anderswoher nicht bekommen konnte, ließ er sie aus Rom und Ravenna herbeischaffen.«

Man stelle sich die ungeheure Transportleistung vor, die notwendig war, zentnerschwere Säulenschäfte auf unzulänglichen Straßen und über die Alpenpässe zu verfrachten, nahezu 2000 Kilometer weit! Das konnte sich nur ein Potentat leisten, dem die Mittel eines gewaltigen Reiches zur Verfügung standen. Doch nicht nur die Säulen kamen aus dem damals noch byzantinisch geprägten Ravenna – auch die Bauformen. San Vitale, die großartige frühbyzantinische Kirche in der ehemaligen Residenz Theoderichs des Großen, stand Pate. Theoderich, Germane wie Karl und wie dieser durchdrungen vom Bewußtsein römisch-christlicher Kultur, war für den Frankenkaiser großes Vorbild: Karl ließ eine Statue des Gotenkönigs aus Italien nach Aachen bringen und im Palasthof aufstellen. Man nimmt an, daß es sich irrtümlicherweise um eine Statue des oströmischen Kaisers Zeno, des Zeitgenossen des Theoderich, gehandelt hat. Das Bildwerk ist verschollen.

Romanische Rundbauten nördlich der Alpen haben Seltenheitswert. In England gibt es deren sechs, auf deutschsprachigem Boden vier: Die Michaelskapelle in Fulda, die kleine Rundkirche von Drüggelten bei Soest, die Klosterkirche von Ottmarsheim im Oberelsaß und – als mächtigste und berühmteste – die Pfalzkapelle Karls des Großen in Aachen. Sie ist eines der ehrwürdigsten Zeugnisse der Baugeschichte, in ihrer architektonischen Form ebenso einmalig wie in der Tiefe ihrer geschichtlichen, kultur- und kunstgeschichtlichen Bezüge. Nirgendwo ist man dem karolingischen Lebensgefühl so nahe wie hier.

Das Außengemäuer des von Odo von Metz 798 erbauten, von Papst Leo III. 805 eingeweihten Gebäudes ist ein Sechzehneck. In ihm rundet sich der innere Kranz eines Achtecks, mit zweistöckigem Bogen-Umlauf. Die Bögen sind in jenem Stein-Schichtwechsel gefügt, der byzantinisch-orientalischen Ursprungs ist.

Den besten Blick auf das Oktogon-Innere erlaubt der Standort im Chor oder auf der Empore, im sogenannten Hochmünster. Das Säulenrund wirkt fester gefügt, lastender, »romanischer« als die ostkirchlichen Vorbilder, voll imperialer Würde und feierlichem Ernst, Stätte verinnerlichter Einkehr, doch auch festlicher Repräsentanz. Die oktogonale Decke, die ebenfalls achteckig überkuppelt ist, besitzt leider nicht mehr den alten Mosaikschmuck. 1880/81 hat man dort, dem byzantinischen Stil angeglichen, einen segnenden Christus, die Evangelistenzeichen und eine anbetende Menge von Würdenträgern mosaizistisch wiedergegeben.

Geradezu dissonantisch, aber durch die Konfrontation zweier Stile eindrucksvoll, erhebt sich im Osten der 1355 bis 1414 angebaute spätgotische Chor mit seinen chorhohen schmalen Fenstern, im Sinne der Gotik sehr diaphan, durchscheinend. Eine Strahlenmadonna der Dürerzeit hängt vom Gewölbe herab. Das Chorherrengestühl ist barock. Auf einem Podium mit Gobelinhintergrund steht der rokokoverzierte Bischofsstuhl, der im vorwiegend romanisch-gotischen Raum ein Einzelgänger ist. Vier spätgotische Tafelbilder geben erzählfreudig neutestamentliche Szenen in altdeutscher Behäbigkeit wieder. Am Wochenbett Marias hockt eine Katze; eine Amme schüttet Wasser in einen Zuber.

Die Marmorkanzel von 1014 ist ein Geschenk des sächsischen Kaisers Heinrich II. Sie lastet auf Löwen; auf Adlerrücken ruht das Buch der Bücher. Der »Ambo« ist geschmückt mit zeitgenössischer Goldschmiedearbeit sowie Elfenbeinschnitzereien aus Alexandria und antiken Schalen, die ein halbes Jahrtausend älter sind als der Predigtstuhl. Unter den vier Giebelbaldachinen des aus vergoldetem Silber gefertigten Marienschreins von 1236 thronen neben Christus und Maria Karl der Große und Papst Leo III. Christus ist als Imperator dargestellt. Der Schrein enthält vier bedeutende Reliquien, die alle sieben Jahre ausgestellt werden und Scharen von Verehrern anziehen: das Gewand Mariens, die Windeln Jesu, das Lendentuch des gekreuzigten Jesus sowie das Enthauptungstuch des Täufers.

Der Chor war im Krieg durch eine eingezogene Wand von der Pfalzkapelle getrennt; inzwischen ist die Verbindung wiederhergestellt. Es ist erstaunlich, daß das Herz von Aachen, der Münsterbereich, trotz vieler Zeitwirren und zuletzt der Erschütterungen des Zweiten Weltkrieges sein Gesicht nur unwesentlich verändert hat. Dürer hielt die Münstersilhouette an der Schwelle von Gotik und Renaissance in einer Zeichnung fest. Es ist fast das Bild von heute. Nur das gefaltete Kuppeldach aus dem 17. Jahrhundert und die 1756 angebaute ungarische Kapelle fehlen.

CAROLUS MAGNUS

Die Könige des Merowingerreiches, des größten christlichen Reiches nördlich der Alpen im frühen Mittelalter, verweichlichten immer mehr. Man nannte sie »faule Könige« und spottete über ihre Reisegewohnheit, in Ochsenkarren liegend über Land zu fahren. Obwohl sie allein das Vorrecht beanspruchten, sich die Haare wachsen zu lassen, um schon äußerlich als die Ersten des Reiches zu gelten, waren sie schon lange die Zweiten geworden. Das Steuer des Staatsschiffes hatten ihre Palastvorsteher, ihre Haushälter in der Hand, ihre Majordomi – ein Wort, das mit »Hausmeier« zwar richtig, doch zu anspruchslos, zu altväterlich übersetzt ist. Die Hausmeier waren mächtige, tatkräftige, ehrgeizige und manchmal gewalttätige Herren, aus dem Volk aufgestiegen, »Kerle« oder »Kerrle« – so versteht sich der Name Karl, der leitmotivisch die Dynastie der Karolinger durchzieht. Karolinger sind nichts anderes als »Kerle«.

Es kam in der Geschichte selten vor, daß Exponenten dreier aufeinanderfolgender Generationen, Vater, Sohn und Enkel, »Kerle« waren. Bei den frühen Karolingern war dies der Fall. Der erste von ihnen, Karl Martell (Hammer), schlug mit einer fränkischen Armee 732 bei Tours und Poitiers die von der Pyrenäenhalbinsel andrängenden Moslems zurück und entschied damit, daß Westeuropa christlich blieb und nicht mohammedanisch wurde. Das militante Kreuz siegte über den Halbmond. In der langen Reihe erfolgreicher Abwehrschlachten des Abendlandes gegen morgenländischen Imperialismus war dies die erste: ein geradezu beispielhaftes Haltgebot. Der Sohn Karl Martells stand dem Sieger von 732 an herrscherischem Format nicht nach, an staatsmännischer Klugheit überragte er ihn: Pippin. Er besorgte souverän die Staatsgeschäfte. Der letzte Merowinger war nur mehr ein Schattenkönig. Als Pippin den Papst fragte, »ob jener, der die Gewalt habe, König heiße«, erhielt er das päpstliche Ja. Mit bestem Gewissen ließ er sich darum 751 von der fränkischen Heeresversammlung nach altgermanischer Sitte auf den Schild heben und zum König ausrufen. Den letzten Merowinger schickte er mit geschorenem Kopf ins Kloster. Den Langobarden in der Lombardei nahm Pippin ein Stück Land weg und schenkte es – zum Dank für dessen »salomonisches« Urteil – dem Papst. Es war die Geburtsstunde des Kirchenstaates – jenes Staatsgebildes, in dem der Nachfolger Petri ein weltlicher Herr mit allen weltlichen Rechten war. Pippin berief sich bei der Übereignung auf die sogenannte Konstantinische Schenkung, die sich indessen als Fälschung erwiesen hat.

Als Pippin 768 starb, zählte Karl, der Thronfolger, 26

Jahre. Mehr noch als Vater und Großvater war dieser Karolinger ein »Kerl«: die größte Persönlichkeit nämlich, die der vitale Volksstamm der Franken hervorgebracht hat. Unter ihm stieg das Frankenreich zur ersten Macht des Abendlandes auf.

Karl war kein Genie wie der staufische oder der preußische Friedrich. Eher könnten wir ihn in seiner monolithischen Struktur, in seiner Bodenständigkeit, in seinem untrüglichen Instinkt für das Mögliche mit Kaiser Rotbart oder Fürst Bismarck vergleichen.

Nach der Schilderung seines Chronisten Eginhard war er schon in seiner äußeren Erscheinung gebietend, groß, breitschultrig, blond, mit gewölbter Stirn; er maß das Siebenfache seines Fußes; nur die hohe Stimme war etwas dünn. Meist gab sich Karl leutselig. Er liebte die Frankentracht und wirkte demnach schon im Äußeren bäuerlich; die Hosen waren mit roten Bändern umwickelt. Auf der Oberlippe trug der Kaiser einen »Bojarenbart«, das Kinn blieb glattrasiert. Eine Vorstellung seines Aussehens vermitteln die während seiner letzten Regierungsjahre geprägten Silberdinare, die eine starke, leicht gebogene Nase zeigen. Auffallend entspricht dies Porträt den Zügen einer Reiterstatuette, die sich im Museum Carnevalet in Paris befindet. Hier trägt Karl über der Frankentracht einen an der Schulter zusammengehaltenen Umhang nach der Art der spätrömischen Nobilität.

Der Kaiser lebte aus dem vollen, urwüchsig und vital; doch im Trinken war er entgegen altgermanischer Sitte mäßig. Patriarchalisch stand er in Aachen seinem Haushalt und seiner Familie vor, die er mit fester Hand zusammenhielt. Er hatte fünf legitime Frauen. Die sanfte schwäbische Himiltrud verstieß er um der langobardischen Desiderata willen; diese wiederum mußte der 13jährigen fränkischen Hildegard weichen, die er am liebsten mochte. »So muß Hildegard mich sehen!« rief er aus, als ein Auerochse ihn auf der Jagd übel zugerichtet hatte. Als Hildegard starb, während Karl gegen die Sachsen im Felde stand, »fielen ihm schwere Tränen zwischen Schwert und Schild«. Karl stiftete ein Landgut im Moselland, dessen Erträgnisse dazu dienen sollten, daß am Grab der Verstorbenen bis zum Jüngsten Tag die Lichter brennen und täglich für ihr Seelenheil Messen gelesen werden. Wenige Monate nach Hildegards Tod heiratete Karl die wohl faszinierende, aber intrigante ostfränkische Fastrada. In der Zeit danach kam es zu den einzigen Revolten unter seiner Herrschaft, »weil er, dem blutdürstigen Sinn seiner Gemahlin zustimmend, von seiner angeborenen Milde und seiner gewöhnlichen Güte eine schreckliche Ausnahme gemacht zu haben schien«. Dennoch war Karl um Fastrada, die kränkelte, besorgt; von einem seiner Feldzüge schrieb er ihr den einzigen von ihm erhaltenen Privatbrief: »Es hat uns verwundert, daß kein Bote oder Brief von Dir seit dem Aufbruch aus Regensburg an uns gelangt ist. Darum wollen wir, Du solltest uns öfter über Deine Gesundheit und was sonst beliebt berichten.« Von ihrem ständigen Zahnschmerz fand die Königin Linderung im Kloster St. Goar, das Karl dafür reich beschenkte. Doch auch die vierte Gemahlin verstieß er gleich den beiden ersten, und zwar zugunsten der blühendgesunden Schwäbin Luitgard. »Länger säumte die Königin«, heißt es von dieser in dem Gedicht eines Jagdausflugs, »endlich kam sie aus dem Schlafgemach, gefolgt von einer großen Schar. Die Locken hingen, mit Purpurband durchzogen, auf dem hellen Hals, goldene Fransen zierten das dunkle Purpurgewand, an der Schulter glänzte ein kostbarer Beryll, auf der Stirne das goldene Diadem, am Hals ein Band von Edelsteinen. Die Königin bestieg ihr Roß, das sich unter der Hand des Knappen hoch aufbäumte.« Nach vier Jahren starb Luitgard.

Nach ihr werden noch drei illegitime Frauen, darunter eine Sächsin, als Mütter von Kindern Karls genannt. Auch zuvor hatte er Nebenfrauen und insgesamt 17 Kinder, von denen man weiß. Vor allem liebte er seine als schön bezeichneten Töchter, die er stets um sich haben wollte. Darum konnte er es nicht über sich bringen, sie einem Mann zu geben. Zwar sollte Hrothrud aus politischen Gründen den Thronfolger von Byzanz heiraten, doch nach sechs Jahren war Karl anderen Sinnes, Hrothrud blieb am Aachener Hof, wo sie als Trost eine Liaison mit dem Grafen Rorich von Mainz einging. Karl sah über die Affären seiner Töchter milde hinweg.

Das Persönlich-Anekdotische aus Karls Leben erfahren wir weniger aus der offiziellen Chronik seines Vertrauten Eginhard als aus dem Werk »Incipiunt Gesta Caroli«, das der Mönch Notker der Stammler ein halbes Jahrhundert nach dem Frankenkaiser im Kloster St. Gallen niedergeschrieben hat. Notker muß als Erzähler von Histörchen bekannt gewesen sein. Verständlich, daß Kaiser Karl der Dicke, der 883 in St. Gallen war, den Mönch gebeten hat, seinen Anekdotenschatz aufzuschreiben. Unter den vielen Geschichten aus dem Kaiserpalast in Aachen ist die bekannteste die Liebesstory zwischen Karls Tochter Bertha und Angilbert, dem viel älteren späteren Abt von St. Riquier. Angilbert tat das, was man im Bayerischen »fensterln« nennt. Einmal begann es zu schneien, als der Verehrer bei der Liebsten weilte. Die Fußspuren des Liebhabers der Kaisertochter wären verdächtig gewesen. Da nahm Bertha, kräftig und klug wie ihr Vater, Angilbert huckepack auf den Rücken und trug ihn in der Morgendämmerung durch den Schnee, so daß nur ihre eigenen unverdächtigen Spuren zu sehen waren. Doch Karl, der wach lag, nahm die Szene von seinem Fenster aus wahr. Er grollte nicht – nach der Legende soll er die beiden sogar vermählt haben, was aber nicht der Wirklichkeit entspricht. Bertha bekam von Angilbert zwei Söhne, Hartnid und Nidhart. Wilhelm Busch hat die pointierte Geschichte für eine seiner köstlichen Bilderfolgen benützt. Allerdings hat er sie ganz ungeschichtlich auf Eginhard und Emma übertragen.

In schlaflosen Nächten zog Karl eine Schreibtafel unterm Kissen hervor, um Buchstaben zu kritzeln. Verglichen mit einem durchschnittlichen Volksschüler unserer Tage, war das

Ergebnis der nächtlichen Bemühungen mangelhaft. Verglichen mit einem Monarchen des frühen Mittelalters, war es beachtlich. Die Kunst des Schreibens war Sache der Mönche. Die feudale Oberschicht bis hin zu gekrönten Häuptern hielt sie für überflüssig, ja für standesungemäß. Würdige Beschäftigung des Adels waren Waffenkunst und Jagd. Der Wissensdrang Karls ist ein Teil seiner universal ausgerichteten Persönlichkeit. Das Lesen auf althochdeutsch und auf lateinisch bereitete ihm nur geringe Mühe. Er hatte an seinem Hof eine Reihe von Gelehrten um sich, mit denen der mitteilsame Kaiser sich gerne unterhielt.

Karl ging es bei seiner Staatsschöpfung um nichts Geringeres als einen Gottesstaat. Zugleich wußte er, welches Bindemittel die christliche Lehre für die ungleichen Teile seines Großreiches darstellte, die der Genius seiner Verwaltungskunst, sein zäher Wille, sein Charisma gerade noch für die Frist seiner Lebensspanne zusammenhielt. Seine Ausstrahlung muß von bezwingender, unwiederholbarer Macht gewesen sein. Nicht nur für die Zeitgenossen war der Frankenkönig unanfechtbare Autorität, auch die nachfolgenden Jahrhunderte stellten keine Herrscherpersönlichkeit über ihn. Die späteren Kaiser des Abendlandes nahmen seine Attitüde des Herrscherischen an und ließen sich auf seinem Throne in der Aachener Pfalzkapelle krönen – damit hatte ihr königlicher Anspruch gottesgnadliche Legitimität, während man eine Krönung in Mainz oder Frankfurt, den beiden anderen Krönungsstädten, nicht anders bewertete als ein weihevolles Zeremoniell. Trotz der sicher von klerikalem Standpunkt anfechtbaren Vita des großen Kaisers konnte Barbarossa im 12. Jahrhundert den fast zum Mythos gewordenen Vorgänger heiligsprechen lassen, allerdings durch einen umstrittenen Gegenpapst und ohne den Segen des offiziellen Rom. Doch die Kurie hat danach nie Einspruch erhoben. Sie wußte, daß der Nimbus des ersten und letzten Herrn eines unierten Abendlandes auch ihr zugute kam.

Der Heiligsprechung Karls des Großen verdanken wir eines der prächtigsten, kunstvollsten Werke des Hochmittelalters: den im Chor der Aachener Münsterkirche aufgestellten Karlsschrein. Er birgt einen Teil der sterblichen Reste des heiligen Kaisers, die Reliquiencharakter haben. Ein Menschenalter nach der Einreihung Karls in den Kreis der Heiligen wurde das in Hausform gestaltete Reliquiar in Aachen selber gefertigt. Das aus vergoldetem Silber hergestellte Prunkstück ist mit eingelegtem Email und Preziosen geschmückt.

Man nimmt an, daß die Gebeine Karls des Großen sich ursprünglich in einem Römersarkophag befanden, der ebenfalls im Münsterchor steht. Der aus dem 2. Jahrhundert stammende Trog aus Carrara-Marmor verbildlicht mit nahezu vollplastischen Figuren einen hellenistisch bewegten Proserpina-Raub; Pluto, der Gott der Unterwelt, zieht die Tochter der Früchtegöttin zu sich auf ein Viergespann herauf. Der Sachsenkaiser Otto III. ließ, wie wir sahen, den Römersarg öffnen; er stellte fest, daß die Größenangabe Karls der Wahrheit entsprach. Zur Regierungszeit Friedrichs II. bettete man den karolingischen Imperator in den Karlsschrein um.

An der nach Westen gerichteten Stirnseite des Schreins sieht man den Kaiser zwischen Leo III., der ihn gekrönt hat, und dem Aachener Erzbischof Turpin, der zu Lebzeiten Karls den Aachener Bischofshut trug. An den Seiten dieses Meisterstücks hochmittelalterlichen Kunsthandwerks sind die vollplastischen Porträts von 16 römischen Kaisern von Ludwig dem Frommen bis Friedrich II. von Hohenstaufen angebracht. Auch der unglückliche Salier Heinrich IV. und Kaiser Barbarossa sind unter den Dargestellten. Besonders bemerkenswert ist das Kopfbild von Barabarossas Enkel, jenes größten und fortschrittlichsten Staufers, den man zu seinen Lebzeiten »Staunen der Welt« (stupor mundi) und »Verwandler der Welt« (immutator mundi) genannt hat. Gemeinhin hat das Mittelalter, das alles Diesseitig-Wirkliche zugunsten der Transzendenz verachtete, sich um Porträtähnlichkeit wenig gekümmert; erst Giotto, der Vater der Renaissance, brachte hier eine Wendung. Doch das expressive, bartlose Antlitz Friedrichs II. ist so sprechend, so wenig stilisiert und in seiner psychologischen Durchleuchtung so modern, daß die Wahrscheinlichkeit groß ist, hier könnten wir vor einem naturgetreuen Porträt des Stauferkaisers stehen – jener mittelalterlichen Herrschergestalt, die wie keine andere heute noch auf ein breites Interesse stößt. Eine lebensnahe Wiedergabe des kaiserlichen Antlitzes ist schon deswegen naheliegend, weil es der Aachener Bevölkerung durchaus vertraut war. Hier, in der Pfalzkapelle des großen Karl, wurde jener, den die Italiener Federico Secundo nannten, feierlich gekrönt, hier stieg er auf einer Leiter zum Karlsschrein empor, um den Sarkophagdeckel zuzunageln, nachdem man die Reliquie des größten seiner kaiserlichen Vorgänger in den Schrein hineingelegt hatte. Reliefs an der Dachschräge des Reliquiars schildern das Unternehmen Karls gegen die Sarazenen, dem man den Namen »Kreuzzug« gegeben hat. Wir stellen fest: dem Auftraggeber des Karlsschreins lag daran, die imperiale Idee mit der christologischen zu verschmelzen, wie ja auch kein anderer Herrscher so überzeugend ein Reich geschaffen hat, das in gleicher Weise auf christlichen und kaiserlich-römischen Fundamenten ruht.

Der gleiche Staufer, der die Heiligsprechung Karls erwirkt hat, Barbarossa, ist durch ein besonderes Paradestück des mittelalterlichen Kunstgewerbes im Aachener Münster vertreten. In der Mitte der Pfalzkapelle hängt, unverrückt seit Jahrhunderten, ein riesiger Radleuchter aus vergoldetem Kupfer, Werkstück des Aachener Goldschmieds Wibert aus den 60er Jahren des 12. Jahrhunderts. Zwölf Türme, in denen ursprünglich Silberfiguren standen, und 48 Lichter sind auf dem Rad aufgesetzt. Die Darstellung versinnbildlicht das himmlische Jerusalem.

Das Gedächtnis Karls des Großen blieb auch noch im gotischen Mittelalter in der Pfalzkapelle lebendig. Unter den

Steinfiguren des im 15. Jahrhundert angebauten, die Kapelle an Höhe überragenden Chors sieht man neben Maria und den Aposteln auch Carolus Magnus. Desgleichen blickt er uns, neben Papst Leo III., von einem Schlußstein des Chorrippengewölbes an. Hier erscheint der Kaiser mit mächtigem Vollbart, gottvaterhaft. So ist er in die Ikonographie und in die Vorstellungswelt späterer Zeiten eingegangen, so sehen wir ihn auch noch, als barocke Brunnenfigur, vor dem Aachener Rathaus, eher dem fünften Karl ähnlich als dem ersten. Als Modellbild des schlechthin Kaiserlichen hat ihn Albrecht Dürer gemalt, in einer Epoche immer noch lebendigen Bewußtseins eines einheitlich christlichen Imperiums. Doch dieser schmucküberladene, gepflegte und edle Karl, fernab allem Rustikalen, hat mit dem Urbild nichts mehr gemein.

War Karl Deutscher, Franzose? Die Frage ist müßig, wenn auch oft gestellt. Natürlich war er »Deutscher«, wenn wir den Begriff für die damalige Zeit anwenden wollen. Er war Westgermane, und dies besagt ja eine gewisse Vorläuferschaft zum Deutschen. Er sprach eine westgermanische Sprache, das Fränkische. Latein hat er sich erst später mühsam angeeignet. Das »Französische« gab es noch nicht. In Gallien, dem fränkischen Eroberungs- und Kolonialgebiet, sprach man ein keltisch durchsetztes Vulgärlatein, das Karl wohl nur bruchstückweise verstanden hat.

Sicher ist, daß die christliche Gemeinschaft dem Kaiser wichtiger war als die stammesmäßige. Papst Leo III. stand ihm näher als Widukind, mit dem er in seiner Muttersprache verhandeln konnte, nicht schlechter, als heute ein Friese mit einem Oberbayern. Das Christliche war für Karl identisch mit dem Romanischen, von dessen Kulturüberlegenheit er zutiefst durchdrungen war. Dennoch fühlte er sich seiner germanischen Wurzeln bewußt. Er sammelte althochdeutsche Heldenlieder (die leider sein bigotter Sohn, Ludwig der Fromme, ins Feuer warf). Ihm war es ein ausgesprochenes Anliegen, alle germanischen Stämme, und sei es mit Gewalt, unter sein Zepter zu bringen. Und seine Lieblingspfalzen – Aachen, Ingelheim, Germersheim – lagen nicht im romanischen, sondern im germanischen Sprachgebiet.

Obwohl Carolus Magnus neben Alexander und Cäsar vielleicht der erfolgreichste Kriegsherr gewesen ist, der je gelebt hat, war er kein im eigentlichen Sinne kriegerisches Naturell. Er zog es immer vor, durch Vertrag und Heiratspolitik Machtfragen zu lösen. Krieg war für ihn, um ein Wort aus späterer Epoche zu gebrauchen, Fortführung der Politik mit anderen Mitteln. Da die Zeit rauh und wenig konsolidiert war, ruhte freilich sein Schwert, das er stets am Gurt trug, nahezu nie. Das härteste Ringen war der 30jährige Krieg gegen die noch wotangläubigen Sachsen. Da sie keine Christen waren, galt nach der Anschauung des Abendlandes der Überfall auf ihr Land nicht als Aggression. Der verlustreiche Partisanenkrieg gegen die rauffreudigen, freiheitsliebenden sächsischen Bauern zwischen Ruhr und Elbe wurde immer wieder von der Notwendigkeit unterbrochen, an anderen Kriegsschauplätzen zur Stelle zu sein. Karl führte einen lebenslangen Vielfrontenkrieg. Neben dem Niederringen der Sachsen erforderte der Kampf gegen die slawischen Avaren an der Ostperipherie des Reiches den stärksten Einsatz. Auch der Bayernherzog Tassilo mußte vor Karls Unbesiegbarkeit kapitulieren.

»VON GOTT GEKRÖNTER KAISER«

Die Krönung im tatenreichen Leben Karls war im wahrsten Sinne – die Kaiserkrönung. Sie fand am Weihnachtstag 800 in Rom statt. Zu den vielen von ihm unterworfenen Gebieten zählte bekanntlich auch das norditalische Langobardenreich. Nach der Schlacht von Pavia 774 konnte sich Karl »Rex Langobardorum et Francorum« nennen. Einen Teil des eroberten Gebiets schenkte er dem Kirchenstaat. Der Nachfolger Petri schickte ihm zum Dank das Banner der Stadt Rom und die Schlüssel von St. Peter. Doch sosehr der Frankenkönig Rom gewogen war, er ordnete sich niemals dem Pontifex unter, dessen Kompetenz sich aus seiner Sicht auf das »segnende Emporheben der Moseshände« beschränken sollte.

799 saß ein Nachfolger Petri auf dem Papstthron, Leo III., gegen den das Volk von Rom wegen angeblicher Verfehlungen aufstand. Leo rief Karl zu Hilfe. Der Kaiser erschien als Richter am Tiber. Aber kein Papst brauchte vor Gericht auszusagen. Es genügte, daß Leo die Unhaltbarkeit der Vorwürfe beeidigte. Er leistete den Eid. Die Ankläger traf darauf – ein meineidiger Papst war unvorstellbar – das Todesurteil. Karl begnadigte sie zum Exil.

Weihnachten 800, in St. Peter, setzte Leo dem Frankenkönig überraschend die Kaiserkrone auf. Die Römer riefen jubelnd: »Carolo augusto ex Deo coronato, magno et pacifico imperatori Romanorum, vita et victoria! Dem erhabenen Karl, dem von Gott gekrönten großen und friedebringenden römischen Kaiser, Leben und Sieg!« Ein Tedeum folgte.

Eginhard, Karls Biograph, berichtete, der Frankenkönig sei über Leos Krönungsakt nicht informiert gewesen. Er habe sich sogar unwillig darüber gezeigt. Würde es sich nicht um eine so weihevolle Zeremonie handeln, so könnten wir sagen: Karl wurde überrumpelt. Er befürchtete den Konflikt mit dem byzantinischen Reich, dem legitimen Nachfolger des Imperium Romanum.

Die Befürchtung war berechtigt. Als die Kunde von der weihnachtlichen Krönung nach Konstantinopel gelangte, war man bestürzt. Denn noch immer hatte bis dahin der Kaiser von Byzanz das kirchenpolitische Patronat über das Abendland inne. Auch fand man es am Goldenen Horn empörend, daß der höchste christlich-monarchische Rang einem Barbarenkönig zugesprochen wurde. Der Osten mit seiner verfeinerten Bildung sah ja damals noch auf das im Schmelztiegel der Völkerwanderung geborene Abendland herab. Nun waren plötzlich zwei Kaiser da. Damit bahnte sich die kommende Entwicklung an: das Auseinanderleben von Abend- und Morgenland, die Spaltung der Christenheit, die auch in unsern Tagen nicht überwunden ist. »Das mächtige Frankenschwert«, sagten Karls Zeitgenossen, »hat den alten Bund zwischen Rom und Byzanz zerhauen.«

809 verschärfte sich noch die Spannung zwischen östlichem und westlichem Kaiserreich. Die in diesem Jahr in der Aachener Pfalzkapelle abgehaltene Synode empfahl die in Spanien aufgekommene Änderung des nizäischen Glaubensbekenntnisses, daß der Heilige Geist nicht nur vom Vater, sondern auch vom Sohn ausgehe. Der Streit um das »filioque« (und vom Sohn) wurde geradezu zum Stichwort gereizter Kontroverse zwischen Aachen und Konstantinopel, zumal man bald darauf das »filioque« in die Liturgie des fränkischen Gottesdienstes aufnahm. In der Atmosphäre des Prestigekampfes und des Mißtrauens wirkte der Credo-Zusatz wie der Funken im Stroh. Am Goldenen Horn war das Unerhörte westlicher Eingriffe in das kanonische Werk der Väter, die Verletzung einer Konzil-Formulierung, empörtes Tagesgespräch.

Zuerst trug sich der neue Imperator des Westens, dem an gutem Einvernehmen mit Byzanz gelegen war, mit dem Gedanken, die damalige Throninhaberin am Bosporus, Kaiserin Irene, zu heiraten, um so die beiden Teile des einstigen Imperium Romanum zu vereinigen. Doch Irene starb plötzlich. Der Nachfolger, Kaiser Nikophoros, war frankenfeindlich. Erst 812 anerkannte Ostrom das westliche Kaisertum – um den Preis von Venetien.

Der Weihnachtstag 800 hat für die deutsche Geschichte folgenschwere Bedeutung gehabt. Die Könige des späteren Deutschland erbten von den Karolingern die Kaiserwürde mit all ihrem Glanz, doch auch mit ihrer Bürde und Verstrickung. Die Krönung Karls legte den Grund zum nachmalig ausbrechenden kompromißlosen »Kampf der beiden Schwerter«.

Der Brauch setzte sich durch, daß die deutschen Herrscher in Rom zum römischen Kaiser, in Aachen jedoch zum deutschen König gekrönt wurden. Dieser Brauch hielt sich sechshundert Jahre lang. Insgesamt erfolgten 31 Krönungen. Das Zeremoniell lag fest.

Dem zu Pferd anreitenden König zog der Aachener Bürgermeister mit den Ratsherren und der Geistlichkeit entgegen. Ein Priester trug in einem Reliquienschrein das Haupt Karls des Großen. Der König stieg vom Pferd, um das Reliquiar zu küssen. Der Erzbischof von Köln und der Abt des Klosters Kornelimünster geleiteten dann den König zur Pfalzkapelle. Kornelimünster war eine reichsfreie Benediktinerabtei. Die Kirche südlich von Aachen gilt als bedeutendes Beispiel rheinischer Gotik.

In seiner Herberge empfing der König die Geschenke der Stadt Aachen: 6 bis 10 Ochsen, 4 bis 6 Fuder Wein sowie Geld und Kleinodien. Am Krönungstag ging er zu Fuß durch das Wolfstor in das Münster, betete am Marienaltar und ließ sich dann auf dem Thronsessel Karls des Großen nieder. Den Krönungseid legte er auf einem Evangelienbuch ab, dessen Text mit Gold auf Purpur geschrieben war. Nach der Krönung erhielt er den Ritterschlag mit dem Schwert Karls des Großen.

Die deutschen Könige haben der Stadt Aachen, in der sie Diadem, Zepter und Reichsapfel empfingen, reiche Privilegien zuteil werden lassen. Karl IV. schenkte den Aachenern, als sein Sohn Wenzel geboren wurde, soviel Gold, wie das Kind wog. Auch Frankreichs Könige entboten der Stadt Karls des Großen ihre Reverenz. Ludwig XI. stiftete ein Reliquiar und einen Goldteppich. Aachen verlor seinen Rang als Krönungsstadt, als Lothringen und die Niederlande dem Reich verlorengingen. Von nun an krönte man in Frankfurt, das am verkehrsgünstigsten lag.

Der Thronsessel, der im Krönungszeremoniell eine so große Rolle spielte, ist heute noch erhalten, als vielleicht derjenige

Gegenstand, der am stärksten an Kaiser Karl erinnert. Das Podest hat sechs Stufen, gleich dem Thron Salomos. Die Marmorplatten stammen aus Rom. In eine der Platten ist ein Mühlespiel eingeritzt. Man könnte sich vorstellen, daß es sich um die Bodenplatte eines Hofes gehandelt hat, in dem Wachsoldaten sich mit Spielen die Zeit vertrieben. Nicht nur Carolus Magnus hat auf diesem Stuhl gesessen, sondern die meisten Sachsen, Franken, Staufer, Luxemburger, Habsburger unter den deutschen Königen und Kaisern. Die Länge eines Paternosters mußten sie auf dem Marmorstuhl verweilen – dann waren sie Inhaber der Reichsgewalt und des Königsnamens.

DIE SCHLACHT VON ZÜLPICH

Fährt man von Aachen nach Bonn, im Süden die sanften Ausläufer der Eifel, so stößt man auf den Ort der einst bedeutenden karolingischen Kaiserpfalz Düren. Glanz und Ruf des Königshofes sind dahin; Düren ist eine rege Industriestadt ohne historisches Kolorit. Um so mehr an Historie hat sich Zülpich erhalten können. Vor allem die Tortürme prägen das Gesicht der einst kurkölnischen Stadt. Das stattlichste, das Weiertor, geht auf Erzbischof Friedrich von Saarwerden zurück, der die Pforte im 14. Jahrhundert mit zwei Rundtürmen und Zinnen ausstattete. Dem gleichen Kirchenfürsten verdankt Zülpich seine Burg mit ihren massiven Ecktürmen, ihren Pechnasen und Zinnen. Das Hauptportal besitzt noch den Rahmen, der die Zugbrücke aufgenommen hat; die Löcher für die Ketten sind erkennbar. In der Stadtmitte steht der 1725 erbaute Rathausturm mit seiner barocken Haube. Der Erbauer war ein Zimmermann namens Wollseiffen, der sich hier als Meister des Steinbaus erwies.

Unter den Zülpicher Kirchen aus dem Mittelalter hat die dem Stadtpatron Petrus gewidmete im Krieg die stärksten Schäden erleiden müssen. Unter dem Chor und der von Anno von Köln (1056 bis 1076) errichteten Annokapelle befindet sich die Krypta einer älteren Peterskirche, die auf die Merowingerzeit zurückgeht. In der Krypta fällt unser Blick auf eine Marmortafel, die Napoleon I. im Jahre 1811 hat anfertigen lassen, mit dem Text: »Hic ut fama loci est sacris primum intinctus undis Clodoveus de Germanis victor votum solvit merito. A CCCCLXXXXVI.« (Hier wurde nach der lokalen Überlieferung Chlodwig, der Sieger über die Germanen, zum ersten Mal getauft und erfüllte so pflichtgemäß sein Gelübde im Jahre 496.) Der Kaiser der Franzosen verfolgte mit der Tafel einen politischen Zweck: die Einverleibung des Landes links des Rheins in sein Imperium mit der einstigen fränkischen Gemeinsamkeit zu motivieren. Mit den im Text genannten »Germanen« sind die Alemannen gemeint. Ob Bonaparte nicht wußte oder nicht wissen wollte, daß es sich auch bei Chlodwig um einen Germanen gehandelt hat? Jedenfalls ist hier, in der Krypta der Peterskirche, ein weltgeschichtliches Datum festgehalten: die Schlacht von Zülpich im Jahre 496, in der die merowingischen Franken zur führenden Macht nördlich der Alpen aufstiegen und den Kurs für den weiteren Verlauf abendländischer Geschichte bestimmten.

Zu den großartigen Einrichtungen unserer Zeit gehören die chemischen Labors, die den Organismus der Natur aufzuhellen imstande sind. Der Arbeit der Chemiker verdanken wir viele altertumswissenschaftliche Diagnosen: Herkunfts- und Altersbestimmungen.

Es gibt zur Erhellung der Vergangenheit auch so etwas wie ein philologisches »Labor«. Die Leistung der Philologen ist nicht weniger sensationell als die der Chemiker. Sie geht von dem gleichen Gedanken aus, der in der Welt der Chemie zu Ergebnissen führt: dem Gedanken der Gesetzmäßigkeit eines Entwicklungsvorgangs. Eine Sprache entwickelt sich nach einem klar erkennbaren Gesetz, das man »Lautverschiebung« nennt. Die Philologen haben es mit Hilfe dieses Gesetzes zuwege gebracht, die Grammatik einer Sprache herauszugeben, von der heute kein Wort mehr vorhanden ist: das Urgermanische.

Die Menschen, die diese Sprache gesprochen haben, saßen wahrscheinlich im Süden Skandinaviens. Sie lebten sich dann zu drei großen Gruppen auseinander: Ost-, West- und Nordgermanen. Die Nordgermanen sind in ihrer Masse in Skandinavien sitzengeblieben. Die Ostgermanen (Vandalen, Goten, Langobarden) stießen in der sogenannten »Völkerwanderung« das Tor zum Mittelalter auf. Nachdem sie die Kernländer des Imperium Romanum in Besitz genommen hatten, blieben sie an den Küsten des Mittelmeers auf der Strecke. Aus der Gruppe der Westgermanen, deren Siedlungsplätze zwischen Nordsee und Alpen lagen, schwärmten die Angelsachsen nach Britannien, die Franken nach Gallien aus.

Der Sitz der Franken zu Beginn der Völkerwanderung war das Gebiet des Nieder- und Mittelrheins. Man führt den Stammesnamen auf den Wurfspeer zurück (francho), doch könnte »Franken« auch »Freie« heißen. Sie teilten sich wiederum in drei Gruppen auf: die Salier an der Küste (von Sal = Meer), die Riparier am Niederrhein (von Ripa = Ufer) sowie die Chatten rechts vom Mittelrhein, die »Vorfahren« der Hessen – der Name schon zeigt die Verwandtschaft an.

An der Schwelle des Mittelalters waren die Franken, ähnlich wie andere Germanenstämme, rauhe Barbaren, großwüchsig, kriegstüchtig, grausam, von strengem Familiensinn, doch trinkfreudig. Ihr oberster Gott war Wotan, im Gegensatz zum nordgermanischen Odin. Sie waren nicht fähig, sich staatlich zusammenzuschließen. Schon die unwirtliche, stark von Urwäldern und Sümpfen durchsetzte Natur ihrer Siedlungsgründe hinderte sie daran. Erst ihre Berührung mit dem römischen Weltreich, mit dessen zivilisatorischem Status, mit dem Ordo des römischen Rechtsstaates ermöglichte den fränkischen Staat – und damit die Großmacht des frühen Mittelalters.

Mit dem Imperium Romanum, das sich in seiner Gesamtheit auflöste, doch immer noch in Teilstaaten das römische Staatsbewußtsein bewahrte, erhielten die Franken Kontakt, als der fränkische König Chlodwig aus dem Haus der Merowinger (481 bis 511) in die ehemals römische Provinz Gallien einfiel und den dortigen Statthalter Syagrius 486 bei Soissons besiegte und hinrichten ließ. Damit wurde Chlodwig der Begründer des Frankenreichs. Wie häufig in der Geschichte, wurden die Besiegten die Lehrmeister der Sieger. Der neue Staat zwischen Rhein und Loire gewann römische Züge.

Nördlich der Alpen bot niemand Chlodwig ernstlich die Stirn – außer den gleichfalls westgermanischen Alemannen, die, ebenso ungebärdig, am Oberrhein ansässig waren und in gleicher Expansionslust nordwärts drängten. Dort mußten sie mit dem fränkischen Stammgebiet kollidieren. Der Teilkönig der riparischen Franken, Sigibert, geriet in böse Not und rief Chlodwig um Hilfe. Die vereinigten fränkischen Heere schlugen dann 496 die Alemannen entscheidend – bei Zülpich.

Gregor von Tours, der Chronist der Merowinger, hat zwar die Schlacht geschildert, doch nicht den Ort des Treffens genannt. Diese Lücke in der Historiographie des frühen Mittelalters hat dazu geführt, daß zahlreiche Geschichtswissenschaftler seit Beginn des 19. Jahrhunderts die Schlacht im Oberelsaß lokalisierten. Die Kritik wies darauf hin, daß der Frankenkönig laut Gregor von Tours nach der Alemannenschlacht über Toul und Reims nach Gallien zog – eine Route, die sich vom Elsaß aus überzeugender erklären läßt. Außerdem könnte man zweifeln, ob die Alemannen von ihren Stammsitzen am Oberrhein bis Zülpich, also weit in das fränkische Kernland, ungehindert vordringen konnten. Wo also fand das heiße Treffen statt, das mit der Niederlage der Alemannen endete, bei der »Zülpicher Börde« oder im oberen Elsaß?

Für Zülpich spricht ebensoviel, ja im Grunde mehr. Neben der sehr alten Volkstradition weisen Flurnamen verdächtig auf Chlodwigs Alemannenschlacht hin: »Martertal«, »Im

Streit«, »Klotzacker«, »Klotzberg«, »Klotzweg«, wobei »Klotz« eine mundartliche Verstümmelung von Chlodwig ist. Noch einleuchtender: Gregor von Tours, der federführende Bischof, berichtete in seiner Chronik an anderer Stelle über die Schlacht bei Poitiers 507 gegen die Westgoten, wobei der Kriegsbericht folgende interessante Notiz enthält: »Chlodwig wurde unterstützt von Chloderich, dem Sohne Sigiberts des Hinkenden. Dieser Sigibert nämlich war im Kampfe gegen die Alemannen bei Zülpich am Knie verwundet worden und hinkte seitdem.«

Diejenigen, die Zülpich den »Ruhm« des Schlachtortes absprechen, können allenfalls anführen, es habe verschiedene Treffen gegen die Alemannen gegeben, und das von Zülpich sei eben jenes, das Sigibert zum Hilferuf an Chlodwig bewogen hat, das also der entscheidenden Schlacht vorausgegangen ist. Ganz gleich: geschichtliche Orte halten sich ebenso wie Daten, Zülpich ist ein jahrzehntelang in Gymnasien gelehrter Begriff, und fragt man die Bewohner der Stadt an der »Zülpicher Börde«, so verweisen sie einen auf ein flaches Feld im Süden des ehemaligen Mauerrings.

Wieviele Gelübde wurden in früheren Jahrhunderten auf Schlachtfeldern getan! Ob Gott es immer mit dem stärkeren Glauben gehalten hat oder nicht vielmehr mit den stärkeren Waffen? Auch Chlodwig gelobte am heißen Tag von Zülpich – unerhört für einen streitbaren Anhänger Wotans –, im Fall des Sieges Christ zu werden. Die Tatsache des Gelübdes von 495 war für den Chronisten, der ja wie fast durchweg im frühen Mittelalter Kleriker gewesen ist, viel wichtiger als die näheren Umstände der Schlacht, deren Ort er unterschlug.

Trotz seiner Bekehrung räumte Chlodwig die fränkischen Teilkönige, die seinem Herrschaftsanspruch im Wege standen, mit der alten ungestümen Grausamkeit und Verschlagenheit beiseite und machte sich zum Herrn jenes Reiches, das später

Karl dem Großen als Basis einer gesamteuropäischen Politik dienen sollte. Mit gleicher Härte wollte er die Alemannen über die Alpen, die Westgoten über die Pyrenäen drängen – doch hierbei gebot ihm ein damals noch Mächtigerer von Ravenna aus Halt – Theoderich, der König der Ostgoten.

Die Alemannen behielten ihre Wohngründe im Gebiet des Rheinknies, des späteren Schwaben, der späteren Schweiz. Erst 536 kamen sie unter fränkische Herrschaft. Die nach der Schlacht von Zülpich geschaffene Stammesgrenze zwischen Franken und Alemannen etwa auf der Linie Pforzheim-Heilbronn-Nördlingen entspricht noch heute der folkloristisch-mundartlichen Grenze zwischen fränkischem und alemannisch-schwäbischem Raum.

Von dem Volk, das als erstes in das Frühlicht abendländischer Geschichte trat, hat sich der Name zweifach erhalten: im Frankenland des deutschen Maingebiets und im Namen unseres Nachbarlandes: France, Frankreich ist das ursprüngliche West-Franzien, der westliche Teil des von den germanischen Franken gegründeten fränkischen Großreiches. Natürlich stellten die fränkischen Eroberer nur eine dünne Oberschicht, die sich bald mit der keltoromanischen Bevölkerung Galliens vermischte.

Im 19. und auch noch im 20. Jahrhundert hat man die Beziehungen zwischen Frankreich und Deutschland als Gegensatz zwischen Romanen und Germanen simplifiziert. In Wahrheit sind nur die Sprachen romanisch und germanisch. In ihrer Volkszusammensetzung haben Frankreich und Deutschland die gleichen keltisch-romanisch-germanischen Ahnen, und diese Ahnen sind nichts anderes als Abzweigungen der großen, einstmals einheitlichen indoeuropäischen Völkerfamilie.

DURCH DIE EIFEL

Die Eifel, die sich südlich der Linie Aachen–Zülpich–Bonn bis zur Mosel hinzieht, ist eines der schönsten Landschaftsgebiete der Bundesrepublik, herb, wälderreich und reich an Forellenbächen, von Seen durchsetzt, an deren Ufern im Sommer Ginster flammt, das »Gold der Eifel«. Hier hat man mit Recht einige Naturschutzgebiete geschaffen, deren größtes, südlich von Aachen, ein Teil des großen internationalen, über die Grenze reichenden Naturparkes Eifel und Ardennen ist. Durch den deutschen Teil, zwischen Hohem Venn und Michelsberg (588) fließt eine Rur (wohlgemerkt: ohne h), deren Wasser durch Talsperren mehrfach aufgestaut ist und Ferienparadiese ermöglicht. Karl der Große hat in den Wäldern der Nordeifel Hirsche gejagt; Rotwild gibt es dort heute noch. Die Fronhöfe trieben die Naturalien ein für den Karolingerhof. Im Hohen Venn umgeben immer noch, Nachklang alter Tradition, haushohe, glattgeschnittene Buchenhecken die Gehöfte, Schutz gegen Wind und Wetter.

Direkt an der Grenze und südlich des Hohen Venn liegt Monschau mit seiner Burg. Man kann die fachwerk- und schieferreiche Kleinstadt das Eifeler Rothenburg nennen. Und an der Rur, wo die alten Häuser schräg über das Wasser hängen, haben wir venezianische Impressionen; man spricht in der Tat vom Monschauer Venedigblick. Zur Zeit Karls v. gehörte die kleine Stadt, nachdem sie von Geschlecht zu Geschlecht gelangt war, zu Jülich. Monschau wurde darum Opfer des Geldernschen Erbschaftsstreits zwischen dem Imperator und den Jülichern: die Kaiserlichen, meist Spaniolen, rückten ein und setzten den roten Hahn auf die Dächer. Nur wenige Bauwerke hielten stand, so der Eselsturm, der so heißt, weil während der langen Bauzeit ein schwerer Hebekran, Esel genannt, auf dem Turm gestanden hat.

Nach der Reformation zwang die Reichsacht 1598 viele lutherische Tuchmacher aus Aachen, ins Monschauer Land auszuweichen. Sie begründeten die dortige Tuchindustrie. Die Rinde der großen Eichenbestände eignete sich für den Gerbprozeß. Doch die grobe Wolle der Venn-Schafe ergab keine hochwertigen Stoffe; sie waren gut für die Landkundschaft. Da mußte der gewitzigte Johann Heinrich Scheibler aus dem Bergischen zu Beginn des 18. Jahrhunderts in einen der Betriebe einheiraten, um den Aufschwung Monschaus zu bewirken: er ließ spanische Wolle zu Schiff nach Rotterdam und mit dem Pferdefuhrwerk nach Monschau kommen, setzte seine Qualitätsware nun an die Fürstenhöfe Europas ab, selbst an den Hof des Alten Fritz und des türkischen Sultans. Der Textil-Hoflieferant des Kontinents wurde steinreich. Das kommt Monschau noch heute zugute.

Denn mit dem Kostenaufwand von 90 000 Talern baute Scheibler das Rote Haus dicht an der Rur, das vielleicht stattlichste Bürgerhaus des Barock auf deutschem Boden. Da der Bauherr kaufmännisch dachte, vermied er Auswüchse an Dekor. Gerade nur über den Pforten ist vergoldete Rocaille. Der zinnoberfarbene Backsteinbau wirkt hanseatisch. Doch im Treppenhaus lebt sich Rokoko aus. Die von Lütticher Künstlern geschaffene Eichenholztreppe ist reich an Schnitzerei: auf Kartuschen sehen wir die Vorgänge der Tuchbereitung, so das Spinnen der Wolle oder die Arbeit am Webstuhl. Das Entzückendste der Darstellung sind die Arbeitskräfte – es sind pausbäckige Putten.

Die Burg, das Leitmotiv des Mittelrheins, fehlt auch in der angrenzenden Eifel nicht. Da hockten überall auf den bewaldeten Kuppen kleine Herren, die sich gegenseitig bekriegten, von den umliegenden Frondörfern den Zehnten holten, ihre Länder durch Raub oder Heirat zu vermehren suchten und schließlich nur noch die Ruinen ihrer einstigen Höhensitze zurückließen. Burg Nideggen, innerhalb des Naturschutzparkes Nordeifel, gehörte den Jülichern, der Name bedeutet »Die Neiderweckende«, der reizvollen Umgebung wegen.

Wilhelm v. von Jülich hatte die Veste im beginnenden 14. Jahrhundert mächtig ausgebaut. Er konnte es, denn er spielte in der europäischen Politik eine Rolle, als Markgraf und Marschall Kaiser Ludwigs des Bayern, als Pair von England und Graf von Cambridge. Sein diplomatisches Geschick ergänzte er durch geschickte Heirat, opportunistischen Wechsel der Partei und, wo es nottat, Bestechungsgelder. Seine Hausmacht wuchs an, so daß er sich auf Burg Nideggen einen Rittersaal leisten konnte, der dem in Aachen kaum nachstand, ja er inszenierte in ihm sogar Turniere, so daß Nideggen für die rheinischen Fürsten wirklich »neiderweckend« war. Im letzten Krieg in der Frontlinie und fast ganz zerstört, ist die Veste nun wiederauferstanden – als exquisite Gaststätte auf neuen Ruinenglanz gebracht.

DAS KAISERGRAB IN PRÜM

Eine der Hauptrouten, die von Nord nach Süd die Eifel durchqueren, führt an Prüm vorbei. Heute ist der Ort außerhalb der Rheinprovinzen wenig bekannt, im Mittelalter war er in Europa hochberühmt. Das Reichskloster Prüm stellte ein wichtiges geistig-geistliches Kraftfeld innerhalb Lothringens dar, zu dem die Eifel gehörte. Bertrada, eine fränkische Edle, wird als Stifterin genannt. Die Gründungsurkunde von 721, also zur Merowingerzeit, erhob die Auflage, daß im Kloster Tag und Nacht die Barmherzigkeit Gottes zur Vergebung der Sünden für die Stifterin herabgefleht werden müsse. Man fragt sich, was damals aus jenen Sündern geworden ist, die nicht zu einem Massenaufgebot an Gebeten imstande waren. Im Mittelalter gab es auch im Hinblick auf die Himmelserwartung Rangunterschiede.

Pippin, der erste Karolingerkönig, war mit einer Enkelin Bertradas verehelicht. Diese Beziehung zum Königshaus ließ das Kloster aufsteigen. Es wurde schlechthin zum karolingischen Hausstift, dem Karl der Große und Leo III. Besuche mit entsprechenden Dotationen abstatteten. Die Normannen brannten 882 und 893 Prüm nieder, wie sie es mit fast allen Klöstern und Städten taten. Abt Regio, der die Abtei wiederaufbaute, verfaßte die erste in Deutschland geschriebene Weltchronik. Der Klosterbesitz mehrte sich weiter und reichte von der Bretagne zur Rhone, von Holland bis ins Münsterland.

Es ist nicht der Geist der Romanik, der uns auf dem Viereckplatz vor der Fassade der ehemaligen Abtei- und heutigen Pfarrkirche des gleichnamigen Ortes anspricht. Die Basilika wurde barock ummantelt. Die beiden Türme tragen welsche Hauben. Über den Sandsteinlisenen des Westwerks runden sich die Voluten des barock geschwungenen Fassadengiebels, der die Patrone des Prümer Ordens, St. Benedikt und St. Scholastika, trägt. Vom einstigen Kloster ist noch ein langer barocker Gebäudetrakt übrig, der sich an die Kirchenfront anschließt.

Der geräumige dreischiffige Kirchenraum, mit Kreuzrippengewölben überspannt, bewahrte das Mittelalter, freilich mit barockem Inventar. Von großer Anmut sind die beiden fast vollplastischen Damen, die an der Emporenleibung Musik und Architektur allegorisch verbildlichen; seit 1730 schleppen sie sich mit musikalischen und technischen Instrumenten ab, die Architectura hält sogar, gleich einem Bambino, eine bauchige Säule im Arm. Der Gedanke der Musik kommt auch auf der Empore zur Geltung: durch den vierfachen Schwung der Barockorgel, deren Prospekt ein Schüler Balthasar Neumanns schuf.

Im Westteil des Kirchenschiffs hat man Bruchstücke eines spätgotischen Passionsretabels aufgebaut, reizvoll durch Volkstümlichkeit und flämische Drastik. Kreuzabnahme und Pietà sind aus einem einzigen Stück Holz geschnitzt. Die Expressivität des Schmerzes ist vorweggenommener Barlach. Die Szene, in der die Soldaten um Christi Gewand würfeln, könnte einem Mysterienspiel entnommen sein, wie man es damals in den Kirchen darbot und das sich, was den volkstümlichen Rahmen betrifft, sicher oft wenig von einer Fastnachtsburleske unterschied.

1927 wurde erfreulicherweise der neugotische Hochaltar der Basilika durch den barocken, konkav geschwungenen Altar der Karmeliterkirche in Kreuznach ersetzt, der wie für Prüm geschaffen erscheint. Über der gemalten Kreuzigungsgruppe ist eine Uhr angebracht. Uhren sieht man zwar in Moscheen, wo sie den Fluß der Zeit versinnbildlichen, doch in Kirchen selten, nahezu gar nicht an Altären. Die von Prüm zeigt nur die vollen Stunden an und besonders die Gebetsstunden, wie sie Benedikt von Nursia eingeführt hat: Prim, Terz, Sext und Non, erste, dritte, sechste und neunte Stunde, gerechnet von vier Uhr früh.

Im Chor sieht man am linken Gemäuer eine der verehrtesten, früher öffentlich gezeigten Reliquien der Eifel: an einer Schuhsohle des Hochmittelalters mit aufgesticktem Löwen nebst vegetabilem Schmuck sind Sandalenpartikel aufgenäht, die laut Überlieferung von der Beschuhung Christi stammen. Laut Stiftungsurkunde von 762 hat Papst Zacharias die Reliquie dem Karolinger Pippin geschenkt, als Gegengabe für die Pippinsche Schenkung.

Rechts vom Altar befindet sich das geschichtlich wichtigste Erinnerungsmal von Prüm: der Sarkophag des römischen Kaisers Lothar I., der sein letztes Lebensjahr – 855 – im Prümer Kloster verbracht hat. Der Marmortrog ist nicht der ursprüngliche; Kaiser Wilhelm I. hat ihn 1878 gestiftet. 1721 wurden die Gebeine des Enkels Karls des Großen entdeckt und dann lange in zwei Reliquiaren auf dem Hochaltar aufbewahrt. Der auf schwarzen Marmorsäulen ruhende Sarkophag trägt die Inschrift: »Continet hic tumulus memorandi caesaris ossa HLOTHARII MAGNI PRINCIPIS atque PII. Francis, Italis, Romanis Praefuit ipsis, sed sprevit, pauper et hinc abiit, nam bis tricenos monarchus sic attingit annos.« Lothar hat also hier wie sein Vater Ludwig den Beinamen »der Fromme«

erhalten, er, der Herrscher über Franken, Italiker und Römer, der des Zepters entsagte und hier am Ort mit sechzig Jahren arm verstarb. Sein Leben und sein Tod markieren eine Zäsur der europäischen Geschichte: die Teilung des Frankenreiches und den Beginn des staatlichen Eigenlebens Ost- und Westfranziens – Deutschlands und Frankreichs.

TEILUNG DES REICHS

Während die beiden tüchtigen älteren Söhne Karls des Großen, Karl und Pippin, früh verstarben, blieb nur der schwächste übrig, der unentschiedene, frömmelnde Ludwig. »Niemals lachte er«, heißt es von ihm, »auch nicht, wenn bei den Hoffesten Possenreißer auftraten.« Obwohl er seiner Kirchenfreundlichkeit wegen als »Ludwig der Fromme« in die Geschichte eingegangen ist, hat er sich einmal zu einer Grausamkeit hinreißen lassen: er befahl, seinen aufsässigen Neffen Bernhard zu blenden. Dieser setzte sich wohl bei dem grausamen Vorgang zur Wehr und wurde so verletzt, daß er danach starb. Ludwig gab sich, um die Seligkeit bangend, sein Leben lang reuigen Gebeten hin.

Seine Regierungszeit ist gekennzeichnet durch den immerwährenden Streit mit seinen Söhnen Karl, Ludwig und Lothar, die mit den von ihrem Vater vorgenommenen, aber immer wieder umgestoßenen Erbteilungen nicht einverstanden waren. Nachdem die kaiserliche Streitmacht bei Kolmar zu den Söhnen übergelaufen war, mußte Ludwig die Demütigung zeitweiser Haft über sich ergehen lassen; Lothar hielt ihn in einem Kloster in Soissons gefangen: man wird an den späteren Parallelfall des von seinem Sohn inhaftierten und gedemütigten Heinrich IV. erinnert.

Als Ludwig 840 auf einer Rheininsel bei Ingelheim in einem Zelt verstorben war, brach die bisher unterdrückte Kontroverse zwischen den drei Söhnen offen aus. Lothar wollte als Ältester das ganze Reich an sich reißen. Die andern beiden verbündeten sich gegen ihn und trafen mit ihren Heeren zur Absprache 841 in Straßburg zusammen.

Es ist die berühmte Stunde der Straßburger Eide. Beide Brüder gelobten sich gegenseitige Waffenhilfe gegen Lothar. Dieses Gelöbnis würde in der langen Affäre eines Erbstreits auf höchster Ebene keine besondere Rolle spielen, wäre nicht etwas absolut Neuartiges vorgefallen. Die Eide wurden nämlich nicht, wie bisher ausschließlich üblich, in Latein abgefaßt und feierlich gesprochen, sondern erstmals in der Geschichte – auf französisch und deutsch. Die Straßburger Eide sind das erste Zeugnis der Sprachen-Zweiheit innerhalb des Frankenreiches.

Bisher hatten Sprachen politisch keine Rolle gespielt. Das Volk, das sie sprach, war aus dem geschichtlichen Geschehen ausgeschaltet, hatte keinen Nennwert, war stumm. Politik war Hofpolitik; Hofsprache war das Lateinische, die Rechts- und Kirchensprache. Seit die Karolinger sich mit der Kaiserkrönung als Nachfolger der Cäsaren auffaßten, hatte das Latein, das Idiom des Imperium Romanum, nochmals eine Aufwertung erfahren. Vom Deutschen gab es nicht einmal eine rechte Grammatik; Karl der Große hatte eine solche in Auftrag gegeben, doch sicher mit kümmerlichem Erfolg. Deutsch war praktisch nur eine gesprochene Sprache. »Wie diese barbarische Sprache ungepflegt, kunstlos und nicht gewöhnt ist, den Zügel der Grammatik zu tragen«, so ließ sich damals ein Klostergelehrter aus, »war auch bei vielen Wörtern die Schreibung äußerst schwierig, entweder wegen der Häufung der Vokale – der Klang fordert manchmal drei u – oder weil der Laut an sich überhaupt unbekannt war.«

Gewiß, es gab Ansätze einer althochdeutschen Literatur, Zaubersprüche, die auf germanische Weltvorstellungen zurechtgebogene Bibelübersetzung »Heliand«, doch sie waren eben doch in Dialekten abgefaßt, nicht in einer Lingua generalis, einer Einheitssprache, die man von der Nordsee bis Tirol verstanden hätte. Und vor allen Dingen: die Texte waren unpolitisch. Deutsch, als Politikum eingesetzt zum allgemeinen Verständnis, haben wir erstmals in Straßburg. Nach der Eidesleistung der beiden Söhne Ludwigs sprachen die Heere den Wortlaut nach, jedes in seiner Sprache.

Zum Kampf gegen Lothar kam es jedoch nicht. Von Burgund aus machte dieser einen vernünftigen Vorschlag, indem er einen Beitrag zur Entspannungspolitik lieferte: man solle das Reich Karls des Großen in drei Teile teilen. Um so unvernünftiger fiel die Teilung aus, die natürliche Grenzen ganz außer acht ließ. Ludwig erhielt den Osten, also die im wesentlichen deutschsprachigen Gebiete rechts des Rheins einschließlich Mainz, Worms und Speyer. Karl wurde der altfranzösisch sprechende Westen einschließlich Nordburgund und der spanischen Mark zugesprochen. Lothar empfing Mittelfranken, ein Landstreifen von Nord nach Süd ohne landschaftliche oder volkliche Geschlossenheit, von Friesland bis zur Lombardei. Da es für dieses amorphe Gebilde keinen rechten Namen gab, nannte man es einfach nach Lothar: Lotharingien. Daraus wurde später Lothringen, ein mächtiges Herzogtum des deutschen Mittelalters und Stammland von Kaisern, heute französische Provinz. Im Vertrag von Verdun, dem römischen Virodunum (dies ist auch der Name im Vertragswerk), wurde die Teilung unter den Brüdern 843 besiegelt.

Karl, später »der Kahle«, saß nun in Paris, Ludwig, später »der Deutsche«, in Regensburg und Lothar in Aachen. Die Stadt Karls des Großen und die Eifel gehörten zu Lotharingien. Lothar, der am schlechtesten weggekommen war, erhielt die Kaiserkrone, weil er der Älteste und ehemals Mitkaiser seines Vaters war, doch auch, weil Italien in seine Interessensphäre fiel. Er hatte Mühe, seine divergierenden Länder zusammenzuhalten. 855 war er des Regierens müde. Im Reichskloster Prüm wollte er im benediktinischen Sinne dem Opus Dei dienen. Im gleichen Jahr verschied er als kaiserlicher Mönch.

In Mersen bei Maastricht teilten Ludwig und Karl 870 in einem zweiten Vertrag das verwaiste Lotharingien unter sich auf, etwa der Sprachgrenze folgend. Nach Ludwigs Tod versuchte Karl, dessen Reich seinem eigenen einzuverleiben. Doch bei Andernach am Rhein schlugen ihn Ludwigs Erben zurück. Drei Jahre später fiel das ganze Mittelreich an Ostfranken, etwa mit der Grenzlinie Schelde–Maas–Obere Mosel.

Nun waren endlich zwei Staaten geboren, die bis heute auf der Landkarte geblieben sind: Deutschland und Frankreich. Frankreich wurde ein Zentralstaat unter mächtigem Zepter – bis hin zu dem absolutistischen Ausspruch des Sonnenkönigs Ludwig XIV.: »Der Staat – das bin ich!« Das Ostreich Deutschland hingegen blieb jahrhundertelang zerstückelt in ein Mosaik von Kleinstaaten.

Lothar, einer der Söhne des in Prüm gestorbenen und beigesetzten Kaisers, hat ein wertvolles Kreuz anfertigen lassen, das sogenannte Lotharkreuz, das später der Sachsenkaiser Otto III. der Aachener Pfalzkapelle zum Geschenk machte und das sich heute im Domschatz befindet. Das edelsteinbesetzte Kreuz zeigt auf der Vorderseite eine antike Gemme mit dem Bildnis des Kaisers Augustus, auf der Rückseite den Gekreuzigten in einer Aureole. Es darf als Symbol des zugleich imperialen und sakralen Charakters der im Mittelalter wiederaufgenommenen römischen Kaiseridee gelten.

Die kulturgeschichtlich reichste Strecke von Prüm zur Mosel führt über Wittlich nach Kues; man kann sie als romantische Straße bezeichnen. Drei Tage lang findet in Wittlich Mitte August eine »Säubrenner«-Kirmes statt, die auf das Jahr 1680 zurückgeht. Damals soll eine Sau die Rübe abgefressen haben, mit welcher der nachlässige Wächter das Schloß des Stadttors verriegelt hatte. Der Feind konnte eindringen. Aus Wut veranstalteten die Stadtväter eine Schweinemetz. Sie ist Tradition geworden, indem man heute noch das Lieblingstier von St. Antonius auf offenem Feuer schmort. Ouvertüre der

Kirmes ist das fröhliche Einholen der Säue zum Marktplatz, wo man sie munter umherstreifen läßt, ehe das eigentliche »Säubrennen« beginnt.

Die Straße zielt über den Rücken der Moselberge in das enge, tief eingeschnittene, wald- und rebenreiche Tal jenes Flusses, der von allen Nebenläufen des Rheins der romantischste ist, Rhein en miniature, Lieblingsfluß der Deutschen mit und ohne Liebeskummer. Die Regulierung hat der Moselatmosphäre nicht viel anhaben können, der Moseleuphorie schon gar nichts, die der Wein erzeugt. Der spritzige Riesling sonnenreicher Lagen genießt Weltruf. Seine Tradition ist alt und von historischer Würde. Die Römer brachten den Rebstock nicht nur an den Rhein. Bei Neumagen an der Mosel hat man das berühmte Steinbildwerk eines mit bauchigen Fässern beladenen, von bärtigen Männern geruderten Weinschiffes gefunden, das sich heute im Trierer Landesmuseum befindet. Neumagen begnügt sich mit einer Kopie. Bug und Heck des drei Meter langen Schiffes laufen in Tierköpfe aus. Das christliche Mittelalter betonte die sakrale Bedeutung des Rebensaftes. In der Ediger Kreuzkapelle steht ein barockes Steinrelief, das Christus in der Kelter zeigt: mit dem schweren Holzkreuz auf dem Rücken beugt er sich unter die Kelterpresse; sein Blut fließt aus den fünf Wunden in ein Becken; wie in der Eucharistie wird Wein für Blut genommen.

DER KARDINAL AUS KUES

An einer der größten Moselschleifen liegt Kues, ihm gegenüber, rechts der Mosel und am Fuß des Hunsrücks, das von der Kulisse her reichere Bernkastel mit seinem zierlichen Rathaus aus der Spätrenaissance und dem schweren Turm der St.-Michaels-Kirche, deren Erbauer im 14. Jahrhundert noch »romanisiert« hat. Eine stattliche Brücke schwingt sich über den Fluß und verbindet Bernkastel mit Kues. Im Hintergrund erhebt sich auf einem Bergvorsprung der Wachtturm der ehemals kurtrierischen Burg Landshut. Neben Kochem und seiner Pfalz ist dies die schönste Moselansicht.

Geht man einen guten Kilometer durch Anlagen flußaufwärts, so gelangt man am Ufer zu einem gelbgestrichenen Haus mit der Jahreszahl 1754, das verschiedene Bauepochen verrät, vom mittelalterlichen Eckturm und Bogenfries unterm Dachgesims bis zu Renaissance-Gewänden der Fenster und einem barocken Portal. An dem Haus ist ein Krebs als heraldisches Zeichen angebracht; denn hier wohnte um 1400 der Moselschiffer Chrypffs, was soviel wie Krebs bedeutet. Er muß wohlhabend gewesen sein, nach dem patrizischen Zuschnitt seines Hauses. Berühmter als der Schiffer war sein Sohn, dessen »Schiffahrt« eine geistliche gewesen ist, gleich jener der Apostel. Nikolaus Chrypffs, der nach seinem Geburtsort Cusanus hieß, hat als einziger Deutscher des ausgehenden Mittelalters sich abendländischen Ranges erfreut. Der Astronom Kepler nannte ihn den »göttlichen Cusanus«. Die Straßenkreuzung, an der das Geburtshaus liegt, erinnert an ihn: hier trifft die Kardinalstraße auf das Nicolausufer. Denn neben seinen vielen Auszeichnungen und Ämtern begleitete der Moselschiffersohn aus Kues auch das Amt des höchsten, purpurgekleideten kirchlichen Würdenträgers nächst dem Papst.

In seinem Hauptwerk »De concordantia catholica« vertritt Cusanus den Gedanken, daß die Widersprüche, denen wir im Irdischen unterworfen sind, im Jenseitigen, bei Gott, aufgehoben werden. Der Mensch trägt als Mikrokosmos die Welt in sich, spiegelt das Universal-Göttliche wider. Cusanus spricht von der in die Vielheit entfalteten Einheit Gottes.

War Cusanus in seiner Dogmengebundenheit auch noch ein mittelalterlicher Mensch, so weist er doch auch neuzeitliche, zumindest reformistische Züge auf. Man hat ihn zu Recht einen »Reformator vor der Reformation« genannt. Seinen mystischen Pantheismus teilt er mit Giordano Bruno, seine Lehre von der Beweglichkeit der Erde mit Galilei, und doch war er bei der Kurie nie Persona ingrata. Als Universalist nahm er Humanismus und Aufklärung voraus, immer natürlich in den Grenzen mittelalterlicher Denkvorgänge. In der Mathematik sah er, und dies gemahnt an Pythagoras, einen Widerschein des Wahren.

Cusanus hat seiner Vaterstadt Kues ein Vermächtnis hinterlassen, das heute noch lebendig ist: ein Altershospiz am Ufer der Mosel. Nach der Zahl der Lebensjahre Christi sollte es 33 Alte, darunter 5 Geistliche und 6 Adlige beherbergen. Als Finanzierungsgrundlage diente die Dotation von Weinbergen. Der Altersheimkomplex liegt in der Nähe der Brücke, die nach Bernkastel führt. Die Insassen sitzen im Hof, in dem eine Sonnenuhr den Fluß der Zeit anzeigt. Daß ein Heim für Betagte auf eine Stiftung alter Zeit zurückgeht, hat seine Parallelen in der Fuggerei in Augsburg, im Heiliggeiststift in Lübeck, in Schloß Ahrensburg in Holstein.

Kunstgeschichtlich bedeutend ist die nach dem Tod des Gründers 1465 eingeweihte Hospitalkapelle, in deren fast quadratischer Mitte eine fontänenartige Säule zu vier Sterngewölben ausstrahlt. Im Chor steht ein rheinisches Triptychon mit einer Kreuzigung auf Goldhintergrund. Der Kardinal kniet als Stifter des Bildes mit seinem Diakon unter dem Crucifixus. Vor dem Altar ist sein Herz beigesetzt, darüber befindet sich eine Messingplatte mit dem Bildnis des Cusanus: eine Nachbildung seines Epitaphs in San Pietro in Vincoli in Rom. Von großer Schönheit und merkwürdig ungotisch, ja fast realistisch ist das innige Grabplattenbild der betend, mit Rosenkranz dargestellten Schwester des Cusanus, Clara Chrypffs.

Das Hospital schließt in seinen Mauern einen Kreuzgang ein, an den die Wohnzellen angefügt sind. Jeder Flügel des stillen Gevierts hat eine andere Struktur des Rippengewölbes. Im Oberstock des Altersstifts liegt ein Bibliothekssaal, der die originale Büchersammlung des großen Sohns von Kues sowie dessen wissenschaftliche Instrumente verwahrt.

DAS ROM DES NORDENS

Eine römische Geschichtsquelle von 354 n. Chr. zählte Trier, das man auch »Secunda Roma« (Zweites Rom) oder »Rom des Nordens« nannte, zu den vier Hauptstädten der Welt: Rom, Alexandria, Konstantinopel – und Trier. In der Tat stieg die ursprünglich keltische Stadt zu ungeheurem Glanz auf als Colonia Augusta Treverorum, genannt nach dem gallisch-keltischen Stamm der Treverer. Hier war der Sitz der Provincia Belgica, einer der vielen Verwaltungseinheiten, in welche die Römer die von ihnen besiegten Länder, fast die ganze damals bekannte Welt, eingeteilt hatten.

Seit 285 war Trier die bevorzugte Residenz römischer Kaiser. Nach Diocletian residierte hier zeitweise Maximian Herculius, dessen Prachtvilla in Piazza Amerina auf Sizilien die schönsten altrömischen Mosaiken aufweist. Schließlich herrschte in Trier auch Konstantin der Große, der den Grundstein des Domes legte und die heute noch stehende Basilika als Herrschersitz erbaute. Die Trierer Kurfürsten bezogen das zweistöckige Gebäude später in ihren Residenzpalast ein.

In Trier vermählte sich Konstantin in zweiter Ehe mit Fausta, der Tochter seines einstigen Bürgerkriegsgegners Maxentius. Crispin, Konstantins Sohn, verliebte sich in seine Stiefmutter, deren Schönheit gerühmt wurde. Der Kaiser ließ seinen Sohn enthaupten, Fausta im Bad ertränken.

Das römische Trier, vier Meter unter dem heutigen, war als Schachbrett erbaut. Das Kreuz der beiden Mittelachsen kann noch bestimmt werden; der Schnittpunkt, das Forum, lag am Platz des Bürgervereinsgebäudes. Keine Römerstadt nördlich der Alpen hat so viele Steinzeugnisse über die Zeiten retten können. Noch steht das Gemäuer des Amphitheaters und der Kaisertherme, die, typisch für römische Mauertechnik, den Wechsel von Hau- und Ziegelstein aufweist. Gut erhalten ist die auf Basaltpfeilern ruhende Moselbrücke; nur der Torbogen am Brückenkopf ist verschwunden. Von der einst 6400

Meter langen, mit 47 Rundtürmen versehenen Stadtumgürtung sind Reste freigelegt, von den 4 Torburgen eine in vollendeter Schönheit fast ganz erhalten, die Porta Nigra (Schwarze Pforte), Roms größter Bau im Norden des Imperiums. Das Tor-Monument, ohne Mörtel, nur mit Eisenklammern zusammengefügt, hat die Jahrhunderte überdauert, weil sich der syrische Eremit Simeon 1028 hier eingenistet hatte. Seine Heiligkeit machte das Bauwerk sakrosankt. Man gliederte eine ihm gewidmete Stiftskirche an, deren hochgelegener Kreuzgang erhalten ist. Auf Veranlassung Napoleons wurde die Porta Nigra aus ihrer kirchlichen Verkleidung befreit. Allerdings hielt der Kaiser die Apsis der Simeonskirche für römisch und ließ sie stehen. Sie hängt dem Römerbau heute noch an und bekommt seiner Silhouette nicht einmal schlecht: immerhin auch ein altehrwürdiges Kulturdokument.

Auf den Fundamenten des konstantinischen Doms wuchs der mittelalterliche empor. Viele Zeiten arbeiteten an ihm. Er entwickelte sich wie ein lebender Organismus. Der romanische Baumeister der Salier-Epoche hat sichtlich Anregungen von der altrömischen Kaisertherme empfangen. Das Westwerk mit seinem Rundchor und den flankierenden Apsistürmen, an die sich runde Treppentürme lehnen, erinnert an die Kaiserdome am Rhein. Der gotische Nachfolger des salischen Architekten versah die Seitenschiffe mit Spitzbögen. Gotik, französisch gefärbt, ist auch der Kreuzgang. Das Barock hat den Baukörper im Osten um eine Kapelle bereichert, als Schrein für Triers berühmteste Reliquie, den heiligen Rock.

Wie eine Schwester lagert neben dem Dom die frühgotische Liebfrauenkirche, die fast ein Zentralbau ist. Der Grundriß gleicht einer achtblättrigen Rose: Rosa mystica. Symbolträchtig sind auch die zwölf Pfeiler, die die Decke tragen; so stützen die Apostel den mystischen Raum der Kirche.

Das bürgerliche Trier, das aus bischöflicher Bevormundung zu immer größeren Freiheiten gelangte, fand seine eindrucksvollste Verkörperung im patrizischen Hauptmarkt mit mehreren Bürgerpalästen und einem Marktkreuz, dessen Schaft eine Römersäule ist. Die gut restaurierte »Steipe«, die von der Pfeiler-Versteifung den Namen hat, nahm einst die Ratsherren-Trinkstube auf. Über den Arkaden des Unterstocks reihen sich zierliche golden gefaßte Krabben, über dem Zinnenkranz des Dachgesimses steigt ein Zeltdach empor. Die Löwenapotheke von 1700, gleichfalls am Markt, soll die älteste Deutschlands sein.

Gediegene Bürgerlichkeit verbildlicht auch ein zweistöckiges Haus mit Mansarde, schmuckes Biedermeier, in der Brükkenstraße, die auf die Römerbrücke zielt. Betrachtet man das Gebäude, so denkt man, daß sich kaum eine konservativere Behausung denken läßt, schlechthin das Symbol befriedeter, in sich ruhender Bourgeoisie. Und doch wurde hier 1818 ein Mann geboren, der die Welt revolutionierte, dem bürgerlichen Zeitalter ein Ende setzte und wie kein anderer – außer vielleicht Freud und Einstein – das Bewußtsein der Welt im Sinne der Moderne verwandelte. Das Haus Brückenstraße 10 in der erzbischöflichen Stadt Trier ist das Geburtshaus von Karl Marx.

EIN TRIERER BÜRGERSOHN

Die Glockentöne von Dom und Liebfrauenkirche drangen bis in das Bürgerhaus in der Brückenstraße und jenes andere in der Simeonsstraße, in das der evangelisch konvertierte Justizrat Heinrich Marx, Nachkomme vieler Rabbinergeschlechter, mit seiner Familie umzog. Trotz kurz zuvor erfolgter Säkularisierung des erzbischöflichen Fürstentums hing zur Zeit der Geburt von Karl Marx, dem Sohn des Justizrats, noch Weihrauch über Trier, das fast etwas Theokratisches an sich hatte. Das mußte auch der protestantisch erzogene junge Marx empfinden, der damals weder antiklerikal noch antibürgerlich dachte. Neuerer kamen oft aus dem entgegengesetzten Lager.

Der junge Karl schrieb als Abiturient des Jesuitengymnasiums den Religionsaufsatz »Vereinigung der Gläubigen mit Christus nach Johannes 15., in ihrem Grund und Wesen, in ihrer unbedingten Notwendigkeit und in ihren Wirkungen«.

Aber schon fällt dem Siebzehnjährigen die Not des Stadtproletariats, die Mühsal der Rebbauern kritisch auf; zum Trierer Bürgertum nimmt er Abstand, nennt Trier »das kleinste, erbärmlichste Nest, voll von Klatsch und lächerlicher Lokalvergötterung«.

1842 ist er Redakteur in Köln. Er heiratet eine adlige Geheimratstochter. 1843 und 1845 folgen Lehrjahre in Paris und London, wo Marx die Mißstände des frühesten Industriestaates der Welt, einschließlich der Kinderarbeit, kennenlernt, wo er mit Engels das weltentscheidende Bündnis schließt. Die Dioskuren des konsequenten Sozialismus geben im Auftrag des »Bundes der Kommunisten« den Katechismus der Linken heraus, das »Kommunistische Manifest«, das, in fünf Sprachen ediert, auf den Spuren Hegelscher Geschichtsphilosophie gesellschaftliche Abläufe wissenschaftlich ergründen will. In dem schwer lesbaren Pamphlet sind die ersten Sprengsätze: »Die Geschichte aller bisherigen Gesellschaft ist die Geschichte von Klassenkämpfen.« Und: »Die Proletarier haben nichts zu verlieren als ihre Ketten.« Brisante Wahrheit und Fehlurteil, erstaunlich zutreffende und ganz verfehlte Prophetie sind, in ein Gestrüpp von Analysen verpackt, dicht beieinander.

Wieder als streitbarer Publizist in Köln, kommt Marx während der Revolutionswirren 1848/49 wegen »Aufreizung zur Rebellion« vor Gericht, wird freigesprochen, begibt sich als Staatenloser nach Paris und später nach Berlin, wo er dem gemäßigteren Sozialisten Lassalle begegnet. 1867 erscheint die eigentliche Marx-Bibel »Das Kapital« im ersten Teil, nach Friedell »ein höchst verwickeltes, kunstvoll und künstlich vernietetes System von abstrakten Definitionen und Schlußfiguren, das nicht nur dem Proletarier, sondern auch dem Durchschnittsgebildeten in großen Teilen unzugänglich ist«. Das Werk wird seither viel zitiert und wenig gelesen. Marx selbst rückt von vielen Folgerungen ab: »Ich bin kein Marxist.«

1866 besucht der Exbürger Triers den 1. Kongreß der Internationale in Genf, 1870 ist er wieder mit Engels in London, 1883 stirbt er dort, einige Monate nach einer Algierreise.

Wie Luther, der größte Neuerer vor Marx auf deutschem Boden, erschien der Autor des »Kapitals« als Phänomen der Weltbühne genau in einer für ihn günstigen Epoche. Die Zeit war reif, die Stände hatten ausgespielt, die Klassen traten auf den Plan. Das unabänderliche Ende der bürgerlichen Gesellschaft zeichnete sich ab, das ökonomische Zeitalter begann mit dem Bedürfnis breiter, vor allem der niederen Kreise nach gesellschaftlicher Veränderung. Marx befriedigte das Bedürfnis radikal: »Die Kommunisten verschmähen es, ihre Ansichten und Absichten zu verheimlichen. Sie erklären es offen, daß ihre Zwecke nur erreicht werden können durch den gewaltsamen Umsturz aller bisherigen Gesellschaftsordnung.«

Lassalle geht die gewaltsame Änderung zu weit, doch in Bebel und Liebknecht erhalten Marx und Engels Gesinnungsgenossen von nicht geringerer Schärfe. Die Welt der scheinbaren Mitte, in der Marx aufgewachsen ist, erscheint ihm nun suspekt, ja verhaßt; er, der ehemalige Verfasser religiöser Schulaufsätze, verdammt mit einem Federstrich Thron und Altar. Sagt er »Bourgeois«, so ist es, als speie er aus. »Die Bourgeoisie«, so wütet er gallig, »hat an die Stelle der mit religiösen und politischen Illusionen verhüllten Ausbeutung die offene, unverschämte, direkte, dürre Ausbeutung gesetzt.«

Die Folgerung des bedingungslosen Kapitalstürmers aus Trier ist das Postulat, das Privateigentum aufzuheben und alle Produktionsmittel in den Händen des Staats zu zentralisieren. Und Staat ist für ihn: das als herrschende Klasse organisierte Proletariat. Entgegen dem »Kastenstaat«, den der

Kulturhistoriker Egon Friedell in der Natur erblickt, will Marx, der Ökonom gewordene Hegel, die klassenlose Gesellschaft.

Marx muß auf seine Umwelt mit dem Ungestüm seiner Forderungen, seinem seherischen Blick (auch wo er irrte) stark gewirkt haben. Engels nennt den vollbärtigen Rebellen im Geist »den schwarzen Kerl von Trier, ein markhaftes Ungetüm«. Der liberale Carl Schurz hält das, was Marx sagt, für gehaltreich, logisch und klar, fügt indessen hinzu: »Aber niemals habe ich einen Menschen gesehen von so verletzender, unerträglicher Arroganz des Auftretens.«

Der Anstoß, den Marx gegeben hat, löste eine Kettenreaktion sozialer Bestrebungen aus, die bekanntlich die halbe Welt erfaßte und ein Leitmotiv des 20. Jahrhunderts wurde, nahezu eine Ersatzreligion, freilich ohne Metaphysik. Die Anfänge der Sozialbewegung im Deutschen Reich gehen auf Lassalles »Allgemeinen Deutschen Arbeiterverein« (1863) und Bebels »Sozialdemokratische Arbeiterpartei« (1869) zurück. Lassalle erstrebte lediglich gleiches Wahlrecht – in Preußen wählte man je nach Vermögen in drei Klassen –, Bebel zielte auf Verwirklichung der Marxschen Radikal-Ideen. 1875 vereinigten sich die beiden Gruppen zur »Sozialistischen Arbeiterpartei Deutschlands«. Lassalles Programm hatte gesiegt, denn die Partei wollte den Sozialismus »mit gesetzlichen Mitteln«. Marx wetterte von London aus über den Rückzug zur Gesetzestreue. Die Partei blieb unbeirrt: »An unserer Gesetzlichkeit müssen unsere Feinde zugrunde gehen.«

Der deutsche Kanzler, Bismarck, dachte herkunftsmäßig noch im Sinne des Ständestaates. Für die Sozialisten hatte er wenig Sympathie. Dennoch sah er, Staatsmann par excellence, das Problem. Er entschied sich zu einer Maßnahme, die bis heute akut geblieben ist, die schon Görres vorschwebte: Revolution zu vermeiden durch Reform. Bismarcks Reformwerk sah vor allem Unfallversicherung, Alters- und Invalidenschutz vor. Es war die Geburtsstunde des sogenannten Sozialistengesetzes, das verhindern sollte, daß die Massen zum sozialistischen Wunderdoktor liefen. Doch der »Wunderdoktor«, Bebel, konterte: »Das alles hat mit den Ursachen des sozialen Notstands nichts zu tun; vielmehr handelt es sich um eine polizeilich-bürokratische Regelung eines Teils des Armenwesens.« Er prägte den Begriff »Sozialdemagogie«. Trotz zeitweisen Verbots der »Sozialistischen Arbeiterpartei« – man sprach von einer »bedrohlichen Räuberbande, mit der wir gemeinsam unsere Städte bewohnen« – gewann sie an Boden. Bei der Reichstagswahl 1890 erhielt sie 1,4 Millionen Stimmen. Sie war die größte Partei Deutschlands.

Die Folgen der Marxschen Zeitbombe aus der Epoche des deutschen Vormärzes (so nannte man das Vorspiel der 48er Revolution) sind für das heutige Weltbild bestimmend geworden. Ganz gleich, wie man zu ihnen steht: sie sind eine Tatsache von elementarer, fortwirkender Kraft. Insofern ist unsere Epoche gleich der Zeitenwende und der Renaissance eine Wendezeit, die in Frage stellt.

Männer machen Geschichte? Man könnte es meinen, da die Doktrin des Bürgersohns aus Trier, der geradezu einem Idol entsprach, als Ferment wirkte. Sein Name kennzeichnet das Programm des Sozialismus, seine (nicht immer, doch manchmal) gemeißelten, lapidaren Sätze könnten Sätze von heute sein: »Nicht das Bewußtsein bestimmt das Sein, sondern das gesellschaftliche Sein bestimmt das Bewußtsein.« Die »Bewußtseinsveränderung« hat als Schlagwort nichts eingebüßt.

Das idyllische Haus in der Trierer Brückenstraße mit seinem hübschen Blumenhof hat seine Bürgerlichkeit abgelegt. In ihm ist ein Marx-Museum installiert. Mit missionarischem Ernst hat man Dokumente und Schaubilder der sozialistischen Bewegung aufgebaut. Man erfährt hier nicht, wo Karl Marx hergekommen ist, sondern wo er hinführte.

HERBERGE DER GERECHTIGKEIT

Elementarer, weltabgeschiedener, auch ärmer als die Eifel ist der Hunsrück, das wald- und schluchtenreiche Hochland zwischen Mosel, Rhein und Nahe. Kaum irgendwo ist das Mosaik der Herrschaftszersplitterung so vielfältig, die Zahl kleiner und kleinster Herren so groß gewesen: das Zerklüftete des Landschaftsbildes lud dazu ein. Demnach weist der Hunsrück zahlreiche Burgruinen auf. Hier waren, wie in der Eifel, die Sitze vieler, teilweise längst verschollener Geschlechter. Die Religionskriege und die Raubzüge des Sonnenkönigs haben die Edelsitze fast durchweg in Schutt gelegt.

Im Hunsrück boten die Waldverstecke, Felstäler, weltverlorenen Mühlen und Höhlen Unterschlüpfe für Banden. Noch heute zeigt man die Höhle des Schinderhannes, den man »König des Soonwaldes« nannte. Johann Bückler, dies sein richtiger Name, war in der nachnapoleonischen Zeit als Hauptfigur von Jahrmarkts-Moritaten fast ein Leitbild: der edle Räuber, der den Armen gab, was er den Reichen nahm, und daneben gegen die französische Besatzungsmacht agierte. Mag er auch Züge von Generosität aufgewiesen haben, so war er doch nur ein gewöhnlicher, verwegener Straßenräuber. Dreimal saß er im Turm, dreimal brach er aus. In den Dörfern des Hunsrücks zog er regelrechte Abgaben ein, stellte er Passierscheine aus, die er eigenhändig unterzeichnete. Nachdem man den großen Räuber gefangen hatte, setzte man ihn im Oberstock des Mainzer Holzturms fest. Das Urteil lautete auf Enthauptung. Die Hinrichtung 1803 war ein öffentliches Schauspiel, Preis 5 Franken à Person. Im Gegensatz zu seinen gleichfalls verurteilten Spießgesellen blieb der Schinderhannes gefaßt und kaltblütig.

Im wildromantischen Kellenbachtal liegt zwischen Buchen und Eichen Dhaun, eine der eindrucksvollsten Burgen, zu denen man bei einer Hunsrücküberquerung von der Mosel zur Nahe aufblickt. Die Veste bot einst den Rahmen der prächtigen Hofhaltung der Wild- und Rheingrafen. 1443 wurde sie aus Erbschaftsgründen in einer Weise geteilt, die uns heute ungewöhnlich und sinnwidrig vorkommt, die aber auf kleinem Raum die Zersplitterung der deutschen Landkarte im späten Mittelalter spiegelt. Graf Friedrich erhielt einen Teil des Backhauses, die Seil- und Pfeilkammer, die Saalkammer, eine große Stube und einen Keller. Die Grafen Johann und Gerhard übernahmen alle übrigen Räume. Gemeinschaftlich verfügten die Erben über den Turm, die Zisterne der Innenburg, ferner über Büchsen, Armbrüste, Geschütze und sonstige Armatur.

In Kirn an der Nahe stand das Schloß des ebenfalls hochvermögenden »tollen Rheingrafen« Friedrich von Salm. Als Zeitgenosse der Grande Révolution gebärdete er sich in Paris als fanatischer Jakobiner, entweder zum Schein oder in vorweggenommenem Edelkommunismus. Gleichzeitig trieb er im Nahegau rigoros, selbst mit Prügel- und Turmstrafen, den Zehnten seiner Fronbauern ein. In Friedrichs Palais an der Seine trafen sich Männer der Linken, so auch General Beauharnais und seine Gemahlin Josephine, die spätere Kaiserin der Franzosen. Schließlich, 1794, erlitt er das Schicksal vieler Edelleute, trotz seiner Communarden-Allüre. Er endete unterm Schafott. Mit 1313 anderen Opfern der Revolution gelangte sein Leichnam in ein Massengrab. Seine Schwester Amalie bot danach das Beispiel einer neuzeitlichen Antigone: mit angeworbenen Arbeitern ließ sie die Grube öffnen, um ihren Bruder, an drei Narben erkenntlich, herauszusuchen und ehrenvoll zu bestatten.

Die bekannteste Nahe-Veste ist die Ebernburg. Sie liegt über Bad Münster mit seinen radiumhaltigen Kochsalzquellen, deren man sich schon in der frühen Neuzeit bediente. Jenseits der Nahe ragen dolomitenhaft braunrote Porphyrfelsen auf. Die Silhouette der Ebernburg ist neueren Datums, nur wenige Baubestandteile gehen auf die Ritterzeit zurück. Doch eng verbunden mit dem Burghügel ist der Name eines

Mannes, der wie keiner sonst wehrhaftes Rittertum der Spätzeit verkörpert: Franz von Sickingen.

Das Geschlecht derer von Sickingen stammte aus dem Kraichgau, nahe Bretten. Mit dem Niedergang der mittelalterlichen Kaiserherrlichkeit sank auch die Bedeutung des ritterlichen Kleinadels herab. Die Reichsritter wurden Raubritter oder Dienstleute eines Fürsten. Die Sickingens dienten dem Pfalzgrafen bei Rhein. Als Vögte standen sie den kurpfälzischen Städten Bretten und Kreuznach vor. Seit 1448 gehörte ihnen die Ebernburg.

Der Berühmteste des Geschlechts ist 1481 dort geboren. Er begann seine Laufbahn ebenfalls in Diensten des pfälzischen Kurfürsten, der mit seinen Nachbarn – Hessen, Mainz, Worms – Händel auszutragen hatte. Der junge Ritter kaperte Rheinschiffe, plünderte Handelszüge und betätigte sich bald auch als Haudegen und Wegelagerer auf eigene Faust. Er verfiel der Reichsacht, die aber in jener Zeit nur noch wenig politisch-moralisches Gewicht hatte.

Immer mehr wuchs Sickingen in die Rolle eines Condottiere hinein – eine Rolle, die in Italien ihre überdimensionalen Vorbilder hatte und dem selbstherrlichen Zeitalter der Renaissance entsprach. Als Söldnerführer schlug der Ritter sich für den, der ihm Geld bot, zeitweise auch für die Krone Frankreichs. Franz war aber nicht nur reichsritterlicher Freibeuter. Ihm schwebte das Ziel vor, die deklassierten Stände, Ritter und Bauern, zu verbünden, um die Fürstengewalt zu brechen, die Kaisermacht zu stärken und die Reichseinheit zu erneuern. Da Sickingen zugleich mit dem Luthertum sympathisierte, galt er für viele als Vorkämpfer kirchlicher Reform. Die Ebernburg wurde Sammelstätte für soziale und religiöse Opposition. Man nannte sie »Herberge der Gerechtigkeit«. Nach Ansicht der Konspiranten um Sickingen sollten die geistlichen Fürstentümer säkularisiert, die weltlichen der Reichsgewalt unterworfen werden.

Dies war das Programm. Bald ließ man die Tat folgen: Einbruch in das Gebiet von Kurtrier, als erste Etappe zur Unterwerfung der anderen Fürstentümer. Sickingen verfügte über beträchtliche militärische Hilfsquellen: gerade am Rhein und links des Rheins saßen zahllose Reichsritter, die ebenfalls verlorene Rechte beklagten. Sie alle waren wie der Herr der Ebernburg durch Fürsten und Städte um ihre Geltung gekommen. Als Anhänger der Kirchenreform fand Sickingen eine eingängige und in aktueller Weise zugkräftige Parole für seine Aggression: er wolle gegen Trier einen »Pfaffenkrieg« vom Zaun brechen, »um dem Evangelium Luft zu machen«.

1522 belagerte Franz die Bischofsstadt an der Mosel. Die Bürgerschaft stellte sich hinter ihren Oberhirten. Trier verteidigte sich zäh, bis der Kurfürst Hilfe von seinen Standesgenossen in Hessen und in der Pfalz erhielt. Sickingen mußte auf seine Burg Landstuhl ausweichen. Die verbündeten Fürsten folgten ihm nach. Ihre Geschütze zertrümmerten die Mauern der Veste. Burggemäuer bot bei der Entwicklung der Ballistik im späten Mittelalter kaum mehr Schutz. Auch dies trug zum Abstieg des Reichsrittertums bei.

Als Sickingen an einer Schießscharte Ausschau hielt, traf ihn eine Kugel und riß ihm die Seite auf. Er kapitulierte. Die Fürsten traten an das Lager des Sterbenden in der Kasematte. Im Angesicht des Todes respektierte Franz die Rangordnung, gegen die er revoltiert hatte: er zog vor seinem alten Landesherrn, dem Pfalzgrafen, die Kappe. Dieser wehrte wohlwollend ab. »Warum hast du mein Land mit Krieg überzogen?« meinte er. Und der Erzbischof von Trier fragte: »Franz, was kannst du als Grund angeben, daß du mich und meine armen Leute überfielst?« So grausam Kontroversen damals ausgefochten wurden, die Epoche schloß nie die menschliche Geste aus. Die Antwort Sickingens war nicht unversöhnlich, doch konsequent wie sein Leben: »Darüber wäre viel zu reden, nichts ohne Ursache.«

Der Kaplan erhob die Hostie über dem Sterbenden. Die

Fürsten nahmen ihre Kopfbedeckungen ab und sprachen das Paternoster. Den Leichnam Sickingens bahrte man in der Dorfkirche auf. Bald nach Landstuhl fiel die Ebernburg.

Unter den Verschworenen auf der Ebernburg war auch der freiheitlich gesinnte Publizist Ulrich von Hutten, der mutmaßliche Verfasser der spektakulären »Dunkelmännerbriefe«, einer anonymen Zeitkritik, von der in den Jahren des Humanismus eine ungeheure Wirkung ausging. Zum geflügelten Wort wurde ebenso Huttens Wappenspruch »Ich hab's gewagt« wie sein Ausruf »O Zeiten, o Sitten, es ist eine Lust zu leben!« Eine Lust war ihm das Leben meistens nicht. Oft war er bei seinem sensitiven Gemüt innerlich verletzt, oft verfolgt und krank. Ein venerisches Leiden, das er mit Quacksalberei verzweifelt einzudämmen versuchte, vergällte ihm die letzten Jahre.

Als die Ebernburg keinen Schutz mehr bot, floh Hutten, der Aufrührer im Geist, in die Schweiz. Erasmus von Rotterdam, der stets Ängstliche, bot ihm kein Asyl. Dafür verschaffte ihm der Reformator Zwingli auf der Insel Ufenau im Zürcher See einen Unterschlupf. Dort starb der einstige »Poeta Laureatus« – eine Dichterehrung, die vielleicht dem heutigen Literatur-Nobelpreis entspricht.

Mit Sickingen und seinen geharnischten Freunden aus adligem Hause endete der Kampf eines Standes um die Selbstbehauptung. Das neue Jahrhundert gehörte nun unangefochten den Fürsten und den Städten. Für die Entrechteten blieb Franz von Sickingen ein Leitbild. Sein politisches Anliegen wurde später verwaschen, indem man den Ritter als Denkmalfigur auf das Podest der bürgerlichen Romantik stellte – als den schlechthin edlen Ritter. Die Schicht, die ihn mitentthront hatte, erhöhte und romantisierte ihn posthum. Sogar Lassalle, der Herold der Sozialreform im 19. Jahrhundert, verliebte sich in die Gestalt. Er schrieb ein gut gemeintes, doch schlechtes, undramatisches Jambendrama über ihn. Es ist reinste Schillerepigonie mit hochtrabenden Reden, bei denen Lassalle übrigens in unerwarteter Weise auch nationale Töne anschlägt. Seinen eigenen Kampf um gesellschaftliche Neuordnung sieht der Sozialromantiker aus Breslau als Fortsetzung des Aufbegehrens jener streitbaren Geister, die sich in der Morgenröte des Humanismus in der »Herberge der Gerechtigkeit« zusammengefunden hatten. Obwohl kaum eine schlüssige Linie von Sickingen und Hutten zu Marx und Engels führt, legte Lassalle dem sterbenden Ritter vom Ufer der Nahe das Wort eines angeblichen Vorläufers in den Mund: »Künft'gen Jahrhunderten vermach' ich unsre Rache!«

Im Dreiklang der Gebirge links des Rheins folgt auf Eifel und Hunsrück das südlich der Nahe gelegene Pfälzer Bergland, eigentlich eher ein Hügelland. Die in die Täler verstreuten Ortschaften sind an kulturhistorischen Zeugnissen arm. Der Pfälzer Erbfolgekrieg, in dem die Krone Frankreichs die Strategie der »verbrannten Erde« aufs gründlichste praktizierte, hat einen Landstrich, der einmal Kernland des Reiches war, kulturell herabsinken lassen. Mächtige Kaiserpfalzen lagen hier: Kaiserslautern, Trifels, Germersheim. Obwohl die Pfälzer auch an materiellen Gütern nicht gerade reich bedacht sind, ist die Gemütsart des Volksschlags, der auf die Rheinfranken zurückgeht, heiter, freundlich, kontaktreich. Die Bewohner von Weingegenden sind ohnehin seltener von Trübsinn geplagt. Und die Pfalz ist ein Weinland, das ausgedehnteste, ertragreichste der Bundesrepublik, mit würzigen, unverfälschten Sorten. Wein zieht sich in die Täler hinein, doch vor allem breitet sich ein weiter, unübersehbarer Teppich von Rebstöcken über das sanft gewellte Vorland, das unmerklich in die Rheinebene übergeht. In Rheinnähe kommt Korn hinzu, außerdem Tabak, der pfälzische »Duwak«.

Nahezu schon im Flachland und gewissermaßen im Entree zum Pfälzer Bergland, liegt Alzey, zu dem von Münster am Stein eine Straße bequem hinleitet. Die anmutige, kleine

Landstadt abseits der Hauptverkehrswege war einst ein hochbedeutendes Zentrum königlicher und fürstlicher Macht, ein Ort zugleich von mythischem Klang, denn aus Alzey stammte Volker, der burgundische Spielmann des Nibelungenlieds und Kampfgefährte Hagens von Tronje. Der traditionsbewußte Landkreis Alzey-Worms hat 1970 laut Kreistagsbeschluß und Genehmigungsurkunde des Innenministeriums ein neues Wappen gewählt, das auf den legendären Sohn der Stadt Bezug hat: »Im geteilten Schild oben ein nach rechts liegender roter Drache in Gold mit erhobener rechter Pranke, unten eine schräg liegende goldene Fiedel in Rot.« Die Begründung lautete: »Die Fiedel, die auf den Fiedler Volker im Nibelungenlied und auf das mittelalterliche Geschlecht der ›Volker von Alzey‹ hinweist, ist das traditionelle Motiv im Stadtwappen von Alzey.«

DREI WORMSER BLÜTEZEITEN

Das nahe Worms, das Borbetomagus der Kelten, kann man bei der Zahl seiner sehenswerten Altertümer, seiner Grüngürtel, seiner umsichtigen modernen Planung als schöne Stadt bezeichnen. Dennoch steht es an Rang im Kranz der deutschen und europäischen Städte in keinem Verhältnis zu der Bedeutung, die es einmal im Mittelalter bis hinein in die frühe Neuzeit eingenommen hat. In dieser Hinsicht ist Worms, wenn auch in weitaus größerem Maßstab, Alzey vergleichbar. Abseits von den großen Verkehrswegen, ohne eigentliches Gewicht im Hinblick auf die neuzeitlichen, seit dem Mittelalter verlagerten Probleme ist vom alten Glanz der Civitas Wormatia wenig verblieben. Man sagt etwas mitleidig, Worms sei »bei Siegfried stehengeblieben«.

Das ist angesichts einer regen Stadterweiterung, einer unternehmungsfreudigen gewerblichen Betriebsamkeit, eines pfälzischen Savoir-vivre wiederum ungerecht. Worms ist besuchenswert. Auch von seiner historischen Silhouette her bietet es, vor allem im Dombezirk, immer noch eine bauliche Hinterlassenschaft erster Güte, abendländischen Ranges, die dem Nimbus jener Stadt entspricht, deren Hauptkapital die Tradition ist.

Am sinnvollsten nähern wir uns der alten Kaiserstadt von jenseits des Rheins. Kurz bevor wir die große Eisenbrücke erreichen, erleben wir als verheißende Ouvertüre des großen Geschichtsthemas Worms die Reisepointe des Klosters Lorsch aus karolingischer Zeit. Das Torhaus mit seinen Stein-Inkrustationen, am Rande einer Straße von Dorfcharakter gelegen, ist Deutschlands ältestes Baudenkmal des Mittelalters. Haben wir den Rhein überquert, so stoßen wir in belangloseren Außenvierteln von Worms auf altes Gemäuer, Rest der Umgürtung, die Bischof Burchard am Ende der Sachsenherrschaft hat anlegen lassen. Der Ringmauertorso mit seinem rekonstruierten Wehrgang und zwei Türmen stammt aus jener Phase der Stadtgeschichte, in der Worms 60 Mauertürme und 50 Kirchen besessen hat, in der 215 Reichs- und Fürstentage bestätigt sind. Im 14. Jahrhundert war die Bischofsstadt mit etwa 10 000 Einwohnern größer als Frankfurt, so groß wie Straßburg, Nürnberg, Ulm, Danzig. Köln zählte 30 000, Lübeck 25 000 »Seelen«. Nur 200 deutsche Städte überstiegen an Kopfstärke die Zahl 1000.

Die erste Blütezeit, während des von Rom protegierten, von den Hunnen vernichteten Burgunderreiches, hat keine Spuren hinterlassen. Dazu währte die Spanne des Nibelungen-Worms zu kurz, gerade ein Menschenalter. An der Südwestseite des Doms zeigt man, Erinnerung an die zum Mythos gewordene Residenz des Königs Gunthari, den eigentümlich geformten, mit einem Bohrloch versehenen »Siegfriedstein«. Der Held des Nibelungenliedes soll ihn, indem er seine Lanze in das Loch steckte, über den Dom geschleudert haben. Wahrscheinlich handelt es sich um den Lagerstein einer Baumkelter. Siegfrieds legendäres Grab liegt auf dem sogenannten Heidenfriedhof im Süden der Stadt.

Die tragende Persönlichkeit der zweiten Blütezeit war der von Otto III. als Wormser Bischof eingesetzte Sachse Burchard, für die Siegfriedstadt so wichtig wie Willigis für Mainz: Domgründer und überragender Stimulator der ferneren Geschichte. War Willigis Wagnersohn, so stammte Burchard aus gräflichem Geschlecht. Er stritt sich mit dem Gauherzog aus salischem Haus, Otto von Kärnten, um die weltliche Machtausübung. Auch hier die Mainzer Parallele: Kampf der beiden Schwerter im lokalen Bereich. Heinrich II., der zum Kaiser gewählte Bayernherzog, ebenfalls sächsischer Herkunft, schlichtete den Streit zugunsten des stammverwandten Bischofs. Den Herzog entschädigte Heinrich mit auswärtigen Lehen, so daß nun Burchard als alleiniger kirchlicher und weltlicher Oberherr die Wormser Geschicke leitete.

Der Bischof schleifte die herzogliche Pfalz, eine Wasserburg, und errichtete an ihrer Stelle zum Dank für seine Machtsteigerung 1016 die Kirche St. Paul, reinste Romantik, mit »orientalischen« Turmkuppeln.

Während der dritten Blüte, zur Stauferzeit, erfreute sich die Civitas Wormatia weiterhin des Glanzes der Kaisersonne. Barbarossa brach hier 1172 zu seinem Heereszug gegen Mailand auf. 1179 beschloß er in Worms eine Strafexpedition gegen Heinrich den Löwen, den widerspenstigen Welfenherzog. Heinrich VI., sein Sohn, plante in den Mauern der einstigen Burgunderresidenz 1195 eine Reichsverfassung, die allerdings scheiterte. Dessen Sohn Friedrich II. feierte in Worms seine prunkvolle Hochzeit mit Isabella von England, seiner dritten Gemahlin. Am Rathaus mit seinem offenen Glockenträger, das nach dem Zweiten Weltkrieg neben der barocken Dreifaltigkeitskirche erbaut worden ist, hält ein Sandsteinrelief das Ereignis der kaiserlichen Eheschließung von 1235 fest.

Das mittelalterliche Worms war eine wohlhabende Stadt. Die Reichs- und Fürstentage steigerten den Umsatz. Früh schon schlossen sich Zünfte zusammen, die Fischerzunft bereits

1006. Frachtschiffe ankerten vor Worms, der optische Ausdruck der Handelsblüte. Das Wormser Rathaus des Mittelalters galt als eines der größten im Reich. Immer schon war Worms auch eine Stadt des Weines, gelegen in Rebgelände. Die Römer schätzten die Traube ebenso wie die Burgunder. Im Nibelungenlied heißt es: »Guoten win, den besten, den man kunde vinden, umben Rin.« 1687 berichtete der Brite Maximilian Misson über Worms: »Man hat dort so viele Weinstöcke angepflanzt, daß man alle Jahre ungefähr 15 Fuder erntet. Das Fuder ist ein Faß, das ungefähr 200 englische Gallonen enthält. Sie machen großes Aufhebens von diesem Wein, und sie haben ein Sprichwort, das sagt, er sei süßer als die Milch der heiligen Jungfrau.«

Die Bezugnahme auf die Mutter Christi hat ihren Sinn. Denn inmitten der Rebgüter liegt die Liebfrauenkirche, heute in die Stadt einbezogen, früher außerhalb der Stadtmauer: Maria foris portam. Die Stiftskirche Unserer Lieben Frau gab dem populären Wein mit dem Etikett »Liebfraumilch« den Namen (Als »Liebfrauenmilch« darf nur das Erzeugnis der unmittelbaren Umgebung gelten). Das gotische Gewölbe der Kirche wurde nach den Franzosenkriegen 1689 erneuert; das späte 19. Jahrhundert hat einen gestirnten Himmel daraufprojiziert; die Sterne sind inzwischen erloschen.

Worms besaß, und dies spiegelt seine Handelsbedeutung, in früheren Jahrhunderten die größte Judengemeinde des Reichs. Die drei obersten Rabbiner saßen in Prag, Frankfurt und Worms, der von Worms übte durch ein Privileg Kaiser Ferdinands das Primat aus. Die 1938 zerstörte und nach dem Krieg wiederaufgebaute Synagoge geht auf das Jahr 1175 zurück. Zum angegliederten Frauenbad führen Stufen hinab. Neben Prag weist Worms die eindrucksvollsten Geschichtsdokumente jüdischer Gläubigkeit auf.

Wie man weiß, widmeten sich die Getto-Bewohner dem für Christen verpönten Geldgeschäft. Bürger und Herren, ja Landesherren gerieten in Verschuldung. Um die Schulden loszuwerden, schwärzte man die Kreditgeber an: sie hätten Brunnen vergiftet und dadurch Seuchen hervorgerufen. »Ihr Geld«, schrieb ein elsässischer Chronist, »war das Gift, das sie tötete.« Viele Verfolgte zündeten lieber ihre Häuser an und kamen darin um, als daß sie dem Pöbel in die Hände fielen. Daß die Landesherren immer wieder gegen die Pogrome einschritten, lag an ihrem Interesse am Fortbestand des Gettos: sie brauchten die Abgaben, die die Wechseljuden für landesherrlichen Schutz entrichteten; außerdem benötigten sie, da ihre Ausgaben ihre Einnahmen überschritten, dringlich die Darlehen ihrer jahwegläubigen Untertanen.

DER DOMBEZIRK

Wer in die reiche Wormser Vergangenheit loten will, begebe sich zum Dombezirk. Ist die Großkirche auch weitgehend von der sie umgebenden ehemaligen Bausubstanz entblößt, so läßt sich die einstige Anordnung der Neben- und Anbauten leicht am heutigen Domgelände ablesen. Außerdem unterstützt ein Modell im südlichen Querhaus die Vorstellung vom ursprünglichen Zustand des Bezirks, der an feierlichem Gepräge wohl alles Vergleichbare übertraf.

Immerhin hat der Dom selber die Zeiten überstanden. Das Gros der Baumasse stammt aus der Stauferzeit, aus gleicher Epoche und gleichem Geist wie das Nibelungenlied. An den Burchard-Dom gemahnt nur das Untergeschoß der Westtürme. Außer den Türmepaaren über Ost- und Westwerk erheben sich mächtige Oktogone über Westwerk und östlicher Vierung. Das Äußere des Doms ist der einheitlichste, geschlossenste romanische Baukörper auf deutschem Boden. Pfeiler, Zwerggalerien und Obergaden gliedern den Innenraum. Im Westwerk sind mächtige Rosen und Rosetten eingelassen, unter denen sich gezackte Blendarkaden runden: Romanik aus erster Hand. Eine Bodenplatte im Westchor zeigt an, daß hier Bischof Burchard 1025 beigesetzt worden ist. Im Ostchor steht der beschwingte, baldachingekrönte Hochaltar Balthasar Neumanns. Der spätgotische Baum Jesse im linken Seitenschiff ist die monumentalste Gestaltung des Themas, das bis zum fernen Portugal in vielen christlichen Gotteshäusern vertreten ist.

Vom Nordportal sagt die Legende, hier habe die dramatische Begegnung der beiden Königinnen des Nibelungenliedes stattgefunden. Keine wollte der anderen den Vortritt lassen. Es ist ein zeitloses dichterisches Dokument weiblicher Psyche, zugleich eine Demonstration der hierarchischen Wertvorstellungen des Hochmittelalters. Hier war man noch fernab, in »Gleichheit« ein Ideal zu sehen. Mag die Wormser Szene der Königinnen-Rivalität auch geniale Erfindung sein, der Nibelungendichter muß das Nordportal des Doms gekannt haben. Das Christkönigsbild des Tympanons zeigt nahe Verwandtschaft zur Antike an, der Faltenwurf deutet auf Byzanz. Als man in der Gotik die Pforte erneuerte, setzte man den thronenden Christus auf die Portalinnenseite, so daß er erhalten blieb. Die Außenpforte schmückte man, ohne mit der Kunst des Meißels zu geizen, mit Bibelszenen.

An der Südperipherie des Dombezirks haben zwei Kirchen die Apokalypse des Zweiten Weltkriegs überstanden, die das romanische Motiv des Doms aus der Burchardzeit aufnehmen; sie verhalten sich zu ihm wie Knappen mit dem gleichen Wappenschmuck zu ihrem Herrn: St. Andreas mit einem gezackten Rundportal an der Südseite, St. Magnus mit neuem Turm und Interieur. Dazwischen klingt das Wormser Weinmotiv auf: ein Sandsteinbogen lädt zum Besuch eines Weinunternehmens ein. Hier war ursprünglich eine Herberge, denn man liest: »Allhie zum Elephant / bin ich genandt.« Der Dickhäuter ist als Relief gleich beigegeben.

Zwischen dem südlichen Westturm des Doms und der Nikolauskapelle öffnete sich einst der Domkreuzgang mit anschließendem Kapitelhaus; Spuren sind vorhanden. An der Südwestecke stand ein Kleinod des Mittelalters: die zehneckige Johanniskirche, ein vielgerühmter Rundbau gleich dem Theoderichgrab in Ravenna. Man hat ihn mit dem Gralstempel verglichen.

Nördlich des Wormser Doms gliederten sich der Bischofspalast und, quergestellt, die kaiserliche Pfalz an, der sich wiederum, parallel zum Dom, die Stephanskirche beigesellte, als Hofkapelle. Eine Freitreppe führte vom Vorplatz zum Pfalzbau. In ihm befand sich der berühmte »Große Saal«, in dem sich an der Schwelle der Neuzeit eines der fundamentalsten Ereignisse der deutschen Vergangenheit abgespielt hat: das Verhör Luthers auf dem Wormser Reichstag von 1521 in Anwesenheit des Habsburger Kaisers Karl v. Es war der Auftakt zur sogenannten »Lutterei«, die auf Jahrhunderte die abendländische Geschichte bestimmen sollte.

ES BEGANN IN WITTENBERG

Der Anlaß, der die Reformation auslöste, war wie viele Anlässe im Verhältnis zur Bedeutung dieses folgenreichsten geschichtlichen Phänomens der frühen Neuzeit gering. Es war der Ablaß. Möglicherweise wäre er auch von der Papstkirche in einer einsichtigen Phase eines Tages beseitigt worden, in einer Reformbewegung wie der von Cluny oder Citeaux und im 17. Jahrhundert der von St. Maur. Doch diese Frage ist unerheblich, denn der Ablaß war nur Anlaß, Anstoß, nicht tieferer Grund.

Ein Plädoyer für statt gegen den Ablaß wäre heutzutage durchaus möglich. Daß man sich Reinigung von Schuld und ein Eintrittsbillett in den Himmel erkaufen könne, ist ein altes Rezept der Religionsgeschichte. Die Pharaonen erwarben sich das ewige Leben durch Pyramidenbau, Mumifizierung, für ewige Zeiten bestimmten Totenkult. Im frühen Mittelalter sicherten sich Feudalherren durch Klosterschenkungen einen Platz unter den Seligen. Nur der kleine Mann blieb in der Kollektivangst des Mittelalters vor möglichen Jenseitsqualen hoffnungslos allein, ohne die Mittel, sich ins »Paradeis« einzukaufen.

Der Ablaß, der im Hochmittelalter aufkam, war demgegenüber sozial. Er gab auch dem wirtschaftlich Schwachen die Hoffnung auf das ewige Heil, beseitigte Ängste. Denn der Ablaß bot den Freispruch des Himmels zu gestaffelten Preisen an, von 1/4 bis 25 Gulden, gleich einem sozial gerechten Steuersystem. Der Bauer zahlte weniger als der Ratsherr; die gewährte Absolution war für beide dieselbe. Der Ablaßhändler, so könnte man etwas überspitzt vergleichen, nahm den Standort des Psychotherapeuten unserer Tage ein; er bot Seelenbefreiung gegen Honorar.

Dies Honorar floß aber, Verdienstspanne und Spesen abgerechnet, nicht in seine eigene Tasche. Es floß nach Rom. St. Peter und viele andere grandiose Zeugnisse des Glaubens in der Ewigen Stadt verdanken ihre Existenz der Finanzierung durch das »heilige Geschäft« des Ablasses.

Der im vorigen Jahrhundert vorgebrachte nationalistische Einwand, deutsche Vermögenswerte seien ins »Ausland« abgewandert, ist nur zum Teil richtig. Nationalstaaten gab es noch nicht, demnach auch kein nationales Denken. Und ein beträchtlicher Anteil des Ablasses blieb im Land. Die Fürsten behielten ihn zurück. Damit nahmen die Ablaßgelder keinen anderen Rang ein als Steuern, mit dem einen Unterschied, daß sie – was man heutzutage bei der Abfassung einer Steuererklärung keineswegs empfindet – einen metaphysischen Gegenwert sicherten.

Natürlich gab es beim Ablaßhandel auch Auswüchse. Sonst hätte er in der Zeit des Auftretens Luthers nicht so offensichtlich provoziert. Die Ablaßmeister, wie etwa der berühmtberüchtigte Johannes Tetzel, waren Marktschreier. Außerdem war die Einrichtung des Ablasses mit der damals verhaßten Welt des Frühkapitalismus eng verquickt. Die Fugger schalteten sich als Mittler mit entsprechender Verdienstspanne in die Ablaßkrämerei ein. Darum wandten sie sich ebenso entschieden gegen Luther wie die Andenkenkrämer von Ephesus gegen Paulus, der ihnen mit der Behauptung, Gott sei unsichtbar, das Geschäft verdarb.

Es erscheint bizarr-kurios, daß in der »Blütezeit« des Ablaßhandels auch Sünden abgegolten werden konnten, die noch gar nicht begangen waren, daß man sich also ein Ablaßdepot sichern konnte. Die Gnadenmittel der Kirche wurden gegen Geld vordatiert. Auch verwundert heute die Preisskala für bestimmte Sünden: Sodomie kostete 12, Kirchenraub 9, Elternmord hingegen nur 4 Gulden.

Ablaß war nicht überall erlaubt. In Sachsen herrschte ein Verbot. Die Leute strömten darum in Massen als Grenzgänger ins benachbarte Brandenburg, nach Jüterbog. Luther sah sich als Vertreter des Stadtpfarrers von Wittenberg ständig mit dem Problem konfrontiert. Es erregte seinen heißen Zorn. Kein grundsätzliches Reformanliegen löste den ersten Schritt

Zeitgenössisches Spottbild auf den Ablaßhandel.

zur Reformation aus, sondern Luthers Ärger über einen mißlichen Zweig am Baum der Kirche, der Wurzelwerk und Saft des Stammes kaum betraf.

Am 31. Oktober 1517 schlug Luther an der Pforte der Schloßkirche der sächsischen Universitätsstadt, in der er mit Erlaubnis seines Ordens lehrte, die spektakulären 95 Thesen gegen den Ablaß an. Die Präambel begann mit dem Satz »Aus Liebe zur Wahrheit und im Bestreben, sie an den Tag zu bringen ...« In jüngerer Zeit wurde die Tatsache des Thesenanschlags in Frage gestellt; man meint, die Thesen seien nur ediert worden. Ganz gleich: die Wirkung war frappant, selbst für Luther. Überall druckte man sie nach, gab man sie von Hand zu Hand. Ohne die kurz zuvor erfolgte Erfindungstat Gutenbergs hätten die Thesen, Ferment der Reformation, nie ihre ungeheure Verbreitung gefunden. Sie wären vielleicht Gelehrtendisput geblieben. Nun wurden sie Volksthema. Die Thesen kursierten im ganzen deutschen Sprachraum und darüber hinaus, »als wären die Engel vom Himmel Botengänger gewesen«. Schnell war Luther der populärste Mann im Lande. Die Thesen waren Tagesgespräch. Die Reformation fand statt.

Die Kurie nahm sie zunächst nicht ernst. Papst Leo X. hatte andere Sorgen weltpolitischer Art, die Frage der Kaiserwahl etwa, wobei der spanisch-deutsche Habsburger Karl und der französische König François kandidierten – das Ergebnis war für Rom von höchstem Belang. Den lokalen Fall des Aufsässigen in Wittenberg betrachtete der Papst hingegen als »Mönchsgezänk«, sicher bei Gelegenheit mühelos beizulegen. Immerhin entsandte Leo 1518 den Kardinal Cajetan nach Augsburg, um den nach dort zitierten Mönch kategorisch zum Widerruf zu bewegen. Das Treffen von Kardinal und Mönch, als Augsburger Religionsgespräch bekannt, verlief ergebnislos. Luther fühlte sich gefährdet. Von Helfershelfern unterstützt, entwich er aus Augsburg heimlich.

Schauplatz der zweiten großen Konfrontation war Leipzig. In der Leipziger Disputation, die 17 Tage währte, hatte es

Luther mit dem scharfsinnigen Dialektiker Eck zu tun. Nach der Ergebnislosigkeit auch dieser Begegnung der im Wesen ungleichen Geister betrieb der Magister in Rom die Exkommunikation des Unverbesserlichen.

Inzwischen wuchs Luther immer entschiedener in seine eigentliche Rolle hinein, er »wuchs mit seinen höheren Zwekken«. Als nächste Etappe im dramatischen Ablauf des Reformationsgeschehens – damals freilich noch gar nicht als solches erkannt – folgte der Druck von Luthers großartigen, sprachgewaltigen, später nie mehr erreichten ersten drei Pamphleten »An den christlichen Adel deutscher Nation«, »Von der Freiheit eines Christenmenschen«, »Von der babylonischen Gefangenschaft der Kirche«. Weit über das Ablaß-Problem hinaus erfolgte hier eine Kampfansage gegen die Autokratie der Papstkirche, gegen die Priesterverrottung, gegen die Seelenknechtung der Sakramentslehre. Nicht die Tat guter Werke, so lautete Luthers Postulat, sondern der Glaube steht im Zenit christlichen Denkens. Nicht Papst und Konzilien sind Maßstab, sondern die Bibel. Die Schriften wurden verschlungen. Das Druckereigewerbe kam der Nachfrage nach den drei Abhandlungen – honorarfrei für den Autor – kaum nach. Man begrüßte in Luther den Schrittmacher eines neuen Evangeliums. Hans Sachs in Nürnberg pries »die Wittenbergisch Nachtigall, die man jetzt höret überall«.

Auch Luther kam zugute, was in keiner geschichtlichen Sternstunde fehlt: das Glück des rechten Augenblicks. Zehn Jahre früher, zehn Jahre später – und Luther hätte vielleicht als Ketzer auf dem Scheiterhaufen geendet wie Hus, wie Savonarola, wie Tausende vor ihm. Aber die geistige Situation seiner Zeit, auch die politischen Umstände, waren ihm günstig, der »Herbst des Mittelalters« ging zu Ende. Renaissance, Humanismus, Weltentdeckung, Aufbruch naturwissenschaftlichen Denkens lockerten den Boden für eine bisher nicht dagewesene Liberalität des Wortes, der Denkvorgänge, der Konfession. Luther nutzte sie zu einem Zeitpunkt, als keine schlagkräftige Autorität der bestehenden Mächte ihm entgegentreten konnte. Kaiser Maximilian I. war 1519 gestorben, man schacherte um die Neubesetzung des Kaiserthrons. Und als Karl V. mit Fuggergeld – 850000 Gulden – gewählt war, weilte der 19jährige Imperator, mit dem Kommunarden-Aufstand beschäftigt, noch im fernen Spanien. Erst nach einem Jahr traf er in Deutschland ein, einem Land, dessen Sprache und Probleme er nicht verstand, in dem es den nach Burgund und Spanien Heimwehkranken fröstelte. Ohne ernstlichen Widerstand breitete sich die Luthersche Lehre aus.

Sie war nicht neu. Luther hatte seine bekannten Vorläufer, Wyclif in England, Hus in Böhmen. Alles, was Luther anprangerte, war im Volk bereits seit langem im Gespräch. Somit war Bruder Martin, wie man ihn seines mönchischen Standes wegen nannte, nicht »Erfinder der Reformation«. »Das Genie tut den letzten Spatenstich«, so Egon Friedell, »es ist kein Neuigkeitskrämer.« Keine intellektuelle Leistung von umwerfender Originalität, nicht das Ingenium eines Religionsstifters oder Propheten zeichnete Luther aus – er äußerte, was die meisten dachten und viele hätten sagen können, wenn auch nicht so bündig, in so entwaffnender Einfachheit wie der Mönch aus Wittenberg. Der missionserfüllte Wille, das bäuerliche Charisma, das Monolithische seiner geistigen Persönlichkeit verschafften Luther den Durchbruch. Er sagte Kompliziertes einfach aus.

Der Reformator hatte also den Zeitgeist auf seiner Seite, das Anliegen breitester Kreise, daß man dem Mystizismus des Mittelalters eine Absage erteilen, daß man den Glauben demokratisieren müsse. Wie jeder Verkünder epochaler Neuerungen – Paulus, Augustin, Karl Marx – stand Luther dabei ursprünglich mit hingebender Inbrunst in jenem Lager, das er später revolutionierend angriff. Luther war ganz und gar Mönch; wie gesagt wurde: »der letzte große Mönch«. Er kritisierte, was er zuvor im Tiefsten erlebt hatte. Er revolutionierte im Grunde sich selbst. Das erst gab seinem Wort die elementare, geballte Kraft, die geschichtsverändernde Brisanz.

1520 sprach Rom, der Initiative des Magisters Eck folgend, den Bann über den Abtrünnigen aus – immer noch ein schwerer moralischer Schlag, wenn auch nicht mehr von dem zerschmetternden Gewicht wie im Hochmittelalter, gewissermaßen die Totalvernichtung. Dazu zeigten sich schon zu sehr Frühspuren der Aufklärung. Doch auch damals galt ein Gebannter noch als Verfemter. Luthers Reaktion auf den Fluch aus Rom war das Kühnste, Exemplarischste seiner reformistischen Laufbahn, ungeheuerlich und zugleich befreiend für Abertausende, die unter den kirchlichen Fesseln litten: er verbrannte die Bulle im Dezember des gleichen Jahres öffentlich vor dem Wittenberger Stadttor, unter dem Beifall der akademischen Jugend.

Es war damals üblich, daß auf den päpstlichen Bann die kaiserliche Acht folgte. Darum drängte man den jungen Karl nach seinem Eintreffen auf deutschem Boden, diese auszusprechen. Der noch nicht »eingearbeitete« jünglinghafte Kaiser wollte sich aber zuvor mit dem »Fall« befassen, den Wittenberger Mönch anhören. Das nun ist der Prolog der weltgeschichtlichen Stunde von Worms. Der größte Augenblick in Luthers Biographie war gekommen – die dritte epochale Tat nach Thesenanschlag und Verbrennung der Bannbulle.

»HIER STEHE ICH ...«

Die glänzende Folie für Luthers wichtigsten Auftritt auf der Zeitbühne war der Wormser Reichstag. Der Thesenanschlag, die Bannbullen-Verbrennung – gewiß: Szenen mit Eklat. Doch sie ereigneten sich in keinem Weltzentrum, die Bühne war das provinzielle Wittenberg (erst durch Luther wurde es weltbekannt). Wie Paulus nach seinem Provinzaufenthalt in Kleinasien plötzlich im hellen Licht Athens stand, so stand der Mönch aus Wittenberg nun mit einemmal im hellen Licht von Worms.

Martin Luther als Augustinermönch.
Holzschnitt von Hans Baldung Grien

Während seiner Reise strömte das Volk herbei, ihn, den bereits Berühmten, mit eigenen Augen zu erblicken – den Ordensmann, der dem Papst trotzte. Dürer konterfeite ihn unterwegs. In Oppenheim am Rhein, seiner vorletzten Reisestation, übernachtete Luther in der 1314 gegründeten »Kanne«, heute Mainzer Straße 11. Damals stand schon der hochgelegene Oppenheimer Dom, bedeutendste Gotik zwischen Köln und Straßburg, und, noch höher, die Burg Landskron: Friedrich II. hatte Stadt und Burg mit einer Mauer verbunden. Aus Oppenheim stammte der Reichsherold Caspar Sturm, der für das Luther zugebilligte Geleit die Verantwortung trug.

In Oppenheim begegnete Luther Franz von Sickingen. Dieser bot ihm Schutz an: »Komm auf die Ebernburg!« Luther antwortete, entschlossen, seiner Konfession vor weltgültigem Forum unter keinen Umständen auszuweichen: »Und wenn so viele Teufel in Worms wären wie Ziegel auf den Dächern, ich wollte doch hinein!«

Als der junge Karl v. am 17. April 1521 den Mönch musterte, fand er ihn wenig attraktiv. Der hagere Augustiner kontrastierte in seiner schlichten schwarzen Kutte mit den Festversammelten in kostbarer Sutane, verzierter Rüstung oder goldverbrämtem Wams. Der Kaiser meinte: »Der soll mich nicht zum Ketzer machen.« Aufgestapelt waren Luthers Schriften. Die Frage lautete: Widerruf oder nicht. Luther prüfte die Folianten, ob sich nicht vielleicht falsche Drucke darunter befänden. Er erkannte sie als die seinen an. Der Kaiser hielt die Verteidigungsrede Luthers für unklar und spitzfindig. Er vertagte die Versammlung auf den 18. April.

An diesem Tag mußten sich im vollgedrängten Kaisersaal viele mit Stehplätzen begnügen. Luther, eingewöhnt in das Ambiente des Reichstages, war in bester Form. Seine zündende, von unbeirrbarer Überzeugung getragene Ansprache gehört zu jenen Reden, die Geschichte machten. Den Vorwurf, daß er mit seinen Schriften »Zwietracht und Verwirrung« schaffe, wies er von sich. Immer wieder war es der Bibeltext, der ihm die geistige »Munition« bot: »Von wegen des göttlichen Wortes müssen Parteien Mißhellung und Uneinigkeit werden. Sagt der Herr doch selber: ich bin nicht kommen, den Fried, sondern das Schwert zu senden, ich bin kommen, den Menschen zu erregen wider seinen Vater.«

Luther erklärte sich nur dann bereit, einzulenken, zu widerrufen, wenn man ihn mit dem Bibelwort widerlegen könne. Die Widerlegung blieb aus. Und nun folgte Luthers gemeißelter Schlußsatz: »Ich kann und will nicht widerrufen, weil wider das Gewissen zu handeln, beschwerlich, unratsam und gefährlich ist. Gott helfe mir, Amen.«

Luther verließ den Festsaal. In seiner Herberge erhob er nach Landsknechtsart die Schwerthand: »Ich bin hindurch!« Am 26. April verließ er Worms. Wiederum sorgte der Reichsherold für das Freigeleit.

Später haben sich die von Luther angeblich in Worms gesprochenen Schlußworte eingebürgert: »Hier stehe ich. Ich kann nicht anders. Gott helfe mir. Amen.« Diese Textversion liest man auch auf dem Lutherdenkmal, das Rietschel 1868 in einer Wormser Anlage errichtet hat. Die Worte sind nicht verbürgt. An der Entschiedenheit und dem Weltecho des Lutherschen Auftritts in der Kaiserstadt am Rhein ändert dies nichts.

Die Baulichkeiten, die als Schauplatz des welthistorischen Wormser Reichstags 1521 dienten, sind verschwunden. Unter dem Motto »Brulez le Palatinat!« (Verbrennt die Pfalz!) hat der »allerchristlichste König« Ludwig XIV. Kaiserpfalz, Bischofspalast und Stephanskirche liquidieren lassen. Daneben fielen 964 Häuser den Flammen zum Opfer. Ludwig befahl, auch den Dom niederzubrennen. Man speicherte Mobiliar im Kirchenschiff auf und zündete es an. Das Gestühl und die Altäre wurden zu Asche. Die Bleidächer schmolzen. Die Gewölbe stürzten ein. Doch der mächtige Baukörper insgesamt hielt stand.

Neue Gefahr drohte dem Dom 1806/07. Wegen Rückgangs der Zahl der Gläubigen auf tausend Seelen stand die Großkirche auf dem Aussterbeetat. Schließlich veräußerte man die noch erhaltenen Nebenbauten für einen Betrag von 5000 Franken. Sie wurden abgebrochen; der Erlös diente der Ausbesserung von Domschäden. 1856 unterzog man das Kirchenschiff einer allgemeinen Bau-Überholung. Dabei traten vier Grabplatten von Saliern zutage: Konrad der Rote, Vater, Schwester und Tochter Konrads II. Die Gräber bestehen noch. Den Westchor, den wertvollsten Bautrakt, trug man 1902 Stein für Stein bis zum Fundament ab, um ihn im Puzzlespiel exakt wiederaufzurichten: eine Renovierungsarbeit, die man bewundern muß.

Eine »Renovatio« war auch die Umwälzung des Bestehenden, die ein kleiner Mönch an der Schwelle der Neuzeit vor den Großen der Welt an diesem Platz – verändert zwar, doch im Kern derselbe – ausgelöst hat. Sie blieb nicht die letzte der Menschheitsgeschichte. Auch für den Versuch einer Renovatio in unsern Tagen trifft Luthers Wort zu: »Mein Fall mag zeigen, wie schwer es ist, sich von Irrtümern loszuwinden und freizukämpfen, die durch das Beispiel der ganzen Welt zu festem Stand gelangten und durch die Länge der Gewohnheit gleichsam in unsere Natur übergegangen sind. Wie wahr ist doch das Sprichwort ›Es ist schwer zu lassen, was man gewöhnt ist‹ oder ›Gewohnheit ist die zweite Natur‹, und wie treffend sagt Augustin: ›Wenn man der Gewohnheit nicht widersteht, wird sie Zwang.‹«

WEINKELLER DES HL. RÖMISCHEN REICHS

Die Haardt ist jenes Stück Rheinebene, das sich an das Pfälzer Bergland anlehnt. Die Geschichte des Landstrichs ist zugleich die Geschichte seines Weins. Im Mittelalter sprach man vom »Weinkeller des Heiligen Römischen Reiches«.

Wein macht die Zunge locker. Dessen wurden jene gewahr, die am 29. Mai 1832 zum Hambacher Fest auf dem gleichnamigen Berg- und Burgkegel der Haardt zusammenströmten, insgesamt 25 000 Menschen; die Landstraßen waren voll von Wagen und Fußgängern, alle wollten am (in ihren Augen) säkularen »Allerdeutschenfest« teilhaben, Glockenläuten, Geschützböllern, Feuerwerkknattern bildeten die hochgestimmte Begleitmusik. Es war ein Nachklang des Wartburgfestes 1817, als die Burschenschaften Volkssouveränität und deutsche Einheit forderten. Metternichs Antwort hatte damals gelautet: Karlsbader Beschlüsse, Pressezensur, Demagogenverfolgung.

Das dumpfe, stickige Klima eines Polizeiregiments in den

meisten deutschen Ländern, Schnüffler- und Philistertum fürstlicher Kabinette, das Ergebnis von Karlsbad, bereiteten Hambach vor. Wortführer war der bayerische Pfälzer Wirth, Jurist und Herausgeber der nahezu einzigen liberalen Zeitung, die es auf deutschem Boden gab, der »Tribüne«. Die Einladungen gingen vom Neustadter »Großen Bürgerverein« aus. Das Hambacher Schloß mit seinem stattlichen Bergfried war die ideale Kulisse romantisch beschwingter Festlichkeit. Der Eßkastanien wegen, die den Burgberg umrauschen, nannte man sie auch Kästenburg, ferner, da die Neustadter die Ruine König Max zu seiner Vermählung schenkten, Maxburg. Die Bauern, die sie zerstört hatten, mußten sie in harter Fron wiederaufbauen. Der 30jährige Krieg machte die Veste endgültig zur Ruine.

Vor diesem Denkmal sozialer Revolution und deutscher Fürstendienerei entrollten die Festteilnehmer die schwarzrotgoldene Fahne und das weißrote Banner Polens: Polenbegeisterung gesellte sich damals zur freiheitlichen Hochstimmung des Vormärzes. Das Anliegen der Pfälzer Winzer verband sich mit dem der Patrioten: sie trugen ein schwarzumflortes Panier zur Burg hinauf und lamentierten in einem Trauergesang über den schlechten Absatz ihrer Weine. Während des Festes konnten sie sich freilich nicht beklagen: ihr Rebensaft floß in Strömen und ölte die Kehlen. Ob damals das Wort vom »Pfälzer Krischer« aufgekommen ist?

Mögen die Redner auch die Bedeutung des Tages – »das herrlichste Fest, das seit Jahrhunderten in Deutschland gefeiert ward« – überschätzt haben, mag das, was für eine unmittelbare politische Neugestaltung herausgekommen ist, gleich Null gewesen sein: das Echo war weitreichend, einzelne Gedanken zukunftweisend: die Gleichberechtigung der Frau, Völkerbund, Vereinigtes Europa. 1932 beging man an der selben Stelle die Hundertjahrfeier. Theodor Heuss, damals noch wenig bekannt, gab einen historischen Abriß; ein Nachkomme Wirths, Dr. Richard Wirth, zitierte seinen liberalen

Vorfahr: »Wohl euch, daß ihr zürnt; euer heiliger Zorn verbürgt uns die Freiheit!«

Es dauerte gerade neun Monate, und die Freiheit wurde zu Grabe getragen, gründlicher und beklemmender, als je zu Zeiten des originalen Hambacher Festes.

Weingesegnet wie Hambach ist auch Landau. »Der Name kommt von den Auen her, dieweil man aus dem dicken waldigten Gebürg Wasgau hier heraus in eine schöne, lustige Auen, gleichsam des Landes Auen, kommt.« Ob der anonyme elsäßische Reisebericht des 17. Jahrhunderts die Herkunft des Namens Landau richtig deutet oder nicht – er kennzeichnet etwas Wesentliches: Die alte Festungsstadt ist nach allen Seiten hin offen, einbezogen in »des Landes Auen«, die heute voll Reben stehen. Aue des Landes ist Landau immer noch, auch wenn man auf der Asphaltbahn mit 100 Stundenkilometern einfährt und nicht mehr mit 10 wie damals, als der habsburgisch-deutsche König Joseph, Sohn des Kaisers Leopold, als Teilnehmer des Spanischen Erbfolgekriegs von Wien nach Landau reiste. Man hatte ihm eigens für die beschwerliche Fahrt eine Kutsche mit zurückklappbarem Verdeck konstruiert, die nachher im Reiseverkehr des 18. Jahrhunderts Schule machte und unter dem Namen »Landauer« in die Verkehrsgeschichte eingegangen ist.

Militärs von heute sind gelegentlich über zu aufgebauschte Trosse verärgert. Sie hätten den Troß des Königs Joseph auf der Fahrt nach Landau sehen müssen. In der Liste des Feldhofstaates war registriert: der Oberhofmeisterstab mit Zeremonienmeister, Kammerherren und Trabanten, je ein Silberbewahrer, Mundschenk und Truchseß für König und Königin, ein Beichtvater mit Stellvertreter, ein Hofprediger, zwei Hofkapläne, ein Kapellendiener, mehrere Ärzte und Apotheker, ein Vize-Mundkoch mit 20 Meister- und Unterköchen sowie zwei Spezialköche für die Mehlspeisen, ein Fischmeister, ein Tapezierer mit Gehilfen, ein Saaltürhüter, zwei Ziergartengehilfen, ein Kellermeister mit 6 Gesellen.

Mélac, der Verteidiger Landaus, verhielt sich ritterlich; er schickte einen Trompeter ins habsburgische Lager: man frage an, wo Se. Majestät das Hoflager zu nehmen gedächte, damit die französische Artillerie die schuldige Rücksicht beobachten und das Feuer nach jener Richtung hin einstellen könne. Markgraf Ludwig Wilhelm von Baden, der »Türkenlouis«, der als Militärexperte dem Habsburger beigeordnet war, wollte an Edelmut dem Gegner nicht nachstehen: durch den Trompeter ließ er ein Reh und ein paar Hasen als Geschenk für Mélac in die Festung schicken.

Wie bei vielen Kriegen, gab es auch in diesem maßlose Zerstörungen, aber kaum Sieger oder Besiegte. Der Sonnenkönig durfte zwar Landau behalten, und sein Enkel bestieg den spanischen Thron, doch er mußte zugleich eine große Zahl von Nachteilen und Zugeständnissen in Kauf nehmen. Die Sonnenstrahlen, wie sie auf dem deutschen und französischen Tor in Landau abgebildet sind, verloren etwas von ihrem Glanz.

Flora besiegte Mars. Denn die Festung Landau aus der Zeit des Roi Soleil wurde eine ausgesprochene Gartenstadt. Dennoch hat sich der fortifikante Grundriß zwischen dem länglichen Achteck der einstigen Befestigungen erhalten. Der ehemalige Paradeplatz ist jetzt Rathausplatz. Es war Louvois, Kriegsminister des Sonnenkönigs, der Landau durch den Festungsbaumeister Vauban zum Eckpfeiler der französischen Macht am Rhein hatte ausbauen lassen, nachdem der Elsässische Städtebund (dem Landau angehörte) im Westfälischen Frieden an Frankreich gefallen war. »Von hier aus«, dies Wort von Louvois ist überliefert, »wird die ganze Pfalz gemeistert.«

Vom westlichen Nachbarn hat die Stadt ihre Eßkultur. Landauer sind Gourmets. Sie bieten und lieben die gute Küche und den guten Wein der Haardt, nach altpfälzischer Devise: »Der Mensch hot en Maage un' nit umesunscht.« Es wird gesagt, man habe die Kochkünste von jener Landauer Köchin ererbt, die Anton Carême, dem Koch Talleyrands, beim Wiener Kongreß assistiert und dabei die Geheimnisse der napoleonischen Koch-Raffinesse »abgeguckt« habe.

DER GEFANGENE KÖNIG

Das größte geschichtliche Ereignis des abendländischen Mittelalters waren die Kreuzzüge. Europas »Zungen« (noch kannte man keine Nationen) klangen dies einzige Mal einmütig zusammen. Am Ende des 13. Jahrhunderts, als das voll Glaubensmut begonnene Unternehmen in der Wüste versandete, war die Bilanz: Kleinmut, Habgier, Zwist. Die Uneinigkeit des Abendlandes – Verhängnis bis in die neuere Zeit – spiegelte sich im umkämpften Orient.

Der fesselndste, wenn auch nicht erfolgreichste Kreuzzug war der dritte, jener, bei dem es vor allem um die orientalische Stadt Akko ging, deren mittelalterliche Kasematten noch heute von dem harten Ringen zeugen. Die überragende Gestalt dieses Kreuzzugs war der englische Plantagenetkönig Richard Löwenherz. Zahllose Anekdoten schildern den Schneid dieses Heißsporns, doch auch seine abstoßende Überheblichkeit, seinen rücksichtslosen Egoismus, seinen Jähzorn. Seinem kurtischen Gegner Saladin (wir kennen ihn aus Lessings »Nathan«) war er ebenbürtig an Mut, doch weder an Ritterlichkeit noch an List. Als Richard vor Akko sein Roß verlor, schickte Saladin ihm einen prächtigen Schimmel. Und er täuschte den englischen König, indem er an Deck seiner Kriegsschiffe vernehmlich Schweine quieken ließ. Richard, durch den Trick irregeführt, glaubte christliche Segler vor sich, denn welche Moslem-Kombüse bietet auf dem Speisezettel Schweinefleisch?

König Richard, dieser Hauptakteur im Kreuzheer vor Akko ließ sich im Zuge einer Auseinandersetzung mit dem Herzog Leopold von Österreich, einem Babenberger, hinreißen, dessen Panier von einem der Türme der Veste zu entfernen und in den Kot zu werfen. Der Herzog, in ohnmächtiger Wut, sann auf Rache.

Richards Heimkehr nach England war so abenteuerlich wie seine Kriegserlebnisse in Nahost. Er schiffte sich nach Venedig ein und strebte von dort, anonym und ganz auf sich allein gestellt, im Pilgergewand seinem Königreich zu, quer durch Europa. Sein Weg, das zeigt seine herausfordernde, zugleich unüberlegte Kühnheit, führte ihn ausgerechnet durch das Territorium jenes Fürsten, den er beleidigt hatte. An der Donau erkannte man ihn an seinem Ring. Man führte ihn vor den Herzog. Der Babenberger, von dem Fang hochbeglückt, inhaftierte ihn auf Burg Dürnstein. Unerhört nach der öffentlichen Meinung von damals, einen heimkehrenden Kreuzfahrer einzukerkern. Darum scherte sich Herzog Leopold nicht. Er lieferte den Kreuzfahrerkönig dem mächtigen Stauferkaiser Heinrich VI., dem Sohn Barbarossas, aus. Dieser hatte allen Grund, den Plantagenet in seine Gewalt zu bekommen. Denn Richard war Bündnispartner der stauferfeindlichen deutschen Welfenpartei und der normannisch-sizilischen Opposition gegen den Kaiser. Mit dem englischen König hatte er nun unversehens im Spiel der Mächte ein unbezahlbares Faustpfand in der Hand. Es wird behauptet, jene Episode mit Herzog Leopolds Panier in Akko sei erfunden; in Wahrheit ginge die Gefangennahme Richards auf eine Geheimabmachung zwischen Heinrich VI. und dem Babenberger aus politischem Kalkül zurück. In Ketten wurde Englands König 1193 in Worms dem Kaiser vorgeführt, dann zu 13monatiger Haft, bei strengster Bewachung, auf Burg Trifels verbracht, die, im Pfälzischen Bergland und nahe der Haardt, an dem gleichen Flüßchen Queich liegt, das über Landau in den Rhein fließt.

Burg Trifels, die einstige Reichsveste, erhebt ihren Bergfried hoch über das Queichtal und die Ortschaft Annweiler. In den 30er Jahren hat man sie restauriert, den Turm auf die angenommene Originalhöhe von 32 Metern gebracht und den Palast neu erstellt, allerdings nicht, wie ursprünglich, zweistöckig, sondern als repräsentative Halle mit Säulenumlauf und schwerer Eichenbalkendecke. Ein Dokument des 16. Jahrhunderts vermerkte den Abbruch von 28 Säulen, so daß man diese nun wieder eingefügt hat. Der Turm ist dreigeschossig: unten ein Wachraum, darüber die Kapelle und im Oberstock ein Wohngemach. Die Räume waren gotisch eingewölbt. Trotz der Neuerungen gibt es noch Indizien dafür, daß die wesentliche Baumasse der alten Anlage aus der Zeit Barbarossas stammt, daß der Stauferkaiser der Bauherr gewesen ist; man erkennt es an der Mauerung mit Buckelquadern, am romanischen Relief einer Löwin, die im Maul ein Junges, in den Tatzen ein Menschenhaupt hält. Ähnliches sieht man an anderen Stauferbauten in Deutschland und Süditalien auch. 200 000 Besucher, darunter viele Briten, kommen alljährlich auf die Burg.

Daß König Richard kaiserlicher Gefangener war, erregte in ganz Europa ungeheures Aufsehen. Es war die Sensation des Jahres. Der Ort der Haft blieb geheim. Es heißt, der Sänger Blondel de Nesle von Arras sei von Burg zu Burg gereist und habe zur Laute die erste Strophe eines Lieds gesungen: als aus einem vergitterten Fenster der Burg Trifels die zweite Strophe erklang, wußte Blondel, daß hier der König gefangen saß (Richard war selber Liederdichter). Blondel vertrieb dem königlichen Häftling mit Gesang und Lautenspiel die Zeit.

Nach langwierigen Kontaktgesprächen zwischen Deutschland und England schlug für Richard Löwenherz die Stunde der Freiheit. Richards Mutter, Alienor von Aquitanien, die Witwe Heinrichs II. von England, erbot sich, ein für damalige Zeit unvorstellbar hohes Lösegeld zu zahlen: 130 000 Pfund Silber und 20 000 für Herzog Leopold. Weitere Bedingungen der Freilassung: Huldigung vor dem Kaiser, Anerkennung als Lehnsherr über England, Hilfeleistung im Krieg gegen Sizilien durch Stellung von Kriegsschiffen, Kündigung des Welfenbündnisses, Überlassung von Geiseln. Auf dem Reichstag von Worms erfolgte die Übergabe.

Wieder frei, hatte Richard Cœur de Lion Mühe, seine Herrschaftsrechte in England und Nordfrankreich zu behaupten, vor allem gegenüber seinem Bruder Johann, genannt »Johann ohne Land« (Shakespeare widmete diesem ein Königsdrama, das Dürrenmatt kongenial übersetzt hat). Bei der Belagerung des Kastells Châlus in der Normandie traf Richard 1199 ein tödlicher Pfeil.

DER KRONSCHATZ

Von 1126 bis 1273 kam der Burg Trifels eine besondere Bedeutung zu: sie war nicht nur Verlies für Könige und Erzbischöfe, sondern auch »Schrein« und Schatzkammer für die Herrschaftszeichen des Kaisertums, die Reichskleinodien. Kein Kaiser ohne »Clenodia«. Da sie anderthalb Jahrhunderte auf dem Trifels lagen, konnte man auch sagen: Kein Kaiser ohne Trifels. Denn die Burg war nicht Privatbesitz eines Imperators, sondern Reichsveste; nur der jeweilige Kaiser, nicht die Dynastie, konnte über sie verfügen. Darum war es im Falle eines Gegenkaisers dessen erste Tat, sich der Burg zu versichern. Wegen ihrer Bedeutung als mittelalterlicher »Safe« (man weiß nicht, ob die Kleinodien in unterirdischen Felsenräumen oder in der Kapelle verwahrt worden sind) war der Trifels von einem Ring schützender Nebenkastelle umgeben.

Der Glanz kaiserlicher Kronen, königlicher Diademe, fürstlichen Geschmeides ist heute noch nicht verblichen. Menschenschlangen, über hundert Meter lang, stehen im Tower in London an, um den britischen Kronschatz zu sehen. Die Besucher in Teheran steigen sogar in den kellerartigen Tresorraum einer Bank hinab, um den Kronschmuck des Pfauenthrones bewundern zu können, aus Neugier für die Symbole einer gehobenen Lebensform, auch aus Lust am glitzernden Geschmeide. Im Mittelalter waren Kroninsignien nicht nur Dekor, königliches Etikett, Rangabzeichen. Sie symbolisierten irrationale Werte, ja sie waren es. Niemand konnte sich König nennen, wenn er nicht Krone und Zepter sein eigen nannte. Usurpierte ein Rebell den Thron, so war es fast wichtiger, sich der Kroninsignien zu bemächtigen, als den Kronträger zu stürzen.

Der Krönungsornat, der auch bei Belehnungen, Reichstagseröffnungen und an Weihnachten getragen wurde, wies durch die Jahrhunderte abenteuerliche Schicksale auf, in denen sich deutsche Kaisergeschichte spiegelt. Als Heinrich v. im Sterben lag, übergab er seiner Gemahlin Mathilde die Reichskleinodien: sie seien für Friedrich von Staufen bestimmt, den er als Nachfolger wünsche. Erzbischof Adalbert von Mainz hingegen, der für die Neuwahl Maßgebliche, sah Lothar von Sachsen als neuen König vor. Wie aber die Insignien der Königswürde in Besitz bekommen? Heuchlerisch ließ Adalbert die Witwe Heinrichs glauben, auch er stimme für Friedrich, so daß Mathilde in Voraussicht der schon gewonnenen Wahl den Kronschatz aushändigte. Kaum hatte Adalbert ihn in seiner Gewalt, betrieb er im Fürstenrat die Wahl seines Kandidaten Lothar – und setzte sie durch.

Da das Hochmittelalter keine Hauptstadt kannte, gab es auch keinen festen Verwahrungsort. Barbarossa führte die Reichskleinodien manchmal auf seinen Kriegszügen im Troß mit. Friedrich II. beließ sie immer auf dem Trifels. Da er großen Wert auf Herrschaftssymbole legte, schenkte er der Reichsburg erhöhte Aufmerksamkeit; oft weilte er dort während seiner 7 Jahre Deutschlandaufenthalt. Annweiler erhielt von ihm das Stadtrecht, »aus besonderer Liebe zu Unserem darob liegenden Schlosse«. Aus der Zeit Friedrichs ist ein Verzeichnis des Kronschatzes erhalten; sein Sohn Konrad bestätigte der Kastellanin Ysegard 1246 die Übergabe.

Die Reichskleinodien bestanden aus der Reichskrone von 962, wahrscheinlich zur Krönung Ottos I. gefertigt; aus Zepter und Reichsapfel; aus dem goldenen Reichskreuz, 11. Jahrhundert, das Heinrich II. in Auftrag gegeben haben soll; aus Reliquiaren für die Hl. Lanze, Kreuzpartikel und andere

Reliquien aus apostolischer Zeit; aus einem Schwert Karls des Großen. Als das Königreich Sizilien den Staufern durch Heirat Heinrichs VI. mit der Normannenerbin Konstanze von Hauteville zugefallen war, ließ der Kaiser den sizilischen Kronschatz auf dem Rücken von 160 Mauleseln über die Alpen nach Burg Trifels bringen. Darunter befand sich der rotseidene Krönungsmantel König Rogers II., des Vaters der Konstanze, bestickt mit einem Lebensbaum, von zwei Löwen umgeben, die Kamele umkrallen. Der Mantelsaum weist kufische Lettern auf: Zeugnis der arabischen Herrschaft auf Sizilien, der die Normannen in einem 30jährigen Krieg (1060 bis 1090) ein Ende bereitet hatten. Der Mantel zählte seither zu den Kroninsignien und diente den deutsch-römischen Kaisern beim Krönungsakt.

1315 wurden die Kleinodien nach Basel gebracht und vom Münster aus erstmals öffentlich dem Volk gezeigt. Weitere Stationen: Regensburg und München. Kaiser Sigismund mußte den Schatz 1420 vor den Hussiten nach Ungarn retten. Sodann übereignete er ihn der Heiliggeistkirche in Nürnberg »auf ewige Zeiten«. Ewig dauerten die Zeiten nicht. Man mußte die Kleinodien zweimal vor den Franzosen, einmal vor den Preußen evakuieren, bis sie schließlich 1827 in der Schatzkammer der Wiener Hofburg ihre vorläufig endgültige Bleibe fanden.

Natürlich ist der imperiale Nimbus in unserer republikanisch aufgeklärten Gegenwart verblaßt. Doch die Reichskleinodien stellen einen unschätzbaren Dokumentarwert dar; es sind die einzigen vollständig erhaltenen Europas. Der französische Kronschatz in St.-Denis fiel der Grande Révolution, der englische in Westminster der Ära Cromwell zum Opfer.

GRABLEGE DER KAISER

Was Burg Trifels an ehrwürdigem Rang unter den weltlichen Großbauten bedeutete, das war auf geistlichem Gebiet der

Der Speyrer Dom.
Stich aus dem 17. Jahrhundert

Speyerer Dom. Die pfälzische Stadt, an deren Ostende er sich mächtig auftürmt, hatte für das Reich der Deutschen den Rang einer inoffiziellen Kapitale. Das empfand man sogar im Ausland, denn ein Mönch aus Nîmes gab im 12. Jahrhundert in seiner Kirchengeschichte Speyer den Beinamen »Metropolis Germaniae«.

Unter den Rheindomen mag der in Worms oder Mainz besser und vollkommener erhalten sein. Doch die Speyerer Kathedrale gilt als die »ranghöchste«, die geschichtlichste, auch wenn ihr die Zeit viele Wunden geschlagen, viele Prothesen zugemutet hat. Der Dom von Speyer ist nicht nur ein Steindokument des machtvollen salischen Kaiserhauses, er ist auch die Grablege der Salier, ja das bedeutendste Mausoleum gekrönter Häupter in Deutschland. Reinhold Schneider nannte die Kaisergruft »den erhabensten Raum auf deutscher Erde«.

Der erste, der hier seine ewige Ruhe gefunden hat, war der Dynastiegründer, zugleich einer der tatkräftigsten deutschrömischen Imperatoren, Konrad II. Im Landstrich um Speyer muß er begütert gewesen sein, deshalb nannte man ihn den »Speyerer«. Er war Realpolitiker, der die Kunst des Möglichen beherrschte, doch auch rigoros zupacken konnte, wenn sich eine Chance zur Vermehrung der Haus- oder Königsmacht bot. Theokratische Ideen, wie sie die letzten Sachsenkaiser hegten, lagen diesem Tatmenschen fern. Da er keiner der großen war, ehe er Kaiser wurde, sorgte er für die »Kleinen«, den niederen Adels- und Ritterstand, dessen Aufstieg im Hochmittelalter er recht eigentlich den Weg bahnte. Er machte die kleinen Güter erblich. Damit schränkte er zugunsten der Krongewalt die Fürstenherrschaft ein; bisher hatten die Herzöge, Markgrafen und Grafen vakante Kleinlehen kurzerhand als eigene Erbgüter übernommen. Dem Volk gegenüber verhielt sich der oft umherreisende Imperator jovial.

Ebenbürtig an herrscherischem Format, stand Konrad II. seine Gemahlin zur Seite, Gisela, verwitwete Herzogin von Schwaben. Auf beide fällt das helle Licht der Geschichte, weil die ausführliche Chronik des Mönches Wipo die Marginalien ihres gemeinsamen Lebens festgehalten hat. Dem 19. Jahrhundert galt das Kaiserpaar so viel, daß sich Lied und Dichtung seiner annahmen. Noch in der ersten Hälfte unseres Jahrhunderts war es in Gymnasien üblich, jenes Poem von Ludwig Uhland auswendig zu lernen, das Konrads Kaiserwahl in Kamba bei Oppenheim als farbiges Geschichtsgemälde ausbreitet, dazu als Beispiel edler Gesinnung, denn gleich zwei Konrade, Vettern, standen zur Debatte, jeder wollte für den andern zurückstehen, bis schließlich der ältere »Chuono« (Konrad) die Kür gewann.

Uhlands Gedicht steht als langer Monolog in seinem Lesedrama »Ernst Herzog von Schwaben«. Ernst II., Stiefsohn Kaiser Konrads, war gegen den Kaiser aufgestanden, als Unterlegener auf Burg Giebichenstein bei Halle eingekerkert und dann dem Stiefvater auf dem Ingelheimer Reichstag 1030 vorgeführt worden. Er sollte sich am Kampf gegen seinen früheren Waffenbruder und Putschgefährten Werner von Kyburg beteiligen, lehnte aber ab. Nun in Reichsacht, fiel er in der Baar im Kampf gegen eine Strafexpedition des Kaisers. Wir können verstehen, daß für Ernst II., den an Grundbesitz reichen Erben eines der ersten Herzogtümer des Reichs, Konrad II. nur ein Emporkömmling war. Dem in bescheidenen Lebensverhältnissen großgewordenen Burgeigner von Limburg, auch wenn er respektablem Adel zugehörte und erlauchte Ahnen hatte, konnte er trotzen. Doch dem Stiefvater, an dessen Sattel die Steigbügel Karls hingen, war er nicht gewachsen.

Konrad II. ist der Gründer des Speyerer Doms. Der Kaiser muß erhebliche Mittel aufgewendet haben, den Bau einzuleiten. Die Steine kamen zu Schiff vom Neckartal über den Rhein nach Speyer, doch auch aus dem Pfälzer Bergland, auf eigens gebauten Straßen, über den Speyerbach und, wie man annimmt, über einen Kanal von der Haardt zum Rhein. Als Konrad II. 1039 in Utrecht starb, war der Dom noch eine gigantische Baustelle. Um den Steintrog, der die Gebeine des Gründerkaisers nach 30 Tagen aufnahm, bei den weiteren Bauarbeiten nicht zu gefährden, hat man ihn mit Eisenspangen umspannt; so trat er später bei der Öffnung der Gruft zutage.

Der Speyerer Dom war im 11. Jahrhundert der größte Sakralbau des Abendlandes, seine Errichtung für mittelalterliche Verhältnisse ein ungeheurer Aufwand an Energien. Beim Tode Heinrichs III., des zweiten Saliers, war der Dombau noch nicht abgeschlossen, auch nicht während der Regierungszeit Heinrichs IV. Dieser unglückliche Kaiser hat den Dom im Stil der Hochromanik grundlegend abgeändert und hierzu ganze Partien eingerissen. Fundamente, Mauern und Pfeiler wurden verstärkt, das Äußere feiner gegliedert und mit Zwerggalerien versehen, das ursprünglich flachgedeckte Innere eingewölbt, derart, daß auf ein Joch des Mittelschiffs zwei Joche der Seitenschiffe anfielen. Die nun erzielte Höhe ist in der Romanik einzig und nimmt das Raumgefühl der Gotik vorweg.

Als Heinrich, vom Papst gebannt und von seinem Sohn verfolgt, 1106 in Lüttich starb, setzte man ihn zunächst im dortigen Dom bei, exhumierte ihn aber wieder auf Betreiben der Bischöfe und verbrachte ihn in eine ungeweihte Kapelle auf einer Maas-Insel. Noch im gleichen Jahr ließ Heinrich V. seinen Vater in Speyer beisetzen. Dies war kein Akt verspäteter Sohnesliebe. Aber der salische Herrscher konnte es aus Prestigegründen nicht zulassen, daß einer aus seinem Haus an ungeweihtem Orte lag. Der Bischof von Speyer belegte darauf seinen eigenen Dom, der einen Exkommunizierten aufgenommen hatte, mit dem Interdikt. Wieder grub man Heinrich IV. aus und setzte ihn – zur Empörung der Einwohnerschaft – in der ungeweihten Afra-Kapelle des Domes bei. Erst 1111, als Papst Paschalis II., von Heinrich V. gezwungen, den toten Kaiser vom Bann gelöst hatte, fand der vierte Heinrich in der Kaisergruft, bei Anwesenheit des Sohnes, den endgültigen Grabplatz.

Nach dem Tod Heinrichs V. reichte der Grabraum vor dem Altar nicht mehr aus. Man legte darum eine Mörtelgußschicht von 80 cm Dicke darüber, schichtete Erde darauf und erstellte auf dem neu gewonnenen Platz eine zweite Reihe von Sarkophagen. Außer dem letzten Salier fanden in Speyer ihre letzte Ruhestätte: der ermordete Barbarossasohn Philipp von Schwaben, die beiden Könige Adolf von Nassau und Albrecht von Österreich, Barbarossas Gemahlin Beatrix und Tochter Agnes sowie in einem Grabtrog, der für Barbarossa gerichtet war

Die Truppen des Sonnenkönigs stecken 1689 Speyer in Brand. Zeitgenössischer Kupferstich

– er selber ertrank ja in Kleinasien –, Rudolf von Habsburg, der letzte hier beigesetzte Monarch. Rudolf hatte in der Kaiserpfalz Germersheim (sie ist heute verschwunden) das nahende Ende gefühlt und mühsam sein Roß bestiegen, um zum nahen Speyer zu Grabe zu reiten. Seine Grabplatte zeigt ihn porträtecht: einen langwüchsigen, hageren, schon älteren Mann mit Hakennase, Runzeln, tiefen Falten, die von der Nase zum Mund ziehen, doch ohne die »Habsburgerlippe«, die sich wohl erst in späteren Generationen eingestellt hat. Er trägt Zepter und Reichsapfel, auf der Brust ein Adlerwappen, auf den Schultern Löwenwappen. Nach diesem Porträt hat Schwanthaler 1843 eine Sitzstatue des Stammvaters von Welthabsburg geschaffen, die in der Domvorhalle zu sehen ist.

Als die Truppen des Sonnenkönigs 1689 die Pfalz heimsuchten und viele Städte niederbrannten, vergingen sich Marodeure des »allerchristlichsten Königs« auch an den Kaisergräbern. »Sie durchwühlten die Särge«, schrieb Victor Hugo, »zerrten die Grabtücher weg, entrissen den entschlafenen Majestäten ihre goldenen Zepter, ihre juwelengeschmückten Kronen, ihre Ringe, die unter Krieg und Frieden das Siegel drückten, ihre Lehensfahnen, ihre Standarten. Sie klaubten sorgfältig das Gold, die Diamanten, die Perlen zusammen, und als in den Gräbern nichts Wertvolles mehr zu finden war, als nur der Staub noch übrigblieb, warfen sie die Gebeine bunt durcheinander in ein Loch. Betrunkene Korporale rollten die Schädel von neun Herrschern in eine gewöhnliche Grube.«

In Kriegszeiten spüren Soldaten gewöhnlich die raffiniertesten Verstecke auf. Die Musketiere Ludwigs XIV. übersahen zum Glück, daß unter der von ihnen ausgeplünderten Reihe von Kaisersarkophagen noch eine zweite, frühere lag, eben jene von der Mörtelschicht abgedeckte. Damit ist wie ein Wunder die Grablege der älteren Salier unversehrt erhalten geblieben. So fand man sie 1900 bei der Öffnung der Gräberstätte; die eingetrockneten Körper trugen außer Kleiderresten ihre Grabkronen aus Kupferblech.

Es gelang, auch die von den Invasionstruppen durcheinandergeworfenen Gebeine der späteren Kaiser ziemlich glaubwürdig zu identifizieren und geordnet neu einzubetten. Adolf von Nassau war an einer Schädelverletzung, Rudolf von Habsburg an seinen gichtgekrümmten Gliedern zu erkennen. 1906 wurde dann, unmittelbar unterm Chortrakt, jene Kaisergruft geschaffen, die heute noch betreten werden kann. Sie zählt zu den würdigsten Grabplätzen Gekrönter in Europa: St.-Denis, wo die Kapetinger, Fontevraux, wo die Plantagenets, Palermo, wo die Staufer, Westminster, wo die Tudors, Escorial, wo die spanischen Habsburger liegen.

Man tritt über zwei Treppen am Ende der Seitenschiffe in die Vorkrypta mit wuchtigen Würfelkapitellen und Reliefdarstellungen von Königen: spätgotischer Realismus. Wie Figuren des Mysterienspiels wenden sich die Kronträger sprechend einander zu; jeder hat seine Weltkugel in der Hand. In der Grabkammer selbst stehen die neugeschaffenen schmucklosen Sarkophage in zwei Reihen; nur Heinrich V. hat seitwärts einen Sonderplatz. Über der Gruft, im Chorraum, hängt in sinniger Weise eine riesige Grabkrone, für die eine der in den Steintrögen aufgefundenen als Modell gedient hat.

Bei der Katastrophe, die 1689 über Speyer hereingebrochen war, fiel das Langhaus des Doms nahezu ganz der Feuersbrunst anheim. Der französische Kommandant hatte die Bevölkerung, bevor 24 Brandspezialisten ihr Zerstörungswerk begannen, aufgefordert, ihre Habe im Dom aufzustapeln, der verschont bleibe. Als das Gotteshaus dennoch ein Raub des Feuers wurde – auf Befehl oder durch Versehen –, fanden die Flammen genügend Nahrung im hochaufgeschichteten Hausrat.

Im 18. Jahrhundert ergänzte Ignaz Neumann, Balthasars Sohn, das Langhaus einigermaßen originalgerecht, das Westwerk in einem recht absurden Barock, flankiert von Obelisken. Während der Jakobinerherrschaft – das linke Rheinufer war inzwischen französisch – diente der Dom als Magazin. Danach sollte er abgerissen werden (ausgenommen der Portikus, den man als Triumphhalle für Napoleon vorsah). Mit knapper Not retteten die kirchlichen Instanzen ihre Kirche. 1845 bis 1853 ließ der Bayernkönig Ludwig I. das Gotteshaus neuromanisch ergänzen. Der Karlsruher Baudirektor Hübsch schuf die kraftlose Fassade. Schraudolph malte das Innere mit nazarenischen Szenen aus, deren einige man bei der Überholung des Bauwerks anläßlich der 900-Jahr-Feier 1961 als Zeitdokumente beibehielt.

Auf Hübschs Fassade stößt die Maximilianstraße, Speyers Via Triumphalis, die am Altpörtel beginnt, dem schönsten Torturm Deutschlands mit einem hohen Walmdach. Sonst hat das einst türmereiche Speyer wenig von seiner stolzen Silhouette retten können, gerade die barocke Haube von St. Georg, den barocken Dachreiter der Dreifaltigkeitskirche. Von bewegter Zeit in unserem Jahrhundert zeugt der »Wittelsbacher Hof«. Im Wirtsraum zeigt man die Einschüsse der Kugeln, die 1923 Heinz aus Orbis und zwei Gesinnungsgenossen töteten. Heinz war als Präsident der »Autonomen Regierung« Inszenator des Separatistenspuks. Ein politischer Vorgang, der heute keine Gemüter mehr erregt.

DRITTE REISE:

GESCHICHTLICHE SPUREN IN HESSEN

DIE PAULSKIRCHE

Seit 1152 war Frankfurt, die Stadt zwischen Taunus und Main, Wahl- und Krönungsstadt der deutschen Könige, seit 1562 Krönungsstadt auch der Kaiser, wobei die letzte Kür 1792 erfolgte. Frankfurt kam in der Städtehierarchie des Heiligen Römischen Reiches an Würde unmittelbar nach der alten Krönungsstadt Aachen, der Residenz Karls des Großen. Von diesem wissen wir, daß er in »der Franken Furt« 794 einen Reichstag abgehalten hat.

Der Nimbus von Frankfurts Rang weit über das Partikulare hinaus blieb auch nach dem Untergang des alten Reichs 1806 im Bewußtsein der Deutschen erhalten. Hier ließ man 1815 den ersten Bundestag zusammentreten, hier hörten die Nationalrevolutionäre von 1848/49 bereits das Herz eines vereinigten Deutschland schlagen, hier hätten fast, dies erwog man nach dem Zweiten Weltkrieg, Regierung und Parlament der westdeutschen Bundesrepublik ihren Sitz gefunden.

Von der ererbten Würde ist Frankfurt wenig geblieben. Es hat von allen Städten, die in Mittelalter und Neuzeit deutsche Geschichte verkörpert haben, am wenigsten den historischen Charakter bewahrt. Es ist eine Geschäftsstadt, die geschichtliche Spuren zudeckte, der freilich nach der Zerbombung 1945 auch kaum nennenswerte verblieben sind. Das Stahlglas- und Sichtbetonhochhaus ist heute das Symbol der gesichtslosen Metropole. Die breite monotone »Zeil« ist ohne historisches Flair, das diese patrizische Stadt einmal in hohen Graden besessen hat. Lediglich die Messe-Ausstellungen, die auf das Jahr 1240 zurückgehen, knüpfen an alte Traditionen an.

Dennoch muß man zugestehen, daß diese Stadt ruheloser

und fast kalifornisch-brutaler Expansion, diese zuerst zerschlagene, dann planungslos wiederauferstandene, kommerzialisierte und amerikanisierte Mainmetropole sich an einige wenige Leitbilder ihrer großen Vergangenheit in rührendem Konservierungssinn gehalten hat. Um die Hauptwache, nicht einmal ein Denkmal allererster Ordnung, zu retten, hat man sie beim Bau einer unter der Erde gelegenen Stadtebene behutsam Stein für Stein auseinandergenommen und im Puzzlespiel wieder zusammengesetzt. Man nimmt Verkehrseinbußen in Kauf, um die letzten Rundtürme einstiger Stadtbefestigung zu retten. Man hat dem Römerberg seine Wahrzeichenfassade, Sinnbild reichsstädtischen Bürgerstolzes, zurückgegeben, soweit Kopie dies vermag. Lange währte auch der Streit, ob man Goethes Geburtshaus am Hirschgraben bei fast totalem Substanzverlust wiederaufrichten sollte. Man hat sich dazu entschlossen, mit Recht, und der neue Bau hat inzwischen schon etwas Patina angenommen. Verblieben war nur der Unterstock mit den korbartigen Gitterwehren der Fensterhöhlen sowie evakuiertes Inventar.

Das Haus hatte übrigens, als Goethe 6 Jahre zählte, auf Wunsch des Vaters eine grundlegende Umformung und vollkommen neue Fassadengestalt bekommen, aus einem patrizischen Fachwerkbau war eine großbürgerliche Stadtburg mit vorkragenden Obergeschossen und einem fast schon klassizistischen Dreiecksgiebel geworden. 1949 hat man das Holzskelett sorgsam genau wiederaufgebaut und das Gemäuer eingefügt; wir glauben heute, nahezu im gleichen Haus zu sein, in dem der Knabe Wolfgang die Teller der Mutter Stück für Stück zum Fenster hinaus auf das Pflaster des Hirschgrabens warf, wo das Erdbeben von Lissabon »die Gemütsruhe des Knaben erstmals im tiefsten erschütterte«, wo er mit der geliebten Schwester Cornelia spielte, und man sieht an den Wänden auch die Piranesi wieder, die dem Dichter einen Vorgeschmack seiner Italienbegegnung gegeben hatten.

Der Geist von Patrizierhäusern dieser Art kennzeichnete

Frankfurts Vergangenheit, die trotz Kaiserkrönungen eine Bürgervergangenheit gewesen ist, in der bürgeraristokratische Familien einer spezifisch frankfurtischen Kultur den Ton angaben, die Brentanos, die Bethmanns, die Rothschilds – ja man vergesse die mäzenatischen Juden nicht, Bankiers und Kunstamateure im besten Sinne.

Mit der Wiedergeburt des Goethehauses am Hirschgraben hat man fast ein nationales Denkmal geschaffen, in einer Gegenwart, die das Nationale ohnehin bereitwilliger im Geistig-Kulturellen sieht. Wie man beim Namen der Stadt Frankfurt heute überhaupt eher an Goethe denkt als an die am Ort gekrönten Potentaten. Allenfalls denkt man an die steinerne Chiffre eines anderen wiedererstellten Traditionsgebäudes der Stadt, an den Schnittpunkt geschichtlicher Meridiane: die Paulskirche.

Die gemeinsame Anstrengung der Deutschen zur Niederwerfung Napoleons hatte nach dessen Sturz den Wunsch aufkommen lassen, das 1806 liquidierte Reich in neuer, moderner und effektiver Art wiederauferstehen zu lassen. Es kam 1815 zur Gründung des Deutschen Bundes mit einem Bundestag in Frankfurt, eines losen Staatenbundes, bei dem die fremdsprachigen Gebiete »draußen vor der Tür« blieben. Andererseits hatten auswärtige Mächte im Bundestag ihren Sitz: der König von England als König von Hannover, der König von Dänemark als Herzog von Holstein, der König von Holland als Großherzog von Luxemburg. Deren Interessen stimmten nicht immer mit den deutschen überein.

Ohne auch nur einen Deut eigener Souveränität aufzugeben, schickten die einzelnen Mitgliedstaaten Gesandte nach Frankfurt (derjenige Preußens war zeitweise Bismarck). Die »Dachorganisation« hatte nicht die geringste Macht auf die Politik ihrer Mitglieder, sie war Fassade, Dekor, Symbol.

Wir haben inzwischen vom leidenschaftlichen Ruf der Jugend nach einem Nationalstaat gehört, der zugleich ein Sozialstaat demokratischer Ordnung sein sollte, vom Wartburgfest, vom Hambacher Fest, vom Heckerputsch, von der verirrten Tat des Studenten Sand, von der Anti-Metternich-Stimmung der Burschenschaften. All dies entlud sich in der Bürgerrevolution 1848/49, die, angeheizt von der Februarrevolution in Paris, auf deutschem Boden ihre Schwerpunkte in Berlin, Wien und im Großherzogtum Baden hatte. Nun, als die Fürstenkabinette gelähmt am Boden lagen, glaubte man die Stunde für ein Parlament gekommen, das nicht wie der Bundestag nur ein Schattenparlament war.

So konstituierte sich am 18. Mai 1848 nach vorbereitenden Arbeiten eines Vorparlaments (das dem Parlamentarischen Rat von 1948 entsprach) die erste deutsche Nationalversammlung in der Frankfurter Paulskirche. »Heiliger Himmel!« notierte Augenzeuge Ludwig Bamberger, »Geschrei! Gewehrfeuer! Frankfurt schwimmt in Schwarz-Rot-Gold und hat einen provisorischen – Rausch! Sie überladen sich mit Hoffnungen und Triumphgefühlen, daß der Sieg zu einer Nebensache werden könnte. Es sieht hier aus wie bei einem unschuldigen Pfingstfeste. Die Häuser bedeckt mit Laub, Teppichen und Fahnen, die Straßen voll von geputzten Leuten. Eleganz genug, aber entsetzlich wenig Volk. Deutsche aller Gegenden und Arten strömen zusammen, ehemals fortgejagte und künftig fortzujagende. Neben Republikanern mit abwärtshängenden Bärten und nach hinten gestrichenen Haaren gehen Kammerherrengesichter mit aufwärtsgedrehten Schnauzbärten und von hinten nach vorn gequälten Frisuren.«

Um 15 Uhr zogen 320 Abgeordnete des neugewählten Parlaments unter Glockengeläut und Geschützdonner vom Römerberg zum noblen Bau der klassizistischen Kirche, die bereits den Bundestag aufgenommen hatte. Orgel und Kanzel waren verdeckt. Der Präsidentenstuhl nahm die Stelle des Altares ein, davor stand die Rednertribüne. Eine echte Volksvertretung war es nicht. Man könnte die Nationalversammlung »Professorenparlament« nennen. Da sah man berühmte

Leute – Uhland, der dem König von Württemberg, Jacob Grimm, der dem König von Hannover zu trotzen wagte, daneben die bedeutenden Historiographen Dahlmann und Waitz (jeder Geschichtsstudent von heute kennt deren Quellenverzeichnis). Stark vertreten war das Beamtentum. Als einzigen Repräsentanten unterer Volksschichten bemerkte man den Schlossermeister Nägele aus Württemberg.

Auch Parteien suchte man vergebens. Je nach ihrem mehr nationalen, mehr sozialradikalen Anliegen formierten sich die Abgeordneten im Saal von rechts über die Mitte nach links. Mit 305 von 397 Stimmen wählte man am zweiten Sitzungstag Heinrich von Gagern zum Parlamentspräsidenten. In ermüdenden Sitzungen, bei geringer Übereinstimmung in Details, laborierten in den Wochen danach Monarchisten und Republikaner, Liberale und Radikale an der Fixierung von »Grundrechten«, die dann am 21. Dezember verkündet wurden. Modell waren die »Menschenrechte« der jungen USA; man forderte namentlich Presse- und Versammlungsfreiheit, Beseitigung der Adelsprivilegien, Freiheit der Person, Abschaffung der Todesstrafe.

Keine Demokratie ohne Regierung. Auch um diese bemühte sich die »erhabene und gelehrte Nationalversammlung«. Man übertrug das Amt eines Reichsverwesers dem liberal gesinnten Erzherzog Johann, einem Habsburger von würdiger Erscheinung, der vorrangig habsburgisch dachte. »Wir heißen Sie willkommen im Schoße der Nationalversammlung«, so lautete Gagerns Grußwort, »die sich selbst und dem Vaterland gelobt hat, Euer Kaiserliche Hoheit bei dem schweren Berufe, der Ihnen geworden ist, mit allen Kräften, die ihr zu Gebote stehen, zu unterstützen.«

Reform oder Revolution: dieser Dualismus möglicher Gesellschaftsveränderung, der heute im Gespräch ist, war auch die polare Frage der Sturmjahre 1848/49. Während man versuchte, in der Paulskirche konstruktiv-reformistische Politik zu machen, ohne die überkommenen Mächte unnötig zu brüskieren, randalierte die Straße. Anarchisten versuchten, das Frankfurter Parlamentsgebäude zu stürmen. In vielen Gegenden lohten die Brände der Revolution. Schon holte die Gegenseite auf. Berufssoldaten waren stärker als Bürgerwehren. Unerhörter Vorfall: in Wien erschoß man unter Mißachtung der Immunität (was galt sie schon den fürstlichen Autokraten?) den Paulskirchenabgeordneten Robert Blum.

Inzwischen hatte man im immer noch gemäßigten Frankfurt den Beschluß gefaßt, als Oberhaupt eines geeinten Deutschland einen erblichen Kaiser zu wählen. Entgegen den Stimmen Österreichs und der Großdeutschen (die kein Deutschland ohne Österreich wollten) trug das Parlament die Krone dem Preußenkönig F. Wilhelm IV. (dem »Romantiker auf dem Thron«) an. Dieser, alles andere als volksnah, dachte in alten monarchischen Kategorien und lehnte ab, nach außen höflich, im vertrauten Kreis unverhohlen: »Einen solchen imaginären Reif, aus Dreck und Letten gebacken, soll ein legitimer König von Gottes Gnaden und nun gar der König von Preußen sich geben lassen? Soll die tausendjährige Krone deutscher Nation, die 42 Jahre geruht hat, wieder einmal vergeben werden, so bin Ich es und Meinesgleichen, die sie vergeben werden. Und wehe dem, der sich anmaßt, was ihm nicht zukommt!«

Mit der Ablehnung der Kaiserkrone durch den Preußenkönig war das Paulskirchenparlament gescheitert. Man ging auseinander. Ein »Rumpfparlament« hielt sich kurze Zeit in Stuttgart, bis König Wilhelm I. es auseinandertrieb. Das Militär der Fürsten hatte in allen Ländern wieder das Heft in der Hand. Macht erwies sich als stärker denn das Trauma von Recht, das die Professoren der Paulskirche, alles andere als Revoluzzer, geleitet hatte.

Der Taunus, Frankfurts Hausgebirge, war jahrhundertelang namenlos. Für Goethe galt der vertraute Höhenzug, der sich strecken müßte, um die Tausendergrenze zu erreichen, als »das Gebirge« schlechthin, und so anonym bezeichnete er auch den Bergrücken, »der von Kindheit an so fern und so ernsthaft vor mir gestanden hatte«. Als man im 19. Jahrhundert geschichtlichen Wurzeln nachzugehen begann, las man, daß Tacitus für das Gebirge, das die Römer für eines der größten Germaniens hielten, eben den Namen »Taunus« gebraucht hatte. Wahrscheinlich leitete sich das Wort vom keltischen »Dun« (Höhe) her. Damals bürgerte sich der antike Name wieder ein. Am steilsten fällt der Taunus zum Main ab, von dort erscheint er darum am ansehnlichsten. Sanfter senkt er sich nach West und Ost, zum Rhein und zur Wetterau. Kaum denkt man bei der Loreley oder beim Johannisberg über Bad Nauheim, daß beide Erhebungen noch Taunus sind.

Vom Taunus sagt man sinnig, er enthalte 4 W's: Weizen, Wälder, Wasser, Wein. Als fünftes W könnte man die Wehranlagen hinzufügen, teils des römischen Limes, teils der mittelalterlichen Burgen wegen, sei es die stattliche Schloßanlage von Kronberg, das heute halbwegs Einzugsgebiet von Frankfurt ist, sei es die Veste Eppstein, dessen Adelsgeschlecht fünf Mainzer Erzbischöfe gestellt hat. Einer von ihnen setzte Rudolf von Habsburg die Königskrone auf. Ein anderer war mit der Anlaß für die im Hessischen ausbrechenden Bauernunruhen. Dieser Eppstein verurteilte zwecks Abschreckung einen Bauern zum Tode, weil dieser in einem herrschaftlichen Bach Krebse gefangen hatte. Da der Edelmann über keinen Scharfrichter verfügte, der sachgerecht zu köpfen verstand, ließ er den Täter zum Rat der Freien Stadt Frankfurt bringen und in einem Begleitschreiben höflich bitten, doch das Urteil durch den dortigen Scharfrichter nach der Regel der Halsgerichtsordnung zu vollziehen. Der Rat schob die Entscheidung zwei Tage hinaus, währenddessen er Delinquenten und Begleiter verköstigen mußte, um dann die Bitte abzuschlagen: die Strafe sei für das Vergehen zu hoch. Nun sandte Herr von Eppstein den Bauern von Stadt zu Stadt, bis es dann doch gelang, unter hohen Kosten einen Henker mit Richtschwert aufzutreiben, der das Urteil sachgerecht vollzog.

DER PRINZ VON HOMBURG

Als Louis Blanc sich im nahen Bad Homburg um die Konzession einer Spielbank bemühte, nannte er den bescheidenen, etwas heruntergekommenen Ort vom Aspekt seiner französischen Urbanität »une bourgade sauvage« – auf gut deutsch »ein ungehobeltes Drecknest«. Dann nahm das Bad von Jahrzehnt zu Jahrzehnt seinen stetigen Aufstieg bis hin zum kosmopolitischen Welt-Kurplatz und Treffpunkt der Großen der Jahrhundertwende, die sich in der vielgerühmten Homburger »Champagnerluft« wohl fühlten. Bismarck kurte hier, der Zar von Rußland und der Prince of Wales, der spätere König Eduard VII., der vor allem den »Homburg« weltberühmt gemacht hat, jenen am Ort gefertigten Herrenhut aus gesteiftem Filz mit hochgerolltem eingefaßtem Rand, den damals ein wirklicher Herr besitzen mußte.

Homburgs große Zeit war die Epoche des Wilhelminismus. Sie hat das Gesicht der Stadt geprägt. Ganz im Stil der Gründerzeit ist namentlich Homburgs Kurpark gehalten, einer der größten der Welt. Zur Zeit des Biedermeier erstreckte sich an der Stelle der Parkanlage noch ein baumloses Tal, das Salztal, durch das ein tief ausgefahrener Hohlweg führte. 1856 begann Peter Joseph Lenné, der Schöpfer des Parks von Sanssouci, mit der Baumbepflanzung. Der Homburger Park zeichnet sich durch den Anschein einer natürlichen Landschaft aus. Nichts ist im aufgelockerten Nebeneinander von einzelnen Baumgiganten, Baumgruppen und lichten Gehölzen erzwungen oder gewollt, nichts irgendwie klein gefügt, provinzlerisch, Kleingartenkunst.

Vom Ufer des idyllischen Kurparksees gelangt man auf gewundenen Wegen zu einem exotischen Objekt inmitten der englischen Rasen, der Kastanien, Linden und Ahornbäume: zum siamesischen Tempel. Vom geschwungenen First des Oberdaches steigen vergoldete Stableisten auf, die gleich Flammen dem Himmel entgegenzüngeln. Der Miniaturtempel, ein kostbarer Schrein asiatischer Religionsversenkung, ist das Geschenk des Königs Chulalonkorn von Siam, der das Schmuckstück 1907 gestiftet hat. König Bhumibol Aduyadey, der Enkel des Stifters, ließ den kriegszerstörten Bau 1955 wiederherstellen. 1960 stattete der Monarch mit seiner charmanten Gemahlin Sirikit Bad Homburg und dem Siamtempel einen Besuch ab.

Als Hauptachse des Kurparks hatte dessen Begründer die breite Brunnenallee programmiert. An ihr liegen die berühmten Quellen, von denen Justus von Liebig gesagt hat: »Es möchte in Deutschland wohl schwer sein, ein Mineralwasser zu finden, welches gleichen Reichtum an wirksamen Bestandteilen wie der Elisabethenbrunnen darzubringen vermöchte.« Dieser bekannteste Brunnen Bad Homburgs ist ein Rundtempel aus Sandstein, eine sogenannte Tholos mit ionischen Säulenkapitellen und einem Fries, der nach antikem Vorbild das bekränzte Stieropfer zur Schau stellt. Inmitten der Tholos ruht in Stein die Göttin Hygieia, die Gehilfin des Arztgottes Asklepios. Sie trägt die modische Zöpfchen-Frisur des griechischen Archaikum, desgleichen den archaischen Chiton (Seidengewand). Der Körper der Göttin entspricht hingegen der flachnaturalistischen Manier des Hellenismus, den man am Elisabethenbrunnen bedenkenlos mit archaischen Stilformen verquickt hat.

Fällt der Name des Prinzen von Homburg, so denken wir an Heinrich von Kleist. Der geschichtliche Prinz entspricht nur in einigen äußeren Lebensdaten dem Prinzen, den Kleists schöpferische Phantasie gesehen hat. Fast nur der Name und die Teilnahme an der Schlacht von Fehrbellin sind historisch. Der geschichtliche Prinz war keineswegs romantisch versonnen oder gar somnambul, wie es an Beginn und Ende des Kleistschen Schauspiels dargestellt wird. Er war ein rauher Kriegsheld, ein tüchtiger Hausvater von patriarchalisch-autoritärer Haltung, ein realpolitischer Verwaltungsmann. Neben seiner

Biographie lassen dies die zahlreichen Porträts im Homburger Landgrafenschloß sowie die zu Lebzeiten abgenommene Maske vermuten.

Damals war es üblich, daß ein Fürst, zumal wenn er nicht sonderlich reich war, sich in irgendeiner Armee als Feldherr verdingte, ganz gleich ob bei Preußen, Schweden oder Franzosen, nur nicht gerade bei den Türken, die als Ungläubige galten; der Dienst bei ihnen gefährdete Reputation und Seelenheil. Der Prinz von Homburg – sein eigentlicher Name war Friedrich II. – verdingte sich bei den Schweden. Bei der Belagerung von Kopenhagen wurde er schwer verletzt. Friedrichs Diener Necksen hat genau aufgeschrieben, wie eine sechspfündige Stückkugel dem Landgrafen ein Stück seines Beines abgerissen hat: »Es hing aber noch an der großen Sehne. Ließen sich ein Messer geben und schnitten den Schenkel selber ab und hätten sich so sehr verblutet, daß auch ein Adjutant gerennet kam und brachte ihm ein Glas mit Schlagwasser (Karmelitergeist), sie damit anzustreichen. Nahmen sie dem Adjutanten das Glas aus der Hand und setzten es an den Mund und tranken es aus. Darauf wurden sie wieder ganz frisch.« Der im Pluralis majestatis gehaltene Bericht Necksens vermittelt ein Bild von Operationspraktiken im Barock.

Aber man kannte schon Prothesen. Der Meister Paul Andrich fertigte dem Landgrafen eine solche aus Holz mit Eisenscharnieren und silbernen Beschlägen. Landgraf Friedrich hat sie zeitlebens benützt, bestieg auch wieder den Rücken seines Pferdes und siegte mit dem Kunstbein als 42jähriger in der Schlacht von Fehrbellin. Seine Prothese machte den Fürsten so populär, daß er unter dem Namen »Der Landgraf mit dem silbernen Bein« in die Geschichte eingegangen ist. Wir können das historische Ersatzbein des Prinzen von Homburg heute noch in einem Schrank des Homburger Schlosses betrachten.

Wenn sich früher ein Landesfürst bereichern wollte, dann führte er entweder geschickt und erfolgversprechend eingefädelte Kriege oder er machte es wie die Habsburger, indem er geschickt heiratete. Landgraf Friedrich II. tat das letztere. Er ehelichte die schwedische Gräfin Margarete Brahe, eine verwitwete Gräfin Oxenstierna. Die Oxenstiernas stellten etwas dar. Einer von ihnen war schwedischer Kanzler, Oberfeldherr und militärischer Nachfolger Gustav Adolfs. Die Witwe Oxenstierna, 30 Jahre älter als der Homburger Brautwerber, brachte als Mitgift die norddeutschen Ämter Neustadt an der Dosse, Weferlingen, Obisfelde, Hötensleben und Winningen ein.

Nach dem Tode der Schwedin heiratete der Landgraf die sehr viel jüngere Louise von Kurland, eine Nichte des Großen Kurfürsten. Es war ein ausgesprochener Herzensbund. Von der sinnenfrohen Zuneigung des fürstlichen Herrn zu seiner zweiten Gemahlin spricht die nicht eben erlauchte, aber um so menschlichere Anrede »meine Dicke«. Sie schenkte dem Prinzen von Homburg neben einem ansehnlichen Heiratsgut, der guten Beziehung zu dem mächtigen preußischen Kurfürsten und viel Herzenswärme auch 7 stattliche Söhne und 7 gutgewachsene Töchter. Somit war der Landgraf mit Erfolg dem Habsburger Leitwort »Tu felix Austria nube« gefolgt. In diesem Falle müßte es heißen »Tu felix Homburgia nube«. Vom Familienglück der zweiten landgräflichen Ehe spricht ein großformatiges Gemälde im Homburger Schloß, das Junggesellen vor Neid erblassen läßt: auf dem Bild ist der Landgraf mit dem silbernen Bein in behäbig-zufriedener Würde zu sehen, neben ihm seine »Dicke« und die zweimal 7 prächtigen Kinder.

Friedrich II. vertrat die Prinzipien der Aufklärung. Er führte in seinem Herrschaftsgebiet die Reformation ein, nach dem Rezept, daß der Herr die Religion bestimme. Er nahm Flüchtlinge aus Frankreich auf homburgischem Boden auf und gewann mit den Hugenotten tüchtige und dankbare Untertanen. Von ihnen zeugen noch die Ortschaften Friedrichsdorf und Dornholzhausen. »Lieber will ich mein Silbergerät verkaufen«, sagte der Prinz von Homburg, »als diesen armen Leuten die Aufnahme verweigern.« Wir finden den Spruch auf einem Obelisken, den Kaiser Wilhelm II. für den Berühmtesten der Homburger Fürstendynastie im Kurpark hat errichten lassen.

Am sichtbarsten verewigte Friedrich II. sein Gedächtnis in Homburg durch den Bau des Schlosses. 1680 ließ er die mittelalterliche Burg der Grafen von Eppstein bis auf den freistehenden Weißen Turm abreißen. Um diesen entstand die neue Anlage. Mit dynamischem Schwung scheint das Reiterstandbild des Prinzen von Homburg in einem der Höfe aus dem Barockwappen des Hauses auf den Weißen Turm zuzusprengen. Der Erbauer des Schlosses war der Meister der fürstlichen Prothese gewesen, Andrich, der zugleich als Friedrichs »Böttger« im Auftrag des Landgrafen versuchte, Gold zu machen. Als Alchimist, Kunsthandwerker und Architekt war Andrich ein Universalgenie, das eigentlich in das Zeitalter der Renaissance gehört hätte, Bruder im Geist eines Leonardo, eines Michelangelo. Andrichs Alchimistenküche ist vergessen. Unvergessen bleibt sein imponierender Schloßbau und des Landgrafen Kunstbein, das dem Fürsten eine ähnliche Volkstümlichkeit verschafft hat wie die eiserne Faust dem Ritter Götz von Berlichingen.

Der bedeutendste Nachkomme des Prinzen von Homburg, Friedrich v. Ludwig, regierte als Zeitgenosse Karl Augusts von Weimar 1751 bis 1820. Der Landesherr Goethes war zugleich der Schwager des Homburgers. Mit ihm hatte der neue Landgraf viele gemeinsame Züge, wenn es ihm auch nicht gelang, gleich jenem einen Musenhof im Stil des Rokoko zu begründen. Friedrich v. Ludwig kam glimpflich über die Wirren der Napoleonischen Kriege hinweg. Seine Söhne kämpften als preußische und österreichische Offiziere gegen den Korsen, wobei einer, Leopold, bei Groß-Görschen fiel. Überliefert ist der Napoleonische Ausspruch »Ich stoße überall auf einen Homburg!« Die Schwester der tapferen Söhne Friedrichs v. Ludwig, Marianne, heiratete den Prinzen Wilhelm von Preußen: erste genealogische Spur der später so innigen Hohenzollern-Beziehung zu Homburg. Marianne, ebenfalls antinapoleonisch gesinnt, war nach dem Tod der Königin Luise so etwas wie die First und zugleich Fair Lady Berlins.

Badestadt wurde der anmutige Platz »vor der Höhe« in der ersten Hälfte des vorigen Jahrhunderts, unter den Landgrafen Ludwig Wilhelm und Philipp. In dieser Ära baute der Darmstädter Moller das Brunnensälchen (die heutige Spielbank) und Mertivier das erste Homburger Kurhaus. Philipp hatte 15 Kinder; Porträts von ihnen im jugendlichen Alter sind in einem der Schloßsäle aneinandergereiht, eine kindliche »Ahnengalerie«. Man sollte meinen, daß der Bestand der Landgrafen-Dynastie bei solchem Kindersegen noch lange garantiert geblieben wäre. Doch mit der Generation der fünfzehn starb die Linie aus. Landgraf Ferdinand, der Onkel jener Geschwister, die eine ganze Schulklasse hätten füllen können, segnete das Zeitliche als lediger alter Herr 1866, der einzige und letzte seines Geschlechts. Homburg fiel an Hessen.

1866 ist das Jahr des österreichisch-preußischen Kriegs, der zu Bismarcks kleindeutscher Lösung führte, der schmal gewordenen Basis der späteren Reichsgründung. Die süddeutschen Fürsten, darunter auch das Haus Hessen, waren Verbündete Wiens. Sie mußten an Preußen Kriegsentschädigung zahlen. Hessen trat Homburg an Berlin ab. Damit begann Homburgs Preußenzeit. Kaiser Wilhelm I. bezog gerne auf Schloß Homburg Quartier, lieber als auf anderen »Beuteschlössern«, etwa in Hannover oder Kassel, wo er den ihres Eigentums entledigten Fürsten-Kollegen hätte in die Augen schauen müssen. In Homburg war dies nicht vonnöten, denn die Landgrafschaft war ja verwaist.

Die Hohenzollern residierten in manchem Sommer im Homburger Schloß, kurten im Badebezirk und trieben nebenbei gute oder weniger gute Politik. Wilhelm II. nahm sein Feldbett nach Homburg mit, in dem er gleich dem Alten Fritz spartanisch nächtigte. Auch unterzeichnete er seine Briefe und

Depeschen im Hocksitz, auf einem zum Bürostuhl umgearbeiteten Pferdesattel. Der Sattelstuhl hat im Homburger Schloß die Zeiten überdauert.

Daß während des Hohenzollern-Gastspiels auch große Politik an der Tagesordnung war, beweist ein Passus in den Memoiren des Reichskanzlers Fürst Bülow. Der Text läßt erkennen, daß der Kanzler verhältnismäßig weitsichtig gewesen ist, jedenfalls weitsichtiger als Wilhelm, der die Grundsätze des Kanzlers bald zu seinem und des Reiches Unglück aufgegeben hat. Bülow notierte 1897:

»General von Schweinitz verabredete mit mir ein Rendezvous für den nächsten Tag, wo wir uns ungestört aussprechen könnten. Wir trafen uns denn auch in dem Garten eines Homburger Hotels in einer schattigen Laube bei einem Glas Moselwein und sprachen eingehend die innere und äußere Lage durch. Schweinitz neigte mit seinem Gefühl mehr zu England als zu Rußland. Er war schon in früher Jugend in England gewesen, sprach vortrefflich Englisch und liebte den einzelnen Engländer. Er stimmte mir aber völlig darin bei, daß Rußland auch jetzt noch der Pivot (Angelpunkt) unserer auswärtigen Politik wäre. Solange wir nicht mit Rußland karambolieren, würde uns Frankreich nicht angreifen und England noch weniger. Kämen wir aber mit Rußland in Krieg, so würde sicherlich Frankreich, vielleicht auch England, losschlagen.«

Wenn wir durch jene Räume des Homburger Schlosses gehen, die das letzte deutsche Kaiserpaar für sich beansprucht hat – 5 Zimmer für Wilhelm, 5 für die Kaiserin –, so wundern wir uns, wie wenig »Wilhelminisches« erhalten geblieben ist. Wahrscheinlich haben die Sachverständigen die Zimmerfluchten entrümpelnd auf den ursprünglichen Zustand zurückgeführt. Die kaiserlichen Räume lagen im Königsflügel, während die Gäste aus aller Herren Ländern im Hirschgangflügel untergebracht worden sind, benannt nach jenem Gang, in dem wir heute noch die Geweih-Trophäen des von kaiserlicher Hand erlegten Wildes vor Augen haben. Ob man das Wild dem hochgestellten Schützen liebedienerisch eigens zugetrieben hat?

Eine kuriose Sehenswürdigkeit ist Wilhelms Badezimmer. Die altertümliche Nickelbadewanne weist eine Mahagoni-Fassung auf. Darüber befindet sich ein Wandbelag von imitierten Delfter Blaukacheln. Das Wasserklosett ist ebenfalls aus Mahagoni. Auf einem Holzbrett steht ein Kerzenhalter. Ein Hotel mittlerer Güte bietet heute größeren Komfort.

ROMS »CHINESISCHE MAUER«

Bad Homburg liegt im Bereich jener einstigen Grenzlinie, die man zur Zeit der Römerherrschaft »Limes« genannt hat. Das Wort ist im englischen Sprachgebrauch als »Limit« international geläufig. Der befestigte Wall sollte das römische Decumatsland vor germanischen Einbrüchen schützen. In der Gegend von Homburg wehrte man die Chatten ab, die Vorfahren der Hessen von heute. »Ihr Land«, schrieb Tacitus, »beginnt am Hercynischen Wald und ist nicht so flach und sumpfig wie das der anderen Stämme im weiten Germanien; denn Hügel reiht sich an Hügel, und nur allmählich werden sie seltener. So trägt der Hercynische Wald seine Chatten gleichsam auf den Schultern und setzt sie erst ab, wo er mit ihnen endet.« Man nimmt an, daß der »Hercynische Wald« als riesiges Urwaldgebiet die Mittelgebirgszüge vom Spessart bis zum Vogelsberg bedeckte.

Vom Mittelrhein erstreckte sich der Grenzwall des Limes zum Taunus, bog nordwärts bis Kloster Arnsburg ab, wandte sich der »Mainlinie« zu und erreichte schließlich über den Odenwald das Kloster Lorch im Remstal, wo in Richtung Ost der leichter befestigte sogenannte »rätische Limes« begann. Unter den Rätiern verstand man die Vorfahren der heutigen Tiroler, die damals noch südlich des Donauufers siedelten.

Ursprünglich war der Limes lediglich ein Patrouillenpfad, der die alle 15 Kilometer erbauten Holztürme verband. Später errichteten die Römer eine Holzpalisade, hinter der sich ein V-förmiger Graben sowie ein vom Aushub geschaffener Wall erhoben. Mit der Zeit gewannen die Wachttürme an Format: dreistöckig, mit einem Unterbau aus Fachwerk und Bruchsteinen sowie einer Holzgalerie um den Oberstock. Man konnte die erhöht angebrachten Eingänge nur über Holzleitern oder -treppen erreichen. Bei Butzbach hat man vor längerem ein Wachtturmmodell aufgestellt. Im Kreis Schwäbisch Hall ist man dem Beispiel gefolgt. In Osterburken bastelt Schuljugend Limestürme.

Vom Verlauf des Limes zeugen zahlreiche Spuren: Gräben, Bodenverfärbungen, Marksteine. Ein solcher mit Inschrift steht in der Einhardsbasilika in Seligenstadt, wo man ihn im Mittelalter – der Limes diente jahrhundertelang als Steinbruch – eingemauert hat.

Roms »chinesische Mauer« verdankt ihre Erforschung einer Anregung Mommsens, der eine klassische Geschichte Roms geschrieben hat. Auch Wilhelm II. förderte das Projekt. Die Reichs-Limes-Kommission führte ihre Geländearbeit mit vielen passionierten Regionalhelfern durch: Museumsleitern, Kreisrichtern, Apothekern, pensionierten Offizieren, Schulmeistern. Nach zehnjähriger Bestandsaufnahme waren 100 Kastelle und 1000 Wachttürme identifiziert, dazu ein unübersehbares Fundmaterial geborgen: Keramik, Lanzenspitzen, Münzen, Fibeln und mehr. Man ist seither auch im Bilde, welchen Nationen die Truppen der einzelnen Limesabschnitte angehörten. In Miltenberg standen Rauraker (keltischer Stamm bei Basel), in Walldürn Britannier, in Osterburken Aquitanier (aus dem westlichen Gallien), in Jagsthausen Germanen, in Öhringen Helvetier. Wahrscheinlich gab man von Turm zu Turm optische und akustische Signale.

Der römische Kaiser Severus Alexander (222 bis 235) machte die Kastellgarnisonen seßhaft. Er ließ Haus, Hof und

Familie zu, so daß eine Art Wehrbauernschaft entstand. Der Verteidigungswillen wurde dadurch zwar erhöht, doch die Truppenbeweglichkeit gehemmt.

An der Homburger Ritter-von-Marx-Brücke, an der sich neben einem historischen Brückenhaus der mittelalterliche Hexenturm erhebt, beginnt die Saalburgstraße. Sie führt von der ehemaligen Fürstenresidenz zu den Spuren des alten Rom: der Saalburg, die neben Osterburken, Neckarburken, Würzburg, Hainhäusel, Butzbach eines der wichtigsten Limeskastelle gewesen ist. Wilhelm II. hat das Römerlager restaurieren lassen. Jährlich erlebt das Kastell im Bannkreis des Taunus einen Zustrom von 200 000 geschichtsinteressierten Ausflüglern.

Um 90 n. Chr., unter der Regierung des flavischen Kaisers Domitian, war am Ort das erste, holzgefertigte Kastell entstanden. 125 bis 129 baute man unter Hadrian an der gleichen Stelle ein größeres Heerlager, das die II. Rätierkohorte, insgesamt 500 Mann, aufnehmen sollte. Die ursprüngliche Stein-Holz-Mauer, die das Geviert des Kastells umzäunte, wurde zu einem späteren Datum durch eine Mörtelmauer ersetzt, hinter der sich ein Erdwall türmte. Im Innern der Anlage breitete sich das sogenannte Prätorium aus, umrahmt von Kasernen, Stallungen, Magazinen.

Im Mittelalter diente die Saalburg als Steinbruch. Als zur Zeit Goethes das antiquarische Interesse erwachte, war noch genügend Baumasse vorhanden, um sich von dem Festungsbezirk einen Begriff zu machen. Landgraf Friedrich V., der 1818 das Gelände an der »römischen Schanze« erworben hatte, erließ ein Verbot, weitere Steine aus dem Gemäuer zu brechen. Um die Jahrhundertmitte erfolgten dann die ersten archäologischen Untersuchungen unter der Initiative des Archivars Habel. Dem Unternehmen kam die Existenz der Homburger Spielbank zugute, die damals den Besuch zahlreicher gekrönter Häupter aufwies und dementsprechend florierte. Ein Teil der Überschüsse floß der Saalburgforschung zu. Die ans Tageslicht gehobenen Funde fanden 1873 ihre erste Aufstellung im Homburger Kurhaus. 1907 gelangten sie zum Kastell zurück.

Dieses hatte in den Jahren 1898 bis 1907 eine gründliche Wiederauferstehung erfahren. Professor Louis Jacobi war es gelungen, die höchste Instanz, eben Kaiser Wilhelm II., für die Restaurierung zu gewinnen. Man weiß, daß der Monarch sich um verschiedene archäologische Stätten bemühte, so um die deutschen Ausgrabungen in Korfu (wo Wilhelm sich das romantische Schloß Achilleion einrichtete) und um die Erforschung der altägyptischen Amarna-Kultur. Die Teilnahme des kaiserlichen Amateur-Archäologen wandte sich nun auch der römischen Präsenz auf deutschem Boden zu. Er ließ die Saalburg nach den Indizien der Bodenfunde und gemäß dem historischen Wissen seiner Zeit vollkommen wiederaufbauen. Anstelle der altrömischen Bauinschrift über dem Haupttor (sie befindet sich jetzt im Fahnenheiligtum) liest man heute in bronzenen Buchstaben, daß der letzte Hohenzoller auf dem Thron das Kastell Saalburg zum Gedenken an seine Eltern hat wiederaufrichten lassen.

Die Rekonstruktion hat einen Disput in wissenschaftlichen Kreisen ausgelöst. Man sprach von Verfälschung, von romantischem Idyll anstelle der grandiosen Nüchternheit des römischen Militärstils. Die Erneuerer glaubten, bei einem Angriff auf die Saalburg habe die gesamte Besatzung auf dem Wall Posten gestanden. Darum rückten sie die Brustwehren auf dem Mauerkranz viel zu dicht zusammen. In Wirklichkeit blieb jedoch stets ein großer Teil der Mannschaft in Reserve. Auch hinter die Anordnung der Gebäude im Innenbezirk der Wehranlage setzten die Gelehrten manches Fragezeichen.

Doch abseits aller wissenschaftlichen Skepsis stellt die Saalburg, vor deren Doppeltor der bronzene Kaiser Hadrian die Besucher willkommen heißt, ein anschauliches Modell römischer Befestigungskunst dar. Sie vermittelt zugleich einen Eindruck, welche strategische Bedeutung die Weltmacht Rom nach dem Chattenkrieg der Gegend um Homburg beigemessen hat – dort, wo sich in der Wetterau eine breite Pforte zwischen Taunus und Vogelsberg öffnet. Das Hochmittelalter hat mit der Burg Münzenberg die gleiche Pforte militärisch gesichert.

GÖTZENBILD IM HEIDENKELLER

Das neben der Saalburg besterhaltene Römerkastell des Limes, das von Osterburken, hat seine ursprüngliche Gestalt behalten können. Kein Wilhelminismus hat Hand angelegt. Um das abseits vom Verkehrsstrom gelegene Städtchen an der Eisenbahnstrecke Heidelberg–Würzburg zu besuchen, müssen wir uns in den Odenwald begeben.

Das Mittelgebirge zwischen Spessart und Kraichgauer Hügelland, zwischen Main und Neckar ist alte Geschichtslandschaft. Nach der Sage wurde in den dichten Wäldern des Gebirges Siegfried an einem Quell von Hagen gefällt. Mehrere Odenwaldgemeinden rivalisieren um den Anspruch, daß der Quell in ihrer Gemarkung gelegen habe. Die Wildenburg im Odenwald ruft die Zeit der Staufer und ihrer mächtigen Ministerialen wach. Michelstadt und sein blumengeschmücktes, auf Holzpfeilern ruhendes Fachwerkrathaus gilt als klassisches Postkartenklischee mittelalterlicher Kleinstadtromantik.

Der östliche Odenwald grenzt bereits an das Frankenland. Man trinkt aus Boxbeuteln Frankenwein, Becksteiner, nach Beckstein bei Lauda genannt. An den Ufern der Kirnau, die in die Jagst fließt, gedeiht auf Kalk- und Buntsandstein die Rebe, die einen herben Tropfen beschert.

Bietet der Landstrich auch keinen landschaftlichen Superlativ, so trägt er doch charakteristische Züge. Das sogenannte Bauland ist kunstgeschichtlich reich. Wallfahrtkapellen, Steinmadonnen in Häusernischen, Bildstöcke und Brückenfiguren haben der Gegend den Namen »Madonnenländchen« gegeben. Mittelpunkt der Madonnenlandschaft ist das an Bildwerken reiche Walldürn, dessen Wallfahrtskirche zwischen 1698 und 1709 entstanden ist. In ihr steht ein von Zacharias Juncker aus feinkörnigem Sandstein 1626 gefertigter Altar. Um das hochgelegene Gotteshaus scharen sich alte Fachwerkhäuser im fränkischen Stil, unter ihnen das historische Gasthaus »Goldene Rose«.

Nicht weit von Walldürn lag das von dem Luxemburger Kaiser Karl IV. 1356 zum Stadt- und Marktort erhobene »Borken«, das Osterburken von heute. Die Häuser kriechen beiderseits der Talsenke der Kirnau am Hang empor. Durch die Talsohle schlängelt sich der Schienenweg in Richtung Würzburg. Steigen wir aus dem Zug und treten in die Bahnhofshalle, so zeigt uns gleich ein naives Wandgemälde an, was Osterburkens Sehenswürdigkeiten sind: neben dem alten runden Storchenturm das Römerkastell, das sich in der Epoche des Imperium Romanum am Talhang erhoben hat.

Im Frühjahr 1861 stießen Arbeiter beim Abbruch eines Vorratsschuppens in der Nähe der Osterburkener Kirnaubrücke auf einen mächtigen Sandsteinblock, 1,70 Meter im Quadrat und 20 Zentimeter dick. Sie setzten dem Stein mit Spalteisen und schweren Hämmern zu. Zufällig beobachtete der Pfarrverweser Werz den Vorgang. Er sprang in die Baugrube und stellte fest: bei dem ausgegrabenen Objekt handelte es sich um einen Reliefstein, der auf der sorgfältig mit Sand unterbetteten Bildfläche lag. Bei dem Fund, dem bald danach ein Zulauf von Neugierigen galt, handelte es sich um einen Mithrasaltar der römischen Kaiserzeit, den besterhaltenen nördlich der Alpen.

Der Mithraskult war aus Persien gekommen und hatte in der Spätzeit Roms das gesamte Reich erobert, zumal die Heerlager der Legionen. Denn Mithras, der Stiertöter, ist ein göttlicher Krieger. Der Mythos um den überirdischen Matador wies auffällige Verwandschaft mit dem Christentum auf, adaptierte wohl auch von diesem einige Elemente und trat in den ersten nachchristlichen Jahrhunderten mit der Lehre Jesu in scharfe Konkurrenz. Zahllose Legionäre zwischen Persien und Spanien, zwischen Afrika und Germanien drängten sich zu den Weihen, doch auch Beamte und Handelsleute. Ein wohlhabender Kaufmann mag es gewesen sein, der den Stein von Osterburken gestiftet hat, denn der Altar enthält die Votivinschrift: »Dem unbesiegten Sonnengott Mithras hat Mercatorius Castrensis dieses Bild auf seinem Eigentum errichtet.«

Der Stein von Osterburken enthält die typische ikonographische Bildanordnung der Mithrasaltäre: in der Mitte den Stiertöter selbst, um ihn die Wiedergabe des Tierkreises, darüber Sonnengott und Mondgöttin mit ihren Gespannen sowie die Ansammlung der olympischen Götter. Die Skulpturen an den Flanken des Steins vermitteln Bilderzyklen aus dem Leben des Mithras. Als man den Stein 1861 ans Tageslicht hob, entdeckte man auch eine Quelle. Wasserstellen gehörten zwecks ritueller Waschungen zu allen Mithras-Sanktuarien. Das »Götzenbild« (so hieß es bald im Volksmund) befindet sich heute als einer der wertvollsten Schätze im Badischen Landesmuseum in Karlsruhe.

Mercatorius Castrensis, der Stifter des Mithrasaltars, muß eine einträgliche Handelsfaktorei im Kaufmannsviertel (Canabae) von Osterburken besessen haben. Das Kastell war zwischen den Regierungszeiten der Kaiser Domitian und Gallienus eines jener strategisch wichtigen Befestigungszentren, die den Limes gegen das freie Germanien absicherten. Schon im 18. Jahrhundert wiesen Spuren auf die Existenz der Wehranlage hin. Pferde brachen beim Pflügen ein und verschwanden bis zum Bauch in einem alten »Heidenkeller«. Nach der bald darauf einsetzenden archäologischen Freibeuterei – man sprach von »kalifornischer Goldgräberwirtschaft« – war es vor allem Professor Dr. Karl Schumacher, der spätere Direktor des Römisch-Germanischen Zentralmuseums in Mainz, der 1892 systematische Grabungen durchführen ließ. Ein Teil der

Einwohner Osterburkens verdingte sich zu 2 Mark Tageslohn als Ausgräber. Besondere Funde, wie Inschriften, wurden mit 10 Pfennig pro Stück prämiiert. Die Freilegung war kein Kinderspiel. Um einen Turmstumpf vom Erdreich zu befreien, mußte man 96 Wagen Bauschutt abtransportieren.

Das Lager erwies sich als Rechteck von 186 zu 115 Metern. In der Mitte des heute mit Wohnhäusern überbauten, leicht abfallenden Terrains stand die Principia. Außerdem besaß das Lager ein Heiligtum, eine unterirdische Schatzkammer sowie Zweckbauten aus Lehmfachwerk gleich der Saalburg. Es ist nachgewiesen, daß sich die Besatzung aus Auxiliartruppen der Gascogne rekrutierte, Hilfswilligen gleich den »Hiwis« des Zweiten Weltkriegs. Hügelaufwärts, oberhalb des eigentlichen Kastells, fand man einen weitaus besser erhaltenen Annex, der aus der Zeit des größenwahnsinnigen Kaisers Commodus, also aus dem ausgehenden 2. Jahrhundert, stammt. Der Annex mit seinen Mauer- und Turmfundamenten liegt heute frei. Hier war ein sogenannter »Numerus« untergebracht, eine leichtbewaffnete Hilfstruppe, die neben der Kohorte des Hauptkastells am Limes Wachdienst versah. Auf einer Inschriftkopie im Gemäuer liest man: »LEG VIII / AHG / P.F.C. / A.S.F.« Dies besagt »Die 8. kaiserliche tüchtige und treue Legion des Commodus hat dies hier von Grund auf errichtet«.

Man weiß, daß die 8. Legion in Straßburg in Garnison lag. Die Erbauer des Hauptkastells sind ebenfalls inschriftlich nachgewiesen: Pioniere der berühmten »Zweiundzwanzigsten«, die in Mainz ihre Quartiere hatte. Ein Votivstein belehrt uns, daß sich die Sollstärke des Lagerkomplexes auf 120 Reiter und 380 Fußsoldaten belief.

Das Kastell von Osterburken mit seinen vier Meter hohen Umfassungsmauern und 16 Türmen fiel trotz seiner beachtlichen Armierung in der Mitte des 5. Jahrhunderts dem Alemannensturm zum Opfer. Skelette germanischer Krieger im Kastellgraben wiesen verstümmelte Armknochen auf. Dies deutet darauf, daß die Verteidiger in hartnäckiger Abwehr einigen der den Mauerkranz erklimmenden Angreifern die Hände abgeschlagen haben.

Damals fiel unter dem Impetus der Völkerwanderung auch die gesamte Limes-Bastion von Andernach bis Regensburg, innerhalb deren das Lager von Osterburken – ebenso wie die Saalburg – ein wesentlicher Eckpfeiler gewesen ist. Die jungen Germanenstämme, zumal die Alemannen, brachen mit Vehemenz über die Limesgrenze in das altersmorsche römische Weltreich ein und eröffneten ein neues Zeitalter. Die Überflutung des Limes zeigt, daß Roms »chinesische Mauer« – oder, wie man noch im vorigen Jahrhundert sagte, »Teufelsmauer« – letzten Endes im Ernstfall keinerlei Defensivwert besessen hat.

ZWISCHEN TAUNUS UND VOGELSBERG

Nördlich der ehemaligen »Teufelsmauer«, des Limes, breitet sich die »goldene Wetterau« aus, eine breite fruchtbare Senke zwischen Taunus und Vogelsberg. Der Volksschlag unterscheidet sich, abgesehen vom Idiom, von dem in Frankfurt erheblich, der durch stärkere Latinität geprägt ist, während der Wetterauer eher noch Chattischem nahe ist, bodennah vor allem auf dem Land, wo man sagt: »Oberhessisch Blut is kei Buttermilch.« Jacob Grimm, der geniale Begründer der historischen Grammatik, Sammler von Rechtsaltertümern sowie Volkssagen und -mären, hat in seiner Vorrede zu den berühmten Märchen über seine engeren Landsleute ausgesagt: »Ein gewisser Ernst, eine gesunde, tüchtige und tapfere Gesinnung, die von der Geschichte nicht wird unbeachtet bleiben, lassen den Mangel an Zierlichem eher als einen Gewinn betrachten.« Obwohl Hessen heute stärker in den Strom der Zeit einbezogen ist als zur Zeit der Brüder Grimm, hat sich immer noch besonders viel Folklore gehalten: der Kratzputz der Häuser im Hüttenberg, die Hochzeitsschachteln im Biedenkopfer Hinterland, die Trachten der Schwalm (die der Maler Bantzer einst unvergleichlich festgehalten hat).

Auf einer Fahrt von Frankfurt nordwärts sind die ersten beiden größeren Plätze Friedberg und Nauheim, die mittelalterliche Stadt und das Herzweltbad. Sie liegen in Sichtweite, dazwischen ist ebenes Feld, und man könnte glauben, die Nauheimer wollten nicht, daß die Friedberger ihnen in die Karten schauen, weil sie der Nachbarstadt die riesigen Barrieren der Gradierbauten vor die Nase setzten. Man sagt von Friedberg: »Ein Schuß weit von Bad Nauheim.«

Friedberg liegt an der Stelle eines Römerkastells, das die Saalburg an Größe übertraf. Im Mittelalter war die Stadt, reichsunmittelbar seit 1252, zeitweise bedeutender als Frankfurt. Sichtbarstes Zeugnis der wehrhaften Vergangenheit ist der hochragende Adolfturm, an den sich eine Burg angliedert. Die Stadt und ihr Herrengeschlecht standen nicht immer im guten Einvernehmen.

Eine Sehenswürdigkeit ist das 1260 erbaute Judenbad. Eine Steintreppe führt ähnlich wie in Worms 23 m zum Grundwasser hinab. Säulchen tragen Halbbögen mit frühgotischen Kapitellen. Die Tiefe des Bads erklärt sich aus der rituellen Vorschrift: einmal im Monat mußten die jüdischen Frauen im »lebendigen Wasser« untertauchen. Darunter verstand man das Grundwasser.

Etwa gleichzeitig mit dem Judenbad begann man den Bau der Stadtkirche Unserer Lieben Frau, einer gotischen Hallenkirche gleich der Marburger Elisabethenkirche. Über dem Brautportal (1300) auf der Südseite thront cin richtender Christus. Die »Friedberger Madonna« im Innern stammt aus der Gründungszeit des Gotteshauses.

Wie Friedberg befindet sich auch Butzbach, nördlich von Bad Nauheim, am Platz eines ehemaligen Limeskastells. Im Mittelalter glaubte man, es handle sich bei den Kastellresten um eine Befestigungsanlage des Hunnenkönigs Attila. Man sprach von der »Hunnenburg«. Erst die Neuzeit klärte den Sachverhalt auf.

Butzbach verfügt noch über ein geschlossenes altstädtisches Marktrevier. Damit kann man es Coburg, Rothenburg, Goslar an die Seite stellen. Am Markt steht als ältestes Fachwerkhaus Butzbachs das Rathaus. Im Innern des 1560 errichteten Gebäudes mit seiner kunstvollen alten Treppe verwahrt man einen romanischen Taufstein mit Schnurornamenten sowie eine romanische Tierplastik, wahrscheinlich ein Lamm. Beide Objekte sind bei Erdarbeiten neben der Markuskirche gefunden worden.

Im 17. Jahrhundert war Butzbach zeitweise Residenz. Der Landgraf von Hessen-Darmstadt Ludwig v. richtete für seinen jüngeren Bruder Philipp die Landgrafschaft Hessen-Butzbach ein, die von 1609 bis 1643 Bestand hatte. Der neue Herr Butzbachs herrschte als Philipp III. über sein Klein-Territorium, er war Gelehrter und Mäzen; der berühmte Astronom Johannes Kepler weilte als Berater am Butzbacher Hof. Philipp verstand es, durch Neutralitätspolitik die Wirren des 30jährigen Kriegs weitgehend aus seiner Landgrafschaft fernzuhalten. Philipps 1609 erbautes Renaissance-Schloß ist erhalten geblieben. Von 1824 an diente der Bau als Kaserne. Der Lustgarten des Fürsten wurde zum Exerzierplatz. Keine livrierten Diener brachten mehr Festplatten zu Gartenpartien, sondern schnauzbärtige Wachtmeister drillten Rekruten. Die Welt des Simplizissimus wurde abgelöst von der Welt Woizzeks.

An Philipp III., den patriarchalischen Kleinfürsten Butzbachs, erinnert auch sein Epitaph im Südchor der Markuskirche. Er erhebt sich über der Familiengruft der Hessen-Butzbacher, einem wertvollen Renaissance-Dokument. Die Stuckarbeiten der Decke hatte der Frankfurter Stukkateur Stephani nach den Angaben des Fürsten angefertigt. Sie verbildlichen die Hauptsätze des Glaubensbekenntnisses. Die Sarkophage der Gruft enthalten die Überreste der beiden Ge-

Zug auf das Schloss Hambach am 27ten May 1832.

1 Das Hambacher Fest von 1832
Auftakt der Revolution gegen
Fürsten und Kabinette

2 Markgraf Ludwig Wilhelm von Baden,
»Türkenlouis« genannt, Feldherr gegen Türken
und Franzosen

3 Der Kölner Dom gilt als Deutschlands
bekanntestes Baudenkmal

4 Protestantische Fürsten und Würdenträger vor Kaiser Karl V. auf dem Reichstag von Augsburg 1530. Von l. nach r.: Kurfürst Johann von Sachsen, Markgraf Georg von Brandenburg, Herzog Ernst von Lüneburg, Landgraf Philipp von Hessen, die Vertreter der Freien Reichsstädte Nürnberg und Reutlingen

5 Lechfeld. Schlacht Ottos I.
Lavierte Federzeichnung von Hektor Mülich
in einer Abschrift der Meisterlin-Chronik 1457

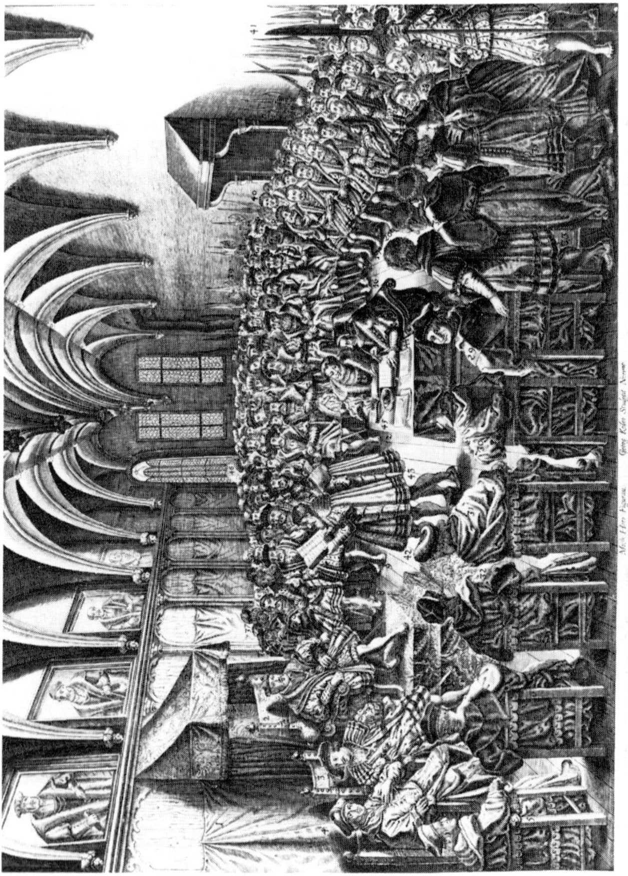

6 Verlesung der »Augsburger Konfession« auf dem Reichstag 1530. Auf dem Thronsessel Kaiser Karl V. Kupferstich von Michael Herz und Georg Köhler, Nürnberg. 1630.

7 Gebäude des »Immerwährenden Reichstags« in Regensburg

8 Das gotische Rathaus von Münster
Hier wurde ein wesentlicher Teil des Westfälischen Friedens beraten

9 Blick in die Pfalzkapelle Karls des Großen in Aachen

10 Ludwigs II. Monsterschloß Neuschwanstein
im Allgäuer Voralpenland

11 Wormser Dom
Im Vordergrund neuromanischer
Siegfriedbrunnen

12 Verbrennung des Johannes Hus
Aus der Richentalchronik

13 Beisetzung des Johannes Hus
Aus der Richentalchronik

14 Konstanz mit Konzilgebäude und Münster
Stahlstich von 1860

15 Der »Immerwährende Reichstag« in Regensburg
bei einer Tagung 1675

16 Der populärste Wittelsbacher: Ludwig II. von Bayern

mahlinnen des Landgrafen, einer Gräfin von Diepholz und einer Gräfin von Ostfriesland, sowie des frühverstorbenen jüngsten Sohns des Landgrafen Ludwig VI. von Hessen-Darmstadt – dieses Grab ist rund hundert Jahre jünger als die übrigen. Auf Philipp III. geht auch die Kanzel zurück, die auf geschwungenen Konsolen ruht. Die von Säulchen flankierten Oktogonalfelder enthalten die Wappenbilder der hessen-butzbachischen Familienmitglieder.

Der Sturm der 48er Bewegung machte sich auch in der friedlichen Atmosphäre Butzbachs bemerkbar – durch Butzbachs größten Sohn Friedrich Ludwig Weidig, den Freund und Mitkämpfer Büchners. 1834 gab Weidig die erste Ausgabe einer Reihe von Flugschriften heraus, die den bezeichnenden Titel trugen »Leuchter und Beleuchter für Hessen, oder der Hessen Notwehr«. Noch ehe die weiteren Ausgaben erschienen, verhaftete man 1835 den Vorkämpfer für Demokratie, der den Untertanenstaat in Frage stellte. »Jene Flugschrift«, hieß es in den Prozeßakten, »gab zwar nicht geradezu und bestimmt eine revolutionäre Tendenz zu erkennen; indessen läßt sich doch kaum bezweifeln, daß ihr Verfasser durch einseitige Darstellungen, durch Schmähungen gegen die Staatsregierung und einzelne Beamte sowie durch Lobeserhebungen, den Widersachern der Regierung gespendet, wenigstens indirekt hat zur Unzufriedenheit aufreizen wollen.« 1837 starb Weidig in Darmstädter Untersuchungshaft. Das Aufsehen war groß. Man beschuldigte die herrschenden Mächte.

Zur Stauferzeit gehörte Butzbach den Herren von Arnsberg-Hagen. Einer von ihnen, Kuno I., errichtete 1151 als staufischer Ministeriale die Reichsburg Münzenberg, deren Silhouette im Vorgelände des Vogelsbergs von Butzbach aus zu sehen ist. Die Burg war eines der mächtigsten Stauferkastelle nördlich der Alpen, neben Hagenau, Trifels, Gelnhausen, Wimpfen, Eger, Goslar und der Wildenburg im Odenwald. Burg Münzenberg deckte die Paßstraße von Nord nach Süd.

Das hüglige Land im Osten steigt zum Vogelsberg an. Im Westen ziehen sich die Höhen des Taunus hin. Eine Verkehrsroute bietet sich hier geradezu an. Nicht umsonst nimmt eine der großen Nordsüdverbindungen der Bundesbahn diesen Weg. Auch vom Zug aus kann man Burg Münzenberg nach Osten hin erblicken, sie zeichnet sich mit ihren beiden auffälligen Bergfrieden vom Himmel wie ein Tintenfaß ab. Wetterauer Tintenfaß heißt die Burgruine heute im Volksmund. Auch spricht man von der Wartburg der Wetterau, was beim Vergleich mit den Ausmaßen der Thüringer Veste berechtigt ist. Doch während sich an der Wartburg Wilhelminischer Restaurierungseifer versündigte, bietet der Sitz Kunos von Arnsberg-Hagen noch sein ursprüngliches Gemäuer. Auch der Palas, der Wohn- und Repräsentationstrakt der Burg, ist gut erhalten. An der Arkadenreihe der Zwerggalerie kann man kunstvoll gemeißelte romanische Kapitelle bewundern.

Die Herren von Arnsberg-Hagen nahmen den neuen Namen derer von Münzenberg an (gleich den Herren von Büren, die zu Staufern wurden). Das Geschlecht starb ungefähr gleichzeitig mit dem schwäbischen Kaiserhaus aus. Als Ganerbschaft gelangte Münzenberg in den Besitz von Anverwandten. Die Veste verfiel im 17. Jahrhundert. Heute teilen sich die Häuser Solms und Stolberg sowie das Land Hessen in den Burgtorso. Butzbach war nach dem Aussterben der Münzenberger an die Falkensteiner gefallen, deren einen man in der Markuskirche auf einem Grabstein sehen kann. Der Edle trägt ein Kettenhemd mit Brustharnisch. Die Haare sind sorgfältig gekräuselt. In der einen Panzerfaust hält er das Schwert, in der andern den Helm mit geschlossenem Visier und einem Hund als Kronzier.

Die Landschaft Oberhessens ähnelt der Landschaft der Brüder Grimm, deren Nährboden Steinau bei Gelnhausen gewesen ist. Das Land um Gießen hält ganz besonders Grimm-Aspekte fest; es kann versponnen, verwunschen sein, dieses nie zur Weite drängende Land kleiner Städte und Dörfer mit ihren Schieferdächern und geschieferten Turmhelmen, mit seinen bewaldeten oder kahlen Höhen, die manchmal, wie Gleiberg oder Vetzberg, unmittelbar aus der Ebene aufsteigen und natürlich Burgreste tragen, Reste von Märchenburgen. Ubbelohde, der klassische Grimm-Illustrator, hat dieses Bild im Holzschnitt festgehalten.

Einer der Grafen von Gleiberg baute im Mündungsgebiet der Wieseck in die Lahn die Wasserburg »Zu den Giezzen«. Wir wissen nicht, wie die Burg ausgesehen hat. Doch nicht weit von Gießen, in Gelnhausen, liegt heute noch eine Wasserburg aus annähernd der gleichen Zeit, die unserer Anschauung nachhelfen kann. Zwar ist Gelnhausen eine Kaiserpfalz und darum wohl um etliches stattlicher gewesen als die Grafenburg an der Lahn, doch dem Stil nach waren beide staufisch-romanisch.

Als Friedrich II. über Deutschland, Sizilien und Jerusalem das Zepter hielt, wurde Gießen erstmals als »Stadt« bezeugt. Bald darauf ging die Herrschaft Gießen an die Landgrafen von Hessen über. Während des Interregnums, um 1300, begannen diese mit dem Bau jener Veste, von der heute noch Teile erhalten sind. Der baugeschichtliche Wert des sogenannten »Alten Schlosses« war allerdings durch radikale Um- und Anbauten um 1900 geschmälert; inzwischen ist es fast ganz dem letzten Krieg zum Opfer gefallen. Nördlich vom Alten Schloß liegt der aus nacktem Sandstein errichtete Renaissance-Bau des Zeughauses und das Neue Landgrafenschloß, eines der wertvollsten und zugleich besterhaltenen Baudenkmale der Stadt. Auf einem kräftigen Erdgeschoß mit spätgotischem Fenstergewände erhebt sich ein zweistöckiger Fachwerk-Oberbau, der ländliches Format mit festlich-herrschaftlichem Anspruch verbindet. Ein oktogonaler Treppenturm ist dem Gebäude fast freistehend angegliedert.

Was Gießen darstellt, ist es namentlich durch seine Universität, deren geistiger Radius das ganze Stadtwesen miteinbezieht. Georg Büchner hat die Universitätsstadt an der Lahn einmal ein »oberhessisches Studentendorf« genannt. 1607, im Zeitalter der Glaubenswirren, die im Zug der Reformation und Gegenreformation den deutschen Boden erschütterten und dann im 30jährigen Krieg ihren Kulminationspunkt erreichen sollten, zogen lutherische Professoren aus der kalvinistischen Marburger Universität aus und setzten ihren Lehrbetrieb im benachbarten Gießen fort. Als Marburg 1650 an Hessen-Kassel fiel, wurde Gießens Hochschule, nach einem der Landesfürsten Ludoviciana genannt, Landesuniversität von Hessen-Darmstadt.

Wie kaum eine andere Persönlichkeit ist die des Chemikers Justus von Liebig mit Gießen und seiner Universität verbunden. Der Erfinder des Kunstdüngers hat die Stadt an der Lahn zur Geburtsstätte der Chemie und zu einem der Ausgangspunkte der modernen Naturwissenschaften gemacht. Nach dem Umweg über Paris kam Liebig auf Empfehlung Alexander von Humboldts an die Ludoviciana, an der er als Ordinarius für Chemie 57 Semester lang verblieb. Das von Liebig begründete Laboratorium, ein einfacher klassizistischer Bau, steht heute noch. Durch den Rundbogen-Portikus tritt man in ein kleines Museum mit authentischem Gerät. Der Raum war mit langen Tischen ausgestattet und von einem kleinen Kanonenofen erwärmt. Nach alten Bildzeugnissen sah es hier früher aus wie in einer Alchimistenküche. Auf den Tischen standen Schüsseln und Retorten. Die Chemiker und Studenten trugen lange Schoßröcke, Zylinder und Knebelbärte.

Liebigs Lebenswerk geht auf die Gießener Zeit zurück: seine Entdeckungen auf dem Gebiet der organischen Chemie, die Erfindung von Chloroform und Chloral, die umwälzenden Neuerungen auf dem Gebiet der Agrikulturchemie, die epochemachende Untersuchung über die Benzolverbindung, die der Schwede Berzelius »die Morgenröte eines neuen Tages« genannt hat. In Gießen entstand Liebigs klassische Schrift »Über die Anwendung der Chemie auf Agrikultur und Physiologie«. Seine »Chemischen Briefe« sind ein Standardwerk naturwissenschaftlicher Hochschulpädagogik. In seinen biographischen Aufzeichnungen schrieb der Gelehrte: »Im Mai 1824 begann meine Laufbahn in Gießen. Ich denke stets mit Freude an die 28 Jahre zurück, die ich dort verlebte; es war wie eine höhere Fügung, die mich an die kleine Universität führte. An einer großen Universität oder an einem größeren Orte wären meine Kräfte zerrissen und zersplittert und die Erreichung des Ziels, nach dem ich strebte, sehr viel schwieriger, vielleicht unmöglich geworden; aber in Gießen konzentrierte sich alles in der Arbeit, und diese war ein leidenschaftliches Genießen.«

Zwischen Gießen und Fulda erhebt sich der Vogelsberg, eigentlich ein kleines Gebirge. Die Buchenwälder des Bergmassivs reichen hinauf bis zum Taufstein (774 m). Im Umkreis der Höhe liegt ein Kranz alter Städte residenzlichen und bürgerlichen Charakters. Alsfeld im Norden besitzt eines der schönsten Kleinstadtrathäuser: einen auf drei Spitzbögen ruhenden Fachwerkbau mit dem Zweiklang von Ecktürmchen. Im Schloß der Herren von Solms in Laubach wird im alten barocken Interieur die zweitgrößte Privatbibliothek Deutschlands (nach Donaueschingen) verwahrt. Hinter dem Waldgebirge, bei Lauterbach, steht das Schloß Eisenbach der Freiherren von Riedesel. Einer von ihnen, ein scharf beobachtender, keine Ironie sparender Meister der Feder, ist einer der frühesten Kulturpilger nach Italien gewesen, etwa gleichzeitig mit Goethe; er hat wie jener ein Diarium hinterlassen. Herz des Vogelbergs ist Schotten – der Name verrät es: eine Gründung schottischer Mönche.

Ein Bahndamm trennt Gießen von der Lahn, so daß man sagt, die Stadt liege nicht an der Lahn, sondern an der Bahn. Hier hat der Fluß noch nichts von Romantik an sich, kein

»Wirtshaus an der Lahn« hätte hier zu Ansehen kommen können. Eine bescheidene Ebene schiebt sich zwischen Höhenzüge und Berggruppen, deren achtbarste der bewaldete Dünsberg ist. Der junge Goethe fand im ebenen Gelände für seine Ausritte von Wetzlar aus ideales Gelände vor.

Auf das Anraten Johann Caspars, des Vaters, hatte sich der 23jährige Gerichtsassessor 1772 an das Wetzlarer Reichskammergericht begeben, eine Behörde ebenso flügellahm wie das ganze morsche Reich. 1495 war das Gericht auf dem Reichstag von Worms ins Leben gerufen worden, anderthalb Jahrhunderte vor der (ebenso unwirksamen) Legislative des Reichs in Form des »Immerwährenden Reichstags« von Regensburg. Das oberste Gericht zog mehrfach um, von Nürnberg nach Eßlingen, Speyer und schließlich Wetzlar, wo es von 1693 an seinen Sitz hatte. Der Kaiser setzte die Kammerrichter ein, die dem hohen Adel angehören mußten und meist fürstlichen Ranges waren. Man litt ständig unter Personalmangel. Nur die Hälfte der 120 jährlich anfallenden Prozesse wurde im gleichen Jahr abgewickelt, und zwar diejenigen, die von außen angemahnt wurden. Als das Gericht mit dem Reich 1806 entschlief, lagen noch 16 233 unerledigte Fälle vor. Goethe bespöttelte, daß sich das Gericht nur kümmerlich hinschleppe: »Man begreift oft nicht, wie sich nur Männer finden konnten zu diesem undankbaren und traurigen Geschäft. Aber was der Mensch täglich treibt, läßt er sich, wenn er Geschick dazu hat, gefallen, sollte er auch nicht gerade sehen, daß etwas dabei herauskomme. Der Deutsche besonders ist von einer solchen ausharrenden Sinnesart, und so haben sich drei Jahrhunderte hindurch die würdigsten Männer mit diesen Arbeiten und Gegenständen beschäftigt.«

TILE KOLUP

Einer dieser »würdigsten Männer«, Hofrat Johann Philipp Gottfried von Gülich, Prokurator des Reichskammergerichts, ließ zur Zeit Goethes in einem kleinen Tal bei Wetzlar, Kaysers Grund genannt, einen Stein aufstellen, der die Inschrift trug: »Hier wurde im Juli 1285 ein Mann verbrannt, der sich dreißig Jahre nach Friedrich II. als Kaiser ausgegeben hat.«

Besagter Mann tauchte zuerst in Kölner Schenken auf, wo er sich als den Stauferkaiser ausgab, der nach allgemeinem Wissen 1250 verstorben war. Die Leute nahmen den Alten nicht ernst, schmückten ihn mit einer Papierkrone und drückten ihm einen Besen als Zepter in die Hand. Stadtknechte beförderten ihn aus der Stadt. In dem Bauernhof, in dem er Unterkunft fand, lebte ein Veteran des zweiten Friedrich. Dieser glaubte, in dem Alten seinen ehemaligen Herrn und Kaiser zu erkennen. Der »falsche Friedrich« erzählte, er habe seinen Tod nur vorgespiegelt, in Wahrheit sei er im Heiligen Land gewesen und erst kürzlich zurückgekehrt. In Ruhe wolle er seinen Lebensabend verbringen, er wisse die Kaiserkrone bei Rudolf von Habsburg in guten Händen.

Der Fall wäre lokale Episode geblieben, hätte es in Köln nicht Leute gegeben, die daran interessiert gewesen sind, daraus ein Politikum zu machen. Es handelte sich um die Gegner des Kölner Erzbischofs Siegfried, die den »Kaiser« gegen diesen gebrauchen wollten. Sie brachten ihn nach Neuß, wo der Jubel des Volkes den falschen Friedrich an seiner Rolle Geschmack finden ließ. Er begründete eine Hofhaltung mit Kanzler, Marschall und Leibwache, empfing Gesandtschaften, erteilte Privilegien. Einer Äbtissin verbriefte er das Recht, ihren Klostervogt selbst zu wählen. Da diese dem Erzbischof gegenüber auf diesem Recht bestand, forderte der Kirchenfürst die Stadt Neuß auf, den angeblichen Kaiser auszuliefern. Neuß weigerte sich.

Nun wandte sich der Kirchenfürst auf dem Reichstag von Nürnberg an Rudolf von Habsburg. Rudolf stellte an Neuß das Ultimatum, sich wegen Unterstützung des Betrügers innerhalb von 45 Tagen zu Gericht zu stellen. Die Neußer, nunmehr eingeschüchtert, schoben den falschen Friedrich ab. Dieser fand in Wetzlar, wo Rudolf wegen einer neueingeführten Steuer mißliebig war, Asyl im Hause eines Ratsherrn. Dreist forderte er Rudolf von Habsburg auf, in Frankfurt auf einem Reichstag, der dort einzuberufen sei, vor ihm zu erscheinen.

Das Maß war voll. Rudolf erschien mit Heeresmacht im Lahntal. Die Wetzlarer fielen um, ähnlich wie zuvor die Neußer. Sie ließen den Kaiser in ihre Mauern. Die Affäre war nicht ganz ungefährlich, denn der Pseudo-Kaiser hatte Anhänger. Einer aus dem Gefolge Rudolfs, Pappenheim, meldete sich als Beauftragter König Rudolfs zur Audienz. Kaum stand er vor dem falschen Friedrich, ließ er diesem die Hände auf dem Rücken fesseln. Nun in der Gewalt des Königs, verhörte man ihn, doch ohne Ergebnis. Erzbischof Siegfried riet zur Folter. Unter den Streckzangen schrie der Pseudo-Kaiser: »Mutter, hilf deinem Tile! Helft Tile Kolup!«

Der König verurteilte Tile Kolup, den entlarvten Betrüger, zum Tod auf dem Scheiterhaufen. Einen Tag später wurde das Urteil vor den Mauern Wetzlars vollzogen. Allerdings nicht an jenem Platz, wo der Hofrat von Gülich im 18. Jahrhundert den Stein hat errichten lassen. Denn Kaysers Grund hieß nicht nach dem falschen Kaiser Friedrich, sondern nach einer Familie Kayser, der das Grundstück gehörte.

LAHNABWÄRTS

Wetzlar, die Stadt am Fluß, ist heute noch hübsch und anheimelnd, geprägt durch Schiefer – Schiefer auf den Häusern, Schiefer auf der Münsterkirche mit ihrem stumpfen Helm, zu der die Stadt verwinkelt, ein wenig spitzwegisch aufsteigt. Mit alten Stadtansichten nicht mehr verwöhnt, urteilen wir freundlicher, als Goethe es getan hat, der Wetzlar eine »zwar wohlgelegene, aber kleine und übelgebaute Stadt« nannte.

Am Domplatz sehen wir heute Goethes Arbeitsstätte, am Kornmarkt und in der Gewandsgasse die beiden Häuser, in denen der Frankfurter Patriziersohn und Assessor wohnte.

Eine noch bemerkenswertere Goethestätte ist das sogenannte »Deutsche Haus« mit seinem Zwerggiebeldach, das einen baumbestandenen Hof umgibt; hier residierte der Amtmann der Deutschordensritter, aus denen, gleich den Johannitern, nach ihrem Funktionsverlust im Mittelalter eine vornehme Vereinigung geworden war. Deren Liegenschaften verwaltete der aus Butzbach stammende Amtmann Buff. Seine Tochter Lotte war diejenige unter den Frauen um Goethe, die am unmittelbarsten zu Literatur geworden ist, ja zu Weltliteratur. Das Verhältnis Goethes zu Friederike mag inniger und zumal beiderseitig engagiert gewesen sein, das zu Lili offizieller, zu Frau von Stein geistiger, zu Christiane kreatürlicher – doch diese bereits verlobte Amtmannstochter aus Wetzlar, die, fernab vom Stil einer grande amour, ihre noch kleinen Geschwister betreute, hat Goethe zu einem Weltbuch inspiriert, das sogar ein Napoleon stets in seiner Tasche trug und teilweise auswendig konnte, ein Buch, erst zwei Jahre nach Wetzlar zu Papier gebracht, als die Gefühlsstürme sich bereits objektivieren ließen und als die Wetzlarer Affäre des Liebesselbstmords eines gewissen Jerusalem dem Dichter den äußeren Anstoß bot, sich selber in Jerusalem zu spiegeln. Es ist ein Buch der Empfindsamkeit, einer Seelenlage, die das gehobene Bürgertum und der niedere Adel genüßlerisch kultivierten; das kleine Volk mag kaum davon berührt worden sein. Rousseaus »Nouvelle Héloïse« war Goethes Literaturmodell für seinen Bestseller, der, einen Zeitnerv treffend, eine wahre Werther-Mode auslöste; Werthertracht war ebenso up to date wie Werther-Selbstmord. Kosmisches Natur- und Weltgefühl äußerten sich im Werthertext literarisch-prätentiös; Lotte haucht bei den Schauern eines Gewitters, das sie mit ihrem Verehrer am Fenster erlebt: »Klopstock!« Das Beste an dem heute kaum mehr lesbaren Briefroman ist das nüchterne, eindeutige und unsentimentale Finale (in einem Buch voll Sentiment): »Kein Geistlicher hat ihn begleitet« – gemeint ist die Beisetzung des Selbstmörders. Das übrige ist Papierromantik.

Historischer Stich vom Stammschloß der Dynastie Nassau an der unteren Lahn

Echte Romantik beschert die Lahn auf ihrem weiteren Weg, nun in Gebirge gezwängt, Taunus im Süden, Westerwald im Norden. Weilburg ist eine fast königliche, hoch über den Fluß gehobene Schloßanlage; hier residierten die Nassauer, die 1530 durch Erbgang das Fürstentum Orange (im Département Vaucluse an der Rhone) hinzugewannen und dann als Haus Nassau-Oranien zu einer Weltdynastie aufgestiegen sind. Ein Nassauer, Moritz von Nassau-Siegen, hat im Auftrag der Westindischen Kompanie im 17. Jahrhundert in Nordbrasilien eine Kolonie zu einem tropischen Fürstenhof ausgebaut, ein anderer, Wilhelm von Oranien, die Niederlande von Spanien befreit und ein holländisches Fürstenhaus begründet.

Um das Stammschloß der Nassauer aufzusuchen, müssen wir noch weiter lahnabwärts streben, vorbei an den militanten Vierkanttürmen von Runkel, die einem sizilischen Kastell Friedrichs II. zugehören könnten, vorbei auch an der grandios über der Lahn gelegenen Domkirche Limburgs, zu deren Flanke der Felsen schroff zum Fluß hinunterstürzt. Dann kommen wir zum wenig ansehnlichen, kaum mehr »historischen« Nassau, in dessen Waldeshöhen, südlich von Lahn und eigentlichem Ort, die Ruine Nassau liegt und etwas unterhalb davon die Ruine des Stammsitzes derer vom und zum Stein. Die Reichsfreiherren, die jahrhundertelang von hier aus eine Miniaturherrschaft regierten, zogen es im 17. Jahrhundert vor, in ein herrenhausartiges Gebäude im eigentlichen Nassau umzuziehen. Von hier ging der Lebensweg eines Mannes aus, der Geschichte machte: Carl Heinrich vom und zum Stein.

»EIN GEWISSER STEIN«

Unter dem Alten Fritz war der Nassauer Baron 1780 in preußische Dienste getreten und unter Friedrich Wilhelm III. 1804 Minister in einem Departement für Zoll- und Handelsangelegenheiten geworden. Wie er seine Arbeit anpackte, das paßte weder dem konservativen Adel Preußens noch dem König. Der Minister aus dem Hessischen räumte nämlich in verstaubten Amtsstuben auf und trug sich mit reformistischen Gedanken. Reform war für die Stockkonservativen dasselbe, was für die mittelalterliche Kirche Häresie bedeutete. 1806 schockte Stein mit einer Denkschrift »Darstellung der fehlerhaften Organisation des Kabinetts«. Der König, schwach, profillos und ängstlich um die monarchischen Privilegien besorgt, entließ 1807 den unbequemen und suspekten Staatsdiener, obwohl dieser nach der im Jahr zuvor erfolgten Niederlage von Jena die Staatskasse nach Ostpreußen gerettet hatte. Der Demissionierte begab sich auf seine Güter an der Lahn.

Daß der König den Reichsfreiherrn nach dem Tilsiter Frieden in sein Amt zurückrief, ging auf die Intervention Napoleons zurück, dem Steins Kritik am preußischen Untertanenstaat wohl behagte, dem vielleicht auch die fortschrittliche Aktivität des entlassenen Ministers gefiel – jedenfalls empfahl er den hessischen Edelmann dem willfährigen König als Wiederaufbauminister. Erneut in Berlin, stand Stein im Geruch eines »Erfüllungspolitikers«. Er hatte das Amt nur unter der Bedingung angenommen, daß er sein Reformprogramm durchführen könne. Damit begann dieses eine schwerwiegende Jahr 1807/1808, auf das ein ganzes Leben ausgerichtet war: das Jahr einer »Revolution von oben«.

Die erste reformistische Großtat des Reichsfreiherrn war das am 9. Oktober 1807 erlassene Gesetz zur Aufhebung der Erbuntertänigkeit, mit dem lapidaren Satz »Mit dem Martinitag 1810 gibt es in Unsern Staaten nur freie Leute« (drei Jahre kalkulierte Stein für die Durchführung des Gesetzes ein). Was Bundschuh und Armer Konrad in einem blutigen Krieg vergebens erstrebt hatten, wurde nun mit einer Unterschrift Wirklichkeit: die Bauernbefreiung. Der Bauer, so besagte das Gesetz, konnte nun nach freiem Ermessen vom Hof wegziehen, auch heiraten, wann und wen er wollte. Nicht mehr dem Richtspruch des Gutsherrn war er unterworfen, sondern den öffentlichen Gerichten. Seine Kinder brauchten nicht mehr als Knechte und Mägde zu fronen.

Bald nach Erlaß des Edikts stellten sich auch Nachteile heraus – nichts ohne Preis. Die jahrhundertealte patriarchalische Ordnung unterwarf den Bauern zwar gutsherrlichem Zwang, doch sie bot ihm auch Sicherheit. Nun war plötzlich das alte Sozialgefüge zerbrochen; die gebotene Freiheit erwies sich für viele als ein Danaergeschenk. Der Bauer war kein »Leibeigener« mehr, sondern Lohnarbeiter. Täglich drohte ihm die Entlassung. Indem auch der Boden »frei« und für jedermann käuflich wurde, sank er zur Ware herab. Das Zeitalter der Bodenspekulation begann. Die vielen aufgegebenen Kleingüter gerieten in die Hände weniger Großgrundbesitzer. Der ostelbische Landjunker verbuchte den Gewinn.

Die zweite Großtat des Reichsfreiherrn in diesem einen Jahr reformistischer Leistung war eine neue Städteordnung. Sie fußte auf Steins Vorstellung von politischer Selbstverantwortung und Selbstverwaltung. Nicht mehr von oben wurden die Gemeinwesen dirigiert, sondern von unten neu gestaltet, aus sich selbst heraus verwaltet. Die Bürger wählten künftig die Stadtverordneten, diese wieder das Stadtregiment in Person des Bürgermeisters und seines Beamtenstabs. An die Stelle des aus dem Mittelalter übernommenen Zunftzwangs trat die Gewerbefreiheit. Gerade diese letzte Neuerung brachte neben dem Positiven auch Negatives mit sich: indem die strenge Zunftordnung fiel, fiel auch das handwerkliche Standesbewußtsein, die Maßstäblichkeit der Leistung, die konstitutionell festgelegte Arbeitsmoral.

Auch in die Staatsverwaltung kam durch Steins Reformwerk ein neuer Zug von Freiheit und Eigenverantwortung. Nicht mehr »Kreatur« des Königs war der Minister, sondern ein selbständig entscheidender Ressort-Sachverständiger. Die Unterteilung des gesamten Verwaltungsgebiets in Regierungsbezirke, von dem rührigen, organisationsbegabten Minister ebenfalls vorgenommen, hielt sich bis heute. Stein setzte sich durch, von den Zeitumständen begünstigt, doch gegen den König, verfolgt vom Haß seiner preußischen Standesgenossen.

Der Reichsfreiherr aus Nassau war nicht nur Erzieher zur Politik, er war auch Patriot. Die korsische Fremdherrschaft ertrug er nicht. Er konspirierte mit Gesinnungsfreunden gegen den Kaiser der Franzosen, wechselte Briefe. Eine der Episteln fiel der Geheimpolizei Napoleons in die Hände. Der Stein bisher protegiert hatte, wurde nun sein erbittertster, wütendster Gegner. Stein entschloß sich zur Flucht, emigrierte über Prag und Wien nach Petersburg zum Zaren Alexander I., dem mächtigsten Gegenspieler Bonapartes neben dem König von England. Der Kaiser der Franzosen spürte dem Exminister steckbrieflich nach, selbst aus Spanien, das Papier lautete auf »einen gewissen Stein«.

Als »Sonderberater« Alexanders bewog der Refugié diesen nach dem Untergang der Großen Armee in den Schneewüsten Rußlands 1812, den Usurpator auch über die russische Grenze zu verfolgen, offensiv zu werden bis Paris. In unermüdlicher Agitation, vergleichbar dem unbeugsamen Vernichtungswillen Churchills im Zweiten Weltkrieg, mobilisierte der Zivilist, zusammen mit Yorck, dem Militär, die Erhebung Ostpreußens.

Nach der Völkerschlacht von Leipzig triumphierte der Mahner in Moskau: »Der Mensch ist am Boden.«

Auf dem Wiener Kongreß, dem Nachspiel des Napoleonischen Zeitalters, trat Stein, an der Seite des Zaren, nur als »Zuschauer« auf; man brauchte ihn nicht mehr. Hier gaben nicht die fortschrittlichen Kräfte, sondern die Mächte von gestern und vorgestern den Ton an, in einem Gezänk um Machtpositionen, gegenseitigen Intrigen und Eifersüchteleien, ohne die Morgenröte einer neuen und besseren Welt. Es war ein eigensüchtiger, unernster, trotz der Blutopfer nahezu vergnüglicher Kongreß, von dem es bereits in jenen Tagen hieß: »Der Kaiser von Rußland liebt für alle, der König von Preußen denkt für alle, der König von Dänemark spricht für alle, der König von Bayern trinkt für alle, der König von Württemberg frißt für alle und der Kaiser von Österreich zahlt für alle.«

Steins öffentliches Wirken war 1815 beendet. Er zog sich auf das ihm gehörende Schloß Kappenberg in Westfalen zurück, trotz seiner teilweise verwirklichten Reformideen ein Grandseigneur. Er blieb standes- und traditionsbewußt und gab damit manchem ein Rätsel auf, der nicht verstand, daß man Konvention und Reform auf einen Nenner bringen konnte. In erster Linie vertrat der Reichsfreiherr die Idee der deutschen Einheit, dies ist der Schlüssel seines Handelns. Gerne hätte er 1806 den Verlust seiner reichsfreiherrlichen Selbständigkeit verschmerzt, wenn sein Gebiet nicht an den Herzog von Nassau gefallen, sondern in einem geeinten Deutschland aufgegangen wäre. Somit stand Stein gegen Metternich und auf seiten der nach Veränderung drängenden Jugend, Liberaler und Konservativer zugleich.

Sein Konservativismus hing eng mit seinem Traditions- und Geschichtsbewußtsein zusammen. Dieses bestimmte ihn zu seiner letzten, einer rein geistigen Tat: er veranlaßte den Historiker Georg Heinrich Pertz, die »Monumenta Germaniae historica« zu edieren, das später von Ranke weiterbetreute große Quellenwerk deutscher Geschichte.

Mit seiner etwas gedrungenen Gestalt, seinen festen Zügen, seiner großen, energischen Nase seinem beherrschenden Blick glich der Nassauer Baron seinem Zeitgenossen Goethe, der freilich, im Gegensatz zu Stein, nicht nur den facts, sondern auch den fictions verschrieben war. Ein eindrucksvolles Bild aus der Epoche des Biedermeier: Ernst Moritz von Arndt notierte einmal, er habe die beiden größten Deutschen des 19. Jahrhunderts, Goethe und Stein, zusammen durch den Kölner Dom schreiten sehen.

EMSER DEPESCHE

In Bad Ems ist die Zeit stehengeblieben. Der Glanz der Wilhelminischen Epoche hat im Gesicht der Stadt kaum Patina angesetzt. Man glaubt noch immer, große Welt um sich zu haben wie in Monte Carlo, Bad Homburg oder Karlsbad. Da das Lahntal zwischen Nassau und der Lahnmündung sich schmal zusammendrängt, reihen sich die Hotelpaläste mit ihren pompösen Portici und Glasveranden, wilhelminisches Barock, am nördlichen Flußufer dicht aneinander, einer übertrumpft den anderen an kalter Pracht, es ist eine repräsentativ-feierliche Corniche. Man glaubt, auf dieser Paradestraße die Damen der alten Hocharistokratie in Gründerzeit-Eleganz flanieren zu sehen, mit federbordiertem Hut, Cul de Paris und Schleppe, umworben von würdigen Bärten und flotten Moustaches à la mode de Bel Ami, eine Revue der Belle Epoque – und plötzlich einen vertrauten weißen Backenbart, ein würdevolles greises Haupt: den König von Preußen, der mit Vorliebe in Bad Ems gekurt hat.

Und wir sehen, trägt uns die Phantasie weiter, einen zierlichen Herrn auf der Brunnenpromenade auf den König zugehen, sie kommen ins Gespräch, es ist kein freundliches und auch kein belangloses Gespräch, es wird Weltgeschichte machen an diesem 13. Juli 1870, die Gesprächspartner sind König Wilhelm I. und der französische Botschafter Graf Benedetti.

Der König hält den Inhalt des Gesprächs für so gravierend, daß er noch am gleichen Tag seinem Ministerpräsidenten Bismarck in Berlin auf dem Kabelweg davon berichtet.

Es ist die historische Stunde der Emser Depesche, Ems machte Schlagzeilen, dieses wenig aufregende Ereignis in der unverbindlichen Sphäre eines Kurbetriebs sollte die Ouvertüre jenes Krieges werden, den man nachher 70er Krieg nannte, eines Krieges, bei dem man sich heute schlecht vorstellen kann, an andere Kontroversen gewöhnt, daß die Fronten, die Positionen zweier Staaten so vehement aufeinanderstoßen konnten, ein Krieg mit kaum mehr durchschaubarer Ursache und lächerlich geringem Anlaß, der unnötigste Krieg, würde man heute meinen, der je geführt worden ist. Man kannte freilich den Materialkrieg noch nicht, noch nicht die Taktik der Massenvernichtung, und war zu einer Kriegserklärung schneller bereit, als es heute denkbar wäre, auch handelte man nach den Prinzipien eines nationalen Ehrenkodex, auf den heute kein Mensch und vor allem kein Politiker mehr einen Pfennig gibt.

Frankreich – man versuche, sich Situation und Stimmung zu vergegenwärtigen – lebte noch im Bewußtsein der Gloire, die 1815 eine schwere Einbuße erlitten hatte, mißtrauisch blickte es auf das immer stärker werdende Preußen, das 1867 als Anführer des Norddeutschen Bundes neuen Machtzuwachs gewann. Nach dem preußisch-österreichischen Krieg hatte auch Paris geglaubt, sich aus dem Kuchen etwas herausschneiden zu können, an der Westgrenze und in Italien, vage Andeutungen Bismarcks hatten danach geklungen. Noch meinte man, auf die süddeutschen Staaten, die ehemaligen Rheinbund-Alliierten, einen gewissen Einfluß zu besitzen, und nun sah es durch die Werbekraft Preußens so aus, als gingen diese im »nationalen Omelett« eines starken deutschen Staates auf. Realitäten und Ressentiments schufen in der öffentlichen Meinung Frankreichs ein antideutsches Klima, wie auch nicht zu verkennen ist, daß sich auf deutschem Boden, wo vor einigen

Jahrzehnten noch die Achtundvierziger von Frankreich geschwärmt hatten, manche Animosität gegen den Nachbarn regte, eine beiderseits angeheizte kollektive Abneigung, bei der die Erinnerung an die Ära des ersten Napoleon noch eine Rolle spielte. Preußens Sieg bei Königgrätz, den man nach einem Nachbarort in Böhmen auch als Sieg von Sadowa bezeichnete, erschien in Paris wie ein Schlag gegen Frankreich, wo seither der Ruf erklang: »Rache für Sadowa!«

Der Kaiser der Franzosen, Napoleon III., mußte dieser Stimmung Rechnung tragen. Seine innenpolitische Situation war nicht die beste, seine Erfolge auf der Krim und in Norditalien lagen weit zurück, er glich einem Spieler, der zum totalen Einsatz gezwungen ist, zumal auch das von ihm protegierte Abenteuer eines mexikanischen Kaiserreiches kläglich gescheitert war – Napoleons Marionette, der Habsburger Maximilian, war unter dem Peloton des Indianerpräsidenten Juarez tot zusammengebrochen. Alles in allem: die Zeitlage glich einem ausgedörrten Feld, und es brauchte nur ein Funke zu fallen, um es in Brand zu setzen.

Der Funke fiel in Bad Ems, beziehungsweise in Berlin. Es ging um folgenden Tatbestand: In Spanien war nach der Vertreibung der bourbonischen Königin Isabella der Thron vakant geworden. Madrid bot die Krone einem Mitglied der katholischen Linie des Hauses Hohenzollern an, dem Prinzen Leopold von Hohenzollern-Sigmaringen. Paris befürchtete eine Hohenzollernsche und damit eine preußisch-deutsche Umklammerung. Man gedachte des Spanischen Erbfolgekriegs vor über anderthalb Jahrhunderten, als es ebenfalls darum ging, eine Umklammerung – in diesem Falle durch das Haus Habsburg – zu verhindern. 1870 war die Frage kaum akut, denn am 12. Juli verzichtete der Prinz auf seine Anwartschaft. Doch die Pariser Presse bauschte den Verzicht auf: »Preußen hat gekniffen!« Wieder war »Ehre« im Spiel, Napoleon sah einen Anlaß, sich aufzuwerten, den starken Mann vorzukehren, sein innerpolitisches Prestige dadurch zu stützen, daß er, dem Volke zuwillen, durch einen Coup dem preußischen Rivalen eine moralische Schlappe, eine Demütigung zuteil werden ließ. Napoleon schickte seinen Botschafter nach Bad Ems mit dem Auftrag, den preußischen König zu einer öffentlichen Erklärung zu veranlassen, daß er sich verpflichte, nie mehr seine Zustimmung zu geben, wenn die Sigmaringer auf die spanische Kandidatur zurückkämen. Wilhelm I. fühlte sich brüskiert, lehnte das Ansinnen ab und schickte besagten Kabelbericht an Bismarck, indem er diesem die Art der Publikation, die er in dessen Ermessen stellte, überließ.

Und nun erwies sich der Kanzler – man mag ihn einen Manipulanten schelten oder als genialen Politiker rühmen – als ein souveräner Meister des politischen Schachs. Ob Bismarck einen Krieg wollte, mag ungewiß sein, jedenfalls war er von dessen Unausweichlichkeit überzeugt, er wußte von der militärischen Überlegenheit Preußens zu diesem Zeitpunkt und versprach sich wohl auch einiges von einem preußischen Sieg für die deutsche Frage. Es war aber bereits eine Epoche, in der ein Aggressionskrieg in der Welt als verpönt galt. Indem sowohl Bismarck als auch Napoleon einen Krieg bereits in Betracht zogen, ging es für den Ministerpräsidenten darum, dem Kaiser der Franzosen den Schwarzen Peter der Kriegserklärung zuzuschieben. Dazu diente die Emser Depesche.

Dies ist zugleich ein Musterbeispiel der Pressegeschichte, ein Exempel, wie eine Meldung explosiv werden kann, wie die Macht des Wortes Aktionen auslöst. Bismarck ließ den umständlichen, vertrackten und langatmigen Text der ihm von seinem König aus Ems zugekommenen Meldung geschickt redigieren, kürzen, auf das Wesentliche reduzieren. Dadurch erhielt der stumpfe Wortlaut eine herausfordernde Brisanz. Von einer Fälschung kann, wie behauptet wurde, keineswegs die Rede sein. Beide Texte, der des Königs und der von Bismarck »frisierte«, liegen vor. Sie besagen dasselbe. Doch nun, in der von Berlin an die Presse gegebenen Form wies die Depesche eine Diktion auf, die das fast pathologisch übersteigerte Nationalgefühl der Franzosen bis aufs äußerste reizen mußte: »Seine Majestät der König hat es abgelehnt, den französischen Botschafter nochmals zu empfangen, und demselben durch den Adjutanten vom Dienst sagen lassen, daß Seine Majestät dem Botschafter nichts weiter mitzuteilen habe.«

Moltke sagte nach der Durchsicht der neuen Fassung: »So hat das einen anderen Klang; vorher klang es wie eine Chamade (Rückzugssignal), jetzt wie eine Fanfare (Angriffssignal) in Antwort auf eine Herausforderung.« Bismarcks Stellungnahme zur Emser Depesche lautete: »Wenn ich diesen Text sofort nicht nur an die Zeitungen, sondern auch telegraphisch an alle unsere Gesandtschaften mitteile, so wird er vor Mitternacht in Paris bekannt sein und dort den Eindruck des roten Tuches auf den gallischen Stier machen. Schlagen müssen wir uns, wenn wir nicht die Rolle des Geschlagenen ohne Kampf auf uns nehmen wollen.«

Napoleons Antwort auf die Emser Depesche war die Kriegserklärung. Die deutsch-französische Auseinandersetzung 1870/1871 begann.

DIE ELISABETHENKIRCHE

Marburg an der Lahn, ein Stückweit oberhalb von Gießen gelegen, baut sich organisch am Aufstieg eines Burgbergs auf. Die Fachwerkhäuser schmiegen sich an den Hang, als seien sie mit der natürlichen Basis eins. Im untrüglichen Gefühl für Harmonie und organische Zusammenhänge haben die Menschen jener Jahrhunderte, in denen es noch »Stile« gab, ihre Städte konzipiert; nicht der Intellekt, sondern der (heute verlorengegangene) Instinkt hat sie geleitet. Marburg ist ein Beispiel dafür, und es ist einer der Glücksfälle unseres zerstörerischen Jahrhunderts, daß dieser großartige »Termitenbau« einer Stadt den letzten Krieg unbeschadet überstanden hat.

»Marburg«, so sah es Ricarda Huch, »hat etwas von einer gotischen Kirche. Von allen Seiten her hebt es sich aus dem Tal herauf.«

Als Bürgersaal im Freien könnte man den hochgelegenen, von mehrstöckigen Fachwerkhäusern umrahmten Markt bezeichnen, der zum Renaissance-Rathaus abfällt. Am Markt steht zudem ein gotisches Steinhaus mit Staffelgiebel; die Renaissance hat einige Fenster beigestiftet und über dem Kellerhals einen zweistöckigen Erker. Das bedeutendste Bauwerk Marburgs liegt allerdings in der Unterstadt, die Elisabethenkirche aus dem 13. Jahrhundert, die älteste gotische Hallenkirche auf deutschem Boden mit einem Chortrakt im Kleeblattgrundriß. Im sehr diaphanen Chor mit teilweise hochmittelalterlichen Farbfenstern steht der von 1290 stammende Hochaltar mit Maria und dem Kind, denen zwei Engelfiguren lächelnd Kronen darreichen. Ein Lettner mit laubüberwucherter Bekrönung schließt den Chor ab.

Die Elisabethenkirche erinnert an die populärste deutsche Heilige, Elisabeth von Thüringen, Tochter des Königs Andreas II. von Ungarn, der mit einer bayerischen Prinzessin, Gerdrud von Andechs, vermählt war. Schon als Elfjährige wurde die ungarische Königstochter dem späteren Landgrafen Ludwig IV. von Thüringen anvermählt und auf der Wartburg erzogen. Sie heiratete mit 14, Ludwig war 21. Man erzählt sich von ihr das Rosenwunder: Der Landgraf, der wohl die Caritas seiner Gemahlin übertrieben fand, wollte wissen, was in einem verdeckten Korb der Landgräfin versteckt sei. Es waren Brote für die Armen. Die Antwort Elisabeths lautete: »Rosen.« Bei Aufdecken des Korbes lagen wirklich Rosen darin.

Elisabeth, die auf der Wartburg residierte, hatte eine Schwester namens Violante, deren Sohn Pedro III. von Aragon durch den Coup der Sizilianischen Vesper, mit dem die Königskrone der Insel an das Haus Aragon ging, bekannt geworden ist. Pedro III. nannte eine seiner Töchter nach der Tante aus Thüringen – die spanische Form des Namens lautet Isabel. Diese ehelichte den portugiesischen König Dinis und wurde ebenfalls die bedeutendste Heilige ihres Landes, als Santa Isabel. Von Elisabeth von Thüringen hatte sie nicht nur den Namen bekommen, auch die Legende des Rosenwunders übertrug sich auf sie: in unzähligen Statuen im Land am Westrand Europas ist Isabel mit Rosen im hochgerafften Mantelumhang dargestellt. Nach dem Tod des Königs Dinis wurde Isabel Klarissin, sie widmete sich ganz der Armenpflege.

Das gleiche vermeldet die Biographie der hl. Elisabeth. Als ihr Gemahl, der Freund Friedrichs II. von Hohenstaufen, bei Vorbereitung des von jenem unternommenen 5. Kreuzzugs in Brindisi an der Pest verstorben war, zog sich Elisabeth in das Klarissinnenkloster von Marburg zurück. Es ist übrigens überliefert, daß Kaiser Friedrich II., beim Tode des Landgrafen Ludwig gerade verwitwet, sich aus Verehrung für dessen Witwe mit dem Gedanken getragen hat, sie zur Kaiserin zu machen. Doch es kam anders. Beim Begräbnis Elisabeths 1231 war der staufische Imperator zugegen.

Elisabeth war vom franziskanischen Armutsideal ergriffen. Sie gab Rang und Eigentum auf, um sich als Ordensangehörige ganz der Pflege der Armen und Kranken zu widmen. In Marburg, ihrem Witwensitz, gründete sie ein Hospital; es lag nördlich der Stadt an einer Lahnfurt. Sie stand unterm Einfluß ihres Beichtvaters, des Magisters Konrad von Marburg. In laszivem Sadismus trieb er sie zu »Gehorsamsübungen«, Geißelungen und einem entbehrungsreichen Einsatz an, dem sie wohl physisch nicht gewachsen war. Sie starb früh, mit 24 Jahren. Auf Betreiben ihres Schwagers, des thüringischen Landgrafen Konrad, wurde sie bereits 4 Jahre später durch Papst Gregor IX., den unerbittlichen Gegenspieler Friedrichs II., heiliggesprochen. Sie ist die Patronin der Caritas und Schutzherrin der Deutschritter, die später auch die Elisabethenkirche übernommen haben.

Der gleiche Landgraf Konrad, der die Heiligsprechung erwirkte, hatte 1235 auch den Grundstein für die berühmte, an die Heilige gemahnende Marburger Kirche gelegt. Geweiht wurde das Gotteshaus fast ein halbes Jahrhundert später, im Jahre 1283. Die Kirche ist das Gehäuse für das wertvollste Inventarstück, den in der Sakristei verwahrten Elisabethenschrein, der stilistisch an den Karlsschein in Aachen erinnert, wenn er auch aus dem darauffolgenden Jahrhundert stammt. Der Schrein weist ebenfalls die Form eines Hauses auf; vergoldetes Kupfer umschließt den Eichenholzkern des Sarkophags, der bis zur Reformation die Gebeine der Heiligen barg. Philipp der Großmütige hatte 1539 als Gegner der Heiligenverehrung die Gebeine der Landgräfin in einem anderen Sarg an unbekannter Stelle beisetzen lassen.

Filigran- und Stanzarbeiten, Preziosen und Inkrustationen schmücken den ursprünglichen Schrein, an dessen Langseite man die Apostel, an dessen Schmalseite man die Madonna sieht. Unter einem Quergiebel in der Mitte der Grabtruhe thront Christus. Daß man außer Christologischem auch Zeitgeschichtliches aus der Vita der Heiligen am Elisabethenschrein angebracht hat, ist ungewöhnlich; es gibt nur wenige Parallelbeispiele, so den Sarkophag des hl. Vinzenz in Ávila, den Steintrog des portugiesischen Königs Pedro I. in Alcobaça. Auf Dachreliefs des Marburger Schreins sieht man die hl. Elisabeth, wie sie sich über Hungernde beugt, wie sie von ihrem Beichtvater kniend ihr Ordensgewand empfängt.

Es ist ein merkwürdiger Umstand in der Lebensgeschichte einer so rührenden und lichten Erscheinung wie der Elisabeth von Thüringen, daß ihr Beichtvater, in dem sie ein Leitbild erblickt haben mochte, eine der inhumansten, grausamsten Gestalten des deutschen Mittelalters gewesen ist. Konrad von Marburg war als fanatischer Ketzermeister die Verkörperung der Inquisition auf dem Boden des Reiches. Die Inquisition ist neben Hexenwahn und überseeischen Gewalttaten eines der unerfreulichsten Kapitel der christlich-abendländischen Welt. Fernab von den Prinzipien der Nächstenliebe, die eine Elisabeth von Thüringen geleitet hatte, war sie vom Hochmittelalter bis weit in die frühe Neuzeit ein gesamteuropäisches Problem.

Die ersten Jahrhunderte nach Konstantin waren den Ketzern gegenüber noch verhältnismäßig duldsam. Man sah in ihnen verirrte Söhne. Vertreter von Lehrmeinungen, die auf den großen Konzilien Nicäa, Konstantinopel, Ephesos und Chalkedon unterlagen, steckte man einfach in Klöster. Noch Augustin prägte den schönen Satz, daß man die Häretik hassen, den Häretiker aber lieben solle. Und Domenico Guzmán, sechshundert Jahre später, führte mit den ketzerischen Waldensern in der Provence ehrliche Gespräche, ohne Überheblichkeit, auf gleicher Ebene, tolerant und klärend, wenn auch mit der unweigerlichen Absicht zu bekehren.

Nach dem Tod Domenicos übergab Papst Gregor IX. die Ketzer-Jurisdiktion den Dominikanern. Es war die eigentliche Geburtsstunde der Inquisition (1230). Gegenüber den Gottesgerichten stellte das ordentliche Verfahren einen Fortschritt dar. Im Sinne des Ordensgründers bestand die Aufgabe zunächst im bekehrenden Dialog. Der gleiche Orden, der wegen der humanen Behandlung der Ketzerfrage zum milden Richter berufen schien, schmiedete jedoch bald jenes furchtbare Instrument, vor dem Europa zitterte und das den Fortschritt jahrhundertelang in Fesseln halten sollte: das hochnotpeinliche Ketzergericht. Abertausende von sogenannten Ketzern starben in Italien, Frankreich und Spanien den Feuertod, auf dem Haupt die gelbe Papier-Mitra mit närrisch flatternden Bändern. Mancher Potentat des Mittelalters nutzte die Chance, politische Gegner als Ketzer zu erklären und auszuschalten.

In den Ländern Mittel- und Nordeuropas spielte die Inquisition eine geringere Rolle; sie war aber immer noch schlimm genug. In Deutschland waren die Inquisitionsgerichte zuerst Wandergerichte. Später erhielten sie in den Städten feste Sitze.

Ihre Zuständigkeit dehnte sich auf die verschiedensten Delikte aus, so Zauberei, Alchemie, Blasphemie, Sodomie, rituelle Unzucht, Kindstötung. Der Denunziant blieb anonym. War in den Gerichten die Geistlichkeit vertreten, so befaßte sie sich mit der Exekution nicht. »Überführte« und verurteilte Häretiker wurden dem weltlichen Arm übergeben, nach dem Grundsatz »Die Kirche trinkt kein Blut«. Es ist schwer, positive Indizien für ein Inquisitions-Plädoyer zusammenzutragen. Man könnte rechtfertigend feststellen: die mittelalterliche Welt verstand sich als eine universale, von Gott geheiligte Ordnung. Wer sie in Zweifel setzte, griff auch den Staat an. So versteht sich die selbst von einem Aufklärer wie Friedrich II. edierte Schrift gegen die Ketzer. Die Inquisition war ein Pfeiler der Gesellschaftsordnung des Mittelalters, bei der weltlicher und geistlicher Anspruch oft eins gewesen sind.

Der Hauptvertreter der mächtigen und unheimlichen Einrichtung auf deutschem Boden, Konrad von Marburg, war 1227 als päpstlicher Inquisitor von Deutschland eingesetzt worden und trieb von Marburg aus sein makabres Unwesen. Er ist in seiner tödlichen Allmacht Torquemada vergleichbar, dem blutigsten und gefürchtetsten Großinquisitor Spaniens. Ein überregionales Echo fand der »Kreuzzug« des Ketzermeisters gegen den Grafen Heinrich von Sayn, von dem Denunzianten behaupteten, er reite mitternachts auf einem riesigen Krebs. König Heinrich, der Sohn Kaiser Friedrichs II., nahm den Grafen gegen Konrad in Schutz. Wegen seiner erbarmungslosen Amtsführung wurde der Inquisitor 1233 zu einer Reichsversammlung nach Mainz zitiert, wo er einen Verweis erhielt. Auf der Rückreise lauerten vermummte Gestalten Konrad unweit Marburg auf und erschlugen ihn auf offener Straße. Man sah in der Bluttat einen Racheakt des Grafen Sayn. Eine Mainzer Synode sprach diesen frei. Mit dem Ende Konrads ebbte der Ketzerwahn in Deutschland ab. Später löste der Hexenwahn zugleich auch eine neue Flut von Ketzerverfolgungen aus.

MARBURGER RELIGIONSGESPRÄCH

Nach dem Tod der hl. Elisabeth residierte deren Tochter, die Landgräfin Sophie, als Domina in jenem Schloß, das heute noch Marburg als imponierendes Dokument der Fürstenmacht überragt. Ihr Sarkophag fehlt in der Grablege der Landgrafen im Südchor der Elisabethenkirche. Das älteste der dort aufgereihten Steinbilder ist das des Landgrafen und Deutschordens-Hochmeisters Konrad, des 1240 verstorbenen Schwagers der Heiligen. Er ist im Panzer mit kreisförmigen Schulterplatten dargestellt; zwei Engel nehmen seine Seele in Empfang. Diese gleiche, auf vielen Grabbildern wiedergegebene Verbildlichung der Loslösung des Unvergänglichen aus dem toten Leib findet sich bei der Liegefigur des Landgrafen Heinrich I., der gar nicht »tot«, sondern ungemein lebendig wiedergegeben ist, in elegantem Panzerhemd, bartlos, mit sorgsam gelegten Locken, die Hände gefaltet, ein zufriedenes Lächeln auf den Lippen.

Unter den späteren Landgrafen ist Philipp der Großmütige der bekannteste. Thüringen und die Wartburg waren durch Erbteilung inzwischen von Hessen getrennt worden und später den Kurfürsten von Sachsen zugefallen. Sowohl Johann von Sachsen als auch Philipp von Hessen bekannten sich zur Lehre des »Erzketzers« Luther; die beiden Fürsten waren die mächtigsten Stützen des Reformators, der ohne fürstliche Hilfestellung nie durchgedrungen wäre und demnach den beiden Protektoren auch entsprechende Zugeständnisse machen mußte. Auf dem Speyrer Reichstag 1526 forderten der sächsische Kurfürst und der hessische Landgraf gemeinsam die Aufhebung des Wormser Edikts, das die Lehre des Wittenberger Augustinermönchs verdammte. Der säkularisierte Kirchen- und Klosterbesitz vermehrte beider Macht.

Philipp gründete in Marburg ein Jahr nach der Speyrer Forderung die erste protestantische Universität. Marburg wurde Hochburg der Reformation, zugleich Schauplatz eines der großen Dispute, diesmal nicht zwischen Protestant und Katholik, sondern zwischen Reformator und Reformator. Landgraf Philipp träumte wohl davon, Luthers Lehre vor die Kalesche seiner Macht zu spannen und damit das Reich und möglicherweise die Königskrone zu gewinnen. Um diesem Ziele zusteuern zu können, war es erst einmal ratsam, die beiden reformatorischen Antipoden Luther und Zwingli (der im Süden wachsend Anhang gewann), an einen Tisch zu bringen und zu einer einheitlichen Glaubensformel zu bewegen. Das war der von oben dirigierte Anlaß des Marburger Religionsgesprächs von 1529, ein Jahr vor der Augsburger Konfession.

Luther hatte Vorbehalte gegen Zwingli, diesen religiösen Pragmatiker, der im eidgenössischen Sinne handfest, soliddiesseitig, rational und wenig transzendent dachte und lehrte, für den im Glauben zweimal zwei vier blieb. Im Sinne der Arianer zur Zeit der urchristlichen Konzilien trennte er strikt die menschliche und göttliche Natur Jesu; das Abendmahl war für ihn ein Gedächtnismahl; daß die Hostie leibhaftig der Leib Christi sei, das begriffen seine Schweizer Bauern nur schwer.

Bruder Martin, den Vorstellungen des Mittelalters noch näher und daher »katholischer« als Zwingli, erwies sich in Marburg als Theatraliker von Rang; er schrieb mit Kreide auf den Verhandlungstisch »Dies ist mein Leib«. Als Zwingli den Satz sprach »Das bedeutet mein Leib«, zog Luther das Laken vom Tisch, so daß, wie von Gottes Hand notiert, sein unverrückbares Bekenntnis zur vollen Gegenwart des Leibes Christi »in, mit und unter dem Zeichen von Brot und Wein« vor Zwinglis Augen stand. Zwingli hegte Zweifel hinsichtlich eines Mysteriums, das über den praktischen Verstand geht. Luther sagte: »Und wenn Gott mir gebieten würde, Mist zu essen, so würde ich es tun.« Zwingli, vom Common sense des himmlischen Vaters überzeugt, entgegnete mild: »So etwas befiehlt Gott nicht.«

Die innerprotestantische »Ökumene« mißglückte. Man fand

sich in Marburg nicht zu gemeinsamem Abendmahl bereit. Zwingli reiste ab. Bei Kappel in der Schweiz fiel er 1531 gegen die Streitmacht der alten Kirche. Luther äußerte hart: »Ein Gottesgericht.« Zwinglis Anhängerschaft lief nicht in Luthers, sondern in Calvins Lager über.

DES LANDGRAFEN »ANDERE GEMAHLIN«

Philipp, der hessische Landgraf, der mit der Marburger Religionsbegegnung gescheitert war, hatte zuvor, man erinnert sich, zu jenen Fürsten gehört, die dem Ritter Franz von Sikkingen auf Burg Landstuhl in der Pfalz das Ende bereitet hatten. Neben seinen Eingriffen in die Zeitgeschichte liebte er auch das Private: Amouren, Spiel, Jagd. Er war eine Figur der Renaissance. Mit seiner betagten Frau, der Landgräfin, verstand er sich nicht. Um so mehr begehrte er die junge und hübsche Margarethe von der Sale, die sich freilich – nicht zuletzt auf den Rat ihrer berechnend-schlauen Mutter – dem Fürsten nur »mit dem Ring am Finger« hingeben wollte. Da an eine Ehescheidung des Landgrafen nicht zu denken war, blieb der einzige Ausweg: ähnlich wie weiland der Graf von Gleichen zwei Frauen zu halten. Philipp wandte sich an seinen Schützling Luther, der für ihn moralische Autorität war: auch Jakob und Isaak, so lese man in der Alten Schrift, hätten mehrere Frauen gehabt. Der Landgraf argumentierte, er könne die evangelischen Händel freier und christlicher führen, wenn er, aus den Stricken des Teufels befreit, zu dem bereits habenden noch ein Weib bekomme, eben jenes »ehrlich Meidlein«.

Luther geriet in arge Verlegenheit. Wies er das Ansinnen des Landgrafen ab, verlor er möglicherweise eine wichtige Stütze seines Lebenswerks. Gestand er Philipp zwei Frauen zu, so brachte er seine Lehre, mit Unmoral belastet, ins schiefe Licht. Ohnehin traf den entlaufenen Mönch der Vorwurf zu großer Liberalität – nun sollte noch die Libertinage hinzukommen. Selbst der Kurfürst von Sachsen mißbilligte das Ansinnen seines Fürstenkollegen, doch Philipp konterte und drohte Johann mit der Enthüllung sodomitischer Sünden, »die er auf dem Reichstag zu Speyer in unserer Kammer begangen«.

Zögernd entschied sich Luther, die Eheschließung des Landgrafen zu billigen. Er stellte fest, daß tatsächlich im Evangelium kein Hinweis zu finden sei, der eine Doppelehe ausdrücklich verbiete. Doch er bedingte sich aus, daß der Fall geheimzuhalten sei. Melanchthon segnete den Bund, der hessische Hofprediger vollzog ihn. Aus des Landgrafen Ehe zur linken Hand gingen 8 Kinder hervor, nachdem Philipp von der Landgräfin bereits 9 Leibeserben hatte.

Nach der Schlacht von Mühlberg gerieten beide protestantische Fürsten, Johann Friedrich von Sachsen und Philipp von Hessen, in die Gewalt Karls v., der sie jahrelang in Haft hielt. Erst nach Karls Rücktritt kamen sie wieder frei.

Ein hübsches kleines Waldtal mündet nahe bei Melsungen in die Fulda. In diesem Tal streckt sich die versteckte Stadt Spangenberg gemächlich aus, an einer langen Fachwerkstraße sind einige Plätze aufgereiht, über den Ort wacht eine landgräfliche Burg auf waldiger Anhöhe. In der Hauptstraße Spangenbergs steht ein hohes, stattliches Fachwerkhaus, höher als die Nachbarhäuser, nach dem Zuschnitt ein patrizisches Bürgerhaus. Am Gemäuer ist eine Tafel angebracht: »Hier wohnte des Landgrafen Philipp andere Gemahlin.« Das war also, wie die etwas verschämte und verschleiernde Inschrift wissen läßt, der Wohnsitz Margarethes von der Sale, der es der Landgraf verdankte, daß er »die evangelischen Händel freier und christlicher führen konnte«. Vom Schloß aus hat Philipp sie wohl besucht, oder er hat sie, was näherliegt, von diesem Haus aus hinauf aufs Schloß holen lassen. Sicher ging, für Luthers Lehre wenig zuträglich, der Klatsch von Haus zu Haus.

Melsungen an der Fulda, nahe bei Kassel gelegen, ist eine fast komplett erhaltene Fachwerkstadt von romantischem Zauber. In der Mitte des quadratischen Marktes erhebt sich das mehrstöckige Rathaus, das den Ruhm für sich beansprucht, das höchste Fachwerkhaus Deutschlands zu sein. An der Fuldabrücke sieht man noch die Stelle, wo Zimmerleute und Holzhauer ihre Äxte gewetzt haben. Jenseits der Fulda liegt Homberg, dessen Altstadt an einem Hügel emporsteigt, gekrönt von der barocken Stadtkirche. Ein altes Haus daneben birgt ein Ortsmuseum, in dem Biographisches über den Homberger Hans Staden lebendig wird. Dieser hatte im Zeitalter der Entdeckungen eine portugiesische Festung in Brasilien mit Kanonen bestückt und war dabei in die Gewalt von Menschenfressern geraten. Glücklich heimgekehrt und in seiner Vaterstadt als Pulvermüller tätig, schrieb er seine Erlebnisse nieder, teilweise mit Grimmelshausenschem Humor. Er widmete sein Buch untertänigst dem Landgrafen Philipp von Hessen. Im Eifer des Erzählens läßt Staden einen Kannibalen, der gerade Menschenfleisch verzehrt, hessisch reden: »Jau ware sche, ich bin ein Tiegerthier, er schmeckt woll!«

Hans Stadens Landesherr, der hessische Landgraf, residierte manchmal in Marburg, doch meist in Kassel. Diese Stadt stieg zur endgültigen Residenz auf, als das Land in Hessen-Darmstadt und Hessen-Kassel geteilt worden war. Kassel war nun die Hauptstadt der Landgrafschaft Hessen-Kassel, dessen Herrscher wenig Profil zeigten, dafür die Allüren absolutistischer Machthaber hegten, viel und prächtig bauten, kostspielige, extravagante Feste feierten und, zwecks Beschaffung der Finanzen, ihre Landeskinder ins Ausland verkauften. Diese gelangten meistens als Söldner nach Nordamerika, wo sie, in Rotröcke gesteckt, für die Krone Englands gegen die Truppen Washingtons kämpften. Einer aus den Reihen der »verkauften Armee«, Gottfried Seume, hat die Schicksale dieser »Menschenware« drastisch beschrieben.

Der Landgraf von Hessen-Kassel war nicht der einzige, der

mit Untertanen Schacher trieb. Auch die Herzöge von Württemberg und Braunschweig, der Markgraf von Ansbach, der Fürstbischof von Münster schlossen Kaufverträge in Menschenware ab, entweder gegen bar oder in Form einer Pacht. Der jeweilige Vertragspartner zahlte für jeden Gefallenen oder Verwundeten Ausfallhonorar, wobei die Summe für einen Gefallenen der von drei Krüppeln entsprach. Kurhessen unterzeichnete von 1677 bis 1815 dreißig Lieferverträge und kassierte allein aus England 4 Millionen Pfund Sterling in Gold.

War der Handel mit Untertanen auch ein Verbrechen, so trug der Erlös doch zur Errichtung barocker Prunkbauten bei, welche die Zeit überdauert haben und Kassel noch heute sehenswert machen. Am Osthang der Habichtshöhe klettert, 250 m lang, eine Kaskadentreppe empor, von Schloß Wilhelmshöhe bis zu einem pavillonartigen Rundbau, der eine 9,20 m hohe kupfergetriebene Nachbildung des farnesischen Herakles trägt. König Karl III. von Neapel hat sich Kassel zum Vorbild genommen, als er sein Lustschloß Caserta baute, ebenfalls mit attraktiven, stufenartig angeordneten Wasserspielen.

Napoleon fegte die Kasseler Fürsten von ihrem Thron. Dafür kehrte in Schloß Wilhelmshöhe der jüngste Bruder Bonapartes, der parvenühafte Jérôme, als »König von Westfalen« ein. Jérômes Herrschaftsbereich war vom Kaiser der Franzosen aus politischem Kalkül ganz willkürlich aus der Landkarte herausgeschnitten, mit Landesteilen, die keineswegs westfälisch waren; die Hauptstadt lag in Kurhessen. Von seinen absolutistischen Vorgängern erbte Jérôme Verschwendungssucht und Freude am vergnüglichen Leben. Man gab ihm den Namen »König Lustig«. Lustig muß es in Kassel für die damals Ranghöchsten und ihre Kreaturen sicher zugegangen sein, bis eine wiederum veränderte Zeit auch diesen Operetten-Potentaten kurzerhand von seinem Throne wies.

VIERTE REISE:

DEUTSCHLANDS GRÜNES HERZ: THÜRINGEN

»ÜBER ALLEN GIPFELN ...«

Das hessische Bebra, an der Bahnstrecke Frankfurt–Hannover gelegen, besitzt einen unverhältnismäßig großen Bahnhof. Hier nämlich zweigt von der Hauptlinie ein Schienenstrang ostwärts ab, von Hessen nach Thüringen. Bis 1989, dem Jahr der »Wende«, war hier die Welt jahrzehntelang verriegelt. Kurz begleitete der Zug den Grenzverlauf, zwischen Bad Sooden-Allendorf und Eichenberg. Sanfte Hügel liegen rechts vom Gleis zum Greifen nahe. Auch ein Wachtturm war auf jenseitigem Gebiet einzusehen. Nur die thüringische Werra überquerte ungehindert die Grenzlinie und nahm ihren Lauf nach Hannoversch-Münden, wo sie sich gemeinsam mit der Fulda zur Weser vereint.

Thüringen, das man von Bebra aus erreicht, wird zu Recht mit einem Garten verglichen. Vom geographischen Aspekt aus nennt man die Landschaft »grünes Herz Deutschlands«: ein harmonisches, freundliches Stück Erde, das nicht mit ausgefallenen Akzenten auftrumpft, eine Gegend, die kleine Talgründe, Quellen und Bäche für den Wanderer bereithält. »Über allen Gipfeln ist Ruh«. Goethe hat sein vielleicht schönstes Gedicht unter den Tannen des Thüringer Waldes geschrieben. Man nennt ihn nicht Gebirge, sondern Wald. So unauffällig schälen sich die Höhen heraus.

Das waldige Rückgrat der Landschaft erstreckt sich 100 Kilometer von Nordwest nach Südost, mit dem Schneekopf als höchster Erhebung, die es auf 978 Meter bringt. Über den Kamm der waldigen Höhe führt der im Sommer und im Winter gern benützte Wanderweg des kilometerlangen Rennsteigs.

Dann fällt nach Osten die muldenartige »Goldene Aue« ab, mit kleinen Dörfern, von denen man sagt, daß hier das älteste Fachwerk Thüringens zu finden ist. Dann senkt sich der Bergwald zum meist flachen Inneren von Thüringens »grünem Herz«, wo die breiten, kollektiv bewirtschafteten Felder scheinbar kein Ende kennen. Strukturen werden hier durch ein Netz von Flüssen gebildet, bekannt von Geschichte und Poesie, so die Ilm und die Unstrut, die ihrerseits ihr Wasser in die vielbesungene Saale trägt. Die Wasserläufe bilden keine Grenzen, sondern führen über Thüringen hinaus, das eigentlich nie richtig abgegrenzt war und den Namen des jetzigen Bundeslandes erstmals 1920 führte, wobei Coburg ausschied.

Die Frühgeschichte des Gebietes, das heute Thüringen heißt, liegt im Dunkel. Als erste Bewohner werden die – mit Sicherheit westgermanischen – Hermunduren genannt. Doch bald taucht der Name der Thüringer auf, deren Territorium damals nach Süden bis zur Donau reichte und nach germanischem Brauch geteilt worden war. Der Teilkönig Hermenefried hatte seinen Bruder Berchtachar getötet und lag nun im Streit mit dem anderen Bruder Balderich. Hermenefrieds Gemahlin Amalaberg – ihrem brennenden Ehrgeiz nach eine Art Lady Macbeth – stachelte den König zu einer weiteren Untat an. Als Hermenefried eines Tages zum Mahle erschien, fand er den Tisch nur zur Hälfte gedeckt. Auf sein Erstaunen hin meinte Amalaberg: »Wer nur das halbe Reich besitzt, verdient es nicht anders, als daß die Hälfte seines Tisches ungedeckt bleibt.«

Das Stichwort war gegeben. Es kam zum Bruderkrieg. Hermenefried rief den Frankenkönig Theuderich gegen Balderich zu Hilfe, mit dem Versprechen, ihm einen Teil von dessen Machtbereich zu überlassen. Theuderich zog also mit seinem Heerbann und einem Kontingent seines Halbbruders Chlotar an die Saale. In der Schlacht an der Unstrut fiel Balderich im Jahre 531. Theuderich geriet nun in Streit mit seinem Bruder

Chlotar wegen Radegunde, der Tochter des ermordeten Berchtachar. Dies nutzte Hermenefried und prellte Theuderich um seinen Beuteanteil. Theuderich jedoch starb bald, und Chlotar, nun zum König gekrönt, ließ Radegunde bis zum heiratsfähigen Alter als seine zukünftige Gemahlin erziehen. Mit Schrekken sah die Heranwachsende dem Tag entgegen, an dem sie mit dem ungeliebten Barbarenkönig das Bett zu teilen hatte. Als sie Königin des Frankenreichs wurde, dem Thüringen inzwischen einverleibt war, verhehlte sie ihre Abneigung gegen den rüden Gemahl nicht. Chlotar konstatierte: »Da habe ich ja eine Nonne, nicht eine Königin.«

Nach der Scheidung von Tisch und Bett nahm die Königin in der Tat den Schleier. Sie wurde Nonne in der Hilariuskirche von Poitiers, die das Asylrecht besaß. Die bedeutende romanische Kirche hat ebenso die Zeit überdauert wie das Grab der großen französischen Heiligen, die, genaugenommen, eine thüringische Heilige gewesen ist.

So übermittelt uns Gregor von Tours die Frühgeschichte. Ins volle Licht der Überlieferung trat Thüringen dann, als es nach dem Ende des Frankenreichs dem neu begründeten deutschen Königreich zugeordnet wurde.

Das Bezeichnende der thüringischen Geschichte bis weit in das Mittelalter hinein ist eine vielfältige Zersplitterung des Bodens zwischen Harz und Thüringer Wald, Saale und Werra, bei häufigem Wechsel der Eigentumsverhältnisse durch Fehden, Schenkungen und Erbschaften. Man zählte zeitweise 17 Klein- und Kleinstfürstentümer mit dementsprechend 17 Residenzstädten en miniature, an der Spitze Fürsten, Herzöge und Grafen, unter denen die Ludowinger und die aus Sachsen stammenden Wettiner eine Vorrangstellung erzielten. Der Ludowinger Ludwig I. wurde von dem deutsch-römischen Kaiser Lothar von Supplinburg zum Landgrafen erhoben, ein ehrenvoller Rang, allerdings ohne vergrößerte Machtbasis. Ludwig erweiterte durch Hauspolitik sein Gebiet um Teile

Hessens in der Gegend Kassels und Marburgs. Andererseits gewannen die Klöster Fulda und Hersfeld thüringischen Landbesitz, und das Kurbistum Mainz dehnte seinen Einfluß weit in den Bereich von Deutschlands grünem Herzen aus. So erklärt es sich, daß das Mainzer Wappenbild des Rades auch in Erfurt anzutreffen ist. Die fortdauernde Zerklüftung Thüringens in Kleinstaaten verminderte die politische Bedeutung immer mehr. Bei den Religionskämpfen zu Beginn der Neuzeit stellten allerdings thüringische Fürsten durch Hinneigung zum Protestantismus einen auch politisch maßgeblichen Faktor dar.

Eine der lutherisch gesinnten Herrschaften stieg zwar nicht politisch, doch kulturgeschichtlich zu höchstem Ansehen empor: das Herzogtum Sachsen-Weimar, Geburts- und Pflegestätte der deutschen Klassik. Vom Thüringer Wald führt unsere Reise unmittelbar zu einem Kernpunkt dieser Kulturlandschaft, der 1815 Sachsen-Weimar zugeordneten pittoresken und an Geschichte reichen Stadt Eisenach, die zur Entwicklung und Rangerhöhung Thüringens entscheidend beitrug. Hierin steht es allenfalls Weimar nach. Berühmte Persönlichkeiten aus Kunst und Wissenschaft hielten sich mehrfach in der Stadt auf oder waren sogar dort wohnhaft. Das Bach-Haus am Frauenplan 21, obwohl als Geburtshaus nicht gesichert, weist eine lange Tradition der Verehrung des in Eisenach geborenen Komponisten auf. Authentisch ist der Taufakt in der Georgenkirche im Jahre 1685. Oft erklingt in der Kirche Bachsche Musik. Der niederdeutsche Dichter Fritz Reuter hat sich für seine letzten Lebensjahre ebenfalls in Eisenach niedergelassen und starb dort 1874. Das Haus, das er bewohnt hatte, enthält viele Lebenszeugnisse und steht der Besichtigung offen. Am engsten mit der Stadt verbunden ist Luther, der, in Eisleben 1483 als Sohn eines Bergmanns geboren, in Eisenach seine wesentliche Ausbildung erhalten hat, indem er 1498 bis 1501 die dortige Lateinschule besuchte. Seine damalige Bleibe wird heute noch gezeigt, das Lutherhaus, bei dem es sich um das älteste Fachwerkhaus in Eisenach handelt. Das hübsche dreistöckige Gebäude war Eigentum einer Familie Cotta, nach der das Gebäude benannt wird. Zur Innenausstattung gehört ein sogenanntes Luther-Stübchen.

Auch in der späteren Lebensgeschichte des Reformators spielte Eisenach eine Rolle. Hier predigte er am 2. Mai 1521, als er bereits in Reichsacht stand, nach dem Reichstag in Worms, von dem während der zweiten Reise die Rede war. Schauplatz der Eisenacher Predigt war wiederum die Kirche St. Georg. Sie steht auf dem Marktplatz und diente als Begräbnisstätte der Thüringer Landgrafen. Ein helles Kreuz auf dem Pflaster hinter der Kirche erinnert an eine blutige Szene während des Bauernkriegs: Hier enthauptete man auf fürstlichen Befehl mehrere Bauernführer. Wie am Oberrhein war es auch in Mitteldeutschland zum Aufruhr gekommen.

Neben anderen beweglichen Objekten im Innern von St. Georg sei auf die Grabplatte eines Ritters hingewiesen, der einen Schild mit dem Bild eines Löwen vor sich hält; in seiner Linken sieht man das Modell einer Kirche. Der Dargestellte ist Graf Ludwig mit dem Beinamen »Der Springer«. Ihm gefiel eine Anhöhe am Rand des Thüringer Waldes, nicht weit von Eisenach, um dort eine Burg zu erbauen. Doch der erwählte Bauplatz war fremdes Eigentum. Da schaffte er Erdreich von einem seiner Güter dorthin und rief laut aus: »Wart Berg, du sollst mir eine Burg werden!« Indem er auf den Erdhügel sprang, stand er damit auf zweifelsfrei eigenem Boden. Ludwigs Sprung, auf das Jahr 1067 datiert, gilt als Auftakt der Geschichte der Wartburg, und er hat auch dem »Springer« seinen Namen gegeben. Niemand widersprach, denn seine Schwerthand war gefürchtet. Die auf der Anhöhe errichtete Veste wurde zum Inbegriff einer mittelalterlichen Wehranlage. Von Eisenach sieht man selbst bei Nebel die großartige Silhouette aus dem Bergwald emporragen. Durch ihre reiche und zeitweise glanzvolle Geschichte kommt ihr der größte Ruhm der Burgen Thüringens, ja ganz Deutschlands zu.

AUF DER WARTBURG

Die berühmte Veste liegt 410 Meter hoch auf einem Felsplateau von 180 Meter Länge und 45 Meter Breite, ideal zur Verteidigung, da der Untergrund nach Ost und West schroff abfällt, im Norden hingegen nur einen schmalen Zugang gestattet. Gleich der Kreuzfahrerburg Crac des Chevaliers in Syrien wurde sie niemals eingenommen. Sie gilt als der größte romanische Profanbau, errichtet in der kurzen Dauer von 4 Jahren, in der Epoche, als der unglückliche König Heinrich IV. zu seinem Bußgang nach Canossa zog.

Geplant war zuerst nur ein Wehrbau. Die Nachfolger Ludwigs des Springers verstanden es, im Besitz der Burg ihre Machtposition auszubauen. Man nimmt an, daß diese auf deutschem Boden nur von der des deutsch-römischen Kaisers übertroffen wurde. Den Ludowingern wurde die Oberaufsicht zur Wahrung des Landfriedens zugesprochen, die das Fehderecht (das Recht zum Privatkrieg) beseitigen sollte. Bisher, wie im Mittelalter üblich, zu einem unsteten, ambulanten Leben gezwungen, konnten die Erben des »Springers« nun wie Karl der Große ihre Regierungsgeschäfte von einem festen Punkt aus bewältigen. Dazu befähigte sie der unbezwingbare Höhensitz ihrer Veste. Zu den wehrtechnischen Aspekten kamen allmählich solche der Repräsentation hinzu. Der Modeströmung des Hochmittelalters folgend, verfeinerte sich ritterliche Lebensart von Mal zu Mal, wobei gerade die Wartburg zur Pflegestätte der neuen Umgangsformen des ritterlichen Standes wurde. Das höfische Kulturleben erlebte in seiner ganzen Breite eine Sublimierung. Mit hoher Kunst und zunehmend weltlichen Motiven stattete man die Interieurs feudaler Sitze aus. Das Turnieren erhielt einen strengen Kodex. Tischsitten lösten das Grobianische früherer Epochen ab. Zu neuen Gesangsformen kam eine neue Literatur, ja man darf sagen, die früheste der deutschen Sprache, die diesen Namen verdient. Als typischer Vertreter der Zeit betrat der Minnesänger die

Szene, und diese lag meist in irgendeiner Burg. Der Minnesänger war keineswegs hochgestellt, allenfalls niederer Adel, und wenn er vorwiegend die Liebe besang, so war kein Eros im Spiel, sondern die Verehrung einer hochgestellten Dame, die auch meist vermählt war.

Das Phänomen des Minnesangs hat die erste Blütezeit der deutschen Literatur begründet. In diese Epoche fallen auch die bekannten mittelhochdeutschen Epen, teilweise aus Frankreich übernommen, aber doch eigenständig umgeformt. Hierzu gehörten die Stoffe um Parsival und Lohengrin. Manche Dichter der Zeit widmeten sich ebenso dem Epos wie dem Minnesang. Ihre lyrischen Schöpfungen trugen sie vor adligem Publikum im fürstlichen Festsaal einer Burg oder eines Schlosses vor.

Ein gutes Beispiel bietet auf der Wartburg der sogenannte Sängersaal. Er hat von seinem ursprünglichen Aussehen viel bewahren können, so romanische Säulen, die inmitten des Saales die Balkendecke abstützen. Aus Schutt konnten später Restauratoren Bruchstücke von Kacheln herausfinden, die sich zu einem Kamin alter Prägung zusammensetzen ließen. Als Landgraf Hermann I. in der für ritterlichen Lebensstil besonders empfänglichen Stauferzeit auf der Wartburg residierte, traten im Sängersaal Minnesänger auf, die man heute noch kennt, teils durch Richard Wagners »Tannhäuser«, teils durch die Miniaturen der Manessischen Handschrift, die sich heute in der Universitätsbibliothek Heidelberg befindet; farbige Faksimile-Wiedergaben von Minnesängern sind in Bürgerhäusern beliebter Wandschmuck. Die namhaftesten Sänger sind Walther von der Vogelweide, von dem in Würzburg die Rede sein wird, Wolfram von Eschenbach, Heinrich von Ofterdingen und Heinrich von Veldeke.

Die ranghöchsten Minnesänger unterwarfen sich auf der Wartburg einem Schiedsgericht im sogenannten »Sängerkrieg«, von dem man nicht so recht weiß, ob Sage oder historische Wirklichkeit. Der Wettstreit der Sänger ist auf einem Wandbild im Sängersaal festgehalten; Moritz von Schwind schuf die farbig-bewegte Szene in der romantischen Epoche des vorigen Jahrhunderts, die besonders großformatige Tableaus liebte. Ähnlich hat Rethel im Aachener Rathaus, das sich am Platz der einstigen Kaiserpfalz befindet, das Leben und die Taten Karls des Großen en fresco festgehalten. Im Sängerwettstreit auf der Wartburg hatte in einer der verschiedenen Varianten des Geschehens der aus Ungarn stammende Magier Klingsor das Amt des »Schiedsrichters« inne. Zuletzt erwies er sich als Schlichter, indem er den im Festival unterlegenen Ofterdinger vor der Bestrafung rettete. Dem Landgrafen Hermann I., Initiator des Sängerkriegs, hat Walther von der Vogelweide – alle Fahrenden waren auf die Gunst der Fürsten angewiesen – einen poetischen Dank abgestattet: »Sein hoher Adel ist mir kund, und gält ein Fuder Weines tausend Pfund, es stände dennoch keines Ritters Becher leer.«

Der Festsaal gewann danach auch politische Bedeutung im Zuge erster demokratischer Regungen auf deutschem Boden. Die damals aus der Taufe gehobenen Burschenschaften begingen das sogenannte Wartburgfest, 300 Jahre nach der Reformation und 4 Jahre nach der Leipziger Völkerschlacht. Im Kampf gegen Napoleon hatten die autokratisch herrschenden Fürsten dem Volk eine Verfassung versprochen; doch nach dem Niederringen des Korsen 1815 vergaßen sie das Versprechen – mit Ausnahme von Goethes Landesherrn Karl August. In Demonstrationen tat die deutsche Jugend ihren Protest kund. Besonders spektakulär war das »Wartburgfest« am 18. Oktober 1817, als die studentischen Widerständler ihr Programm artikulierten. Neben der Forderung einer Verfassung galt ihr Ziel der Beseitigung des »Duodez«, der unseligen Kleinstaaterei.

LUTHERS WARTBURGER KLAUSE

Unter den zahlreichen Größen aus Kunst und Geschichte, die mit der Wartburg in Verbindung standen oder mehr oder weniger lang auf der Veste weilten, ist Martin Luther an erster Stelle zu nennen. Was er darstellte und bewirkte, ist weltweit bekannt geworden und hat Folgen hinterlassen. Wie das Leben Kants sich in engstem Raum, nämlich Königsberg, abgespielt hat, so war der Lebensraum Luthers zwar nicht durch eine Stadt, aber doch neben Sachsen im wesentlichen nur durch die Grenzen Thüringens abgesteckt. So kann man Thüringen insgesamt als Luther-Landschaft bezeichnen: Scholast in Eisenach, Mönch und Priester in Erfurt, Schutzhäftling auf der Wartburg.

In Worms haben wir auf unserer Reise des historischen Ereignisses des Reichstags von 1521 gedacht, in dessen Mittelpunkt Luthers mutiges Bekenntnis stand und die Lebensgefahr, in der er sich in der Folge befand. Zwar war ihm freies Geleit zugesagt, doch dieses bot keine sichere Gewähr der Unverletzlichkeit: Für vermeintlich Abtrünnige war sie nicht verbindlich. Man hat es am Schicksal von Luthers reformatorischem Vorläufer Johannes Hus erlebt, der trotz des Geleit-Versprechens König Sigismunds während des Konstanzer Konzils den Scheiterhaufen hatte besteigen müssen. Die Erinnerung daran bewog nach dem Wormser Reichstag einen der fürstlichen Protektoren, Herzog Ernst von Braunschweig, Luther an einen geheimgehaltenen Aufenthaltsort einen Silberkrug mit Einbecker Bier zu senden, mit der Bemerkung: »Ich will nicht erröten wie Sigismund.«

Was Luthers weiteres Schicksal nach seinem Auftritt vor Karl V. betrifft, so hört es sich an wie ein neues Kapitel in einem spannenden Roman. Es ist das Kapitel, das den Namen »Wartburg« trägt.

Auf seinem Rückweg nach Eisenach überfiel eine Kavalkade von Reitern den streitbaren Mönch. Sie zerrten ihn aus dem Reisewagen und entführten ihn zu Pferd. Keine Kaiserlichen, keine Päpstlichen, keine Wegelagerer – sondern Beauftragte von Luthers Landesherrn, dem sächsischen Kurfürsten, der mit dem Wittenberger Mönch sympathisierte, ohne sich jedoch offen für ihn zu erklären. Die schneidige Entführungstat, die Luther vielleicht das Leben rettete, ist die abenteuerliche Schlußpointe der dramatischen Episode von Worms.

Das Wormser Edikt verdammte bald danach die Wittenberger Lehre. Dem Edikt folgte die kaiserliche Acht über den »Ketzer«. Luther war aber inzwischen längst auf der Wartburg in Sicherheit, verschollen für die Welt, die an seinem Verbleib herumrätselte, wohl auch an seiner Rettung zweifelte. Der abenteuerlich Versteckte ließ sich einen Bart wachsen und verbrachte unter dem tarnenden Namen »Junker Jörg« Monate in der Burgeinsamkeit.

Die erzwungene Ruhe, eine »schöpferische Pause«, befähigte Luther zu einer geistig kreativen Tat, folgenreich wie sein reformatorisches Credo: er übersetzte das Neue Testament. Ein griechischer Text, den er auf der Wartburg fand, diente als Vorlage. Mit Luthers Sprachkenntnis war es freilich nicht weit her. Übersetzungsfehler und -ungenauigkeiten schlichen sich ein. Auch klingt der Luthertext neben der »erhabenen« Sprache des griechischen Bibelwortes oft behäbig, verbürgerlicht, gemüthaft-alltäglich, dann wieder polternd, derb-kräftig. Es ist die Diktion eines Volkspredigers, nicht eines Propheten.

Doch dies ist das Entscheidende nicht. Epochemachend an Luthers Übersetzungstat ist das Novum, daß hier erstmals ein gewichtiger, ja für das Jahrhundert der gewichtigste Text in bildhaftem Deutsch vorlag, nicht im Theologen- oder Kanzleistil, sondern im Tonfall des »rotbackigen« Volks. Luther, ein Mann des Volkes, hatte gewissermaßen »den Leuten aufs Maul geschaut«. Seine Musikalität kam ihm bei Wortwahl und Satzbildung zugute: die Worte entströmten in einer Art bäuerlicher Suada seinem Ingenium.

Man bedenke: eine einheitliche Schriftsprache gab es im deutschsprachigen Raum bis dahin nicht. Der Text der Kirchen- und Staatsdokumente war lateinisch abgefaßt. Unter Friedrich II., im Hochmittelalter, registrierte man den ersten deutschen Schriftsatz in einer Mainzer Kanzlei. Zu einem Sprachdurchbruch führte er nicht. Auch die mittelhochdeutsche Literatursprache, weit davon entfernt, das Latein zu verdrängen, war nicht die Basis einer allgemeinen Volkssprache. Hierzu bedurfte es Luthers.

Seine Aufgabe war schwer genug. Da eine Einheitssprache fehlte, griff er auf Volksdialekte zurück, namentlich auf das ihm geläufige Sächsisch. Er machte es sich schwer, den jeweils treffenden Ausdruck zu finden, wobei ihm die – wenn oft auch derbe – Bildhaftigkeit stets das Wichtigste blieb. Einige wenige Deutschübertragungen der Bibel gab es auch zuvor. Doch sie waren entweder vulgär oder gespreizt, auf jeden Fall wenig effektiv. Das Volk in seiner Breite erreichten sie nicht.

Erst die Lutherbibel war Leitbild, wie es die Vulgata in der Antike war. Als sprachliches Ferment wirkte sie auf die Entwicklung der Nationalsprache ein. Das für die Bibel gebrauchte Wort »Buch der Bücher« traf nun auch im nationalsprachlichen Sinne zu: als Lehrmeisterin und allgemeinverbindlicher Kodex der Muttersprache.

Mit der wachsenden Verbreitung der Reformation wuchs im gleichen Maß das Lutherdeutsch. Lutherdeutsch wurde zu Neuhochdeutsch. Die nunmehr »offizielle« Sprache, die mehr war als Kommunikationsmittel auf unterer Ebene, bildete sich im Lauf der Zeit zur Literatursprache aus. Keine Klassik, kein Goethe, kein Fontane wären ohne die philologische Feldarbeit des mönchischen Schutzhäftlings auf der thüringischen Bergveste 1521/22. »Luthers Sprache« stellte der Sprachwissenschaftler Jacob Grimm fest, »muß ihrer fast wundervollen Reinheit, auch ihres gewaltigen Einflusses halber für Kern und Grundlage der neuhochdeutschen Sprachniedersetzung gehalten werden.«

Als Luther wieder nach Wittenberg heimgekehrt war und unter dem Schutz des kurfürstlichen Landesherrn weiter lehrte und wirkte, auch manchen Kompromiß einging, verlor seine Klinge an Schärfe, sein Imago an Glanz. Die Reformation lief Gefahr, teils zu verbürgerlichen, teils als Magd der Mächtigen sich bequem zu etablieren. Der Keim für das neue religiöse Weltgefühl war aber ein für allemal in Worms gelegt. Die Pflanze wuchs; niemand konnte sie mehr herausreißen. Als selbst einige der Kurfürsten die neue Lehre annahmen, konnten die auf Karl folgenden Kaiserbewerber nicht opponieren: sie brauchten neben dem Fuggergeld die Kurstimmen auch der reformierten Wahlmänner.

Karl v. bereute sehr viel später, an seinem klösterlichen Alterssitz San Yuste im spanischen Estremadura, daß er das Geleitversprechen nicht wie Kaiser Sigismund im Falle von Hus gebrochen hatte: »Ich irrte, als ich damals den Luther nicht umbrachte. Ich war nicht verpflichtet, mein Wort zu halten. So wuchs dieser Irrtum ins Ungeheure. Das hätte ich verhindern können.«

EIN BERÜHMTES TINTENFASS

Wenden wir uns wieder der Wartburg und nun ihrer Baugeschichte zu. Die erhabene Anlage mit mehreren Bautrakten aus verschiedenen Epochen, meist ein Werk der Stauferzeit, nimmt die ganze Länge des bergigen Podestes ein. In der Mitte des Burgareals ragt der wuchtige Bergfried empor, nach dessen Abbruch 1790 neu erstellt. Über die Zugbrücke in Nordost betritt man den Torbau und blickt in den ersten Burghof. Zur rechten Hand erhebt sich das Ritterhaus mit der Vogtei, der deswegen besonderer Rang zukommt, weil sich hier die Wohnung des Landgrafen und später des Amtmanns befand. Der südwestlich gelegene zweite Burghof mit einem kleineren Turm und einer Zisterne weist zur linken Hand den prächtigsten Bau der Burganlage auf, den mehrstöckigen Palas. Das Gebäude entstand noch unter Hermann I., das zweite Geschoß unter Landgraf Heinrich Raspe. Von dem staufischen

Kaiser Friedrich II. 1242 zum Reichsvertreter für den Kaisersohn Konrad IV., den Vater Konradins, bestellt, nutzte dieser die Gelegenheit der andauernden Absenz des Kaisers vom Königreich der Deutschen, sich zum Gegenkönig küren zu lassen. Raspe, der Schwager der hl. Elisabeth, entfernte sich so stark von der staufischen Partei, daß er in das päpstliche Lager übertrat und man ihn »Pfaffenkönig« nannte. Er starb 1247 auf der Wartburg eines natürlichen Todes. Er war der letzte Ludowinger.

Das komplexe Gebäude des Palas ist das besterhaltene Beispiel staufischer Romanik. Kreuzgewölbe der Decken, gruppenweise angeordnete Rundbogenfenster an den Seitenmauern, Kapitellschmuck der tragenden Säulen erinnern an ähnliche bauliche Schöpfungen der Stauferzeit, etwa Münzenberg, Gelnhausen oder Wimpfen, doch auch an profane Stauferarchitektur in Apulien, einem der Kernländer des Kaisers aus schwäbischer Dynastie. Die wichtigsten Räumlichkeiten des Palas befinden sich in dem auf Heinrich Raspe zurückgehenden ersten Obergeschoß; sie sind mit Fresken von Moritz von Schwind romantisch ausgestattet, so – wie man sah – mit dem Breitwandbild des »Sängerkrieges«, den man, wenn er je real stattgefunden hat, im sogenannten Sängersaal des gleichen Stockwerks lokalisiert.

Wenn seit den Tagen der deutschen Wiedervereinigung Ströme von Besuchern aus dem Westen zur Wartburg kommen, so gilt ihre Wallfahrt nicht in erster Linie den Sehenswürdigkeiten mittelalterlicher Architektur und Kunst, sondern einem eher bescheidenen Raum, der sich an den Fachwerkbau der Vogtei anschließt: dem geschichtlich ebenso wie religionsgeschichtlich berühmten Ort, wo Luther sich als kurfürstlicher Schutzhäftling 302 Tage aufgehalten und die Bibel übersetzt hat.

Durch einen hölzernen Spitzbogen gelangt man in die

schlichte Klause, deren Wände aus Brettern bestehen. Unter dem später eingefügten Mobiliar sieht man Ausstattungsstücke aus Luthers Epoche. Wichtigster Gegenstand ist der Tisch, über dem sich Porträts des Reformators und seiner Frau Katharina von Bora sowie von Luthers Elternpaar befinden. Die Bilder schuf einer der großen Maler der Gotik, der aus Kronach in Oberfranken stammende Lukas Cranach (in der Geburtsstadt steht noch sein kaum verändertes Haus). Kronach liegt unweit der thüringischen Grenze, die früher ein Stück ins Fränkische hinüberreichte, wo man heute noch statt fränkische thüringische Laute vernimmt.

Was aber in Luthers Wartburger Klause besondere Aufmerksamkeit erweckt, ist ein großer, dunkler Tintenfleck an der Wand. Der spätere Reformator soll zornerfüllt sein Tintenfaß gegen den Teufel geschleudert haben, um ihn aus seiner Stube zu verscheuchen. Es heißt freilich, der Tintenklecks stamme erst aus dem 17. Jahrhundert und sei zuvor nicht wahrgenommen worden. Das berühmte »echte« Tintenfaß wird hingegen noch in Luthers Klause vorgezeigt. Mit anderen Erinnerungsstücken war es 1817 von dem Ort Möhra gestiftet worden und soll aus dem Haus der Eltern des Reformators sein.

Der in Luthers Wartburger Refugium mit vier Ölgemälden vertretene Lukas Cranach hat auch eine Graphik hinterlassen, die Luther als Junker Jörg wiedergibt, mit Kinnbart, längerem Haar und der Tracht eines Junkers. In der Lutherstube ist das Bild zu sehen. Zwischen Gotik und Renaissance stehend, schuf Cranach seine Bildnisse volkstümlich-realistisch. Nahe der Wartburg begegnen wir dem Schaffen des Kronachers mit einem Meisterwerk, einer Kreuzigungsszene, in der Weimarer Stadtkirche. Neben dem Kruzifixus sieht man den weißbärtigen Maler porträtecht zwischen Johannes und dem gleichfalls lebenstreu wiedergegebenen Martin Luther. Man denkt an El Greco, der ebenso unbekümmert Zeitgenossen in religiöse Szenen hineinkomponierte.

Von der Wartburg scheidend, sei noch eines Mannes gedacht, der im vorigen Jahrhundert an der »Blume Thüringens«, wie man die Veste bei Eisenach nennt, restaurierte, feinsinnig und mit Akribie, ohne das Flach-Dekorative seiner Epoche. Es war niemand anderes als Großherzog Karl Alexander (1838 bis 1891), der übrigens nicht nur über Kunstverstand, sondern auch über Esprit verfügte. Auf ihn geht das Scherzwort zurück: »Dreierlei Orden gibt es: erdiente, erdienerte und erdinierte!«

IN GOTHA GING DER VORHANG AUF

Gotha, zwischen Eisenach und Erfurt an der Werra gelegen, gehört zu jenen Kleinresidenzen von einst, deren Nimbus noch heute spürbar ist wie etwa auch in Ansbach, Sigmaringen oder Donaueschingen. In Gotha residierten die Herzöge von Sachsen-Gotha, und sie hatten gegenüber anderen Kleinfürsten ein höheres Gewicht, weil sie in Thüringen allein über ein stehendes Heer verfügten. Sie verschacherten ihre Soldaten jedoch nicht nach Übersee wie der Landgraf von Hessen-Kassel, sondern »vermieteten« sie lediglich innerhalb Deutschlands.

Hatte die Stadt 1918 auch ihren fürstlichen Rang aufgeben müssen, so klingt Adliges dennoch weithin nach: Der Gothaer Kartograph Perthes gab 1785 die Genealogischen Taschenbücher heraus, die heute noch wichtige Nachschlagewerke, namentlich für den Adel, darstellen. Man spricht abgekürzt vom »Gotha«, doch gibt es unter dem Namen auch eine Genealogie Bürgerlicher. Indes, die Stadt, in der man adlige Stammbäume archivierte, hatte auch eine Vergangenheit des Sozialismus, indem sich die beiden Richtungen der »Lassalleaner« und der »Eisenacher« 1875 zusammentaten. Sechs Jahre zuvor hatte der Eisenacher Kongreß in der Nachbarstadt die Leitlinien der Sozialdemokratischen Arbeiterpartei festgelegt, die Bismarck so viel zu schaffen machte.

Das stattliche Renaissance-Gebäude auf dem Markt in Gotha war in früheren Zeiten Residenz und dient heute als Rathaus. Es steht frei auf dem Platz, wie man es auch von anderen historischen Platzgestaltungen kennt (Mergentheim, Straubing, Schorndorf). Die innen frühbarocke Augustinerkirche von 1216 ist eines jener Gotteshäuser, von denen man weiß, daß Luther, dessen geistliche Heimstätte der augustinische Orden war, in ihnen gepredigt hat.

Als Signum fürstlicher Vergangenheit steht in Gothas Altstadtbild das 1643 bis 1655 erbaute dreiflügelige Schloß Friedenstein, in seinen Ausmaßen eher königlich als herzoglich. In einem der Türme befindet sich das Schloßtheater, ein bedeutendes Dokument der Theatergeschichte. Es besitzt noch die ursprüngliche barocke Bühneneinrichtung und verdient es, in einem Atemzug mit anderen der seltenen historischen Theater genannt zu werden: dem schwedischen in Drottningholm etwa oder dem kolonial-portugiesischen im brasilianischen Ouro Preto. Das historische Theater in Gotha trägt den Namen von Konrad Ekhof.

Der somit Geehrte hatte das weitreichende Verdienst, das erste stehende Bühnenhaus Deutschlands begründet zu haben. Zuvor findet man in der Literatur- und Theatergeschichte dergleichen nicht. Im Mittelalter gab es Mysterien- und Fastnachtsspiele, doch der Standort wechselte, teils in Kirchen, teils auf Märkten. Die »Schauspieler« waren eher Schausteller und nicht seßhaft. Man zählte sie zu den Vaganten. Die meisten kamen im 17. Jahrhundert aus England und waren übelberüchtigt. Wenn sie irgendwo in Deutschland auftauchten, rief das Weibervolk: »Hängt die Wäsche weg!«

Der in Hamburg 1720 geborene Ekhof spielte also auf einer festen Szene, und dies in Gotha. Jetzt erst konnte Theaterkunst sich entwickeln und damit auch die dramatische Literatur. Ohne diese von Ekhof geschaffene Voraussetzung hätten wir Goethes, hätten wir Schillers für die Schaubühne geschriebenes Œuvre nicht. Der »Vater der deutschen Schauspielkunst«, wie man Ekhof nannte, war 1769 am Hamburger Nationaltheater tätig, kam 1771 mit der Seglerschen Truppe nach Weimar und wirkte seit 1774 am Gothaer Hoftheater. Er starb am Ort vier Jahre später.

Es wäre müßig, die Expansion der Kunst Melpomenes unter Thüringer Himmel bis in unsere Tage zu verfolgen. Doch bemerkenswert bleibt, daß die Geburtsstunde des klassischen Theaters in Gotha schlug und daß darüber hinaus Thüringen für die weitere Entwicklung der Sprechbühne eine wichtige Rolle spielte. 1775 wurde Gotha zum Hoftheater erhoben; die Schauspieler erhielten feste Engagements, so in Rudolstadt und in Lauchstädt, das in Richtung Halle liegt und wo man zu klassischer Zeit von Weimar aus zur Sommersaison Gastspiele gab.

GOETHE UND DER HUND VON AUBRY

In Lauchstädt trat nun Goethe auf den Plan, der neben seinen Ministerpflichten auch die Aufsicht über Bibliothek und Sammlungen übernommen hatte. Im weiten Rahmen seiner Tätigkeiten stand er auch der Hofbühne sowie dem Lauchstädter Sommertheater vor. Das dortige Bühnenhaus, das älteste historische Theater Deutschlands, hat seine ursprüngliche Form zurückerhalten, mit zeltartig gespannter Leinwanddecke und einstöckigen Galerien seitlich der Sitze; Marmorsäulen und -friese bestehen aus Illusionsmalerei. Durch Mechanik unter der Bühne konnte man in 15 Sekunden die Kulissen wechseln.

Goethe war für die Theaterleitung nicht eigentlich prädestiniert. Er galt als diktatorisch und steif. Als bei einer Aufführung unziemlich gekichert wurde, rief Goethe indigniert von seiner Loge mit unwirscher Stimme: »Man lache nicht!« Im Verlauf der Lauchstädter Jahre mischte sich immer mehr die Mätresse des Herzogs, Karoline Jagemann, in den Spielplan ein. Sie setzte trotz Goethes Veto die Aufführung eines

Stückes mit dem Titel »Der Hund von Aubry« durch, in dem ein dressierter Pudel die Hauptrolle spielte. Ein Hund als Hauptdarsteller auf den Brettern, die die Welt bedeuten? Das war ihm zuviel. Er reichte den Rücktritt ein und betrat das Lauchstädter Theater kein einziges Mal mehr.

Von Weimar aus zog es Goethe auch oft die Ilm aufwärts nach Ilmenau, in der fröhlichen Gesellschaft des Hofes oder allein. Das heitere Bergstädtchen am Thüringer Wald hatte es ihm ebenfalls angetan, vor allem in späteren Jahren, als Landschaft ihn faszinierte. Da es ihm ein Bedürfnis war, sich unermüdlich mitzuteilen, sind wir von seinen Ilmenauer Aufenthalten gut unterrichtet; wir sehen die freundliche Gegend mit seinen Augen. Am Rande spielt wieder das Theater eine Rolle. In Weimar hatte Goethe zusammen mit der geschätzten Schauspielerin Corona Schröter agiert; der Dichter verkörperte in seiner »Iphigenie« den Orest, Corona die Titelrolle. Nach Beendigung ihrer Laufbahn hatte die Gefeierte sich nach Ilmenau zurückgezogen, wo sie 1802 mit erst 52 Jahren starb. Im Friedhof oberhalb der Stadt liegt ihr Grab.

Und nochmals spielte Thüringen in den Marginalien der Theatergeschichte eine Rolle. Kaum 20 Kilometer von der unterfränkischen Grenze entfernt, bot Meiningen der Welt das spektakuläre Ereignis, daß ein regierender Fürst sich auf der Bühne seiner Residenz als Intendant, Regisseur und Bühnenmaler betätigte, ohne seine Aufgabe als Landesherr zu vernachlässigen. Herzog Georg II. liebte einen teils romantischen, teils realistischen Darstellungsstil, bei peinlicher Genauigkeit der historischen Echtheit von Kulisse und Kostüm. Im Gegensatz zu späterer Auffassung ging ihm Werktreue über alles. Er arrangierte opereske Massenszenen. Wurde er von manchen belächelt, so nahmen ihn Berühmtheiten unter den Regisseuren auch ernst und adoptierten manche Stilformen von ihm, so Max Reinhardt. Georg II. stellte die Ensembles für sein Hoftheater selber zusammen und formierte zu seiner Zeit einen der beachtetsten Spielkörper Europas, mit dem er 2877 Gastspiele gab, beginnend mit Shakespeares »Cäsar« in Berlin. Die Aufführungen zeitigten stürmischen Beifall eines dem Zeitstil zugetanen Publikums, das sich von den Historienbildern eines Piloty ebenso begeistern ließ – und dies wenige Jahre bevor der Naturalismus der Bühnenkunst eine gänzlich neue Richtung wies.

Doch die »Meininger« in der kleinen Residenz an der oberen Werra blieben als Schule ein Begriff. Kaulbach, bei dem der Herzog als Kronprinz Malunterricht genommen hatte, sagte später zu Georg II.: »Schade, daß Sie ein kleiner Fürst sind; Sie hätten ein großer Maler werden können!«

DIE BLUMENSTADT ERFURT

Erfurt, die in Europas Mitte gelegene Haupt- und einzige Großstadt Thüringens (215 000 Einwohner), hatte durch ihre Lage am Kreuzungspunkt von Fernstraßen schon im Mittelalter anderen Städten viel voraus und überragte die meisten an Einwohnern. In den Jahrzehnten nach 1945 hat sie sich Verunstaltungen gefallen lassen müssen: monoton sich gleichende Häuserblocks, Wohnmaschinen, staubgrau, mit schon abbröckelndem Putz. Damit versöhnt vielleicht die am Stadtrand sich angliedernde Gartenlandschaft, wo sich lange bunte Streifen der verschiedensten Blumensorten gleich Läufern aneinanderreihen, in solcher Fülle, daß man das Prädikat »Blumenstadt« dem Gemeinwesen nicht absprechen kann.

Begibt man sich jedoch in Erfurts Mitte, um nach Spuren von Geschichte zu fahnden, so trifft man zwischen neuer Bebauung noch genügend Relikte einer Vergangenheit an, die stolz und reich gewesen sein muß und den Eindruck vermittelt, daß dies wiederkehrt. Noch hat man »Traditionsinseln« vor Augen, wie man sie in Braunschweig antrifft, mit zwei Plätzen, von denen man sagen kann, daß sie zu den prachtvollsten

Ensembles deutscher und vielleicht auch europäischer Städte gehören.

Da ist als Kern der Altstadt der Fischmarkt. Vom Bahnhof gelangt man durch stark belebte, city-ähnliche Straßen rasch dorthin. An Höhe dominiert das Rathaus, zwar Neo-Gotik, doch an die Platzumgebung dennoch akzeptabel angepaßt, wie das neo-gotische Rathaus der Nachbarstadt Weimar an den dortigen Ring »echter«, der Renaissance zugehöriger Bauten. Eine Rolandstatue auf hoher Säule kennzeichnet, wie in anderen Städten, in Bremen etwa, die Handelsbedeutung Erfurts. Dem Rathaus gegenüber steigt als Kontrapunkt die mehrstöckige, edle Fassade des einst patrizischen Renaissancebaus »Zum roten Ochsen« empor, der zur Unterkunft der »Galerie am Fischmarkt« eine ideale Verwendung hat: in gut arrangierten Räumen mehrstöckig (meist moderne) Kunst zu bieten. Das Kellergeschoß mit mittelalterlichem Kreuzgewölbe ist zum Vespern eingerichtet: Thüringer Klöße und Thüringer Wurst, dazu in der Gegend gekelterter Wein. An der einen Seitenfront des Fischmarkts steht brüderlich ein ganz ähnliches Patrizierhaus mit dem Namen »Zur breiten Hand«, in gleicher Weise mit Schmuckformen versehen, mit kolorierten Friesen über der Portalzone, an denen sich nach Art antiker Bauten allegorische Figuren tummeln, grotesk-humorig, vor kräftigem Farbhintergrund oder selbst gefaßt, wie es vielleicht in der Entstehungszeit Brauch gewesen ist. Nach den Sünden barbarischer Abrisse nach 1945 (Berliner Schloß, Leipziger Universitätskirche) hat man in den Jahren vor der Vereinigung mit dem Westen ein kunstgeschichtliches Damaskus erlebt. Man wartet mit beachtenswerten Restaurierungen des halbwegs Geretteten auf, auf dem Markt von Erfurt ebenso wie auf dem in Weimar.

Ebenso und noch mehr ist der Kunstfreund von der baulichen Szenerie gefangen, die sich ihm auf dem Domplatz bietet. Mag man die beiden, von einer breiten Freitreppe getrennten und doch zugleich auch verbundenen Kirchen, Dom und

St. Severi, auch von Bildern kennen – man hat vor der Wirklichkeit der beiden mittelalterlichen Kirchen doch ein so überraschendes Erlebnis, daß es einer »Uraufführung« gleichkommt. Jede der beiden Kirchen auf dem Domberg ist mit spitzen gotischen Türmen bestückt. Jeweils drei erheben sich bei beiden Bauten auf einem verbindenden Zwischenstück. Das Nebeneinander all dieser Türme macht das Charakteristische der Gebäudegruppe aus, in einer Stadt, die ohnehin reich an Türmen ist: Im Mittelalter waren es 40, und 23 stehen noch heute.

Der Abschüssigkeit des Geländes wegen hatte man dem Dom schon im Mittelalter einen Unterbau beigegeben und diesen mit einer Krypta versehen. Ungewöhnlich der Eingang zum Dom durch einen seitlichen Dreiecksbau, Triangel genannt; an ihm konzentriert sich der äußere Figurenschmuck. Im Innern nimmt ein gemalter Christophorus die ganze Höhe des Raumes ein. Ihm zu Füßen steht der Grabstein des Grafen Ernst II. von Gleichen und seiner zwei Frauen aus dem Jahre 1264 – von dem Ehebund zu dritt hören wir noch auf der Strecke von Erfurt nach Arnstadt.

Die Kirche St. Severi von 1121 präsentiert sich als fünfschiffige Hallenkirche. Ausdrucksstark im Innern der Sarkophag des Namengebers von 1365. Die eine Längsseite des Grabtroges zeigt das Wunder des Heiligen: Severus, ein Tuchmacher aus Ravenna, begab sich aus Neugier zur Bischofswahl, worauf sich eine Taube auf seinem Haupt niederließ, für die Zeugen ein Beweis der Erwähltheit durch Gott. Am Gemäuer neben dem Sarkophag sieht man die Deckplatte mit den buntgefaßten Liegefiguren des Heiligen mit Frau und Tochter.

Ein Schlendergang durch die Stadtmitte läßt uns an vielen weiteren Punkten mit geschichtlichen und kirchlichen Dokumenten Erfurts haltmachen. Die Barfüßerkirche darf sich der ältesten Farbfenster der Stadt rühmen (1325); die ältesten Deutschlands befinden sich bekanntlich im Augsburger Dom.

Auch der Erfurter Dom nennt erstklassige Farbbilder der Gotik mit kräftiger Linienführung sein eigen. Luther hat wie in Eisenach und Gotha auch in Erfurt gepredigt, in der Kirche, die zum Augustinerkloster gehörte. In den Orden war er nach eigenem Zeugnis eingetreten, weil er, nächtlich auf freiem Feld von einem Blitz erschreckt, das Gelübde tat, Mönch zu werden. Erhalten ist der Hörsaal, wo er theologische Vorlesungen hörte. Eine andere städtebauliche Sehenswürdigkeit der Innenstadt darf ebenfalls nicht vergessen werden: die Krämerbrücke, die im Zenit der Stadtmitte über den Fluß Gera führt; dieser windet sich nahe dem Fischmarkt durch die Stadt. Die Krämerzunft hatte beiderseits ihre Häuser auf die Brücke gesetzt, analog der Arnobrücke von Florenz oder – um ein deutsches, wenn auch bescheidenes Beispiel zu wählen – der Nahebrücke von Bad Kreuznach.

Gelegentlich war Erfurt in seinen Mauern Zeuge der Weltgeschichte. Das wichtigste Datum war der Fürstenkongreß von 1808. Der Kongreß, auch Fürstentag genannt, wurde von dem 1807 bei Jena siegreichen Kaiser Napoleon einberufen, um vor allem dem russischen Zaren Alexander gegenüber seine Macht zu demonstrieren. Unter dieser und vielen anderen Audienzen während des Kongresses fand eine weitere, unpolitische statt, die mehr als jede politische in den Annalen der Erfurter Begebenheiten erhalten blieb.

GOETHE VOR NAPOLEON

Der Einladung Napoleons nach Erfurt waren gefolgt: ein Kaiser, vier Könige, eine Königin, ein Großfürst, ein Fürstprimas, 17 regierende Fürsten, 6 Erbprinzen, 24 königliche und andere Prinzen, 84 Grafen, Barone und Generale. Ein Bonmot des am Kongreß teilnehmenden Talleyrand: »So viele gebeugte Rücken sind mir in meinem ganzen Leben nicht begegnet.« Als der König von Württemberg vorfuhr, wollte der Chef der Ehrenwache, im Glauben, es sei Napoleon, das

Gewehr präsentieren lassen. Als er den Irrtum bemerkte, rief er der Wache zu: »Kommando zurück! Es ist nur ein König ...«

Schauplatz des Fürstentages war die heute noch vorhandene ehemalige Mainzer Statthalterei, die der Korse nach Pariser Vorbild im modernen Stil des Empire hatte umgestalten lassen. Goethe, der zuvor von Weimar aus oft in Erfurt war, kannte das Gebäude und auch den Sitzungssaal im 1. Stockwerk mit Rocailles an der Decke. Der Dichter war überrascht beim Anblick der neuen Tapeten und Möbel sowie der glanzvollen kaiserlichen Begleiter. Lakonisch meinte er: »Der alte Schauplatz mit neuem Personal.«

Napoleon, in der grünen Uniform der Gardejäger, empfing, wie er es gewohnt war, die angemeldeten Honoratioren während seines Frühstücks. Unter denen, die er sehen und sprechen wollte, war auch der klassische Dichter Christoph Martin Wieland, ein Schwabe, der sich bei Weimar angesiedelt hatte und den »Teutschen Merkur«, die meistgelesene Zeitschrift der Klassik, herausgab. Man hatte ihn Napoleon empfohlen, weil er, witzig und graziös wie ein Franzose, den Übernamen »Voltaire der Deutschen« trug.

Goethe war zusammen mit seinem Landesherrn und Freund, dem Herzog Karl August, von Weimar herübergekommen. Zu Napoleon hatte er ein positives Verhältnis, indem er von ihm ein neues und besseres Europa nach dem Programm der Grande Révolution erhoffte. Damals, 1792, hatte er den neuen Atem gespürt, als er, Schlachtenbummler in Flandern, an der Seite seines Herzogs die Kanonade von Valmy miterlebte: »Von hier und heute geht eine neue Epoche der Weltgeschichte aus, und ihr könnt sagen, ihr seid dabeigewesen.«

Nun, 1808, standen sich die beiden größten Männer ihrer Zeit gegenüber, beide Genies. Der Kaiser sagte zu seinen Begleitern: »Voilà un homme.« Wenn von dem nun folgenden Gespräch etwas im Bewußtsein der Nachwelt erhalten blieb, so dieses Wort auf dem Erfurter Fürstentag. Es gibt verschiedene

Aufzeichnungen darüber. Gekürzt sei die von Goethe selbst niedergeschriebene Version zitiert.

»Der Kaiser winkt mir heranzukommen. Ich bleibe in schicklicher Entfernung vor ihm stehen. Nachdem er mich aufmerksam angeblickt, sagt er: vous êtes un homme. Ich verbeuge mich.
Er fragt: wie alt seid Ihr?
Sechzig Jahr.
Ihr habt euch gut gehalten. Ihr habt Trauerspiele geschrieben.
Ich antwortete das Notwendigste.
Der Kaiser wandte sodann das Gespräch auf den Werther, den er durch und durch mochte studiert haben. Nach verschiedenen ganz richtigen Bemerkungen bezeichnete er eine gewisse Stelle und sagte: Warum habt Ihr das getan? es ist nicht naturgemäß, welches er weitläufig und vollkommen richtig auseinandersetzte.

Ich hörte ihm mit heiterm Gesichte zu und antwortete mit einem vergnügten Lächeln: daß ich zwar nicht wisse, ob mir irgend jemand den selben Vorwurf gemacht habe; aber ich finde ihn ganz richtig und gestehe, daß an dieser Stelle etwas Unwahres nachzuweisen sei. Allein, setzte ich hinzu, es wäre dem Dichter vielleicht zu verzeihen, wenn er sich eines nicht leicht zu entdeckenden Kunstgriffs bediene, um gewisse Wirkungen hervorzubringen, die er auf einem einfachen, natürlichen Wege nicht hätte erreichen können.

Der Kaiser schien damit zufrieden, kehrte zum Drama zurück und machte sehr bedeutende Bemerkungen, wie einer, der die tragische Bühne mit der größten Aufmerksamkeit gleich einem Kriminalrichter betrachtet und dabei das Abweichen des französischen Theaters von Natur und Wahrheit sehr tief empfunden hatte.

So kam er auch auf die Schicksalsstücke mit Mißbilligung. Sie hätten einer dunkleren Zeit angehört. Was, sagte er, will man jetzt mit dem Schicksal? Die Politik ist das Schicksal.

Der Kaiser stand auf, ging auf mich los und schnitt mich durch eine Art Manœuvre von den übrigen Gliedern der Reihe ab, in der ich stand.

Indem er jenen den Rücken zukehrte und mit gemäßigter Stimme zu mir sprach, fragte er: ob ich verheiratet sei, Kinder habe, und was sonst Persönliches zu interessieren pflegt. Ebenso auch über meine Verhältnisse zu dem fürstlichen Hause, nach Herzogin Amalia, dem Fürsten, der Fürstin und sonst; ich antwortete ihm auf eine natürliche Weise. Er schien zufrieden und übersetzte sich's in seine Sprache, nur auf eine etwas entschiedenere Art, als ich mich hatte ausdrücken können.

Dabei muß ich überhaupt bemerken, daß ich im ganzen Gespräch die Mannigfaltigkeit seiner Beifallsäußerungen zu bewundern hatte; denn selten hörte er unbeweglich zu, entweder er nickte nachdenklich mit dem Kopf oder sagte oui oder c'est bien oder dergleichen; auch darf ich nicht vergessen zu bemerken, daß, wenn er ausgesprochen hatte, er gewöhnlich hinzufügte: Qu'en dit Mr. Göt?

Später nahm ich Gelegenheit, bei dem Kammerherrn durch eine Gebärde anzufragen, ob ich mich beurlauben könne, die er bejahend erwiderte, und ich dann ohne weiteres meinen Abschied nahm.«

DAS DEUTSCHE ATHEN

Wenn für die meisten Westdeutschen in der Euphorie der Wiedervereinigung 1989 das Brandenburger Tor Symbol der für die nationale Geschichte epochalen Ereignisse gewesen ist, so war für viele ebenso symbolträchtig die klassische Landschaft Weimars und die Wiederbegegnung mit ihr. Bei der Anreise empfand man es als geradezu unwirklich, an einem Bahnhof mit der Beschilderung »Weimar« anzuhalten. Wie viele Assoziationen verbinden sich mit der Ortsangabe! Man war gespannt, den jahrzehntelang unzugänglichen Boden wieder zu betreten.

Doch verließ man den Bahnhof stadteinwärts, so war vom Geist Goethes und seiner Zeit zunächst nicht viel zu spüren. Man stieß auf ein Zentrum des vergangenen Regimes mit einem Bronzebild Thälmanns, um dann in das monotone Geviert von Straßen des vorigen Jahrhunderts zu gelangen, deren Häuser angegraut sind.

Das sieht gleich anders aus, wenn man Weimars Mitte erreicht. Man erkennt die Topographie des alten Stadtplans, wie sie schon die Bildwiedergaben der Goethezeit zeigen. Mit einem Male steht man, auf der Suche nach vertrauten Winkeln, vor dem Theater, dessen Intendant eine Zeitlang Goethe gewesen ist. Davor, neu beeindruckend, das Monument Goethes und Schillers, das Rietschel 1857 für die Dioskuren der Klassik geschaffen hat, etwas idealisiert wohl, aber doch in der Wiedergabe ihrer Geisteshoheit gut erfaßt.

Das Theater hat seine Geschichte. Als der Frankfurter Patriziersohn am 7. November 1775 erstmals in Weimar eintraf und noch nicht wußte, ob er bleiben sollte, stand auf dem Platz das sogenannte Redouten-Comödienhaus, als »Kunstscheune« bezeichnet, ein niederer Bau ohne Profil, eher einem Bürgerhaus gleichend. Das Gebäude spottete allen Regeln der Theaterarchitektur, und man kann sich kaum vorstellen, wie hier die aufwendigen und personenreichen Stücke der Klassiker hatten inszeniert werden können. Doch auch die Klassiker der griechischen Antike wurden auf primitivster Szene gespielt; die Zuschauer mußten für die harten Sitzbänke Kissen mitbringen.

Im Weimarer Bühnenhaus fand die dramatische Literatur in deutscher Sprache ihre erste gültige Verwirklichung. Die Platz-Umgebung, auf der man sich umschaut, besagt wenig. Links vom Eingang hat man ein einstöckiges Theatercafé plaziert, dekoriert im Stil des Rokoko. Dem Bühnenhaus gegenüber sieht man das einzige authentische Gebäude aus Weimars großer Zeit am Theaterplatz, das einstöckige ehemalige Kulissenhaus, das heute als Kunsthalle dient.

Das erste wirklich brauchbare Theatergebäude wurde 1780 eröffnet; eines der frühest aufgeführten Stücke waren Schillers »Räuber«, die übrigens Goethe nur wenig begeisterten. Nach einem Brand 1825 errichtete man ein neues Haus, das bis 1907 bestand, mit dem Ehrentitel eines Deutschen Nationaltheaters. Der Nachfolgebau war 1919 Schauplatz eines geschichtlichen Ereignisses: Hier gab sich die Nationalversammlung die gut gewollte und später doch gescheiterte Verfassung der »Weimarer Republik«. Man liest es an der Fassade des Theaters; ebenso ist die berühmte Rede vermerkt, die der aus der Emigration zurückgekehrte Thomas Mann 1949 hier gehalten hat. Zu der im Westen geübten Kritik über seine Ansprache äußerte sich der Schriftsteller im gleichen Jahr aus Kalifornien: »Nach Weimar bin ich gegangen, weil ich die tiefe Kluft, die durch Deutschland läuft, beklage und der Meinung bin, daß man sie nicht vertiefen, sondern womöglich, sei es auch nur in festlich-augenblicklicher Weise, überbrücken soll.«

Durch einen Säulenportikus tritt man in das Bühnenhaus, das nach der Zerstörung im 2. Weltkrieg seine frühere Form zurückerhalten hat. Ein anspruchsvoller Spielplan zeigt an, daß man an die alten Traditionen Anschluß finden will. Das Haus ist meist ausverkauft. Eine Nebenbühne spielt ebenfalls allabendlich. Zwischen dem Theaterplatz und der belebten Schillerstraße steht ein Gebäude des Jahres 1767, das man nicht außer acht lassen darf: Es war einst der Witwensitz der Herzogin Anna Amalia, der Mutter des Herzogs Karl August und vielleicht geistvollsten und anregendsten Persönlichkeit aus der herrschenden Familie. Ihre Freitagsgesellschaft, vergleichbar der von Malwida von Meysenbug in Rom, vereinte alles, was Namen hatte, zu Gespräch oder Präsentation, wobei Goethe und Schiller nicht fehlten.

GOETHESTÄTTEN IN WEIMAR

Weimars Marktplatz, vom Theater nach leichtem Abstieg zu erreichen, kann sich an Atmosphäre und Relikten der Vergangenheit mit dem in Erfurt messen. Wie dort dominiert auch hier ein neugotisches Rathaus, durchaus der älteren Bebauung angepaßt, am Geviert eines Platzes, der Goethe vertraut war. Das Cranachhaus, dem Rathaus gegenüber, ist in Gestalt und Schmuck thüringische Renaissance von patrizischem Zuschnitt, mit einem figürlich belebten Fries über dem Untergeschoß, gleich jenem des Erfurter »Roten Ochsen« und ebenfalls koloriert. Das Haus hat von dem fränkischen Maler den Namen, da dieser, 1552 aus der Schlacht bei Mühlberg nach Weimar zurückgekehrt, dort Wohnung genommen hatte und auch starb. Unter den Weimarer Hotels von Rang hat der »Elephant« am meisten Tradition. Das Haus mit dem Dickhäuter als Emblem ist zwar modernisiert, geht aber auf das Jahr 1561 zurück, Absteige beachtlich vieler Prominenter, vor allem solcher, die Goethe ihre Aufwartung machen wollten, so daß Grillparzer, auch einer der Besucher des Olympiers, vom »Vorzimmer zu Weimars lebender Walhalla« sprach.

Vom »Elephanten« einige Schritte weiter steht man vor dem Reiterstandbild des Herzogs Karl August, Weimars Landesvater und Freund Goethes; ihm verdankte der Dichter seinen Verbleib am Ort und seinen Aufstieg in höchste Staatsämter. Das Verhältnis der beiden ungleichen Naturen mag an ein ähnliches erinnern: das des »Märchenkönigs« zu Richard Wagner. Der Herzog ist auf dem Denkmal martialisch wiedergegeben, fast wie Venedigs Coleoni. Aber das stimmte nicht mit seinem wahren Naturell überein, so sehr er Mars zugetan war. Madame de Staël, die Deutschland beschrieben hat und auch in Weimar war – von ihr stammt das Wort vom »deutschen Athen« –, hat den Duodez-Fürsten an der Ilm richtig beschrieben: »Unter all den Fürstentümern Deutschlands ist nicht eines, das besser als Weimar die Vorteile empfinden ließe, die ein kleines Land bietet, wenn sein Oberhaupt ein Mann von Geist ist und wenn er inmitten seiner Untertanen bestrebt sein darf zu gefallen, ohne deshalb weniger Gehorsam zu finden.«

Sogleich haben wir die Ilm erreicht, eingebettet in den herrlichen Park, an dessen Umgestaltung von französischer zu englischer Art Goethe mitgewirkt hat. Wenn man am Bibliotheksgebäude steht, das, dem Barock gemäß, seinen wohl originalen Gelbanstrich zurückerhalten hat – Goethe war hier verwaltend tätig –, so kann man ilmabwärts das herzogliche, später großherzogliche Schloß einsehen, das, am Platz einer ursprünglich mittelalterlichen Burg, sich als mächtigen Dreiflügelbau darstellt, zu groß für das kleine Weimar und von einem hohen, schlanken Turm überragt. Das Schloß beherbergt eine respektable Kunstsammlung, die auf die herzoglichen Bestände zurückgeht. Die über 70 Räume sind zum Teil nach prominenten Weimarern benannt. Das Bernhardzimmer heißt nach Bernhard von Weimar, dem Gegenspieler Wallensteins im 30jährigen Krieg, während das Wielandzimmer nach dem klassischen Dichter genannt ist, den die Herzogin Anna Amalia 1772 als Prinzenerzieher an den Hof berufen hat. Wielands »Oberon« ist als Opernstoff Lortzings bekannt geblieben. Der klassizistische Maler Friedrich Preller hat den Vorwurf des Librettos in einem antik aufgefaßten Gemälde festgehalten, das im Wielandzimmer des Weimarer Schlosses hängt.

Im Park an der Ilm, jenseits der Stadt, stoßen wir auf eine führende Goethestätte: das Gartenhaus, in dem der Dichter in der ersten Zeit seines Aufenthalts gewohnt und gearbeitet hat. 1782 zog er in das stattliche Haus am Frauenplan um, das ihm der Herzog geschenkt hatte.

Zur Zeit, als er dort schon wohnte, trat im Park an der Ilm ein 23jähriges Mädchen mit Namen Christiane Vulpius an ihn heran, Arbeiterin in einer Blumenfabrik, und überreichte dem Minister eine Bittschrift für ihren Bruder. Goethe nahm sie in sein Haus, wo er mit ihr zur Mißbilligung der Weimarer

Bürger bis 1806 unvermählt lebte. Als Christiane während der französischen Besetzung Weimars nach der Schlacht von Jena das Haus vor Plünderern schützte, legalisierte Goethe das Verhältnis. Die Vermählung fand in der Jakobskirche statt. Nach Christianes 1816 erfolgtem Tod wurde sie im zugehörigen Kirchhof beigesetzt. Unter den Lebensdaten stehen Goethes rührende Worte: »Du versuchst, o Sonne, vergebens / durch die düsteren Wolken zu scheinen, / der ganze Gewinn meines Lebens / ist, ihren Verlust zu beweinen.«

Das Haus am Frauenplan, ein nobler, herrschaftlicher Barockbau, ist in Weimar der wichtigste Ort des Ansturms von Besuchern aus aller Welt. Vieles vom Inventar ist altüberkommen, anderes gut ergänzt. Der Hausherr war leidenschaftlicher Sammler auf den verschiedensten Gebieten, wovon eine Vielzahl von Exponaten zeugt. Einen großen Raum nehmen Abgüsse von Antiken ein, darunter das überlebensgroße Haupt der Juno Ludovisi. Auch sieht man die von Schadow nach dem Leben geformte Maske Goethes, die den Kopf des Dichters lebensnah festhält, unmittelbarer, als es die Zahl nicht immer sich gleichender Porträts von Künstlerhand wiedergeben kann. Das eindrucksvollste, das der Münchener Kurt Stieler für König Ludwig I. gemalt hatte, ist in Weimar als Kopie zu sehen.

Man tritt in Goethes Haus am Frauenplan in den Raum der großen festlichen Empfänge, in das schlichte Arbeitszimmer, wo Eckermann die Gespräche mit Goethe aufgezeichnet hat, in das Sterbezimmer, wo Goethe das vieldeutige, aber wahrscheinlich ganz real gemeinte letzte Wort sprach: »Mehr Licht!« Der schwierige einzige Sohn August hatte sein Zimmer im Oberstock. Als er zwei Jahre vor dem Vater in Rom verstorben war und Goethe die Nachricht erhielt, sagte dieser mit einem Zitat aus der Antike: »Ich wußte, daß ich einen Sterblichen gezeugt.«

Im Quartett der Weimarer Klassiker sind auch die drei anderen mit ihren Wohnstätten vertreten: Schiller, Wieland und

Herder. Dessen Domizil steht hinter der Herderkirche am Herderplatz, der vom Markt über ein kurzes Straßenstück erreichbar ist. Goethe wohnte nach seiner Ankunft in Weimar an dem gleichen Platz als Gast des Kammerpräsidenten von Kalb. Auf sein Betreiben kam Herder 1876 als Hofprediger in die Residenz, wo er auch am Alten Gymnasium tätig war. Sein geglücktes Bronzebild steht vor »seiner« Kirche.

Die magnetische Anziehungskraft Goethes hatte im klassischen Zeitalter bewirkt, daß eine Menge meist bedeutender Zeitgenossen nach Weimar kam, zu Kurzaufenthalten oder als Dauerbewohner. Und so stehen heute noch die baulichen Dokumente eines Säkulums über die ganze Stadt verteilt, Wohnstätten großer Geister der Aufklärung und des Klassizismus. Sie sind zugänglich und wecken Reminiszenzen an Bekanntes. Es werden Namen lebendig wie Nietzsche, Liszt, Wagner, Robert und Clara Schumann, auch solche aus Goethes Weimarer Kreis wie Frau von Stein oder Luise von Göchhausen. Viele aus Goethes Leben sind auf dem Historischen Friedhof vereint, wahrhaft ein Mausoleum großer Geister. In der Mitte befindet sich die Goethe- und Schiller-Gruft.

Mit Goethes Tod endete das klassische Zeitalter des deutschen Athen. Das 19. Jahrhundert blieb blaß. Erst mit dem Beginn des zwanzigsten begann ein neuer Aufbruch, als hier mit dem Bauhaus die Moderne erste Schritte tat. Davon zeugen die ganz anders gearteten Kunstschulbauten von Henry van de Velde von 1902. Die neue Richtung fand in der Goethestadt allerdings nur geringe Resonanz. So zog man nach dem 1. Weltkrieg nach Dessau um.

EIN FAST VERGESSENES DENKMAL

So friedfertig Thüringen erscheint, so war es zu Luthers Zeiten doch Schauplatz revolutionärer Vorgänge, des Bauernaufstandes, von dem man in jüngerer Zeit nicht mit Unrecht gesagt hat, er sei die einzige Revolution in Deutschland gewesen, da sie allein vom Volk ausging. Die anfängliche Verbindung zu Luther endete bald. Religiöse und soziale Neuerung ließ sich nach Auffassung des Anführers Thomas Müntzer, obwohl er als Prediger begann, nicht vereinen. Sein Hauptquartier war im Norden Thüringens Mühlhausen, eine Freie Reichsstadt und zugleich Mitglied der Hanse. Als der Prediger der Gleichheit unter den Menschen immer stärker zu Gewalt aufrief, traten die Gegenkräfte auf den Plan. Landgraf Philipp von Hessen, einer der Schützer Luthers, schlug Müntzer und seine Anhänger in der Schlacht von Frankenhausen. Müntzer und seine Anhänger wurden, wie schon erwähnt, gefoltert und hingerichtet.

Frankenhausen liegt nahe des Kyffhäuser-Gebirges, nahe auch beim viel größeren Harz. Über dem einstigen Schlachtfeld hält ein monumentales Kunstwerk die Apokalypse des Bauernkrieges fest. Der Leipziger Manierist Werner Tübke hat es mit Helfern 1983/87 geschaffen. In einem 123 Meter langen, 14,5 Meter hohen Panorama treten unter Einbeziehung von Himmelserscheinungen unzählige Figuren auf, nach Art von Altdorfers »Alexanderschlacht«, die kurz nach dem Bauernkrieg entstanden ist.

Tübkes Pandämonium steht in grellem Gegensatz zu einem anderen, in diesem Fall aus Sandstein bestehenden Dokument, das sich oberhalb in der Ruine der einstigen Reichsburg Kyffhausen befindet. Dieses fast vergessene Monument hält die Gegenseite fest, die Glorie des Reichsgedankens und der Kaiserherrschaft. Im unteren Teil sieht man den Stauferkaiser Barbarossa sitzen. Das Denkmal wurde 1890/96, in der wilhelminischen Ära, vom gleichen Bildhauer gefertigt, von dem auch die Großplastiken am Koblenzer Deutschen Eck, an der Porta Westfalica und auf dem Gelände der Leipziger Völkerschlacht stammen.

Das Denkmal des Kyffhäusers geht auf eine alte Überlieferung zurück, die ein Schafhirte 1537 in einer Erzählung festgehalten hat: Er sei in die »Wohnung« des Kaisers eingedrungen und habe ihn mit einem Arsenal von Waffen angetroffen, mit denen er das Heilige Grab zurückerobern werde. Immer wieder tauchten Versionen des Barbarossa-Mythos auf, die sich schließlich nicht mehr auf das Grab in Jerusalem, sondern im weltlichen Sinn auf das Reich bezogen. Und statt Kaiser Rotbart glaubte man zuerst seinen Enkel Friedrich II. im Kyffhäuser. Doch dessen sublime Geistigkeit lag dem Volk weniger als die urwüchsig-kraftvolle Gestalt Barbarossas, so daß sich der Mythos bald von Friedrich II. auf Friedrich I. verlagerte.

Zu Beginn des 18. Jahrhunderts kam die Mär auf, Rotbarts roter Bart sei durch den Tisch bis auf die Füße gewachsen, er nicke stetig mit dem Kopf, als ob er nicht recht schlafe, sondern bald wieder aufwachen wolle, um sein verlassenes Kaisertum aufs neue anzutreten. Vor allem in schweren Zeiten meldete sich beim Volk die Sehnsucht nach einem charismatisch begabten Ordnungsstifter. Namentlich die Romantik des 19. Jahrhunderts hielt die Saga des schlafenden Kaisers wach. wobei die Literatur nachhalf, seien es die Brüder Grimm oder Friedrich Rückert mit seiner populären Ballade.

Das Kyffhäuser-Denkmal zeigt in einer Nische über dem Bildwerk des schlafenden Kaisers das Reiterbild Wilhelms I., des Monarchen der Reichsgründung, den man anscheinend mit Barbarossa identifizierte. Mit der Gleichsetzung beider Kaiser erklärt sich auch die damals aufgekommene These, der Staufer trage zu Unrecht den Namen Rotbart, denn sein Bart sei in Wirklichkeit weiß gewesen gleich dem des greisen Hohenzollern und er habe in Wahrheit »Weißbart« geheißen.

FÜNFTE REISE

VON DER SAALE ZUR ELBE

EIN FALL VON BIGAMIE

Will man von Erfurt zum Oberlauf der Saale gelangen, so führt der Weg über Arnstadt, das bei einer Reise auf den Spuren der Geschichte nicht ausgelassen werden darf. Mit der Bahn unterwegs, muß man hier umsteigen, was sich wegen des historischen Stadtbilds ebenso lohnt wie dreier Burgen wegen, die, »Drei Gleichen« genannt, in Sichtweite auf einem Ausläufer des Thüringer Waldes thronen. Arnstadt wird auch »Tor zum Thüringer Wald« genannt.

Die älteste Stadt Thüringens ist schon vor Karl dem Großen nachgewiesen. Otto der Große, der als Karls bedeutendster Nachfolger als erster nach ihm die mittelalterliche Kaiserkrone trug, hat 954 hier eine Reichsversammlung abgehalten, wobei es um die Unterwerfung des unbotmäßigen Kaisersohns Liudolf ging. Arnstadt unterstand einer langlebigen Dynastie, den Herren von Schwarzburg, zuerst Grafen, dann Fürsten. Heute ist die Stadt stolz auf ihr Porzellan und ihre Puppen sowie auf zwei Schriftsteller, die nicht zur ersten Garde gehörten, doch im vorigen Jahrhundert viel gelesen wurden: der 1871 hier gestorbene Alexis (»Die Hosen des Herrn von Bredow«) sowie die ebensoviel gelesene wie belächelte Trivialautorin Marlitt, 1825 in Arnstadt geboren, die sich ebenso ein Vermögen zusammenschrieb wie die Courths-Mahler.

Doch vor allem ist Arnstadt, ähnlich wie thüringische Nachbarstädte, ein Ort der Bach-Tradition, nicht nur wegen des berühmtesten der Musiker-Familie, der 1703 bis 1707 in ganz jungen Jahren hier als Organist tätig war, sondern wegen einer ganzen Reihe von komponierenden Bachs. Darüber kann man sich in der Bach-Gedenkstätte in dem aus dem 16. Jahrhundert stammenden Haus zum Palmbaum unterrichten. Die Verehrung der Bachs und namentlich ihres Größten hat am Ort weiterhin dazu geführt, daß man die nahe dem Rathaus stehende Neue Kirche in Bachkirche umbenannte. Dem am Markt gelegenen Rathaus mit zwei schwungvollen Volutengiebeln (1581/83) merkt man niederländischen Einfluß an. Der Markt ist von Renaissance-Galerien flankiert, die Tuchgaden heißen. Ebenfalls in Marktnähe steht als Beitrag des Mittelalters die Liebfrauenkirche (1180 bis 1330), die sich, sieht man von Restaurierungen ab, mit dem Naumburger Dom messen kann.

Doch nun zu den drei Gleichen. Man sieht sie nicht nur von Arnstadt aus, sondern schon bei der Anfahrt von weitem. Auf langgestrecktem bewaldetem Rücken hocken sie als auffällige Silhouette nebeneinander: ganz links die am besten erhaltene, doppeltürmige Wachsenburg mit eingebautem Hotel, sodann die Ruinen der Mülburg und der Burg Gleichen. Von dieser, 39 Meter hoch, sind Reste der Umfassungsmauern erhalten geblieben, dazu Fensterluken und Pfeiler. Auch die Schloßkapelle ist noch erkennbar. Der Turm wurde wiederhergestellt. Die Chronik der Burg vermerkt, daß diese von Heinrich IV. Jahre nach Canossa vergeblich belagert worden ist.

Zur Stauferzeit war Ernst von Gleichen der Burgherr. Er war mit Ottilie von Orlamünde verheiratet, allerdings nur kurz. Als der 5. Kreuzzug Kaiser Friedrichs II. ausgerufen wurde, versagte sich Ernst nicht, sondern zog mit ins Morgenland, wo man in Ptolemais, dem heutigen Akko in Israel, an Land ging.

Der Graf von Gleichen wurde bald vom ägyptischen Sultan, einem Sohn Saladins, gefangengenommen und 7 Jahre in einem vergitterten Turm eingesperrt. Da verliebte sich Melechsala, die Tochter des Sultans, in ihn und brachte es fertig, ihn zu befreien. Heimlich kehrte er mit ihr in seine thüringische Heimat zurück. Empfangen wurde er mit seiner Begleiterin an einem Ort namens Fredental, der heute noch gezeigt wird. Was geschah mit Melechsala, der Sultanstochter, der er zu Dank verpflichtet war? Seine Gemahlin, die froh war, ihren Mann unter diesen Bedingungen wieder zu haben, stimmte zu, daß er sie neben sich zur Frau nahm. Zu dieser mittelalterlichen Doppelehe oder Bigamie gab sogar der Papst seine Zustimmung und taufte Melechsala. Alle drei lebten friedlich miteinander. Melechsala starb nach einigen Jahren kinderlos, die erste Gemahlin einige Jahre später; zwei Kinder hatte sie schon vor Ernsts Kreuzfahrt.

Im Erfurter Dom – dort waren sie beigesetzt worden – sahen wir den Grabstein der drei, die Gräfin Ottilie mit einem Spiegel, dem Sinnbild ihrer »lobwürdigen Klugheit«, die Sultanstochter mit einer Königskrone, in der Mitte der Graf mit seinem Schild, der einen Leoparden zeigt. Museal erhalten ist auch ein dreischläfriges Bett mit rundgewölbtem Himmel, ein Zeugnis der ungewöhnlichen Ehe.

Goethe hatte sich dieses thüringischen Stoffes angenommen und ihn für sein Drama »Stella« benützt, das auch autobiographische Züge trägt. Das Wort der beiden Frauen »Wir sind dein!« schockierte das damalige Publikum, so daß der Dichter den Schluß tragisch abänderte. Jüngere Aufführungen haben jedoch auf die ursprüngliche Fassung zurückgegriffen.

SAALFELD UND RUDOLSTADT

Die nahe bei Arnstadt an der Saale gelegene Stadt Saalfeld ist gleichfalls eines Besuches wert. Hinter dem schon recht ansehnlichen Fluß gelangt man nach kurzem Anstieg auf einen der schönen Märkte Thüringens, hier mit einem aparten Rathaus der Renaissance. Vor der Fassade steht ein mehreckiger Treppenturm, das Dach trägt zwei Zwerchhäuser. Der romanische Amtssitz des Schultheißen ist heute Apotheke. Nahe dem Markt steht die Stadtkirche St. Johannis, eine 1380 begonnene dreischiffige Hallenkirche, deren Decke von neuerdings rotgestrichenen Pfeilerbündeln abgestützt ist, was als Effekt durchaus vertretbar ist. Beiderseits des einschiffigen Chors ragen hohe Türme empor. Schade, daß in den Nischen des Außengemäuers fast durchweg die zugehörigen Heiligenfiguren fehlen. Doch sieht man an der Südmauer eine Anbetung der Hirten, deren einer, vor dem Kind kniend, ostentativ auf den wegweisenden Stern am Himmel deutet. Hohe Maßwerkfenster geben dem Innenraum Licht. Gute Arbeiten sind ein lebensgroßer Täufer der Romanik und ein spätbarockes Heiliges Grab.

Die einst stark befestigte Stadt hat noch Reste der Umgürtung und vier Tortürme; besonders einer fällt wegen seiner später aufgesetzten übermäßig großen barocken Zwiebel auf. Oberhalb der Stadt liegt die Ruine Hoher Schwarm, im 13. Jahrhundert Sitz der Grafen von Schwarzburg und als »steinerne Krone Thüringens« bezeichnet. Dort befinden sich auch die gern besuchten märchenhaften Feengrotten, Hinterlassenschaft eines stillgelegten Alaunschieferbergwerks.

Hat man auf der Landstraße nach Weimar die Stadt Saalfeld hinter sich gelassen, so sieht man nach einer Weile rechts im Feld eine weiße Stele mit dem Steinbildnis eines stürzenden Kriegers. Das Gedächtnismal ist Vorbildern des antiken Hellas nachgeschaffen und gibt den preußischen Prinzen Louis Ferdinand wieder, der am 6. Oktober 1806 an diesem Ort als Anführer der berittenen Vorhut der preußischen Armee gefallen ist, Vorspiel der Schlacht von Jena und Auerstedt, in der Napoleon nach seinem glanzvollen Sieg über die Österreicher und die mit ihnen verbündeten Russen bei Austerlitz 1805 den Zenit seiner Laufbahn erreichte.

Die preußische Armee, die mit verbündeten sächsischen Truppen in Jena stand, zehrte noch vom Schlachtenruhm Friedrichs des Großen. Friedrich Wilhelm III., der zweite Nachfolger, glaubte nun im Jahre 1806, konfrontiert mit den heranrückenden Truppen Bonapartes, ebenso leicht den Sieg davonzutragen. Doch darin irrte er sich. In Frankreich hatten sich seit der Revolution Strategie und Taktik gewandelt. Unter Napoleons Fahnen standen keine Söldner mehr, sondern ein Volksheer, Truppen, die ihrem charismatischen Anführer begeistert folgten. Und auf der anderen, der preußischen Seite? Ein braver König, entschlußarm und von überalterten Heerführern umgeben, mit einer Armee, die mit veralteten Waffen in den Kampf zog.

In der Schlacht von Jena hatte der Korse seinen Standort auf dem »Windknollen«, einer heute noch gezeigten Erhebung an den Hängen der Saale. In seiner Armee befand sich ein Fünftel Rheintruppen, also Deutsche, die er geschickt auf seine Seite gezogen hatte. Er liebte es, seine Streitmacht vor einem Treffen zu teilen. Bei Waterloo 1815 sollte er mit dieser Methode Pech haben, doch 1805 hatte er damit Glück. Die zweite Heeresgruppe unter Davout stand beim nahen Auerstedt dem Preußenkönig gegenüber.

Der Ausgang der Schlacht ist bekannt. Die geschlagenen Preußen flüchteten in Richtung Berlin. Von 40 000 Mann kamen am Sammelort Sondershausen gerade nur 60 Reiter an.

Unter der Führungsschicht des damaligen Preußen war der bereits erwähnte Prinz Louis Ferdinand, Neffe Friedrichs des Großen, der einzige von Format, tapfer in den Koalitionskriegen, hellsichtig für die Fehler der preußischen Politik, künstlerisch begabt wie der Große Fritz und wie jener Komponist von Kammermusik, die auch heute auf den Programmen erscheint. Louis Ferdinand sympathisierte mit den liberalen Strömungen der Zeit, liebte die Salons und die Damen. Er war sensitiv und galt bei vielen als Egozentriker. Freizügigkeiten, welche die neue Epoche mit sich brachte und die er auch für sich beanspruchte, nahm man ihm übel. Der ihm unähnliche, nüchterne und trockene König mochte Louis Ferdinand nicht. Als er in Jena vom jähen Tod des 34jährigen

Prinzen erfuhr, sagte er: »Hat wie ein toller Mensch gelebt, ist wie ein toller Mensch gestorben.«

Die Nacht, bevor Louis Ferdinand fiel, verbrachte er in Schloß Heidecksburg, hoch über Rudolstadt, das man der Saale entlang von Saalfeld aus bald erreicht. In dieser letzten Nacht, so heißt es, sei die Weiße Frau der Hohenzollern ihm erschienen und habe ihm Verhängnisvolles über Preußen vorausgesagt. Nicht düster, sondern eher heiter und festlich wirkt indessen die Burg mit den Gemälden des Festsaals und der Stukkatur der Zimmerfluchten, von 1574 an Residenz zunächst der Grafen, dann der Fürsten von Schwarzbach-Rudolstadt.

Einen großartigen Eindruck vermittelt die Burg vom Marktplatz aus: Der langgestreckte, nach einem Brand im 18. Jahrhundert erweiterte Bau gewinnt seine persönliche Note durch den einzigen Turm, der sich aber nicht in der Mitte, sondern am äußersten Ende im Südwesten der Heidecksburg erhebt. Ein zweiter Schloßbau, ebenfalls 18. Jahrhundert, befindet sich unten in der Stadt. Er trägt den Namen Ludwigsburg und hat sowohl Goethe als auch Schiller öfter zu Gast gesehen.

Beide hatten zu Rudolstadt enge Beziehungen. Schiller lernte 1787 im Lengefeldschen Haus Charlotte, seine spätere Frau, kennen, und unter dem gleichen Dach trafen sich ein Jahr später erstmals Schiller und Goethe, ohne daß sie sich hier schon nähergekommen wären. Ein mehrmonatiger Aufenthalt Schillers ist im Pfarrhaus der Vorstadt Volksstedt verbürgt. Goethe hingegen eröffnete in Rudolstadt, ähnlich wie in Lauchstädt, ein kleines Theater, in dem die Jagemann auftrat und später Liszt, Richard Wagner und Paganini Gastspiele gaben.

JENA: »DAS LIEBESNÄRRISCHE NEST«

Immer von der Saale begleitet, gelangt man von Rudolstadt eine kleine Wegstrecke weit nach Jena, auch eine Stadt, die in der Epoche der Klassik eine Blüte erlebte, wo Schiller eine Zeitlang Wohnung nahm und wo Goethe, der einflußreiche Minister, nach dem inzwischen geschlossenen Freundschaftspakt beider dem Jüngeren eine Professur an der Universität verschaffte. Berühmt geworden ist die Antrittsvorlesung 1789 »Was heißt und zu welchem Ende studiert man Universalgeschichte«. Wohnungen Schillers sind den Kriegseinwirkungen zum Opfer gefallen, doch erhalten blieb ein Gartenhaus »vor der Stadt an der Leutra«, wo der Dichter sich 1797 und später im Sommer aufhielt. Hier entstanden Balladen sowie Teile des »Wallenstein« und der »Jungfrau von Orleans«. Am Gartenhaus sieht man eine Bronzebüste Schillers von Dannecker, dem besten Porträtisten des Dichters. Goethe hingegen hielt sich nur zeitweise in Jena auf, indes er seinen Weimarer Haushalt von Christiane betreuen ließ. Er selber nahm in der Universitätsstadt an der Saale bei einem Buchhändler Quartier, dessen Pflegetochter Minna Herzlieb zu den »Frauen um Goethe« gehörte. Doch war es eine mehr väterliche Beziehung, er nannte Minna sein »Töchterchen«, sie war jünger als seinerzeit Friederike in Sesenheim, er selber aber bald ein gestandener Sechziger. Die Zeit, die der geheimrätliche Minister in Jena verbrachte, war für ihn eine gute Zeit; von ihm ist das Wort vom »liebesnärrischen Nest« verbreitet.

Inzwischen hatte er sich immer mehr naturwissenschaftlichen Fragen zugewandt, wobei ihm Institutionen der Hochschule für Experimente zur Verfügung standen. Am Torso des Anatomieturms, einem Rest der Stadtbefestigung aus dem 13. Jahrhundert, ist auf einem Schild zu lesen: »Hier entdeckte Goethe am 27. 3. 1784 den Zwischenkieferknochen des Menschen.«

Wie in anderen thüringischen Städten spielte der Marktplatz auch in Jena eine besonders wichtige Rolle. Er war, wie alte Darstellungen zeigen, der Altstadt proportional gut angepaßt. Durch Zerstörungen während des 2. Weltkriegs, vielleicht auch durch allzu radikale Entfernung von Bauresten danach, entstand an Stelle des durch Häuserreihen abgegrenzten Platzes eine riesige leere Fläche, auf der jetzt recht beziehungslos das Denkmal des Kurfürsten Johann Friedrich des Großmütigen, Gründers der Universität, zu stehen kam. Der beleibte Herr mit Vollbart hat in der einen Hand sein Schwert, in der anderen die aufgeschlagene Bibel. Von den Jenensern »Hanfried« genannt, war er Sympathisant Luthers, und mit Philipp von Hessen – im hessischen Spangenberg ist er uns begegnet – führte er im Schmalkaldischen Krieg die Protestanten an. In der Schlacht bei Mühlberg an der Elbe unterlagen sie Kaiser Karl V. Die Kunstgeschichte verdankt dem kaiserlichen Sieg das Reiterbild »Karl V. auf dem Schlachtfeld von Mühlberg«, ein Meisterwerk Tizians. Der Hanfried wurde gefangengenommen und verlor mit der Kurwürde auch die Hälfte seines Gebietes.

Schreiten wir den ausgeweiteten Marktplatz weiter ab, so gelangen wir vor das baulich reizvolle Rathaus aus dem 13./14. Jahrhundert. Ursprünglich waren es zwei nebeneinander liegende Häuser, deren jedes ein Walmdach trug. Im 18. Jahrhundert hat man in den Zwischenraum einen Turm mit Kunstuhr und Figurenspiel eingesetzt.

Vom Rathaus aus sieht man den hohen Turm der St. Michael geweihten Stadtkirche aufragen. Diese stand bis zur Jahrhundertmitte an einer leicht gekrümmten Altstadtgasse. Da diese dem Krieg zum Opfer gefallen war, erhebt sich der Turm (mit ergänztem Helm) jetzt vor der leeren Fläche des ehemaligen Marktes. Trotz Schäden kommt der Kirche noch immer das Prädikat eines Sakralbaus von hohen Graden zu. Die Südseite prunkt mit zwei reichen Portalen und Maßwerkfenstern. Im Innern fällt die Schnitzfigur des Patrons der

Kirche von 1507 auf, also gefertigt zu Lebzeiten Luthers. Der Reformator, der übrigens auch an diesem Ort gepredigt hat, ist ebenfalls dargestellt auf einer Bronzeplatte mit seinem ganzfigürlichen Porträt. Ursprünglich war die Platte für Luthers Grab in der Wittenberger Schloßkirche vorgesehen, wurde dann aber nach Jena gebracht, ein Meisterwerk von Cranach, verblüffend ähnlich. In Notzeiten hat man die Platte mit schwarzer Ölfarbe überpinselt, um sie vor Dieben oder Zerstörern zu schützen.

Wie in Weimar stoßen wir auch in Jena auf eine große Zahl führender Männer, auffindbar durch ihre Gräber oder die museal gepflegten Orte ihres Wirkens, hier wie dort einst Ansässige dieser durch ihren hohen geistigen Rang so eng verbundenen beiden thüringischen Städte. Wir lesen die Namen von Fichte, Haeckel, Hegel, Schelling und anderer, doch nicht nur von Genies des Wortes, sondern auch technischer Fertigkeit. Man vergesse nicht den mit Jena eng verbundenen Namen Zeiss, an den uns die größte Ansammlung von Industriebauten in der Stadt an der Saale erinnert, dazu die Vielzahl von Wohnungen und Werkstätten, die in beharrlicher Familientradition beschildert sind, angefangen bei der bescheidenen Neugasse, wo Carl Zeiss 1846/47 seine erste mechanische Werkstätte hatte, Geburtsstätte der Zeisswerke.

Das sichtbarste Zeichen Jenas ist nicht mehr wie durch Jahrhunderte der Turm der Michaelskirche, sondern, schon von weitem himmelragend sichtbar, der 1970/72 von der Universität erstellte zylinderförmige Universitätsturm von 120 Metern Höhe. Der hoch aufragende, metallen blinkende Zylinder enthält in der 26. Etage ein Café mit weitreichendem Rundblick.

ROMANTIK UND CHEMIE

An der Saale hellem Strande: Das vielgesungene volkstümliche Lied bezieht sich vor allem auf den mittleren Teil des

Flusses, wo er Thüringen schon hinter sich gelassen hat und in Windungen eine wald- und felsenreiche Gegend durchfließt, die bereits zum Bundesland Sachsen-Anhalt gehört. Vor allem die Burgen in diesem Abschnitt der Saale legen den Vergleich mit dem ebenso burgenreichen mittleren Rhein nahe.

Kurz bevor die Unstrut in die Saale mündet, erreicht man Naumburg mit seinem historischen Stadtbild, das ständig einen großen Zulauf erfährt. Er gilt der Statue der Uta von Naumburg. Das Meisterwerk, das eine so große Anziehung ausübt, steht im Dom St. Peter und Paul. Das viertürmige Bauwerk weist, ähnlich wie in Worms, zwei Chöre auf. Man begann mit dem Ostchor und baute dann in Richtung West. Die Arbeiten dauerten bis 1250, dem Todesjahr Kaiser Friedrichs II. Im Westchor sind 12 Stifterfiguren aufgestellt, die einen für die Zeit einmaligen realistischen Ausdruck aufweisen.

Zu diesem Kreis der Stifter gehört Uta von Naumburg, die neben ihrem schildtragenden Gemahl Ekkehard steht. Die adlige Dame ist gleich den anderen Stiftern nicht porträtähnlich wiedergegeben, was bei Bildnissen der Gotik ohnehin selten war. Auch konnte der Bildhauer ihr Aussehen gar nicht kennen, weil sie und die anderen Stifter schon hundert Jahre zuvor gestorben waren – um so erstaunlicher die erzielte Lebensnähe.

Die Romantik dieses Abschnitts der Reise saaleabwärts wird allmählich überdeckt durch den Smog geballter, großenteils chemischer Industrie. Für den Charakter des voll industrialisierten Gebiets sprechen die Namen Leuna und Buna, weltweit bekannt schon vor dem 2. Weltkrieg. Man sieht um sich Fabrikhallen und Gasometer, Fördertürme und Starkstromleitungen. Auch die im Umkreis verstreuten Braunkohlezentren tragen zum ökologischen Notstand bei.

Dieses kaum auf die Vergangenheit und ihre Erhellung ausgerichtete Revier hat einen äußerst wertvollen Schatz zu bieten, den man im Archiv des Merseburger Doms gefunden hat:

unter anderen mittelalterlichen Handschriften älteste Zeugnisse der deutschen Sprache. Berühmt sind zwei Dokumente aus dem 10. Jahrhundert.

Bei dem epochemachenden Fund in Merseburg handelt es sich um sogenannte Zaubersprüche, wobei nicht geklärt ist, ob noch heidnisch oder schon christlich. Der erste Spruch bezweckt die Lösung eines gefesselten Gefangenen, der zweite die Heilung eines verrenkten Pferdes.

Auch die mittelalterliche Kaisergeschichte wird im Merseburger Dom durch eine Episode angesprochen. Heinrich IV. entzweite sich mit dem vom Hochrhein stammenden Rudolf von Schwaben, den der kaiserfeindliche Fürstentag von Forchheim in Oberfranken zum Gegenkönig kürte. Es folgte ein dreijähriger Bürgerkrieg zwischen Heinrich und Rudolf, König und Gegenkönig, bei dem Rudolf über die besseren Waffen verfügte. An der Elster in Sachsen kam es 1080 zur Schlacht oder – was begrifflich zutreffender ist – zu einem Scharmützel. Der Gegenkönig behauptete sich, doch seine Verwundungen brachten ihm den Tod. Ein Schwerthieb hatte seine rechte Hand abgetrennt. Lakonisch sagte der Sterbende: »Das war die Hand, mit der ich meinem Herrn Heinrich einst die Treue geschworen.«

Rudolf erhielt im Dom von Merseburg ein aufwendiges Grab mit seinem ganzfigürlichen Reliefbild, einem bis heute erhaltenen Meisterwerk der Gußtechnik. Als Heinrich später den Ort aufsuchte, nahm einer seiner Begleiter Anstoß an der allzu stattlichen Ruhestätte des verräterischen Rudolf. Der Kommentar des Königs ist ein Beispiel seiner Fähigkeit zur Ironie: »Utinam omnes inimici mei tam honorifice iacerent (Ich wollte, alle meine Feinde lägen so ehrenvoll begraben).«

Wir erreichen nun die größte Stadt an der Saale, Halle, das bei der Begründung der neuen Bundesländer 1990 sich bemühte, Hauptstadt von Sachsen-Anhalt zu werden, diesen Rang dann aber doch Magdeburg überlassen mußte. Zur Zeit

Karls des Großen bereits erwähnt, verdankt Halle, einst Halla, dem Salzhandel seinen Wohlstand. Stätten des Abbaus sind heute noch in Betrieb. Sieben Kilometer südöstlich von Halle kann man in den Schacht eines Gradierwerks 223 Meter hinabsteigen, um in einem unterirdischen »Museum« die Arbeitsvorgänge zu verfolgen; auch sieht man die dort unten etablierten Unterkünfte der Salinenarbeiter.

Herz der vom Krieg weniger betroffenen Altstadt ist der Markt mit 5 Türmen; 4 davon gehören zur Marktkirche St. Marien, der fünfte zu einem freistehenden Rundbau, den die Bürgerschaft zur Dokumentierung des Selbstbehauptungswillens im 16. Jahrhundert aus Stadtmauerresten errichtet hat – man unterstand dem Magdeburger Erzbischof bis zum Anschluß an die Reformation. Das vordere, zum Markt ausgerichtete, sehr hohe Turmpaar St. Mariens hat die Besonderheit, daß ganz oben zwischen den Türmen ein Laufsteg verläuft, der nie Schaden erlitt und ein Charakteristikum der Marktkulisse darstellt. Das zweite Turmpaar von geringerer Höhe erhebt sich am Ostwerk.

Halles großer Sohn Georg Friedrich Händel (1685 bis 1759), nahezu gleichaltrig mit Bach, wird auf dem Markt durch ein Denkmal geehrt. Von hier leicht erreichbar ist sein Geburtshaus in der Großen Nikolai-Straße. Man weiß, daß Händel in der Marktkirche Orgel gespielt hat. Er ging nach England, wo er 40 Jahre in der Brook Street wohnte und von den Briten wie einer der Ihren genommen wurde. Sie schrieben seinen Namen auf ihre Weise (Handel) und stellten sein steinernes Bild in der Westminster Abbey, Englands Krönungskirche, auf; hier vertreten zu sein, das kommt der Unsterblichkeit gleich. In London hat Händel übrigens den »Messias« komponiert, und in der dortigen Königlichen Musikhochschule steht sein Spinett.

Neben der Marktkirche nennt Halle einen zweiten hochrangigen Sakralbau sein eigen: den 1280 begonnenen Dom mit 17 Pfeilerfiguren von 1525. In der kleineren Moritzkirche hat der Baumeister sich durch sein Selbstbildnis in Stein um 1410 selber ein Denkmal gesetzt, mit geradezu verblüffendem Wirklichkeitssinn.

Erwähnens- und besuchenswert sind zwei Stätten hochrangiger Kunst in historischen Bauten. Die Moritzburg, am nordwestlichen Eck der einstigen Stadtmauern und teilweise aus deren Quadern errichtet, liegt an einem parallelen Nebenarm der Saale. Einst Zwingburg der Erzbischöfe von Magdeburg, ist sie heute ein Museum für neuere Kunst und Vorgeschichte. Der auf einer Kuppe gelegene Giebichenstein, halb Ruine, halb restauriert, bemüht sich neben der Sammlung von Museumsgut um industrielle Formgestaltung.

Damit wäre das Stichwort gegeben zu einer Einkehr in Dessau, wo sich das 1925 von Weimar nach hier umgezogene Bauhaus um ähnliche formelle Probleme bemühte. Die Stadt liegt nahe der Einmündung der Saale in die Elbe und war ehemalige Residenz der Fürsten von Anhalt-Dessau, einem Adelsgeschlecht, dem auch Leopold II. angehörte, als »Alter Dessauer« in der Armee Friedrichs des Großen wohlbekannt. Er führte in der Armee den Gleichschritt ein.

Hier, in Dessau, konnte nun das Bauhaus eine neue Bleibe finden, nachdem auch größere Plätze wie Frankfurt und Köln in Aussicht standen. Doch Dessau war gut gewählt, und ein Jahr nach der Ankunft errichtete man schon das klarlinige Gebäude, »Hochschule für Gestaltung« genannt. Von neuer Baugesinnung zeugt die 1400 qm große freihängende Glas-Vorhang-Fassade des Werkstättentrakts. Der damalige Leiter des Bauhauses und Erbauer der neuen Heimstätte in Dessau, der weltberühmte Architekt Walter Gropius, erteilte den Rat, »die neue Wirkungsstätte solle jungen künstlerisch veranlagten Menschen ein stimulierendes Klima schaffen, während sie gleichzeitig Gelegenheit fänden, sich technisch zu vervollkommnen«.

Der aus Aachen stammende Architekt Mies van der Rohe

nannte Gropius »den größten Erzieher in unserm Fach«. Es sind wenige Namen, auf denen die heute sich breit auswirkende moderne Architektur basiert, neben dem Amerikaner Wright und dem Franzosen Le Corbusier der damals mit beiden befreundete Gropius, dessen bauliche Gesinnung ein ganzes Programm darstellt: die Synthese von Mechanisierung und individueller Freiheit im Bauen des technischen Zeitalters, die Vorherrschaft der neuzeitlichen Materialien Beton, Stahl und Glas, das bauliche Streben nach Transparenz und vor allem die moderne Städteplanung, Abkehr von der Mietskaserne und der »Rue corridor«, Zuwendung zum scheibenförmigen Wohnhochhaus zwischen Grünflächen und Schaffung von Reservatgebieten für Fußgänger. Die erste Tat des jungen Baumeisters war 1914 die Fagus-Schuhleistenfabrik in Alfeld an der Leine. Seinen Weltruf begründete Gropius dann jenseits des Ozeans. Die westliche Welt verdankte dem Gründer des New-Bauhauses in Chicago entscheidende Impulse und so moderne Planungen wie das Harvard Graduate Center in Cambridge, wo Gropius als Professor wirkte. Seine Lehren strahlten über die ganze Neue Welt aus, Gaben Europas an Amerika. Seine alte Berliner Heimat beschenkte der vielfach Geehrte mit einem Beitrag zum Hansaviertel.

Zu Gropius' Programm der künstlerisch-handwerklichen Synthese im Lehrbetrieb gehörte es, für die Unterweisung der Kunstschüler Träger berühmter Namen einzusetzen. Feininger war zuständig für die Druckerei, Klee für die Glasmalerei, Kandinsky für die Wandmalerei, Schlemmer für die Holz- und Steinbildhauerei.

Der Letztgenannte nahm für die neue Dimension des Sehens einen führenden Rang ein. Als Oskar Schlemmer in das Bauhaus eintrat, hatte er bereits eine vielbeachtete Karriere hinter sich. Nun verschrieb er sich in Dessau der neuen Kunstgesinnung und dem veränderten Formbewußtsein bis hin zur Gestaltung von Eßbesteck. Doch darüber hinaus kreativ, befaßte er sich auch mit Experimenten des Tanztheaters. Ein Ergebnis seiner Bemühungen war sein berühmtes »Triadisches Ballett«, mit dem er schon 1921 in Stuttgart erfolgreich debütiert hatte. Und in vielen Varianten formierte sich sein Lebensthema: »Der Mensch im Raum«. Er stilisierte die Körper zu blockartigen Gebilden, führte das Figürliche auf die Grundformen Kegel und Zylinder zurück, den Kopf angedeutet durch die Eiform. Den Raum sah Schlemmer mystisch verwoben mit den Gestalten, die in ihn hineingebannt sind. Überzeugend verwirklichte der Künstler seine These in der Komposition »Die Bauhaustreppe«, die im Museum of Modern Art in New York hängt, in Zweitfassung im Bauhausmuseum von Dessau.

Wochenendziel von Berlinern ist der östlich von Dessau gelegene Wörlitzer Park, den Fürst Leopold Friedrich Franz 1765 bis 1805 im englischen Stil hatte anlegen lassen. Mittelpunkt des Parks ist ein toter Arm der Elbe. Belebt werden die Anlagen durch Seen und Inseln, Pavillons und Skulpturen, Brücken und Grotten. Man sieht einen Venus- und einen Floratempel sowie ein »gotisches Haus«, Einfälle, wie sie dem 18. Jahrhundert gefielen. Goethe fühlte sich im Wörlitzer Park »wie im Märchen«. Der Parkeigentümer ließ sich 1881 an Ort und Stelle ein Schloß erbauen, das mit seinem antikisierenden Säulenportikus der erste klassizistische Herrensitz Deutschlands ist. Heute befindet sich hier eine Bildersammlung mit wohlklingenden Namen wie Rubens, Canaletto und Jakob Philipp Hackert, Weggenosse Goethes auf dessen Italienreise und Hofmaler der bourbonischen Könige Neapels, in deren Nebenresidenz Caserta Hackert einige Räume ausgemalt hat.

MAGDEBURG UND OTTO I.

Magdeburg an der Elbe hatte im Zweiten Weltkrieg im Gegensatz zum weitgehend verschonten Halle harte Schläge abbekommen. Ungeschoren blieb auch der Dom nicht, der größte Kirchenbau im deutschen Osten. 311 Jahre hat man an ihm gebaut, von 1209 bis 1520, und dazu auch Baubestandteile der abgebrannten Vorgängerkirche benutzt. Der Dom in seiner ursprünglichen Gestalt war recht eigentlich das Werk jenes mittelalterlichen Herrschers, der nach Karl dem Großen als erster die römische Kaiserkrone getragen hat: Otto I.

Die Gründung von Bischofssitzen und Klöstern gehörte bis zuletzt zum Regierungsprogramm Ottos. So sehr sein klarer Verstand weltlichen Erfordernissen den Vorrang gab, so tief verwurzelt war der Imperator in der Frömmigkeit seiner Epoche. Die Chroniken berichten, wie streng er die kirchlichen Feiertage und die vorgeschriebenen Gebete einhielt. Für sein naiv gläubiges Gemüt waren seine Erfolge ebenso gottgewollt wie seine Rückschläge. Nicht im Widerspruch zu seinem christlichen Glauben stand, daß die Forderung der Kirche zugleich der Einheit des Reiches diente und er sich in den Bischöfen treuergebene Sachwalter schuf, die seine Interessen auch dort vertraten, wo der oft reisende Kaiser aus sächsischem Geschlecht nicht präsent war.

Ein von Otto mit besonderer Anteilnahme verfolgtes Unternehmen war die Gründung des weit nach Osten vorgeschobenen Bistums Magdeburg. Den Bau der Domkirche unterstützte er mit persönlichem Engagement, er stattete den episkopalen Sitz auch mit reichen Ländereien aus und holte das Einverständnis des ihm wohlgesinnten Papstes Johannes XIII. ein, als die Gründung anfangs auf den Widerspruch des Mainzer Erzbischofs stieß, von dessen Diözese Gebiete für Magdeburg abgezweigt werden mußten.

Der Kaiser ließ sogar aus dem Süden Europas kostbares Baumaterial für den Dom herbeischaffen und übergab ihm neben anderen Reliquien den Leib des hl. Innozenz, den er vor dem Burgunderkönig Rudolf II. erhalten hatte. Die Kirche wurde im Namen des burgundischen Heiligen Mauritius geweiht. Dieser römische Militär war Anführer der Thebäischen Legion, die sich unter Maximian (286 bis 305) geweigert hatte, bei Christenverfolgungen mitzuwirken, und mit ihrem Kommandanten selbst das Martyrium erlitt. St. Mauritius war seit Ende des 4. Jahrhunderts Patron eines Klosters im Schweizer Wallis. Legenden rankten sich im oberen Rhonetal um den Märtyrer. So soll er ein Weinfaß gesegnet haben, aus dessen Spundloch unentwegt Wein floß – man durfte nur nicht in das Faß hineinschauen. Im Magdeburger Dom steht ein mittelalterlicher Torso des Mauritius.

Der Innenraum des Magdeburger Doms stammt aus nachottonischer Zeit. Normannisch inspiriert ist der Chorumgang mit dem zugehörigen Kapellenkranz. Auf die massiven Turmgeschosse hat das beginnende 16. Jahrhundert filigranartige Oktogonalhelme gesetzt. Vor dem Magdeburger Rathaus stand einst die älteste freistehende Plastik Deutschlands, ein Gegenstück zum berühmten Bamberger Reiter: eine kaiserliche Symbolfigur zu Pferd als Sinnbild der Reichseinheit. Die Statue befindet sich heute im Kulturhistorischen Museum; am ursprünglichen Ort steht jetzt eine Kopie.

Magdeburg wurde zum Ausgangspunkt der nach Osten gerichteten Mission. Von hier aus wurden das polnische Bistum Gnesen, das böhmische Bistum Prag, das ungarische Bistum Gran ins Leben gerufen. Ohne diese Mission hätte statt der lateinischen Kirche die griechisch-russische Orthodoxie die osteuropäischen Länder bekehrt. Hiermit ging die Besiedlung durch zur Auswanderung bereite Bauern des Westens Hand in Hand. Sie wurden vor allem von grenznahen Adelsgeschlechtern gefördert, besonders von den Markgrafen, denn dies diente der Erweiterung ihrer Hausmacht. Nationalstaatliches Denken war erst die Sache späterer Jahrhunderte.

Polen, Böhmen, Ungarn waren zu jener Zeit eng mit dem deutsch-römischen Imperium verbunden. Durch ihr Lehnsverhältnis waren sie nahezu Teile des Reichs, dem sie nach Otto dem Großen auch Waffenhilfe leisteten. Die polnischen Przemysliden erhielten 1198 die erbliche Königswürde. Böhmen, von Tschechen besiedelt, stieg zu einem der wichtigsten deutschen Herzogtümer auf. Eng blieben auch die dynastischen Verbindungen zwischen dem Reich und der ungarischen Krone. Erst im 19. Jahrhundert wurde die Nationalitätenfrage akut und schuf jene unseligen Differenzen, an denen Europa noch im 20. Jahrhundert leidet.

Die ganze Breite der ottonischen Machterweiterung kam 973 zum Ausdruck, als Otto nach dem Besuch des noch unfertigen Doms von Magdeburg in Quedlinburg einkehrte. Dort huldigten ihm neben den Großen der Deutschen die Herzöge von Böhmen und Polen, Boleslaw und Mieszko, neben ihnen stellten sich Gesandte der Dänen und Russen, der Ungarn und Bulgaren ein. In Merseburg, der Erwerbung seines Vaters Heinrich I., empfing der Kaiser am Himmelfahrtstag sogar eine Abordnung der arabischen Fatimiden, der Herrscher Ägyptens.

Im folgenden Jahr zog Otto nach Memleben an der Unstrut, wo sein Vater gestorben war. Er besuchte in der dortigen Pfalzkapelle die Frühmesse, ruhte danach ein wenig und erschien gestärkt zur Einnahme der Mahlzeit. Bei der nachfolgenden Vesper befiel ihn eine Schwäche. Man brachte ihm einen Sessel. Nach Empfang der Sterbesakramente entschlief er ruhig, »nach dem tatenvollsten Leben«. Seinen Tod am 7. Mai 973 nannten spätere Historiker ein Weltereignis.

Aus dem ungefügen, zentrifugalen Staatsgebilde in der Nachfolge des Frankenreiches hatte der »Kaiser der Römer und König der Völker« mit Energie und Stetigkeit ein kraftvolles Reich geschaffen, das universalste, das die Deutschen je besaßen. Für Otto I. darf ein Wort Grillparzers gelten: »Die Meinungen der Zeit verschlingt die Zeit, was aber alle Zeiten groß genannt haben, steht unerschüttert in jedem Wechsel.«

Otto I. aus dem Hause der Sachsen, den schon die Zeitgenossen den »Großen« nannten, wurde neben seiner ersten Gemahlin Edith von England im Dom von Magdeburg beigesetzt. Das Grabmonument in der Gruft unterm Chor trug den Spruch:

»König war er und Christ,
des Vaterlands herrlichste Zierde,
den hier der Marmor bedeckt:
dreifach beklagt ihn die Welt.«

Zwei berühmte Magdeburger sind in der Stadtmitte durch Denkmäler vertreten: Doktor Eisenbarth und Otto von Guericke, der 1654 auf dem Regensburger Reichstag mittels der riesigen »Magdeburger Halbkugeln« den Luftdruck nachgewiesen hat.

SECHSTE REISE:

SÄCHSISCHE STÄDTEFAHRT

VOGTLAND – SACHSENS VESTIBÜL

Zwischen Thüringer Wald und Erzgebirge, am Saum der Weißen Elster, lädt das Vogtland fern von großstädtischem Getriebe zum Verweilen ein, Eingangspforte und Randgebiet Sachsens. Bergiges Gelände steigt bis zur mäßigen Höhe von 800 Metern auf. Steilhänge sind mit Fichten bestanden. Die Elster durchfließt in vielen Windungen den Talgrund.

Vogtland? Der Name weist auf ein Teilstück der Geschichte hin. Keinem Fürsten, keinem Herzog war das Land untertan. Das autonome Gebiet wurde von Vögten des Reichs verwaltet, bis es Ende des 15. Jahrhunderts an die Kurfürsten von Sachsen fiel. Besonderheiten des Vogtlandes und seiner Hauptstadt Plauen sind Musikinstrumente und »Plauener Spitzen«. Der Bezug zur Musik läßt in Plauen auch einen biographischen Vermerk zu: Die 1819 in Leipzig geborene Pianistin Clara Schumann hat in der vogtländischen Hauptstadt ihre Jugend verbracht. Das Plauener Stadtbild weist trotz großer Heimsuchungen einige sehenswerte Zeugnisse der Vergangenheit auf, so die vornehme Schauseite des Renaissance-Rathauses, das spätbarocke Weisbecksche Haus und eine Brücke, die auf das Jahr 1244 zurückgeht. Auf der Straße, die in einiger Distanz vom Nordrand des Erzgebirges nach Dresden führt, gelangt man nach Verlassen der Vogtländer Idylle bald in eine Region ganz anderen Gepräges, in das Industrierevier von Chemnitz und Zwickau, ähnlich dem von Merseburg und Halle.

Während Zwickau die Apokalypse des Zweiten Weltkriegs verhältnismäßig unbeschadet überstand, lag Chemnitz im Feuersturm, erklärbar daraus, daß der dortige Maschinenbau ein wichtiger Industriezweig ist – man sprach vom »Rußchemnitz« –, während die kleinere Nachbarstadt sich vorrangig mit Tuchmacherei beschäftigte. »Zwickisch Tuch« war eine Spezialität. Freilich kamen auch Chemnitzer Textilien auf den Markt, so daß man es »deutsches Manchester« genannt hat. Auch trug es den Beinamen »Tor zum Erzgebirge«, da man dort Erz schürfte. Auf dem früheren Neustädter Markt von Chemnitz hat man in Form von Fossilien einen »versteinerten Wald« aufgestellt, dessen freistehende Stämme vor 250 Millionen Jahren Blätter trugen.

GESAMTKUNSTWERK DRESDEN

Schon von der Lage her pittoresker, von der Ausstrahlung musischer als das größere Leipzig, kann man die alte kurfürstlich-königliche Residenz Dresden – mit dem gleichen Recht, wie es mit Rouen geschieht – als »Ville musée« bezeichnen. Sie hatte oder hat noch eine Fülle von Museen, dem passionierten Sammeleifer eines einzigen Liebhabers entsprungen. Doch nicht zufällig zusammengetragenes oder zusammengebautes Kunstgut von Einzelobjekten macht Dresden aus, sondern das a priori geplante Gesamtkunstwerk einer Stadt. Wenn je absolutistische Kleinstaaterei dem Zentralstaat überlegen war, dann in der Individualität ihrer Residenzen. Dresden ist ein Beispiel. Seine Plätze sind oder – leider muß man sagen – waren »Säle im Freien«. Sein Leitmotiv heißt Barock. Nicht nur barocke Bauten, sondern auch, was unmittelbar dazugehört: barocke Musik.

Die noch junge Elbe, welche die Engen des Elbsandsteingebirges hiner sich gelassen hat, durchschneidet Dresden in schwungvollen, man könnte sagen: barocken Windungen. Der Strom erreicht eine Breite von 130 Metern. Er bildet kein eigentliches Tal, sondern eher einen weitgestreckten Kessel, der ungefähr von Pirna bis Meißen reicht. Das Areal des Herzstücks von Dresdens städtischem Zentrum ist in Alt- und

Neustadt geteilt. In der Altstadt trifft man auf die meisten historischen Plätze, Straßen und Bauwerke. Wenn man in früherer Zeit den Hauptbahnhof verließ, so hatte man die elegante und urbane Prager Straße vor sich. In gerader Richtung erreichte man den Altmarkt mit einer großen Zahl von Verkaufsständen. Das Marktgetriebe spielte sich ab zwischen den Reihen patrizischer Häuser. Auf der stimmungsvollen Vedute des von August dem Starken protegierten Meisters Canaletto sieht man nahezu die gleichen Bauten, einschließlich der nach dem Krieg restaurierten barocken Kreuzkirche.

Diese unvergleichliche städtebauliche Szene, die für viele andere Märkte Sachsens Pate stand, wurde in der Nacht vom 13. zum 14. Februar 1945 ein Trümmerfeld. Die neue Prager Straße ist nun eine breite Fußgängerzone nach der Art eines Boulevards.

AUGUST DER STARKE – SACHSENS HERKULES

Die Dynastie, der Dresden seinen Rang als Kunststadt verdankt, war kulturschöpferisch groß, politisch jedoch klein. Im späten Mittelalter zu einer europäischen Größe aufgestiegen, wurde Sachsen, dessen Hauptstadt Dresden war, immer mehr in seinem Umfang reduziert, bis zum Verlust der Hälfte seines Territoriums. Man wechselte das Glaubensbekenntnis ebenso leicht wie die Allianzen. Die Gegnerschaft zu Preußen im 7jährigen Krieg verursachte große Wunden, die von den Truppen Friedrichs der Stadt Dresden geschlagen wurden. Das Bündnis mit dem Frankreich Napoleons endete mit Sachsens und Dresdens politischer Bedeutungslosigkeit. Der brandenburgische Adler nistete sich an der Elbe ein.

Das Goldene Zeitalter Dresdens begann schon vor August dem Starken. Spuren der Renaissance sind davon übriggeblieben. Der sächsische Kurfürst Moritz war Bauherr des Stallhofes mit dem angeschlossenen 102 m langen Gang, dessen Rundbogen-Arkaden auf 22 Säulen ruhen. Eine in neuerer

Zeit am Gang (Seite der Augustusstraße) angebrachte Bilderfolge mit dem Namen »Fürstenzug« reiht die Herrscher des Landes, auf Porzellankacheln gemalt, aneinander; an der Herstellung war das berühmte Meißen beteiligt. Der öfter umgestaltete Komplex aus dem ausgehenden 16. Jahrhundert hat, in jüngerer Zeit restauriert, die Zeiten am besten überstanden.

Vor dem Zweiten Weltkrieg wurden auf dem Platz zwischen Schloß und Gang durch Kavallerie-Einheiten in ritterlicher Montur originalgetreue Turniere veranstaltet. An der Kasse verkaufte man entsprechende Schnitzfiguren en miniature, von der Spielzeugindustrie des Erzgebirges gefertigt.

Die Renaissance war schon im Verklingen, als mit dem »Dresdner Barock« das Goldene Zeitalter der Stadt begann. Die führenden Namen der ebenso mäzenatisch wie verschwenderisch tätigen Kurfürsten – später auch Könige Polens – waren der bereits genannte August der Starke, der sich mit der barocken Vorliebe für antike Metaphern mit Herakles gleichsetzte, und sein Sohn und Nachfolger August III., dem die heute wieder instand gesetzte Hofkirche zu verdanken ist. In den kurfürstlichen Parkanlagen Dresdens standen altrömische Statuen (bis heute blieb in der einstigen Residenz eine der umfänglichsten Skulpturensammlungen erhalten).

Welch glücklicher Umstand, daß die Neugier des »aufgeklärten« Jahrhunderts auf alles Antike mit Dresdens Goldenem Zeitalter zusammenfiel! Maria Amalia Christine, Tochter des Kurfürsten August III. und damit Enkelin Augusts des Starken, hatte in jungen Jahren in den kurfürstlichen Gärten beim Anblick der vorher noch kaum gekannten Statuen Feuer für die jetzt erst in Europa einsetzenden Ausgrabungen gefangen. Nachdem sie Gemahlin Karls III. von Bourbon und damit Königin von Neapel geworden war, entdeckte die kunstsinnige junge Frau in den neapolitanischen Gärten antike Bildwerke, die beim letzten Vesuvausbruch, 1737, zutage getreten waren. Sie veranlaßte den König, gleichfalls

Kunstliebhaber, wenn auch ohne ihre Kenntnisse, mit dem Spaten Spuren in Pompeji, Herculaneum und Stabiae nachzugehen. Das Ergebnis war sensationell, das Interesse der gelehrten Welt erwacht.

»LE ROI GALANT«

Hatten auch andere Herrscher aus dem Hause der Wettiner an Dresdens Aufstieg und Glanz mitgewirkt, so ist für die Nachwelt doch August der Starke der eigentliche Repräsentant geblieben. Von Prachtentfaltung (zu seinem eigenen Ruhm) hielt er mehr als von kriegerischem Lorbeer. Von ihm stammt das Wort: »Fürsten schaffen sich Unsterblichkeit durch ihre Bauten«. Man sagte von ihm, daß es wichtiger für ihn sei, eine Oper nicht zu versäumen, als eine Schlacht zu gewinnen. Er fühlte sich als Vertreter und Verfechter des aufgeklärten Absolutismus. Sein Vorbild war der Roi Soleil, der ebenfalls nie selber in die Schlacht zog.

August der Starke war mehr ein Gourmet und ein »Roi Galant«. Seine Schlösser dienten seinem luxuriösen Lebensstil, ebenso seine üppigen Gastmähler, seine Gondelpartien zum intimen Schloß Pillnitz, der Sommerresidenz außerhalb Dresdens, die mit ihren Chinoiserien dem Zeitstil entsprach. Die Gemahlin des Königs verbrachte ihre Tage fern vom Hof und meist vor Altären; das Volk nannte sie die »Betsäule Dresdens«. Dafür glänzten in der Residenz die Favoritinnen, an erster Stelle Anna Constanze von Brockdorf, die der kurfürstlich-königliche Liebhaber zur Reichsgräfin Cosel erhöhte. Ebenso intrigant wie prunksüchtig, verlor sie später die königliche Gunst und verbrachte die ferneren Jahre als Verbannte auf der trutzigen Festung Stolpen in Dresdens Nähe. Noch ragt der Bergfried mit Satteldach über die Burganlage empor.

Als August der Starke 1733 in Warschau starb, hinterließ er nach Schätzung 352 leibliche Kinder.

PALÄSTE, KIRCHEN, MUSEEN

Die bedeutendste Hinterlassenschaft des Dresdener Barock ist der weltbekannte Zwinger des Architekten Matthäus Daniel Pöppelmann, kein Einzelobjekt, sondern ein ganzes Ensemble symmetrisch angelegter Bauten, die sich um einen festlichen Platz formieren. Der bekannteste Trakt ist der mittlere, der Wallpavillon mit der Königskrone, umgeben von vier Adlern. Der schmuckreiche Bau zählt zu den meistbewunderten und -fotografierten Objekten der europäischen Architektur. Er war zwischen der älteren und jüngeren Stadtmauer eingezwängt, daher der Name. Ein Glücksfall, daß die überkommene Baumasse trotz erheblicher Schäden ausreichte, um den ursprünglichen Zustand wenigstens in der Rekonstruktion wieder erstehen zu lassen. Oper und Gemäldegalerie aus der Mitte des vorigen Jahrhunderts schließen sich an, gebaut von Gottfried Semper und Sohn.

Fast ganz zerstört waren die am Elbufer entlangführenden Brühlschen Terrassen. August II. hatte die Anlage dem Grafen Heinrich von Brühl, seinem ersten Minister, geschenkt. Dieser, ein Bonvivant, war Augusts *geheime Eminenz*; man hat von ihm gesagt, er sei der Medici, Richelieu und Rothschild seiner Epoche gewesen. Er war ein Arrangeur prunkvoller Feste. Auf den nach ihm benannten Terrassen, auch als »Balkon Europas« bekannt, legte er einen Lustgarten an, zu dem eine Freitreppe emporführte.

Sowohl das Schloß als auch die protestantische Frauenkirche blieben nach den strategisch sinnlosen Bombenangriffen vom Februar 1945 als Trümmerberge zurück. Man bemüht sich, beide Bauwerke wenigstens halbwegs im Sinne der Originale wiederherzustellen und damit die Lücke in der Silhouette der Innenstadt zu schließen. Anfangs wurden auch Erwägungen laut, die Ruinen als Denkmale stehen zu lassen, gleich der Berliner Kaiser-Wilhelm-Gedächtniskirche. Weniger gelitten hat das kunsthistorisch bedeutendste Bauwerk, die katholische Hofkirche, Hochbarock aus den Jahren 1738/55. Wohl war die Kirche ausgebrannt, das Gewölbe stürzte großenteils ein, aber zum Glück blieb der schlanke, kandelaberartige 85,5 Meter hohe Turm vom Bombenhagel soweit verschont, daß auch diese größte Kirche Sachsens wieder ihre unnachahmliche Position im Stadtbild Dresdens einnimmt. Erhalten blieben auch 78 Barockstatuen in den Außennischen und auf den Balustraden rund um das Außengemäuer. Das Altarbild im Innern, eine Himmelfahrt darstellend, stammt von Anton Raphael Mengs (1750/51), dem im nahen Aussig in Böhmen gebürtigen Förderer Goyas.

Aus allen Kunstsparten standen Spitzenkräfte mit Dresden in engem Kontakt. Als Hofkapellmeister wirkte Carl Maria von Weber 1817/26 am Ort. Uraufgeführt wurde von Wagner »Rienzi« (1842), der »Fliegende Holländer« (1843) und »Tannhäuser« (1845), von Strauß »Salome« (1905) und »Elektra« (1909). Weltruf haben die »Dresdener Philharmoniker«. Daß die Gemäldegalerie ein breites Spektrum von Spitzenwerken aufweist, ist den Akquisitionen der Kurfürsten im Goldenen Zeitalter zu danken, wie auch in anderen Städten die Fürsten mit ihrem Geld und ihrem Spürsinn erstklassige Käufe für die Bildersammlungen ihrer Residenzen zusammenbrachten, so in München, Kassel, Karlsruhe. Die Tizians, Vermeers, Rembrandts in Dresden werden überragt von Raffaels »Sixtinischer Madonna«, die aus dem schützenden Depot während der Kriegszeit nach Rußland verschwand, dann aber wieder nach »Elbflorenz« zurückkehrte.

Beachtung verdient auch Dresdens Stadtteil am rechten Elbufer. Auf dem Neustädter Markt gleich nach der Augustusbrücke hat der Roi Galant Platz genommen, hoch zu Roß und wegen des Anstrichs »Goldener Reiter« genannt. Die posthum angefertigte Porträtstatue ist zweifellos dem gleichfalls vergoldeten Peter dem Großen in Leningrad nachempfunden. Vom Neustädter Markt aus lohnt es sich, geradeaus über die

Straße der Befreiung zum Platz der Einheit weiterzugehen; man glaubt, den Boden einer Esplanade zu betreten, ungewöhnlich für die Bauzeit noch vor der Wende. Die Neustadt gewährt auch einen Blick in ein geschlossenes Ensemble des bürgerlichen Barock.

PORZELLAN STATT GOLD

Bei einer Reise durch die Geschichte – ist man schon in Dresden angelangt – darf ein Abstecher zu der zugehörigen Moritzburg nicht ausgelassen werden. Dazu bietet schon der historische Zusammenhang Anlaß. Denn wieder sind es die Wettiner des Goldenen Zeitalters, auf die dieses 14 km von Dresden entfernt gelegene Elysium eines Lustschlosses zurückgeht. Kurfürst Moritz, der Bauherr des Dresdner Stallhofes, tat auch hier den ersten Schritt, als er 1542/44 ein erstes, allerdings noch bescheidenes Schloß erbauen ließ. August der Starke gab dann 1723 die Ordre zu einem Umbau, einem erweiterten Jagdschloß, dem sein Hausarchitekt Pöppelmann dann jene Form gab, wie man sie von unzähligen Plakaten kennt: der Vierflügelbau mit massigen Rundtürmen an jeder Ecke, davor ein künstlicher Weiher und gärtnerische Anlagen – alles vermittelt die heiterste Stimmung. August der Starke lud oft 400 Gäste ein und war imstande, sie im Schloß unterzubringen.

Auch der hohe Ruf der Stadt Meißen ist ohne den lebens- und kunstfrohen Souverän nicht zu denken. Diese historische Stadt lag nur um weniges entfernter von Dresden als die Moritzburg, an der Elbe, dort wo die Breite des Strombettes wieder abnimmt. Wie am Mittelrhein hat man auch hier in früheren Zeiten getreidelt, indem man die Lastkähne vom Ufer aus mittels Seilen stromauf zog.

Der erste deutsche Herrscher, König Heinrich I., genannt »der Vogler« oder »der Städtegründer«, dessen Spuren man auf einer geschichtlichen Reise oft begegnet, hat 929 auch für

Meißen den Grundstein gelegt. Auf ihn geht die hügelkrönende spätgotische Albrechtsburg zurück, die im 16. Jahrhundert einen Treppenturm erhielt, dessen Stufen hinter offenen Galerien aufsteigen. Der frühgotische Dom, ebenfalls auf dem Burghügel, zeigt ganzfigürlich Otto den Großen und seine Gemahlin Adelheid. Über den Bau äußerte Goethe 1813, er sei inwendig das schlankste, schönste Gebäude jener Zeit, das er kenne. Begeisterung erweckte der Dom auch bei den Romantikern: Ruge, Blechen, Caspar David Friedrich. Erwähnenswert der Minnesänger Heinrich von Meißen, genannt »Frauenlob«, von dessen Grab im Kreuzgang des Mainzer Doms bereits die Rede war. Gellert und Lessing besuchten die Meißener Fürstenschule.

In engem Zusammenhang mit der Stadt ist noch ein anderer zu nennen: der Apothekerlehrling Johann Friedrich Böttger, dem man die Erfindung des Porzellans zuschreibt. In Berlin hatte er mit seinen Versuchen begonnen. Eigentlich wollte er Gold machen – und es wurde »weißes Gold«. Man hielt ihn für einen Alchimisten, Scharlatan. Zu denen, die ihm mißtrauten, gehörte der Preußenkönig Friedrich I. Böttger, der sich verfolgt sah, entschloß sich zur Flucht. Nach abenteuerlichen Umwegen kam er nach Dresden. Dort richtete ihm August der Starke ein Labor ein, zuerst auf den Brühlschen Terrassen, dann auf der Albrechtsburg, um durch weitere Experimente die Erfindung voranzutreiben. Dem König ging es darum, Böttgers Arbeit vor Spionen geheimzuhalten. Der Erfinder, obwohl Bediensteter und kein Häftling, wurde so streng gehalten, daß er nicht einmal nach Belieben freien Ausgang hatte. Er starb erst 37jährig im Jahre 1719.

Andere setzten seine Arbeit fort. In der in Meißen begründeten Porzellanmanufaktur spezialisierte man sich auf Porzellanmalerei. In aller Welt bekannt wurden auch die vielerlei Zwiebelmuster. Im Meißener Porzellanmuseum befindet sich bis heute eine Modellsammlung mit 2500 verschiedenen Exponaten. Die Frauenkirche am Markt (mit spätgotischem

Rathaus) weist am Turmgemäuer das früheste Glockenwerk – aus Porzellan – auf.

»MEIN LEIPZIG LOB' ICH MIR!«

Goethe, der sich als Studiosus in Sachsens größter Stadt aufgehalten hat, verewigte diese in seinem »Faust«, indem er eine dortige Gaststätte weltberühmt machte: Auerbachs Keller. Vom Goethedenkmal aus, das vor der alten Handelsbörse steht, können wir die von Deutschlands größtem Dichter literarisch verewigte Örtlichkeit leicht finden, denn trotz aller Katastrophen der Stadt ist sie noch heute vorhanden und zieht laufend Fremde an. In den Keller tritt man von der Mädlerpassage, in der von Zeit zu Zeit ein Glockenspiel aus Meißner Porzellan erklingt. Die Atmosphäre des berühmten Kellers hat sich bis heute erhalten. Man findet im »Faust« eine hier spielende Szene, in der beim Eintreten des Doktors und des Mephistopheles einer der Zecher namens Frosch fröhlich ausruft: »Mein Leipzig lob' ich mir! Es ist ein klein Paris und bildet seine Leute.«

Trifft ein Vergleich mit Paris heute auch nicht mehr zu, so hat die Stadt von ihrem alten Glanz und Nimbus doch einen ansehnlichen Rest retten können, mehr jedenfalls als das im Zweiten Weltkrieg viel stärker heimgesuchte Dresden. Auch hat man bereits Lücken im historischen Stadtbild geschlossen und besonders exemplarische Bauten, soweit möglich, sorgfältig restauriert. Noch zieht sich der repräsentative Komplex des Alten Rathauses von 1556 am Markt entlang, mit seinem laternengekrönten Turm, seinen Kolonnaden und den Zwerchhäusern über dem Gesims des Daches. In der Kleinen Fleischergasse steht man vor dem Haus zum Kaffeebaum, einem um 1500 erbauten Gasthaus, in dem Robert Schumann in den Jahren 1833 bis 1844 aus- und einging. Auch das Barock ist mit guten Beispielen vertreten, so unter den patrizischen Bürgerhäusern das Romanushaus in der Katharinenstraße. Wie in Jena überragt ein moderner Hochhausturm, zur Universität gehörend, das Altstadtrevier. Das dreiseitig konkave Stahlgemäuer, mit 34 Geschossen 142,5 Meter hoch, bildet das von überall sichtbare Wahrzeichen der Stadt. Am Platz des Hochhauses, das im Volksmund »Steiler Zahn« heißt, stand noch nach dem Krieg die spätgotische Universitätskirche, die man nach 1945 leider abgerissen hat.

LEIPZIG UND BACH

Wurden auch an anderen Orten Wirkungsstätten von Johann Sebastian Bach museal festgehalten, so doch nirgendwo mehr als in Leipzig. Bach war 1733–50 Kantor an der (allerdings öfter restaurierten) Thomaskirche, die auf das Jahr 1212 zurückgeht. Der Komponist leitete hier auch den Thomaschor. Die Johannes- und die Matthäuspassion wurden in der Kirche uraufgeführt. In der Nähe der Kirche steht ein monumentales Bachdenkmal, das Mendelssohn-Bartholdy 1843 stiftete. 1829 hatte dieser als Verehrer Bachs dessen Werk im Gedächtnis der Musikliebhaber aufgefrischt, indem er die nur noch wenig dargebotene Matthäuspassion aufführen ließ.

Bach war nur ungern nach Leipzig gekommen. Zuvor war er Hofkapellmeister in der anhaltischen Residenz Köthen. Die dortige neue Fürstin war aber der Musik nicht sonderlich zugetan. Aus diesem Grund kehrte der Kapellmeister der Residenz den Rücken und begab sich nach Leipzig, wo er sich vom dortigen Rat – allerdings lustlos – als Kantor verpflichten ließ. Das Verhältnis zu den Stadtoberen blieb schlecht, doch ohne daß seine Produktion darunter litt. Seine kompositorische Genialität wurde verkannt; man schätzte ihn allenfalls durch sein Orgelspiel. Einer, der ihn posthum zu würdigen verstand, war niemand anderer als Beethoven, von dem das Wortspiel stammt: »Nicht Bach, sondern Meer sollte er heißen.«

Beigesetzt wurde der Thomaskantor auf dem Johannisfriedhof, doch ohne Gedenkstein. Darum bleibt es unsicher, ob es sich bei der Umbettung 1894 um Bachs wirkliche Gebeine handelte. Die umstrittene Grabstätte wurde 1949 in die Thomaskirche verlegt.

Des öfteren soll sich Bach bei dem Gold- und Silberwaren-Fabrikanten Georg Heinrich Bose aufgehalten haben. Dieser hatte sein 1709 erworbenes Haus barock umgestaltet. Vom älteren Bau aus dem Jahre 1586 steht heute noch die Eingangshalle. Eine Art Bach-Museum findet man im kleinen Schloß von Gohlis im gleichnamigen nördlichen Ortsteil. Hier verbrachte Schiller 1785 vier Sommermonate; hier schrieb er die »Ode an die Freude«.

Die Bedeutung Leipzigs als Musikstadt liegt nicht nur in der Vergangenheit begründet. Europäischen Rang hat das Gewandhaus, das seinen Namen von der Tuchproduktion ableitet. Kurt Masur, der Hausherr, hat in den entscheidenden Tagen des Oktobers 1989 nicht den Taktstock geschwungen, sondern sich in aller Öffentlichkeit auf der Freifläche zwischen Opern- und neuem Gewandhaus rhetorisch dafür eingesetzt, daß der riskante politische Wandel bei aller Erregtheit der Masse ohne Gewalt verlief, als unblutige Revolution. Leipzig war das Zentrum der »Wende«, und der Platz, der jahrzehntelang den Namen Karl Marx trug, erhielt bald wieder den alten Namen Augustusplatz zurück, benannt nach dem populärsten Herrscher Sachsens.

DIE VÖLKERSCHLACHT

Will man die Stadt Leipzig mit einem Schlagwort kennzeichnen, so könnte man sagen: Kunst und Kommerz. Mit seinen Kunstschätzen, seiner gehobenen Musikpflege wie auch früher wegen der buntgefächerten Buchproduktion und der Buchmesse erfüllte die Stadt jeglichen geistig-musischen Anspruch. Hier hatten die führenden Verlage ihren Sitz, ehe sie nach 1945 in den Westen umsiedelten.

Und der Kommerz?

Leipzig mit seinen 560 000 Einwohnern verfügt über ein beträchtliches Arbeitspotential einer agilen Bevölkerung und über eine geopolitisch günstige Lage. Leipzigs Anrainer-Fluß, die Weiße Elster, die uns bereits auf der Reise durch das Vogtland begegnete, hat hier schon eine beträchtliche Breite erlangt. Napoleon konnte sie am Tag von Leipzig nur mit Verlusten überqueren; außerdem gesellt sich noch ein zweiter Wasserweg, die Pleiße, zur Weißen Elster hinzu. In Leipzigs Tieflandbucht fanden sich Vorkommen von Braunkohle. Neben Chemieanlagen stellten Elektrotechnik und Elektronik industrielle Schwerpunkte dar. Ideale Verkehrswege begünstigten Im- und Exporte und wurden zur Voraussetzung für Handel und Handelsmesse. Im 19. Jahrhundert entwickelte sich diese zur Mustermesse. Vom Messegelände aus fällt der Blick in südwestlicher Richtung unmittelbar auf den kolossalen Block des Völkerschlachtdenkmals. Als es zur Jahrhundertfeier 1913 gerade fertig war, kündigte sich bald das nächste Völkerringen an.

Napoleons Große Armee, rekrutiert aus vielen Völkern, hatte sich 1812 im Abenteuer des Rußlandfeldzugs an Kopfzahl und Schlagkraft vermindert und trat geschwächt den Endkampf gegen die Monarchien Preußens, Rußlands und Schwedens an. 205 000 Mann der Alliierten standen bei Leipzig nur 190 000 Soldaten Napoleons gegenüber. Die überlegene Kriegführung des Korsen konnte sich nicht mehr auswirken. Der Historiker Friedrich Meinecke rekapitulierte: »Am frühen Morgen des 16. Oktober 1813 begann die bis dahin wohl größte Schlacht der Weltgeschichte, eines der mächtigen Weltereignisse, auf die alle Linien der Entwicklung konzentrisch zusammenstoßen, um von da aus wieder in mannigfachen Strahlen auseinanderzugehen.«

Die Glücksgöttin Tyche hatte sich von Napoleon bereits abgewandt. Der Tag von Jena und Auerstedt wiederholte sich nicht.

»Adieu, mes braves Saxons!« lautete Napoleons Abschiedswort zu seinem Verbündeten, dem sächsischen König. Dieser verlor durch den Wiener Kongreß 1815 den größeren Teil des damaligen Sachsen an Preußen: die östliche Oberlausitz, die Niederlausitz, die Gebiete von Wittenberg, Torgau, Merseburg und Naumburg, das nördliche Thüringen.

SIEBTE REISE:

VOM OBERRHEIN ZUM BODENSEE

RESIDENZ KARL THEODORS

Das ehemalige Großherzogtum Baden war eine geographische Unmöglichkeit, in der Taille ein Schlauch, in Nord und Süd über Gebirge hinweggreifend zu Landesteilen, die kaum noch zu der künstlich geschaffenen Residenz Karlsruhe Beziehung hatten. Beamte, die nicht spurten, schickte man damals weit weg, nach »Badisch-Sibirien«, worunter man das mainfränkische Gebiet verstand, das zu Baden gehörte. Die Bezeichnung war ungerecht. Das Land zwischen Main und Neckar ist zwar heute noch arm, aber reich an landschaftlichen und kulturgeschichtlichen Reizen, im Taubergrund auch weingesegnet.

Daß Baden ein so unorganisches Gebilde ist, geht auf die Künstlichkeit seiner Gründung zurück. Napoleon ist der eigentliche Vater. Er hat 1806 aufgeräumt mit der kaum überschaubaren Zahl von Hoheitsgebieten: Fürstentümern, Markgrafschaften, geistlichen Territorien, reichsunmittelbaren Städten (bis zu Dorfcharakter) und Klöstern. Es gab sogar ein »freies Reichstal«, nämlich das Harmersbachtal im Schwarzwald. Der Postwagen des 18. Jahrhunderts durchfuhr in kurzen Abständen in Bühl baden-badensches, in Ottersweier österreichisches, in Sasbach bischöflich-straßburgisches, in Achern österreichisches, in Renchen straßburgisches, in Appenweier österreichisches, in Offenburg reichsstädtisches, in Dinglingen nassauisches Gebiet.

Zu Goethes Zeiten war der Oberrhein von Inseln, sogenannten Werdern, durchsetzt; der Patriziersohn aus Frankfurt konnte sich vor Rheinschnaken kaum retten. Das ist anders geworden, seit der Oberst Tulla von 1813 an den

Rhein regulierte und damit zwar langweiliger, aber brauchbarer, nämlich schiffbar machte. Von den Werdern sind Altrheinarme zurückgeblieben, pappelumstanden, von teilweise urweltlicher Idyllik, Oasen der Hecht- und Aalfischer, denen aber heute Abwässer die Passion verderben. Diesseits und jenseits des oberen Oberrheins leben Alemannen, ihre Dialekte sind gar nicht so unterschiedlich, desgleichen ihre behäbige, bedächtige und etwas schwerfällige Denkungsart, ihre gelegentliche Dickköpfigkeit, ihre Solidität, ihre Freude am guten Essen und guten Trinken. Gastlichkeit und Gasthofkultur sowie der Charakter ihrer erdigen Weine ähneln sich.

Obwohl Napoleon mit dem Großherzogtum Baden ein staatlich und politisch inhomogenes Gebiet geschaffen hat, wuchs es so zusammen, daß es sich durchaus als Einheit empfand. Das erzbadische Haus Zähringen hat dazu beigetragen, dessen Geschichte sich immer auf der Oberrheinbühne abgespielt hat. Es waren manchmal eigenwillige Herren, die wie andere Dynastien ihre Allüren und Affären hatten. Wahrhaft patriarchalisch-human, erster Bürger seines Staates, war der profilierteste von allen, Karl Friedrich, in dessen Karlsruher Schloß Goethe eingekehrt ist und aus dem, ursprünglich nur Markgraf, Napoleon einen Großherzog gemacht hat, mit familiärer Bindung an das Haus Bonaparte. Dieser vorzügliche, aufgeklärte Fürst, dessen Bronzebild vor dem Karlsruher Barockschloß steht, hat schon 1783 die Bauern befreit, lange vor dem Freiherrn vom Stein. Das Zähringer-Baden wurde seiner Ordentlichkeit wegen zu einer Art Musterländle, fast mit einem eigenen Nationalgefühl, so daß es um die Jahrhundertwende noch ein populäres Lied gab: »Mein Vaterland, mein Baden«. Nur schwer fanden sich weite Kreise nach 1945 mit der baden-württembergischen Ehe ab, obwohl Schwaben im weiteren Sinne ebenfalls Alemannen sind.

Als Karl Friedrich noch Markgraf war und über ein Klein-Territorium regierte, das aus einigen durch Erbschaft und Ehe zusammengekommenen Landfetzen in Mittel- und Südbaden bestand, herrschte weitaus glanzvoller in Mannheim der Kurfürst Karl Theodor aus dem Hause Wittelsbach. Sein Aufwand und seine Baufreudigkeit überstiegen Etat und fürstlichen Rang. Sie standen kaum dem Standard der Bourbonenkönige nach. Immerhin wies das Herrschaftsgebiet alte Tradition auf. Der Wittelsbacher war Pfalzgraf bei Rhein und Erzschatzmeister des Heiligen Römischen Reichs. Wenn man diesem Fürsten mit seiner absolutistischen Gebärde und seiner barocken Statur auch manches ankreiden könnte, so muß man ihm eines zuerkennen: sein Hof im Winkel von Rhein und Neckar war ein Musenhof. Karl Theodor sammelte kennerisch Kunstwerke und förderte mäzenatisch Musik, seiner Epoche gemäß Barockmusik. Die »Mannheimer Schule« war europaberühmt, sie zog Genies wie Mozart in ihren Bann.

Die Wahl Mannheims als kurpfälzische Residenz geht auf Karl Theodors Vorgänger, Karl Philipp, zurück. Beide Fürsten blicken in der Haltung von Autokraten mit Lebensstil im Portikus der Jesuitenkirche gönnerisch zu uns herab. Um die kalvinistischen Heidelberger zu strafen, kehrte der katholische Karl Philipp der alten Kapitale der Pfalzgrafen bei Rhein den fürstlichen Rücken und ließ 1720 in Mannheim jene Schloßanlage errichten, die zu den größten Europas zählt. Man braucht eine ganze Weile, bis man an den langgestreckten Bautrakten und dem mächtigen Ehrenhof vorbeigeschritten ist. Wer Mannheim mit der Bahn passiert, sieht nur die weniger attraktive Rückseite des Schlosses und nicht die überraschend pompöse Vorderfront, die schon Friedrich der Große bewundert hat. Was Goethe von Caserta im Königreich Neapel gesagt hat, gilt in besonderem Maße für Mannheims Residenz: »Escorialhaft, königlich genug«.

Die Bomben des letzten Kriegs schlugen in die ausgedehnte Mannheimer Schloßanlage ein. Das Inventar wurde zertrümmert. Man hat Karl Theodors Residenz, in der jetzt die Wirtschaftsuniversität »residiert«, so vollkommen wiederaufgebaut, daß man ihr von außen nicht mehr ansieht, welche Wunden ihr zugefügt worden sind. Sie breitet mächtig ihre Arme aus, um gewissermaßen die ihr untertane Stadt zu umfangen. Man merkt dem Schloß die klassizistisch orientierte französische Bauleitung an; es ist schmuckarm bis auf die Allegorien über dem Hauptportal. In den Giebelsegmenten der Fensterreihen verschlingen sich die beiden Buchstaben CT ineinander = Carl Theodor. Die Buchstaben krönen auch die Kuppel der Jesuitenkirche, und sie zierten während der Regierungszeit des Kurfürsten alle Kaffeekannen, Teller und Gläser der Untertanen.

Die Schloßkirche ist ein Saalbau, von Pilastern gegliedert, reich an Stuck, Rocaille und Medaillons mit barocken religiösen Szenen. Man hat den Raum als »Festsaal des lieben Gottes« bezeichnet. Nach der Kriegszerstörung ist die Kirche in leicht abgewandelter, doch vertretbarer Form wiederauferstanden. Ursprünglich besaß sie ein perspektivisches Deckengemälde in Tiepolo-Manier von dem berühmten Cosman Asam, festlich-ekstatische Apotheosen. Die Decke war vernichtet. Nach einer Kleinbild-Vorlage hat Carolus Vocke sie nach dem Krieg erstaunlich »barock« erneuert.

In diesem kolossalen Schloß, Strahlungspunkt fürstlicher Gnadensonne im Sinne des Absolutismus, residierte und regierte autokratisch Karl Theodor, ein kleiner Sonnenkönig, zugetan den Wissenschaften und den Künsten. Er schuf die Theodora-Palatina, eine Akademie der Wissenschaften, zu der Lessing gehörte. Die von ihm 1775 ins Leben gerufene Deutsche Gesellschaft begründete das nachmalig bestrenommierte Hof- und Nationaltheater. Die Kehrseite der Ära Karl Theodors: jedermann konnte gegen Geld Beamter werden, vom Präsidenten bis zum Dorfbüttel. Das Kaufbeamtentum betraf sogar die Richterstellen. Da schon Halbwüchsige Stellenpatente erhielten, bürgerte sich das böse Wort vom »jüngsten Gericht« ein. Trotz zur Schau gestellter Frömmigkeit war Karl Theodor alles andere als weltabgewandt-aske-

Nationaltheater Mannheim.
Hier fand die spektakuläre Premiere
von Schillers »Räubern« statt

tisch. Vis-à-vis vom Schloß wohnten, aufwendig wie ihr Vater, die drei Söhne seiner Mätresse, der zur Gräfin erhobenen Ballerina Seyfert.

Als 1777 der bayerische Thron verwaiste, zog Karl Theodor als nächster Erbberechtigter nach München um, lustlos-unwillig, denn er liebte seine Pfalz. Die Gemäldesammlung und das weltberühmte Mannheimer Orchester nahm er mit. Die nach Bayern verbrachten Kunstobjekte bildeten den Grundstock zur Alten und Neuen Pinakothek. In späten Jahren empfahl sich der Kurfürst den Münchnern und kehrte, dem Genius der Rheinlande verfallen, in sein Mannheimer Schloß zurück.

Einige Schritte vom kurfürstlichen Schloß stadteinwärts erhebt sich der gewaltige Kuppelbau der Jesuitenkirche, des größten barocken Gotteshauses am Oberrhein. Das Innere, nach dem Krieg anstelle des alten Kolorits grün angestrichen, vermittelt die imponierende, zugleich kühle Weite von St. Pauls Cathedral in London.

Von der Jesuitenkirche gelangt man zu einem langgestreckten Platz mit Rasenflächen, in dessen Mitte ein Denkmal Schillers steht. Hier war der Ort des Nationaltheaters, eines von Karl Theodor umgebauten Schütthauses. Dem letzten Krieg ist das Gebäude zum Opfer gefallen. Mit seinem Säulenportikus und seinen Eckrisaliten war es so aufwendig, daß man von einem Theater sprach, »um das man eine Stadt gebaut hat«. Erhalten blieb die historische Gaststätte »Zum Zwischenakt«, das alte Theaterrestaurant mit dem originalen Renaissanceportal.

Am 13. Januar 1782 fand im Mannheimer Nationaltheater eine Premiere statt, die vor der Uraufführung der »Weber« von Gerhart Hauptmann in Berlin 1889 die spektakulärste der deutschen Theatergeschichte gewesen ist: die Bühnentaufe von Schillers »Räubern«.

SPEKTAKULÄRE PREMIERE

Intendant des Nationaltheaters war um jene Zeit Wolfgang Heribert von Dalberg, der einem Hunsrückgeschlecht entstammte. Der Mannheimer Buchhändler Schwan, ein Förderer des jungen Schiller, machte Dalberg auf das Sturm-und-Drang-Stück des Schwaben, bis vor kurzem Zögling der Stuttgarter Karlsschule, aufmerksam. Dalberg las den Bühnenerstling, ließ ihn von seinen Mitarbeitern gegenlesen und erhoffte sich einen Erfolg, zumal wenn man das genialische Jugenddrama des Ex-Karlsschülers vom allzu revolutionären Geist und vom »Schmutz« reinigte, den man nach seiner Meinung dem gesitteten Mannheimer Publikum nicht zumuten durfte. Auch müßte der Autor einiges, was die Gesetze der Bühne erforderten, berücksichtigen. 1781 veranlaßte er den 22jährigen Dichter, das Stück für die Mannheimer Bühne zu bearbeiten. Schiller sagte hocherfreut zu.

Der Autor der »Räuber«, Sohn des herzoglich-württembergischen Gartenintendanten Caspar Schiller, hatte eigentlich Geistlicher werden wollen. Doch Herzog Karl Eugen zwang ihn in den Drill seiner Karlsschule, die er als pädagogisches Experiment nahe seinem Lustschloß Solitude gegründet und fünf Jahre später in eine Kaserne beim Stuttgarter Neuen Schloß verlegt hatte. Auch Bürgerliche fanden Aufnahme, die im Gegensatz zu den adligen »Kavalieren« »Eleven« hießen. Mit vier Preisen ausgestattet, konnten auch sie Kavaliere werden. Es war der Ehrgeiz des jungen Schiller, dieses Ziel zu erreichen.

Dem absolutistischen Totalitätsanspruch Karl Eugens entsprach der militärische Zuschnitt seiner Schule: kein Urlaub, keine persönliche Freiheit, keine eigene Meinung. Schiller, von seinem Fürsten gegängelt und oft gedemütigt, sattelte von Jurisprudenz zu Medizin um, einem Fach, das ihm dem Menschlichen näher schien. Über seine Disputation »Philosophie der Physiologie« urteilte der Herzog: »Zuviel Feuer!« Nach einem weiteren Jahr Karlsschulendrill, meinte Karl Eugen, könne aus Schiller möglicherweise ein »großes Subjektum« werden.

Ein interessantes Intermezzo in Schillers Biographie: Im Dezember 1779 trafen Sachsen-Weimars Herzog Karl August und dessen Minister Goethe in der Karlsschule ein, besichtigten die pädagogischen Einrichtungen und nahmen dann im Weißen Saal des Neuen Schlosses an der Verteilung der Preise teil. Schiller erhielt nur drei – der vierte, der ihn zum »Kavalier« gemacht hätte, wurde verlost und fiel an einen anderen. Es war ausgerechnet der Preis für »Deutsche Sprache, Schreibart und Geschmack«.

Schiller arbeitete damals schon an seinen »Räubern«, die das selbsterlebte Thema »In tyrannos!« recht unverhüllt anschlagen und aus denen er seinen gleichgesinnten Mitschülern in den Waldungen um Stuttgart vortrug. Den Stoff hatte er der Erzählung »Zur Geschichte des menschlichen Herzens« von Christian Daniel Schubart, Publizist und Musiker aus Geislingen an der Steige, entnommen, in der von zwei feindlichen Brüdern die Rede ist. 1775 war die Geschichte im »Schwäbischen Magazin« erschienen.

Schubart hatte sich als Demokrat und Fürstenkritiker die Ungnade des Herzogs zugezogen. Vor allem die Polemik gegen die Mätressenwirtschaft machte den Dichter bei Franziska von Hohenheim, der Geliebten Karl Eugens, mißliebig.

Mit Genugtuung schaute sie gemeinsam mit dem Herzog zu, wie der hochbegabte, liberal engagierte Poet in die Veste Hohenasperg bei Stuttgart eingeliefert wurde. Jahrelang verbrachte er hier in einem nicht heizbaren Raum, als Bett ein Strohlager. Sein Wärter, General Rieger, führte auf dem Hohenasperg ein bigottes und brutales Regime; er wies Schubart gelegentlich auf einen Eisenring am Gemäuer hin und drohte damit, ihn bei Renitenz anketten zu lassen. Im aufgestauten Groll seiner Haft verfaßte der unglückselige Dichter die gallenbittere Versfolge »Die Fürstengruft«, deren geharnischte Anklage den Groll des Bürgertums gegen Fürstenwillkür in einem drastischen literarischen Modell zusammenfaßte.

Das Gedicht gelangte an die Öffentlichkeit. Die Resonanz verschärfte Strenge und Dauer von Schubarts Haft. Schiller weilte kurz als »Dr. Fischer« auf dem Hohenasperg und war von dem gedemütigten Dichter und seiner jämmerlichen Bleibe – heute noch als »Schubartturm« ein literaturgeschichtliches Denkmal – tief beeindruckt.

Die Premiere der »Räuber« war für den 13. Januar 1782 festgesetzt. Die von Schiller auf Geheiß des Intendanten von Dalberg vorgenommene Bearbeitung nahm dem Stück viel von seinem anklägerischen Elan, von seiner Schärfe als Zeit- und Tendenzstück. Die Konvention, die herrschende Moral, das politische Klima forderten ihren Tribut. Der 22jährige Autor mußte die Handlung ins ausgehende Mittelalter verlegen, ins Jahr, »in dem Kaiser Maximilian den ewigen Landfrieden in Deutschland verkündete«. Um einen aufrührerischen Karl Moor auf die Bühne zu stellen, mußte Schiller – ganz gegen seinen ursprünglichen Plan – diesen am Ende sein obrigkeitswidriges Verhalten bereuen und sich selbst der Staats- und Fürstengewalt ausliefern lassen, indem der »Räuber« einem armen Kerl den Fangpreis zuspielt: »Dem Mann kann geholfen werden.«

Trotz Verschleierung spürte das Mannheimer Publikum den Protest gegen die konventionellen Mächte, gegen das »tintenklecksende Säkulum«. Es spürte die poetische Kraft. Iffland, selbst Stückeschreiber, bot in der Rolle des Franz Moor seine »Text-Arien«, die inzwischen aus der Mode gekommenen Monologe, mit bezwingender Dämonie – die Verzweiflung des Bösewichts: »Richtet einer über den Sternen? Nein, nein –.« Schillers drängende Sprache traf den Nerv der Epoche. Das vollbesetzte Haus raste. Unbekannte umarmten sich schweigend – ein heute nicht mehr vorstellbarer Gefühlsüberschwang.

Ein »Räuber«-Fieber breitete sich aus, wie Jahre zuvor, im Falle Goethes, ein »Werther«-Fieber. Wie damals sentimentale Jünglinge die typische Werthertracht angelegt hatten, so ahmten nun freiheitsdurstige Jünglinge das Schillersche Räuberleben nach. Die Obrigkeit schritt ein. In Stuttgart kam dem Herzog die unerlaubte Reise Schillers zur Uraufführung seines Bühnenerstlings zu Ohren – der Dichter hatte zwecks Geheimhaltung seiner Anwesenheit der triumphalen Vorstellung seines Stückes anonym beigewohnt.

Der Herzog befiehlt ihn ins Schloß. Schiller gibt seinen Degen ab. Zwei Wochen verbringt er in einer Arrestzelle. Dann zitiert ihn Karl Eugen erneut zu sich. Ein lächerlicher Umstand, der eine unwichtige Textstelle der »Räuber« betrifft, erregt den herzoglichen Zorn mehr als die in dem Schauspiel steckende obrigkeitskritische Brisanz. Es heißt da irgendwo im Stück, Graubünden sei das Athen der Banditen. Von Graubünden ist eine Beschwerde gekommen. Der Herzog befürchtet politisch-diplomatische Verwicklungen. Er erteilt Schiller nun ein generelles Schreibverbot, ausgenommen medizinische Fachschriften. Sollte der Regimentsmedikus sich nicht daran halten, so drohe ihm der Hohenasperg – gleich Schubart.

Die Meinungsknebelung ist das Stichwort zu Schillers Flucht. Er hat einen zuverlässigen, ihn verehrenden Begleiter, den Musikus Streicher, der ohnehin nach Hamburg will und später die Fluchtaffäre beschreiben wird. Pässe brauchte man damals nicht. Dennoch heißt es sich vorsehen. Die beiden warten den Tag eines solennen Festes ab: als Großfürst Paul von Rußland der württembergischen Residenz seinen Besuch abstattet und ein monströses Festprogramm jedermann gefangennimmt. Am Stadttor hat das Regiment, dem Schiller angehört, gerade keinen Dienst. Auf der Wache ist ein Offizier, mit dem der Flüchtling befreundet ist. Als »Dr. Ritter«, der nach Eßlingen will, trägt dieser ihn ein, Streicher als »Dr. Wolf«. Die Flüchtenden sehen am Himmel den Widerschein des Feuerwerks zu Ehren des russischen Gastes, des künftigen Zaren. Bei Bretten fällt ihr Blick befreit auf die Grenzpfähle der Kurpfalz. Der Stickluft des Stuttgarter Duodez sind sie entronnen. Die Freiheit winkt. Übernachtung in Schwetzingen, da Mannheims Festungstore noch geschlossen sind.

Schiller und sein Begleiter finden am nächsten Tag in Mannheim Aufnahme im Haus des »Räuber«-Regisseurs Meyer. Trotz gastfreundlichen Empfangs bringt der zweite Mannheimer Aufenthalt eine Reihe von Enttäuschungen. Schiller baut auf die Anstellung als Theaterdichter, die ihm Dalberg nach der Premiere gutgelaunt versprochen hat. Der Intendant hält das Versprechen nicht. Man kann ihn deshalb nicht schelten, wie es später geschehen ist. Als Beamter eines Fürsten darf er keinen »Deserteur« aus einem benachbarten Fürstentum in Dienst nehmen, auch wenn sich darüber streiten läßt, ob Schiller als Regimentsmedikus als Militär anzusehen ist. Verwicklungen mit Stuttgart drohen auf jeden Fall. Schiller, ohne Mittel, leidet bittere Not, nächtigt mit Streicher der schmalen Kasse wegen in einem Bett, macht Schulden.

Seine ganze Hoffnung gilt dem »Fiesko«-Skript, das er bei sich trägt. Die Aufführung dieses seines zweiten Stücks auf der selben Mannheimer Bühne soll ihn retten. Vor einem Kreis von Maßgeblichen liest er die Szenen vor. Resultat: totale Ablehnung. Zu Streicher sagt Regisseur Meyer: »Der ›Fiesko‹ ist das Allerschlechteste, was ich je in meinem Leben gehört. Es ist unmöglich, daß derselbe Schiller, der die ›Räuber‹ geschrieben, etwas so Gemeines, Elendes sollte gemacht haben.« Später stellt es sich heraus, warum die Fiesko-Lesung nicht angekommen ist: Schillers unmögliche Betonung, sein pathetischer Vortrag (selbst bei szenischen Bemerkungen wie »Er macht die Türe zu«), sein schwäbischer Dialekt ließen den Text eher komisch als erhaben erscheinen. Erklärlich die Kühle des zuhörenden Zirkels.

Ein Aufenthalt in Frankfurt, in Darmstadt, in Oggersheim jenseits des Rheins, schließlich die doch erwirkte Aufführung des »Fiesko« auf der Mannheimer Bühne, wenn auch ohne Ovationen, die Anstellung als Theaterdichter, die leidliche Etablierung in der kurfürstlichen Residenz (Schiller wohnte gegenüber dem Schloß) und die Rückzahlung der Schulden – all dies hinderte den »Räuber«-Dichter nicht, den Mannheimer Aufenthalt als den beklagenswertesten, unwürdigsten seines Lebens zu betrachten. An seinen Freund Christian Gottfried Körner, den Vater Theodors, des Sängers der Freiheitskriege, schrieb er 1785, kurz vor dem endgültigen Abschied: »Ich kann nicht mehr in Mannheim bleiben. Zwölf Tage habe ich's in meinem Herzen herumgetragen wie den Entschluß, aus der Welt zu gehen. Menschen, Verhältnisse, Erdreich und Himmel sind mir zuwider. Ich habe keine Seele hier, keine einzige, die die Leere meines Herzens füllte, keine Freundin, keinen Freund.«

DIE ERMORDUNG KOTZEBUES

Mannheim ist als Stadt der Quadrate gebaut gleich New York, im kleineren, überschaubaren Zuschnitt. Statt Straßennamen merkt man sich Buchstaben und Zahlen, eingängig, rational, wenn auch wenig poetisch. Die verschnörkelten Fassaden der Jahrhundertwende, die nüchternen Fronten der Nachkriegszeit haben das städtebauliche Schema des kurfürstlichen

Mannheim nicht zerstört. Doch traurig stimmt der Paradeplatz. Wie verloren steht die barocke »Pyramide«, eine von Gabriel Grupello gestaltete Allegorien-Huldigung an die fürstlichen Tugenden, im kalten geschichtslosen Raum, denn die adäquate Platzumrahmung aus der Vorkriegsepoche ist Opfer der Bomben geworden. Das den Platz beherrschende Neue Rathaus hätte, obwohl Ruine, wiederhergestellt werden können. Der auch als barocker Bühnenbildner berühmte Alessandro Galli-Bibiena war für die repräsentative Schauseite verantwortlich. Das turmartige Mittelstück, eines der Stadtwahrzeichen, gab der sonst monotonen Mannheimer Silhouette einen kraftvollen Akzent. Man hat den Abriß des Gebäudes vorgezogen.

Noch steht gottlob das Alte Rathaus, ebenfalls mit einem Platz, dem Markt, der eigens für das gut renovierte Bauwerk geschaffen scheint, mit barocker Brunnenkaskade, Neptun gewidmet, dessen Steinbild von den Strom-Allegorien Rhein, Neckar, Mosel, Donau umrahmt ist, den Wasserläufen der Wittelsbacher Territorien.

Nicht weit von Jesuitenkirche und Nationaltheater entfernt, liegt die moderne Hedwigsklinik, Stahl, Beton, Leichtmetall, die einen ganzen Block einnimmt, A 2, Hausnummer 4/5. Dort, wo man sich das früher hier stehende Gebäude mit der Hausnummer 5 denken muß, ist an der Außenverkleidung der Klinik eine Gedenktafel angebracht: »An dieser Stelle stand das Haus, in dem der Schriftsteller und russische Staatsrat August von Kotzebue am 23. März 1819 von dem Studenten Carl Ludwig Sand ermordet wurde.«

Die erwähnte Mordtat erregte nicht nur die Gemüter, sie machte in gewissem Sinne auch Geschichte. Metternichs Karlsbader Beschlüsse aus dem gleichen Jahr beriefen sich auf dieses Verbrechen, willkommener Anlaß, demokratische Bestrebungen zu unterdrücken. Dem Klima der von der Studentenschaft vertretenen antireaktionären Liberalität lastete man die Mannheimer Mordaffäre an.

Kotzebue galt der studentischen Jugend als Prototyp der Reaktion, zugleich – in den Jahren des aufkeimenden Nationalismus – als auslandshöriger Spion und Denunziant. Dabei war Politik seine Sache nicht. Der Sohn eines Weimarer Legationsrats hatte sich als »deutscher Voltaire« den Musen verschrieben, denen der leichtesten Art. Er produzierte, als Arbeitsleistung erstaunlich, weit über 200 Lustspiele, Possen, Verwechslungskomödien ohne Tiefgang, sehr viel häufiger aufgeführt als Goethes dramatische Erzeugnisse. Als literarische Großmacht hatte er solche Geltung, daß der Weimarer Olympier nicht umhinkonnte, während seiner Theaterleitung eine Vielzahl von Kotzebues auf die Bühne zu bringen. War damals »Menschenhaß und Reue« ein Theaterbestseller, so verzeichnet die Literaturgeschichte als Kotzebues eigentlichen Schlager »Die Kleinstädter«: ein biedermeierliches Gemälde aus Krähwinkel. Der erfundene Ortsname wurde zum Symbol kleinbürgerlicher Enge.

Das Schicksal führte Kotzebue nach Rußland. Dort kam er ins Zwielicht und, was heute noch leicht erfolgen kann, nach Sibirien. Zar Paul I. las zufällig Kotzebues Lustspiel »Der Leibkutscher Peters III.« Er war entzückt. Kotzebue erlangte die Freiheit zurück, dazu ein Krongut in Livland, den Hofratstitel und die Direktion des deutschen Theaters in Petersburg. Als Staatsrat kehrte er nach Weimar zurück, legte sich mit Goethe an, machte sich mit einer abwertenden »Geschichte des deutschen Reichs« sowie durch seine Angriffe auf liberale Ideen in weiten Kreisen mißliebig. In einer von ihm edierten Literaturzeitschrift überschüttete er die politisierende Jugend mit Hohn.

Die Jugend zahlte es ihm heim. Auf dem berühmten Wartburgfest 1817, veranstaltet 300 Jahre nach Luthers Thesenanschlag, verbrannten 500 Burschenschafter neben dem Code Napoléon und Werken absolutistischer Staatsphilosophen auch Kotzebues deutsche Reichsgeschichte. Unter den Farben der Lützowschen Jäger Schwarz-Rot-Gold hielten die Anführer schwungvolle Reden für die deutsche Einheit. Der Name Kotzebue hielt für alles her, was diese Einheit verhinderte. Man wußte, daß er vom russischen Hof den Geheimauftrag hatte, über Zustände der öffentlichen Meinung in Deutschland, vor allem über radikale Strömungen, nach Petersburg zu berichten. Sicher hatten die Berichte nicht das geringste politische Gewicht. Doch die fanatisierte Jugend erblickte darin Landesverrat, vor allem, als der Jenaer Professor Luden einen von Kotzebues Briefen, der ihm in die Hände fiel, in der Zeitschrift »Nemesis« veröffentlichte.

»Nemesis« heißt Rache. Nach antiken Vorbildern beschloß ein Schüler Ludens, der aus Wunsiedel stammende Theologiestudent Karl Ludwig Sand, ein überhitzter junger Mann, Werkzeug der Rache zu sein. Er gehörte dem studentischen »Bund der Unbedingten« an, die ihre »Unbedingtheit« – heute sagt man Radikalismus – durch lange Bärte, wallende Haare und das Beiwort »altdeutsch« bekundeten. Arndt und Jahn waren ihre Idole.

Ein Jahr nach dem Wartburgfest erscheint der Student in Kotzebues Wohnung; er wolle den Staatsrat sprechen. Eine Angestellte gibt den Bescheid, der Besucher möge zwischen 4 und 5 Uhr wiederkommen. Nun öffnet ein Diener. Sand nennt einen falschen Namen: Heinrich von Mietau. Er wird in die Wohnung gelassen. Mit den Worten »Hier, du Verräter des Vaterlandes!« stößt er Kotzebue einen Dolch in die Brust und stürzt auf die Straße. Kotzebues Tochter Emmy und der Diener bringen den tödlich Verletzten ins Schlafzimmer. Vor seinem Bett stürzt der Staatsrat tot nieder.

Auf der Straße haben sich, vom Lärm angelockt, Menschen angesammelt. »So müssen alle Verräter sterben«, ruft Sand und zielt mit der Waffe auf sich selbst. Blutend wird er auf einer Tragbahre ins Mannheimer Bürgerhospital gebracht. Sonderblätter kursieren in der Stadt.

Wiederhergestellt, kommt Sand vor Gericht, für die meisten ein verbrecherischer Phantast, für viele ein Märtyrer.

Das Urteil lautet Tod durch Enthauptung. Zwei Geistliche überbringen ihm in der Frühe des Hinrichtungstags die Nachricht. Eine Volksmenge hat sich an der Exekutionsstätte auf einer Wiese vor der Stadt – beim Wasserturm von heute – eingefunden. 1 200 Mann Infanterie bilden ein Karree. Mit gebundenen Händen, mit weißer Binde, empfängt Sand den tödlichen Schlag. Den Leichnam setzt man auf dem lutherischen Friedhof bei.

Die Herrschenden in Deutschland sehen in Sands Tat ein Ereignis bedrohlich wie der Bastillesturm. Verbot, Zensur, Haussuchungen und Verfolgungen – das ist die Antwort.

ALT-HEIDELBERG, DU FEINE

Kotzebue, der durch sein Ende berühmter geworden ist als durch seine Stücke, schrieb einmal über Mannheims Nachbarstadt und Vorgängerin als kurfürstliche Residenz: »Wenn ein Unglücklicher mich fragt,wo er leben müsse, um dem lauernden Kummer dann und wann einige Stunden zu entrücken, so nenne ich ihm Heidelberg; und wenn ein Glücklicher mich fragt, welchen Ort er wählen müsse, um jede Freude des Lebens frisch zu kränzen, so nenne ich ihm abermals Heidelberg.«

Kaum ein Ort ist so in Wort und Lied gefeiert wie die Stadt der romantischen Schloßruine, des Riesenfasses von 1750 (221 726 Liter) und der Altburschenherrlichkeit von ehedem, die sogar die nüchternen, zugleich sentimentalen Amerikaner für sich gewann. Thomas Mann sprach vom »romantischen und fast mythologischen Ansehen, dessen Heidelberg sich in Amerika erfreut«. Meyer-Försters Zugstück »Alt-Heidelberg«, das von der unerfüllbaren Liebe des Prinzen Heinz zur studentischen Filia hospitalis handelt, macht heute noch unter dem Titel »The student prince« auf Amerikas Provinzbühnen die Runde, mit jeweils anderer Couleur beim gleichen Korps und einem bezopften Bürgermeister, obwohl das Stück um die Jahrhundertwende spielt. Es wurde behauptet, aus der Liebe zu Heidelberg, dem »Sepp'l« und dem »Red Ox« hätten die Amerikaner die Stadt im Zweiten Weltkrieg verschont, um dort dann ihr Hauptquartier einzurichten. Das stimmt nicht ganz. Fast wäre die Stadt am 29. oder 30. März 1945 noch zerstört worden, wenn nicht gescheites Einlenken des deutschen Kommandeurs die Vielbesungene in letzter Stunde gerettet hätte.

Gerettet war ein Symbol. Idyllische Romantik bis zum Fragwürdigen, wo Biedermeierliches zum Biedermännischen wird, verbindet sich mit der Stadt, die Hölderlin hymnisch als »der Vaterlandsstädte ländlich schönste« bezeichnet hat, deren Genius loci Jaspers für unvergleichlich hielt. Hier, angesichts der mit Blattwerk umsponnenen Schloßtrümmer, entstand die maßgebliche deutsche Volkslied-Sammlung »Des Knaben Wunderhorn«, dem Romantiker-Team Arnim und Brentano zu verdanken. Hier lernte die dichtende Karoline von Günderode den verheirateten Professor Creuzer kennen, dessentwegen sie sich später das Leben nahm. Hier trat Goethe als Gast der Brüder Boisserée (ihr schönes Haus am Karlsplatz steht noch) in seine romantischste Phase; in Heidelberg erblickte er romantische Symmetrie.

Die zentrale Achse der heute viel zu engen Hauptstraße mit ihren regelmäßigen Seitengassen vermittelt in der Tat einen symmetrischen Grundriß, über dem die weltbekannte Silhouette aufsteigt, die auf Dutzende von Veduten der Goethe- und Nachgoethezeit festgehalten ist. Der schmale Streifen zwischen Königsstuhl und Flußufer hat der Stadt durch Jahrhunderte ihren Verlauf vorgezeichnet. Wie es Goethe sah, ist es heute noch erhalten: Heiliggeist als größte der Kirchen, in die sich zeitweise Katholiken und Protestanten teilten, gegenüber der stattlichste deutsche Gasthofbau in der Gestalt des hochgiebligen »Ritter«, die Barockkirchen, das im Vaubanstil gehaltene Karlstor als Ostflanke der Stadt zum Neckartal hin, die Studentenlokale, der Karzer. Scheffels

»Gaudeamus igitur« erklingt, obschon als Kommerslied noch gar nicht so alt, quasi aus grauer Zeitentiefe. Auf Karl Theodors Alter Brücke, einer der unentbehrlichen Attrappen der Heidelbergkulisse, steht der Kurfürst in Sandstein der gewappneten Pallas Athene gegenüber, eine Spur von Klassik, barock drapiert, in romantischer Umgebung.

So eindrucksvoll die Stadt – sie wäre von ihrem besonderen Charakter her nichts ohne das Schloß; das Schloß wäre nichts ohne seinen Ruinencharakter. Die Zerstörung hat dem Riesenbau, es mag blasphemisch klingen, das unverwechselbare Heidelberg-Siegel aufgedrückt. Die Verlegung der kurpfälzischen Residenz nach Mannheim war ein Glück. Sonst hätte man die Anlage barock-pomphaft wiederaufgebaut, und das alte Bauschema wäre verwischt. Schlimmer noch zu denken, das restaurierungsfreudige 19. Jahrhundert hätte sich der Ruine bemächtigt; mit dem Friedrichsbau war schon begonnen. Sonstige historistische Ergänzungen und Umbauten unterblieben. So hat sich das meiste unverfälscht erhalten, der mächtige, zerborstene »Dicke Turm« etwa oder der prächtige Ottheinrichsbau, von Kurfürst Ottheinrich, dem Vater der pfälzischen Reformation (1556 bis 1559), als wahre Wiedergeburt der Antike erbaut, am Gemäuer die Planetengötter des fürstlichen Horoskops. Friedrich v., später als »Winterkönig« Böhmens unglückselig berühmt, fügte für seine britische Gemahlin, Tochter des Stuartkönigs James I., den »englischen Bau« hinzu. Alles ist hier Historie oder Sage. Auf der Gartenterrasse zeigt man Luzifers Fußspur. Der Tiroler Zwerg Perkeo, Hofnarr des Kurfürsten Karl Philipp, hält seit der Epoche der Allongeperücke am Monsterfaß Wacht. Vor Jahren noch vernahm man die martialische Stimme Heinrich Georges, des besten »Götz«, den es je gab, vom Schloßhoffenster hinunter bis zum Kornmarkt, wo jene Heidelberger Bürger, die das bekannte Zitat hören wollten, zu exakt berechneter Uhrzeit zusammenkamen, um danach zufrieden wieder nach Hause zu gehen.

EINE PFÄLZERIN IN VERSAILLES

Ohne es zu wollen, verursachte Kurfürst Ludwig die Zerstörung Heidelbergs, seines Schlosses, ja seines ganzen Landes, indem er seine Tochter Elisabeth Charlotte ahnungslos dem bourbonischen Herzog Philipp von Orleans, dem Bruder des Sonnenkönigs, zur Frau gab. Karl Ludwigs einziger Sohn und Thronerbe Karl starb früh. Obwohl das verwandte Haus Pfalz-Neuburg das Nachfolgerecht besaß und Elisabeth Charlotte einen Erbverzicht ausgesprochen hatte, beanspruchte Ludwig XIV. im Namen seiner Schwägerin die Pfalz.

Dem Anspruch des Roi Soleil setzte die Augsburger Allianz von 1686 ihr Veto gegenüber: die vereinigten Mächte Schweden, Spanien, England, Holland und viele Reichsfürsten. Der Kaiser in Wien trat der Allianz bei, doch war er durch Kämpfe in der Türkei gefesselt. Die Fama ging um, der Sonnenkönig habe mit den Ungläubigen einen geheimen Bündnisvertrag geschlossen, um Kräfte Habsburgs im Osten zu binden.

Ludwig XIV. verfügte über die beste Armee der Welt. Sie war mit einer »Wunderwaffe« ausgerüstet, dem Bajonett, das von der französischen Stadt Bayonne den Namen hat. Dennoch war der von ihm geplante Aggressionskrieg kein Spaziergang, da er sich einer so bedrohlichen Koalition gegenübersah. Um ihr den Zugang zu Frankreich zu verwehren, beschloß er die Taktik der »verbrannten Erde«: ein total verwüsteter Landstreifen sollte den Gegner daran hindern, Proviant zu fassen, eine Etappe zu bilden. Militärgeographisch kam als verbrannte Erde nur die Pfalz in Frage, eben das Land, das Ludwig zu erben gedachte. Sein zorniger Befehl bezweckte die Verödung eines blühenden Staatsgebildes. Der von Kriegsminister Louvois ausgearbeitete Vernichtungsplan wurde von den königlichen Truppen so ernst genommen, daß heute nur vereinzelte Baudenkmäler an den Oberrheinufern und in der Pfalz älter sind als das Jahr des tödlichen Feuerwerks, das man in Stadt und Land entzündete.

Am 2. März 1689 schichteten Mineure der Aggressionsarmee Pechkränze an verschiedenen Stellen des Heidelberger Schlosses auf. Bald stand die kurfürstliche Residenz in Flammen. Der »Dicke Turm« brach entzwei. Der Ottheinrichsbau glühte von innen her. Regisseur des Schauspiels der Vernichtung unersetzlicher Werte war General Mélac. Nach der Zerstörung des Schlosses ließ er die Stadtmauern durch Minen sprengen und Feuer ins Stadtinnere legen. In einem Meer von Rauchschwaden kämpften die Bürger vergebens gegen das vernichtende Element. Fast ganz Heidelberg brannte nieder (Scharfe Hunde heißen hier heute noch »Mélac«).

Mit Contenance ritt Mélac nach gründlicher Durchführung des Brandbefehls aus der verheerten Stadt. Die abziehenden Truppen hinterließen als infernale Spuren die Feuerherde der systematisch ausgebrannten Städte und Dörfer der Pfalz. Mannheim, Worms, Speyer fielen in Schutt.

Was in Heidelberg an Häusern stehengeblieben war, loderte während eines weiteren Raubzugs des Sonnenkönigs in Flammen auf. Ludwig XIV. hielt in Paris ein Tedeum ab, prägte eine Münze mit dem verbrannten Heidelberg und der Umschrift »Rex dixit et factum est« (Der König sagte es, und es wurde gemacht). Elisabeth Charlotte, Herzogin von Orleans, klagte: »Wenn ich Heidelberg wiedersehen sollte, glaube ich, daß ich es nicht würde aushalten können und vor Tränen vergehen müßte.« Die geborene Pfälzerin trug schwer an den Untaten, die nicht durch ihre Schuld, doch in ihrem Namen geschahen.

Als »Lieselotte von der Pfalz« ist ihr Name lebendig geblieben. Ihre urwüchsige, unpretentiöse Art kommt namentlich in ihren Briefen zum Ausdruck, die mit wachem Verstand, lebendig-kritisch die Hofverhältnisse von Versailles schildern. Unter der verfeinerten Aristokratie, die der Etikette, der Mode, der Koketterie und der Dolce vita lebte, muß die Derbheit der Pfälzerin schockierend gewirkt haben. Der Graf Saint-Simon meinte, sie habe das Gesicht und das bäurische Wesen eines Schweizergardisten. Von französischer Eßkultur hielt sie wenig: »Das Gefräß verleid mir alles Essen, besonders die vielen Ragouts seind mir zuwider.« Sie zog braunen Kohl, Sauerkraut und Knackwürste vor. Dennoch war sie sich ihrer Rangstellung und ihres blauen Blutes bewußt. Sie dachte in den Kategorien der dynastischen Ordnung. Als ihr Sohn mit einer illegitimen Tochter des Sonnenkönigs zwangsverheiratet werden sollte, stellte sie sich dagegen, damit das fürstliche Blut nicht verunreinigt werde durch die »Canaille«.

Fünf Jahrzehnte lebte die Pfälzerin am Versailler Hof. Heidelberg sah sie nicht wieder. In St.-Denis, der Grabkirche der Kapetinger und zugleich erstem gotischem Bauwerk, wurde sie beigesetzt. Jakobiner zerstörten das Grab während der Grande Révolution.

Die Härte von Ludwigs Kriegsführung am Oberrhein war ungewöhnlich. Das haben Franzosen empfunden, so Voltaire, der aus Scheu oder Scham sich auf einer Oberrheinreise ein italienisches Pseudonym zulegte. Und es war ein Chevalier aus Frankreich, Charles de Graimberg, der sich zu Beginn des vorigen Jahrhunderts unter Einsatz persönlicher Mittel darum gekümmert hat, die stark lädierte Heidelberger Schloßruine vor dem Verfall zu retten.

DER DESERTEUR

Das kurpfälzische Gebiet erstreckte sich im 18. Jahrhundert viel weiter nach Osten hin, als man heute annimmt. Es durchquerte das Kraichgauer Hügelland, eine sanfte Landschaft, deren Erhebungen höher wirken, als sie sind, zu nieder, um im weiteren Umkreis von sich reden zu machen. Der Odenwald im Norden, der Schwarzwald im Süden laufen diesem keineswegs reichen, doch mit achtbaren Weinen und einer Mineralquelle gesegneten Miniaturgebirge den Rang ab. Schiller und Streicher waren nicht die einzigen Prominenzen, die die

Kraichgaugrenze in Richtung Kurpfalz überquert haben. Zwei andere Berühmte taten es ein halbes Jahrhundert früher: König Friedrich Wilhelm I. von Preußen und Kronprinz Friedrich.

Man befand sich im Sommer 1730 auf offizieller Besuchsreise zu süddeutschen Fürstenhöfen. Nachdem man dem württembergischen Herzog Eberhard Ludwig in Ludwigsburg, dem schwäbischen Versailles, die Cour gemacht hatte, reiste man zum kurpfälzischen Hof nach Mannheim weiter. Zwei Tage waren für die Route programmiert. Als geeigneten Ort für die Übernachtung wählte man Steinsfurt bei Sinsheim an der Elsenz aus, eines der typischen Straßendörfer des Kraichgaus mit großen runden Scheunentoren an den älteren, geduckten Häusern. Um Steinsfurt lagen schon zur Römerzeit Gutshöfe an der Straße Speyer–Wimpfen, und 1959 hat man hier auch eine bedeutende Jupiter-Giganten-Gruppe gefunden, heute verwahrt im exzellent eingerichteten Lapidarium des Badischen Landesmuseums in Karlsruhe. In der Umgebung von Steinsfurt ist die mutmaßliche Heimat des Spruchdichters Spervogel (12. Jahrhundert), der den nahen Steinsberg seiner zentralen Lage wegen als Kompaß des Kraichgaus bezeichnet hat.

An einem der Häuser Steinsfurts aus der Barockzeit – der Ärmlichkeit wegen sind die barocken Anzeichen gering – fällt eine Gedenktafel auf: »Hier blieb auf seiner Flucht am 3./4. August 1730 Friedrich der Große dem Vaterland erhalten.« Ferner liest man am Gemäuer »Vorsicht bissiger Hund«. Und: »Betreten des Grundstücks verboten.« 1973/74 hat man die zum Anwesen gehörende Scheuer wegen Baufälligkeit abgetragen und originalgetreu wiederaufgebaut. Es ist das sogenannte »Lerchennest«, eben jener Platz, wo der Kronprinz in der ereignisreichen Sommernacht von 1730 seine spartanische Schlafstätte hatte.

Friedrich Wilhelm I., der »Soldatenkönig«, hat das eigentliche Preußen geschaffen, gehaßt und bewundert: straff, diszipliniert, erfüllt von altrömischer »Virtus«, militant, amusisch, ehrbewußt. Der Sohn eines verschwenderischen Vaters hatte gleich nach dessen Tod die Prunkkarossen für immer abgestellt und im Stile eines Hausvaters ein einfaches, puritanisches, strenges Regime mit ausgeglichener Bilanz und humorloser Moralität eingeführt. Was man an einem perfekten Manager bemängelt, tat dieser Preußenkönig: er machte schlechthin alles selber, bis zu subalternen Geschäften, nach seinem Kanzlisten-Motto: »Ein Regent, der mit Honneurs in der Welt regieren will, muß seine Affären alle selbst tun.« Er hockte über Akten, inspizierte Amtsstuben, Staatsdomänen, Handwerksbetriebe. Er führte eine artige, unromantische, bigotte Ehe. In seiner Freizeit schmauchte er in der Offiziersrunde seines Tabakkollegiums. Kriege führte er keine. Aber er bewunderte den alten Dessauer, der den Pulverdampf von Höchstädt gerochen hatte.

Von ganz anderem Schlag der Kronprinz: nicht monolithisch-einschichtig-unkompliziert, sondern fragil, mit verletzlicher Seele, differenziert, musisch, nach dem Wort des Vaters ein »effeminierter Kerl«. Der König traktierte den Thronfolger vor Domestiken mit dem Stock, kanzelte ihn vor gemeinen Soldaten ab. Einmal, das gestand der Kronprinz seiner Schwester Wilhelmine von Bayreuth, ergriff ihn der unbeherrscht-jähzornige Vater an den Haaren, zog ihn zum nächsten Fenster, war dabei, ihn mit der Vorhangschnur zu erwürgen, als gerade noch ein Kammerdiener zu Hilfe kam.

Was dem Thronfolger lieb war, war ihm verboten. Was ihm degoutant erschien, mußte er tun. Der König zwang ihm das Soldatenhandwerk auf, wissend, wie sehr es Friedrich mißfiel: »Grenadiers sind nach Deiner Meinung nur Canailles, aber ein petit-maître, ein Französchen, ein bon mot, ein Musikchen, ein Komödiantchen, das scheint was Nobleres, das ist was Königliches, das ist digne d'un prince.«

Friedrich war am Ende. Die autoritäre Erziehung durch diesen Choleriker zwang ihn zur Flucht. Die Leutnants Katte und Keith weihte er ein. Als passende Gelegenheit erschien ihm die südwestdeutsche Reise im Gefolge seines Vaters. In Steinsfurt schlief er mit einigen Begleitern in besagter Scheune, dem »Lerchennest«. Der König nächtigte mit seinem engen Stab in einer Nachbarscheuer. Morgens halb drei erhob sich Friedrich, zog den roten Rock an, den er tags zuvor im Schwäbischen erworben hatte, schlich vor die Scheune, wo er sich mit dem Pagen Keith (dem Bruder des Leutnants) verabredet hatte; Keith sollte die Pferde bereitstellen. Der Lärm erregte Verdacht. Ein Diener schlug Alarm. Oberst Rochow, der schnell am Orte war, durchschaute den Plan.

Am nächsten Morgen erfuhr der König von dem Vorgang. Er stellte Friedrich zur Rede. Dieser brachte zunächst glaubhafte Ausflüchte vor. Doch der junge Keith verlor die Nerven. Vom König ausgeforscht, warf er sich dem Gestrengen vor die Füße, gestand den Plan. Von Mannheim an ließ Friedrich Wilhelm den Sohn während der weiteren Reise bewachen; da man im Ausland war, empfahl sich eine Festnahme nicht. Doch in Wesel, auf preußischem Boden, wurde Friedrich festgenommen und verhört. Seine erfundene Geschichte, die die Fluchtabsichten kaschieren sollte, erregte nur um so mehr den königlichen Zorn. Wieder gab es Auftritte. Der König tobte, züchtigte den Sohn, griff zum Degen, mühsam von seiner Umgebung zurückgehalten.

Die Haft des Kronprinzen in Küstrin unter unwürdigsten Umständen, der Prozeß, den der König dem »Oberstleutnant Fritz« als Deserteur sowie den Fluchthelfern Katte und Keith in Köpenick machen ließ, das Bluturteil für die beiden Eingeweihten sind Tatsachen, zu bekannt, um sie im einzelnen auszubreiten. Theater und Film bemächtigten sich mehrfach der dramatischen Affäre. Als dramatisch empfand sie schon die Mitwelt. Bange Erwartung bei allen Deutschen, auch jenseits der Grenzen Preußens. Gnadengesuche zahlreicher Fürsten.

Während des Prozesses forderte der König den Tod seines Sohnes. Die Richter stimmten ihn um: das Leben des Thronfolgers zu schonen, ihn in Küstrin in Gewahrsam zu halten. Für Katte lautete das Urteil des Gerichts auf mehrjährige Haftstrafe. Eigenmächtig wandelte der König den Gerichtsspruch auf Tod um.

Der Vollzug des Justizmordes erfolgte, wie man weiß, im Hof der Festung Küstrin, vor dem Fenster des Kronprinzen. Nach der Enthauptung Kattes um 7 Uhr früh blieb die Leiche auf Befehl des Königs bis 2 Uhr im Sand liegen. In den 20er Jahren unseres Jahrhunderts plante man an der Hinrichtungsstätte die Aufstellung eines Gedenksteins mit der Inschrift: »Hier endete durch Fürstenwillkür unschuldig Leutnant Katte für seinen Freund, den späteren großen Friedrich.« Die Aufstellung unterblieb.

»Ist es ein Wunder«, äußerte sehr viel später Jean-Jacques Rousseau, einer der ersten Erziehungs-Theoretiker im modernen Sinn, »daß Friedrich der Große ein Menschenverächter geworden ist?« Im monarchischen Deutschland des 19. Jahrhunderts hat man hingegen Friedrichs Größe als Produkt des väterlichen Drills angesehen und somit eine harte »preußische« Erziehung gutgeheißen. Heute wird die drastische Pädagogik des Soldatenkönigs, des Korporals auf dem Thron, kaum mehr Zustimmung finden. In sich verkapselte Verschlossenheit, Sarkasmus, übersteigerter Drang, sich bestätigt zu sehen, gestörtes Verhältnis im menschlichen, auch erotischen Kontakt – all das resultiert wohl aus der Erziehungstortur.

Das Wesentliche des Phänomens, das Friedrich schon für die Zeitgenossen dargestellt hat, mag Selbsterziehung sein: seine Universalität, seine echte, geistig betonte Hofhaltung bei hausväterlicher Rechnungsführung (die Finanzen zerrüttete er dafür durch Kriege), die legenden- und anekdotenbildende Kraft seiner Persönlichkeit, die von gallischem Esprit geprägte aphoristische Diktion seiner Erlasse. Im aufgebrauchten Zeitalter des Absolutismus hat Friedrich II., den man den »Großen«, doch eindeutiger auch den »Einzigen« nannte, einen neuen Regierungsstil geschaffen, das Leitbild Machiavells durch einen »Anti-Machiavell« beseitigt. Er hat sich nicht, gleich dem Sonnenkönig und seinen Nachfolgern, als Verkörperung des Staates, sondern als dessen ersten Diener gesehen.

Unter den vielen einprägsamen Bildern, die die Erscheinung Friedrichs des Einzigen so schillernd machen, ist ein posthumes besonders eindrucksvoll, eine Szene voll weltgeschichtlichen Pathos: als Napoleon I. nach seinem kometenhaften Siegeszug durch halb Europa, umglänzt von den Siegen von Auerstedt und Jena, am 25. Oktober 1806 in der Gruft der Potsdamer Garnisonskirche vor dem Sarkophag des Preußenkönigs stand und – auch er ein Mann lateinischer Prägnanz, lakonischer Kürze – den Satz sprach: »Wenn dieser hier noch lebte, stünde ich heute nicht hier.«

Der Kraichgau, in dem Steinsfurt einen so wichtigen Markierungspunkt preußischer Geschichte darstellt, ist trotz des sonst wenig beachteten Landstrichs reich an historischen, kultur- und geistesgeschichtlichen Akzenten. Bei Flehingen stand die Burg derer von Sickingen. In Knittlingen ist der vom Volksbuch über Marlowe bis Goethe und Grabbe berühmt gewordene Magier Johannes Faust legendär geboren; man zeigt sein Geburtshaus neben der Kirche. In Maulbronn haben wir das beste Anschauungsobjekt und Funktionsmodell einer zisterziensischen Klosteranlage auf deutschem Boden, autark bis zu Fischteich und Weinbergen; der Rebensaft floß aus einer Säule des Refektoriums. 1497 erblickte in Bretten Philipp Schwarzerd, wichtigster Mitstreiter Luthers in Wittenberg, das Licht der Welt. Als Humanist gräzisierte er seinen Namen in Melanchthon; als solchen kennt man ihn besser. An der Stelle seines 1689 eingeäscherten Geburtshauses steht das neugotische Melanchthonhaus von 1903. Der Platz davor ist mit seinem reichen Fachwerkgespinst einer der anheimelndsten des badischen Frankenlandes. Bretten besitzt einen der merkwürdigsten Brunnen, die man kennt. Auf der Brunnensäule hockt ein unsagbar fetter Mops. Es handelt sich um das geschichtsträchtige »Brettener Hundle«. Um 1500 sagte man im ganzen Reich: »Der kommt daher wie das Hündlin von Brettheim.« Im Mittelalter wurde die Stadt belagert, kaum mehr Proviant war da. Er reichte gerade noch, den Mops des Bürgermeisters zu mästen, den man dann zum Stadttor hinausließ. Wenn man Hunde noch so reichlich ernähren konnte, folgerten die Belagerer, dann müßten noch genügend Lebensmittel vorhanden sein. Sie zogen ab.

Bretten zählt heute zum Landkreis Karlsruhe, unbedeutend verglichen mit der Hauptstadt Badens. Doch als Bretten noch ein weitbekannter Stadtplatz war, breiteten sich dort, wo sich heute das Areal Karlsruhes zwischen Rhein und Schwarzwald ausdehnt, schwer durchdringliche, jagdergiebige Urwälder aus.

DIE TULPENMÄDCHEN DES MARKGRAFEN

Karl Wilhelm, Markgraf von Baden-Durlach, wurde von den Zeitgenossen mit Herkules und Amor verglichen. Man erzählt: Seine Gemahlin verlor während der Jagd im nahen Hardtwald ihren Fächer; auf der Suche nach dem vermißten Utensil schlief der Markgraf unter einer Eiche ein. Da sah er im Traum den Fächer liegen – er dehnte sich zu einer fächerartigen Stadt aus. Als der Fürst erwachte, lag der gesuchte Fächer wirklich zu seinen Füßen. Er schwor, die im Traum geschaute Stadt zu erbauen. So entstand Karlsruhe.

Doch dies ist Legende. Wie es damals zur Gründung einer Fächerstadt kommen konnte, liegt auf der Hand: Die Fürsten jener Zeit waren absolute Herrscher, deren Staatsauffassung es durchaus entsprach, daß die Straßen ihrer Residenzen fächerförmig auf ihr Schloß zuliefen. Es gab verpflichtende Vorbilder: Versailles, die Residenz des Sonnenkönigs Ludwig XIV., war in Strahlen- oder Fächerform angelegt, und eben erst hatte der Schwager des Markgrafen von Baden-Durlach, der Herzog von Württemberg, nach ähnlichem Schema sein Ludwigsburg errichtet.

Den Markgrafen bestimmten bei der Stadtgründung 1715 noch andere Motive. Seine sittenstrenge Gemahlin, die Markgräfin Wilhelmine Magdalene – man versteht bei ihrem freudlosen Porträt, daß ein Sünder unter ihrem Blick zusammenzuckt –, mißbilligte den lockeren und aufwendigen Lebenswandel ihres Eheherrn, seine amourösen Abenteuer, kurz: seine barocke Vitalität. Wenn sich andere Souveräne eine Geliebte hielten – Karl Wilhelm hatte gleich deren mehrere. Lieselotte von der Pfalz hat den Gründer Karlsruhes einmal einen »Narren in Folio« genannt.

Der lebensfrohe Markgraf von Baden-Durlach hatte es satt, die ständigen Vorwürfe seiner Gemahlin anzuhören. Er beschloß daher, seine Residenz in die Einsamkeit des in der Rheinebene sich ausbreitenden gewaltigen Hardtwaldes zu verlegen, wo er ungestört von Vorhaltungen und klatschsüchtiger Neugier der Untertanen seinen Neigungen nachgehen konnte: der Jagd, der Gartenkunst und vor allem – der Liebeskunst. Lebensfreude stand an der Wiege seiner Stadt, die zunächst nur ein Schloß mit den Quartieren der Bediensteten war und den Namen »Carols-Ruhe« trug. Hier brauchte der Fürst sich nicht um seine sparsamen Durlacher zu kümmern, die ihre Säckel der barocken Baulust des Markgrafen geizig verschlossen. Sie verübelten ihm nicht weniger als die Markgräfin, daß er sein weibliches Personal in Husarenuniformen steckte, daß er sich von den uniformierten Damen bei seinen Jagdritten begleiten ließ, daß er sich eine Garde von »Tulpenmädchen« hielt, welche tagsüber die markgräflichen Tulpenbeete pflegten.

Die Annalen der Stadtgründung vermerken: Am 28. Januar begann man, den Hardtwald zu roden. Im Beisein des Markgrafen wurde ein halbes Jahr später unter Pauken- und Hörnerklang der Grundstein zum achteckigen Schloßturm gelegt. Mit dem Stein versenkte man ins Fundament das in Silber getriebene Bild des Erbauers, eine Flasche oberbadischen Weins, Gold- und Silbermünzen sowie eine Pergamentrolle mit lateinischen Gründungsversen. Vom Platz des Schloßturms aus zog man einen Kreis, dessen Durchmesser knapp einen Kilometer betrug. Dann fügte man 32 Radien ein: die Linie der zukünftigen Straßen. Die ersten Bewohner waren Bedienstete des Hofs. Sie durften ihre Häuser nur aus Holz errichten, einstöckig und mit Mansarden. Wegen des obligaten Rotanstrichs hat die Stadt damals den Beinamen »Rote Stadt« bekommen. Langsam wuchs sie sich zu einer kleinen Residenz des Rokoko aus.

Als der Erbauer Karlsruhes 1738 59jährig starb, bestattete man ihn in der Concordiakirche auf dem Markt. Bei der klassizistischen Neugestaltung des Platzes riß man die Kirche ab. Der Enkel des Markgrafen, Karl Friedrich, ließ dann über dem Grab eine hölzerne Pyramide erbauen, die 1825 der weit über Baden hinaus berühmte Baumeister Weinbrenner in eine steinerne umwandelte. Das Innere dieser Pyramide ist nur einmal betreten worden. An einem Julitag 1889, frühmorgens, versuchten ein Oberbaurat und ein Schlossermeister im Auftrag des Großherzogs Friedrich I., die Tür zu öffnen – doch vergebens. Unverrichteter Sache zog man ab. Nachdem man dann aber tagsüber Öl in das verrostete Schloß geschüttet hatte, konnte die Besichtigung der Grabstätte des Stadtgründers um Mitternacht vor sich gehen. Einer der Herren aus der Begleitung des Großherzogs vergaß seinen Regenschirm im Innern der Pyramide. Der Schirm steht heute noch dort.

Karl Friedrich, ab 1806 Großherzog von Napoleons Gnaden, kann als zweiter Gründer Karlsruhes bezeichnet werden, indem er jenes badische Empire protegierte, das als »künstlerischer Napoleonismus« bis heute die Atmosphäre der Stadt bestimmt. Karl Friedrich war bei Regierungsantritt noch ein Mann des Zopfstils, wenn auch nicht des Zopfes, ein Verfechter von Zucht und Sparsamkeit, rühmliche Ausnahme im Kreis der launisch-verschwenderischen Fürsten damaliger deutscher Kleinstaaten. Er züchtete kein Pascha-Beamtentum wie sein mondäner Großvater. Der Berliner Staatskanzler Hardenberg fand das Karlsruhe jener Jahre sogar preußischer als Preußen, denn er bemerkte auf seiner Oberrheinreise im »badischen Potsdam« erstaunt die blecherne Zuckerdose auf dem Tisch des Kammerpräsidenten.

DIE GOLDSTADT

Pforzheim, eine badische Stadt, blickte eigentlich stets mehr nach Schwaben und drehte Karlsruhe den Rücken zu. Über den badisch-württembergischen Zusammenschluß ist man hier am wenigsten unglücklich gewesen. Vielleicht weil geschäftige Betriebsamkeit die Goldstadt auszeichnet, ein Zug, der nicht unbedingt badisch ist.

Gold ist das große Thema. Nicht daß man es hier schürfte, doch Pforzheim, die Stadt an der Pforte des Schwarzwaldes, ist eine der fünf wichtigsten Goldwerkstätten der Welt. Hier werden 80 Prozent des in die Bundesrepublik fließenden Edelmetalls verarbeitet. Der Goldumsatz ermöglicht einen auf der Erde wohl einzigartigen Beruf: das Gratiswaschen von Handtüchern. Gewitzigte Leute sammeln am Wochenende die Handtücher der Pforzheimer Goldwerkstätten ein, säubern sie, schütten aber das schmutzige Waschwasser nicht weg, sondern lassen es durch feinmaschige Siebvorrichtungen rinnen, welche die kleinsten Goldspuren aufhalten. Wenn Goldarbeiter sich die Hände waschen, bleibt immer ein winziges Gran Gold an den Textilien hängen. Bei der Menge der unentgeltlich gereinigten Handtücher ergeben sich in kurzer Frist lohnende Gewichte an Gold. Man kann die in drei Täler (Nagold, Enz, Würm) gebettete Metropole als die Stadt mit dem wertvollen Müll bezeichnen. Aller Abfall, der aus den Fabriken und Werkstätten kommt, wird untersucht und durchkämmt. Bei abbruchreifen Häusern reißt man sogar die Fußböden auf, um Reste des kostbaren Metalls, die sich in Jahrzehnten angesammelt und fürs Auge kaum sichtbar festgesetzt haben, aufzuspüren und als Rohstoff dem Werkprozeß wieder zuzuführen.

Im Fürstenglanz sonnte sich Pforzheim als markgräfliche Residenz – vom Schloß sind noch Reste da – von der Reformation bis zu den Orleanskriegen, in Renaissance und Barock. Die Zeitspanne gilt für die Stadt auch als Epoche der geistigen Noblesse: Hochburg des Humanismus. Würde und Adel im Geist wird vor allem durch den Namen Reuchlin bestimmt; er und Erasmus von Rotterdam galten im Jahrhundert der Wiedererweckung der Antike als »die beiden Augen Deutschlands«. In der Pforzheimer Schaffnerei des Dominikanerklosters begann die Laufbahn des Humanisten, die nach Stuttgart, Basel, Paris, Orleans und Poitiers führte. Ohne die damals übliche Humanisten-Eitelkeit schlug er dem Griechisch eine Bresche. Reuchlins europäisches Verdienst ist daneben die Erweckung des Hebräischen, von dem er 1506 in seinen »Rudimenta hebraica« erste Kenntnis vermittelte. Durch ihn wurde das Abendland mit den beiden biblischen Ursprachen vertraut.

Während des 30jährigen Kriegs verzeichnen die Stadtannalen ein »Pforzheimer Thermopyle«: den Tod von 400 Bürgern der Goldstadt, die unter Markgraf Georg Friedrich von Baden bei Wimpfen den kaiserlichen Streitkräften Tillys unterlagen. Auf verlorenem Posten deckten die Pforzheimer den Rückzug der evangelischen Unionstruppen. Bürgermeister Bechtold Deimling ergriff die Fahne, eine Kugel zerriß ihm den Arm, er nahm die Fahne in die linke Hand, hielt sie fest, bis er sterbend umsank. Da erfaßte der junge Waffenschmied Albrecht Rosen das Panier der Union, die letzten 80 Pforzheimer scharten sich um ihn, stritten, bis sie fielen.

Die Geburtsstunde Pforzheims als Goldstadt schlug, als es dem aufklärerischen Markgrafen Karl Friedrich gefiel, in seinem Duodezstaat ein physiokratisches Musterunternehmen zu eröffnen. Im Waisenhaus richtete er eine Goldfabrik ein, mit der pädagogischen Absicht, die Waisen zu industrieller Tätigkeit anzuhalten. Bei der Pflege dieser Urzelle der Goldstadt, eines typischen didaktischen Experiments des 18. Jahrhunderts, stand dem Markgrafen seine Gemahlin Karoline zur Seite, eine der großen Frauen des Rokoko, die in merkantilistischer Gesinnung für die neuzeitliche Entwicklung durch freie Marktwirtschaft und Sicherung der Gewerbefreiheit eintrat.

KURBAD-HISTORIE

Begeben wir uns von Pforzheim aus enzaufwärts, so empfängt uns bereits klassische Schwarzwaldlandschaft, zugleich ein Ort der Rast und Gesundung, den schon die württembergischen Herzöge liebten: Wildbad. Der Geist Württembergs schaut, von Stuttgart her, in die östlichen Schwarzwaldtäler hinein, um über Kluft und Busch den Hauch des freundlichen Schwaben zu legen.

Nach Württemberg weist ein vielbesungenes Ereignis des raubritterlichen Mittelalters: Eberhard der Greiner, Herzog in Stuttgart, kehrt im Wildbad ein, montiert sein Wappenschild, die Visitenkarte von dazumal, an den eigens hierzu ausgehängten Spieß der Herbergsfassade, gibt sich, auf Gottes und der Quelle Kraft vertrauend, der Heilwirkung des Wassers hin und muß plötzlich erleben, wie die Ebersteiner aus dem Murgtal anrücken, ihn zu fassen. Der hohe Herr ist sein Lösegeld wert. Der Greiner, obgleich bejahrt, schlägt sich mühsam auf Dschungelpfaden nach Burg Zavelstein durch. Er ist verärgert über den schmählichen Rückzug. »Viel lieber möcht er fechten, das Bad hat ihn gestärkt«, sagt Uhland in seinem herzhaften Gedicht über den »Rauschebart«, wie er den Greiner altväterlich-gemüthaft nennt. Könnte dem energiespendenden Wildbad ein besseres Zeugnis ausgestellt werden als diese knappe Zeile des Dichter-Demokraten?

Schwäbische Geschichte greift also mitten hinein in die Märchenwälder um die Enz. Auch die Epoche des Duodez-Absolutismus, die eigentliche Gründungszeit der Bäderkultur im modernen Sinne, verknüpft das Schicksal Wildbads eng mit der Krone Württembergs. Herzog Eberhard Ludwig feiert, nachdem ihm die Grävenitz, seine Mätresse, nach fast einem Menschenalter zu häßlich geworden ist, Anno 1731 löbliche Wiederversöhnung mit seiner angetrauten Gattin im nahe bei Wildbad gelegenen Bad Teinach. Auch die Mätressenwirtschaft Karl Eugens, von dem wir bereits als Landesherrn Schillers hörten, spielt in die Geschichte Wildbads hinein: gefesselt von der ungewöhnlichen Schönheit der 21jährigen Franziska von Leutrum, der Gattin eines weitaus älteren Pforzheimer Adligen, widmet sich der Landesherr nicht nur den Bädern, sondern eben auch dieser hübschen Person; eine Liebesgeschichte spinnt sich an; abenteuerlich wird Franziska nach Stuttgart entführt, zur Gräfin von Hohenheim erhoben und schließlich, nach dem Tod der Herzogin, zu deren Nachfolgerin. Der Papst sagt ja zur Annullierung der Ehe mit dem alten Leutrum. Franziska, vom Volk vertraut »das Fränzl« genannt, entwickelt landesmütterliche Tugenden.

Wildbad, der legendär von einem Wildeber entdeckte Born, will kein Klein-Baden-Baden sein. Es hat etwas unverwechselbar Eigenes, das der größere Bruder an der Oos nie ersetzen kann: das wohlig Intime, das Kammerspielhafte; Wildbad verhält sich zu Baden-Baden wie Kammerspiel zu großem Theater. Zum milden, windgeschützten Klima des Wäldertales tritt das Klima der Urbanität, das von jeher große Geister angezogen hat: Sickingen, Hutten und Frundsberg kurierten sich hier das Rheuma des Feldlagers aus. Zahlreiche gekrönte Häupter wallfahrteten an die Enz, um sich »zu jüngen«. Auch die Vorläufer des modernen Unternehmertyps, die Bankiers der Welser und der Fugger, vertrauten der Wunderwirkung Wildbads auf überreizte Nerven und zahlten gern die damals abverlangten sechs Heller täglicher »Kurtaxe«. Ihnen folgten die Manager des 19. Jahrhunderts: Rothschild und Oppenheim. Strenge ständische Trennung, vom Fürsten- bis zum Bürgerbad, war damals sogar im Wasser Gebot. Die Kurliste verzeichnet ferner an Prominenz: Goethes Lili, geborene Schönemann, verheiratete von Türckheim, Historien-Romancier Georg Ebert und im Jahre 1863 Minister von Bismarck. Dessen Gastspiel im süddeutsch-liberalen, damals noch recht wienerisch gesinnten Milieu des Bades war nicht allzu glorienumgeben: als er schied, spielte die Kurkapelle zwar das Preußenlied, doch kaum war der Wagen des hohen Gastes enteilt, da wechselten die Rhythmen – man intonierte den Radetzkymarsch.

Unzählige haben durch die Jahrhunderte in Wildbad Heilung oder zumindest Linderung erfahren. Selbst Pferde. Denn der württembergische Rheinbundkönig Friedrich I., ein Pferdenarr, richtete de facto 1811 bis 1825 an der Enz ein Roßbad ein.

»Kommen Sie nach Baden-Baden, hier gibt es Bäume, wie ich noch keine gesehen habe!« forderte Turgenjew seinen Freund Flaubert auf. Ähnlich wie Wildbad hat auch die ganz anders geartete Schwarzwaldlandschaft Baden-Badens Prominenzen angezogen, ja zeitweise sogar Geschichte gemacht. Die Gartenlandschaft jener Stadt, die man Klein-Paris nannte, geht unmerklich in die Landschaft des Waldgebirges über. Rasen münden in Wiesen, Wiesen in Matten. Der Blütensegen überschüttet die Stadt an der Oos frühzeitiger als die Mauern Luganos. Krokus, Primel, Tulpe setzen heitere Farbakzente auf die Grünflächen an der Lichtentaler Allee. Das Gold der Forsythien regnet vor altehrwürdigen, vor schnittig modernen Hotelpalästen. Vor allem ist der Rhododendron mit der feierlichen Würde seiner ledernen Blätter, mit dem festlichen Leuchten seiner Blüten sinnbildlich für diese Stadt, die die High Society der Welt – und gelegentlich auch die High Snobiety – in ihr gepflegtes Ambiente zieht.

Die Römer, epikuräische Lebensgenießer, schätzten Baden-Badens heiße Quellen zuerst. Sie bauten in der Etappe hinter ihrer Limes-Front die Aquae Aureliae zu einem Platz der Erquickung aus. Eine Rekonstruktion der Barockzeit gibt ein annäherndes Bild von der Aufwendigkeit der antiken Anlage, die Caracalla, der sich nach dem Philosophenkaiser auch Marcus Aurelius nannte, im 3. Jahrhundert an der Oos gegründet hat. Dampfbad-Relikte unter dem Friedrichsbad künden noch von der sublimen Badekultur im Baden-Badener Kessel zu einer Zeit, als Zenturionen hier ihre Leiden kurierten, die sie sich in den Kattenwäldern geholt hatten, und als neben der Diana Abnoba, der Göttin des Schwarzwaldes, die Orts-Gottheit Minerva Medica und die kleinasiatische Mutter Kybele – durch Funde nachgewiesen – Altäre im Oostal hatten.

Im Mittelalter war Baden-Baden markgräfliche Residenz, von Mauern umgürtet. Auch damals spielte die Quelle eine Rolle; Paracelsus urteilte: »Die heißen Wasser von Badin sind vollkommener denn alles andere.« Der Kriegsbrand 1689 legte die mittelalterliche Stadt fast ganz nieder, bis auf weniges: das mehrfach ergänzte markgräfliche Schloß (ein Renaissancebau mit angefügtem loggiageschmücktem Küchenhaus), das Kloster Lichtental mit gotischer Fürstenkapelle, die von Romanik bis Barock gewachsene Stiftskirche und das kunstvolle gotische Sandsteinkruzifix von Nikolaus von Leyen, Baden-Badens wertvollste Antiquität, heute in der Stiftskirche. Die Oos war die Grenze zwischen den Bistümern Speyer und Straßburg. Die Zisterzienserinnen des Lichtentaler Klosters, die auf Speyrer Gebiet dem Opus Dei lebten, versprachen sich von Straßburg mehr, darum leiteten sie eines Tages den Fluß um, so daß ihre Klosterbehausung nun auf das Nachbargebiet zu liegen kam. Die Ooskrümmung ist als Zeugnis der Nonnenlist noch heute erkennbar.

Seit den Tagen des Rheinbundes wehte Luft von der Seine durch das Oostal. Stephanie, Großherzogswitwe und Adoptivtochter Napoleons, liebte die Bäderstadt. Goldverzierte

Wagen brachten mondänes Publikum aus Paris, teilweise gleich mit dem mitgeführten nötigen Hausrat. 1850 hieß es: »Alle Flüsse gehen ins Meer, alle schönen Frauen nach Baden-Baden.« Die weiße Kugel rollte und spielte Schicksal. Der Kuranzeiger »Illustration de Bade« wurde bei Hachette in Paris gedruckt. Auf der Lichtentaler Allee, der »Allee der Könige«, fuhren der Fürst Menschikoff mit einer Kosakentroika, der Prince of Wales mit sechsspännigem Wagen spazieren. Die Kurlisten zeigten erlauchte Namen: Kaiserin Elisabeth von Rußland, Napoleon III., die Dichter Tolstoi und Musset, die Komponisten Weber und Meyerbeer. Brahms, der nahezu 10 Jahre in Baden-Baden lebte, schuf hier die 2. Symphonie, auch »Lichtentaler Symphonie« genannt. Dostojewskij verspielte an der Oos seine Habe, so daß er seine Garderobe verpfänden mußte.

Im vorigen Jahrhundert galt es als unfein, wenn gekrönte Häupter in Hotels abstiegen. Doch wo sollten sie sonst wohnen, wenn nicht gerade ein Schloß mit dem nötigen Komfort bereitstand? Kaiser Wilhelm I. nahm im Hotel »Messmer« Quartier, das man solange zu einer Maison Messmer aufwertete. Da der Kaiser eine preußisch-spartanische Haltung von seinen Hohenzollern-Vorfahren geerbt hatte, vielleicht auch den Alten Fritz nachahmen wollte, nächtigte er nur in einem Feldbett. So mußte man ihm im Messmer eigens ein solches besorgen.

DER TÜRKENLOUIS

Die Gründung der Residenz Karlsruhe durch den Markgrafen Karl Wilhelm von Baden-Durlach im Jahre 1715 hatte ihr Vorbild in der Gründung der Residenz Rastatt durch den Markgrafen Ludwig Wilhelm von Baden-Baden im Jahre 1689. Beide markgräfliche Linien, die evangelische und die katholische, strebten hinaus in die Rheinebene, wo sich weitgreifende, repräsentative barocke Anlagen gestalten ließen.

Das von Domenico Egidio Rossi in dem von Ludwigs XIV. Truppen im düsteren Schicksalsjahr 1689 zerstörten Rastatt errichtete Schloß ähnelt allerdings mehr der Konzeption der Mannheimer Residenz: ein hoher, von Lisenen gegliederter Fürstentrakt und zwei niedrige Flankenkörper umfangen einen Ehrenhof. Die Stadt ist nach barocker Manier ganz auf das Residenzschloß ausgerichtet, zu Diensten des Fürsten, doch von diesem auch in patriarchalischer Attitüde behütet und überwacht.

Herrschte im Naturell Karl Theodors der Kunstliebhaber, in dem Karl Wilhelms der fürstliche Bonvivant vor, so war Markgraf Ludwig Wilhelm mit Leib und Seele Heerführer, ja einer der größten der Zeit, in einem Namen zu nennen mit Prinz Eugen und Marlborough, mit denen zusammen er die Schlachten des Wiener Hofes schlug, unbesiegt in 18 Feldzügen.

Das Feldlager hat Ludwig Wilhelm häufiger gesehen als seine Residenzen, die alte in Baden-Baden, die neue in Rastatt. Feldherrnruhm errang er weit im Osten, wo die islamischen Türken, Bedrohung und Schrecken des Abendlandes, gegen das Reich der Habsburger anbrandeten. Nach der Einnahme von Konstantinopel, dem christlichen Eckpfeiler, im Jahre 1453 waren sie in dynamisch-missionarischem Eroberungsdrang über den ganzen Balkan geflutet, Kirchen durch Moscheen ersetzend, und weiter bis vor die Tore Wiens. Dort hatte ein vereinigtes abendländisch-christliches Heer unter dem Polenkönig Johann Sobieski 1683 ihrem Vormarsch Halt geboten. Begann bei diesem historischen Datum auch der langsame Rückzug der Türken, so war die Gefahr doch noch lange nicht gebannt. Die Türkenpanik erfüllte noch immer Europa, der Krieg an der türkischen »Ostfront« ging weiter.

Die führende Feldherrnpersönlichkeit des Kaisers war der Markgraf von Baden-Baden, nicht nur eine Kriegernatur, daneben auch ein Mann höfischer Lebensart, belesen und nicht unmusisch, mit deutlich lateinischem Einschlag von seiner Mutter her, einer Savoyen; über diese Linie war er ein Vetter des Prinzen Eugen, dem er im Äußeren auch ein wenig glich, wozu die mächtige Allongeperücke, der hermelinverbrämte blaue Umhang über der Rüstung, der ganze Habitus des ausgehenden 17. Jahrhunderts beitrugen – so zeigt ihn ein Bildnis auf Schloß Baden.

Ludwig Wilhelm beteiligte sich im Türkenkrieg entscheidend am Sieg über den Halbmond. Dem wieder anflutenden feindlichen Heer setzte der Markgraf von Baden-Baden 1691 den endgültigen Damm entgegen im sensationellen Sieg von Szalankemen (nördlich von Belgrad), einem Sieg, der dem Haus Habsburg das Fürstentum Siebenbürgen erstritt und dem Sieger den Rang eines Generalleutnants bescherte. Dies war die höchste Charge, die der Kaiser zu vergeben hatte, den sonst nur Wallenstein, der Herzog von Lothringen, der Prinz Eugen innehatten. Die Beute an Waffen und Fahnen gelangte in die Markgrafschaft. Einen Teil kann man heute als »Türkenbeute« im Karlsruher Schloß besichtigen. Szalankemen war der Höhepunkt der erfolg- und ruhmreichen Karriere Ludwig Wilhelms. Als »Türkenlouis« ging er in die Geschichte ein.

Szalankemen bedeutete im Leben des Türkenlouis zugleich eine entscheidende Zäsur. Der zweite Teil seiner militärischen Laufbahn ist vielleicht bewundernswerter, doch weniger spektakulär. Er spielte sich nicht mehr in Osteuropa ab, sondern an der »Westfront« des Reiches, wenn man diese neuere Vokabel auf das Geschichtsbild des 17. Jahrhunderts übertragen will. Aber auch damals führte das Reich mit seiner Machtmitte Wien einen Zweifrontenkrieg, denn Ludwig XIV. marschierte – wir haben es in Speyer, Mannheim, Heidelberg gesehen – unter Ausnützung der Bindung kaiserlicher Streitkräfte an der Türkenfront (die er durch Geldmittel und Instrukteure stützte) in deutsches Gebiet ein. Es war der 3. Raubkrieg (1688 bis 1697).

Um dort eine Abwehrlinie aufzubauen, schickte Kaiser

Leopold den Türkenlouis als Generalissimus an den Rhein, allerdings mit unzureichenden Truppen. Trotzdem hielt der Markgraf die Linien über fünf Jahre, mehr wägend als wagend. Es war ein Krieg des Retirierens und Retardierens, des mühsamen Haltens von Frontabschnitten zwischen Basel und Philippsburg (gegenüber Speyer) mittels einer dünnen Verteidigungslinie, eine Vorstufe des Stellungskrieges, ohne Glorie, ohne Szalankemen, das für Ludwig Wilhelm nie mehr wiederkam. Dafür war es ein Krieg der Schanzarbeiten, die dieser Fabius Cunctator des 17. Jahrhunderts durchzuhalten hatte. Er tat, der Lage entsprechend, das einzig Richtige und nahm mangels glänzender Siege in Kauf, »unpopulär« zu sein. Ludwig Wilhelm war einer der ruhmlosen Helden eines der Kriege, die Louis Quatorze aus absolutistischem Machtrausch führte und die sich selbst verbrauchten. Die Kriegspolitik des Türkenlouis bestand mehr aus Brandbriefen nach Wien als aus Attacken: mehr Truppen, bessere Ausrüstung, mehr Geld und vor allem eine einheitliche Wehrverfassung – er nahm mit der Forderung die Prinzipien von Scharnhorsts Wehrreform vorweg.

Der 3. Raubkrieg Ludwigs XIV. ging fast unmerklich, mit einer Pause von nur vier Jahren, in den Spanischen Erbfolgekrieg über. Die dynastische Verflechtung des Hauses Habsburg mit halb Europa und namentlich mit Spanien machte aus der Frage, ob des Kaisers Bruder oder des Sonnenkönigs Enkel den vakanten Thron von Madrid einnehmen solle, einen europäischen Krieg. Hauptkriegsschauplatz war Deutschland, die führenden Heerführer waren neben dem Türkenlouis Prinz Eugen und Marlborough (ein Vorfahr Churchills). Während diese beiden bravouröse Siege erfochten, Höchstädt, Turin, Malplaquet, deckte ihnen der Türkenlouis am Oberrhein den Rücken. Es gab manche »Generalstabsrivalität«, viele kritisierten den einstigen Türkensieger, doch als glänzender Defensivtaktiker hielt er die Linien bis zuletzt, »nunquam victus – niemals geschlagen«, wie an seinem Grab in der Baden-

Badener Stiftskirche zu lesen ist. 1717 starb er an einer während der letzten Kriegshandlungen empfangenen Beinwunde.

Wie Versailles sein Petit Trianon, so hat Rastatt sein Favorite: ein Lustschloß in erreichbarer Nähe der Residenz. Erbaut wurde es nicht von Ludwig Wilhelm, sondern von seiner Witwe Sibylla Augusta, die, zwanzig Jahre jünger als der Markgraf, 9 Kinder geboren hatte, von denen 3 am Leben blieben. Beim Tode des Türkenlouis war sie noch eine junge Frau. Favorite, ihre Schöpfung, liegt in einem eigens geschaffenen Park südwestlich der Residenz Rastatt, auf dem Wege nach Baden-Baden. Michael Ludwig Rohrer, ein böhmischer Architekt aus der Dientzenhofer-Tradition, hat dies Kleinod des Barock dreistöckig angelegt, mit doppelläufiger Treppe und Arkadengängen, mit einem Gartensaal und einem Piano nobile, nicht imperial wie Rastatt, sondern verspielt und idyllisch, in den kapriziösen, überladen-kuriosen Miniatursälen und Zimmerfluchten fast schon Rokoko, mit einer Fülle von Spiegeln, Marmor- und Stuck-Inkrustationen, Chinoiserien, Goldbeschlägen und Goldstickereien, Gobelins und Intarsien. Die Natur blieb aus dieser gekünstelten Welt des schönen Scheins verbannt. Die Markgräfin selbst ist in 72 Kostümen auf Wandminiaturen dargestellt: als Gärtnerin, Jägerin, Diana, Bacchantin, Perserin, Schweizerin, Sklavin und in allen nur denkbaren Metamorphosen. Was war sie wirklich, diese Passionierte der Verwandlung? Man weiß, sie liebte karnevalistische Feste – meist in Rastatt, Favorite war zu beengt –, noch kurz vor ihrem Tode 1733 hat sie ein »chinesisches Fest« gegeben, mit Austernpyramiden und Pyramiden chinesischen Salats.

Am Eingang der Rastatter Schloßkirche, in der sie später beigesetzt wurde, liest man die Worte: »Betet für die große Sünderin.« Der merkwürdige Satz, verbunden mit ihrem barock-sinnenfreudigen Lebensstil, hat die Herzogin posthum ins Zwielicht gebracht; das vom Leben der feudalen

Schichten ausgeschlossene Volk deutete am Sinn der Sündhaftigkeit herum, die es natürlich erotisch auffaßte. Man suchte nach etwaigen Indizien, der Verbindung zum Bischof Schönborn von Speyer zum Beispiel, einem ausnehmend gutaussehenden Mann, den sie, obwohl er ein Jahr jünger war, »herzelieber Papa« anredete. Auch um die Gunst, die sie dem Leibdiener ihres Gemahls, Hassan, zuwandte, rankte Klatsch. All das, was man von ihr, die meist in Witwenschwarz ging, erzählte, die Mischung von Sünde und Reue, von Diana und Magdalena, ist nicht gesichert. Die Tochter des Herzogs von Sachsen-Lauenburg, das bleibt unbestritten, war eine typische Vertreterin des Barock, sinnenfroh, repräsentationsbedürftig, betriebsam, doch immer mit Stil und von feinem Kunstsinn. Man kennt ein von ihr verfaßtes Rezeptbuch für Lackmalerei. Auch befaßte sie sich in Favorite eigenhändig mit Goldstickereien; die Pfeiler der Rastatter Schloßkirche hat sie mit 26 Stoffbahnen, jede zu 4 Metern, bespannen lassen, eigengefertigte Bezüge.

Die gleiche Herzogin, die auf Bällen als Diana auftrat, trug bei anderer Gelegenheit das Kleid einer Äbtissin. Sie war, zumal in späteren Jahren, weltflüchtig, sich kasteiend, oft zerknirscht, fast flagellantisch – und eben das kennzeichnet die Polarität barocken Lebensgefühls. Nach Rom unternahm sie eine beschwerliche Pilgerfahrt, von Lieselotte von der Pfalz bespöttelt; und in der Verschwiegenheit ihres Favorite-Parks errichtete sie das Oktogon einer Eremitage, wo sie oft wochenlang, von der Welt abgeschieden, in geistlichen Übungen verweilte; dort sieht man heute noch ihre Instrumente zur flagellantischen Körperpeinigung, die bekleideten Holzpuppen mit Wachsgesichtern, Christus und die Jünger darstellend, am Abendmahltisch, an dem sie selber gelegentlich, mitspeisend, Platz nahm. Verstiegenheit? Glaubensbesessenheit? Reue? Nie hat man ganz in diese Seele und ihre Widersprüchlichkeiten geleuchtet. Von ihr überlieferte Worte sind rar, die Briefe an Kardinal Schönborn, die Aufschlüsse hätten geben können, großenteils vernichtet vom eigenen Sohn, der Indiskretionen befürchten mochte. Mit den beiden Söhnen Sibylla Augustas erlosch 1771 die katholische Linie von Baden-Baden. Das Kleinfürstentum ging in der evangelischen Markgrafschaft Baden-Durlach auf.

DIE UNTERSCHRIFT

Das Renchtal ist das südlichste des Nordschwarzwaldes, vor dem großen, breiten Einschnitt der Kinzig. Wälder und Quellen machen seinen Reiz und seinen Nutzen aus; Sägewerke und Kurhotels liegen am Ufer des kleinen idyllischen Flusses.

Peterstal und Griesbach sind als Stätten heilspendenden Wassers weit über das Renchtal berühmt. Sie zogen prominente Gäste an. Um die Jahrhundertwende traten an die Stelle alter Fachwerkbadhäuser Hotelpaläste. Im Hotel »Bad Griesbach« stieg im Sommer 1921 ein Mann Mitte Vierzig ab, der am 26. August mit einem Begleiter auf der Straße talauf ging, die zu den Tannenwäldern des Kniebis führt, eine Landschaft des Friedens. Die beiden unterhielten sich angeregt, doch nicht über die Schönheit der Natur, sondern über die Behebung der Wohnungsnot, ein akutes Problem auch der Nachkriegszeit nach 1918. Plötzlich kamen ihnen zwei jüngere Männer schnellen Schritts entgegen, drehten sich hinter ihnen um und feuerten aus 30 Zentimeter Entfernung einige Schüsse auf die beiden Spaziergänger ab. Dann flüchteten sie. Der eine der so spontan Überfallenen wankte und stürzte tot zu Boden. Der andere, der dem Begleiter zu helfen versuchte, war verwundet.

Bei den beiden Opfern handelte es sich um den Reichsfinanzminister Matthias Erzberger und den Zentrums-Reichstagsabgeordneten Dietz, der später den Hergang des Anschlags zu Protokoll gegeben hat.

Das Attentat machte in der Reichshauptstadt und im ganzen Reich Schlagzeilen. Es löste Betroffenheit aus, doch auch – im überhitzten politischen Klima jener Jahre – Jubel. Denn Erzberger dichtete man Vaterlandslosigkeit, Korruption und subversive Machenschaften an. In Wahrheit war der Schneidersohn aus Biberach eher ein Biedermann, eine Figur ohne Glanz, doch von rechtschaffenem Eifer in einer Epoche, die auch Größere als ihn überfordern mußte, das Richtige zu tun.

Erzberger war der Hauptbeschuldigte einer von nationalistischen Kreisen erhobenen Anklage, die sich in der Weimarer Republik zu einem Schlagwort kristallisierte: Erfüllungspolitik. Ohne Erzberger, meinten Verblendete, hätte der Erste Weltkrieg nicht mit einer Katastrophe, dem Zusammenbruch des Reiches, enden müssen. Die »Dolchstoßlegende« fraß sich in die Gehirne Nationaler, vor allem aus den Kreisen der Freikorps, speziell der Ehrhardt-Brigade, und prägte ihr simples Geschichtsbild. Zu diesen Kreisen gehörten die Attentäter, Tillessen und Schulz, die der nationalen Idee zu dienen, den Handlanger unwürdiger Erfüllung zu fällen glaubten.

Der Ermordete war durch zähen Fleiß emporgekommen. Als Volksschullehrer stieg er schon zu Jahrhundertbeginn in die Politik ein, vertrat das Zentrum, gründete einen schwäbischen Handwerkerbund und zog mit 28 in den Reichstag ein. Daß er unterm Titel »Humor im Reichstag« Parlamentwitze sammelte, macht ihn uns als undogmatisch-human sympathisch. Sein Spezialgebiet wurden die Finanzen. Was er bekämpfte: den Obrigkeitsstaat. Was er wollte: Aktivierung des Staatsbürgers. »Stumpfsinnige Bürger«, dies sein Postulat kurz vor Kriegsbeginn, »und politisch träge Nationen sind den Anforderungen der Gegenwart nicht gewachsen.«

In seine eigentliche Rolle wuchs Erzberger während des Krieges 1914/18. Auf Auslandsmission erkannte er 1917 – Marne-Niederlage, Scheitern des U-Bootkriegs, Eintritt der USA lagen bereits zurück –, daß der Zweifrontenkrieg ohne Rohstoffe nicht zu gewinnen war. Während die Entente »auf einer Woge von Öl« zum nahen Siege getragen wurde, erlebte das Reich den »Kohlrübenwinter«. Wenn es statt bedingungsloser Kapitulation einen Friedenschluß gab, erkannte Erzberger, dann nur einen Verständigungsfrieden. Indem er dafür plädierte, machte er sich bei der Rechten suspekt. Genau wie ein Menschenalter später im zweiten großen Völkerringen unseres Jahrhunderts galten Zweifel am Endsieg als Verrat.

Am 6. Juli 1917 hielt Erzberger im Reichstag eine Rede, die für eine Resolution zum Verständigungsfrieden eintrat. Ein Abgeordneter registrierte: »Noch niemals war die nackte, brutale Wahrheit so deutlich ausgesprochen worden.« In einem Pamphlet »Der Völkerbund – der Weg zum Weltfrieden« entwarf Erzberger, dem seinem Naturell nach Visionäres fern lag, ein Zukunftsbild, hellsichtiger erahnt, als es die meisten Zeitgenossen vermochten.

Um die gleiche Zeit, in der seine Mahnung im Druck erschien, erhielt der schwäbische Politiker seine weltgeschichtliche Mission, zugleich seine große Stunde und sein Verhängnis. Anfang 1918, nach der Meuterei der Flotte in Kiel, erkannte die Oberste Heeresleitung, daß der Sieg verspielt war. Hindenburg und General Gröner, dem Nachfolger Ludendorffs als Generalquartiermeister, war es klar, daß ein Militär nicht der geeignete Mann sein konnte, mit dem Gegner günstig zu verhandeln. Man kam auf Erzberger, dessen Verständigungsbereitschaft schon vor der Krise auch jenseits der Fronten bekanntgeworden war, Zivilist und seit kurzem Staatssekretär im neuen Reichskabinett des Prinzen Max von Baden. Der biedere Schwabe wurde ausersehen, als Vertreter der Reichsregierung mit Marschall Foch über einen Waffenstillstand zu sprechen. Er lehnte ab. Doch man drang weiter in ihn; in seinen Memoiren lesen wir: »Am Schluß erschien Generalfeldmarschall von Hindenburg und sagte mir, daß es wohl das erste Mal in der Weltgeschichte sei, daß nicht Militärs den Waffenstillstand abschließen, sondern Politiker; er sei aber ganz damit einverstanden, zumal die Oberste Heeresleitung keine politischen Richtlinien mehr auszugeben habe;

die Armee brauche unter allen Umständen Ruhe. Er verabschiedete sich von mir mit den Worten: ›Reisen Sie mit Gott, und suchen Sie das Beste für unser Vaterland herauszuholen!‹«

Am nächsten Vormittag, dem 8. November, stand Erzberger im Wald von Compiègne den Verhandlungspartnern der Entente gegenüber. In einem Eisenbahnwaggon erfuhr er die harten Waffenstillstandsbedingungen mit dem Ultimatum, sie innerhalb 72 Stunden zu unterzeichnen. Zähe Gespräche. Depeschen zwischen Compiègne und Berlin. In Nachtsitzungen erreichte der Delegierte einige Zugeständnisse. Am 11. November setzte Erzberger, gegen das Ausmaß der Bedingungen protestierend, seinen Namen unter die Urkunde der Waffenruhe. Der Erste Weltkrieg war beendet. 1940 zwang Hitler in einem Einfall kleinlicher Revanche das unterlegene Frankreich, im gleichen Wald von Compiègne, im gleichen Eisenbahnwaggon, die Niederlage zu besiegeln.

Ein Jahr nach der Unterschrift von 1918, aus der Hohenzollern-Monarchie war inzwischen die erste deutsche Republik geworden, erhielt der Unterzeichner von Compiègne das Ressort der Reichsfinanzen. Es war sein Fachgebiet. Die drükkenden Lasten des Versailler Diktats erforderten ein differenziertes Finanzverständnis, zugleich die Kraft, ein schweres, undankbares Amt zu leiten. Drastische Drosselung des Etats war unumgänglich. In der nun von Erzberger begonnenen Steuerreform, seinem alten Projekt, ging es ihm namentlich um Vereinheitlichung der Steuerverwaltung und um sozialen Ausgleich. Gegen den unermüdlichen Planer und Arbeiter inzwischen auch Vizekanzler, wurde bereits 1919, am Tag der Annahme von Versailles, ein Anschlag verübt. Er galt dem angeblich »Alleinschuldigen«, dem man, wie seine Parteifreunde formulierten, die »Schuld am Frieden« zuschob. Wenige Tage später schlugen Schüsse in sein Arbeitszimmer ein, krepierte eine Handgranate in dem Raum, in dem man sein Schlafzimmer vermutete. Ein drittes Attentat in Moabit mißglückte ebenfalls.

Das Trommelfeuer gegen den Mann, der durch seine Unterschrift verhindert hatte, daß nach 1918 ganz Deutschland von den Siegermächten besetzt und womöglich in Einzelstaaten aufgelöst worden war, gipfelte im Titel einer Artikelserie »Fort mit Erzberger!« Der Angefeindete blieb von der Richtigkeit seiner Unterzeichnung in Compiègne überzeugt, die kein »einsamer Entschluß«, doch die Inkaufnahme einer einsam getragenen Verantwortung gewesen ist. Er hoffte, danach in beweglicher Politik die Vertragsbedingungen zu mildern oder gar ad absurdum zu führen.

Da fielen an dem strahlenden Augusttag des Jahres 1921 die tödlichen Schüsse durch die Sommerstille des Renchtales. Die Mörder, die in Oppenau Quartier genommen hatten, flohen ins Ausland. Nach 1945 kamen sie vor Gericht. Die Witwe Erzbergers sprach sich für einen Gnadenerweis aus. Die Mörder, inzwischen von ihrer Tat abgerückt und innerlich gebrochen, erhielten 12 und 15 Jahre Zuchthaus. Später wurden sie auf Bewährung entlassen. Eine Marmortafel im Kurhaus Griesbach, ein Gedenkstein an der Mordstelle erinnern an jenen Mann, mit dessen Ermordung das Schicksal der Weimarer Republik seinen verhängnisvollen Lauf begann – den Lauf in den Zweiten Weltkrieg und in die Apokalypse des Reiches.

RUND UM DEN KAISERSTUHL

Ettenheim, rustikales Barock im hügligen Vorgelände des Schwarzwaldes südlich von Lahr, steigt, unentschieden zwischen Dorf und Stadt, an einem Hang empor bis zur barockhelmgekrönten Stadtkirche. Der saalartige Innenraum prunkt mit Rocaillen, Medaillons und posaunenden Putten, ins Badische projiziertem Jenseits. Im Chorteil befindet sich das Grab des Kardinalerzbischofs Rohan, der Grauen Eminenz der letzten Bourbonen vor der Grande Révolution und Vertrauten der Marie-Antoinette. Er hoffte laut Inschrift auf glückliche Auferstehung: »Eminentissimus princeps Ludovicus Renatus Eduardus de Rohan-Guemenée 1734 bis 1803.«

Rohan hatte das große Leben geliebt, seine Schlösser in Zabern (Saverne), Straßburg und Ettenheim (das zum fürstbischöflichen Einzugsgebiet jenseits des Rheins gehörte) zeugen davon. Das von Ettenheim, unterhalb der Kirche, ist das bescheidenste, aber immer noch respektabel genug – leider heute sehr verwahrlost als Gastarbeiter-Unterkunft. Hier verbrachte der Kardinal die letzte, stillste Phase seiner Jahre: das Emigrantendasein nach dem Sturz der Bourbonen durch die Jakobinerherrschaft in Paris. Er residierte immer noch, auch ohne Wirkungsbereich, Theatralik und Intrige, blieb Kumulationspunkt vieler Royalisten, die Ettenheim zu einem Klein-Versailles machten. Man hielt Hof, auch wenn das Meublement verblaßt, die Zahl der Lakaien zusammengeschrumpft war, ging auf die Jagd, konspirierte, resignierte. Unter den Refugés war ein Bourbonenprinz, der Herzog von Enghien, der erst auf seiten Österreichs gegen die Revolution gekämpft hatte, dann aber die Aussichtslosigkeit einsah und schließlich in seinem Ettenheimer Refugium, nach dem Aufstieg Napoleons, den neuen Kometen als Ordnungsmacht, die die Herrschaft des Plebs beendete, willkommen hieß. Sein anmutiges, maßvolles Haus, zwischen Rohanschloß und Kirche gelegen, garten- und heckenumgrenzt, wird heute vom Volk »Schlößle« genannt.

Von diesem ganz und gar harmlosen Bourbonensproß ging in Paris 1804 die Mär um, er verhandle geheim mit dem Todfeind Napoleons, England, erhalte von dort Gelder, was bestimmt nicht zu jenem Zeitpunkt zutraf. Doch Bonaparte, in ständiger Royalistenfurcht – gerade war er vor einem anonymen Attentat bewahrt worden –, wollte ein Exempel statuieren, an keinem Zweit- oder Drittrangigen, sondern an einem Prince de sangue, einem Prinzen von Geblüt.

Eines Nachts dröhnten Pferdehufe vor dem stillen Haus in Ettenheim. Ein Detachement von Buntröcken forderte den

Herzog auf, in eine bereitgestellte Kutsche zu steigen. So unauffällig wie möglich – man war auf nichtfranzösischem Boden und wollte Komplikationen vermeiden – wurde er nach Vincennes gebracht. Enghien forderte eine Audienz bei Napoleon, nicht ahnend, daß der von ihm Bewunderte den Verhaftungsbefehl selber erlassen hatte. Die Audienz fand nicht statt. Dafür wurde der Herzog eine Stunde nach Mitternacht in den Wallgraben der Festung geführt. Der Verhaftete protestierte, in eine unterirdische Zelle zu kommen. Doch noch Schlimmeres erwartete ihn: er sah sich einem Peloton gegenüber, das die Gewehre anlegte.

Polizeiminister Fouché sagte, als er vom Ende des Duc d'Enghien erfuhr, zu seinem Kaiser: »Das war schlimmer als ein Verbrechen. Es war ein Fehler.«

Durch ein schöngeschwungenes, elegantes Tor, eher Triumphbogen für einen Fürsten als Eintritt in eine mäßig große Landstadt, gelangt man nach Emmendingen, dem größten Platz zwischen Lahr und Freiburg. Durch dieses heiter bemalte Tor ist auch der junge Goethe gefahren, 1775, als er seiner Liebe zu Lili Schönemann und der bürgerlichen Bindung mit ihr in die Schweiz entfloh. In Emmendingen kehrte er bei seiner Schwester ein. Cornelia Goethe sah ihrem Bruder auffallend ähnlich – zu ähnlich, denn, aufs Weibliche übertragen, war ihre Nase zu lang, ihr Profil zu geprägt. Man schilderte sie als Mischung von Gefühlsüberschwang und erotischer Kälte. Die Ehe mit dem tüchtigen Oberamtmann und Hofrat Schlosser, einem Jugendfreund Goethes, war denkbar schlecht.

Im patrizischen Schlosserhaus, das heute noch steht, verbrachte Goethe acht Tage, von Cornelia beschworen, sich alle Ehepläne aus dem Kopf zu schlagen. Goethes zu seiner Zeit beliebtestes Poem »Hermann und Dorothea« – beliebter noch als der »Werther« – spielt zweifellos in Emmendingen, auch wenn sich ein Ort in Hessen und ein anderer in Thüringen darum bewerben, Schauplatz von Goethes dichterischer Fiktion zu sein. Doch nur in Emmendingen können Emigranten der Großen Revolution Fuß gefaßt haben, die mit ihrer Habe über den Rhein gekommen sind. Das Hohelied auf das Privateigentum (»Dies ist unser!«), das damals sicher noch keine soziologisch-doktrinäre Bedeutung hatte, war also vom Wohnort von Goethes Schwester inspiriert, die der Dichter danach nicht mehr wiedersehen sollte, denn schon 1777 ist Cornelia gestorben. Ihr typisches Porträt mit der hoch aufgesteckten Frisur schmückt die Umfassungsmauer des Emmendinger Friedhofs.

»Endingen ist die Stadt, die manches Jahr mehr Wein als Wasser hat«, heißt es von der ehemaligen Reichsstadt am Nordrand des Kaiserstuhls und damit Badens populärstem Weinbaugebiets, das schwere, erdige Ruländer und Silvaner beschert. Von Endingens historischer Tradition zeugt die spitzwegische Szenerie, vor allem der altväterliche Marktplatz mit St. Martin, dessen spätgotischer Chor erhalten geblieben ist. Am Neuen Rathaus am Nordende des Platzes schwingt ein schön begitterter Balkon der Goethezeit aus.

Endingen wartet mit einer Historie unseres Säkulums auf, gleich einer politischen Köpenickiade, die sogar die Reichsregierung beschäftigte. Über den im Ersten Weltkrieg gefallenen Endinger Oskar Daubmann erhielt das Bürgermeisteramt 1932 folgendes Telegramm: »Daubmann heute in Neapel eingetroffen. Eltern benachrichtigen. Deutsches Konsulat.« Als der letzte Heimkehrer in der Stadt am Kaiserstuhl eintraf, wurde er frenetisch empfangen. Fahnen und Girlanden schmückten die Straßen. Von auswärts waren 15 000 Menschen gekommen. Als der Held des Tages mit seinen Eltern im blumengeschückten Kraftwagen über den Markt fuhr, raste ein Begrüßungssturm über den Platz.

Es wurde ein Politikum daraus. Im bereits stark angeheizten Nationalismus jener Jahre klagte man Frankreich der Unmenschlichkeit an. Das Auswärtige Amt depeschierte nach

Paris: »Wir verlangen Aufklärung!« Der Heimkehrer wurde in Berlin empfangen, mit dem preußischen und badischen Feldehrenkreuz, der badischen Kriegermedaille und dem Kyffhäuserkreuz dekoriert. Er hielt Vorträge in Massenversammlungen vieler Städte. Empörung über Frankreich, über den Schandfrieden von Versailles, über Daubmanns unmenschliche Leiden. Sein ehemaliger Bataillonskommandeur organisierte die Versammlungen, die Presse machten.

Bis man herausfand, daß es sich beim »letzten Heimkehrer des Ersten Weltkriegs« um einen Betrüger handelte, einen vorbestraften Schneider aus Offenburg, der Daubmann von früher her gekannt hatte. Die Illusion der Eltern brach zusammen und die publizistische Kampagne gegen Frankreich auch. Ein Entrüstungssturm ging nach Aufdeckung des Schwindels, der zugleich eine Zeitsituation beleuchtete, durch das gesamte Reich.

Dies wäre ein Stoff für Jörg Wickram gewesen, den Stadt- und Geschichtenschreiber von Burckheim am Kaiserstuhl, wenn er heute und nicht im 16. Jahrhundert gelebt hätte. Denn er hat ähnliche Schelmenstücke zu einem kleinen Werk gefügt, das den Titel »Rollwagenbüchlein« trägt, die lesbarste erzählende Prosa vor Grimmelshausen. Die Leute schmunzelten über die holzschnittartigen Schnurren, wenn sie mit dem Rollwagen, dem öffentlichen Beförderungsmittel von damals, über die sicher holprigen Straßen fuhren.

An das Rheinufer schmiegt sich bis zur Gegenwart jene Stadt, die man im Mittelalter »Ruhekissen des Heiligen Römischen Reiches« genannt hat, Breisach. Nach 1945 hat man dem kriegszerstörten Platz wieder sein altes Gesicht gegeben, doch ein wenig steril. Die Atmosphäre, die dem Genius loci zueigen ist, blieb dennoch erhalten; noch immer zieht sich die Stadtanlage mit ihren Türmen und Toren von der Rheinebene hinauf zum Münsterberg und zum Münster, wie zu jener Epoche, als Peter von Hagenbach Landvogt und Zwingherr Breisachs gewesen ist.

Im 15. Jahrhundert war das Herzogtum Burgund zeitweise eines der mächtigsten Reiche Europas, dank geschickter und auch gewalttätiger Hauspolitik der in Dijon residierenden Herzöge, die dem Geschlecht der Valois entstammten. Unter Karl dem Kühnen reichte das Herzogtum, das sich zwischen Frankreich und das Habsburgerreich zwängte, von der Nordsee bis zum Genfer See, allerdings so unhomogen in seiner zusammengerafften Länderfülle, daß ihm keine Dauer beschieden war. Nur die Verwaltungskunst von Dijon schuf aus den zentrifugalen Gliedern dieses künstlichen politischen Gebildes einen Staat. Um die Königskrone, welche die Einheit gestärkt hätte, bemühte sich Karl vergebens.

In seinem Expansionsdrang und Länderhunger strebte der Herzog auch über den Rhein. Da er vermögender war als Kaiser Friedrich III. oder zumindest liquider, lieh er diesem 80 000 Gulden und erhielt dafür als Pfand die Vorlande Österreichs am Oberrhein. Der Kaiser ging den Handel gerne ein, da er die von den Eidgenossen bedrängten Gebiete unter einem besseren Schutz wußte, als er selber ihn bieten konnte. Der Burgunder spielte sich auf dem ihm verpfändeten Territorium bald wie ein souveräner Herr auf. In der Stadt Breisach setzte er den Landvogt Peter von Hagenbach ein, der aus dem Sundgau im Südelsaß stammte.

Der Landvogt gebärdete sich wie ein Zwingherr, launisch und grausam, zu Trunk, Tanz und grobianischen Späßen aufgelegt. So veranstaltete er – Karikatur des Rittertums im ausgehenden Mittelalter – ein nächtliches »Tournier«, bei dem die Rosse aus Holz und Seide, die Schilde aus Lebkuchen bestanden. Beim ersten Zusammenprall zerbrachen sie, worauf das Volk sich lärmend auf die Erde warf, die Stücke aufzulesen. Hagenbachs Willkürherrschaft, die vor Religion, Sitte, Ehre der Bürgertöchter nicht haltmachte, schuf solche Verbitterung, daß ein Volksaufstand gegen den burgundischen Zwingvogt losbrach. Als die Münsterglocken Ostern 1474 einläuteten, gellte durch Breisach der Ruf »Rett römisch Rich«.

Die Breisacher warfen den Vogt in den Turm, verhörten ihn peinlich, worunter man die Folter verstand, und verurteilten ihn wegen Mordes, widerrechtlicher Steuererhebung und Entrechtung der Bürgerschaft zum Tode. Der Schöffenspruch lautete, Hagenbach solle dergestalt enthauptet werden, daß zwischen Kopf und Hals ein Wagen durchfahren könne. Am gleichen Tag vollzog der Scharfrichter das Urteil auf einem Anger vor der Stadt. Die Bürger Breisachs konnten diesen Akt städtischer Selbstjustiz wagen, weil die burgundische Macht damals bereits auseinanderbrach, weil sie Habsburg im Rükken wußten und weil das Bürgertum zu einem nie dagewesenen Selbstbewußtsein gelangte, als große ständische Neuerung am Ende des Mittelalters.

Breisachs Stolz ist sein Münster auf dem Podest des Stadthügels. Im Krieg wurde es zur Ruine. Wiederhergestellt, präsentiert der dreischiffige Innenraum das unbeschädigte Weltgericht Schongauers, das sich über drei Wandfelder zieht, nach dem Symbolwert der Himmelsrichtungen: die Hölle im Norden, das Jüngste Gericht im Westen, das Paradies im Süden. Im Chor steht das größte süddeutsche Altarwerk, die 14 Meter hohe Marienkrönung des Meisters H. L. Die Predella hält die vier Evangelisten beim Schreiben fest; zugleich verkörpern sie vier Lebensalter.

Der Oberrhein bei Breisach ist nur mäßig breit, so daß man von Ufer zu Ufer hinüberrufen kann. Im 18. Jahrhundert, als der Rhein an dieser Stelle die Grenze zwischen Frankreich und Vorderösterreich bildete, war das Verhältnis zwischen beiden Stromseiten nicht immer gut. Johann Peter Hebel erzählte eine launige Geschichte. Auf dem linken Ufer stand ein französischer, auf dem rechten ein Breisgauer Soldat auf Posten. Aus der Gelangweiltheit des Wacheschiebens heraus rief der Franzose laut hinüber: »Filou! Filou!« Der Mann auf dem rechten Ufer zog gutmütig seine Zwiebeluhr aus der Uniformtasche und erwiederte in seiner Mundart: »Halber viere.«

DIE HABSBURGER

Nach dem Untergang der Staufer erlebte Deutschland »die kaiserlose, die schreckliche Zeit«, das sogenannte Interregnum. Ausländer trugen die Königskrone, Alfons von Kastilien und Richard von Cornvallis, der Schwager Friedrichs II., doch ohne die Imperatorenwürde. Als Richard 1272 gestorben war, schlug Erzbischof Werner von Mainz den Kurfürsten einen bis dahin wenig profilierten Kandidaten vor, der den Spielregeln auch früherer Königswahlen entsprach: nicht gar zu unbedeutend für das hohe Amt, nicht zu mächtig und damit gefährlich für die Eigeninteressen des Fürstenstandes. Die Wahl fiel mit allen Stimmen außer der Böhmens 1273 auf Rudolf von Habsburg.

Mit ihm begann eine neue Ära deutscher Geschichte: klares Abrücken von der Italienpolitik der Sachsen, Salier, Staufer und damit Ausgleich und wohlwollende Koexistenz mit der Kurie, Verzicht auf Herrschaftsansprüche in Sizilien und Romagna, Aufgabe der irrealen Kaiseridee zugunsten handfest-pragmatischer Kaiserpolitik, deren Schwerpunkte nördlich der Alpen lagen. Diese neue politische Richtung war diktiert von den veränderten Zeitumständen, dem Aufkommen nationalstaatlichen Denkens und zugleich des Nutzdenkens der immer mächtiger werdenden Städte. Sie lag aber auch in der Natur des neuen Herrschers. Sein praktischer, realistischer Sinn, seine persönliche Genügsamkeit, sein rechnender Erwerbssinn ließen keine Utopien zu. Festgefügt, ohne Glanz, ohne höheres Bildungsstreben, verfolgte er erreichbare Ziele. Nicht dem Volk entrückt auf Burgen und Schlössern wie die Staufer, sondern meist in Städten verbrachte er seine Tage, in Straßburg, Basel und später in Wien. Er kannte das Volk und lebte wie das Volk. »Man konnte ihn sehen«, schreibt Karl Hampe, »wie er auf dem Ofen eines Bäckers seine klammen Hände wärmte, wie er auf dem burgundischen Kriegszuge als Greis noch sich Rüben aus dem Felde holte, schabte und roh verzehrte, wie er, um seinen Leuten ein Beispiel zu geben, die zerrissenen Ärmel seines Wamses eigenhändig flickte.«

Rudolf entstammte einem alemannischen Grafengeschlecht, das von der Habsburg in der Schweiz (am Zusammenfluß von Aare und Reuß) den Namen hatte und vom Zürichgau bis zum südlichen Elsaß begütert war. Als Geburtsort Rudolfs wird die Limburg am Kaiserstuhl angenommen. Nördlich von Breisach erhebt sich eine vom eigentlichen Kaiserstuhl getrennte kleine Hügelgruppe, hundert Meter über dem Rheinspiegel; einer der Basaltrücken, der Limberg, trägt dort, wo er steil zum Strom abfällt, die als Ruine erhaltene Burg, in welcher der erste Habsburger am 1. Mai 1218 das Licht der Welt erblickte. Viel spricht für die Authentizität. Der habsburgische Besitz am Oberrhein hatte sich zur Stauferzeit vermehrt, das Schwergewicht der Grafschaft schon unter Rudolfs Vater nach dorthin verlagert; sicher zog das aufstrebende Geschlecht die zentrale Lage der Limburg mit der Chance, Stromzölle zu erheben, der entlegenen und versteckten Habsburg vor. Friedrich II. selber hob Rudolf aus der Taufe. Solange die Stauferherrschaft dauerte, war der Graf deren getreuer Gefolgsmann. Nach Friedrichs Tod zog er mit dem Nachfolger, König Konrad IV., nach Apulien (wo dieser plötzlich verstarb), und auch den jungen Konradin begleitete er eine Wegstrecke auf dessen unglücklichem Italienzug, dem Finale des Hauses Hohenstaufen.

Rudolf sollte 55 Jahre alt werden, bis er durch die Königswahl in das Licht einer breiten Öffentlichkeit trat. Er war in jüngeren Jahren ein brillanter Turnierer, führte eine gewandte Klinge, mehrte seine Ländereien durch Umsicht, Stetigkeit, doch auch mit nackter Gewalt. Sicher hatte er bei der Wahl die Hände im Spiel, sicher auch den Königsmachern entsprechende Zugeständnisse offeriert. Dennoch war er überrascht, als er im Kriegszelt vor den Mauern des von ihm gerade belagerten Basel erfuhr, daß man ihm die Krone zugesprochen habe. Dem Überbringer der Botschaft, dem Burggrafen von Nürnberg

Friedrich von Hohenzollern, sagte er, es sei wohl ein Scherz. »Dies sei ferne«, erwiderte der Burggraf, »daß ich Euch, den mächtigsten aller Herrscher, zum besten hätte.« Und der in der Stadt eingeschlossene Baseler Bischof rief bei der Nachricht: »Nun sitz fest auf Deinem Thron, Herrgott, sonst stürzt dieser Rudolf auch Dich noch von Deinem Platz!«

Vorerst war aber der Habsburger das »arme Gräflein«. Beim Krönungsakt in Aachen fand sich das Zepter nicht. Rudolf überspielte die Peinlichkeit, indem er ein Kruzifix vom Altar holte: »Dieses Zeichen, in dem die ganze Welt erlöst worden ist, kann wohl auch ein Zepter vertreten.« Um sich Respekt und Einfluß zu verschaffen, war es für den Gekrönten erstes Gebot, seine Königs- und Hausmacht zu stärken. Alle Reichsgüter, die der Fürstenstand sich im Chaos des Interregnums angeeignet hatte, mußten zurückerstattet, der Status quo ante wiederhergestellt werden. Rudolf machte das Königsamt wieder funktionstüchtig, sorgte für Reichsordnung und Landfrieden, erneuerte das System diplomatischer Kontakte zu den europäischen Höfen, klärte das Verhältnis zu Rom. Macht schuf er sich auch durch eine kluge Heiratspolitik. Sieben Töchter standen dem bereits Bejahrten zur Verfügung, durch dynastisch-familiäre Bindung die führenden Fürstenhäuser für sich zu gewinnen. Schon beim Dynastiegründer erwies sich die Wahrheit des später oft zitierten Spruches »Tu felix Austria nube! Du, glückliches Österreich, heirate!«

Durch Heiratspolitik bot Rudolf auch jenem Fürsten Schach, der ihm die Wahlstimme versagt hatte, der auch jetzt noch opponierte und sich weigerte, widerrechtlich annektiertes Reichsgut herauszugeben: König Ottokar von Böhmen aus der berühmten Dynastie der Przemysliden. Rudolf verheiratete zwei seiner Töchter mit dem Herzog von Bayern und dem Grafen von Tirol, zwei Widersachern Ottokars. Durch deren Gebiet marschierte der König demnach unbehindert mit einer Armee nach Wien. Dort gelang es ihm, den böhmischen Adel gegen den selbstherrlichen Przemysliden aufzuwiegeln. Ottokar mußte nachgeben, das Reichsgut zurückerstatten und außerdem seine Erblande Böhmen und Mähren als Reichslehen aus den Händen des Königs knieend entgegennehmen. Die Szene war bezeichnend: in goldenem Gewand, in voller Königspracht, fiel der Böhme dem deutschen König zu Füßen, der seinerseits ein graues Wams trug und auf einem dreibeinigen Schemel saß. Der Kolmarer Chronist, der das Belehnungszeremoniell vermittelt, bietet zugleich das Bild einer Zeitenwende – die Ablösung der glanzvoll-imperialen Welt des Hochmittelalters durch ein neues profanes, wirklichkeitsnahes Herrschaftssystem.

Ottokar, der im Bewußtsein des Ansehens seines Hauses geglaubt hatte, nur ihm stünde die deutsche Königskrone zu, ertrug die Demütigung des Kniefalls nicht. In seinen Augen war Rudolf immer noch der kleine Graf. Er rüstete zum Krieg. Der Habsburger nahm die Herausforderung an. Ungarische Hilfstruppen verstärkten seine Streitmacht. Dennoch war der Ausgang der Schlacht auf dem Marchfeld bei Wien am Morgen des 26. August 1278 noch ungewiß. Rudolf stürzte vom Pferd. Er deckte sich mit seinem Schild ab, um nicht von den Hufen der böhmischen Rosse zerstampft zu werden. Es war die letzte Ritterschlacht nach Turnierweise. Den Ausschlag gab eine Elitetruppe, die Rudolf bis zum entscheidenden Durchbruch in Reserve gehalten hatte. Von Rachsüchtigen aus den eigenen Reihen empfing Ottokar den Todesstoß.

Nun fielen Rudolf die Länder des Besiegten zu. Einen großen Teil eignete er sich zur Mehrung seiner Hausmacht an. Vom heißen Tag auf dem Marchfeld datiert der Einzug der Habsburger in Österreich, die Verlagerung der habsburgischen Macht von West nach Ost, vom Oberrhein an die Donau. In kluger Mäßigung beließ Rudolf dem Sohne Ottokars, Wenzel, die Königsrechte über Böhmen. Und wieder setzte er die Waffe eines Ehekontraktes ein: um Böhmen an sich zu binden, gab er Wenzel eine seiner noch freien Töchter. Auch nach Westen knüpfte er Fäden – diesmal brachte er sich selbst zum

Einsatz, in dem er mit 66 Jahren die 14jährige burgundische Prinzessin Isabella ehelichte. Die Zielrichtung der nachmaligen Ausweitung des Habsburgischen zum Europäisch-Internationalen war in nuce vorgezeichnet. Was Rudolf am Ende seiner Laufbahn trotz emsigen Bemühens nicht erreichte: die Erblichkeit seiner Krone und die Kaiserkrönung. Mochte er sich mit seiner Realpolitik auch vom Phantasma eines universalen Kaisertums entschieden abwenden, so lebte in ihm, dem ehemaligen Gefolgsmann der Staufer, doch noch etwas von der Idee von gestern. So ist jener letzte, eigenwillige und sinnträchtige Ritt des bereits Todgeweihten zum Kaiserdom nach Speyer zu verstehen, wo Rudolf neben Philipp von Schwaben, dem letzten auf deutschem Boden beigesetzten Herrscher des Hauses Hohenstaufen, zu liegen kam.

Was Rudolf, der große Planer, vorgezeichnet, sollte sich erst ein Jahrhundert später fortsetzen. Nach Albrechts I., des zweiten Habsburgerkönigs, Ermordung durch Johann Parricida (wir kennen den Vorfall aus Schillers »Tell«) mußte die Dynastie bis zum Ende des Mittelalters den Thron anderen Geschlechtern überlassen. Dann, 1440, fiel die Wahl des kurfürstlichen Kollegiums wieder auf das inzwischen groß und mächtig gewordene Haus in Person Friedrichs III. Der wenig aktive Habsburger hatte 53 Jahre den Thron inne, die längste Regierungszeit aller deutschen Kaiser. Er fühlte sich vor allem Österreich verbunden, nun dem Zentrum habsburgischer Macht; erst zwei Jahre nach der Wahl besuchte er das »Reich« – diese Bezeichnung der deutschen Altstämme war, von Wien aus gesehen, damals schon üblich. Hätte Habsburgs Macht sich in den folgenden Jahrhunderten in den Stammlanden am Oberrhein etabliert statt an der Donau, so wäre Richelieus, Mazarins Politik des Vordringens zum Rhein nicht so widerstandslos verlaufen. Nun war Wien die »Hauptstadt« bis 1806. Deutschland hatte endlich, nachdem die früheren Kaiser »Monarchen auf Reisen« waren, einen deutlich fixierten politischen Strahlungspunkt. Von hier aus begann der Aufstieg der Dynastie zum ersten und stolzesten Herrengeschlecht Europas, zur Weltmacht eines Hauses, zu »Welthabsburg«.

Erst 12 Jahre nach der Königswahl erhielt Friedrich am Tiber die Kaiserkrone, als letzter in Rom gekrönter Imperator. Nur noch Karl V. empfing sie aus der Hand des Papstes, doch dieser reiste dem Habsburger bis Bologna entgegen. Der Kaisertitel war nun aus Gewohnheitsrecht mit der Königswahl verbunden und seiner Bedeutung nach auf das deutsche Reich beschränkt, ohne übernationalen Anspruch, ohne metaphysischen Schimmer.

Friedrich III. war mit Eleonora vermählt, einer portugiesischen Infantin aus dem Hause Avis, unter dem Portugal das Goldene Zeitalter seiner Weltentdeckungen erlebte. Es wurde behauptet, Eleonora habe den Habsburgern die bezeichnende Unterlippe eingebracht, was aber nicht stimmen kann, denn kein bekanntes Porträt des Hauses Avis weist sie auf. Der Sohn dieser Ehe, Maximilian I., wurde der volkstümlichste deutsche König seit Rudolf I., eine sportliche Erscheinung, großwüchsig, der »letzte Ritter«. Er zeichnete sich aus im Reiten, Fechten, Speerwerfen, Armbrustschießen, auch war er – damals ein kaum geübter Sport – Bergsteiger. Als Mensch der Renaissance befaßte er sich mit geistigen Disziplinen, schrieb über Jagd, Falknerei, Genealogie, Bau- und Kochkunst. Von Dürer ließ er sich sein Gebetbuch mit Randvignetten schmücken, darunter die Abbildung der Vorfahren Maximilians, echte und erfundene. In besonderem Maße waren Habsburger Kunstmäzene: man denke an Philipp II., der El Greco, an Philipp IV., der Velasquez förderte. Maximilians Verhältnis zu Dürer trug freundschaftliche Züge. Während des Augsburger Reichstags malte Dürer eine Decke aus. Der Kaiser veranlaßte einen Adligen, die Leiter zu halten. Da dieser sich weigern wollte, sagte der Habsburger: »Ich kann jeden Tag aus einem Adligen einen Bauer machen, aber keinen Künstler.«

Als Erzherzog und Kronanwärter ging Maximilian eine Ehe ein, die nicht nur die übliche Muß-Ehe aus dynastischem Kalkül, sondern zugleich eine Verbindung aus Zuneigung gewesen ist. Er heiratete Maria von Burgund, die Tochter Karls des Kühnen, und gewann dadurch – wieder gilt das Wort »Tu felix Austria nube« – die Niederlande. Um die Erbin des burgundischen Reiches hatte sich auch Frankreichs König Ludwig XI. für seinen schwächlichen Sohn beworben. Maria wehrte sich, die Frau des Dauphin zu werden. Ihr Brief an Maximilian aus dem Jahre 1477 klingt wie ein Hilferuf: »Teuerster und gütiger Gebieter und Bruder, ich grüße Sie aus ganzem Herzen. Sie dürfen nicht daran zweifeln, daß ich zur Vereinbarung zwischen uns stehe, und ich will Ihnen eine getreue Ehefrau sein. Der Überbringer weiß, wie ich von Feinden umgeben bin. Ich bitte Sie inständig, nicht zu zögern, denn Ihr Kommen wird meinem Volke Trost und Hilfe bringen. Ich könnte gewaltsam gegen meinen Willen dazu getrieben werden, etwas zu tun, falls Sie mich im Stiche lassen.«

Schleunigst kam Maximilian, den französischen Rivalen ausstechend, nach Gent zur Hochzeit, laut den Chroniken »wie ein Erzengel«: in vergoldetem Panzer, auf dem blonden Haupt ein Diadem von Perlen und Edelsteinen, auf der Brust das samtschwarze Wappen Burgunds. Hinter ihm ritten fast tausend Mann in die flämische Stadt ein, Fürsten, Bischöfe, Ritter, und Spruchbänder verkündeten: »Ruhmreicher Prinz, beschütze uns!« Maximilian und Maria kannten sich nur von Bildern. Sie konnten sich mangels Sprachkenntnissen nur mit Zeichen verständigen. Der Ehekontrakt sicherte dem Haus Habsburg zwar die Niederlande, doch Ludwig XI., der »Spinne«, gelang es, das Stammland des Herzogtums, die Bourgogne, an sich zu reißen.

Fünf Jahre später verletzte sich Maria auf der Jagd bei Brügge lebensgefährlich beim Ritt über einen Graben. Man brachte sie in ein nahes Schloß. Sie erlaubte den Ärzten nicht, sie zu untersuchen. Die Tochter Karls des Kühnen und Gemahlin Maximilians starb im Frühjahr 1482. Neben dem untröstlichen Witwer blieben zwei Kinder dieser Ehe zurück, darunter der Thronfolger, der aber nie den Thron besteigen sollte. Als Philipp der Schöne ging er in die Geschichte ein.

Hatte schon Maximilians burgundische Heirat den Länderbesitz der Habsburger um ein großes und reiches Gebiet vermehrt, so sollte die Vermählung Philipps des Schönen die Machtsphäre des Hauses Österreich bis zum Atlantik ausweiten. Die königliche Partie, die zwei Herrschaftsgebiete vereinte, war Juana, die Tochter der Katholischen Könige, Ferdi-

Bildnis des jugendlichen Karl V. mit Wappenschild. Holzschnitt von Hans Baldung Grien

nands von Aragon und Isabellas von Kastilien, unter denen Spanien geeint, der Islam endgültig von der spanischen Halbinsel verwiesen und die »Conquista« eingeleitet worden ist – jene überseeische Expansion, die in der Entdeckung Amerikas durch Kolumbus gipfelte. Juana, die man bald danach wegen angeblichen Wahnsinns lebenslang einsperrte, hatte drei Kinder. Der Knabe Karl, belastet von zwei Seiten, hieß »das Kind von Gent« nach dem Ort seiner Jugendjahre. Unter ihm ist Habsburg ein Machtbegriff geworden, der sich an kein bestimmtes Land mehr knüpfte, nahezu ein Mythos. Man hat dem von Friedrich III. gewählten Signum AEIOU darum einen prophetischen Sinn unterlegt, als ob es hieße »Austriae est imperare orbi universo« (Alles Erdreich ist Österreich untertan).

IN VORDERÖSTERREICH

Vorderösterreich, die Heimat Rudolfs von Habsburg, sank inzwischen zur Provinz herab, in der sich jahrhundertelang die große Welt von Wien spiegelte, in Lebensform, Verwaltungsstruktur, ja selbst in der Küche. 1368 begab sich die größte Stadt des Breisgaues, Freiburg, nach einem Streit mit den Grafen von Freiburg, unter die Fittiche des Erzhauses Österreich. Im Schutze Habsburgs ist sie bis zur Geburt des Großherzogtums Baden verblieben. Der Standort Freiburgs an der Peripherie der österreichischen Hausmacht, seine politisch insulare Lage in den vorderösterreichischen Erblanden führte auch hier zu einer gewissen provinziellen Enge, die die Hauptstadt des Schwarzwaldes nie mehr ganz losgeworden ist. Nur gelegentlich machte sich Glanz vom Hause Österreich an der Dreisam bemerkbar. Maximilian I. liebte in seinem Sinn für Maß die überschaubare Stadt. Er schuf sich in ihr einen spätgotischen Alterssitz, das 1516 erbaute Haus »Zum Walfisch« in der Franziskanerstraße von heute. Doch das Schicksal versagte Freiburg dann doch den Vorteil eines so prominenten Pensionärs. Immerhin prangt sein Relief am Gemäuer.

1770 erlebte Freiburg ein säkulares Ereignis im Zeichen des Wiener Doppeladlers: Die Erzherzogin und französische Dauphine Marie-Antoinette, Tochter Maria Theresias, zeichnete die vorderösterreichische Stadt auf ihrem Brautzug von Wien nach Paris durch mehrtägigen Aufenthalt aus. Am 21. April hatte sie die Reise an die Seine angetreten. Ein Gefolge von 257 Personen, 57 Wagen und 450 Pferden geleitete die hohe Braut durch Süddeutschland bis zur Grenze Frankreichs. Der Brautzug, glanzvolles Schauspiel des Rokoko, wurde am 4. Mai in der Dreisamstadt erwartet. Schon seit Monaten war man dort am Werk, den hohen Besuch würdig aufzunehmen. Man scheute keine Kosten. Obwohl Kaiserin Maria Theresia mitteilen ließ, daß lediglich eine Ehrenpforte errichtet, eine Opera aufgeführt und die zu passierenden Gassen illuminiert werden sollten, beschlossen die Stadtobersten, den Münsterturm zusätzlich zu beleuchten.

Nach ihrer Ankunft empfing Marie-Antoinette auf einem Podium unter prächtigem Baldachin den Magistrat und die eingeladenen Standespersonen zur Audienz. Huldvoll hörte sie sich die Begrüßungsansprache des Städtischen Kanzleiverwalters an. Darauf wurden er und der Magistrat zum Handkuß zugelassen. Zum Festmahl spielten Mitglieder der Musikalischen Akademie. An die Komödie, die nun samt Schäfer-Ballett ablief, schloß sich die Pantomime »Das Urteil des Paris« an. Auf der Bühne stand ein »Tempel der Ehre« mit riesigem aufmontiertem Bildnis der Dauphine, umgeben von den Schutzgöttern des Ruhms der beiden »großmächtigen« Häuser Österreich und Frankreich. Bildsäulen im Innern des Kulissen-Tempels verkörperten die Tugenden Marie-Antoinettes. Die Pointe der Pantomime war, daß Venus den goldenen Apfel, Preis für die schönste aller Frauen, der Dauphine weiterreichte, wobei die Götter des Olymps in homerisches Frohlocken ausbrachen.

Am Tag der Weiterfahrt der Tochter Maria Theresias versammelten sich Magistrat und Honoratioren am Straßenrand, während erneut die Geschütze donnerten und die Glokken läuteten. Sensationelle Tage waren für die Münsterstadt zu Ende gegangen: man hatte dem kaiserlichen Regiment seine loyale Gesinnung bewiesen und außerdem in den engen Mauern der vorderösterreichischen Kapitale den Glanz der großen Wiener Welt gespürt. Weniger erhebend: ein Stoß von Rechnungen folgte.

Die meisten Freiburger, die damals jene tumultreichen Festtage zu Ehren der scheinbar glücklichen Braut erlebten, waren zwei Jahrzehnte später Zeugen der Französischen Revolution, in der die gleiche Marie-Antoinette nach einem Schein- und Schauprozeß das Schafott bestieg.

»Ein Kirchturm ohne Dach / in jeder Gaß ein Bach / an jedem Tor eine Uhr / und ein Pacem an jeder Schnur.« So haben die Freiburger das Heiter-Pittoreske und zugleich Glaubensfrohe ihrer Stadt in vier Verszeilen festgehalten, wobei unter der Schnur die Gebetskette zu verstehen ist. Doch nicht nur Jenseitsglaube – auch Diesseitsfreude ist in der Stadt an der Schwarzwaldpforte anzutreffen. In den Gasthäusern am Münsterplatz sitzt man an hölzernen Tischplatten, ißt Spätzle, Leberklöße oder Schnecken und schöppelt ein »Viertele« Kaiserstühler dazu. An Sommertagen trägt man schwarzroten Schwarzwälder Schinken mit Kirschwasser auch zu den Tischen, die draußen auf dem Pflaster stehen. Gäste aus aller Welt schauen in euphorischer Stimmung zum bunten Markttriebe, der Blumenpracht, die nun die Säulen mit der Jungfrau und den Stadtheiligen Alexander und Lambertus umgibt, zu den Giebelhäusern, die das Münster umleiben – nach Jacob Burckhardt das Gotteshaus mit »dem schönsten gotischen Turm der Christenheit«.

Beachtenswert, daß die Bürgerschaft diesen einzigen in der Gotik vollendeten deutschen Münsterbau aus eigener Kraft ermöglichte. Kein weltlicher oder kirchlicher Fürst zeichnete mitverantwortlich. Erzbischöflich ist die Breisgaustadt erst seit

1827. Als Bernhard von Clairvaux in der Freiburger »Pfarrkirche« für den zweiten Kreuzzug warb, stand erst der romanische Unterbau. Die himmelstürmende Gotik mit dem Dualismus derber Wasserspeier und hehrer Engel wuchs erst in den darauffolgenden Jahrhunderten aus Geist und Hand anonymer Steinhauer, Steinmetzen, Laubwerkmacher und Bildner; lediglich für den oktogonalen Turm ist der Name des Meisters Müller überliefert. Die acht Steinpfeiler des Turmes werden von den krabbenbestückten Rippen der Pyramide fortgesetzt. Zwischen den Rippen runden sich kunstvolle Maßwerk-Rosetten.

Ausgewogenheit, Sinn für Maß und eine reiche christologische Allegorik vermitteln das Münsterportal und seine Vorhalle. Im Rankenwerk der Laibung und der Giebelbogen entdeckt man meistervoll skulpturierte Figuren: Engel, Propheten, Könige, Patriarchen, das erste Menschenpaar, angeordnet wie Kettenglieder. Die Felder des Tympanons halten die Passion Christi und das Weltgericht in bewegten Bildern fest. Auf dem Gerichtsrelief ist ein Teufel dargestellt, der für jene, die ihm durch Gottes Richterspruch verfallen sind – betet. Am Mittelpfeiler des Doppeltors steht die Mutter Gottes mit dem Jesuskind: ihr ist das Münster geweiht.

DER BUNDSCHUH IM BREISGAU

Im Mittelalter war aus der Sicht der Herrschenden die Welt noch in Ordnung. Die Herren lebten vom Zehnten und von den Dienstleistungen leibeigener Untertanen, die ihrerseits ihre Fron in dumpfer Ergebenheit als gottgewollt hinnahmen. Als die mittelalterliche Welt sich ihrem Ende zuneigte, lösten sich alte gesellschaftliche Formen auf. Gerade im Gebiet kleiner und kleinster Herren, die ihren Macht- und Prestigeverlust durch erhöhte Fronforderungen ausglichen, begann es zu gären. Die größte Volkserhebung der deutschen Geschichte, der Bauernkrieg von 1525, erlebte am Oberrhein und im südlichen Schwarzwald sein Vorspiel. Die ersten Unruhen brachen 1513 in Lehen bei Freiburg aus.

Die Breisgauer Volkserhebung, der Kampf zwischen »Kuhschwanz und Pfauenfeder«, ging von einem Leibeigenen des Bischofs von Speyer aus, Joß Fritz aus Untergrombach, einem geschickten Organisator, der Werber und Sendboten ins Land schickte, tarnende Erkennungszeichen wählte, etwa ein in den Sand gemaltes Rebmesser; auch soll von ihm die Parole des Bauernaufstandes stammen: »Gott grüß dich, Gesell, was ist nun für ein Wesen?« Die Antwort lautete: »Wir mögen von den Pfaffen nicht genesen.« Denn nicht nur der weltlichen, vor allem der kirchlichen Gewalt galt die bäuerliche Erbitterung: den Klerikalen und Klösterlichen, deren Landbesitz ins Unermeßliche wuchs, während sie Abgabe-Versäumnisse der Leibeigenen mit hohen Zinsen, mit Kirchenstrafen und Bann belegten.

Joß Fritz tauchte, nachdem seine Revolte im Speyerischen gescheitert war, einige Jahre später in Vorderösterreich und im Gebiet des Klosters St. Blasien auf, rottete die Bauern zusammen, verfügte bald in über hundert Ortschaften über Verschworene, auch über entlassene Landsknechte, in Lehen hielt sogar ein Pfarrer zu ihm. Dieser rührige Agitator aus Untergrombach war es auch, der die eindringlich-sinnbildliche Fahne der Bauernbewegung höchstwahrscheinlich entworfen hat: den Bundschuh, den geschnürten bäuerlichen Halbschuh im Gegensatz zum Reiterstiefel des Edelmanns. Über dem Schuh war auf der Lehener Fahne der Gekreuzigte abgebildet; ihm zur Seite Maria und Johannes, davor ein betendes Bauernpaar. Ferner sah man auf dem bäuerlichen Banner drei Anführer, bewaffnet mit Schwert, Harke und Rechen, die Mitverschworenen den Eid abnahmen, und im Hintergrund Bauern bei der Feldarbeit und eine Hinrichtungsszene, auf die Gott und seine Engel herabblickten. Christliche Gedanken flocht Joß Fritz mit Absicht in sein Programm, von dem er verkündete, daß es auf göttlichem Recht fuße. Was er real verlangte: Jagd-

17 Unbekanntes Bildnis des Kronprinzen Friedrich von Preußen

18 Fürstenloge des Markgräflichen Opernhauses in Bayreuth

19 Berliner Kaiser-Wilhelm-Gedächtniskirche im letzten Kriegsjahr

20 Landshut mit Martinskirche und Burg Trausnitz

21 Architekturdetail der Porta Nigra in Trier

22 Der Mainzer Dom, Grablege berühmter Fürstbischöfe

23 Aachener Karlsschrein
An der Stirnseite sieht man den Kaiser mit der
von ihm gestifteten Pfalzkapelle

24 Napoleon am Sarkophag Friedrichs des Großen
in der Potsdamer Garnisonskirche

25 König Rudolf, der erste Monarch des Hauses Habsburg
Grabbildnis im Dom von Speyer

26 Wenig bekanntes Porträt Albrechts von Wallenstein

27 Postkarte anläßlich der Einweihung des Bayreuther Festspielhauses 1875. Die Porträts zeigen Cosima, Siegfried und Richard Wagner sowie den Bayernkönig Ludwig II.

28 Die Paulskirche in Frankfurt,
Tagungsort des ersten deutschen Parlaments.
Zug der Abgeordneten zur Eröffnungssitzung
am 18. Mai 1848

29 Schloß und Garten von Herrenhausen
bei Hannover. Kupferstich aus dem Jahre 1714

30 Kaiser Friedrich Barbarossa
Miniatur eines anonymen bayrischen Geistlichen
aus dem Jahre 1188, die den Staufer
als Kreuzfahrer darstellt

31 Das von Ottmer erbaute klassizistische Herzogsschloß in Braunschweig. Im Krieg ausgebrannt. 1960 der Spitzhacke zum Opfer gefallen

32 Moderne Fassaden zu Füßen von St. Marien in Lübeck

und Fischereirecht, freie Nutzung der Allmende (Gemeindeland), Schuldenerlaß, wenn der Zins die Höhe der Schulden erreicht habe.

Noch ehe Joß Fritz auf breiter Front losschlagen konnte, wurde er verraten. Ein Knecht teilte den Plan dem Markgrafen Philipp auf Burg Rötteln mit. 13 Verschwörer endeten unterm Schwert. Die meisten der angezeigten Bauern flohen in die Schweiz. Auch Joß Fritz entkam. Mehrfach sah man ihn in Landsknechtstracht im Schwarzwald, in der Schweiz, in Schwaben, wo sich unter dem Namen »Armer Konrad« eine neue Bauernverschwörung formierte. Die Unzufriedenheit der Fronbauern schwelte weiter. Mißernten, Teuerung und Steuerdruck von seiten des Adels hielten die revolutionäre Stimmung bei jenem Stande wach, der damals noch acht Zehntel der Gesamtbevölkerung ausmachte. Als sich 1525 der eigentliche und große Bauernkrieg entlud, war Joß Fritz, der Vorläufer, ein gealterter Mann, dessen Rolle ausgespielt war.

Der zweite Versuch einer sozialen Revolution auf deutschem Boden ging dreihundert Jahre später vom dritten Stand, dem Bürgertum, aus: die Bewegung von 1848/49, für die das Hambacher Fest von 1832 eine lautstarke Ouvertüre war. Und wiederum war ein Hauptaktionsfeld das südliche Baden. Der Volkszorn galt dem Fürsten und seinem Kabinett. »Schmiert die Guillotine ein mit Fürstenfett«, sang man in Reminiszenz an die Revolution von 1789, »reißt die Konkubine aus dem Fürstenbett.« War der Hintergrund auch ernst genug, so trug die badische Erhebung doch stammtischhafte, dann wieder opereske Züge. Der Fra Diavolo des Aufstandes liebte einen berserkerhaften Aufzug: der Mannheimer Advokat und Bundestagsabgeordnete der Paulskirche Friedrich Hecker. Wie Joß Fritz zog er durchs Land und sammelte Freischärler. Sein federgeschmückter Hut, der »Hecker-Hut« machte ihn von Freiburg bis Berlin zum lebenden Revolutionsmythos. Man stürmte im Schwarzwald Amtshäuser, verbrannte Akten, kämpfte mit Sensen und Jagdflinten gegen badische und hessische Truppen.

Der Zusammenstoß zwischen den Aufsässigen und den Staatshütern erfolgte am Gründonnerstag 1848 auf dem Höhenpaß Scheideck in den Bergwäldern um Kandern. General von Gagern, der Kommandeur der regulären Einheiten, wollte unterhandeln. Da fiel ein Schuß – Gagern stürzte tot zu Boden. Salven krachten. Zahlreiche Freischärler blieben auf der Strecke. Hecker floh in die Schweiz, von dort begab er sich nach Amerika. In Baden siegte die Reaktion. Verdächtige gelangten im ganzen Land hinter Gitter. Aus dem Heckerlied, das einst ein Revolutions-Schlager war, wurde nun ein Spottgesang:

Er hängt an keinem Baume,
er hängt an keinem Strick,
er hängt nur an dem Traume
der schwarz-rot-goldnen Republik.

Im Sezessionskrieg gelangte Hecker auf seiten der Republikaner zu militärischen Ehren. In seiner alten Heimat hingegen wurde die Freiheit zu Grabe getragen, genau wie Jahrhunderte zuvor, als man unter dem Zeichen des Bundschuhs schon einmal vergebens für eine gerechtere Ordnung gekämpft hatte.

KONSTANZ UND FRIEDRICH II.

Der Bodensee war früher ein schwäbisches und zugleich staufisches Meer, denn im Hochmittelalter gehörten auch die südlich anschließenden heutigen Schweiz-Kantone zum Herzogtum Schwaben, über das die Staufer herrschten und über dessen Potential sie verfügten. Auch Konstanz, die größte Stadt am See, verhielt sich stets gut staufisch. Die staufischen Kaiser dankten es ihr. Durch Friedrich II. erhielt sie 1212 besondere Freiheiten, die schließlich dazu führten, daß den Bischöfen über die reichsfreie Stadt keine weltliche Gewalt mehr zustand. Die Patrizier waren königliche Kaufleute nach dem Zuschnitt der Fugger. Sie handelten mit Textilien bis nach Italien und Spanien, nach Belgien und Brabant. Vom kommerziellen Rang der Stadt zeugen das Konzilgebäude von 1388, das ein Korn- und Weinspeicher war, sowie das in der Renaissance umgebaute Zunfthaus der Leinweber (heute Rathaus).

Fuggergeist und Glauben vertrugen sich gut. Die Huldigung des Konstanzer Mystikers Heinrich Suso an Gott hat ihr steinernes Gegenstück im 76 Meter hohen durchbrochenen Münsterturm über der ursprünglich romanischen Säulenbasilika, der man gotische Seitenschiffe angesetzt hat; gotisch sind auch die zwei erhaltenen Laufgänge des Kreuzgangs. In der Hussenstraße hat man leider, um eines Kaufhauses willen, in den 60er Jahren das hochgieblige Haus »Zum Pfauen« und das »Haus der Rebleute«, 17. und 18. Jahrhundert, der Spitzhacke überantwortet und damit in das historische Stadtbild eine Lücke gerissen. Im »Pfauen« mit seiner Rokoko-Stuckdecke residierte der habsburgische Stadthauptmann während der vorderösterreichischen Ära der Stadt.

Das Herz von Konstanz ist der vorwiegend in Renaissance gehaltene Obere Markt, der auch als Richtstätte diente. Auf Arkaden ruht das dreistöckige »Hotel Barbarossa«, das einen altertümlichen Festsaal mit Holzpaneelen besitzt; der Saal nimmt die ganze Breite der Fassade ein. Kaiser Rotbart nahm hier öfter Quartier, zuletzt 1183, als er mit den lombardischen Städten nach 29jährigem Streit Frieden schloß. Dieser Friedensschluß ist auch auf einer Steintafel an der Kathedrale der lombardischen Stadt Piacenza vermerkt. Ein Historienbild am Konstanzer Rathaus gibt die Szene des Empfangs der Lombarden in der Stadt am Schwäbischen Meer wieder. Als geschichtliches Ereignis gleichen Ranges, nur ein Menschenalter später, sehen wir dort auch den festlichen Einzug von Barbarossas Enkel in die Münsterstadt – die Akklamationen der Konstanzer für den genialsten der Staufer, den Sohn Heinrichs VI. und der Erbin des Königreichs Sizilien, Konstanze von Hauteville.

September 1212. Die Bürger von Konstanz stiegen auf den Mauerkranz, drängten zu den Toren: man erwartete die Ankunft von Kaiser Rotbarts Enkel, dem 16jährigen Friedrich, der bisher als Waise in Palermo auf Sizilien gelebt hatte und nun zum erstenmal sein ererbtes Königreich nördlich der Alpen besuchte. Der Nimbus des großen Namens Hohenstaufen ging ihm voraus. Er hatte bereits St. Gallen erreicht; man war voll fiebernder Spannung, ihn zu sehen.

Die angekündigte Ankunft des jungen Staufers brachte indessen den Konstanzer Bischof Konrad von Tegenfelden in nicht geringe Verlegenheit. Denn auch ein zweiter hatte seine Ankunft angemeldet, der Welfe Otto IV., als usurpierter Gegenkönig der Todfeind des Staufers. Mit Heeresmacht näherte er sich von Überlingen her. Die welfischen Quartiermacher hatten bereits die bischöfliche Residenz belegt und die Bürgerschaft beordert, für Otto ein Festmahl zu richten. Schon schmorten in den Küchen Ferkel und Poularden. Flinke Diener breiteten weiße Linnen über den Tischen aus. Der Festsaal des Rathauses war mit welfischen Farben geschmückt. Der Bischof war im Zweifel: Wem sollte er die Tore öffnen, dem Welfen oder dem Staufer? Ein Politikum und zugleich für den, der zu entscheiden hatte, ein Dilemma.

Da kommen von St. Gallen aus dreihundert Berittene vor Konstanz an; sie fordern Einlaß. Man erkennt unter der Schar den Abt St. Gallens, den Bischof von Chur und dann: einen rotblonden Jüngling, der niemand anders sein kann als das Kind von Pulle (Apulien). Der Bischof von Konstanz schwankt. Der Erzbischof von Palermo, der mit im Gefolge ist, verliest als päpstlicher Legat, was den welfischen Gegenkönig betrifft, Bann- und Absetzungsdekret. Die Ketten rasseln, die Brücke fällt, und die dreihundert reiten in die Stadt

– wenige Stunden vor Ottos geplanter Einkehr. Unter Glokkenläuten und Tücherschwenken draußen auf den Gassen setzt sich Friedrich, der Erbe eines Königreichs, an die für den Thronräuber gerichtete Tafel.

Der Staufer, der als Desperado der Krone ohne Schwertstreich einen Krieg gewonnen hat, fährt nun mit seinem Gefolge im Triumph den Rhein stromab, in Basel, Breisach, Straßburg, Mainz und allen Städten jubelnd begrüßt; überall verteilt er Gold- und Silbermünzen des reichen Sizilien. Schließlich zieht er, von den Fürsten als würdiger Nachfolger seiner Ahnen begrüßt, in der Stadt Karls des Großen ein. Während Otto seine angemaßte Krone verliert und bald darauf stirbt, setzt sich der eben erst den Knabenjahren entwachsene größte der Staufer in der Pfalzkapelle der Kaiserstadt Aachen das Krönungsdiadem des deutschen Königreiches aufs Haupt. Auf dem Rückweg nach Sizilien gewinnt Friedrich in Rom auch die Kaiserkrone.

AM UFER DES BODENSEES

Eine der wichtigsten Stätten mittelalterlicher Geistigkeit war die Insel Reichenau, die »reiche Aue« im Untersee. Reich, weil sie von jeher die Gaben des Bodens schenkte, reich auch, weil Kaiser und Könige sie mit großzügigen Dotationen ausstatteten, seit der hl. Pirmin im Auftrag Karl Martells die erste Niederlassung der Benediktiner gegründet hatte. Zahlreiche Kaiser kehrten auf der Insel ein, wo sie sich eigens eine (heute nicht mehr bestehende) Pfalz errichteten. Was wir von der karolingischen und ottonischen Renaissance wissen, geht in besonderem Maß auf die Reichenauer Malerschule zurück, die uns kostbare Zeugnisse von Wand- und Buchmalerei hinterlassen hat, doch auch älteste Beispiele der Sakralarchitektur in Gestalt der drei frühromanischen Kirchen.

Heute gelangt man auf einem von Osten her angelegten Damm zur Insel, die in Gartenkulturen prangt; Assoziationen zur Feldbestellung der Mönche drängen sich auf, die freilich nur die Fratres, nicht die (aus adligen Geschlechtern stammenden) Padres besorgten. Das Revier der Padres waren Altar, Schreibpult und Malstube.

Die Hauptkirche, das Münster von Mittelzell, hat kaum Karolingisches retten können, doch beherbergt sie vor der Sakristeitür die Grabplatte eines Karolingers, wenn auch nicht des tüchtigsten: Karls des Dicken. Der Maria und Markus geweihte Bau fällt durch den mächtigen Turm des Ostwerks auf, in den die Apsis hineinragt. St. Peter und St. Paul in Niederzell, zweitürmig, ist eine Säulenbasilika frühester Prägung mit Fresken von 1100, die man in der Apsis hinter der Tünche des 18. Jahrhunderts glücklich hervorgeholt hat. Als wertvollstes Dokument karolingisch-ottonischer Glaubensintensität gilt St. Georg in Oberzell, eine äußerlich ländlich wirkende Kirche, die im Innenraum (außer in der barock bemalten Westapsis) ihre alten ottonischen Fresken, die vollkommensten des Abendlandes, bewahren konnte, eine gemalte Christologie, wie sie früher alle romanischen Interieurs als großes Bilderbuch für Analphabeten überzogen hat. Das Haupt des Legionsoffiziers aus Lydda, von Abt Hatto III. 896 aus Rom empfangen, gab der Kirche ihren besonderen Rang und Namen.

Die Klostergemeinschaften, an führender Stelle die Reichenau, waren bis zum Hochmittelalter die einzigen Wirkungsstätten der Gelehrsamkeit. Ohne die Emsigkeit der Skribenten von Reichenau, St. Gallen, Echternach gäbe es keine geistige Neuzeit. Bis zum Aufkommen der Universitäten und dem Auftreten des Bürgertums, dessen breitem kulturellem Wirken die Buchdruckerkunst zu Hilfe kam, lebte Europas Kultur das einsame Leben mönchischer Schreibstuben. Nur der zeitlose Ordo des Klosterdaseins konnte den Bienenfleiß so vieler schreibender Hände bewirken, die Unsumme von Kalligraphie und Buchmalerei, den in entsagungsvoller Akribie entwickelten Schriftduktus, dem es Europa verdankt, daß es seine Quellen aufdeckte und daß seine geistige Flamme nicht erlosch.

Doch freilich: ehe Plautus ins Kloster gelangte, weilten zehn Kirchenväter dort. Auf eine antike Abschrift kamen ein Dutzend christlich-theologische: liturgische Werke für den Gebrauch am Altar, Bibeln, Glossare und Kommentare sowie die Schriften der christlichen Schriftsteller der ersten Jahrhunderte. Auch all das, was unter dem Begriff »Varia« zusammengefaßt wurde, trug vorwiegend geistlichen Charakter. Daneben kopierten die Mönche kanonisches und bürgerliches Recht, Mönchsregeln, Heiligenleben. Und sie fertigten Exultetrollen für die Osterliturgie. Der Rest verblieb antiken Zeugnissen, doch auch unter diesen nur der Kirche genehmen, in ungelehrter Auswahl aus kirchlichem Aspekt.

Immerhin war die Ernte reich genug. Allein im Kloster Reichenau füllte man bis zum 11. Jahrhundert 900 Bände mit kalligraphischen Lettern. Welche Mühe, die nicht nach Zeit fragen durfte, um nur eine »Auflage« von einem Viertelhundert Exemplaren herzustellen! Um solchen Bestand zu erzielen, liehen die Klöster die Kodizes einander aus. Bücher aus dem Haus zu geben, war durch alle Zeiten riskant. Auf Reichenau hat man sie an Ketten gelegt. Besorgt vermerkte der Reichenauer Bibliothekar Reginbert, Zeitgenosse Karls des Großen: »Bei Gott beschwöre ich, von niemandem soll dieses Buch aus dem Kloster irgendeinem verschenkt oder ausgeliehen werden, wenn er dort keine Handtreue gelobt und ein Pfand hinterlegt, bis er es wohlbehalten und in gutem Zustand an seinen Ort zurückgeliefert hat.«

Die Kulturspuren am Rande des Bodensees zeigen, wie sehr hier einmal »Mitte« gewesen ist. Der grünliche Sandstein der Gegend hat den Seestädten vom Material her ein besonderes Gepräge gegeben. Vor allem in Überlingen nehmen wir ihn wahr. Hier finden wir auch erstrangige Exempel der Bildschnitzerkunst: den Barockaltar von Jörg Zürn im feierlichen Raum des Münsters, die 38 spätgotischen Statuetten, Vertreter der Stände darstellend, die Jacob Rau für den im alten

Schmuck erhaltenen Rathaussaal gefertigt hat. Das Reichlin-Meldegg-Haus (heute Museum) beherbergt eine Decke der Rokoko-Stukkateure von Wessobrunn, daneben eine Kollektion von Heiligenfiguren Feuchtmayrs (1696 bis 1770), der mit seinen ekstatisch beschwingten und zugleich eleganten Bildwerken sogar aus dem einheitlich prägenden Barock sofort herauszukennen ist. Der mit Dreispitz und Kniestrümpfen nach Polonaisenart virtuos getanzte Schwertertanz, auf den die Überlinger stolz sind, geht auf einen alten Brauch der ledigen Rebleute zurück.

Östlich von Überlingen steht die berühmte Birnauer Klosterkirche von Peter Thumb dicht über dem See; ihr zierliches Rokoko verhält sich zum pompösen Barock des nahen Weingarten wie ein Menuett zu einer Symphonie. Putten umtändeln fröhlich und frech Kanzel und Altäre. Auch hier hat Feuchtmayr gewirkt; geschätzt wird sein Honigschlecker, ein Putto mit Bienenkorb, am Altar des Bernhard von Clairvaux.

Der Klischeevorstellung von malerischem Mittelalter entspricht Meersburg wegen seiner geschlossen am Hang emporkletternden Altstadt mit ihren Türmen, Brunnen, Erkern und den Stufengiebeln des Obertors, die in keinem renommierten Landschaftskalender fehlen dürfen. Vielbesucht und vielgeliebt, mit Felchen und Weißherbst die Gaben des Sees und Seeufers bescherend, war Meersburg im vorigen Jahrhundert Wallfahrtsstätte romantisch empfindender Literaten. Im runden Turmgemach eines der Schloßtürme richtete sich die Droste ein, nachdem ihr Schwager, der Germanist von Laßberg, das zum Abbruch bestimmte und nun gerettete Gebäude gekauft hatte. Fünf Jahre lebte hier Deutschlands größte Dichterin, »wie eine einsame Turmschwalbe träumend« (Emma Uhland), und sie dichtete, von der Landschaft entzückt: »Auf der Burg haus ich am Berge, unter mir der blaue See.« Lieber noch hielt sie sich in ihren fünf letzten Lebensjahren im »Fürstenhäusle« auf, einem Rebhaus über der Stadt, das sie erstanden hatte. Im alten Schloß (es gibt auch ein »neues«, barockes) stellt uns die weitläufige Rüstkammer Ritterliches bildhaft vor Augen, und die Historie des alten Gemäuers führt uns wieder – Leitmotiv der Bodenseelandschaft – in die Stauferzeit zurück. Hier hat Konradin, der letzte legitime und in Freiheit lebende Staufer, seine frühen Jahre verbracht, von diesem Kerngebiet seines Herzogtums Schwaben ist er 1268 ausgezogen, um das Stauferebe im Süden, das Königreich Sizilien, aus der Gewalt des Thronräubers Karl von Anjou zu befreien.

Der Diminutiv Konradin (Corradino) ist in Italien aufgekommen. In Deutschland nahm man ihn als leisen Spott. Der Enkel Friedrichs II. war noch ein Kind. Zwar wußte er von der Größe des Namens, den er führte, doch hinter dem Namen stand nicht mehr die Realität der Macht. Als Sohn des frühverstorbenen Königs Konrad IV. und dessen bayrischer Gemahlin Elisabeth wuchs der Kaiserenkel am Gestade des Schwäbischen Meeres, in der Veste Meersburg, auf. Nach dem Tod Friedrichs II. und seiner Söhne Konrad und Manfred blieb unterm Adlerbanner der Staufer allein noch Konradin – einziger Trumpf im Spiel um staufische Macht. Er erstrebte die deutsche Königskrone, doch die Wahl hatte nur Aussicht, wenn er als Herr Siziliens sich den Fürsten stellen, deren Stimmen erkaufen konnte. 1268 sah man ihn also an verschiedenen süddeutschen Plätzen als Agitator in eigener Sache: des Alpenzuges.

Blitzstrahl aus Rom: Papst Klemens IV. drohte mit dem Bann, wenn Konradin die sizilischen Pläne nicht aufgebe – noch immer war die Kurie stauferfeindlich. Friedrichs II. Enkel ließ sich nicht einschüchtern. Mit seinem Großvater teilte er das unbeirrbare Bewußtsein seiner gottgewollten Legitimität. Ein Staufer konnte nicht mehr an zweiter und dritter Stelle stehen, im Schatten der deutschen Fürsten. Lieber verpfändete er das verbliebene Hausgut, die Privilegien, die ihm in Schwaben noch verblieben waren, um die Gelder für die Rüstung gegen den Anjou aufzubringen.

Als Konradin endlich mit seiner Streitmacht in Italien eintraf, war er voller Hoffnung. Hier wirkte noch die alte Magie des staufischen Namens. Die kaiserfreundlichen Ghibellinen scharten sich um ihn. Die Guelfen als Anhänger des Papstes waren in die Defensive gedrängt. Rom bereitete dem jungen Staufer einen triumphalen Empfang. Tags prangte die Ewige Stadt in Purpur, nachts im künstlichen Licht. Man feierte Konradin als Felix Victor at Triumphator. Mädchenchöre sangen dem Knaben Begrüßungs- und Huldigungslieder.

Der verheißende Auftakt täuschte. Auf ihn folgte rasch die Katastrophe von Tagliacozzo in den Abruzzen, wo die Heere aufeinanderstießen. Karl von Anjou, ein versierter Taktiker, behauptete das Schlachtfeld. Konradin gelang es zunächst, seinen Feinden zu entkommen. Doch ein Anhänger der Anjou, Graf Frangipani, ergriff ihn auf der Flucht und lieferte ihn seinem Herrn aus. Die Legende schmückte die Fluchtaffäre aus: Konradin gab einem Fischer, der ihm an der thyrrenischen Küste einen Nachen lieh, seinen Ring zum Lohn. Der Fischer löste den Ring in der nächsten Taverne ein. Als der Wirt das Stauferwappen erkannte, eilte er zum Grafen Frangipani, worauf dieser die Treibjagd auf den Flüchtigen eröffnete.

Nach Kerkerhaft im Castel dell' Ovo in Neapel und der Farce eines Scheinprozesses wurde Konradin gemeinsam mit seinem Freund Friedrich, Herzog von Österreich und Markgraf von Baden, auf der Piazza del Mercato (damals Campo Moricinio) enthauptet. Die Chronik berichtet, Konradin habe vor dem tödlichen Streich seinen Handschuh als Sinnbild der berechtigten Ansprüche auf das Königreich Sizilien in die Menge geworfen, worauf man diesen dem späteren Rächer der Staufer, Peter von Aragon, überbracht habe.

Karl von Anjou ließ den hingerichteten Gegner am Strand der Bucht von Neapel verscharren, »als habe ihn das Meer ausgespien«. Jahre danach hat Konradins Mutter die Beisetzung in der eigens hierzu errichteten Kirche Santa Maria del Carmine erkauft. In der Mitte des Kirchenschiffs steht heute

Thorvaldsens romantisierende Konradinstatue, im Auftrag des bayrischen Kronprinzen Maximilian 1847 gemeißelt. Kein ähnliches Monument erinnert an den Anjou. Nur ein Mahnmal des Hasses zeugt von jenem Manne, der ein glänzender Militär gewesen ist, von dem man aber keine liebenswerten Züge kennt. In der Kirche Santa Croce an der Piazza del Mercato erhebt sich im Vorraum die Porphyrsäule, die Karl an der Hinrichtungsstätte hat errichten lassen. Der lateinische Text besagt hohnvoll, die Klaue des Löwen habe das Adlerküken erlegt und gerupft.

DAS KONZIL

Das geschichtlich bemerkenswerteste Profangebäude von Konstanz liegt nahe am Kai, dort, wo die Schiffe anlegen und einige Motorboote verankert sind; Seemöwen und Schwäne halten nach Brotstücken Ausschau, die Passanten ihnen zuwerfen. Das langgestreckte, dreistöckige Gebäude im Hintergrund, holzverkleidet im Oberstock und mit steilem, gaupengeschmücktem Walmdach, trägt den Namen »Konzil«, obwohl nie ein solches hier stattgefunden hat, dafür ein Konklave, die einzige Papstwahl auf deutschem Boden. Dieses »Habemus Papam« wurde aber während eines Konzils ausgerufen, dem berühmten Konstanzer Konzil von 1414 bis 1418, das – wenn auch nicht das ergebnisreichste – so doch das erregteste, an dramatischen Zwischenfällen reichste, das Konzil mit der breitesten Publicity gewesen ist.

Man mag sich fragen, warum eine so solenne Kirchenversammlung in eine nur mittelgroße, gar nicht zentral gelegene Stadt einberufen wurde. Doch Konstanz lag damals verkehrsgünstig, sowohl von Italien her (über Brenner und Gotthard) als auch über die Wasserwege des Rheins und des Bodensees gut erreichbar. Zu Schiff reiste man lieber und sicherer als zu Land auf meist miserablem Straßennetz. Ferner war Konstanz, das sich kurz vorher der Ravensburger Handelsgesellschaft (einer süddeutschen Hanse) angeschlossen hatte, eine vermögende Stadt mit angesehenen Kaufmannsgeschlechtern. Daß in Konstanz ein Bischof saß, machte sie als Konzilstadt noch geeigneter.

Die Einwohnerzahl wurde während der Konziljahre zeitweise von der Zahl der Teilnehmer an diesem ersten europäischen Völkerkongreß noch übertroffen Die Gäste nächtigten mangels Quartieren in der Stadt großenteils in Zeltstädten. Man zählte 3 Patriarchen, 29 Kardinäle, 33 Erzbischöfe, über 300 Bischöfe sowie ein Heer geistlicher und weltlicher Würdenträger, darunter das Theologen-Kollegium der Sorbonne. Konstanz war vorübergehend die Hauptstadt des Abendlandes. Doch nicht nur das Ringen um neue geistliche Inhalte, nicht Kirchenmessen und Gebete kennzeichneten das Konzil, sondern mehr noch weltliches Gepränge, zur Schau gestelltes nationales und ständisches Prestige, Geschäftemacherei und Wohlleben. Es war nach Norbert Jacques »die größte je vom Abendland erlebte Kirmes, ein Hexensabbath von Intrigen und Zuchtlosigkeit, von Hurerei und Völlerei«.

Anreger des Konzils war König Sigismund aus dem Hause Luxemburg, der eine Reform der Kirche an Haupt und Gliedern für dringlich hielt. Nach der 70jährigen »babylonischen Gefangenschaft« der Kurie, während der die nach Avignon entführten Päpste unterm Einfluß der Krone Frankreichs standen, war die geistliche Verwirrung so groß, daß drei Päpste miteinander konkurrierten, Johannes XXIII., Gregor XII., Benedikt XIII. Man zitierte alle drei nach Konstanz. Nur Johannes, der noch am meisten Ansehen genoß, folgte dem Ruf und ritt mit seinem Gefolge in die Konzilstadt ein, hoffend, daß er die beiden Gegenpäpste ausstechen könne. Die Anwesenheit eines Papstes war formell notwendig, da nur ein Nachfolger Petri ein Konzil eröffnen durfte.

Das Konzil, das die Papstfrage entscheiden sollte, war erstmals nach Nationen eingeteilt, Abbild des nationalstaatlichen Denkens, das im späten Mittelalter allmählich aufkam.

Zu der deutschen, französischen, englischen Delegation trat später noch die spanische; in die deutsche waren Skandinavier und Slawen eingegliedert. Jede Delegation – der Vergleich zur UNO drängt sich auf – verfügte unabhängig von ihrer Stärke über eine Stimme.

Die Kaiserkrone trug damals der Sohn Karls IV., Sigismund, der der letzte Luxemburger war. Er hatte seinen unfähigen Bruder Wenzel abgelöst, der nur die böhmische Königskrone behielt. Sigismund vereinte Autorität mit gewinnendem Wesen, sprach sechs Sprachen, hatte sich als Türkensieger in der Christenheit Ruhm erworben und spielte dies auch weidlich aus, indem er sich als Schiedsrichter gebärdete. Das Konzil war sein Anliegen. Weihnachten 1414 traf er, zu Schiff kommend, in Konstanz ein, kurz nach seiner Krönung in Aachen. Unter goldgewebten Baldachinen, von Fackelträgern flankiert und vom Volk umjubelt, zogen der Kaiser und seine Fürstenbegleitung zum Münster, in dem Papst Johannes die Christmesse las. Die Deutschen begrüßten in Sigismund den »Mehrer des Reichs« – dies sein Beiname –, die Kleriker den Mehrer des Glaubens.

So verheißungsvoll der Konzil-Auftakt, so enttäuschend das erste Arbeitsergebnis. Nationale Gegensätze der einzelnen Delegationen stießen aufeinander. Johannes hoffte immer noch, als Sieger aus dem Konzil hervorzugehen und die Tiara zu behalten. Doch der ferngebliebene Gegenpapst Gregor sandte »Enthüllungen« über das dubiose Vorleben des Rivalen nach Konstanz und brachte ihn in Mißkredit. Es gelang ihm, nach Radolfzell zu entweichen, wo er das Konzil für aufgelöst erklärte. Im Tumult der Ereignisse schien es in der Tat »aufzuplatzen«. Viele Prominenzen rüsteten sich zur Abreise. Nur der schlichtende Einsatz des Kaisers, der sein Werk gefährdet sah, beruhigte die Gemüter.

Die Papstfrage konnte erst nach drei Jahren schleppender Verhandlungen gelöst werden. Johannes und Gregor verzichteten, Benedikt wurde abgesetzt; hierzu bedurfte es einer beschwerlichen Reise Kaiser Sigismunds nach Spanien, wo sich der Luxemburger mit König Ferdinand von Aragon, dem Protektor des umstrittenen Papstes, traf. Nach Klärung der Lage konnte das »im Heiligen Geist rechtmäßig versammelte Konzil« 1417 einen neuen, unangefochtenen Pontifex küren. Das Konklave setzte sich zusammen aus den 23 Kardinälen sowie aus je drei Prälaten der nationalen Delegationen.

Als Tagungsort des Konklave diente das als »Konzil« bezeichnete Gebäude am Kai, das erst 1388 von dem Stadtbaumeister Arnold auf Pfählen aus Erlenholz errichtet worden war, mit zwei dreischiffigen Hallen ein mittelalterlicher »Mehrzweck«-Bau für die Bedürfnisse des Leinwandhandels und für Bürgerversammlungen. Während der Kirchenversammlung hatte man daraus ein Gästehaus für Kardinäle gemacht. Die Umgebung des Tagungsortes war während des Konklave streng abgesperrt. Die Essenträger, die die kirchlichen Wahlmänner verköstigten, wurden überwacht, um Anschläge oder heimliche Korrespondenz zu unterbinden. Es heißt, jedes Brot sei von den Kontrollbeauftragten zerschnitten, jeder Wein untersucht worden. Das Konklave dauerte drei Tage. Als Sieger ging der Anführer der italienischen Delegation hervor, Odo Colonna aus dem namhaften römischen Geschlecht, Sohn des Kardinals Agapit Colonna und seiner Geliebten Catharina Conti. Der Erwählte nahm den Namen Martin V. an. Der Kaiser hielt die Zügel des Schimmels, auf dem der neue Papst zum Münster ritt.

Johannes XXIII., der das Konzil eröffnet hatte, wurde später von der Kirche wieder in Gnade aufgenommen. Er erhielt sogar einen Sitz im Kardinalskollegium. Doch die Nachwelt hat ihn nicht in der Reihe der Päpste aufgeführt. So ist es erklärlich, daß es auch in unserem Jahrhundert einen Johannes XXIII. gab.

Das Jahr der Papstwahl erbrachte zugleich für die deutsche Geschichte ein folgenschweres Ereignis: Kaiser Sigismund belehnte im Haus »Zum Hohen Hafen« den Burggrafen Friedrich von Hohenzollern mit der Markgrafschaft Brandenburg. Friedrich war Reichsverweser, als der Kaiser gegen die Türken kämpfte, auch hatte er sich bei der Königswahl Verdienste erworben. Die Konstanzer Belehnung führte zum Aufstieg des aus Schwaben stammenden Hauses in Norddeutschland und zur Begründung der Großmacht Preußen.

VERRAT AN HUS

In der stürmereichen Zeit der Gotik, die den Hintergrund des Konzilgeschehens von Konstanz abgab, machte in Prag ein Magister und Prediger von sich reden, der in den Fußstapfen des englischen Reformators John Wyclif mit Vehemenz für liturgische und kirchliche Neuerungen eintrat: ein gewisser Johannes aus dem südböhmischen Husinec, der als Johannes Hus bekannt geworden ist. Er wandte sich eifernd gegen Zölibat und Ohrenbeichte, wollte die Sakramente nur symbolhaft gewertet wissen und trat für die aktive Teilnahme der Laien am Eucharistie-Geschehen ein: Brot und Wein am Altar für jedermann – all das ein Weg zu Luther. Auch wandte er sich gegen die päpstliche Allmacht. Hus fand eine fanatische Anhängerschaft, dies um so mehr, als er für eine Nationalkirche (wie Wyclif) eintrat, so daß sich beim erwachenden Selbstbewußtsein der Tschechen Nationales mit Religiösem verband. Es gab an Prags 1348 von Karl IV. gegründeter Universität, der frühesten deutschsprachigen, Reibereien zwischen Tschechen und Deutschen; dies führte zum Auszug der deutschen Professoren und zur Gründung der Universität Leipzig.

Der Anhang des Hus rekrutierte sich nicht nur aus Intellektuellen. Er fand ebenso Zulauf aus dem Volk, das ihn, den persönlich Untadeligen, bei Lebzeiten als Heiligen verehrte, wie auch Zustimmung beim tschechischen Adel. Die Nachricht hiervon drang bis Rom. Johannes XXIII. bestellte Hus an den Tiber. Da der Magister sich weigerte zu kommen, verfiel er dem Bann. Es war die Zeit des Konstanzer Konzils. Dort befaßte man sich auch mit dem Fall Hus, im Zuge allgemeiner Bereinigung des kirchlichen Lebens. Es ist nicht ganz klar, ob der Magister selber darum bat, zwecks Rechtfertigung in der Konzilstadt gehört zu werden, oder ob man ihn dazu veranlaßte. Jedenfalls trachtete er danach, vor einem Weltgremium seine Überzeugung zu vertreten. Doch die Reise war für einen Gebannten riskant. Darum sagte Kaiser Sigismund, dem besonders an der Beilegung eines so bedrohlichen Falles in seinem Kernland Böhmen gelegen war, dem Magister freies Geleit zu.

Mit drei Wagen fuhr Hus mit seinem Anhang über Nürnberg und das Allgäu an den Bodensee. Trotz des auf ihm lastenden Kirchenbanns wurde er auf den Landstraßen begeistert begrüßt, nicht nur von Tschechen, auch, in Fortsetzung der Route durch das Reich, von Deutschen – reformistische Ideen lagen damals, ein Jahrhundert vor Luther, bereits in der Luft.

Hus traf am 3. November 1414, noch vor dem Kaiser, in Konstanz ein. Sofort nahmen die Kardinäle ihn in Haft. Im gleichen Dominikanerkloster, in dem man ihn einkerkerte, hatte ein knappes Jahrhundert früher der Konstanzer Mystiker Suso seine Visionen erlebt. Als Sigismund in der Konzilstadt ankam, rügte er die Kardinäle wegen des Haftbefehls, der seiner Geleitzusage widersprach.

Inzwischen trat ein Konzilausschuß zusammen, der den Prozeß vorbereitete. Man wollte die Affäre rasch erledigen. Anfangs glaubte man, den Magister aus Prag durch freundliche Überredung zum Widerruf bewegen und damit den Fall ohne Aufsehen aus der Welt schaffen zu können; auch der Kaiser versuchte es in persönlichem Gespräch mit dem »Ketzer«. Hus blieb bei seinen Thesen. Nun wandte man ermüdende, quälende Inquisitionsmethoden an, um die Abschwörung zu erzwingen. Die Thesen des Magisters stellten eine Gefährdung des Konzils dar, das ja gerade auf eine einheitliche Linie der kirchlichen Auffassung hinzielte. In der verstockten Haltung des Böhmen sah man eine Negierung und Verspottung der mit so großem Aufwand einberufenen Versammlung.

Durch die Sendbriefe eines gewissen Poggius Florentinus sind wir über den Prozeßverlauf, die privaten und öffentlichen Verhöre, so protokollarisch genau unterrichtet wie vom etwa gleichzeitig erfolgten Prozeß der Jeanne d'Arc. Am 7. Juni 1415 wurde über Hus unter strenger Wahrung der hierarchischen Reihenfolge abgestimmt. Der Erzbischof von London verlangte »Der Böhme brenne!«, der Bischof von Basel »Hus brate!«, der Bischof von Osnabrück »Er sterb im Feuer!« – »Und wenn der Böhm mein Ahn wär, ließ ich ihn braten«, sagte der Bischof von Trient. Der unerbittlichste Gegner des Magisters war der Konstanzer Bischof: »Würd Hussen nicht morgen hier geröstet, so röstet das Volk übermorgen uns allsamtlich, wie wir hier stuhlen. Er sterbe!« Unsere Hochachtung gilt den Bischöfen von Chur, Salzburg und Speyer, die sich nicht von den unmenschlichen Doktrinen der Epoche manipulieren ließen und für Freispruch plädierten.

Während der Plenarsitzung vom 8. Juni ereignete sich ein für Kaiser Sigismund peinlicher Zwischenfall. Hus geißelte den Lebenswandel der Päpste: »Einer, der in Todsünde lebt, kann kein wahrer Papst sein.« Die Versammlung tobte; der Vorsitzende d'Ailly hatte Mühe, die Ruhe wiederherzustellen. Hus berief sich auf Samuels Begegnung mit dem von Gott verworfenen Saul: »Auch ein König in Todsünde ist kein König mehr.« Erneuter Lärm im Saal. Man rief nach dem Kaiser, der sich in einer Fensternische mit Friedrich von Hohenzollern unterhielt und die Worte nicht vernommen hatte. Hus mußte sie vor dem Monarchen wiederholen. Dieser fühlte sich persönlich angesprochen; auch die Versammlung verstand es so. Denn es war bekannt, daß der Kaiser eine Reihe von Liaisons hatte, auch Dirnenhäuser besuchte. Sigismund behielt mit Mühe seine Contenance: »Johannes Hus, kein Mensch lebt ohne Sünde.« Der Vorsitzende d'Ailly sekundierte dem bloßgestellten Kaiser durch dialektische Ablenkungstaktik, indem er Hus abkanzelte: »War es dir nicht genug, den geistlichen Stand verächtlich zu machen? Willst du nun auch noch das Königtum untergraben und die Könige von ihren Thronen stürzen mit deinen Schriften und Lehren?«

Der Schuldspruch erfolgte am 6. Juli im Münster. Nach der Frühmesse, von der Hus als Unwürdiger ausgeschlossen blieb, predigte der Bischof von Lodi nach dem Bibelwort »Der sündige Leib soll zerstört werden«. Der Schuldiggesprochene, nun hereingeführt, mußte priesterliche Kleidung anlegen, ein Podium besteigen und sich nochmals, zum letztenmal, zu seiner Bereitschaft zum Widerruf äußern. Hus entgegnete: »Ich will nicht lügen angesichts Gottes noch gegen mein Gewissen und die Wahrheit handeln. Ich kann auch die vielen Menschen nicht enttäuschen, denen ich gepredigt habe. Ich will nicht widerrufen!« Zum Zeichen der Degradierung als Priester riß man ihm nun ein Gewandstück nach dem andern ab und zerschnitt seine Tonsur. Dann setzte man ihm die Papiermütze des Häretikers aufs Haupt, auf die der Satz »Ich bin ein Erzketzer« aufgemalt war, darunter drei Teufel. Der Platz, an dem Hus während der Verurteilung stand, wird heute noch im Konstanzer Münster gezeigt; er ist durch eine große Platte vor der Orgelbühne markiert.

Der Kaiser sah dem Vorgang schweigend zu. Er stand nicht zu seiner Zusage freien Geleits; neben politischen Erwägungen mag jene peinliche Szene vom 8. Juni zu seinem Verrat an Hus beigetragen haben. Die Perfidie des gebrochenen Wortes hing Sigismund durch die Jahrhunderte nachhaltiger an als all seine Verdienste. Als es galt, Hus dem weltlichen Arm zu überantworten, mochte der Kaiser sich nicht die Hände beschmutzen. Er übergab den Delinquenten dem Pfalzgrafen bei Rhein, der seinerseits den Blutbefehl an den Bürgermeister von Konstanz weiterreichte.

Der »Hussenstein« auf dem sogenannten Brühl, dort wo Konstanz unweit der Schweizer Grenze an Wiesen grenzt, kennzeichnet den Ort des Autodafés; es handelt sich um einen riesigen Findling, zu dem man durch das historische Schnetztor gelangt. Dort hatte sich am Hinrichtungstag eine große Menge eingefunden, die sich nach Poggius' Bericht »auf die Abendschau waidlich freuete, insonderheit die welschen Pfaffen, darunter etwelche, die noch keines Ketzers Bratung erschauet«. Frauen aus der Menge warfen Stücke ihrer »Leiblinnen« auf den Holzstoß, meinend, das Feuer werde ihre Sünden oder die ihrer im Fegefeuer sitzenden Angehörigen mitverzehren.

In Richtung des Sonnenuntergangs band man Hus mit nassen Seilen an den Brandpfahl. Man legte ihm eine Rostkette um den Hals, schichtete Holz und Stroh bis zum Kinn auf, überschüttete ihn mit Öl und entzündete den Brandhaufen. Man hörte ihn noch lange Gebete sprechen. Nach zwei Stunden war sein Körper verbrannt. Die Asche schüttete man in den Rhein.

Die Untat an Hus löste in Böhmen die Hussitenkriege aus. Unter dem Kommando tatkräftiger Anführer, Ziskas und der beiden Prokop, zogen die Hussiten mit Wagenburgen durchs Land, gewannen lawinenartig neue Scharen hinzu, siegten über die gegen sie ausgesandten Heere und schlugen sogar ein Reichsheer unter Kaiser Sigismund bei Pilsen zurück. Unter dem Namen »Taboriten« fluteten sie über die Grenzen Böhmens, der Schrecken des Reiches; und es dauerte lange, bis das Ungestüm der elementar ausschwärmenden Kriegshaufen sich verbrauchte, die Hussitenwelle abebbte.

Laut Poggius hatte der Märtyrer der Hussiten am Brandpfahl einen prophetischen Satz gesprochen: »Heute bratet ihr eine magere Gans, aber über hundert Jahre werdet ihr einen Schwan singen hören, den sollt ihr ungebraten lassen; weder mit Netz noch mit Masche werdet ihr ihn einfangen können.«

Nahezu hundert Jahre später trat Luther auf die Bühne der Weltgeschichte. Er entging dem Feuertod und verwandelte die politisch-geistige Struktur des Kontinents. Das Wort des »Heiligen« von Prag, der während des Konstanzer Konzils den Feuertod erlitt, ist so verblüffend, daß man denken möchte, ein späterer Abschreiber habe die Prophezeiung in Poggius' Text hineingeflickt.

ACHTE REISE:

SCHWÄBISCHE STÄDTEFAHRT

STUTTGART: GELD UND GOTT

Hermann Missenharter, langjähriger Theaterkritiker in Stuttgart, hat die Schwabenmetropole einmal als »Parvenue unter den Städten Württembergs« bezeichnet. In der Tat ist die Stadt erst verhältnismäßig spät, dafür um so rascher aufgestiegen; andere schwäbische Plätze weisen mehr Jahresringe und größere historische Würde auf, so Waiblingen, Eßlingen, Heilbronn. »Hie Waibling!« lautete zur Zeit Barbarossas der Schlachtruf der Kaiserlichen. Nach Waiblingen nannten sich die Kaisertreuen Italiens »Ghibellinen«.

Der »Garten der Stuten«, Stutkarten, wird hingegen erst 1229 erwähnt, also zur Regierungszeit des Staufers Friedrich II. Dieser trug zwar die römisch-deutsche Kaiserkrone, zugleich aber auch den schwäbischen Herzogshut. Das Herzogtum war sein Stammland, seine Hausmacht, die wichtigste Stütze, über die der Imperator nördlich der Alpen verfügte, eine entscheidende Machtposition also, um kaiserliche Ansprüche gegenüber den deutschen Fürsten durchzusetzen. Er bevorzugte darum schwäbische Städte und verlieh einigen von ihnen das Stadtrecht. Wie er sich zu »Stutkarten« verhielt, ob er es überhaupt gekannt hat, wissen wir nicht.

Zum schwäbischen Herzogtum zählten damals auch die nördliche Schweiz und das Elsaß. Dort lagen die eigentlichen Schwerpunkte staufischer Macht. Man kann die Schwaben stammesmäßig als Alemannen im engeren Sinne bezeichnen. In der Zeit der Völkerwanderung hießen sie Sueben. Sie sind der erste germanische (genau: westgermanische) Verband, mit dem die Weltmacht Rom aneinandergeriet, indem Cäsar im

Zuge seines Gallischen Kriegs den Suebenhäuptling Ariovist, der mit seinen Scharen über den Oberrhein gekommen war, entscheidend schlug. Was weniger bekannt ist: im Verlauf der Völkerverschiebung, die recht eigentlich das Altertum beendet hat, wanderte auch eine große Gruppe von Sueben zur Iberischen Halbinsel aus und gründete am Atlantik ein Königreich mit der Hauptstadt Braga. Dieses Reich, das typologisch Spuren hinterließ, ging später im westgotischen Reich auf, das ganz Iberien umfaßte.

Die »Zurückgebliebenen« der Völkerwanderung sind durch die ganze Geschichte ziemlich im gleichen Raum verharrt, als südliche Anrainer der Franken, die beweglicher, auch heiterer gestimmt waren gegenüber dem etwas schwerfälligen, bedächtigen Ernst der Schwaben-Alemannen. Dieser Mentalitätsunterschied besteht in gewissem Sinne heute noch.

Das alte Stuttgart beschränkte sich jahrhundertelang auf die Talsohle, zuerst als Grafen-, dann als Herzogsresidenz. Erst in jüngerer Zeit kroch es aus der zu eng gewordenen Mulde zu den Kämmen der Höhenzüge hinauf, die, von Waldstücken, Vorstädten und Schlössern bedeckt, die schwäbische Metropole amphitheatralisch umrahmen. Man hat von hier einen Tiefblick auf die City, der Stuttgart von der Lage her zu einer der schönsten deutschen Städte macht. Hölderlin hat dies hymnisch empfunden:

> Denn mit heiligem Laub umkränzt erhebet die Stadt schon,
> Die gepriesene, dort leuchtend ihr priesterlich Haupt.
> Herrlich steht sie und hält den Rebenstab und die Tanne
> Hoch in die seligen purpurnen Wolken empor.

Wenn auch provinzlerischer als München, ist Stuttgart doch eine sehr tätige, mobile, impulsive Stadt, wobei musischer Hang und technischer Rang sich die Waage halten. Von hier sind aus denkerischer Passion des Schwaben geistige Strömungen ausgegangen. Die Dialektik Hegels hat das moderne Weltbild, die sozialistische Ideologie mitbestimmt bis hin zu Mao

Tse-tung, von dem man halb scherzhaft sagt, er habe aus Stuttgart ebenso seine Philosophie bezogen wie seine Staatskarosserie. Zwischen Cannstatt und Degerloch sind wie an keinem anderen Ort Verlage angesiedelt, nahezu 200; sie machen Stuttgart zu einer rechten Bücherstadt. Goethe und Schiller hatten hier ihren Verleger Cotta. Kulturelle Veranstaltungen finden kaum sonstwo ein so anhängliches Stammpublikum. Daneben weist aber Stuttgart auch die schnellsten (und teuersten) Autos auf. Der arbeitsbesessene, zuverlässig-genaue Sinn des Schwaben befähigte ihn zur Präzisionsarbeit. Erfinder und technisch-handwerkliche Tüftler (man könnte von einem »Made in Schwaben« als Gütezeichen sprechen) waren hier ebenso zu Hause wie Poeten, Philosophen und Pietisten, so daß man sagt, Stuttgart lebe zwischen Profit und Poesie, zwischen Geld und Gott.

Musisch-künstlerische Neigung und zugleich technisch-konstruktive Aktivität, Eigenschaften, die den Bewohnern der schwäbischen Hauptstadt zueigen sind, haben sie zu Avantgardisten der im Bauhaus geprägten modernen Architektur gemacht. Die Weißenhof-Siedlung von 1927, geschaffen von einer Architekten-Elite, zeugt vom großen Aufbruch neuer baulicher Gedanken in den 20er Jahren. Der 211 m hohe Fernsehturm auf dem Bopser ist ein statisches Wunder und zugleich ein neues Wahrzeichen der Stadt. Der Hauptbahnhof von Paul Bonatz, 1914 bis 1927 erbaut, nahm bereits vor dem Ersten Weltkrieg jenen Funktionalismus vorweg, der erst nach dem Kriege Gemeingut werden sollte. Das Gebäude ist ein Dokument seines Genres, das Schule machte. Breit und machtvoll liegt der Komplex, Schienenstrahlen aussendend, mitten in der Stuttgarter Senke, fast als Barriere; man könnte denken, Stuttgart sei um ihn herumgebaut. Von hier stößt die Königstraße mit ihren Banken und Kaufhäusern repräsentativ nach Süden vor. In ihrem Bannkreis liegen die wichtigsten historischen Gebäude, so der noble barocke Dreiflügelbau des nach dem Krieg wiederhergestellten Neuen Schlosses, das sich der Herzog Karl Eugen hatte errichten lassen. Vor dem Schloß ragt eine 30 m hohe Säule auf, die an das 25. Regierungsjubiläum König Wilhelms I. im Jahre 1841 erinnert: spätester Klassizismus. Dem Schloß gegenüber, an der Königstraße, liegt der 1856 errichtete Königsbau, der mit seinem Säulenportikus Stuttgart einen antiken Akzent verleiht.

Zu den in engstem Raum vereinigten geschichtlichen Bauten zählt auch das Alte Schloß mit seinen massiven runden Ecktürmen und seinem geräumigen Hof, den eine dreistöckige Galerie mit gerillten Säulen umgibt, südländische Renaissance. In der Hofmitte steht das Reiterstandbild Eberhards mit dem Bart, der martialisch sein Schwert schwingt. Ursprünglich erhob sich das Monument vor dem Neuen Schloß. 1865 versetzte man den Grafen an diese Stelle. Der Torbogen war für das hocherhobene Schwert zu nieder. Man plante erst, das Gewölbe abzutragen, entschloß sich dann aber, das Pflaster aufzureißen. Über der Uhr des Glockenturms gehen zwei vergoldete Hirsche aufeinander los. Nikodemus Frischlin dichtete darüber: »Wann dies Werk die Stund tät schlagen / Zween Hirsch mit ihrem Gehörn gestreckt /Zusammenlaufen wie die Böck.«

Hänslin und Aberlin Jörg, Vater und Sohn, haben die nahebei gelegene Stiftskirche im 15. Jahrhundert erbaut. Eindrucksvoll das Apostelportal am südlichen Seitenschiff. Statt des ursprünglich dreischiffigen Innenraums hat man bei der Renovierung nach dem letzten Krieg eine einschiffige Halle geschaffen. Im Chorraum stehen die Skulpturen von 11 württembergischen Herrschern, im Auftrag des Herzogs Ludwig von Sem Schlör 1574 bis 1608 in Sandstein gehauen, gepanzert und mit stattlichen Bärten. Birgt die Stiftskirche in Pforzheim die Grabtröge der Zähringer-Fürsten, so sind die meisten Sarkophage der Württemberger in dem geschichtsträchtigen Stuttgarter Gotteshaus vereint.

Im historischen Kern der schwäbischen Hauptstadt steht die Merkursäule aus dem 16. Jahrhundert, auf Steinwurf von

Thorvaldsens klassizistischem Schillermonument entfernt: ein Beieinander von Pragmatisch-Merkantilem und Gedanklich-Musischem.

Stuttgarts Lindenmuseum, am Rand der City, besitzt die größte völkerkundliche Sammlung neben dem Völkerkundemuseum in Berlin und dem Überseemuseum in Bremen. Der Standort zeigt an, wie stark schwäbischer Geist trotz eines angeborenen Gefühls der Seßhaftigkeit und des Hangs nach dem Überschaubaren stets auch in die Weite strebte: die Schwaben sind die »Sachsen des Westens«. Stuttgart stellte ein beachtliches Kontingent an Auswanderern, Werkspezialisten und Kaufleuten in Übersee.

Karl Eugen, den wir wegen der Behandlung Schubarts und Schillers nicht gerade rühmen können (obwohl Schiller beim herzoglichen Begräbnis in verzeihender Rührung geweint hat), vermehrte als Baufanatiker das barocke Flair in Stuttgarts Umgebung, indem er sich in Ludwigsburg ein Versailles, in Solitude ein Malmaison schuf. Daß der erlauchte Repräsentant des schwäbischen Absolutismus Männer der Feder schlecht traktierte, ist am württembergischen Hof kein Einzelfall. Auch andere, etwa Uhland und List, hatten es mit den Regierenden schwer.

Einmal hat ein Mann der Feder einen württembergischen Herzog so vehement angegriffen, daß dessen Ruf im Reich nahezu vernichtet wurde. Es war die Fehde zwischen Ulrich von Hutten und Herzog Utz, ausgelöst durch einen fürstlichen Kriminalfall, der den Poeta laureatus und Freund Sickingens als Anwalt des Rechts die gefürchtete und in diesem Falle vernichtende Feder wetzen ließ.

HERZOG UTZ

Ulrich, vom Volk Utz genannt, war Sohn eines geisteskranken Vaters und, der Zeit entsprechend, eine breit und saftig angelegte Natur mit dem Zug zum Verschwenderisch-Üppigen, mutig, wenn man ihn nicht gerade in die Enge trieb, launisch, jähzornig, wenn etwas nicht nach seinem Kopfe ging, ein Heinrich VIII. en miniature. Mit dem Tudor hatte er auch seine Affären gemein, und wie jener flüchtete er sich aus den Verlegenheiten seiner Staatsführung in die Reformation. Im ganzen aber diktierte er weniger der Zeit (was bei Englands Heinrich eher der Fall war), als daß die bewegte, stürmische Epoche, in die er hineingeriet, ihm diktierte.

Ulrichs Renaissance-Gehabe kam in seinen Prunkfesten zum Ausdruck, für die er meist nicht bezahlte, sondern die Untertanen oder auswärtige Gläubiger bezahlen ließ. Als er 1511 die bayrische Herzogstochter Sabina, eine Nichte des Kaisers Maximilian I., ehelichte (die Trauung fand in der Stiftskirche statt), verbuchte der Festkalender folgenden oppulenten Aufwand für die herzoglichen Tafelfreuden: 136 Ochsen, 1800 Kälber, 570 Kapaune, 1200 Hennen, 2750 Krammetsvögel, 11 Tonnen Salme, 90 Tonnen Heringe. Auf der Hochzeit gab es, wie die Annalen berichten, einen »kleinen Mißklang«, indem der Truchseß Andreas von Waldburg wegen einer frivolen Rede von dem trunkenen Grafen Felix von Werdenberg erstochen wurde. Die Chronik teilt mit, daß sonst alles in bester Ordnung verlaufen sei.

Die so festlich präludierte württembergisch-bayerische Ehe ging nicht so gut, kein Wunder bei einem so gewalttätigen Egoisten wie Ulrich. Doch auch Sabina war keineswegs sanftmütig. Im Herzogsschloß gab es Prügelszenen. Sabina beklagte sich, ihr Gemahl mute ihr im Bett »ausländische« Praktiken zu. Unter Zurücklassung zweier Kinder zog sie sich vor Utzens Eskapaden zu ihren bayerischen Verwandten zurück.

Mehr als zu Sabina fühlte sich Herzog Ulrich zur Frau seines Stallmeisters Hans von Hutten hingezogen, die ihm und seinen Praktiken nicht abgeneigt und wahrscheinlich schon vor ihrer Eheschließung dessen Geliebte war. Der Herzog besuchte die Stallmeistersfrau ungeniert. Es hieß, Utz habe Hans von Hutten inständig gebeten, dessen Frau weiter lieben zu dürfen.

Bald darauf erstach der Herzog während einer Jagd im Göppinger Forst seinen Rivalen, ein offensichtlicher Mord, obwohl Ulrich ihn als Feme-Vollzug hinstellte, da der Stallmeister ihm mit Sabina Hörner aufgesetzt habe, nach der Sachlage ein unglaubwürdiger Vorwurf. Utz legte dem Ermordeten einen Gürtel um den Hals; dies tat man damals bei Personen, die eigentlich den Galgentod verdient hätten. Der Mord brachte den Herzog (obwohl das Zeitalter bei solchen Vorfällen nicht zimperlich war) weithin in Mißkredit. Vor allem erhob nun der prominente Publizist Ulrich von Hutten, ein Verwandter des Getöteten, im Namen seiner Sippe seine wortmächtige Stimme. In mehreren Sendschreiben nannte er den württembergischen Herzog »Schandfleck des schwäbischen Namens, ewige Schmach seines Volks, durch Unmenschlichkeit gezeichnetes Scheusal«. Die empörte Reaktion der öffentlichen Meinung brachte Utz die kaiserliche Acht ein.

Des Herzogs Politik verlief nicht weniger rücksichtslos und buntbewegt als sein Privatleben. Er schlug sich mit den aufständischen Bauern herum, die seine ausbeuterische Erpressung brandmarkten, lockte sie in Schorndorf in eine Falle und veranstaltete in einem Blutbad eine schwäbische »Bartholomäusnacht«. Die Freie Reichsstadt Reutlingen (sie gehörte nicht zu Württemberg) nahm er im Sturm und zog sich dadurch die Gegnerschaft des Schwäbischen Städtebundes zu, dem Reutlingen angehörte und der über die damals mächtigste Kriegsmacht auf deutschem Boden verfügte. Zweimal wurde Utz vom Städtebund und seinen eigenen Untertanen aus dem Land getrieben, zweimal kehrte er, Rache übend, zurück. Bei der Kaiserwahl 1519 setzte er auf den Franzosenkönig Franz I., einen der beiden Anwärter. Der siegreiche Habsburger Karl V. unterstellte das verwaiste Herzogtum – Utz war gerade landesflüchtig – seiner Hausmacht, eine willkommene Brücke Habsburgs zwischen Wien und Vorderösterreich.

Erst mit sechzig, verbraucht und gichtig, erhielt der im Exil lebende Utz sein Herzogtum zurück, indem er dem Kaiser

Abbitte leistete. Hiermit ist wieder eine pittoreske Szene verbunden, die freilich nicht gesichert ist: der immer noch stolze Fürst habe es nicht über sich gebracht, vor Karl das Knie zu beugen. So sei er auf einem dressierten Roß vor der Majestät erschienen, das statt seiner mit den Vorderbeinen niederkniete.

Utz starb 1550 in Tübingen. Er gehörte nicht zu jenen, die (wie Uhland von einem Vorfahr Ulrichs sagte) ihr Haupt in jedes Untertanen Schoß legen konnten. Dennoch war er der Farbigkeit seiner Persönlichkeit wegen bei allen, denen der Umgang mit ihm erspart blieb, nicht unpopulär; die anderen aber fürchteten um so mehr die Unberechenbarkeit und jähe Gewalttätigkeit seines Wesens. Hauff hat ihn in seinem Roman »Lichtenstein« verklärt, dem Bestseller des vorigen Jahrhunderts, das die Welt von einst ebenso mit verfälschender Romantik verbrämte wie die Reste jener Burg in der Schwäbischen Alb, die Hauffs Roman den Namen gegeben hat.

Das Haus Württemberg, ursprünglich nur ein Grafengeschlecht im größeren Herzogtum Schwaben, gehörte zum glückbegünstigten Adel, der aus dieser Landschaft aufgestiegen ist. Die Grafen wurden im 14. Jahrhundert Herzöge und schließlich, durch Napoleon, Könige. Wilhelm I., der zweite Träger der württembergischen Königskrone, war ein sparsamer Herr, der gottlob die Summe von 200 000 Gulden scheute, um das Alte Schloß abzutragen, ein bereits beschlossener Plan. Auch er war in eine bewegte Zeit hineingeboren, wie Herzog Utz, in die Zeit der ersten demokratischen Ansprüche und der Metternichschen Reaktion, die er sich gründlich zueigen machte. Unter denen, die im Stuttgarter Landtag und in ihrer Publizistik an erster Stelle gegen die Unterdrückung durch König und Kabinett opponierten und für Fortschritt in Politik und Ökonomie eintraten, nahm der Schwabe Friedrich List einen führenden Platz ein, eine große, einsame, von Tragik umwitterte Gestalt im Kampf gegen jene Mächte, die hartnäckig an nicht mehr zeitgemäßen Verhältnissen festhielten.

ZOLLVEREIN: EWG IM KLEINFORMAT

Während der Kontinentalsperre hatte sich in England eine ungeheure Menge von Industrieprodukten aufgestapelt. Nach Napoleons Sturz gelangten sie spottbillig auf Europas Märkte, vor allem nach Deutschland. Es klingt absurd, warum Britannien Waren zu Preisen verschleuderte, die nicht die Herstellungskosten deckten. Lord Brougham gab im Parlament eine plausible Erklärung ab: »Solche Opfer machen sich dadurch bezahlt, daß sie die ganze Industrie eines anderen Landes in der Wiege ersticken und sie so dauernd konkurrenzunfähig machen.«

In dieser Situation einer drohenden Wirtschaftskrise tauchten in Deutschland – es war in 39 souveräne Staaten und damit Wirtschaftsgebiete zersplittert – erstmals der Gedanke einer Neuordnung der Handelsangelegenheiten auf: der Begründung eines einheitlichen ökonomischen Raumes ohne Binnenzölle. Das Muster der EWG im 20. Jahrhundert war in den Plänen eines deutschen Zollvereins im 19. Jahrhundert kleinformatig vorgezeichnet, einschließlich aller Schwierigkeiten: des hartnäckigen Widerstandes eigensüchtiger Interessen, des Feilschens um Sonderstatuten, des Unvermögens, Opfer in Kauf zu nehmen um des Ganzen willen, der mühsam erhandelten Beitritte, der Gefahr, daß Partner wieder ausscheren und eigenmächtige Schritte gehen, des wechselseitigen Mißtrauens. Auch der deutsche Zollverein von 1834 kam durch eine zähe Politik der »kleinen Schritte« zustande, auch bei dieser nationalen Wirtschaftsgemeinschaft dachte man an das große weitere Ziel der EWG: schließlich auch zu einer politischen Gemeinschaft zu kommen.

Der leidenschaftlich engagierte Vorkämpfer für das Ziel der deutschen Zolleinheit war der Schwabe Friedrich List, Sohn eines Reutlinger Weißgerbers. Auf Umwegen war er 1817 auf den Lehrstuhl der Staatswissenschaften in Tübingen gelangt. Die Polemik des »Politologen« (wie wir ihn mit aktuellem

Bezug nennen müßten) machte ihn bald beim Stuttgarter Kabinett suspekt. Zumal mißbilligte man, als nicht mit seinen Lehrstuhlpflichten vereinbar, seine Eingabe an das Bundesparlament in Frankfurt: »39 Zoll- und Mautlinien in Deutschland lähmen den Verkehr im Innern und bringen ungefähr dieselbe Wirkung hervor, wie wenn jedes Glied des menschlichen Körpers unterbunden wird, damit das Blut ja nicht in ein anderes überfließe.«

Erst recht wird der Tübinger Professor, dieser utopische Pragmatiker, mißliebig in Stuttgart, als er in der Bundeshauptstadt Frankfurt 1819 einen Handels- und Gewerbeverein mit dem Ziel des Wirtschaftszusammenschlusses gründet und selbst die Geschäftsführung übernimmt. Die Regierung fordert von ihm schroff eine Rechtfertigung hinsichtlich des von ihm »in einem auswärtigen Staate« übernommenen Amtes. Lists Antwort: er scheide aus dem Tübinger Lehrkörper aus. Von nun an hat er die einsame Mission eines vergeblichen Rufers in der Wüste, eines Vaganten zugunsten eines damals nahezu irrealen Programms. Als Landtagsabgeordneter Reutlingens in Stuttgart verliert er auf Betreiben der Regierung Wilhelms I. bald sein Mandat. Man unternimmt eine Untersuchung gegen ihn; Uhland, obzwar Traditionalist, setzt sich für ihn ein. 1822 gerät List 10 Monate in Haft, die er, gleich dem Kämpfer im Geiste vor ihm, Schubart, auf dem Hohenasperg verbringt. Die »literarische Zwangsarbeit«, zu der man ihn verurteilt hat, besteht im stumpfsinnigen Abschreiben von Statistiken über den Bestand an Halsbinden, Tschakos, Quasten, Beinkleidern.

Nach seiner Entlassung begibt er sich in die USA, wo er ein Steinkohlenlager entdeckt, auf dem er ein Unternehmen begründet. Er wird vorübergehend vermögend. Doch es zieht ihn, der inzwischen Amerikaner ist, nach Deutschland zurück: »Mir geht es mit meinem Vaterland wie den Müttern mit krüppelhaften Kindern; sie lieben sie um so stärker, je krüppelhafter sie sind. Im Hintergrund aller meiner Pläne steht

Deutschland.« In Leipzig läßt er sich als Konsul nieder, tritt nun mit Vorrang für die Intensivierung des Eisenbahnbaus ein, in dem er die Voraussetzung wirtschaftlich-politischen Zusammenschlusses erblickt. Doch auch hier sperrt man sich gegen seine Pläne. Hamburg befürchtet die Abnahme der Elbschifffahrt und die Verarmung der Binnenschiffer.

Die Ehrendoktorwürde von Jena 1840 ist ein kleiner Trost des unermüdlichen Bemühens. Lists in Augsburg 1841 erschienenes Hauptwerk »Das nationale System der politischen Ökonomie« stößt wieder auf Unverständnis und Interesselosigkeit. Die »Frankfurter Zeitung« wirft dem Autor Unwissenschaftlichkeit vor. Als sein Vermächtnis prägt List in seiner Schrift den Satz: »Der Zollverein ist die nationale Grundlage einer künftigen politischen Einigung.« Der ewige Mahner ist am Ende. Seine Familie steht mittellos da, denn das Unternehmen in Amerika ist längst zusammengebrochen. Während eines Kuraufenthalts 1846 in Kufstein erschießt er sich. Dort liegt er begraben. Seine Grabschrift lautet »Deutschlands Friedrich List«.

Den ersten Schritt zu einem Zollverein tat Preußen. Die von Preußen eingeschlossenen Kleinstaaten konnten nicht umhin, sich der hohen Durchfahrtszölle wegen allmählich anzuschließen. Am frühesten das Fürstentum Schwarzburg-Sondershausen mit seinen 862 qkm. Zu Pferd konnte man das Gebiet an einem halben Tag durchmessen. Der Fürst liebte die Musen. Er wünschte sich ein Hoftheater. Doch die Mittel fehlten. Dies war der Angelpunkt. Dem preußischen Unterhändler Adolph von Bergmann gelang es, den Kleinstaat-Souverän zu überzeugen, daß der Zollanschluß ihm die nötigen Finanzen beschere: durch Einsparung des Zollapparats, durch Aufblühen der Wirtschaft, durch den Anteil an den gemeinsamen Zolleinnahmen mit Preußen.

Doch damit kam vorerst nichts in Gang. All die anderen Anrainer, ob Sachsen-Weimar-Eisenach, Sachsen-Meiningen,

Sachsen-Koburg-Gotha, Sachsen-Altenburg, Schwarzburg-Rudolstadt, Reuß ältere Linie und Reuß jüngere Linie, blieben fern. Sie fürchteten, Preußen werde zu stark. »Freiwillig können und werden wir uns nicht unterwerfen«, rief der Herzog von Anhalt-Köthen aus, »wenn wir nicht die heiligsten Pflichten gegen unsere Untertanen, gegen unsere Häuser und gegen unsere eigene Ehre verletzen wollen.«

Doch schließlich kam es, dem Zwang der Zeit folgend, zu einem norddeutschen, einem hessischen, einem süddeutschen Zollverein – in diesem hatte sich Bayern seine Biersteuer ausbedungen. 1833 unterzeichneten alle Vertragspartner den Gründungsakt des deutschen Zollvereins. Über die Neujahrsnacht 1834 schrieb der Historiker Heinrich von Treitschke: »Auf allen Landstraßen harrten die Frachtwagen hoch beladen und in langen Zügen vor den Zollhäusern, umringt von fröhlich lärmenden Volkshaufen. Mit dem letzten Glockenschlag des alten Jahres hoben sich die Schlagbäume; die Rosse zogen an, unter Jubel und Peitschenknall ging es vorwärts durch das verschneite Land.«

Daß mit der Neujahrsnacht 1834 noch nicht alles im reinen war, erkannte der konstruktive Spötter Heine in »Deutschland – ein Wintermärchen«:

»... der Zollverein
wird unser Volkstum begründen,
er wird das zerplitterte Vaterland
zu einem Ganzen verbinden.

Er gibt die äußere Einheit und
die sogenannte materielle;
die geistige Einheit gibt uns die Zensur,
die wahrhaft ideelle.«

ZWISCHEN NECKAR UND DONAU

Vom Neckar könnte man wie von der Themse sagen, er sei flüssige Geschichte. Von Cannstatt nordwärts, kanalisiert, ein wenig entromantisiert, aber brauchbarer gemacht, weist er so bezwingende Kleinstadtkulissen wie Besigheim auf – eine Größenordnung von alten Gemeinwesen, die sich besser über den Krieg retten konnten als das industrietüchtige Heilbronn, die Stadt des rührenden Käthchen, das den Ritter vom Strahl liebte und sich, mittelalterliches Happy-End, als Kaisertochter entpuppte. Das Urbild von Kleists Lustspielfigur hieß Lisette Kornacher. Das Haus, in dem die Bürgermeisterstochter wohnte, hat man am Marktplatz wieder erstellt. Auch sieht man in Heilbronn den Turm, in dem Götz von Berlichingen gefangensaß, sowie dessen berühmte Eisenfaust.

In Weinsberg, zwischen Heilbronn und Öhringen im Hohenloheschen, spielte sich die bekannte Geschichte der »Weibertreue« ab. Konrad III., der erste Stauferherrscher, hatte den Burgberg wegen der Welfenfreundlichkeit der Weinsberger hart belagert. Die Chronik von St. Pantaleon in Köln berichtet, die Frauen in der eingeschlossenen Veste hätten um freien Abzug gebeten. Der König habe ihn gewährt: jede dürfe soviel Gut mitnehmen, wie sie persönlich herunterschleppen könne. Darauf nahm jede rittlings ihren Mann auf den Rücken. Konrad akzeptierte die List: an einem Königswort sei nicht zu rütteln.

In seinem Oberlauf schlängelt sich der Neckar an der Schwäbischen Alb entlang, dem mäßig hohen, teilweise unberührten Hausgebirge Schwabens, Rauheit im Innern, milde Weinlage an der neckarzugekehrten Seite, wo Metzingen mit seinen 7 Keltern aus dem späten Mittelalter liegt. Die originellen Holzbauten, eine bau- und kulturgeschichtliche Kuriosität, gehen auf die Stauferzeit zurück. Nach dem großen Brand während des 30jährigen Kriegs wurden sie großenteils erneuert, doch unter Bewahrung der alten Strukturen. Jede einzelne Kelter ist ein Kunstwerk für sich. Über dem Holz-»Filigran« des Gitterwerks steigt ein mächtiges Ziegelwalmdach empor, das auf offenem Dachstuhl ruht. In ihrer elementaren Form erinnern die Keltern an jene Dorfbauten, die Dürer im Aquarell festgehalten hat. Die kleinen Unterschiede in Achse und Gestalt erhöhen den Reiz des Kelterplatzes. In jeder Kelter standen ehemals zwei Kelterbäume, die zum Weinpressen dienten. Der Baum lag waagerecht auf den sogenannten Bracken auf, unter denen der Troß (bereits »ausgetretene« Trauben) gepreßt wurde, worauf der Saft durch eine Rinne abfloß. Um den nötigen Druck zu erzeugen, wurde der Kelterbaum durch eine aufrechtstehende Spindel angehoben, die stämmige Kelterknechte mittels eines zwei Meter langen Prügels drehten. Der einzige erhaltene Kelterbaum trägt die Jahreszahl 1655 und die Inschrift »Ich, Meister Wolfgangus Pfaff von Zwiefaltach«. Darunter sieht man Meisterzeichen und Zimmermannsbeil.

Bei Metzingen tritt die Erms aus dem Albgebirge, um dem nahen Neckar zuzustreben. Das talaufwärts gelegene Urach besitzt ein Fachwerkschloß mit Steinsockel aus der Renaissance. Elegante Säulen und Wandpilaster stützen die Balkendecke ab. Die württembergischen Herzöge hielten sich wegen der nahen Jagdgründe gerne hier auf. Man sieht im Schloß die »kolossale hölzerne Abbildung des großen Schweines, das Herzog Ulrich im Jahre 1507 auf dem Roßfelde bei Urach geschossen, 7′3″ lang, 3′2″ dick, 5′2″ hoch, Kopflänge 23″, alles laut der beigefügten Inschrift«.

Die Schwäbische Alb wird eingerahmt von den Stammsitzen zweier der bedeutendsten deutschen Herrschergeschlechter, den Burgen Zollern und Staufen, wenn auch beide nicht mehr zum Albgebiet selbst zählen. Aus der Zollernburg hat das vorige Jahrhundert ein Märchenschloß im Stile der bayerischen Königsschlösser gemacht. Der Sarkophag des größten der Hohenzollern, des Alten Fritz, ist nach dem Zweiten Weltkrieg in posthumer Odyssee des Preußenkönigs von Potsdam über Marburg in die Stammveste der Dynastie gelangt. Die Burg Hohenstaufen erhob sich auf einer Kuppe zwischen den Flüssen Fils und Rems, zwischen den Städten Göppingen und Schwäbisch-Gmünd. Laubwald umgibt den Bergkegel, der dem vom Glück begünstigten sowie vom Verhängnis heimgesuchten Geschlecht den Namen gegeben hat. Von seiner Veste sind zwischen Dorngestrüpp gerade nur einige Grundmauern übrig. 1525 haben 300 schwäbische Bauern unter ihrem Anführer Jörg Bader die Burg niedergebrannt. Aus den restlichen Quadern baute dann Herzog Utz sein Göppinger Schloß. Die Einwohner der Stadt mußten die Steine des Hohenstaufen Fuhre um Fuhre ins Tal niederfahren. Sie haben ganze Arbeit geleistet.

Als die Stauferveste fiel, hatte sie eine jahrhundertelange, ruhmreiche Vergangenheit hinter sich. Erbauer war ein Ritter niederen Adels, Friedrich von Büren, der seinen Namen von Beuren hatte, dem heutigen Wäschenbeuren, das zwischen dem Berg Hohenstaufen und dem Kloster Lorch liegt. Man lokalisiert den Stammsitz am sogenannten »Burren«, einer viereckigen, von einem 4 m tiefen Graben umgebenen Erdschanze.

Friedrich von Büren war Parteigänger des salischen Kaisers Heinrich IV. Schon damals, als der Kampf der beiden Schwerter gerade begann, vertrat das schwäbische Geschlecht den Standpunkt der weltlichen Macht; durch Kaisertreue aufgestiegen, wechselte es den Namen nach der Bezeichnung des neuen Burgbergs; ein »Stauf« ist ein Pokal. Die Staufer wurden 1079 Herzöge von Schwaben. Daß ein Sohn des Burgerbauers und ersten Schwabenherzogs, Konrad, als dritter dieses Namens die deutsche Königskrone gewann, lag nicht an seinem Rang, sondern an seiner Ohnmacht. Kurie und Fürsten erstrebten ein schwaches und ungefährliches Oberhaupt. Um den mächtigen Erben der Salier, Heinrich den Stolzen, auszuschalten, inszenierte Erzbischof Albero von Trier, von seinen Hintermännern ermächtigt, eine überhastete Minderheitswahl, die Konrad von Staufen auf den Thron hob. Paradoxie der Weltgeschichte: unter der Gönnerschaft der Papstkirche gelangte ein Geschlecht zur Macht, das nachher mit dem Träger der Tiara einen Kampf auf Leben und Tod ausfechten sollte.

Niemals wären Kurie und Fürsten für die Staufer eingetreten, hätten sie die Herrschernatur von Konrads Neffen erahnt: Friedrichs I., des Rotbarts. Von seinem Oheim designiert, siegte er durch staufisch-welfische Übereinkunft bei der Königswahl (Barbarossas Mutter Judith war eine Welfin). Drei Jahre später erlangte er die Kaiserkrone. Die Persönlichkeit dieses Imperators war so volksnah, daß er nach seinem Kreuzfahrertod in der Legende weiterlebte. Man versetzte ihn in den Kyffhäuser. Allerdings hatte der Kyffhäuser-Mythos ursprünglich Barbarossas Enkel gemeint, Friedrich II., der seiner Zeit so übernatürlich, so allgegenwärtig ins Bewußtsein trat, daß sie an sein Ende niemals glauben wollte.

Dieser Genialste unter den Staufern verbrachte, wie wir gesehen haben, nur acht Lebensjahre in Deutschland. Die deutsche Geschichtsschreibung des nationalstaatlich denkenden 19. Jahrhunderts hat ihm die Hinneigung zu Italien zum Vorwurf gemacht und sie als verhängnisvolle politische Zielsetzung bezeichnet. Dies ist ein historischer Irrtum. Es gab im Hochmittelalter noch keine Nationalstaaten. Die Grenzen verliefen mitten durch Sprachgebiete. Das französisch sprechende burgundische Arelat gehörte zum Reich. Die nordfranzösischen Provinzen unterstanden England. In Italien sprach man lateinisch, langobardisch, griechisch, arabisch; eine italienische Volkssprache, aus dem Volgare, dem Vulgärlatein Siziliens, geschöpft, bahnte sich eben erst an. Friedrich II., der mehrere Sprachen beherrschte (am schlechtesten das Deutsche) war ihr Wegbereiter. Norddeutschland bestand im 13. Jahrhundert noch streckenweise aus Urwäldern, unwirtlich, dünn besiedelt, zum Teil mit dürftiger Zivilisation. Osteuropa war auf der Landkarte ein Gebiet »weißer Flecken«. Europäische Blickrichtung nach Osten stand fast ausschließlich unterm Zeichen der Mission. Auch England lag zivilisatorisch weit zurück.

Eigentliche Kultur, ebenbürtig der von Byzanz, Kairo und Córdoba, gab es im Abendland nur in Italien, im geistig-literarischen Sinne allenfalls an der Sorbonne. Wer etwas gelten wollte, mußte sich auf dem fruchtbaren Boden des alten Rom bewegen, sich jenseits der Alpen Einfluß sichern. Dort flossen die mächtigen Hilfsquellen. Dort war ein Zusammenschluß der Kräfte, großzügige Planung möglich. Die von Karl dem Großen geschaffene Idee des erneuerten Imperiums bot seinen Erben, den deutschen Kaisern, die Gelegenheit nicht nur zu imperialer Politik, sondern zur Erfüllung einer universalen Sendung.

Noch ein anderes Motiv zwang die Kaiser zu italienbetonter Konzeption. Das härteste Ringen jener Zeit, das der zwei Schwerter, zog den Blick immer wieder nach Rom. Nur wer Rom unter ständiger Bedrohung hielt, sicherte das Übergewicht der weltlichen Gewalt. Nicht erst die staufisch-normannische Eheschließung, die Gefahr der Einkreisung, hat die Kurie zu ihrer säkularen Politik geführt. In Friedrichs entscheidendem Jahrzehnt war der macht- und glaubensbesessene Gregor VII. schon anderthalb Jahrhunderte tot. Das Ausmaß der Auseinandersetzung umriß Karl Hampe, der 1936 verstorbene Heidelberger Historiker: »Von seiten der Kirche: unterirdische Minen aller Art, Bestechungen mit irdischen und himmlischen Werten, Verschwörungen, Verrätereien und Mordpläne; als Antwort darauf von kaiserlicher Seite Maßnahmen tyrannischen Argwohns und grausamer Rache: Bespitzelung, Geiselnahme, Folter, Verbannung, Galgen und Scheiterhaufen.«

Friedrich von Büren (Staufen), der Begründer der größten deutschen Kaiserdynastie, hatte als Gräberstätte seines Hauses 1102 das Benediktinerkloster Lorch gestiftet, das sich, dem Hohenstaufen gegenüber, auf einem Hügelplateau nördlich der Rems erhebt. Es ist jene Stätte, die im Schwäbischen heute noch am augenfälligsten die Welt der Staufer verbildlicht. Die Gründungsurkunde ist erhalten: »Friedrich, Herzog von Schwaben und Franken, und dessen Gemahlin Agnes (eine Tochter Heinrichs IV.) nebst ihren zwei Söhnen Friedrich und Konrad gründen zum Seelenheil ihrer noch lebenden und dahingeschiedenen Familienglieder das Kloster Loricha, weihen dieses dem ersten Apostel, dem hl. Petrus, und verordnen, daß das Gotteshaus jedes Jahr dem Apostolischen Stuhl eine Goldmünze verabfolge.« Offensichtlich huldigte Friedrich von Büren mit seiner Stiftung der Adresse Roms: durch Wahl des ersten Papstes als Namenspatron, durch die Verpflichtung der unbefristeten Abgabe und schließlich auch dadurch, daß er Hirsauer Mönche, Angehörige der dem Päpstlichen Stuhl nahen cluniazensischen Reformbewegung, nach Lorch holte. Und gerade die Macht, der Friedrich seine Reverenz erwies, wurde später zum Totengräber seines Geschlechts.

Wahrscheinlich hatte man den Ort einer überflüssig gewordenen staufischen Burg als Klosterplatz erwählt. Reiche Dotationen verschafften den Mönchen Grundbesitz in Stuttgart, Cannstatt und Eßlingen. Es ist wiederum Ironie der Geschichte, daß kein einziger Kronträger des Hauses Hohenstaufen an der Stätte des staufischen Erbbegräbnisses ruht, ja daß wahrscheinlich nur einer, König Konrad, den geweihten Ort betreten hat. Barbarossa ertrank in Kleinasien. Heinrich VI. und Friedrich II. sowie deren Gemahlinnen liegen in den Porphyrsarkophagen der Grabkapelle von Palermo. Die Grablege Konrads IV. ging beim Großbrand des Doms von Messina unter. Philipp von Schwaben ruht in der Speyrer Kaisergruft.

Wer wirklich in Kloster Lorch bestattet liegt, ist nicht gesichert. Ende des 15. Jahrhunderts hatte man beim Umbau der Klosterkirche die Grüfte geöffnet, wobei man nichts mehr vorfand als Gebeine; an einigen Schädelknochen hingen »hübsche gelbe Haarbüschel«. Man nimmt an, daß außer dem Gründerehepaar Friedrich der Einäugige und die Welfin Judith, Barbarossas Eltern, in Lorch beigesetzt worden sind, außerdem Königin Irene, die Witwe Philipps von Schwaben.

Wie Theophano war auch Irene eine byzantinische Prinzessin, wie jene erfreute sie sich großer Beliebtheit. Als Gemahlin Philipps von Schwaben, der anstelle des noch unmündigen Friedrich II. die deutsche Königskrone trug, nahm sie den Namen Maria an. König Philipps Hochzeit wurde von Walther von der Vogelweide rühmend erwähnt:

Er schritt gemessen, neben ihm Irene,
die hochgeborene Königin, die schöne,
Rose ohne Dorn, eine Taube sonder Gallen.
So höfische Zucht man nirgends sah.

Nach zehn Regierungsjahren fiel Philipp von Schwaben einem Mordanschlag Ottos von Wittelsbach zum Opfer. Der Wittelsbacher rächte sich, weil ihm die versprochene Tochter Philipps und Irenes, Beatrix, vorenthalten wurde. Philipp hatte für Beatrix eine weitaus bessere Partie: Fernando I. von Kastilien, den später heiliggesprochenen Kämpfer gegen die Ungläubigen im Zuge der spanischen Reconquista. Die knienden Statuen beider, Fernandos und Beatrix', befinden sich in der Capela Major der Kathedrale von Sevilla, einer Stadt, die der kastilische König den Moslems entrissen hatte.

Nach der Ermordung ihres Gemahls zog Königin Irene sich auf die Burg Hohenstaufen zurück. Bei einer dort erfolgten Schenkung an das Adelsberger Kloster ließ sie in Anbetracht ihres Schicksals das Bibelwort »Unergründlich sind die Gerichte Gottes« (Römer 11, 33) in die Urkunde setzen. Bald verschied sie im Wochenbett.

Wie Kloster Maulbronn läßt Kloster Lorch das funktionale System einer mönchischen Anlage mit ihren Nebengebäuden erkennen. Man betritt die ursprünglich ummauerte Anlage beim Haspelturm, der ein Gefängnis enthielt, in das man Gefangene »hinuntergehaspelt« hatte. Gut erhalten sind Refektorium, Kapitelsaal und Kreuzgang (mit kräftigem gotischem Netzgewölbe), Dormitorium, Back- und Waschhaus und vor allem die romanische Klosterkirche, deren Verwandtschaft zur Hirsauer Aureliuskirche unverkennbar ist, ein gesammelter, auf Arkaden ruhender Raum der Romanik, dem man eine Holzdecke gegeben hat. Nur der Chor ist gotisch. Von den zwei Rundtürmen, die das Westwerk flankierten, war der südliche als Torso erhalten geblieben; er wurde in der Gründerzeit aufgestockt. Blickt man vom Remstal zur Klosteranlage auf, so dominiert der Turm als Wahrzeichen.

Im ausgehenden Mittelalter war das Gedächtnis an das Haus Hohenstaufen noch so lebendig, daß man in die Mitte des Kirchenschiffes eine steinerne »Tumba« mit dem staufischen Löwenwappen gesetzt hat. 1530 schmückte man die acht Pfeiler mit unhistorischen Darstellungen der berühmtesten Staufer; Konradin ist mit »Richtfalle« wiedergegeben. Die Fresken sind erhalten, wenn auch verfälschend übermalt.

Genau wie die Burg Hohenstaufen, fiel auch die Grablege der Staufer dem Bauernkrieg zum Opfer. Der sogenannte »Helle Haufen« unter Führung des Pfarrers Kirschenbeißer rannte 1525 gegen das Klostergemäuer an. Lorch fiel nach fünf Tagen. Der Abt Sebastian Sitterich soll am Altar tödlich getroffen worden sein. Später baute man die niedergebrannte Anlage wieder auf.

Im Bannkreis der Rems, dieser Geschichtsader Schwabens, liegt Schwäbisch Gmünd, das große Partien seiner Altstadt bewahren konnte. Hier hat Herzogin Agnes, Tochter Heinrichs IV. und Gemahlin Friedrichs von Büren, die romanische Johanniskirche errichten lassen, nach der Sage dort, wo ihr verlorengegangener Ehering wiedergefunden wurde. Der achteckige Turm ist der schönste, den die Romanik in Württemberg zu bieten hat. Der Figurenschmuck der Kirche besitzt durch seine archaische Kraft hohen kunstgeschichtlichen Wert, zumal Löwen- und Kreuzigungsportal sowie Kreuzigungsgruppe des Westwerks. Leider hat die Wilhelminische Epoche mit dem gutgemeinten Ziel, das Gebäude wieder ganz zu »romanisieren«, gotische Baubestandteile entfernt.

Schorndorf an der unteren Rems rühmt sich eines der schönsten Fachwerk-Marktplätze Deutschlands und ist mit Melsungen bei Kassel vergleichbar. Herzog Utz hat hier sein Blutgericht über die aufständischen Bauern abgehalten. Aus Schorndorf stammt Frankreichs Außenminister Karl Friedrich Reinhard aus der Zeit des Direktoriums. Friedrich Sieburg nannte ihn »einen großen Mann zweiten Ranges«. Talleyrand hatte den Schwaben, der über Tübingen in sein neues Vaterland gelangt war, als »Geschenk Tübingens an Frankreich« bezeichnet. Dem ihm nahestehenden Minister ähnelte der arrivierte Schorndorfer in allen Stücken: nach Belieben den Standort zu wechseln, in gewählten Worten jeder Stellungnahme aus dem Wege zu gehen, sich nie für einen Gegenstand zu erwärmen. Goethe, mit dem der in Paris geadelte Reinhard korrespondierte, schien von dieser Haltung zeitweise angesteckt zu sein, denn er äußerte dem Grafen und Pair gegenüber: »Daß Moskau verbrannt ist, tut mir gar nichts. Die Weltgeschichte will künftig auch was zu erzählen haben.«

Markiert die Rems streckenweise den Nordrand der Schwäbischen Alb, so fließt die Fils mitten hindurch. Sie ist die große Verbindung zwischen Stuttgart und Ulm, mit den alten Städten Göppingen, Eßlingen und Geißlingen an der Steige. Die einstigen Herren Geißlingens, die Helfensteiner (das Schloß steht noch), weilten als Gefolgsleute der Staufer mit Barbarossa in Italien, als Anhänger der Luxemburger mit Karl IV. in Prag. Christian Friedrich Daniel Schubart wirkte viele Jahre in Geißlingen als Präzeptor und Organist; er unterrichtete in der »Teutschen Schule«. Sein Haus mit flachgewölbter Balkendecke im ersten Stock wird noch gezeigt, auch das Geburtshaus seiner Frau Helene, der Tochter des Oberzollers Bühler. Das »Zoll« genannte Gebäude mit seinen respektablen Dachgaupen aus dem späten 15. Jahrhundert gehört zu den großartigen Zeugnissen der bürgerlich-süddeutschen Fachwerkkunst. Von der Bahnstrecke aus fällt der riesige Bürgerhauskomplex sofort auf.

Das Bahngleis führt an jener berühmten Mühle vorbei, die das Modell für eines der bekanntesten Volkslieder abgegeben hat: »In einem kühlen Grunde, da geht ein Mühlenrad.« Man verläßt den Talgrund, passiert Wälder und Matten, sieht erste Häusergruppen und dann plötzlich einen mächtig aufragenden, durchbrochenen Turm: das steinerne Fanal des Ulmer Münsters.

Ulm ist seit 1945 ein Torso seiner alten Bürgerherrlichkeit. Mag auch mancher meinen, in den geräumigen neuen Häusern lebe es sich besser – ein Zauber, Charme der Vergangenheit, ist dennoch unwiederbringlich dahin, seit die Stadt in Asche sank. Immerhin hat man da und dort Überkommenes geschickt und kennerisch zusammengeflickt, auch auf Steinplaketten darauf hingewiesen, daß im Reichenauer Klosterhof Karl v. fünfmal abgestiegen ist, daß an der Stelle des Schwörhauses von 1612 einst die Ulmer Königspfalz stand, und nahe der Donau ist sogar ein zusammenhängendes Stück Vergangenheit stehengeblieben mit dem uralten Hausveteranen des blumengeschmückten Schiefen Hauses und, gegenüber, der leicht vorgeneigten Ulmer Münz, deren Wahlspruch anzeigt, worum es den Bürgern auch früher schon ging: »Ulmer Geld regiert die Welt.«

Es stehen noch, und das versöhnt, alte Häuser am Weinhof, ein gotisches Stadttor, der Ziegelbau des Büchsenstadels von 1485, einige alte Brunnen und namentlich das auf Arkaden ruhende machtvolle Rathaus von 1540 mit angebauter Kanzel, Eselrücken-Fenstern und romantisch verbildlichten altdeutschen Sinnsprüchen an der Breitwandfassade.

Doch Ulms ganzer Reichtum ist sein Münster mit der Welt höchstem gotischem Turm, der allerdings aus dem 19. Jahrhundert stammt gleich den Domtürmen von Köln. Am steinernen Credo dieses gigantischen Gotteshauses hat man 1377 bis 1529 gebaut, dann den Turmstumpf mit einem Notdach abgeschlossen. Das Gebäude zeugt vom spätmittelalterlichen Finanzvermögen jener Reichsstadt, die führend am Donauhandel beteiligt war, neben Nürnberg den größten Landbesitz aller Reichsstädte ihr eigen nannte und gleich Konstanz einen schwungvollen Tuchhandel betrieb. Nur einwandfreie Stücke erhielten als Stempel den »Ulmer Stampf«. Ulmer Tuche waren in ganz Europa gefragt, unter ihnen der durch Baumwolleinschlag erzeugte Barchent. Wollte der Ulmer Schneider auch der Erdenschwere entrinnen, er blieb Außenseiter: seine Mitbürger zogen es vor, als real denkende und wirkende Unternehmer und Handwerker mit den Beinen auf dem schwäbischen Boden zu bleiben.

Die dreiteilige Münstervorhalle ist mit reichem originalem Figurenschmuck überzogen, je zwei Skulpturen an den Pfeilern, ganze Szenen in den Portalgiebelfeldern, von Christus über Maria zum lammtragenden Täufer. Der fünfschiffige Innenraum übertrumpft Köln an Länge. Emporen fehlen. Am Triumphbogen sieht man eine Apotheose Christi; am Bogenscheitel hängt ein riesiges gotisches Kreuz. Geschlechterwappen lassen erkennen, wie stark in reichsstädtischer Epoche die Bürgerhierarchie in den Bezirk Gottes hineinragte. Im langen Chor steht ein Gestühl mit Sibyllen, die die Tracht Ulmer Bürgerinnen tragen. Jörg Syrlin d. Ä., Ulms größter spätgotischer Bildhauer, hat dieses Dokument reichsstädtischer Blütezeit gefertigt. Eine Seitenkapelle des Chors besitzt gotische Glasfenster gleich denen der Sainte-Chapelle in Paris; über Bischöfen und Fürsten thronen König und Papst, über diesen wieder thront Gott.

Zwischen Ulm und Neu-Ulm, diesseits und jenseits der Donau, verläuft die Grenze der Bundesländer Baden-Württemberg und Bayern. Doch Kultur- und Städtelandschaft bewahren auch südlich des Stroms schwäbisches Air, obwohl bald erste

Zwiebeltürme ins Blickfeld geraten, Vorboten Oberbayerns. Das ganze Gebiet, das Iller und Lech durchfließen, um sich mit der Donau zu vereinen, ist alter schwäbischer Boden, auf dem wichtigste Städte des Schwäbischen Städtebundes lagen.

Heute heißt das Gebiet Bayerisch-Schwaben. Es ist keine Zwangsehe. Die Verbindung zwischen Bayern und seinem schwäbischen Westen fluktuiert geschäftlich, kulturell, familiär. Die Grenzlinie ist fließend. Dennoch ist der bayrische Schwabe anders, aus dem Blickwinkel des Auswärtigen ansprechbarer, verbindlich-gastlich, ohne daß man eine gewisse Urständigkeit vermißt. Wir haben alten Kultur- und Geschichtsboden vor uns, von Stadt und Land in gleicher Weise genährt. Bald schon, nachdem man die Donau verlassen hat, teilt sich einem die herbe Anmut des Allgäus mit.

FREIE REICHSSTADT MEMMINGEN

Daß Stadtluft frei mache, ist ein Wort, das im späten Mittelalter aufgekommen ist. Zuvor gab es keinen »Bürgerstolz«. Die Städte, klein an Umfang, waren weltlichen und geistlichen Herren untertan. Stadtbewohner verfügten über keinen Grundbesitz, und nur dieser verschaffte Ansehen, war »Kapital«. Als aber dann die Geldwirtschaft eine immer größere Rolle spielte, gewann der Städter Profil. Er trat in die Geschichte ein. Die Wandlung seines Selbstverständnisses kam dadurch zum Ausdruck, daß er sich einen Nachnamen zulegte, der weitervererbt wurde. Erst im 14. und 15. Jahrhundert ist dieser Brauch aufgekommen. Bisher verfügte nur der Adel über Geschlechternamen, meist nach den Stammburgen benannt. Als der Kleinadel niederging, reüssierte das Bürgertum. Die Städte begannen, sich zu emanzipieren, zu einem wirtschaftsautonomen Stand zu werden, eigene Wehr zu unterhalten. Der Typ der freien Reichsstadt entstand.

Zu diesem Typ eigener Stadtherrlichkeit zählte Memmingen im Allgäu; die günstige Lage an der Salzstraße Bayern–

Schweiz hat in der Zeit des aufblühenden Fernhandels ihren Aufstieg begründet, so daß die Karrer Chronik verbuchen konnte: »Memmingen war eine der reichsten Städte in Schwaben, hatte ein sehr ausgebreitetes Gewerbe, großen eigenen Handel nach der Schweiz, Italien und anderen naheliegenden Ländern.«

Ursprünglich unterstand die nach Manno, einem Alemannen, genannte Stadt dem Haus der Welfen. Ehe die Welfen in Norddeutschland mit dem Schwerpunkt Braunschweig ihre gewichtige Rolle spielten, war der Süden Schauplatz ihres geschichtlichen Wirkens. Heinrich der Löwe trug den bayrischen Herzogshut. Mit dem italienischen Haus Este verwandt, war er kleinwüchsig und dunkelhaarig, im Gegensatz zu den rotblonden Staufern. Sein Onkel, Herzog Welf VI., hat Memmingen 1160 an der Stelle eines Fronhofes angelegt; dort ist er gestorben. Am Platz seiner Burg steht heute der Bau des ehemaligen Antoniterklosters. Der Bogenfries unterm Dachgesims zeigt das Alter des Gebäudes an, dessen Hof zwecks Anlage eines Verkaufsmarktes bedauerlicherweise abgerissen werden soll.

Memmingen, das unter dem Zwist zwischen Welfen und Staufern zu leiden hatte, fiel schließlich Friedrich II. zu, unter dem 1220 das Kalchviertel als Handelsvorstadt errichtet wurde. Das zugehörige Kalchtor – am Ende der Kalchstraße – ist verschwunden; seine Geschichte war reich: Bauernbedrohung 1525, Einzug der Schweden und Kaiserlichen im 30jährigen Krieg, Durchmarsch Erzherzog Karls und Suworows im Koalitionskrieg 1799.

Nach der Enthauptung Konradins in Neapel quittierte der staufische Amtmann in Memmingen seinen Dienst. Die Stadt wurde reichsstädtisch, legte ihre vier Kilometer lange Mauer mit 32 Toren an, baute Patrizier- und Zunfthäuser, meist mit Giebelrichtung der Straße zu, und erreichte durch ihre Schaffigkeit, daß das Etikett »M« auf Leinwand, Leder und Gerät zu einem Gütezeichen wurde.

Auch in Memmingens »großer Zeit« spiegelten sich in ihren Mauern zeittypische Strukturen; nun nicht mehr der Streit zwischen Stadt und Adel, sondern zwischen Patriziat und Handwerkern, ein Gerangel um Privilegien, die bis zur Frage der Eröffnung einer handwerklichen Trinkstube reichten – Trinkstuben waren Vorrecht der Patrizier.

Trotz ihres Handwerkerstolzes haftete den Zunftangehörigen, zumindest aus der Sicht der Patrizier, noch etwas vom antiken »Banausen« an – dies war die Bezeichnung der Handwerker in Alt-Athen. Schon in der Gerichtsbarkeit äußerte es sich. Ein Bäcker, der zu kleine Brote buk, lief Gefahr, daß man ihn zur »Bäckertaufe« verurteilte: in einem Käfig wurde er unter der Stadtbrücke mehrmals unter Wasser getaucht. Nicht daß ein Handelsherr niemals betrogen oder veruntreut hätte – doch niemals hätte er sich so unwürdiger Strafe unterziehen müssen.

Den ehrenhaften Berufen standen die unehrenhaften gegenüber. Der Eigentümer der Badstube gehörte dazu, der zugleich Bader (Haarschneider) und Medikus war. Es zeigt den Prestige-Abstieg der Naturwissenschaften an, daß der in der Spätantike hochgeschätzte Arzt im Mittelalter auf den Status des unehrenhaften Gewerbetreibenden herabgesunken war. Eine Stufe unter ihm stand der Nachrichter (Henker), zu dessen Amtshandlungen das Hängen, Rädern, Vierteilen, Verbrennen und Foltern zählte. Unehrenhaft war auch der Abdecker. Er verscharrte das eingegangene oder krankheitshalber geschlachtete Vieh auf dem Wasen(Rasen)platz; daher hieß er auch Wasenmeister. Mit dem Schindmesser zog (deckte) er dem Aas das Fell ab. Auch abgestandene, durch Unfall verletzte Tiere fielen dem Wasenmeister zu. Wenn jemand ihm durch eigenhändige Schlachtung sein Recht vorenthielt, stieß er sein Abdeckermesser in die Tür des »Schuldigen«. Niemand wagte das Messer wegen der daran haftenden »Unehrlichkeit« zu berühren oder gar herauszuziehen. Nur mit einer Gebühr an den Wasenmeister konnte sich ein solchermaßen Gekennzeichneter loskaufen. Stiefkinder der Bürgergesellschaft waren ferner Totengräber, Türmer, Zöllner, Feldhüter, Nachtwächter, Gassenkehrer – selbstredend die »Frauen« in den Frauenhäusern, das selbst vom Klerus geduldete notwendige Übel, Kehrseite bürgerlicher Wohlanständigkeit.

1347 gewannen die Memminger Gilden die Macht über die großen Handelsherren. Die zehn Handwerkerzünfte bestimmten die Stadtpolitik. Doch, klug auf Ausgleich bedacht, gestanden sie dem Patriziat die Stellung des Bürgermeisters zu. Das Altstadtbild Memmingens hält diese Epoche der Rivalitäten, doch auch des gewerblichen Aufschwungs in historischen Bauten fest. Der Marktplatz der alten Reichsstadt gehört zu den schönsten Plätzen, die in Deutschland erhalten sind. Das ursprünglich gotische Fachwerk-Rathaus ist kurz vor dem Bauernkrieg um ein Geschoß aufgestockt, in der Blüte der Renaissance mit einem Staffelgiebel und drei haubenverzierten Erkern und 1765 mit Rokoko-Zierat versehen worden – all dies ergibt einen harmonischen Zusammenklang. Aus reichsstädtischer Zeit stammt auch das Steuerhaus mit seinem Laubengang; das 18. Jahrhundert hat den langgezogenen Bau, in Übereinstimmung mit dem Rathaus, ebenfalls erhöht (die Bemalung ist Jahrhundertwende).

Auf dem gleichen Platz steht das Haus der Großzunft mit geschwungenem Giebel. Hallhof und Großer Salzstadel, nicht weit vom Markt, erinnern an die Epoche der Salztransporte; im Oberstock des spätgotischen Stadels war der Sitz des Meistersingertheaters. Am trichterförmigen Weinmarkt hatte 1424 der Maler Konrad Menger sein Haus errichtet, das zehn Jahre später in das Eigentum eines der bedeutendsten Meister der gotischen Tafelbildkunst überging: des Malers Hans Strigel d. Ä. Neben ihm haben die Maler Hans Strigel d. J. und Bernhard Strigel sowie der Bildhauer Ivo Strigel den Namen der Künstlerdynastie über die Reichsstadtmauern hinaus bekannt gemacht. Tafelbilder, Fresken, Schnitzaltäre befinden sich am Ort und im Allgäu sowie in weltgültigen Museen wie etwa der National Gallery of Art in Washington, die das Porträt des Memminger Bürgers Hans Rott besitzt, ein Werk von Bernhard Strigel aus der Dürerzeit. Dieser letzte aus der Memminger Künstlergilde war Hofmaler Kaiser Maximilians I., den er auch mehrfach abkonterfeit hat. Der Platz von Bernhard Strigels Werkstatt wird hinter der Kirche St. Martin heute noch gezeigt. Das Haus des Stammvaters der Künstlerfamilie am Weinmarkt ist 1479 von der Kramerzunft übernommen worden, die 1512 eine reichgeschnitzte Zunftstube einbaute, ab 1750 Konzertraum des Collegium Musicum. Das rötlich gestrichene Giebelhaus, das soviel Kunsttradition der Freien Reichsstadt birgt, war am 14. März 1525 Ort eines weltgeschichtlichen Ereignisses: in der Zunftstube wurden die 12 Artikel des Bauernkrieges beraten, abgefaßt und als geistiges Dynamit in eine gärende Welt entsandt.

DIE ZWÖLF ARTIKEL

Die soziale Gärung, die bereits am Jahrhundertbeginn mit der oberrheinischen Bewegung des Joß Fritz in Erscheinung getreten war, erfaßte im Jahre 1525 eruptiv ganz Süd- und Mitteldeutschland mit den Hauptaktionsfeldern Schwaben, Franken, Thüringen, nach einem Wort von damals »das Land zwischen den vier Wäldern«: Allgäuer Wald, Wasgenwald, Harz, Böhmerwald.

Mit einemmal tauchten neue Namen von Volksführern auf, Hans Müller aus Bulgenbach, Georg Metzler aus Ballenberg, Jakob Rohrbach aus Böckingen. Der Zulauf zu ihnen war gewaltig; die Dörfer leerten sich; von überall her trafen aufrührerische Massen ein gleich einem Naturereignis, bewaffnet mit Sensen, Mistgabeln, Hacken und der in Dorfschmieden rasch hergestellten typischen Bauernkriegswaffe, dem Morgenstern. Städte wie Heilbronn öffneten den Bauern ihre Tore und machten zum Schein mit ihnen gemeinsame Sache. Auch

Adlige wie die Grafen von Löwenstein und Hohenlohe versuchten, sich mit den Aufständischen zu arrangieren; sie ließen sich von ihnen »Bruder« nennen.

Im Schwäbischen kamen drei mächtige »Haufen« zusammen – dies der Name größerer Verbände –, der Allgäuer, der Oberschwäbische, der Seehaufen. Gemeinsam zogen sie nach Memmingen, verständigungsbereit, im Vertrauen auf das göttliche Recht; darum nannten sie sich »Christliche Vereinigung«. Im Gebäude der Kramerzunft kam das berühmte Manifest zustande, das als Gemeinschaftsresolution der drei Haufen, stellvertretend für den ganzen Bauernstand, zum Katechismus der Volkserhebung geworden ist, weit über das Schwäbische hinaus. Als Verfasser gilt der Kürschner Sebastian Letzer, Feldschreiber des Oberschwäbischen Haufens. In der Präambel legte er ein Bekenntnis zum Evangelium ab, indem er die Forderungen der Bauern, wie Joß Fritz 1513, mit dem Leiden Christi für alle Menschen, Hoch- und Niedergeborene, begründete: »Die in ihren Artikeln solches Evangelium zur Lehre und zum Leben begehren, können nicht ungehorsam und aufrührerisch genannt werden.«

Die 12 Punkte des Manifestes waren alles andere als radikal. Im wesentlichen verlangten sie: freie Pfarrerwahl, Aufhebung der Leibeigenschaft, Minderung von Zins und Frondienst, Freiheit der Jagd, des Fischfangs, der Holznutzung (dies war ja bereits ein Programmpunkt des Bundschuhs), Abschaffung des römischen Rechts (in dem die Leibeigenschaft verankert war), Unantastbarkeit der Hinterlassenschaft eines Bauern.

Das Manifest, vernunftdiktiert und gemäßigt, wäre als Gesprächsgrundlage tragbar gewesen. Vor allem ging es den Bauern um Beseitigung der Rechtsunsicherheit. Und was sie mit der späteren, ganz anders gearteten 48er-Bewegung gemein hatten: sie erstrebten eine Reichsreform, Reichseinheit, Maß- und Münzeinheit, Liquidation der Zölle. Da dies auch im Interesse der Zentralmacht liegen mußte, hofften sie auf den Kaiser. Mit diesen Gedanken nahmen sie, geschichtslose Analphabeten, eine Entwicklung voraus, der sich die damals tragenden Kräfte verschlossen, der aber doch die Zukunft gehören sollte.

Als die drei Haufen die schwäbische Reichsstadt wieder verlassen hatten, schlossen die Memminger schnell die Tore. Ein späterer Versuch der Bauern, die Stadt einzunehmen, scheiterte.

Der Verbreitung der 12 Artikel kam, ähnlich wie der Lehre Luthers, die Erfindung des Buchdrucks zugute. In zahllosen Exemplaren kursierten sie im Land. Sie wurden auch den Fürsten zugeleitet. Da Kaiser Karl V. in Spanien weilte, sandten die Bauern ein Blatt an Erzherzog Ferdinand, des Kaisers Bruder, der als dessen Statthalter in Innsbruck residierte. Das Manifest blieb unbeachtet. Die Fürsten, auf ihre Vorrechte versteift und über die Eigenmächtigkeit des kleinen Mannes aufgebracht, lehnten die Punkte kurzerhand ab.

Nach dem Gesetz sozialrevolutionärer Entwicklung gewannen bald radikale Kräfte innerhalb der Bauernschaft die Oberhand, vor allem angesichts der kompromißlosen Haltung der Fürsten. Noch immer versuchten die Einsichtigen, Übergriffe zu vermeiden, um den Verhandlungsweg nicht zu verbauen. Da ereignete sich in Schwaben ein Gewaltakt, der die Fronten endgültig verhärtete.

Ein Bauernhaufen rückte am 16. April 1525 vor Weinsberg. Die Bürger, teils eingeschüchtert, teils mit der Sache der Bauern sympathisierend, öffneten die Tore. Man nahm den württembergischen Amtmann, den Grafen von Helfenstein, gefangen und führte ihn zur Hinrichtung auf einen Acker bei Heilbronn. Die Gemahlin des Grafen, natürliche Tochter Kaiser Maximilians I., hielt den Bauern, um Gnade flehend, ihr Kind entgegen. Vergebens. Man beraubte sie ihres Schmucks. Der Graf bot den Bauern eine Tonne Gold an. Es rettete ihn nicht. Mit 13 seiner Leute wurde er im Spießrutenlauf erstochen, sein Schloß niedergebrannt.

Bauernkriegsszene in einem süddeutschen Dorf.
Holzschnitt wahrscheinlich von Hans Burgkmair

Diese Mordtat, obwohl in ihrer Grausamkeit vereinzelt, diente den Gegenkräften als Fanal. Der Bauernkrieg brach in seiner ganzen Härte aus. Zunächst gewannen die Bauern, mit der elementaren Kraft eines Naturereignisses über das Land flutend, die Oberhand. In Mainfranken loderten 200 Burgen auf; 50 Klosterpforten wurden aufgebrochen; in den Ämtern vernichtete man die verhaßten Zinsbücher, Zeugnisse der Bauernfron. In Schwaben galt der bäuerliche Zorn vor allem dem Fürstabt von Kempten. Die Stadt und viele andere wurden eingenommen. Städtisches und ritterliches Proletariat schloß sich den Haufen an.

Unter den ritterlichen Anführern sind zwei durch die Literatur bekannt geworden: Florian Geyer von Giebelstadt, Herr von Ingolstadt, durch Gerhart Hauptmanns naturalistisches Geschichtspanorama, Götz von Berlichingen aus Jagsthausen durch Goethes Sturm-und-Drang-Stück. Der Geyer war schon 1519 Landsknechts-Kondottiere. Am Ende des Bauernkriegs flüchtete er sich zu seinem Schwager, der ihn erschlug. Götz hatte im Landshuter Erbfolgekrieg 1503/04 seine Schwerthand verloren und trug seither die berühmte Eisenfaust. Ihm machte man nach Abklingen der Unruhen den Prozeß. Er behauptete, nicht ganz glaubwürdig, er sei von den Bauern zum Kommando gezwungen worden. So stellte er es auch in seinen Lebenserinnerungen dar, die Goethe für sein Drama als Vorwurf dienten. Götz kam glimpflich davon, starb auf Burg Hornberg (Burg und Bergfried sind eine markante Silhouette am Neckar) und wurde in Schöntal an der Jagst beigesetzt.

Es ist strittig, inwieweit die Reformation die Bauernbewegung mit auslöste. Jedenfalls bezogen die Aufständischen sich auf Luther und dessen Schrift von der Freiheit eines Christenmenschen; auch war Luther anfangs den Bauern, unter denen er starken Zulauf hatte, gewogen. Als ihm aber deutlich wurde, daß seine Lehre Gefahr lief, ein Politikum zu werden, wandte er sich ab. Er wollte ein religiöser, kein sozialer Reformer sein. Außerdem erkannte er, daß sein Reformwerk ohne Hilfe der Fürsten mißglücken müsse, daß es nie auf unterster, sondern nur auf höchster Ebene durchzusetzen war. Nach dem Wormser Edikt hatte er noch auf das »Fürstenvolk« gewettert. Jetzt ergriff er dessen Partei. Er tat dies gründlich: »Solch wunderliche Zeiten sind jetzt, daß ein Fürst den Himmel mit Blutvergießen besser verdienen kann als mit Beten.«

Indem Luther das Anliegen der Bauern bekämpfte, verscherzte er sich Sympathien im Volk. Seine Lehre wurde landesfürstlich institutionalisiert. Der Reformator lehnte die 12 Memminger Artikel ab, bejahte im Sinne der Bibel die Leibeigenschaft, sah im Bauern das Lasttier der menschlichen Gesellschaft: »Dem Esel gehört sein Futter, Last und Geißel.« Der Niederschlag von Luthers veränderter Haltung zum Versuch einer bäuerlichen Selbstbefreiung war seine Schrift »Wider die räuberischen und mörderischen Rotten der Bauern«. Da die Edition eines Bucherzeugnisses damals seine Zeit brauchte, kam das Pamphlet erst gegen Ende des Bauernkriegs heraus, als die Fürsten bereits besorgt hatten, was Luther forderte: »Zuschmeißen, würgen und stechen, heimlich und öffentlich, wer da kann, gleich als wenn man einen tollen Hund totschlagen muß.«

Im April 1525 schrieb der bayerische Kanzler Leonhard von Eck an seinen Landesherrn: »Ich weiß Euer fürstlich Gnaden nicht anders zu schreiben, als daß die Bauern sich mehren, und man erwartete nichts anderes, als daß gegen zehntausend Bauern mit ihren Wehren zusammenkommen werden. Die vom Adel sind wie alte Weiber, sie fürchten um ihre Schlösser, niemand will handeln.« Der Kanzler wurde zum Initiator geplanten Widerstandes. Fürsten und Städte taten sich zusammen. Der Schwäbische Städtebund, dem Memmingen beitrat, bestellte den 37jährigen kriegstüchtigen Georg Truchseß von Waldburg, später »Bauernjörg« genannt, zum Anführer.

Am 4. April warf der Bauernjörg einen Haufen bei Leipheim, am 17. April bei Wurzach, am 12. Mai bei Böblingen nieder. Zu kampfstarken Rotten wich er geschickt aus, indem er versuchte, einzelne Gruppen zu isolieren und dann zu vernichten. Den entscheidenden Sieg errang er in Königshofen im Taubergrund, nicht weit von Würzburg, das die ländlichen Rebellen eingenommen hatten. 5000 erschlagene Bauern übersäten das Schlachtfeld. In Kitzingen stach man 62 Gefangenen die Augen aus. Tausende wurden hingerichtet oder verstümmelt. Der Bauernjörg ließ einen Bauer, von dem man wußte, daß er bei der Ermordung Helfensteins dabeigewesen war, mit langer Kette an einen Baum binden, im Umkreis Stroh aufschichten und entzünden. Der Unglückliche lief in Todesangst wie toll umher. Man nannte dies »Tanz nach Weinsberger Art«.

Etwa um die gleiche Zeit besiegten die Landgrafen von Sachsen und Hessen die aufständischen Bauernscharen Thüringens bei Frankenhausen. Das Haupt des Anführers Thomas Münzer fiel unterm Schwert.

Daß die Bauernerhebung trotz zahlenmäßiger Überlegenheit mißglückte, hatte seine Gründe. Mangelhaft ausgerüstete, undisziplinierte Scharen standen Berufssoldaten gegenüber; diese verfügten über Geschütze und Kavallerie, »Bauerntod« genannt. Die Bauern kämpften außerdem regional zersplittert, meist in der Nähe ihrer Heimatdörfer. Sie hingen an ihrer Scholle und wollten beim Schnitt nicht fehlen. Zur Ernte verließen Scharen die Bauernfahne. Der Rhythmus bäuerlicher Arbeit bestimmte auch den Start der Bewegung im Frühjahr. Ihre Seßhaftigkeit wurde den Bauern zum Verhängnis.

Die Folge des dunklen Jahres 1525 war härtere Fron als zuvor. Die eigentlichen Sieger blieben die Fürsten. Die Rivalität des Kleinadels, die die Autokratie der Fürsten eingedämmt hatte, war durch den serienweisen Burgenbrand ausgeschaltet. Der sozial unwürdige, deklassierte und sklavenähnliche Status des größten Teils des deutschen Volkes dauerte fort bis ins 19. Jahrhundert.

WALLENSTEINS ENTLASSUNG

Von der Kramerzunft am Weinmarkt zum Steuerhaus am Markt fließt ein kanalisierter Bach, von Stegen überbrückt, und zaubert die Kulisse eines Klein-Venedig. Der Bach wimmelt von Forellen. Auf einem Memminger Volksfest ist derjenige Sieger, der mit dem Netz die dickste Forelle fängt. Der Bach teilt die Altstadt in zwei Hälften, mit beiderseits historischen und kunstgeschichtlichen Schwerpunkten. Das Siebendächerhaus besteht tatsächlich aus sieben übereinandergeschichteten Dächern und ist eines der stattlichsten Bürgerhäuser Süddeutschlands. Die korinthischen Säulen im Kreuzherrensaal des Heiliggeistspitals tragen eine verwirrend üppige Stuckdecke mit figürlichem und pflanzlichem Schmuck, unterbrochen von Stichkappen und Medaillons.

Im Hermannsbau, dem 1766 errichteten vornehmen Palast des Freiherrn Benedikt von Hermann, stützt eine kannelierte Säule das gesamte Treppenhaus bis zum Oberstock; von der Decke schauen antike Götter herab. Das bürgerliche Pendant ist das Haus des Wirtes Christoph Rheineck, der, wenn er nicht hinterm Schanktisch stand, komponierte, und wahrscheinlich nicht übel, denn Mozart übernahm von ihm das Papageno-Motiv der »Zauberflöte«.

Hoch über die Dächer der Altstadt ragt der gotische Turm von St. Martin, nach schwäbischer Manier an der Langseite der Kirche. Der quadratische Unterbau trägt ein Oktogon mit Haube von 1565. Pittoresk die ummalte Turmuhr. Von dem Ulmer Münsterbaumeister Böblinger stammt das Netzgewölbe im Chor; an Ulm erinnern auch die Chorgestühlwangen mit Reliefs von Memminger Geistlichen und Bürgern um 1500. Auf die Wangen sind vollplastische, lebensgroße Büsten aufgesetzt, à jour gekleidet, Apostel, Propheten, Sibyllen. Man glaubt, sie hätten sich im Gestühl gerade niedergelassen.

Ein stückweit südlich der Kirche steht der klotzige Fuggerbau aus dem Ende des 16. Jahrhunderts. Die Fugger, geadelte Patrizier, haben sich mehrfach im Allgäu angekauft. Ein geradezu königliches Fuggerschloß krönt das Stadtbild des nahen Babenhausen. Im Memminger Fuggerbau, der einen geräumigen Hof umschließt, hat vom 9. Juni bis 3. Oktober 1630 der Generaloberst Albrecht von Wallenstein Quartier gemacht, drei Jahre vor Gustav Adolf und vier Jahre vor Horn. In diesem Gebäude erfuhr der mächtigste und zugleich umstrittenste Feldherr des 30jährigen Krieges seine Absetzung.

Es mußte 1630 noch keineswegs Nacht sein, damit Friedlands Sterne strahlen. Der Ruhm Wallensteins, den Kaiser Ferdinand II. zum Herzog von Friedland erhoben hatte, glänzte im vollen Licht des Tages. Der Oberbefehlshaber der kaiserlichen Truppen hatte eine kometenhafte Laufbahn hinter sich, die bisher von keiner ungünstigen Konstellation getrübt war.

Wallenstein war ein Emporkömmling. Aus kleinem böhmischem Adel ohne viel Landbesitz, hatte der Deutschtscheche durch Heirat einer älteren Witwe, die früh starb, riesige Ländereien in Mähren gewonnen. Dem Kaiser, Ferdinand II., machte er sich unentbehrlich im Krieg gegen Venedig; er arrivierte zum Obristen und Grafen. Im Kampf gegen die aufständischen böhmischen Protestanten, dem Auftakt des 30-jährigen Kriegs, rettete er die Kriegskasse. Zum Schleuderpreis kaufte er 68 eingezogene Güter der bisherigen Rebellen, darunter die Herrschaft Friedland, die er hervorragend bewirtschaftete.

1623 ist er Herzog, 1624 Fürst. Inzwischen verfügt er durch geschickte Hauspolitik über 9 Städte, 57 Schlösser und unzählige Dörfer, als Lehen der böhmischen Krone. Durch Heirat mit einer Tochter des Grafen Harrach, des kaiserlichen Ratgebers, verstärkt er seine Bindung zum Hof. 1624 stellt er im Auftrag Ferdinands ein großes kaiserliches Heer auf, für dessen Unterhalt er selber Sorge tragen muß. Hier ist er der gleiche umsichtige Organisator wie auf seinen Gütern; er nimmt in zielsicherer und rascher Disposition den Unternehmertyp vorweg. Die Aura seiner Person bewirkt einen übergroßen Zulauf von Veteranen und Rekruten, Katholiken und Protestanten, Deutschen und Ausländern; doch er schaut nur auf die militärische Brauchbarkeit. Als glänzender Menschenführer macht er aus der buntgescheckten Masse der Angeworbenen eine schlagkräftige Armee, mit der er den Anführer der protestantischen Union, Mansfeld, bei Dessau schlägt. Im Siegeszug quer durch den Norden des Reichs gelangt er nach

Dänemark, das auf protestantischer Seite in den Krieg eingetreten ist. Wallenstein erobert Jütland, besetzt Pommern, erstreitet sich das Herzogtum Mecklenburg. Bei der Belagerung von Stralsund, die nichts fruchtet, verliert er 12000 Mann, doch der vom Glück Begünstigte schließt die norddeutsche Kampagne dennoch mit einem vorteilhaften Frieden ab, der den König Dänemarks verpflichtet, sich nicht in Angelegenheiten des Reiches einzumischen. Der Kaiser hat durch seinen Feldobristen an Macht gewonnen wie keiner seiner Vorgänger seit Karl V.; Wallenstein selber ist einer der mächtigsten Reichsfürsten, der drei Fürstentümer – Mecklenburg, Sagan, Friedland – sein eigen nennt; sein Gebiet reicht von Böhmen bis zur Ostsee.

Ob es Frieden gibt? Er ist zumindest nahe, und vielleicht hätte der Krieg nicht 30 Jahre angedauert als eine der größten Katastrophen des Reichs, hätte Ferdinand II. jetzt nicht das Restitutionsedikt erlassen. »Restituieren« (wiederherstellen) will man alle katholischen Kirchen- und Klostergüter, die im Passauer Vertrag von 1552 säkularisiert worden sind, eine riesige, unübersehbare Zahl an Ländereien in verzwickten Besitzverhältnissen. Wallenstein hält das Edikt für eine »viehische Dummheit«, denn es mobilisiert den protestantischen Widerstand; der Krieg flammt wieder auf.

Und schlimm für den Friedländer: er wird beauftragt, dem Edikt den nötigen militärischen Nachdruck zu verleihen. Das ist keine Arbeit für einen Strategen, die Ruhm einbringt, es ist eine Polizeiaktion. Es geht nicht immer mit chevaleresken Methoden. Hier gibt es nichts zu plündern, aber die Armee will leben. Sie lebt mittels harter Kontributionen, zu denen der Kaiser sein Jawort gibt. »Der Krieg ernährt den Krieg«: Wallenstein konfisziert, dazu autorisiert, auch in kaiserlichen Ländern, durch die seine Streitmacht zieht. Das Kaiserwort ist für die Soldateska ein Freibrief zum Marodieren – der 30-jährige Krieg, der Religionskrieg, ist zum totalen Krieg geworden.

Trotz der undankbaren Aufgabe ist Wallenstein immer noch unbestritten der mächtigste Mann im Reich. Er hegt Ideen eines straffen Einheitsstaates im Sinne Frankreichs und Spaniens, natürlich zum Nutzen des Kaisers, doch auch zu seinem eigenen Nutzen. Die Sterne, an die er glaubt, stehen günstig; täglich befragt er Seni, seinen Astrologen.

Solche Ideen entsprechen vielleicht den Vorstellungen des Kaisers als der Zentralmacht (sie steht vielfach nur auf dem Papier), doch nicht den Interessen der Kurfürsten, die ihre Eigenständigkeit bewahren wollen. Wallenstein wird ihnen suspekt, auch den katholischen wie auch der gesamten katholischen Liga, an deren Spitze der bayerische Kurfürst Maximilian steht. Man beanstandet, daß der Friedländer Protestanten in seinen Regimentern hat. Das Marodieren der Truppen in katholischen Ländern, obwohl vom Kaiser zugestanden, schafft böses Blut. Erzherzog Leopold, des Kaisers Bruder, meldet nach Wien: »Eine gute Ermahnung des Herzogs von Friedland wird nichts schaden können.«

Der Kaiser stützt seinen Oberbefehlshaber. Er weiß, was er ihm verdankt, weiß, daß er ihn noch braucht. Doch allmählich beginnt auch er, Wallenstein nicht mehr zu trauen. Der Mann wird ihm zu mächtig. Er ist dem Namen nach sein Diener, in Wahrheit sein Herr. Das ist die Situation, als in Regensburg 1630 ein Reichstag einberufen wird. Ferdinand II. geht es vor allem darum, die Kaiserkrone für das Haus Habsburg zu sichern, die Wahl seines Sohnes durchzusetzen, der noch nicht mündig ist und ebenfalls den Namen Ferdinand trägt. Der Kaiser erreicht sein Ziel nur, wenn ihm die Kurfürsten gewogen sind.

Wallenstein hat sich inzwischen, es ist der 9. Juni 1530, nach Memmingen begeben. Sein Einzug ist prächtig, gleich dem Einzug eines Fürsten, mit rotgepolsterten Kutschen, silberbestickten Fahnen, 600 Leibgardisten, einer Abteilung seines Heeres. Er nimmt Wohnung im Fuggerpalast, nach einem damaligen

Flugblatt »einem grauen, ungetümen Bau am Rande des Städtchens«. Da Wallenstein keinen Lärm hören kann, dürfen während seines Aufenthalts in der Reichsstadt keine Glocken läuten, keine Nachtwächter ins Horn stoßen.

Am 24. August trifft im Fuggerpalast eine Abordnung des Kaisers ein, sie kommt vom Reichstag in Regensburg, an der Spitze Hofkanzler von Werdenberg und Kriegsrat von Questenberg, beides alte Freunde des Friedländers. Dieser empfängt sie aufgeräumt, bewirtet sie reich. Man plaudert zwanglos. Die beiden Abgesandten wagen nicht, mit der Sprache herauszurücken. Denn in der Tasche haben sie, wenn auch freundlichst verklausuliert, die Urkunde der Absetzung.

Der Friedländer ist immer ein guter Theatraliker gewesen, er ist es auch jetzt. Er holt astrologische Aufzeichnungen hervor, breitet sie auf dem Tisch aus, erklärt sie den beiden, sagt, daß er aus dem Horoskop des Kaisers und des Kurfürsten von Bayern längst wisse, daß des Kurfürsten von Bayern Spiritus den Spiritus des Kaisers dominiere. Den Kaiser treffe wegen der Absetzung, die die Gesandten bei sich tragen, keine Schuld. Werdenberg und Questenberg fassen sich an den Kopf. Ihnen ist nicht bekannt, daß der Friedländer durch seinen Vetter Max von Wallenstein, der mit in Regensburg ist, längst den Sachverhalt erfahren hat. Der Friedländer entläßt die Gesandten. Er ist nicht mißvergnügt. Da er die politische Landkarte genau kennt, zweifelt er nicht, daß Ferdinand ihn wieder holen wird. In Gitschin, einem seiner Herrensitze in Böhmen, hält er, auf Wartezeit, prächtig Hof. Desgleichen in seinem Stadtpalast in Prag, der heute als »Wallenstein-Museum« erhalten ist mit viel Inventar, darunter das ausgestopfte Leibroß des Friedländers.

Wallenstein hat recht behalten. Die Sterne standen für ihn günstig. Noch während des Regensburger Reichstags ist der gefährlichste Gegenspieler des Kaisers und der katholischen Liga am 6. Juli in Usedom gelandet: Gustav II. Adolf, König von Schweden. Mit ihm, einem der größten Heerführer seiner Epoche gleich Wallenstein, wendet sich das Kriegsglück. Der Kaiser hatte in Regensburg der Landung keine Bedeutung beigemessen, wienerisch-herzig gemeint, er habe nun »halt ein neues Feinderl«. Doch bald mußte er erschrocken sein Urteil revidieren. Mit der Losung »Beschützt das Evangelium« – doch insgeheim auch mit dem Ziel eines schwedischen Ostseereiches – erschien Gustav Adolf den Protestanten als Retter. Der König trat als »Befreier« auf, leutselig, seine Truppen hielten Zucht, im Gegensatz zu den kaiserlichen. Glaubenskämpfer und Imperialist zugleich, errang der König am 17. September bei Breitenfeld, nahe Leipzig, seinen ersten glänzenden Sieg.

Dem Kaiser blieb nichts übrig, als Wallenstein zurückzurufen. Noch wirkte die alte Magie. Das kaiserliche Heer, das Wien leichtfertig reduziert hatte, war bald wieder auf Sollstärke. Als Tilly, der andere Große im katholischen Lager, am Lech gefallen war, gründeten sich die Hoffnungen des Kaisers allein auf den Herzog und den Nimbus seiner Unbesiegbarkeit. Wieder schenkte Ferdinand, der Not gehorchend, mit vollen Händen: Wallenstein erhielt souveräne Rechte für seine Fürstentümer, dazu das Fürstentum Glogau, den Titel eines Generalissimus des Römischen Reiches, des Hauses Österreich, der Krone Spaniens.

Doch die Sterne standen schlecht. Nicht mehr wuchs der Generalissimus mit seinen höheren Zwecken. Er mußte zusehen, wie Gustav Adolf in Augsburg, München, Nürnberg einzog, und bei Lützen erlitt er, wenngleich der schwedische König fiel, seine erste Schlappe. Das Ende ist bekannt, es ist das große Thema von Schillers Trilogie. Der Abgott des Lagers, eine eigene Macht zwischen den Mächten, spann Fäden zum protestantischen Gegner – mit der Absicht überzulaufen oder nur aus vorübergehender Taktik? Dies mag sein, denn öfter hatte der Generalissimus betont, daß es ihm das liebste wäre, die Fremden, ob Schweden oder Franzosen, über die

Grenzen zu werfen. Das Unbestimmte der dramatischen Wochen von Pilsen macht die Gestalt des Friedländers so schillernd. Den Schlußakkord setzten seine eigenen Offiziere: den Mord von Eger.

Als Wallenstein noch auf der Höhe seiner Macht stand, kursierte in Deutschland ein Flugblatt »Wahre Historie des Wallenstein'schen Gelächters«. Es heißt darin, daß der Friedländer sich nach der Absetzung in Memmingen einen großen, weiten Stuhl habe anfertigen lassen, der sehr bequem sein sollte, um sich auf ihm nach Wien tragen zu lassen, wenn nach Tillys Niederlage der Kaiser in höchster Not sein werde. »Nach der Schlacht von Breitenfeld«, so fährt der Text fort, »ruft Fürst Wallenstein: ›Daß man mir den Stuel hol!‹ Setzt sich druff, schrie und lacht, als ob er were doll. Er lachte vierzehn Tage, daß wackelt Bauch und Sessel ...«

VATER DER LANDSKNECHTE

Der Begriff »Haufen« für eine militärische Einheit, der während der Bauernerhebung 1525 üblich war, ist der Landsknechtssprache entnommen. Auch die Memminger »12 Artikel« haben ihr sprachliches Vorbild in den »Artikeln« des Kriegsrechts der Landsknechte.

Die Neuzeit ist durch verschiedene epochale Neuerungen gekennzeichnet: die globale Ausweitung des europäischen Horizontes, die Erfindung des Buchdrucks und den Aufbruch der Naturwissenschaften, Humanismus und Reformation. Auch dic Kriegstechnik erfuhr eine radikale Änderung, die weltgeschichtliche Folge hatte: die Zeit der Ritterheere, die auf dem Einzelkampf beruhten, war unwiderbringlich dahin. Es begann die Epoche des Kollektivkampfes, der unter gänzlich anderen Verhältnissen heute immer noch gilt.

Die ersten kollektiv eingesetzten Truppen waren die der Eidgenossen, die, leicht bekleidet, über die in Panzer gezwängten, unbeweglichen österreichischen Ritter Leopolds II. siegten und ihre Loslösung vom Reich erstritten. Der Stichtag des frühesten Einsatzes der neuartigen Taktik ist der Tag der Schlacht von Sempach 1386, als der Schmied Winkelried die Lanzen der Ritter in seiner Brust vereinte und der Freiheit eine Gasse schuf.

Von den Eidgenossen ging die neue Kriegstechnik auf die Landsknechte über. Sie wurde bald in ganz Europa üblich. Die Landsknechtsheere lösten die im Lehnsverhältnis stehenden mittelalterlichen Verbände ab. Der Landstörzer kämpfte nicht für die Fahne einer bestimmten Nation – er wechselte sie nach Belieben –, sondern für die Fahne seines Haufens, einer Art Genossenschaft, und für den Sold, auf den er freilich oft monatelang, manchmal vergebens wartete. Kriegsdienst wurde zum Handwerk, man sprach darum auch vom Kriegshandwerk.

Die Werber suchten meist Jahrmärkte auf, wo sie bei Trommelschlag »ehrliche, rüstige Gesellen« zum Kriegsdienst ein-

Zwei kämpfende Landsknechte.
Holzschnitt von Hans Baldung Grien

luden. »Wenn der Teufel Sold ausschrieb«, bemerkte der Zeitsatiriker Sebastian Franck, »so fleugt und schneit es zu wie die Fliegen im Sommer, daß sich doch jemand zu Tod verwundern möchte, wo dieser Schwarm nur aller herkam und sich den Winter erhalten hat.« Der Angeworbene mußte seine Kleidung selber stellen. Sie fiel entsprechend bunt aus, mit geschlitzten Ärmeln und Pluderhosen sowie einem Futteral für den Geschlechtsteil. Manche stopften es angeberisch aus, was zur Bezeichnung »Lumpensäckel« führte.

Der Landsknecht kämpfte, im Gegensatz zum Ritter, zu Fuß. Dazu war er durch die neuen Feuerwaffen gezwungen, die Feldschlange (Geschütz) und die Hakenbüchse, die man beim Einsatz auf einen gegabelten Stock (Hakenstange) auflegen mußte. Die »Haufen« traten, wie es auf den Stichen von Urs Graf zu sehen ist, in gevierter Ordnung, gleich einem waffenstarrenden Igel, auf. Noch Napoleons Truppen kämpften bei Waterloo in sogenannten Karrees. Wenn die »Gevierthaufen« der Landsknechte aufeinanderstießen, mit dem Schlachtruf »Dran, dran, dran!«, wirbelte der Staub auf und hüllte Freund und Feind in eine Wolke.

Aufgeschwollen waren die Trosse. Das »Auskämmen«, das man während des Zweiten Weltkriegs gelegentlich vornahm, wäre bei den Landsknechtsheeren erst recht vonnöten gewesen. Dem Hurenweibel (im Hauptmannsrang) unterstand die große Zahl der Marketenderinnen. Viele Landstörzer führten im Troß auch ihre legitimen Weiber und ihre Kinder mit.

Eine Söldnerarmee zusammenzuhalten, erforderte ein hohes Maß an Autorität, auch an volkstümlicher Laune. Über sie verfügte der berühmteste aller Landsknechtsführer, Georg von Frundsberg, ein Mann von Ehrenhaftigkeit, Gerechtigkeitssinn, Pflichtgefühl und Frömmigkeit. Immer blieb er dem Kaiser treu, nie hat er die Fronten gewechselt. Seinen »Gevierthaufen« schritt er wie eine »wandelnde Säule« voran in die Schlacht.

Frundsberg entstammte einer Burg, die ebenfalls im bayrischen Schwaben liegt, an der Straße von Memmingen nach Landsberg, der Mindelburg bei Mindelheim an der Mindel.

Die Burg hat die Zeiten überdauert. Auf einer waldigen Höhe überragt sie die Stadt: Palas, Kapelle, runder Bergfried und das Torwarthaus am Hirschgraben; in der Trinkstube des Untergeschosses finden wir den »Vater der Landsknechte«, mit seinen Gästen zechend, abkonterfeit. Als 14. Kind ist er 1473 auf der Burg geboren; er blieb allein zurück, die Brüder starben, die Schwestern vermählten sich. Er wirtschaftete gut, obgleich man eigentlich bei seiner häufigen Absentia das Lob eher der ersten und dann der zweiten Gemahlin zugestehen muß. Elfmal hat er hier den Kaiser Maximilian I. bewirtet, für den er oft das Schwert zog und der ihm sehr gewogen war. Auch für dessen Enkel Karl V. schlug er die wichtigsten Schlachten, doch die Naturelle waren zu verschieden, das Verhältnis blieb kühl. Hatte Georg von Frundsberg feindliche Fahnen erbeutet, so steckte er sie am Epitaph seiner Eltern in der Pfarrkirche St. Stephan auf. Der Epitaph ist verschwunden. Dafür birgt die Kirche ein wertvolles Doppelgrab im spätgotischen »weichen Stil«, es stellt den Herzog Ulrich von Teck und seine Gemahlin dar, ihn statuarisch, bartlos, in Gebetshaltung, sie in graziler Bewegung, die Hand auf der Brust, mit leisem Lächeln.

Das eigenwilligste Stück Sakralarchitektur Mindelheims ist die neben St. Stephan gelegene Leprosenkapelle mit zwei Geschossen. Im kryptenähnlichen Unterraum steht das spätgotische Altarschnitzbild der »heiligen Sippe«, Anna, Maria, das Jesuskind auf beider Schoß, zur Seite Putten, im Hintergrund, in Patriziertracht, die Erzväter. Auf Wandbildern erfährt man, bei welchem Leiden man zu welcher Heiligen beten soll. Über eine rustikale Holzstiege ist der Oberraum zu erreichen, wo St. Georg den Drachen tötet. Frundsberg mag im Getümmel der Schlacht an seinen militanten Namenspatron gedacht haben.

Frundsbergs Monument, mit Panzer, Helm und Helmbusch, steht über Eck in einer Nische des Neo-Renaissance-Rathauses am Marienplatz. Bei der Einweihung 1903 staffierte sich die halbe Stadt mit Landsknechtskostümen aus. Böllerschüsse krachten für Mindelheims berühmtesten Sohn.

Auftakt in Süddeutschland. Georg von Frundsberg siegte in Schwaben, in Bayern, empfing den Ritterschlag, kehrte triumphal nach Mindelheim zurück. Die Mindelheimer überreichten ihm zwei Silberbecher des einheimischen Goldschmieds Ulrich Zingg. Bald war er wieder bei den Fahnen, diesmal in Friaul, in den Dolomiten, vor Venedig, überall, wo es in Oberitalien Händel gab. Kaiser Maximilian machte ihm Burg Runkelstein bei Bozen zum Geschenk, Frundsbergs künftigen Sitz.

1521 nahm der Feldhauptmann am Wormser Reichstag teil, inzwischen Kaiserlicher Rat und eine populäre Zeitfigur. Man begegnete ihm mit Respekt. Er unterhielt sich mit Luther, dem er wohlwollend-anerkennend auf die Schulter klopfte: »Mönchlein, Mönchlein, du gehst einen schweren Gang.«

Frundsbergs eigentlicher Aufstieg begann im ersten Krieg des Hauses Habsburg gegen Frankreichs König Franz I., der auf das Herzogtum Mailand Anspruch erhob. Bei La Biocca, zwischen Mailand und Monza, siegte der Söldnerführer über die mit Franz verbündeten Eidgenossen, die Lehrmeister der Landsknechte. Bei der Jahrhundertschlacht vor Pavia 1525 fehlte er nicht. Gemeinsam mit dem kaiserlichen Heerführer Pescara belagerte er die Stadt, die der französische König entsetzen wollte. Dabei geriet Franz I. in Frundsbergs Gewalt, übergab dem Vater der Landsknechte sein Prunkschwert, schrieb, ehe er als Gefangener nach Madrid ging, an seine Mutter: »Alles ist verloren außer der Ehre und dem Leben.« Es war der größte Sieg der Kriege Karls V.

1526 baute der französische König, inzwischen wieder frei, eine neue Koalition gegen Habsburg auf, mit den Bündnispartnern Mailand, Florenz, Venedig und Heiliger Stuhl. Der zweite Krieg des Hauses Österreich gegen Franz I. begann. Erzherzog Ferdinand, des Kaisers Bruder, verpfändete seine Juwelen, schickte den Erlös an Frundsberg und beschwor ihn, ein neues Heer aufzustellen. Die Mittel reichten nicht. Der Söldnerführer steuerte eigene bei. Die Werbeplätze in Bozen und Meran brachten 12000 Fußknechte unter bewährten Hauptleuten zusammen. Da die Gegner die Pässe besetzt hielten, mußte der damals schon kränkliche Frundsberg den beschwerlichen Weg über die Berge wählen, um zur Truppe zu gelangen. »Das Gebirge war so hoch«, schrieb Adam Reißner, der Sekretär und spätere Biograph des Kondottiere, »daß einem mußte grausen, wenn er in das Tal sah. Es mußte auch der von Frundsberg hinauf zu Fuß steigen, doch haben zuweilen die Knechte lange Spieße wie Geländer neben ihm gehalten. Er hat einem starken Knecht in das Koller gegriffen, der ihn gezogen, und einer hinter ihm hat geschoben, denn er war stark von Leib.«

Kaum hatte der Söldnerführer das Heerlager bei Bologna erreicht, brach wegen des rückständigen Soldes eine Revolte aus. Die Landsknechte schrien »Geld, Geld!« und richteten ihre Lanzen auf den Feldhauptmann. Frundsberg schwankte und lehnte sich an eine Trommel. »Darauf ist ihm vor Unmut und Herzleid die Gall übergegangen«, erinnerte sich Reißner. Wahrscheinlich hatte ihn der Schlag getroffen. Man brachte ihn nach Ferrara. Die Söldner hielten sich für den ausgebliebenen Sold schadlos in Rom, das sie im Sacco die Roma total ausplünderten.

Auf seiner Burg in Mindelheim ist der Feldhauptmann gestorben. Seine letzten Worte sind überliefert: »Drey ding sollen jeden vom Krieg abschrecken: die Verderbung und Underdrückung der armen unschüldigen Leut, das unordentlich sträfflich Leben der Kriegßleut, und die Undanckbarkeit der Fürsten, bey denen die Ungetrewen hoch kommen und reich werden, und die Wohlverdienten unbelohnet bleyben.«

IRSEE, WIES, FÜSSEN

Rechts der Straße Mindelheim–Füssen, kurz vor Kaufbeuren, liegt der kleine Ort Irsee, dessen Klosterkirche eine barocke Rarität besitzt: die eigenwillige Schiffskanzel zur Erinnerung an die Seeschlacht von Lepanto. Der Kanzelkorb stellt einen Bug dar, von dem Strickleitern baldachinartig emporsteigen. Putten sind mit dem Takelwerk beschäftigt. Als Galionsfigur dient ein Engel. Eine Seeschnecke haftet am Schiffsleib. Christologisches ist allegorisch-symbolhaft in die Kanzel hineinverwoben. Am Bugspriet sieht man St. Michael, den himmlischen Vorkämpfer der Schlachten. Die Krönung des Takelwerks ist eine blaue Flagge mit Strahlenkranz und den Buchstaben A und O.

Lepanto war eine der weltgeschichtlichen Schlachten zur Abwehr des Halbmondes durch das Kreuz. Am Eingang des korinthischen Golfs, nahe dem antiken Schlachtort Actium, besiegten die vereinigten Flotten Spaniens, Savoyens, Venedigs sowie der Malteser und des Päpstlichen Stuhles 1571 die den Westen attackierenden Türken. Die mit Flaggen und Wimpeln geschmückten Masten der christlichen Flotte müssen als heraldische Revue einen prächtigen Anblick geboten haben. Lepanto war eine der wenigen gemeinsamen Aktionen des Abendlandes gegen das Morgenland. Cervantes, der Dichter des »Don Quijote«, nahm an der Schlacht teil, verlor dabei eine Hand und äußerte später, er entbehre sie gerne, weil er bei dem säkularen Ereignis von Lepanto dabeigewesen sei. Der Kreuzzugsgedanke hatte noch einmal Westeuropa ergriffen. Die 200 Galeeren der türkischen Armada wurden fast vollständig in den Grund gebohrt. Die Schlacht war kein Wendepunkt (man hat sie als »Schlag ins Wasser« bezeichnet), doch ein Fanal. Zumal die Teilnahme des Papstes gab ihr Kreuzzugsakzente. Noch Jahrhunderte später blieb sie im Gedächtnis der abendländischen Menschheit lebendig.

Der eigentliche Held von Lepanto war eine jugendlichstrahlende Persönlichkeit deutscher Herkunft: Don Juan d'Austria. Er hatte als spanischer Prinz den Oberbefehl inne, obwohl sein Beitrag am Sieg umstritten war. Sicher hatten die älteren Admirale der vereinigten Flotte größere Kampferfahrung. Doch der Nimbus des habsburgischen Infanten spornte die Mitkämpfenden an.

Als Karl V. 1546 45jährig in Regensburg weilte, verliebte er sich in die Bürgertochter Barbara Blomberg. Der natürliche Sohn der Verbindung war Jeronimo, der spätere Don Juan d'Austria. Nach der Geburt des Knaben wurde Barbara Blomberg mit einem gutgestellten Deutschen, Hieronymus Kegell, zwangsverheiratet. Don Juan gelangte mit 5 Jahren, von seiner Mutter getrennt, in eine Dorfpfarre zwischen Madrid und Toledo. Neunjährig kam er als Page auf das Schloß des Don Luis Mendez von Quijadas. Als Kaiser Karl im Kloster San Yuste in Estremadura seine letzten Lebensjahre verbrachte, holte er den illegitimen Sohn in seine Nähe und hielt seine Fittiche über ihn, freilich ohne das Vater–Sohn-Verhältnis zu verraten. Es war der kaiserliche Wunsch, daß der Prinz in den geistlichen Stand trete. 1558 starb Karl.

Sein Nachfolger Philipp II. enthüllte dann dem Halbbruder das Geheimnis. Die Szene war operesk. Don Felipe legte eine Jagd in die Nähe der Unterkunft Don Juans, trat ihm in einer Waldlichtung mit prächtigem Gefolge gegenüber, umarmte ihn und eröffnete ihm seine erlauchte Geburt. Doch später, als der Glanz Don Juans seinen eigenen überstrahlte, hielt der lebenslang Eifersüchtig-Mißtrauische den Halbbruder kurz, verweigerte ihm den Titel »Infant«; Don Juan war nur Prinz.

Als Seeheld machte sich der Habsburger-Prinz im Kampf gegen mittelmeerische Seeräuber einen Namen. Doch seinen eigentlichen Ruhm erlangte er als Capitan general vor Lepanto. Nachher, als alle Welt von dem Sieger sprach, schanzte ihm König Philipp die undankbare Aufgabe zu, die ihre Freiheit erstrebenden Niederlande in Schach zu halten, eine Mission gegen den Lauf der Geschichte. In Gent begegnete er das einzige Mal seiner bürgerlichen Mutter. Die Begegnung blieb kühl-distanziert. Don Juan veranlaßte Barbara Blomberg, in ein spanisches Dominikanerkloster zu gehen, wo diese auch ihre Tage beschloß: ein Leben schicksalhaft bestimmt und fortgeleitet durch die eine flüchtige Stunde einer kaiserlich-bürgerlichen Liaison in der Reichsstadt an der Donau.

In den Niederlanden starb Don Juan d'Austria am Fleckfieber. Sein einbalsamierter Leichnam wurde in Teile zerlegt und durch das feindliche Frankreich nach Spanien verbracht. Das Grabmonument des deutschstämmigen Prinzen befindet sich im Escorial, der Grablege der spanischen Habsburger, aber nicht unter den Königen und Infanten, sondern an zweitrangigem Platz. Die strenge Hierarchie des Hauses Österreich endete mit dem Tode nicht.

Das Gedächtnis Don Juans und der Lepanto-Schlacht wurde neu belebt, als im 18. Jahrhundert die Türkengefahr wieder Europa erschütterte, als Prinz Eugen und der Türkenlouis die Bedrohung Wiens abwehrten. Dies mag die seltsame Lepanto-Kanzel in Irsee erklären. Eigentlich war die Klosterkirche seit 1488 dem Gedanken der Rosenkranzverehrung gewidmet. Doch als 1712 Papst Pius v., der am Sieg von Lepanto mitbeteiligt war, heiliggesprochen wurde, verband man in Irsee die Rosenkranzidee und den glorreichen Seesieg von 1571. Der Freude des Barock an der Einbeziehung des Extravaganten verdanken wir die Schiffskanzel. Abt Wilibald Grindl, ein Salzburger, hatte 1683 die Abwehr der Türken vor Wien erlebt. Wien und Lepanto waren für ihn zwei Daten der gleichen abendländischen Leistung in der Defensive gegen islamische Aggression.

Ist Irsee Barock en miniature mit leicht exzentrischem Anstrich, so überwältigt uns die ganze Fülle des bayrisch-schwäbischen, musikalisch beschwingten Stils, geradezu Klassik des Barock, in der Wies. In dieser Wallfahrtskirche nördlich von Füssen wurde das gegenreformatorische Prinzip verlassen, bei dem der Mensch durch die beschwörenden Mittel der Kunst von der Erde zum Himmel emporgerissen werden sollte. In der Wies findet die Niederkunft der Gnade zum Menschen auf der Erde statt. Genau über der Mitte des Hauptraums blickt Christus vom Deckenbild herab, so daß man vom »christozentrischen Raum« gesprochen hat.

Der Architekt der Wies, Domenikus Zimmermann aus der Umgebung von Wessobrunn, baute nicht nur mit Stein, sondern auch mit Licht. Er bezog die Strahlen der Sonne als künstlerischen Werkstoff in seine Baukonzeption mit ein. Carl Lamb, einer der tiefsten Deuter der Wies, nannte das Kircheninterieur ein Gleichnis für das »fließende Licht der Gottheit«. Unter der Leitung des Kunsthistorikers Wilhelm Pinder entstand 1936 eine kinematographische Dokumentation: man machte mit Hilfe von Zeitrafferaufnahmen die Bewegung des Sonnenlichts im Sakralraum der Wies sichtbar, als ein in die Kirchenarchitektur legitim einbezogenes regieliches Element.

Die Briten, die zu barockem Lebensgefühl nie ein eigentliches Verhältnis hatten, empfanden die Wies als »überladen«. Das Barock Bayerns entsprach kaum ihrem Common sense. Sie empfanden auch während der Barockperiode des Kontinents »klassizistisch«. Auf einer Ausstellung über bayerisches Barock in London 1954 gebrauchte die Kritik die Formel »frivolous and irreligious«.

Domenikus Zimmermann ist einer der großen Meister des süddeutschen Barock. Wessobrunn, die Wiege der zeitgenössischen Stukkateure, bot erste Anregungen, Kenntnisse, dann folgte, horizonterweiternd, eine Mittel- und Osteuropafahrt. 1708 wurde Zimmermann in Füssen seßhaft, 1716 in Landsberg. In schon reifen Jahren, mit 41, entwickelte er den Zimmermannstil mit meist ovalem Grundriß, erstmals praktiziert im bayrisch-schwäbischen Steinhausen. In Ottobeuren verlor er den Bauauftrag an Johann Michael Fischer (eine ähnlich herbe Enttäuschung wie die Berninis, dem die Felle des Louvre-Baus davongeschwommen sind). Reich entschädigte ihn die

Wies an kreativem Einsatz und entsprechender Resonanz. Er übersiedelte nach dort, zur Stätte seines größten Triumphs; sein Haus steht noch. Der Bilderschmuck des Kirchenraums fand in den Brüdern Asam kongeniale Meister, die in höchstem Grade perspektivisch-plastisch arbeiteten, Architekten des Pinsels vollendeten das Werk des Malers in Stein: Barockarchitektur ist theatralisch-malerisch, wobei Zimmermanns Interieur von der Außenstruktur der Kirche bestimmt wird.

Bauherr der Wies war Abt Hyazinth Gassner von Steingaden. Die Kirche steht an der Stelle einer alten Wallfahrt, mit einem erhaltengebliebenen wundertätigen Geißelungs-Holzbild. Klöster, Wallfahrtskirchen und -kapellen kennzeichnen das Allgäuer Voralpenland, das sich bis zur österreichischen Grenze in den ersten Alpentälern hinzieht. Man spricht herzhaft-poetisch vom Pfaffenwinkel.

Barock ist der Stadtcharakter, barock auch die ornamentfreudige Landschaft Füssens, des größten Platzes am Fuß der Allgäuer Berge, umgeben von Wasser, dem Bauerwaldsee, dem Hopfensee, dem Forggensee sowie dem jungen, noch ungebärdigen Lech. Der Forggensee, der größte von allen, ist eigentlich nichts anderes als der hier aufgestaute Lech. Von Neuschwanstein blickt man auf ihn herab, und man könnte meinen, Ludwig II. habe dieses Blickes wegen sein Märchenschloß in diese Gegend gesetzt. Aber zu seiner Zeit waren hier Auen. Doch an Wasser fehlte es nie, auch nicht an Fischen. Kaiser Maximilian I. weilte 14mal mit der Angel in Füssen und unterhielt sich, vom Angeln müde, mit Geiler von Kaysersberg, der als geistlicher Philosoph auch eine Art Fischer war, »Menschenfischer«.

Stadtheiliger ist St. Mang, eine Allgäuer Dialektform von St. Magnus, der zur Merowingerzeit hier seine Klause hatte und einmal, von Räubern verfolgt, über den Lech sprang; die »Fußspur« ist an der felsigen Absprungstelle noch zu sehen. Zu sehen ist auch sein romanisches Bildnis Reichenauer Schule, zusammen mit St. Gallus, an der Kryptenwand der nach ihm benannten Klosterkirche. In ihrem Chor wird gerade, so scheint es, ein barocker Prunkvorhang über dem Allerheiligsten hochgezogen, während ein rosa Puttenkranz Anton Sturms Kanzelkorb trägt. Zur Kirche gehörte das Benediktinerkloster, säkularisiert und heute Stadtbehörde, mit wahrhaft fürstlichem Hof. Ein illusionistisch gemalter Balkon ziert die Prunkfassade. Von der Reichenstraße, einer der anmutigsten Süddeutschlands, blickt man auf zur Hohen Burg, die Füssens Silhouette ihre eigentliche mittelalterliche Pointe gibt, breit und lastend hingelagert, mit 830 m Höhe höchste spätgotische Veste Deutschlands. Der Amtmann des Hochstiftes Augsburg, dem halb Schwaben gehörte, residierte hier. Brükkenwacht am Lech hält St. Christophorus; seine Kirche ist eher ein Schrein als eine Kirche. Der Patron und St. Florian flankieren einen mächtigen Okulus. Voluten tragen den barocken Giebel. Die Fassade ist ein aufgeschlagenes Bilderbuch nach der reizvollen Manier alpenländischer Ex-Votos. Die treuherzige Gläubigkeit des Landstriches setzt sich fort jenseits des Lechs, wo auf waldigem Vorberg der Alpen die Stationen eines Calvariums aufsteigen zum Wallfahrtsziel der drei biblischen Kreuze.

Zwischen kleinen Gehölzen breiten sich Matten aus, auf denen die ortseigenen gesunden braunen Herdbuch-Kühe weiden. Diese Landschaft bietet bukolische Geborgenheit und Weite zugleich; überall gibt es Ausblicke. Den fesselndsten hat man von der Höhe jenseits des Hopfensees auf Stadt, Säuling und das voralpenländische Panorama der Wittelsbacher Königsschlösser.

DIE KÖNIGSSCHLÖSSER

Eine der bekanntesten Straßen Münchens heißt nach ihm. Sie führt auf den breiten Prospekt des Maximilianeums, das ebenfalls nach ihm genannt ist. Mit der Maximilianstraße wollte der Sohn Ludwigs I., Maximilian II., die Aktivität seines Vaters als Bauherr fortsetzen. Daß er ihn nicht erreichte, lag nicht an ihm selbst, sondern an der Zeit. Die Epoche des Klassizismus, der noch ein gültiger Stil mit großartigen städteplanerischen Perspektiven gewesen ist, war endgültig zu Ende. Was kam, war Nachahmung, eine Mischung von romantisch verbrämter Neugotik und Neo-Renaissance. So schlecht war die Epoche wieder nicht, verglichen mit der gänzlich epigonenhaften und flachen Bauflut der dann folgenden Gründerzeit, daß nicht doch aus der Maximiliansstraße immer noch ein recht ansprechendes Zeitdokument geworden ist, mit eigenem Zeitkolorit. Man kann sie sich aus München nicht fortdenken.

Ihr Erbauer, Maximilian II., war ein Gelehrter auf dem Thron. »Wäre ich nicht in einer Königswiege geboren«, sagte er einmal zu dem Völkerrechtslehrer Bluntschli, »so wäre ich am liebsten Professor geworden.« Sybel, der ihn kannte, meinte, man unterhalte sich mit einem Kollegen. Die geschichtlichen Neigungen Maximilians zeigten sich schon vor seinem Regierungsantritt im Revolutionsjahr 1848. Wie wir sahen, gab er bei Thorvaldsen, dem berühmten Bildhauer, die Marmorstatue des in Neapel ermordeten letzten Staufers, des Knaben Konradin, in Auftrag. Da der Meister über der Arbeit starb, vollendete sie der Bildhauer Schöpf. Das Denkmal steht in der Kirche Santa Maria del Carmine, dort, wo Konradins Mutter, die aus Bayern stammende Elisabeth, die Gebeine ihres Sohnes hatte beisetzen lassen. Die sterblichen Reste überführte man nun vom Hauptaltar in den Sockel der Statue, die die Inschrift trägt: »Maximilian, Kronprinz von Bayern, errichtete dieses Denkmal einem Verwandten seines Hauses, dem König Konrad, dem letzten der Hohenstaufen, im Jahre 1847 den 14. Mai.« Maximilian nannte Konradin mit Absicht »König«, obwohl er nur Herzog von Schwaben war, um dessen ererbtes Anrecht auf die von Karl von Anjou geraubte sizilische Königskrone zu betonen.

Maximilians Neigung galt Norddeutschland. Er studierte

in Göttingen und heiratete eine preußische, evangelische Prinzessin. Er wollte selber evangelisch werden, doch sein Vater war dagegen. Seine Gemahlin ist ihrerseits nach Maximilians Tod katholisch geworden. Daß der Wittelsbacher protestantische Gelehrte an seinen Hof zog, gefiel den Münchnern nicht. Sie sprachen von den »Nordlichtern«. Zu den literarischen Größen, die durch Maximilian an die Isar gekommen waren, zählten Geibel, Heyse, Dingelstedt. Mit Sybel und Ranke, den er nur »Vater Ranke« nannte, gründete der König die Historische Kommission bei der Bayerischen Akademie der Wissenschaften.

Politisch dachte der Monarch mehr wittelsbachisch als gesamtdeutsch. Maximilian schwebte eine »dritte Kraft« innerhalb des Reiches vor, die Bayern und alle übrigen Staaten umfaßte, gleich weit entfernt von Österreich und Preußen. Demokratische Tendenzen gefielen dem König nicht. Darum wandte er sich gegen die Bevormundung durch die Presse, verschloß er sich den Bestrebungen nach der deutschen Einheit. Als die bayerische Rheinpfalz sich zugunsten einer deutschen Republik erhob, ließ Maximilian den Aufstand mit Hilfe preußischer Truppen niederschlagen. Man sagte damals, wenn auch aus politischem Ressentiment heraus übertrieben, Mélac könnte nicht schlimmer gehaust haben. Natürlich stand Maximilian auch der Frankfurter Nationalversammlung, diesem Modell gesamtdeutscher Demokratie, reserviert gegenüber. Von ihm stammt das Wort: »Lieber bayerisch sterben als frankfurtisch verderben.«

Maximilian ist mit seiner Gemahlin in der Münchner Theatinerkirche beigesetzt. Sein Herz liegt in Alt-Ötting, gemeinsam mit den Herzen vieler anderer Wittelsbacher.

Maximilians größte bauliche Hinterlassenschaft ist das Schloß Hohenschwangau bei Füssen. Die Bauschöpfung verdient eine Rehabilitierung. Sie wird aus Unkenntnis stets mit Neuschwanstein, dem Bau-Monstrum Ludwigs II., in einem Atem genannt; man verdammt beide als Ausdruck des Eklektizismus des vorigen Jahrhunderts. Doch das ältere der beiden Königsschlösser stammt immerhin noch aus der Zeit der Romantik, der Epoche der Nazarener und Moritz von Schwinds, der die Innenausstattung großenteils entworfen hat. Der Romantik, auch wenn sie sich überkommener Formen bediente, gewinnen wir heute schon wieder einen gewissen Reiz ab. Außerdem ist, im Gegensatz zu Neuschwanstein, noch einiges vom Bestand der alten, historischen Baumasse erhalten geblieben; das Schloß wirkt darum originaler, in seiner Silhouette nicht so bombastisch und extravagant wie das Märchenschloß Ludwigs II., des Träumers auf dem Thron, in unmittelbarer Nachbarschaft.

Hohenschwangau steigt als massiver Bau mit drei oktogonalen Ecktürmen auf einem Bergsockel des unmittelbaren Alpenrandes empor, hoch über dem verträumten Alpsee, mit der Hintergrundskulisse des Säuling. Betrachtet man Veduten aus früheren Jahrhunderten, so stellt man fest, daß der Um- und Neugestalter Domenico Quaglio gar nicht soviel an der Bausubstanz des 16. Jahrhunderts geändert hat, vor allem nicht an der viergeschossigen Grundform und der Zinnenbekränzung, mehr am Außendekor, das sich nach der damals modischen englischen Neugotik richtete. Unter »Restaurieren« verstand man in der Romantik »Bessermachen«, ohne Gespür dafür, welcher Abstand zwischen Originalem und Nachempfundenem besteht.

Als Maximilian, zu jener Zeit noch Kronprinz, mit dem Dichter Franz von Pocci – geschätzt sind noch heute dessen Puppenspiele – den Alpsee besuchte, einen der großartigsten Einschnitte am Allgäuer Alpensaum, entschloß er sich, die überkommene Burg der Herren von Schwangau, von denen die Wittelsbacher sie 1567 übernommen hatten, wieder im alten Glanz (aus seiner Sicht) auferstehen zu lassen. Den Baubeginn 1833 feierte der Kronprinz, gerade von einer Orientreise zurück, mit den Worten: »Ich lege zu diesem alten, ehrwürdigen Schlosse nicht den Grundstein, wohl aber einen Schlußstein, der dieses Schloß noch Jahrhunderte festhalten soll.«

Der Gang durch das Innere von Hohenschwangau ist ein Weg durch Sage und Geschichte, und dies namentlich mit Bezügen auf Bayern und das Haus Wittelsbach. Im Authari-Zimmer sieht man die bayerische Prinzessin Theodelinde, die der langobardische Völkerwanderungs-König Authari heimgeführt hat, im Hohenstaufen-Zimmer die bayerische Prinzessin Elisabeth, die den letzten Staufer Konradin zur Welt brachte. Im Welfen-Zimmer wird die Dynastie der Vorgänger des Hauses Wittelsbach im Herzogtum Bayern geehrt (die die Lehnsherren der Schwangauer gewesen sind). Das Bertha-Zimmer hält in einem Historienbild über die ganze Wandbreite die Geburt Karls des Großen fest, den, nach einer unverbürgten Überlieferung, Bertha oder Berchta, von Pippin verstoßen, in der Nähe von Gauting zur Welt brachte: unverkennbare Anleihe beim Genoveva-Mythos. Immer wieder trifft man auf das Leitmotiv des Schwans, bald als Wappenbild der Schwangauer, bald als Lohengrins Schwan, mit dem man den von Hohenschwangau identifizierte.

Im Schlafzimmer des Königs tummeln sich auf großformatigem Wandbild im Mondschimmer sylphidenartige Sirenen, von Schleiern umgossen; Tassos »Rinaldo und Armida« bot den Stoff zur Darstellung dieses in die Traumwelt der Romantik entrückten Eros. Gipfel romantischer Selbstbespiegelung: auf einem der Tableaus füttert Maximilian persönlich, in altdeutscher Tracht, vom Boot aus Schwäne auf dem Alpsee, Hohenschwangau im Rücken. Die Bilderfolgen sind das Werk eines nach Schwinds Vorlagen arbeitenden Teams, süßlicher, als wenn der Meister sie selber ausgeführt hätte.

Im Wohnzimmer Maximilians, das auch Ludwig II. benutzt hat, steht noch das neugotische Tafelklavier, das von Richard Wagner und seinem königlichen Mäzen bespielt worden ist.

Neuschwanstein, das Hohenschwangau türme- und erkerreich überragt, hieß ursprünglich Unter-Hohenschwangau. Der Name von heute ist erst 1890 aufgekommen. Es ist kein Umbau, sondern ein Neubau. Ludwig II., Maximilians Sohn, hat leider die Ruine der mittelalterlichen Burg ganz abtragen lassen, um nach eigener Vorstellung Bayerns Montsalwatsch zu bauen. Eine Reise zur Wartburg 1867 hatte ihn angeregt, etwas Ähnliches zu schaffen. Beim Baubeginn 1868 schrieb er an Richard Wagner: »Ich habe die Absicht, die alte Burgruine Hohenschwangau bei der Pöllathschlucht neu aufbauen zu lassen, im echten Stil der alten deutschen Ritterburgen. Der Punkt ist einer der schönsten, die zu finden sind.« Mit der zweiten Behauptung hatte der Wittelsbacher recht, doch was er für »echt« hielt, ist flache und schwülstige Imitation.

Jahrzehntelang baute man an dem Koloß. Als der König starb, war der Bau noch unfertig; einige Trakte sind heute noch Torso. Neuschwanstein gibt nur aus der Ferne, etwa von der Höhe über dem Hopfensee, eine erhabene Silhouette ab, die sich hell vom dunklen Gebirgssaum abzeichnet. Von nahe wirkt die Burg zwar monumental, doch nicht monolithisch, eher wie Zuckerguß, eine hybride Superburg. Sie verkörpert wie kaum ein anderes Bauwerk das späte 19. Jahrhundert, das in der Nachfolge der Romantik Pathos für Substanz gehalten hat.

Es lohnt sich nicht, all die prunkvollen, mit kostbarstem Material ausgestatteten und doch erdrückenden Räume einzeln zu beschreiben, den Sängersaal, den Thronsaal, die Venusgrotte, die Zimmerfluchten in mehreren Stockwerken, vollgestopft mit den Dokumenten einer falschverstandenen, verherrlichten und zugleich verharmlosten Vergangenheit, theatralisch nach der Bild- und Raumvorstellung Richard Wagners angelegt. Nicht von ungefähr war es ein Theatermaler, der die Regie der Ausgestaltung in Händen hatte.

Ludwig II. schuf diese Scheinwelt, um der Realität zu entfliehen, die er nicht bewältigte und die er haßte. Er spann sich in einen süßen und zugleich morbiden Traum ein. In dieser verwirrenden und trügerischen Kulisse hat er ein Scheinleben geführt. Der Einfluß Richard Wagners steigerte noch seine Sucht, sein eigenes Ich in eine schönere, heroische und irreale Welt zu transponieren. Bei einem seiner Prunkfeste ließ er seinen Flügeladjutanten, den Fürsten Taxis, als Lohengrin in voller Rüstung am Ufer des Alpsees aus dem von einem Schwan gezogenen Nachen steigen. Ludwig selber spielte am Klavier Wagnersche Musik dazu.

Ludwig II. ist der vieldeutigste, zugleich der bekannteste und in gewissem Sinne populärste König Bayerns geblieben, wegen seines tragischen Schicksals, seiner Extravaganzen, seiner Einsamkeit, seiner interessanten Mischung von Décadence und Drôlerie, des geheimnisvollen Glanzes, der sein Charakterbild umhüllt. Er war der »König« schlechthin, obwohl er eigentlich »leutscheu« gewesen ist, bei Nacht seine Reisen unternahm (wobei kein Bauerngefährt die Straße sperren durfte), oft irgendwo unvermittelt seinen Hofzug auf den Gleisen stehenließ, um auf einem unauffälligen Seitenweg der Neugier des Volkes zu entgehen, das er mehr als einmal als »Sauvolk« bezeichnet hat.

Der mit 18 Jahren gekrönte Wittelsbacher, Sohn einer preußischen Mutter, war 1,93 groß, schwarzhaarig und blauäugig, oft schwermütig-hamletisch, dazu bis zum Narzißmus eitel (stundenlang brannte, kräuselte, kämmte er seine Frisur) und mit einiger Wahrscheinlichkeit dem eigenen Geschlecht zugeneigt. Als die Verlobung mit seiner Kusine Sophie Charlotte 1867 in die Brüche ging, atmete er auf: »Gott sei gedankt! Nicht ging das Entsetzliche in Erfüllung!« Um so passionierter zeigte er sich dem großen Mimen Josef Kainz gegenüber, den er am Schauplatz von Schillers Schweizer Freiheitsdrama Monologe aus dem »Tell« deklamieren ließ, ganz zu schweigen von dem starken Sentiment, das ihn an Richard Wagner band, dessen Welt und Talmi-Welt so genau seinem eigenen zeitgebundenen Lebensgefühl entsprach. Wie denn auch die Förderung, die er dem Wagnerschen Genius zuteil werden ließ, sein größtes herrscherisches Verdienst ausmacht. Die überspannte Neigung für den Musikdramatiker war mehr als Künstlerverehrung; emphatisch redete der König den mäzenatisch Umtreuten an: »Erhabener, göttlicher Freund! Ein und All! Inbegriff meiner Seligkeit! Dir geboren, Dir erkoren!« Wagner äußerte sich über den König gleichermaßen zugetan, wenn auch weniger übersteigert: »Gott – wenn der gedeiht und gerät! Dann endlich hat die deutsche Nation einmal ein Vorbild, dessen sie bedarf – ein andres als Friedrich den Zweiten.«

Ein Vorbild als Staatsmann war Ludwig gewiß nicht, dazu war er zu eigenbrötlerisch, zu versponnen, zu weltfremd, zu wenig geneigt, sich mit Konferenzen und Akten intensiv zu beschäftigen. Friedrich II. verbrauchte Unsummen für seine Kriege, aber er konnte rechnen, disponieren, organisieren, hatte Autorität und als erster Diener seines Staates ein klares Verhältnis zum Regierungsgeschäft. Ludwig war Utopist, der Gelder verschwendete für die Gigantomanie seiner Bau-Visionen, seine Sucht nach allem Theatralischen. Innerhalb von zehn Jahren hörte er 200 Wagneropern an, ohne Publikum, im leeren Parkett sitzend, allein für diesen einzigen königlichen Zuhörer zubereitet und präsentiert, eine ungeheure Vergeudung künstlerischer Potenz nur zur Befriedigung dieses unersättlichen künstlerischen Monomanen. Das erbitterte die Umwelt und das Haus Wittelsbach – diese extravagante Verschwendung, diese makabren Vorlieben eines Pathologen, diese degoutante Freundschaft zu Wagner, dem ehemaligen Revoluzzer gegen Fürstenmacht, dem der labile König hörig schien. Die Hausverschwörung gegen ihn verdichtete sich.

Dabei hatte Ludwig, was die größere Politik betraf, durchaus feste Vorstellungen. Er arrangierte sich mit Preußen und Bismarck, dachte gesamtdeutsch, doch freilich mit stark föderativem Akzent – die Vorherrschaft der Hohenzollern über die Wittelsbacher behagte ihm nicht, denn das Haus Wittelsbach besaß die größere historische Tradition, von der Ludwig tief durchdrungen war. Zeitweise war in den Tagen der Reichsgründung die Idee aufgekommen, daß sich Hohenzollern und Wittelsbacher im Besitz der Kaiserkrone ablösen sollten, was natürlich politisch ein Nonsens gewesen wäre. Daß schließlich die Reichseinigung unter der Führung Preußens dennoch zustande kam, ist Ludwigs Zustimmung zu verdanken, die er in Erkenntnis der Realitäten zögernd gab. Doch der nationalen Apotheose von Versailles blieb er fern.

Im Grunde war Politik nicht sein Metier. Neuschwanstein lag ihm mehr am Herzen als München. Für diesen irrealen König, diesen Monarchen um seiner selbst willen war die Kulisse der Königsschlösser die adäquate Szenerie. Seine Bauwut kannte keine Grenzen – Neuschwanstein, Linderhof, Herrenchiemsee –, und man bedauert nur, daß dieser Drang zur Selbstdarstellung in Stein nicht ein halbes, ein ganzes Jahrhundert früher erfolgte, als noch gültige, eigengeprägte Stile am Zuge waren. Doch eben dieser prunkhafte Eklektizismus, die Skurrilität entlehnter Bauformen, die nicht Klang, nur Nachklang waren, entsprachen dem epigonalen, sich in eine verfälschte, bilderbuchartige Vergangenheit flüchtenden Naturell dieses Königs und seiner Schönheitssucht.

Noch größere Teilnahme als Ludwigs Leben fand sein Ende. Es war ein konsequentes Ende. Der Keim der Selbstvernichtung lag schon immer in der verworrenen Natur dieses Weltscheuen. Die Familie erklärte den Außenseiter für schizophren, freilich nur auf Zeugenberichten fußend, ohne klinischen Test. Der Inspirator der Thronenthebung Ludwigs war sein Onkel Luitpold, der spätere Prinzregent, den man wegen seiner Agitation gegen den legitimen Kronträger auch »Prinzrebell« genannt hat. Graf Holnstein erbot sich, den geistig Kranken (wie das Gutachten verlautete) auf seinem Schloß Neuschwanstein abzuholen. Ludwig war außer sich, wollte sich in die Pöllath stürzen, rief Schutzmannschaften aus Füssen und

Schwangau herbei, verstärkt durch Militär und Feuerwehr der umliegenden Orte. Doch diese kapitulierten vor München.

Von Chevauxlegers (Garde zu Pferd) begleitet, brachte man Ludwig in einer Kutsche nach Schloß Berg am Starnberger See, das man rasch in ein Sanatorium umgestaltet hatte. Die Überführung sprach sich herum. Das Volk tuschelte, klatschsüchtig und mit einem Hauch von Ehrfurcht und Mitleid: »Jessas! Der Kini is narrisch wor'n!« Nicht länger als zweimal vierundzwanzig Stunden ertrug Ludwig die Behandlung als Irrsinniger. In Schloß Berg waren die Fenster vergittert, die Messerspitzen der Bestecke abgeschliffen; in den Türen befanden sich Gucklöcher; der König nahm es wahr.

Am Pfingstsonntag 1886, 18 Uhr, unternahm der betreuende Arzt Dr. Gudden (Ludwig haßte ihn) mit dem Entmündigten auf dessen Wunsch einen Spaziergang zum Starnberger See. Die beiden Wärter, die folgen sollten, blieben auf Ludwigs Ersuchen zurück. Um 19 Uhr waren der König und der Arzt noch nicht vom Ufer zurück. Man durchforschte den Park. Erst kurz nach 23 Uhr fand man die beiden Vermißten. Sie lagen tot im Wasser. Kein Zweifel, daß der tödlich gekränkte, ohnedies weltmüde Monarch den Arzt, einen der Hauptvertreter der Verrücktenthese, mit sich in die Tiefe gerissen hatte. Ein Steinkreuz im Wasser markiert heute die Stelle der Katastrophe.

War Ludwig, der »Märchenkönig«, wirklich geisteskrank? Die Frage beantwortet sich schwer. Es gibt Grenzfälle. »Normal« war Ludwig nicht. Die Nachlebenden haben nicht aufgegeben, das Interessant-Außergewöhnliche, Unerklärliche in der Gestalt des unglücklichen Bayernkönigs zu sehen. Der legendär berühmte Wittelsbacher hörte nicht auf zu faszinieren. Als einzig wahren König des Jahrhunderts bezeichnete ihn Verlaine. Ludwig entsprach der leicht dekadenten Natur der französischen Parnaß-Dichter nicht weniger als der surrealbizarren Vision eines Dalí in unsern Tagen. Der spanische

Maler nannte den König Bayerns über ein Jahrhundert hinweg geistes- und seelenverwandt »seinen Freund«.

OTTO I. UND DIE UNGARNSCHLACHT

Der bei Füssen noch junge und übermütige Lech strebt nach Verlassen des Forggensees der Donau zu; bis Schongau zwingt ihn Hügelland zu ausweichenden Windungen; dann öffnet sich ihm die breite Schotterebene des Lechfeldes, die er breit und zielbewußt bis zu seiner Vereinigung mit der Wertach bei Augsburg durchmißt. Hinter Landsberg hält er sich die Dörfer mit ihren adrett weißgestrichenen Häusern und Zwiebeltürmen weit vom Leib. Diese einsame Landschaft von Geröll, wild wachsendem Buschwerk und teilweise urzeitlichem Charakter hat eine der großen Schlachten der Weltgeschichte erlebt, die Entscheidungsschlacht Ottos des Großen gegen die Ungarn, nach Theodor Heuss »die erste gesamtdeutsche Leistung«.

Das Reich der Deutschen war im Schicksalsjahr 955 noch wenig gefestigt. Die Reichsteilung lag kaum hundert Jahre zurück. Die eigensüchtige Macht der Herzöge wurde noch nicht vom Glanz einer Kaiserkrone überstrahlt. Die ersten Herrscher waren nur Könige. Man war noch »ostfränkisch«, nicht »deutsch«. Wie im Jahrhundert zuvor Sarazenen und Normannen, so waren nun die von Osten andrängenden heidnischen Ungarn der gefürchtete, Panik auslösende Terror des Abendlandes. In einzelnen Schüben stießen ungarische Kampfverbände mordbrennend bis zum Rhein und Bodensee. Der Ungarnschreck saß den Menschen tief in den Knochen. Heinrichs I. Sieg an der Unstrut (Nebenfluß der Saale) 933 dämmte zwar den »furor Ungarorum« eine Weile ein, doch bald schon fluteten neue Scharen dieser Nachfolger der Hunnen (so faßte man sie auf) über die kaum abgesteckte, nahezu offene Ostgrenze des Reichs.

Im Sommer 955 stand ein mächtiges, furchterregendes Heer

der Ungarn vor Augsburg. Anführer war der ungarische König selber, Horka Bulcsu, der zwar in Konstantinopel die Taufe empfangen hatte und den Titel eines byzantinischen Patricius trug, der aber dem Abendland als Heide galt, da er über ein heidnisch-barbarisches Volk herrschte.

Die Stadt Augsburg, eine der ranghöchsten Ostfrankens, sah sich erschrocken von den Ungarn eingeschlossen, ohne Hilfe von außen. Es war die gleiche Situation, die Paris 886 erlebt hatte, als es sich zur Verteidigung gegen die normannischen Drachenschiffe rüstete. Hatte dort der Graf von Paris gegen die erdrückende Übermacht der Wikinger standgehalten, so lag das Panier der christlichen Welt nun in Händen des mannhaften Bischofs Ulrich, nach dem heute noch eine der beachtenswertesten Kirchen Augsburgs heißt, die Begräbniskirche des später heiliggesprochenen Kirchenfürsten. Er ermutigte die von den Ungarn Eingeschlossenen, leitete überlegen die Defensive, griff selbst in den Kampf ein, im geistlichen Gewand, ohne Schwert, Schild und Helm, »hoch zu Roß«.

Trotz dieses entschlossenen Abwehrwillens und der moralischen Kraft, die von dem wehrhaften Bischof ausging, stand die Sache der umzingelten Stadt denkbar schlecht. Noch gab es kein eigentliches Reichsheer, die sächsische Kriegsmacht des ostfränkischen Königs Otto I. war in Norddeutschland in Kämpfe mit den Slawen verwickelt, die Herzöge machten teilweise gegen den König Front, die von Bayern, Schwaben und Lothringen sympathisierten offen mit dem ungarischen Gegner, um die Ansprüche der Krone zu schwächen. Diese unerfreuliche Lage nützte Horka Bulcsu aus. Die Zwietracht und staatliche Verworrenheit in Ostfranken hatte ihn gerade zu seiner tollkühnen Attacke mitten ins Herz des Abendlandes ermuntert. Über seine Streitmacht herrschte er wie ein asiatischer Großkönig. Zögernde ließ er mit Peitschen in den Kampf treiben: Attila redivivus.

Doch wenden wir uns dem großen Gegenspieler des ungarischen Königs in dieser entscheidenden Phase europäisch-deutscher Geschichte zu: dem Sachsen Otto, Sohn Heinrichs I., des Voglers. Er war eine kraftvolle, doch keine königliche Erscheinung wie der Karolinger Karl, der Größte vor ihm; eher glich er einem sächsischen Großbauern als einem zum König bestimmten Edelmann. Über ihn und die Ungarnschlacht sind wir gut unterrichtet durch den Corveyer Mönch Widukind. Dieser schildert Otto als untersetzt, sich nicht königlich-gemessen, sondern in plebejischem Schnellschritt fortbewegend, mit überlangem Bart, der ihm dicht auf der behaarten Brust lag; er hieß demnach auch »Otto mit dem Bart«. Er konnte sarkastisch sein (Zeichen seines scharfen Geistes), war aber im allgemeinen leutselig, und was seinem Charakterbild am meisten angerechnet werden muß: er trug nicht nach. Diesem Grundsatz überlegener Menschenbehandlung verdankte er einen Teil seiner späteren Erfolge.

Der erste, der entschieden gegen Otto aufstand, war sein Bruder Heinrich, der sich mit Eberhard von Franken und Giselbert von Lothringen gegen den Sachsenkönig zusammentat. Otto schlug die drei Konspiranten bei Andernach; Eberhard fiel, Giselbert ertrank im Rhein. Dem aufsässigen Bruder verzieh der König. Doch Heinrich gab keine Ruhe. Er verbündete sich nun mit Erzbischof Friedrich von Mainz gegen Otto: auf dem Oktoberfest von Quedlinburg sollte der König 941 ermordet werden. Das Komplott wurde entdeckt. Heinrich und der Erzbischof gerieten in Haft, die Mitverschworenen fielen unterm Schwert. Heinrich gelang es zu entfliehen. Anläßlich des Weihnachtsfestes in Frankfurt warf er sich in härenem Gewand und barfuß dem königlichen Bruder zu Füßen. Ein zweites Mal wurde ihm verziehen. Ja, Otto machte den ungebärdigen Bruder zum Herzog von Bayern. Nun hielt dieser dem König unverbrüchliche Treue.

Otto empfand seinen eigenen Stamm, den sächsischen, als den ersten des Reichs, zu Recht zur Herrschaft berufen. Er begnügte sich nicht wie sein Vater Heinrich I., der in erster

Linie sächsisch dachte und handelte, mit seiner auf Sachsen begründeten Machtstellung im Reich. Er setzte sich als Ziel: zunächst alle Energien darauf zu verwenden, die Königsmacht zu stärken. Er versuchte es mit kluger Familienpolitik, indem er seine nächsten Verwandten auf Herzogs- und Bischofsstühle setzte. Hatte er seinen Bruder Heinrich zum Herzog von Bayern erhoben, so überantwortete er seinem Lieblingssohn Liudolph Schwaben, seinem Schwiegersohn Konrad dem Roten Franken, seinem Waffengefährten Heinrich Billung Sachsen.

Wieder erntete der König Undank. Liudolph revoltierte wegen Bevorzugung seines Onkels Heinrich. Otto besiegte ihn und verzieh; erklärte ihn aber des Herzogshuts für verlustig. Auch Konrad der Rote opponierte gegen den Sachsenkönig, und dies war der gefährlichste Opponent überhaupt. Die Spannung zwischen König und Herzog war das zentrale innerpolitische Ereignis im ostfränkischen Reich, eine Zerreißprobe für den Bestand der staatlichen Einheit, zum Zeitpunkt, als die Ungarn ihren Generalangriff unternahmen und siegessicher vor Augsburg standen. Es war wie der knisternde Höhepunkt eines spannenden Bühnenstücks, und so ähnlich hören sich auch die folgenden dramatischen Ereignisse an.

Am 9. August 955 erklingen vor dem bedrängten Augsburg Hornsignale. Boten melden: der König kommt zur Entsetzung der Bischofsstadt. Ein 6 km langer Heerwurm nähert sich der Metropole am Lech, erreicht den Rauhen Forst westlich von Augsburg. Der Aufforderung des Königs, gegen die gemeinsame Gefahr des Abendlandes aufzustehen, haben auch jene Herzöge Folge geleistet, die gegen Otto eingestellt sind. Selbst Konrad der Rote ist zugegen – aber am Schicksalstag des 9. August weiß man nicht: wird sich dieser Mächtigste der Herzöge für die Partei des Königs oder der Ungarn entscheiden?

Der Ungarnkönig erfährt von dem bedrohlichen Anmarsch des königlichen Heeres. Er gibt die Belagerung Augsburgs auf und zieht sich zurück zu seinem befestigten Stützpunkt am Lech, am sogenannten Gunzenlee. Hier sollte sich auch die weltbewegende Schlacht entwickeln.

Der Ort der Ungarnschlacht ist heute nicht mehr genau auszumachen. Der Lech hat seinen Lauf mehrfach verschoben. Das Gasthaus Gunzenlee, das an den Schlachtort erinnert, liegt heute rechts des Flusses. Nach der Schlacht-Topographie hat Gunzenlee 955 links des Lechs liegen müssen. Der Ort war historisch markiert: als bedeutende Thingstätte frühgermanischer Zeit, als Revier von Hallsteingräbern und Resten einer frühgeschichtlichen Fluchtburg. Dieser neuralgische Punkt mitteleuropäischer Geschichte war auch der Aufmarschplatz der gegnerischen Heere zur Schlacht auf dem Lechfeld.

Von zuverlässigen Chronisten wissen wir Bescheid über die Ordnung des Christenheeres: an der Spitze marschierten die Bayern auf, gefolgt von den Franken Konrads des Roten – der kurz vor Schlachtbeginn sich zur allgemeinen Überraschung auf die Seite des Königs, seines Schwiegervaters, geschlagen hatte. Danach kamen die Sachsen und die Schwaben. Die Nachhut und zugleich den Troß bildeten die tschechischen Böhmen. König Otto hielt die heilige Lanze in der Hand; über ihm wehte die Fahne des Erzengels Michael, des christlichen Mars und Vorkämpfers der Schlachten.

Im Mittelalter kämpfte man nicht nur mit stählernen, sondern auch mit geistlichen Waffen. Die Kampfmoral hing davon ab. Als Wilhelm der Eroberer 1066 bei Hastings siegte, war er von oben bis unten mit Reliquien beladen. Die Vorstellung, daß der Erzengel Michael auf dem Lechfeld mit dabei war, verlieh den christlichen Streitern metaphysische Kraft. Für den Chronisten der Lechfeld-Schlacht kam dem Einsatz des Michaelbanners entscheidende Bedeutung zu.

Die Ouvertüre der Schlacht ließ allerdings vermuten, daß die hart angreifenden Ungarn das Glück auf ihrer Seite hätten. Sie wandten die überraschende Taktik an, nicht die erste Linie, sondern die Nachhut des Gegners in den Griff zu bekommen, also die Böhmen, unter denen Chaos ausbrach. Der Troß geriet in die Hände der Feinde. Die Entscheidung erkämpfte dann jener Herzog Konrad von Franken, der des Königs größter Widersacher war: in Erkenntnis, daß es um eine für Reich und Glauben schicksalhafte Auseinandersetzung ging, vergaß er die Privatfehde und griff zugunsten Ottos in das Kampfgeschehen ein. Er haute die bereits weichenden Böhmen heraus. Da traf ihn ein Pfeil in den Hals; er hatte den Tag entschieden und fiel ihm zugleich zum Opfer. Die Ungarn fluteten panikartig über den Lech, verlustreich, da die wieder kampfmutigen Böhmen ihnen die Flußbarriere sperrten.

Triumphierend übernachtete Otto in Augsburg als Gast des Bischofs Ulrich. Als der Morgen graute, zögerte er nicht, zwecks Totalvernichtung des Gegners die Verfolgung der Versprengten aufzunehmen. Er rieb die Reste der ungarischen Armee vollkommen auf. Heinrich, Ottos einst wankelmütiger Bruder, fing den Ungarn-König ein und verurteilte ihn »nach Verdienst zum schmählichen Galgentod«. Am gleichen Morgen, dem 10. August, gelobte Otto, dem Tagesheiligen Laurentius (der ikonographisch mit dem Rost abgebildet wird, auf dem er als Märtyrer schmorte), ein Bistum im Osten des Reiches zu stiften: Merseburg. Der König hielt das Gelöbnis. Dem Bistum folgten bald weitere Gründungen: Naumburg und Meißen, während das Erzbistum Magdeburg mit bischöflichen Stützpunkten nach Prag und Posen vorstieß: Fermente christlich-abendländischer Kolonisation östlich von Elbe und Saale.

Neben der Schlacht von Hastings ist die auf dem Lechfeld vielleicht die folgenschwerste der mittelalterlichen Geschichte gewesen. Dieser glänzende Sieg zweier Tage zeitigte zwei grundlegende Ergebnisse: die Ostkolonisation der Deutschen und die jahrhundertelang lebendige Idee eines deutsch-römischen Universalreiches. Ottos Ansehen nach dem kontinental bedeutsamen Sieg am Lech war unbestritten. Seine einstigen

Gegner anerkannten seine machtpolitische, nun auch metaphysisch fundierte Stellung. Sein Ziel, das Cäsarenreich Karls des Großen in Ostfranken fortleben zu lassen, fand keinerlei Einspruch. 962 salbte der römische Pontifex den Sachsenkönig in der Peterskirche zum neuen Imperator der christlichen Welt. Der sakrale Nimbus des erneuerten Kaisertums veranlaßte Otto I., den imperialen Rang seiner Position im sogenannten »Ottonianum« vertraglich zu verankern. Er sicherte sich in dem Vertragswerk die kaiserliche Zustimmung bei künftigen Papstwahlen.

Jubelnd wurde der Sieger über die Ungarn, der neue »Imperator Augustus der Römer und Franken«, bei der Rückkehr in das Reich begrüßt. Seiner nunmehr festbegründeten autoritären Stellung war er sich bewußt. Gesandte aus allen Teilen der Welt brachten Geschenke, Gefäße aus Elfenbein und Glas, Teppiche, Balsam, Spezereien, dazu exotische Tiere: Löwen, Kamele, Affen und Strauße.

Zur Regierungszeit Ottos des Großen (man gab ihm das Prädikat schon zu Lebzeiten) kam in der kaiserlichen Kanzlei erstmals der Ausdruck »Teutonici« für die Deutschen auf, der sich seither bis heute hielt. Ob sich die Reichspolitik der Teutonici besser auf den deutschbesiedelten Boden beschränkt hätte, statt der universalen, die nationalen Machtmittel vergeudenden Kaiseridee nachzujagen – diese Streitfrage tauchte im 19. Jahrhundert auf, vor allem anläßlich der 900-Jahr-Feier der Ottonischen Kaiserkrönung. Der Preuße Heinrich von Sybel, Vertreter der Kleindeutschen, verwarf Ottos universale Politik als dem Nationalgedanken abträglich, während der großdeutsch orientierte Julius von Ficker aus Westfalen die Größe der Ottonischen Reichsidee als positiv unterstrich und leidenschaftlich verfocht.

Die Ungarn hörten nach der Schlacht auf dem Lechfeld auf, eine abendländische Gefahr zu sein. Sie wurden in Osteuropa, an der unteren Donau, seßhaft und nahmen den Christenglauben an. Der ungarische König Stephan wurde 50 Jahre nach der Lechfeldschlacht der bedeutendste König der Christenheit, die nach ihm benannte Stephanskrone eines der ehrwürdigsten Symbole. Die ungarischen Könige heirateten deutsche Prinzessinnen – eine enge Versippung beider Reiche.

Otto I. ließ seinen einstigen Gegner Konrad den Roten von Franken, dem er den Sieg auf dem Lechfeld verdankte, im Wormser Dom beisetzen, wo er heute noch liegt. Konrad sollte der Stammvater des nachfolgenden Kaisergeschlechtes, der fränkischen Salier, werden.

Lange blieb die Erinnerung an die Lechfeldschlacht im Volk lebendig. Noch ein Jahrhundert später zeigte man das ungeheure Massengrab der erdrosselten ungarischen Gefangenen. Die silbernen Schellen an den Röcken der Ungarn schmolz man ein. Man fertigte Kelche daraus, deren Erlös drei Pfund Gold ergab. Der Name des Ortes Haunstetten – heute in die Bischofsstadt eingemeindet, leitet sich von den »Hunnen« ab.

DIE FUGGER UND DIE WELSER

Mehr als zweihundert Jahre nach der Lechfeldschlacht errichtete man in Augsburg, der »Weltstadt des Mittelalters«, die Kirche für den streitbaren Bischof Ulrich, der eine der führenden und fast legendären Gestalten des abendländischen Sieges gewesen ist. Barbarossa brachte 1187 in feierlichem Zug, darunter drei seiner Söhne und vier Bischöfe, den Sarg des inzwischen heiliggesprochenen Kirchenfürsten in das neuerbaute Gotteshaus. Das Gebäude, mehrfach brandgeschädigt und erweitert, steht heute noch. Es ist mit seinem sich verjüngenden, zwiebelgekrönten Turm eines der Wahrzeichen der Stadt. Das Volk spricht vom Ulrichsmünster, der offizielle Name lautet St. Ulrich und Afra, denn außer dem 973 verstorbenen Augsburger Bischof ist die hl. Afra, die 304 unter Diocletian in Augsburg das Martyrium erlitt, Patronin der Kirche.

Während St. Afra in einem spätantiken Sarkophag beigesetzt ist, ruht der Bischof in jenem Kupfersarg, den der

Stauferkaiser nach St. Ulrich überführt hat. Der Deckel des Grabtroges ist mit einem ganzfigurigen Bildnis des Kirchenfürsten in Ritztechnik geschmückt. Man kannte die Darstellung seit dem 18. Jahrhundert nur noch durch einen Stich. Anläßlich der Ausstellung »Suevia Sacra«, die im Sommer 1973 eröffnet worden ist, hat man erstmals wieder den Sargdeckel aus der Gruft hervorgeholt: St. Ulrich erscheint als würdige bärtige Gestalt mit Bischofshut und Hirtenstab im Duktus der Stauferzeit.

Maximilian I. ließ 1500 das von Burkhard Engelberg errichtete neue Längshaus der Kirche einweihen. Ein großartiges Netzgewölbe setzt sich im langen Chor fort. Der Weilheimer Johann Degler schuf nach Art der Krippenkunst die Dreiheit der Altäre (1604/1607), neben dem Hochaltar Schreine für die zwei Kirchenheiligen. Zwei römische Könige, Ferdinand IV. und Joseph I., wurden in der Kirche gekrönt.

An das Seitenschiff der größeren »Schwester« ist die kleine evangelische Ulrichskirche von 1300 mit ihrer Chorseite angelehnt. Ursprünglich war das Gebäude Markthalle, 1457 wurde es Predigerhaus, 1710 erhielt es sein heutiges barockes Gewand, das mit der mächtigen Gotik des Ulrichsmünsters reizvoll kontrastiert.

Der großartige Komplex der Doppelkirche bildet den Abschluß einer der schönsten Straßen der Welt, der Maximilianstraße, die man auch »königliche Straße« genannt hat. Sie ist kein simpler Schlauch. Die Giebelhäuser sind interessant in die Straßenflucht, die eher ein langgestreckter Platz ist, hineingestaffelt; repräsentative Brunnenanlagen (Herkulesbrunnen u. a.) geben ihr etwas Römisch-Festliches; früher stand, wie alte Veduten verraten, mitten im Straßenzug sogar ein Gebäude, das Siegelhaus von Elias Holl, das man 1808 abgerissen hat. Diese städtebauliche Konzeption findet sich in Süddeutschland häufiger, so in Straubing, Schongau, Mergentheim.

Die breiten Hausfassaden haben etwas Patrizisches an sich. Und doch spielten gerade die Handwerkergilden in Augsburg ihre einflußreiche Rolle. 1368 war das Stadtregiment in die Hände der Zünfte gelangt – für damals eine soziale Revolution. Erst Karl V. hat 1547 wieder das Patriziat an die Spitze der Regierung gesetzt, erbost über die Hinneigung der bisherigen Stadtoberen zur Reformation.

Die beiden in Augsburg geborenen Holbeins, deren jüngerer zum Hofmaler Heinrichs VIII. von England aufstieg (seine Werke zieren die National Gallery in London), zählten zweifellos zu den Handwerkern, als Mitglieder der Malerzunft. Die Fugger und die Welser, Augsburgs Großmanager und Großbankiers, vertraten als reichste Leute der Zeit das Patriziat. Doch sie fingen klein an, als Angehörige der Kaufmannszunft. Aus einem schlichten Dorf des Lechfeldes war der erste Fugger nach Augsburg gekommen, halb noch ein Kärrner; dort webte er sich reich, wurde 1. Zunftmeister der Weber und bald schon Ratsherr. Hans Fugger starb als mittlerer Unternehmer. Die nächste Generation stieg ins Handels- und Bankgeschäft ein, auch in den Erzbergbau. Zur Blüte führte Jakob d. J., auch »der Reiche« genannt, das Haus, Vertrauter und Geldgeber zweier Kaiser, Finanzgenie und Begründer eines Weltkonzerns. Die Weberei war nun unerheblich. Das Haus verfügte über das Kupfermonopol, beschäftigte in Spanien, Tirol, Kärnten, Ungarn Zehntausende von Bergleuten; die Handelsrouten reichten bis Amerika, Afrika, Ostindien, wo man auf Fuggerfaktoreien stieß. Man handelte schließlich mit allem nur Möglichen, mit Getreide, Edelsteinen, Kunstobjekten, sogar mit Negersklaven, sogenanntem »schwarzem Elfenbein«, ein Allroundgeschäft. »Fuggern« wurde ein neues Verbum der deutschen Sprache; es hatte nicht nur guten Klang.

Das Unternehmen griff selbst in die Politik ein, auch in die Religionspolitik, als Makler der Kurie für Einziehung des Peterspfennigs, Transaktion der Ablaßgebühren, Beschaffung von Palliengeldern. Als Albrecht von Brandenburg den Kurhut von Mainz, die Bischofshüte von Magdeburg und Halberstadt begehrte – Ämter, die der Papst nur gegen Geld zusprach –, mußte er sich an die Augsburger Großbank wenden, an diese den gesamten Ablaß-Ertrag seiner Diözesen abtreten. Die prominentesten, umsatzstärksten Ablaßprediger waren meist von einem Fuggerprokuristen begleitet.

1519 ist das Datum der bekanntesten aller Kaiserwahlen, die je stattfanden und von der wir bereits in anderem Zusammenhang gehört haben: Franz I. von Frankreich trat gegen Karl I. von Spanien an. Wer von den beiden Konkurrenten konnte dem Kreis der kurfürstlichen Wahlmänner mehr Wahlgelder ausschütten? Fuggers 850000 Gulden entschieden für den Habsburger Karl. Ja, die Fugger »kauften« sogar Kardinäle, die ihrerseits genehme Päpste mit der Tiara schmückten; die Fugger gaben Kriegsanleihen an Kaiser und Könige, die sie sich verpflichteten; die Fugger leisteten die materielle Basisarbeit für Weltpolitik. Fuggergeld entschied mit den Bauernkrieg, den Bergarbeiterstreik, den Türkenkrieg Karls V., den Auftritt des Herzogs von Alba in den Niederlanden. Heinrich VIII., das Scheusal auf dem Thron, erscheint aus der Fuggerwarte in weitaus günstigerem Licht: er war der einzige Gekrönte, der Kredite pünktlich rückerstattete. Die Habsburger nahmen die Rückzahlung nicht so genau, der »Dank vom Haus Habsburg« war nicht nur ein Politikum, sondern auch ein ökonomisches Problem. War Wiens Kasse leer, entschädigte man mit Adelstiteln. Doch auch dafür waren die Fugger empfänglich. Denn stets trachteten Patrizier danach, in der Kategorie des Adels mitzugelten. Die Fugger bauten und erwarben Schlösser; wir danken diesem Prestigebedürfnis die Anlagen von Babenhausen, Memmingen und Kirchheim an der Mindel (mit kostbar geschnitzter Renaissance-Decke). Zum Fürstentitel kam das Haus indessen erst zu einem Zeitpunkt, als seine große Epoche bereits Jahrhunderte zurücklag: einer der letzten des Namens erwarb 1913 den Rang als Kronobermarschall des bayrischen Königs.

Man mag über die Fugger und ihre merkantilen Praktiken denken, wie man will: in zweierlei Hinsicht haben sie sich ein Denkmal gesetzt: als Kunstmäzene und Förderer Dürers und Burgkmairs sowie durch die Stiftung eines einzigartigen Sozialwerkes, der Augsburger Fuggerei. Diese schlichten Renaissancehäuschen, Kleinsiedlung des 16. Jahrhunderts, »Stadt in der Stadt«, haben selbst den letzten Krieg überlebt. Die Stiftungsbestimmungen gelten noch heute in der gemüthaften Wohnstadt für Unbemittelte: um 22 Uhr werden die 4 Tore geschlossen; die Jahresmiete beträgt einen Gulden, was knapp zwei Mark entspricht.

Das Fuggerhaus, einst von Burgkmair-Fresken geziert, heute mit einer Sgraffito-Kassettenmalerei überzogen, hat alle Stürme überstanden, ein Komplex mehrerer Höfe, darunter der wahrhaft königliche Damenhof. Unter gekalktem Gewölbe kann man im Fuggerhaus speisen, einem der kultiviertesten Gastlokale, die man heute antrifft. Baulicher Kontrapunkt des Fuggerhauses auf der Maximiliansstraße ist das Schaezlerpalais von 1770. Im Spätrokoko-Saal blickt man zu imponierendem Deckenoval mit mythologischen Szenen und zu riesigen Lüstern auf.

Die Fortsetzung der königlichen Straße führt zu Mitteleuropas prächtigstem Rathaus, einem vielstöckigen Bau Elias Holls, »Wolkenkratzer« der Renaissance von der tiefergelegenen Rückseite her, auf der Fassadenseite gekrönt vom altrömischen Pinienzapfen, dem Wahrzeichen der einstigen Römerstadt Augsburg. Leider ist der »Goldene Saal« mit seiner an 27 Ketten im Gebälk hängenden Zedernholzdecke dahin. Zusammen mit dem 70 m hohen, von Elias Holl aufgestockten Perlachturm und dem Augustusbrunnen von 1589 (Oktavian gleicht eher Cäsar) ist Augsburgs urbane Mitte eine der festlichsten Platzkompositionen deutscher Städte. Das nahe Zeughaus Elias Holls konnte durch das beharrliche Traditionsbewußtsein der Augsburger gerettet werden (es war aus kommerziellen Erwägungen gefährdet) und ist nun in ein Kaufhaus einbezogen. Der gleiche Hans Reichle, der den Kreuzaltar von St. Ulrich und Afra schuf, hat den Drachentöter Michael in Bronze vor jenes Gebäude gesetzt, das lange als Feuerwehrhaus Dienst tat.

Augsburgs Dom mit West- und Ostchor besitzt die ältesten figürlichen Farbfenster der Welt: Propheten aus dem 11. Jahrhundert. Die Glasplatten sind noch rührend primitiv aneinandergefügt. Erst die Gotik konnte sich bekanntlich Großfenster leisten, die den Stil diaphan machten – gotische Fenster (1330) sind im Dom gleichfalls vertreten, am südlichen Seitenschiff.

Vor dem Dom begegnen wir den römischen Ursprüngen der Stadt, die im Altertum Augusta Vindelicorum oder kurz »Splendissima« hieß, was die Kraft ihrer Ausstrahlung im Gebiet südlich des rätischen Limes erkennen läßt. Am Fronhof, wo Fundamente einer frühchristlichen Täuferkirche gefunden wurden, hat man einige römische Fundstücke aufgereiht, die nun ein kleines Lapidarium bilden. Ein zweites ist als »Antiquarium Romanum« in der Dominikanerkirche St. Magdalena eingerichtet, unter weißer Stuckdecke mit Gemäldemedaillons, die in einem altrömischen Ambiente nicht ganz unpassend sind.

Treten wir in die Annastraße, so lesen wir unter Hausnummer 25: »In diesem Hause wohnte von 1511 bis 1519 Bartholomäus Welser, der die ersten deutschen Kolonialunternehmungen nach Südamerika führte.« Die Welser waren finanzschwächer als die Fugger, aber immer noch reich genug, um als königliche Kaufleute zu gelten, auch sie kunstfördernd (Bartholomäus Welser ließ sich von Lukas Cranach malen), auch sie mit dem Adel verbunden, in ihrem Falle sogar familienmäßig, indem der Kaisersohn Ferdinand, auf den das Wiener Wort »fesch« zutraf, eine Welserin, Philippine, geheiratet hat. Es wurde kein Agnes-Bernauer-Schicksal daraus.

Ferdinand sollte ursprünglich die verdrossene und bigotte Königin Mary, Tochter Heinrichs VIII. und Katharinas von Aragon ehelichen, jene Tudorkönigin, die in England die Reformation rückgängig machte und als »Maria die Blutige« in die Geschichte einging. Der Kaisersohn hatte das Glück, daß ihm sein Onkel, König Philipp von Spanien, zuvorkam und die Britin nahm – wobei Philipp wiederum das Glück hatte, der ihm angetrauten blutigen Maria nur zweimal kurz begegnen zu müssen. Ferdinand lernte 1548 die Welserin in Augsburg kennen; die heimliche Trauung fand nahezu zehn Jahre später in Böhmen statt. Danach warf sich Philippine mit ihren inzwischen geborenen zwei Kindern dem kaiserlichen Schwiegervater Ferdinand I. zu Füßen: sie erbitte Gnade für eine Bürgerliche, die einem Edelmann vermählt sei. Der Kaiser gewährte sie – was ging es ihn an. Nun gestand sie, selber die Bürgerliche zu sein; ihr Angetrauter sei des Kaisers Sohn. Das hörte sich schon übler an, der Kaiser tobte, dann fügte er sich aber – mit der Zwangsauflage weiterer Geheimhaltung der Ehe; auch hätten die Kinder keine Erbfolgerechte. Der Kaiser schenkte seinem Sohn und dessen unebenbürtiger Gemahlin Schloß Ambras in Tirol, wo die beiden glücklich lebten; er sammelte Waffen und Rüstungen, sie Kochrezepte. Nach ihrem Tod 1580 ließ Erzherzog Ferdinand die Welserin in der »Silbernen Kapelle« der Innsbrucker Hofkirche beisetzen. Er heiratete in zweiter Ehe Katharina von Mantua, die ihm zwei weitere Kinder gebar.

Das Haus der Welser ist dadurch berühmt geworden, daß es Venezuela (damals »Welserland«) erwarb. Auch dieses Handelshaus hatte Mittel für die Kaiserwahl, dazu für die italienischen Feldzüge Karls V., bereitgestellt. Der Kaiser wollte mit Dank nicht geizen, denn er wußte nicht, wann er die Geldgeber wieder brauchen konnte. Doch bare Münze besaß er nicht, obwohl sein Kopfbild von jedem Gulden schaute. Der Kaiser kannte einen Ausweg. Er verfügte über Länder in Übersee; seine spanischen Generalkapitäne hatten sie entdeckt.

Diese Länder strotzten von Gold, Silber, Spezereien; in des Kaisers Reich ging die Sonne nicht unter.

Also übergab der Habsburger dem Augsburger Handelshaus zum Entgelt für das Darlehen neben dem Kronzoll von Siebenbürgen die Provinz Venezuela. Die Welser sollten das Land, das mehr wert sei als ihr Geld mit Zins und Zinseszins, der Krone Spaniens unterwerfen, binnen zwei Jahren drei Festungen anlegen und 4000 Negersklaven liefern. Sie durften dafür 5 Prozent des Gewinns behalten.

Venezuela erwies sich als Danaergeschenk. Die Welser verbrauchten sich durch unmäßige Investitionen bei geringem Erlös, durch den Händel mit dem in Westindien allein zuständigen »Indienrat«, schließlich durch einen Monsterprozeß um ihre überseeischen Rechte. Mehrere Generalkapitäne und selbst der Junior des Hauses, Bartholomäus Welser, blieben in der Fieberhölle des Äquators auf der Strecke. Am Kaiser hatten die Augsburger Kaufleute keine Stütze, denn im Westen seines Reichs war Karl nicht deutscher, sondern spanischer König, der ausschließlich spanische Interessen vertrat.

Der Prozeß um Venezuela-Welserland schleppte sich von Jahr zu Jahr. Die Beweisaufnahmen wuchsen zu Bergen an. Der Sachverhalt geriet in Verwirrung, nicht einmal der spanische Rechtsberater des Hauses, Sebastian Rodriguez, kannte sich zuletzt noch aus. Nach fast zehn Jahren trat der Indienrat mit der Entscheidung hervor: »In dem Prozeß zwischen dem Lizentiaten Agreda als Staatsanwalt bei dem königlichen Rate von Indien einerseits und Bartholomäus und Anton Welser, den Deutschen, andererseits, entscheiden wir mit Rücksicht auf die neuen Beweismittel, die von dem genannten Staatsanwalt in dieser Instanz der Supplikation beigebracht und vorgelegt worden sind, daß die Welser jedes Recht an dem Lande Venezuela verloren haben.«

AUGSBURGER KONFESSION

Hielt sich Karl v. in der Freien Reichsstadt Augsburg auf, so nahm er bei Jakob Fugger, dem Reichen, Quartier. Dessen Palast war königlich genug. Außerdem wußte der Kaiser sich in der zum Protestantismus übergelaufenen Stadt unterm Dach eines Mannes sicher, der der Una Sancta treu geblieben war. Den weltgeschichtlich wichtigsten unter seinen zahlreichen Aufenthalten nahm Karl im Jahre 1530. Es war das Jahr der »Augsburger Konfession«.

Karl hatte in die Stadt am Lech einen Reichstag einberufen. Er bezweckte die Wiedervereinigung der Bekenntnisse nach der durch Luther bewirkten Glaubensspaltung. Der Reformator, als Geächteter, nahm an den Gesprächen nicht teil; er hielt sich am südlichsten Punkt des Kurfürstentums Sachsen auf, in der Veste Coburg. Die Vorgänge in Augsburg verfolgte er gespannt. Sein Sachwalter und Sprecher war Melanchthon aus Bretten.

Der Kaiser kam, spanisch gekleidet, in tiefem Schwarz, kränklich und alt für seine Jahre. Doch seine Position war gut. Bei Pavia hatte er den König Frankreichs, Franz I., besiegt und gefangengesetzt, in Bologna aus den Händen des Papstes die Kaiserkrone empfangen: letzter universaler Imperator des Abendlandes. Was der Habsburger-Kaiser erstrebte, war die Einheit des Reichs, die für ihn gleichbedeutend war mit der Einheit des Glaubens. Sie galt es in Augsburg wiederherzustellen.

Bei der einleitenden Fronleichnamsprozession entstanden erste Konflikte: die protestantische Partei (5 Fürsten, 14 Städte, darunter Frankfurt, Nürnberg, Augsburg, Straßburg) weigerte sich, an dem Umzug teilzunehmen. Es folgte das Hochamt. Hier konnten die luthergläubigen Fürsten nicht »passen«, denn der Kurfürst von Sachsen hatte die zeremonielle Pflicht, dem Kaiser das Schwert voranzutragen. Vom Abendmahl in lateinischer Form hielten sie sich jedoch zurück.

Karl, dem es um Ausgleich ging, forderte die Lutheraner auf, einen Bericht ihrer Lehrvorstellungen vorzulegen. Dies war die Geburtsstunde von Melanchthons »Confessio«. Sie wurde für alle Zukunft der Katechismus des neuen, auf das Evangelium begründeten Glaubens. These – Antithese – Synthese – nach dem altbewährten Prinzip von Albertus Magnus bis Hegel arbeitete die Gegenseite eine Gegen-Confessio, eine Confutatio, aus. Wieder betrat der trockene, doch scharfe Denker Eck die Szene der Religionsgespräche. Erst nach fünfmaliger Überarbeitung erteilte der Kaiser sein Plazet. Ein Ausschuß prüfte Confessio und Confutatio.

Zu einem Kompromiß kam es nicht. Man vertagte die mögliche Einigungsformel auf ein baldigst einzuberufendes Konzil. Luther, auf Burg Coburg, grollte. An einer Einigung und damit Verwässerung seiner Lehre lag ihm nichts. Seine Stimme übertönte den nutzlos ausklingenden Reichstag: »Es gibt keine Einigung mit dem Papst, solange es einen Papst gibt. Ich berste vor Zorn, brecht ab, kehrt heim!«

Bis man in Augsburg zu einem Ergebnis kam, verging ein Vierteljahrhundert. 1555 war Kaiser Karl bereits zu müde und verdrossen, selbst an den Lech zu kommen. Er beauftragte seinen kontaktfreudigeren Bruder Ferdinand, die Sache des Reiches zu vertreten. Inzwischen hatten sich die Fronten verhärtet. Im Schmalkaldischen Bund zusammengeschlossen (genannt nach Schmalkalden in Thüringen), stellten die Protestanten der alten Autorität eine geschlossene Phalanx entgegen. Doch Karl v. besiegte den Bund bei Mühlberg an der Elbe; es war ein glänzender militärischer Auftritt, berühmter noch durch die Kunstgeschichte als durch die Geschichte, denn Tizian hat den Kaiser »auf dem Schlachtfeld von Mühlberg« hoch zu Roß gemalt, ein Prunkstück des Prado. In Wahrheit ist es ein Atelierbild; nie saß Karl so schneidig auf Pferderücken, und damals plagte ihn schon gehörig die Gicht.

1555 raufte man sich in Augsburg zusammen. Es kam zum

Religionsfrieden. Die Landesherren bestimmten künftig in ihren Territorien die Religion für sich und ihre Untertanen: huius regio, eius religio. Eine bittere Nuß für die protestantische Seite war eine Klausel, von der die Gegenseite nicht abrückte: daß die zum Protestantismus übertretenden geistlichen Würdenträger auf Land und Würde zu verzichten hätten.

Der Augsburger Religionsfrieden war Koexistenz auf Abruf. In ihm lag der Keim zu den eigentlichen furchtbaren Religionskriegen der nächsten hundert Jahre bis hin zum 30jährigen Krieg. 1555 bekannten sich ungefähr neun Zehntel zum neuen Glauben. Doch schon erfolgte der Gegenschlag. Die Reaktion kam nicht aus Deutschland, sondern aus dem Süden, wo heute noch ein sinnenfreudigeres, weniger gedankliches Christentum zu Hause ist. Man nannte sie Gegenreformation. Urheber dieser weltweit wirksamen religiösen Bewegung gegen das Luthertum war ein Baske: Ignatius von Loyola. Er entfesselte in der stagnierenden Romkirche neue Glaubenskräfte.

Die von Kaiser Karl erstrebte Einheit im Glauben war gescheitert. Resigniert legte er die Krone nieder, indem er sein Riesenreich in zwei Hälften teilte: sein Bruder Ferdinand herrschte über Österreich und das Reich, sein Sohn Philipp über Spanien und seine überseeischen Besitzungen, Unteritalien und die Niederlande. Im Jahr des Augsburger Reichstags gab der scheidende Monarch einen Rechenschaftsbericht im Brüsseler Schloß, wobei er stolz seine 23 großen Reisen erwähnte. Dann zog er sich in das Kloster San Geronimo de Yuste in Estremadura, Spaniens Westprovinz, zurück, freilich nicht, wie vielfach angenommen wird, als Mönch. Er liebte weiterhin Tafelfreuden. »Sein Hofmeister warf sich«, so sagt die Chronik, »zwischen seinen Herrn und eine Aalpastete, wie er sich früher zwischen die Person des Kaisers und eine maurische Lanze geworfen hätte.« Karl organisierte in San Yuste ein subtiles Nachrichtensystem, das ihn über die Neuigkeiten des Weltreiches genau unterrichtete. Man nannte das entlegene

Hieronymiten-Kloster darum »die Flüstergalerie der Welt«. Kurz vor seinem Tod inszenierte der Kaiser die Generalprobe seines Begräbnisses. 1558 starb er mit dem Wort »Jesus«.

Gemeinsam mit den spanischen Königen ruht der deutsch-römische Imperator der Reformationszeit in dem von Philipp II. erbauten Escorial, der wie kein anderes Gebäude die kalte und erdrückende Größe des Hauses Habsburg wiedergibt.

NEUNTE REISE:

VON BAYERN NACH FRANKEN

BAYERISCHE HERZOGSSTÄDTE

Als Augsburg, Regensburg, Salzburg schon mächtige Städte waren, lagen auf dem Grund des heutigen München nur ein paar Dörfer, so Schwabing, Giesing, Sendling, und eine Klosterfiliale Tegernsees, »ze den munichen« (zu den Mönchen) genannt. Aus den klösterlichen Ursprüngen erklärt sich das Wappenschild des Mönchs, das später zum Münchner Kindl wurde. Am Ort der Klause errichtete der Welfe Heinrich der Löwe, Herzog von Sachsen und Bayern, 1157 eine Wehranlage, die sich zu einer kleinen Stadt ausweitete. Heinrich zerstörte die isarabwärts gelegene Brücke von Föhringen, das zum Bistum Freising gehörte, und verlegte den Isarübergang nach München. Die Gewalttat hatte einen handelspolitischen Hintergrund, denn dort, wo die Salzstraße Reichenhall–Augsburg die Isar überquerte, konnte man Zoll erheben. Der Bischof von Freising protestierte. Barbarossa schaltete sich als Schiedsrichter ein: die Brücke und damit das Zollrecht verblieb bei München, doch ein Drittel der Einnahmen mußte an Freising abgegeben werden. Kein salomonisches Urteil, möchte man meinen. Aber Heinrich der Löwe war damals noch in der Gunst des Stauferkaisers, während er später bekanntlich in Ungnade fiel und Bayern verlor. München lieferte sein Einnahmedrittel gewissenhaft an Freising ab. In Form einer Pauschalsumme zahlten die Münchner sogar in späteren Zeiten weiter, als es längst keinen Brückenzoll mehr gab. Der zeremonielle Brauch hielt sich bis 1803.

Das von dem Welfen gegründete Urmünchen umfaßte gerade nur den Kern der heutigen Innenstadt, einige hundert Meter um die Frauenkirche. Ostbegrenzung war das Tal-

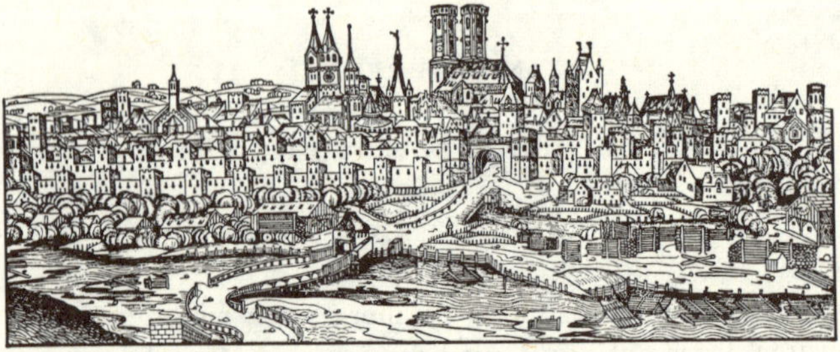

München im späten Mittelalter.
Holzschnitt aus Hartmann Schedels Weltchronik.
Im Vordergrund Isar und Isartor, im Hintergrund die noch unbehelmten Türme der Frauenkirche

brucktor. Von da führte ein Fuhrmannsweg zum Isarufer, wo sich, bei der heutigen Museumsinsel, besagte Brücke befand. Aus dem Fuhrmannsweg wurde bei der Vergrößerung Münchens im 14. Jahrhundert jene Straße, die heute »Tal« heißt. Zur Zeit Heinrichs des Löwen hatte München keinen Residenzcharakter. Die Stadt lebte vom Handel. Zum Fürstensitz stieg sie erst unter den Wittelsbachern auf, die dann bis 1918 eng mit München verbunden blieben und der Isarmetropole jenes Kolorit gaben, das sie bis in unsere Tage auszeichnet.

Die Wittelsbacher gingen aus dem Geschlecht der Grafen von Scheyern hervor. Diese nahmen gleich den Staufern den Namen einer Veste an, der Burg Wittelsbach bei Aichach. Als Heinrich der Löwe das Herzogtum Bayern verlor, folgte ihm, von Barbarossa eingesetzt, Otto von Wittelsbach. Otto war in jungen Jahren als Geisel an den Kaiserhof gelangt und gewann dort die Freundschaft des mit ihm gemeinsam erzogenen Friedrich. Später war er unter dessen Zepter Reichsbannerträger und Gesandter beim Papst. In unwandelbarer Treue hing er dem Stauferkaiser an, auch zeichnete er sich in den Kriegen Barbarossas aus, namentlich in Oberitalien.

Ottos Residenz und damit die erste Herzogsstadt in Bayern

war Kelheim am Zusammenfluß von Altmühl und Donau. Die Stadt ist heute ungefähr die geographische Mitte des Freistaats Bayern. Seine städteplanerische Gestalt verdankt sie dem Sohn Ottos von Wittelsbach, der als »Ludwig der Kelheimer« in die Geschichte eingegangen ist. Ludwig legte auf quadratischem Grundriß ein Straßenkreuz an, so daß die Stadt einem Römerlager glich. Dieser zweite Wittelsbacher Herzog heiratete die Gräfin Ludmilla von Bogen (nördlich der Donau, im Vorland des Bayrischen Waldes) und erbte außer der Grafschaft auch das weißblaue Rautenschild des Geschlechts, aus dem später das bayerische Staatswappen geworden ist. Seinen Sohn Otto vermählte Ludwig mit der Pfalzgräfin Agnes; durch sie fiel die Rheinpfalz an die Wittelsbacher und blieb wittelsbachisch bis 1918. Außer Kelheim gründete der Herzog Landshut, Straubing, Landau an der Isar. Als Krönung seines erfolgreichen Lebens sicherte er für sein Haus die Erblichkeit der Herzogswürde.

Über den gewaltsamen Tod Ludwigs des Kelheimers berichtet die Chronik des nahen Klosters Weltenburg: »Im Jahre 1231, am Fest des hl. Märtyrers Nikodemus, ist Herr Ludwig, Pfalzgraf bei Rhein und Herzog von Bayern, in erbärmlicher Weise an jenem Ort in Kelheim getötet worden, wo jetzt der Altar der Kirche Johannes' des Evangelisten und Johannes' des Täufers steht.« Wie die Chronik weiter mitteilt, schlugen Gefolgsleute des Herzogs den Attentäter sofort nieder. Dies hatte zur Folge, daß man weder die Herkunft des Täters noch die Hintergründe des Mordes aufdecken konnte. Natürlich bildeten sich Legenden. Es hieß, Kaiser Friedrich II. habe den Mörder ausgesandt, um den päpstlich gesinnten Wittelsbacher zu beseitigen. Kaum glaubhaft, da der Staufer im offenen Kampf gegen den Herzog hätte vorgehen können und auch sonst nie zur Methode des Meuchelmordes griff. Außerdem war der Kaisersohn Heinrich (der spätere deutsche König Heinrich VII.) in der Obhut Ludwigs des Kelheimers aufgewachsen.

Die Mordstelle dicht am Donautor war schon früh durch ein Steinkreuz mit Inschrift markiert. Der Sohn des Ermordeten, Otto der Erlauchte, errichtete einige Jahre danach in unmittelbarer Nähe das den beiden Johannes gewidmete Gotteshaus, auf das die Weltenburger Chronik anspielt. Man versetzte das Steinkreuz in eine Chornische, wo es heute noch steht. Das Donautor, vor dem sich der Mord ereignet hatte, ließ Otto zumauern. Kelheim war ihm durch die Bluttat als Residenz verleidet. Er kehrte der Stadt den Rücken und wählte Landshut als neuen Herzogssitz. Kelheim sank herab, Landshut stieg auf, ja es wurde mit der Zeit die größte Stadt Bayerns.

Von der einstigen Bedeutung Landshuts als Residenz der bayerischen Herzöge zeugt noch die Pracht seines Stadtbildes. Eine monumentale, leicht gekurvte Marktstraße, die den Namen »Altstadt« trägt, durchstößt die Stadtmitte, umsäumt von hochgiebligen Patrizierhäusern. Festlicher Mittelpunkt ist die spätgotische Hallenkirche St. Martin mit dem höchsten Backsteinturm Bayerns. Das Giebelfeld des Hauptportals hält ein selten dargebotenes Motiv fest: den Opfertod Christi und dessen unblutige Wiederholung im Meßopfer. Im Innern des Gotteshauses ragen in rascher Abfolge schlanke Achteckpfeiler zum Netzgewölbe der Decke auf. Hans Leinbergers Madonna, Fürstin und Bäurin zugleich, ist der kostbarste Schatz St. Martins, Zeugnis des »weichen Stils«, der die Spätgotik südlich der Donau kennzeichnet, doch auch in Böhmen zu Hause ist. Man hat Hans Leinberger zeitweise mit dem Breisacher Meister H. L. gleichgesetzt, doch dies stellte sich als Irrtum heraus; die Formsprache des oberrheinischen Bildschnitzers ist bewegter, manieristischer, nahezu »gotisches Barock«.

Über Landshut thront noch immer beherrschend und behütend die alte Herzogsburg Trausnitz, aus deren Frühzeit der Bergfried (Wittelsbacher Turm) und die Burgkapelle erhalten sind. Als das bayerische Herzogtum 1253 durch Erbteilung in Bayern-Landshut und Bayern-München zerfiel, blieben die Burg und die zu ihren Füßen liegende Stadt Machtmittelpunkt des niederbayerischen Teilherzogtums. Trotz des verkleinerten Territoriums war die Hofhaltung aufwendig und glanzvoll genug, vor allem im 15. Jahrhundert, als die »reichen Herzöge« über Bayern-Landshut herrschten. 1475 richtete Herzog Ludwig der Reiche seinem Sohn Georg jene Prunkhochzeit aus, die als »Landshuter Fürstenhochzeit« Ruhm gewann. Als größtes historisches Fest Deutschlands wird sie heute noch alle paar Jahre nachgestaltet; drei Tage lang finden Aufzüge, Festspiele und Turniere statt.

An Burg Trausnitz bauten die Wittelsbacher noch immer, als Landshut längst aufgehört hatte, Residenz zu sein, weil Bayern-Landshut an Bayern-München fiel. Aus dem 16. Jahrhundert stammt der ausgedehnte Erweiterungsbau des Schlosses mit seinem berühmten Laubenhof. Edelleute, gravitätisch und in spanischem Habit, bevölkern en fresco die Festsaalwände, während sich an der sogenannten »Narrentreppe« Figuren der Commedia dell'Arte tummeln, lebensgroß und lebensecht.

Mit der Erbteilung von 1253 begann Münchens große Stunde. Ludwig der Strenge (der Onkel Konradins von Staufen) wählte als erster oberbayerischer Teilherzog die Stadt an der Salzstraßenbrücke als Residenz. Sein Sohn, gleichfalls ein Ludwig, errang 1314 die deutsche Königs- und später die Kaiserkrone. Als »Ludwig der Bayer« ist er eine Figur gesamtdeutscher Geschichte, einer der beiden deutsch-römischen Imperatoren, die Bayern gestellt hat. Der Dichter Uhland hat ihn zum Helden eines epischen, gänzlich undramatischen Bühnenstücks gemacht.

LUDWIG DER BAYER

Ludwigs Biographie ist ohne den großen Atem einer nach Verwirklichung trachtenden Idee oder eines zu dramatischen Höhepunkten führenden Lebenskampfes. Allerdings war der

Kaiser auch zu ungeeigneter Zeit geboren. Die Suggestivkraft des universalen Kaisertums hatte sich mit dem Untergang der Staufer verbraucht. Das Wort Friedrichs II. »Uns, den der Kaiserkrone Glanz umstrahlt« galt kaum mehr für Ludwig. Die Bedeutung des jeweiligen Kaisers war nach Friedrichs Tod durch die Zeitumstände zurückgeworfen auf die Person, ohne die Aureole, die das Amt verlieh.

So diente Ludwigs ganze Energie der Selbstbehauptung und der Mehrung seines Hausbesitzes, nicht der Behauptung des Reichs oder der Verfechtung eines zentralen, über Bayern hinausgreifenden Konzepts. Der Wittelsbacher im Kaiserornat stritt erst gegen Rivalen der eigenen Dynastie, dann gegen die benachbarten Habsburger; es war mehr Gezänk als Krieg. Friedrich der Schöne, ernsthaftester Gegenspieler Ludwigs des Bayern und zugleich dessen Vetter, erstrebte ebenfalls die Krone und war zeitweise deutscher Gegenkönig. In fast komödiantischer Situation wurde Ludwig in der richtigen Krönungsstadt, nämlich Aachen, mit falschen Kroninsignien, orniert, während Friedrich der Schöne in der falschen Stadt, nämlich Bonn, die richtigen Insignien empfing. Während der zuständige Kirchenfürst, der Erzbischof von Köln, die Krönung Friedrichs vollzog, setzte der nicht zuständige Erzbischof von Mainz dem Bayern die Krone aufs Haupt.

Die beiderseitige Krönung war die Kampfansage; der Streit der Kronrivalen nahm seinen Fortgang, bis Ludwig den Habsburger bei Mühldorf 1322 schlug; es war der größte militärische Triumph des Wittelsbachers und zugleich die »letzte Schlacht des Mittelalters«, denn von da an kämpfte man, wenn auch ohne große Effektivität, auch mit Feuerwaffen. Nennenswerter als die Schlacht selber ist das Finale, ein spätmittelalterliches Happy-End von anekdotischem Reiz. Friedrich, in Haft, erhielt Urlaub auf Ehrenwort, um in Wien seinen Bruder Leopold zu überreden, die habsburgische Gegnerschaft gegen den Wittelsbacher einzustellen. Leopold dachte nicht im entferntesten daran. Friedrich ging darauf brav in die

Gefangenschaft zurück. Ludwig war darüber so gerührt, daß er den schönen Vetter umarmte; aus Feindschaft wurde Freundschaft, wenigstens eine Zeitlang.

Kaiser Ludwig regierte trotz aller Rückschläge und Niederlagen, ja ungeachtet des aus Avignon ausgesandten päpstlichen Bannstrahls, 33 Jahre, für jene Zeit eine lange Frist. Mächtig griff er als Mehrer seiner Hausmacht ins Reichsgebiet hinein. Als das Haus Askanien in Brandenburg erlosch, zog er das Herzogtum als Reichslehen ein und übertrug es seinem Sohn Ludwig. 1342 verheiratete er diesen mit der grundhäßlichen Margareta Maultasch und gewann damit außer der Grafschaft Tirol die für die Italienpolitik wichtige Schlüsselposition der Alpenpässe. Lion Feuchtwanger hat die Heiratsgeschichte in seinem Roman über die »häßliche Herzogin« zu einer bösen Zeitsatire gestaltet. Durch eigene Heirat gewann Ludwig der Bayer danach Holland, Friesland, den Hennegau. Bayern war damals die stärkste Territorialmacht Mitteleuropas – ein unbestreitbarer Erfolg, doch dienlich dem Hause Wittelsbach und nicht dem Reich. Und letzten Endes auch den Wittelsbachern nur bedingt, denn im Vertrag von Pavia 1329 zerfiel das Hausimperium wieder durch Erbteilung. Die Nachkommen von Ludwigs Bruder Rudolph erhielten die Rheinpfalz, womit die Spaltung Wittelsbachs in zwei Linien begann – erst Kurfürst Karl Theodor vereinigte wieder beide Gebiete. Bald nach dem Tod Ludwigs des Bayern gingen auch Brandenburg, die Niederlande, Tirol verloren, und als mächtige Konkurrenten drangen Habsburg und Luxemburg vor, die nun anstelle des Hauses Wittelsbach die Könige und Kaiser stellten.

Als einzige bleibende Leistung Ludwigs des Bayern kann man den Ausbau der bayerischen Herzogsstadt München verbuchen. Da der Herzog zugleich König und Kaiser war, verfügte er über die nötigen Mittel, seiner Residenz die äußere Würde der Hauptstadt eines Imperiums zu geben. Er schuf einen zweiten Mauerring, weiter ins bayerische Land hinausgreifend als das Stadtgemäuer Heinrichs des Löwen. Noch heute zeichnet sich der Verlauf der Steinumgürtung Ludwigs deutlich im Stadtbild ab: vom Odeonsplatz über Maximiliansplatz und Karlstor zu Sonnenstraße und Sendlinger Tor. Auf der »Tal«seite schob sich die Herzogsresidenz bis zum Isartor ans Flußufer heran. Durch Salzprivilegien stärkte Ludwig der Bayer Münchens Wirtschaftskraft. Die Bedeutung der mittelalterlichen Fernstraße hatte noch zugenommen. Täglich rollten 20 schwere Salzfuhren über die Holzbrücke, welche die Isar bei München überspannte, und nur über diese Brücke durfte Salz befördert werden.

Ludwig der Bayer starb als Kampfnatur, die er zweifellos zeitlebens war. Eine Bärenjagd in Fürstenfeld war die Endstation seines kaiserlichen Lebens. Während des Jagdgeschehens traf ihn unvermittelt der Schlag.

IM SCHATTEN DER FRAUENKIRCHE

Bayern und zumal München bewahren dem umstrittenen Kaiser einer Übergangsepoche ein ehrendes Andenken. Die vielleicht bedeutsamste Weihestätte der bayerischen Hauptstadt ist Ludwigs Grabmal im Dom zu Unserer Lieben Frau, kurz »Frauenkirche« genannt. Der Kenotaph aus schwarzem Marmor stammt aus der Werkstatt Hans Krumpners und war 1622 von Herzog Maximilian I., einem der Akteure auf der Bühne des 30jährigen Kriegs, in Auftrag gegeben. Das monumentale Gehäuse bedeckt die vom ursprünglich spätgotischen Grab allein übriggebliebene Deckplatte, auf welcher der bayernstämmige Cäsar idealisiert und sicher nicht porträtnah abgebildet ist; zu seinen Füßen versöhnen sich seine unmittelbaren Nachkommen, die Herzöge Ernst und Albrecht II. – ein historischer Vorgang, der uns in Straubing plastisch vor Augen tritt. Da man die Grabplatte schlecht einsehen kann, verwahrt man im Münchner Nationalmuseum einen Gipsabguß. Der Kenotaph, Krumpners Schöpfung, ist nach Innsbrucker Vorbild mit Bronzefiguren ausgestattet: den Herzögen Albrecht V.

und Wilhelm v. (den Vorgängern des Auftraggebers) sowie über Eck vier knienden geharnischten Fahnenträgern und den Allegorien von Weisheit und Tapferkeit, Eigenschaften, die Ludwig dem Bayern nicht abzusprechen sind. Das Grabmonument stand ursprünglich im Hochchor; jetzt erhebt es sich in der südlichen Turmkapelle.

Als die Frauenkirche 1468/1488 von Jörg Ganghöfer in der heutigen Form anstelle einer Marienkapelle errichtet wurde, überragte sie an Ausmaß bei weitem Umfang und Rang der Herzogsresidenz. Jetzt noch, nach der Zerdehnung des modernen München, dominiert sie mit ihren »feinpatinierten Dickschädeln« (Josef Ruederer) im Stadtbild. Sie steht, wuchtig und wesentlich, fest auf dem bayrischen Boden, fast den kargen Raum sprengend, den man ihr im Stadtareal belassen hat. Sofort fällt die Verwandtschaft zu St. Martin in Landshut auf: ein spätgotisches Bauschema, das in Bayern Schule machte. Die sterngewölbte Decke der hochstrebenden Halle ohne Querschiff wird auch hier von Achtkantpfeilern abgestützt; die Seitenschiffe laufen um den Chor herum. In der Gruft der Frauenkirche liegen Bayerns Herzöge nach Ludwig dem Bayern bis Albrecht v. (1579 beigesetzt), ferner der letzte bayerische König Ludwig III. Münchens mächtigstes Sanktuarium ist Metropolitankirche des Erzbistums München-Freising – die einst zerstrittenen Städte bilden jetzt eine gemeinsame Diözese.

Die furchtbaren Schläge des Zweiten Weltkriegs haben große Partien des mittelalterlichen München, der Stadt Ludwigs des Bayern und seiner Nachfolger, in Trümmer gelegt. Bewundernswert, wie man Rettenswertes in die wiedererstellte Innenstadt integrierte und damit etwas von den geschichtlichen Jahresringen der Isarmetropole bewahrte. In Bayerns Städten hat man wie kaum in einem andern Land sorgsame bauliche Operationen durchgeführt, die es zuwege brachten, Tradition am Leben zu halten. In Münchens Stadtkern stehen noch die Türme der ältesten Kirche der einstigen Herzogsresidenz, St. Peters, sowie die drei Stadttore Ludwigs des Bayern, wenn auch in mannigfach gewandeltem Kleid; noch zeichnen sich auch die mittelalterlichen Straßenfluchten ab, vor allem das breite »Tal« zwischen Marienplatz und Isartor.

Im Jahre 1506 kam die Wiedervereinigung der Teilherzogtümer zu einem einzigen Herzogtum zustande, das ganz Altbayern umfaßte. Das Datum gab den Anstoß zu reicher Bautätigkeit, die, Ausdruck der neuen Macht des Landes, bis zu Barock und Rokoko anhielt. Die gotische Veste, Sitz der Herzöge im späten Mittelalter, erfuhr ihre Renaissance-Ausweitung durch Bau des Antiquariums, des Grottenhofs, der Residenz. Das Rokoko stiftete eine Reihe von Prunkräumen und das Cuvillié-Theater bei. Die kammerspielhafte kleine Hofbühne konnte in einen Tanzsaal verwandelt werden, indem man durch unterbödigen Mechanismus Zuschauerraum und Szene auf gleiche Ebene hob. Der Außenbau fiel dem Krieg zum Opfer; die gottlob evakuierte goldverbrämte Inneneinrichtung fügte man später original in die Residenz ein.

Das schönste Beispiel des Münchner Barock ist die Theatinerkirche beim Odeonsplatz (1663 bis 1675) mit Fassadentürmen und Vierungskuppel; Vorbild war Sant' Andrea della Valle in Rom. Im rechten Seitenschiff der Kirche ruht der Wittelsbacherkönig Maximilian II., in der Gruft unterm Hochaltar Karl VII., der zweite der beiden Kaiser aus dem Hause Wittelsbach (1742 bis 1748). Der Theatiner-Orden aus dem 16. Jahrhundert besteht heute nur noch in Italien und Mexiko.

ISAR-ATHEN

Unter Max Joseph, dem aus dem Haus Pfalz-Birkenfeld stammenden Nachfolger des kinderlos verstorbenen Karl Theodor, war Bayern als Satellit Napoleons Königreich geworden; der tüchtige Minister Montgelas, aufgeschlossen für neue, aus dem Westen kommende Ideen, schuf einen modernen Staat. Max Josephs Sohn Ludwig war sich der Rangerhöhung seines Hauses, dem der Reichsdeputationshauptschluß 1803 reichen Gewinn gebracht hatte, wohl bewußt. Er empfand sie als Verpflichtung. Noch als Kronprinz wollte er München »zur ersten Stadt Deutschlands« machen.

Ludwig hatte erfüllte Jugendjahre im Kreis der »Deutschrömer«, einer romantischen Malergruppe, in Rom verbracht; nach späterer Aussage seine schönsten Jahre. Nazarenische Kunstauffassung, ein wenig Boheme, Castelli-Wein und genialische Attitüde beflügelten ihn. Er wurde selber zum »Deutschrömer«, das lag im Zeitalter des Klassizismus ohnehin nahe; der Philhellenismus, den die fast gleichzeitige Befreiung Griechenlands vom türkischen Joch in Europa weckte, kam hinzu. Der bayrische Thronfolger, den ein zeitgenössisches Bild im Kreis fröhlicher Zecher in einer offenen römischen Trattoria zeigt, lernte am Tiber den gleichfalls für alles Antike empfänglichen Architekten Leo von Klenze kennen. Er nahm ihn als »Münchens Schinkel« mit an die Isar.

Und nun folgte unter der baulichen Regie Klenzes und des später hinzukommenden Gärtner, aber immer bei Mitsprache Ludwigs, die Ausgestaltung Münchens zur Stadt des Klassizismus: jenes Stils, der heute noch die bayerische Hauptstadt vor jedem anderen prägt. Welch ein Glück, daß Ludwig I. und nicht Ludwig II. in München städteplanerisch zum Zuge kam! Nicht daß der erste Ludwig intelligenter, künstlerisch begabter gewesen wäre, aber seine Baufreudigkeit fiel eben doch noch in eine Epoche, die eines Stiles fähig war, des letzten gültigen vor dem Ausbruch des Stilwirrwarrs der Eklektizisten. Das spätklassizistische Kleid steht München hervorragend. Nannte man Berlin »Spree-Athen« und München »Isar-Athen«, so trifft die Bezeichnung auf die bayerische Königsstadt viel eher zu. Man könnte aber auch von einem »Isar-Rom« oder einem »Isar-Florenz« sprechen. Schon der Himmel ist südlicher, ein Hauch von Mittelmeer meldet sich an, atmosphärisch so stark wie der Föhn, der gelegentlich von Süden her die Stadt überfällt.

Man stellt es sich heute kaum mehr vor: das ganze Gelände nördlich des Odeonsplatzes, wo nachher die »Ludwigsstadt« emporwuchs, war in den ersten Jahren des Königreichs noch freies Feld wie im Mittelalter; damals war es Vorgelände des Stadtgemäuers. Da konnte der Bayernkönig mit seinen Helfern von Grund auf neu planen und die Vision der Antike verwirklichen auf bayerischem Boden, ohne auf überkommene Baufluchten und Besitzverhältnisse achten zu müssen, fast im Sinne einer der modernen Reißbrettstädte. Das Gerüst des Grundrisses bildeten kraftvolle, geradlinige Straßenzüge, die Briennerstraße zumal, die als ehemalige Diplomatenstraße zum Königsplatz mit den Propyläen und den Museumstempeln führt, und dann, bezeichnender noch für das klassizistische Konzept, die nach dem König genannte breite, repräsentative Ludwigstraße. Nicht der einzelne dieser kastigen Bauten, die lange gerade Schatten werfen, ist nennenswert, sondern die Gesamtkomposition der mit dem Lineal gezogenen, nicht mit Raum geizenden Feststraße, die an beiden Enden klar begrenzt ist durch Siegestor und Feldherrnhalle. Mit dieser, der vergrößerten Loggia dei Lanzi in Florenz (1376), sowie manchem palazzo-artigen Gebäude der Ludwigstraße, beschwor der König Renaissance. Für das weiträumige Bauvorhaben steuerte Ludwig 20 Millionen Gulden aus der königlichen Schatulle bei. Erst schwebte ihm ein 1000 m langer Saalplatz vor, von antiken Säulenhallen flankiert, doch Klenze überzeugte ihn, daß dies fehl disponiert sei für eine Stadt von Beamten und Bürgern. All die Bauten jener Epoche, von der Universität bis zum Königsbau, von den Pinakotheken bis zum Opernhaus, fügten sich zum Gesamtkunstwerk einer Stadt, und eben dies war Ludwigs zur Verwirklichung drängende Passion.

Seine Passion war auch Lola Montez, von Ludwig »Lolinde« genannt, angeblich eine spanische Tänzerin, in Wahrheit die blauäugige Tochter eines schottischen Offiziers. Mit 26 war sie an die Isar gekommen, der König war damals 60.

Sturm auf das Palais der Lola Montez in München.
Zeitgenössische Darstellung

Er schenkte ihr ein Haus in der Barer Straße und nahm sie gelegentlich mit auf Reisen. Ludwig soll ihretwegen den Thron verloren haben, was wiederum nicht stimmt. Gewiß, in den Tagen des Vormärzes haben Münchner Studenten die Wohnung der Favoritin zertrümmert, worauf der Monarch die von ihm begründete, nach ihm benannte Universität schließen ließ. Doch Lola Montez hatte München längst verlassen, als es um den König kriselte, es ging um ganz andere Dinge; den König verdroß, daß die Ständeversammlung die Königsmacht beschnitt. Ludwig nannte die Volksunruhen überbetonend »Bastillensturm« und ließ Kanonen vor der Residenz auffahren. Im wittelsbachischen Familienrat entschloß er sich zur Abdankung: »Um nicht Sklave zu werden, werde ich Freiherr.« Nun konnte er seinen Neigungen leben, dieser König, der nie ein eigentlich regierender König war, von dem einer der Marschälle Napoleons gesagt hatte: »Jede kleinste Kirche beschäftigt ihn mehr als der Aufmarsch unserer Détachements.« Weitaus später klagte der königliche Ruheständler allerdings: »Ich habe so gern regiert.«

Doch vorerst konnte sich der Exmonarch eine Kunstreise durch das ersehnte Hellas leisten, als »beurlaubter Stadtbaurat von München«, wie er selbstironisch äußerte. Mit dem befreiten Griechenland stand sein Haus in engem Kontakt. Ludwigs Sohn Otto war von der griechischen Nationalversammlung 1832 einstimmig zum König gewählt worden. Der bayerische Basileus hatte im Besitz der vollen Apanage, mit 3500 bayrischen Begleitern, bei Nauplia die griechische Küste betreten und sich von da nach Athen begeben. Über der Akropolis wehte die blauweiße Fahne. Athen, ein Dorf unter der Türkenherrschaft, erlebte jetzt seine neuzeitliche Auferstehung nach dem Modell von München. Klenze und Gärtner waren auch hier federführend, später kam der Däne Hansen hinzu. Der Königspalast Gärtners, heute als Parlament dienend, beherrscht den Syntagmaplatz, einen der Hauptplätze Athens; es ist ein nobles, schlichtes klassizistisches Gebäude, das ebenso an der Isar stehen könnte.

Die Herrschaft Wittelsbachs in Attika war nicht von ewiger Dauer. Man fürchtete unter dem Himmel Homers die »Germanisierung« Griechenlands. Otto reiste 1862 unterm Gespött der Athener ab, nicht der letzte neugriechische König, der die Krone verlor.

Die Wittelsbacher, die einmal Brandenburg besessen hatten, offenbarten stets eine mit Ressentiments gemischte Liebe zum Norden. Ludwig I. hatte eine protestantische Norddeutsche geehelicht, Theresa von Sachsen-Hildburghausen. Er nannte sie süddeutsch-bürgerlich »Theres«, und er hing an ihr trotz Lola Montez und der Porträts seiner Lieblingsdamen, die er sich von Kurt Stieler hatte malen lassen (dem gleichen Münchner Maler, dem wir das schönste Goetheporträt verdanken). Als aber sein Sohn, der spätere Maximilian II., darum bat, ebenfalls eine Prinzessin aus dem Norden heiraten zu dürfen, seufzte Ludwig: »Noch eine Preußin!«

Maximilian II., der nach dem Tod seines Vaters 1848 den Wittelsbacher Thron bestieg, vollendete die bauliche Neugestaltung Münchens. Sein Werk ist die großenteils neugotische Maximilianstraße, die auf das prunkhafte Maximilianeum hinzielt, mehr Monument als Gebäude; leere Fensterhöhlen durchbrechen die Attrappen der Seitenflügel. Man hat sich ebenso an den Bau als unfehlbar münchnerisch gewöhnt wie an die Bavaria an der Theresienhöhe (die nach Ludwigs I. Gemahlin heißt) und an den Stachus, Münchens verkehrsreichsten Platz, der wiederum bürgerliche Reminiszenzen wachruft: Eustachius Föderl hatte hier gegen Ende des 18. Jahrhunderts eine Schützenwirtschaft unterhalten.

Überhaupt war München trotz allen Wittelsbacherkultes und des höfischen Anstrichs seines Stadtbildes im Grunde stets eine Bürgerstadt geblieben, geprägt durch barocke Katholizität und deftige Diesseitsfreude (sie tut sich namentlich in der typisch münchnerischen »Brotzeit« kund), eine Stadt des Weißbiers und der Weißwürste und der seit 1760 bestehenden »Realen Bierwirtschaft zur alten Hauptwache«, die heute Donisl heißt und morgens um 5 die Tore öffnet.

Münchens ein wenig derbe Bürgerlichkeit hatte nie die Verbindung zur bajuwarischen Umwelt aufgegeben, aus der die Stadt Kräfte gewinnt. Sie ist stets die ländlichste, die landbezogenste der deutschen Großstädte gewesen. Das kommt in dem nicht gerade freundlichen Wort vom »Millionendorf München« zum Ausdruck.

Daß die in die Moderne hineingewachsene ehemalige Herzogs- und Königsstadt zugleich eine Stadt der Künste ist, verdankt sie außer den Anstößen durch die drei musischen Wittelsbacher des vorigen Jahrhunderts und dem teilnehmenden Engagement des Münchner Großbürgertums den Fremden,

den Wahlmünchnern, die sich an der Isar und im oberbayrischen Voralpenland schöpferisch angeregt fühlten, seien es Wagner, Ibsen, Brecht oder Mann. Die Münchner Zeitschrift »Gesellschaft« löste die Literaturbewegung des Naturalismus aus, die Münchner Zeitschrift »Jugend« gab der Kunstbewegung des Jugendstils den Namen, die Künstlervereinigung »Der blaue Reiter« setzte Signale der neuen Kunst.

DIE BEWEGUNG

Als Friedrich Gärtner 1840 bis 1844 die Feldherrnhalle schuf, ahnte er nicht, daß er ein Bauwerk errichtet hatte, das nahezu hundert Jahre später zum verhängnisvollen Symbol werden sollte. Die Halle öffnet ihre mächtigen Arkadenbögen nach dem Florentiner Vorbild; man sieht auf dem Stufenpodest die von Schwanthaler geschaffenen Sitzstatuen zweier Feldherrn, Tillys (1559 bis 1633) und Wredes (1767 bis 1838), von denen der Münchner sagt, der eine sei kein Bayer, der andere kein Feldherr gewesen.

Die Stufen der Halle stellen ein ideales Podium für Volksversammlungen dar, weil sich der geräumige und doch wie ein Saal in sich geschlossene Odeonsplatz davor ausbreitet und den Blick zur Loggia lenkt. Versammlungen fanden hier vor allem in der turbulenten Zeit der frühen 20er Jahre statt; von einer gibt es ein Dokumentarfoto, auf dem ein recht durchschnittliches Gesicht in der Menge zu sehen ist; mit einem dicken Kreis darum ging das Bild tausendfach durch die Presse. Der Unbekannte in der Menge hat später München einen dubiosen Ruf verschafft als »Hauptstadt der Bewegung«, eben jener Bewegung, die er bald darauf ins Leben rufen sollte. Ebenso münzte er eine ganze Reihe geschichtlicher und kulturgeschichtlicher Persönlichkeiten zu Ur- und Leitbildern oder Vorläufern seiner Bewegung um, mit der sie absolut nichts zu tun hatten, sei es der anonyme Dichter des Nibelungenlieds, der Alte Fritz, Wagner oder Nietzsche.

Der Mann in der Volksmenge des Odeonsplatzes, der damalige »Kunstmaler« Adolf Hitler, hat in München Spuren hinterlassen, dem Ort seiner ersten politischen Wirksamkeit. Die Jugend des geborenen Österreichers erklärt viel, sein gesellschaftliches Außenseitertum in Wien, sein früher Haß gegen Privilegierte, die aus Halbbildung gewonnene Geschichtsphilosophie des Autodidakten, Schützengraben, Gaserblindung, Lazarett und die ersten erfolglosen Jahre des deklassierten Kleinbürgers an der Isar.

München ist damals eine Stadt der Unruhen; der Räteputsch war gerade niedergeschlagen worden. Man debattiert wichtigtuerisch in Zigarettenrauch und Bierdunst an politischen Stammtischen drittrangiger Kneipen, regt sich bramarbasierend auf über den »Schandvertrag von Versailles«, über den »Dolchstoß«, der die Armee 1918 im Westen traf, über »Novemberverbrecher«, »Asphaltjuden«, Schieber, Vaterlandsverräter, Erfüllungspolitiker – Schlagwörter gibt es genug. Es ist die Zeit, in der Agitation und Polemik einen guten Boden finden; man agitiert und polemisiert namentlich in München, und zu den politisierenden Runden gehört auch die einiger nichtssagender Kleinbürger, die sich »Deutsche Arbeiterpartei« nennt, gerade nur 7 Mitglieder, und der angeblich siebente ist jener Exgefreite aus Braunau am Inn, Hitler, der in der bayrischen Hauptstadt beschlossen hat, die Fertigung penetrant naturalistischer Postkartenansichten vom Hofbräuhaus und anderen Stadtmotiven aufzugeben und dafür »Politiker zu werden«. Er wird es dank der Zeitsituation, die Demagogen aufsteigen läßt, dank auch seines Fanatismus, der an Dämonie grenzt, mit dem er auch Gutwillige, bisher Gemäßigte mitreißt. Der Zirkus Krone ist die Arena seiner Demagogie. In der Deutschen Arbeiterpartei, die zur NSDAP (Nationalsozialistische Deutsche Arbeiterpartei) wird, hat er bald das Heft in der Hand. Der vor kurzem noch in spiegligem blauem Anzug, unsicher, unscheinbar, in Nebenzimmern Schwabinger Bierwirtschaften eine halb komische Figur abgegeben hat, gewinnt an Selbstbewußtsein, spürt, wie er ankommt, sogar beim gehobenen Bürgertum, das ihn ernst nimmt und in seine Häuser holt, der Kunstbohemien Ernst Hanfstaengl etwa, der in München etwas gilt.

Der Zollinspektorssohn aus dem Österreichischen zielt aufs Ganze. Er will mit wachsender, doch immer noch lächerlich geringer Gefolgschaft die Reichsregierung stürzen. Immerhin verfügt er über ein Aushängeschild, Ludendorff, der als Mitsieger von Tannenberg 1914 zu einer Art nationalem Mythos geworden ist. Mühelos gehen Hitlers in Hunderten von Redeorgien verbreitete, leicht faßbare und immer »kämpferische« Leitsätze den unzufriedenen, von der Inflation verunsicherten Massen ein. Nach dem faschistischen Vorbild Italiens schafft man Idole, Symbole, Chiffren einer falschen Hoffnung, Uniformen, Standarten, das Hakenkreuz, das keine Neuerfindung ist, sondern sich unzählig an den Stätten alter mittelmeerischer Kulturen findet. Der ungelenke Spießbürger, der aus dem Nichts im brodelnden Kessel München aufgetaucht ist, hat seinen blauen Anzug längst abgelegt, er trägt jetzt Wickelgamaschen, Schlapphut, Reitpeitsche, Windjacke, er ist Leitbild geworden, Bartbürste und Stirnlocke gehören dazu, er wird dieses Image ebensowenig mehr ändern wie die aus falscher Weltsicht geborenen Thesen, deren einige man zu einem »Parteiprogramm« formt.

Im November 1923, fünf Jahre nach der Kapitulation, ist dann die Stunde gekommen, in der er mit seiner Gefolgschaft von Kleinbürgern, Arbeitslosen, Landsknechten, überzählig gewordenen höheren Militärs den Putsch wagt. Am 8. November findet im Bürgerbräukeller eine Großkundgebung der nationalen Verbände statt, fast das ganze Münchner Kabinett ist zugegen. Hitler hofft vergebens, rechtsstehende Kreise an sich zu ziehen. Er erklärt die bayerische und die Reichsregierung für abgesetzt, desgleichen den Reichspräsidenten, und stellt sich selber als künftigen Reichskanzler, Ludendorff als »Kriegsminister« vor – freilich ohne Armee.

Einen Tag später unternimmt Hitler, wiederum nach dem Vorbild des faschistischen Italien, seinen berühmten Marsch durch München. Von Regierungsseite setzt man Landespolizei ein. Bei der Feldherrnhalle kommt es zum Zusammenstoß. Schüsse fegen durch die Residenzstraße, über den Odeonsplatz, die Putschisten werfen sich zu Boden, zwei Dutzend werden von den Kugeln durchlöchert, die übrigen, auch Hitler, entkommen. Zwei Tage später ergreift man den, der sich »Führer« nennt, macht ihm einen vielbeachteten Prozeß und verurteilt ihn zu Festungshaft in Landsberg. In erzwungener Ruhe diktiert er Heß, seinem Sekretär und späteren Stellvertreter, in miserablem Deutsch die »Bibel« der Bewegung mit den Forderungen nach reiner Rasse, nach Lebensraum im Osten, nach Überwindung der Zinsknechtschaft des Versailler Vertrages – ein Buch, das an Auflagenhöhe die richtige Bibel bald übertrumpfen wird.

Vorzeitig entläßt man ihn, indem man ihn nicht ernst nimmt; er steigt wieder ein in das florierende Geschäft der Agitation, zu den Symbolen der Bewegung kommen Lieder (Horst-Wessel-Lied), und Parolen (Deutschland erwache!); die Versammlungen erhalten ein ausgeklügeltes Zeremoniell, das fast zum Ritus wird, mit dem Einmarsch der Standarten der SA (Sturmabteilung), der SS (Saalschutz) und dem Höhepunkt der feierlichen Ankunft des »Führers« zu den Klängen des Badenweiler Marsches.

Die Bewegung hat mit dem 9. November 1923 ihre ersten Märtyrer gewonnen. Hitler errichtet ihnen später in der kalten und harten neoklassizistischen Architektur, die er schätzt, ein Mausoleum am Königsplatz. Dorthin werden die Toten von den Münchner Stadtfriedhöfen umgebettet, ungeachtet der Besorgnis kirchenfrommer Angehöriger, die darin ein Sakrileg sehen. Den Königsplatz bepflastert man mit großen Steinplatten und schafft damit ein nationales Forum. Dort in der Nähe ist auch das Braune Haus, auf dessen Balkon der »Führer« gelegentlich handerhebend erscheint, aber für das

Münchner Volk ist er damals nichts anderes als der »Herr Hitler«.

An der Flanke der Feldherrnhalle, gegenüber der Residenz, wird ein Tag und Nacht von SS bewachtes Mahnmal an die Toten des 9. November angebracht. Jeder, der vorübergeht, muß die Hand zum Gruß erheben, wie man einstmals in den Schweizer Urkantonen den Geßlerhut zu grüßen hatte. Viele, denen es zuwider ist, ziehen es vor, durch einen kleinen Umweg hinterm Preißingpalast der Grußentrichtung zu entgehen.

Um das Jahr 1930 begünstigt die Weltwirtschaftskrise den Aufstieg der Bewegung. Noch immer sind die Reparationen des Ersten Weltkriegs nicht abgeleistet, Millionen finden keine Arbeit, die Reichsregierung ist gezwungen, Notverordnungen zu erlassen, die Reichstagswahlen von 1930 vermehren die Zahl der Sitze der NSDAP von 12 auf 107.

Es gibt noch einige retardierende Momente, Kabinettsintrigen, Propagandatricks, Geheimberatungen, die vor allem auf die Umstimmung des greisen Reichspräsidenten von Hindenburg hinzielen, doch am 30. Januar ist der Tag da, an dem Hitler aus dem Berliner »Kaiserhof«, seinem Hauptquartier, umziehen kann in die benachbarte Reichskanzlei. Ein Fackelzug illuminiert die Ouvertüre der neuen geschichtlichen Ära in einem diktatorisch geleiteten Staat, den man in mythischer Verbrämung »Drittes Reich« nennt, obwohl es weder mit dem Ersten noch dem Zweiten der Struktur nach verglichen werden kann, abgesehen davon, daß die Weimarer Republik auch ein »Reich« gewesen ist, ein Zwischenreich.

Der neue nationalsozialistische Staat war sich des Beifalls des Auslandes gewiß. Kein Diplomat demissionierte. Persönlichkeiten ausländischer Demokratien kamen zu Besuch und hielten wohlwollende Reden. Der neue Kanzler und seine Bewegung standen in der Gunst großer Teile der Auslandspresse. Alles schien in bester Ordnung. Gewiß, es gab Konzentrationslager, doch die hatte das Ausland auch; die in der Sowjetunion waren dem Vernehmen nach schlimmer. Und die erste große Gewalttat machte von sich reden – doch sie war gegen die eigenen Reihen gerichtet: gegen den Stabschef Röhm und seine Anhänger. Entscheidender Schauplatz der Niederwerfung eines angeblichen Aufstands unzufriedener SA-Führer war Oberbayern und zumal München. Man erschoß Röhm in einer Zelle des Zuchthauses von Stadelheim. Eine Monsterrede Hitlers diente als Rechtfertigung für eine Massenhinrichtung ohne Prozeß. Die bürgerlichen Sympathisanten der Bewegung, die das Nationale bejahten, das Radikale ablehnten, sahen in der Blutnacht des Jahres 1934 einen Akt der Säuberung: der Eliminierung destruktiver, gewalttätiger Elemente innerhalb der Partei, und sie glaubten, der Staatsmann in Hitler hätte nun endgültig über den Revoluzzer gesiegt, und nach den Kinderkrankheiten der Bewegung beginne jetzt ein gemäßigter und konstruktiver nationaler Kurs.

Sie irrten sich gründlich. Was folgte, war ein Kalendarium schockierender Ereignisse, freilich auch von Scheinerfolgen – doch im allgemeinen sah, wer sehen wollte, wohin der Kurs hinauslief. Die einzelnen Stationen kennt jedermann: das Ermächtigungsgesetz, die Rheinlandbesetzung, die Wiederbewaffnung, die Nürnberger Gesetze, den Anschluß Österreichs, den Münchner Vertrag, den Einmarsch in die Tschechoslowakei und das Memelland. Und schließlich war jene dramatisch-makabre Stunde des 1. September 1939 gekommen, in welcher der Reichstag zusammentrat und der »Führer« erstmals in Feldgrau erschien. Keine Begeisterung ergriff das Reich wie 1914. Es war die Stunde einer resignierten und dumpfen Schicksalsergebenheit. Hitler erhob seine durch hundert Rundfunkansprachen bekannte Stimme: »Ich habe wieder jenen Rock angezogen, der mir selbst der heiligste und teuerste war. Ich werde ihn nur ausziehen nach dem Sieg oder – ich werde dieses Ende nicht mehr erleben.«

CASTRA REGINA

Bayern schrieb sich früher »Baiern«. Das Ypsilon hat erst der Philhellene Ludwig I. hinzugefügt. Der Name ist von den Bajuwaren abgeleitet, einem germanischen Stamm, der von Böhmen aus die gleichfalls germanischen Markomannen und Alemannen abdrängte. Bajuwaren zogen bis an die Etsch, so daß die Südtiroler enge Verwandte der Bayern sind.

Kein anderer deutscher Stamm hat von den geschichtlichen Anfängen bis an die Schwelle unserer Zeit eine so einheitliche, in sich geschlossene und konsequente Geschichte aufzuweisen; auch nach 1945 ist Bayern als Freistaat in seinen alten Grenzen wieder auferstanden. Ist »deutsch« und »bayerisch« auch kein Gegensatz, so bleibt man doch in mancher Hinsicht gerne unter sich. Der Bayerische Landtag war der einzige, der 1949 das Grundgesetz abgelehnt hat (101 gegen 64 Stimmen). Die Sonderstellung, die Bayern schon im alten Reich und in gewissem Sinne heute noch beansprucht (und die man ihm gelegentlich zum Vorwurf macht), hat historische Wurzeln. Bayern lebt aus einer starken, eigenständigen Tradition.

Die Eigenständigkeit drückt sich im Volkscharakter aus, dessen wesentliche Züge Bodennähe, derber Humor, Bedächtigkeit und Mißtrauen gegen falsche Töne sind. Allergisch ist man gegen Leute die, »g'schwolln« oder »g'schert« daherreden. Auch Bayern können g'schert sein, doch nicht im Sinne von clever, sondern von schlitzohrig gleich den Volksfiguren, die Ludwig Thoma unnachahmlich gezeichnet hat. Daneben sind bei diesem naturnahen Stamm noch Kräfte lebendig, die sich der Ratio verschließen, so daß man zu sagen beliebt, in Bayern sei oft entscheidend, was sich nicht berechnen lasse.

Aventin ist ein bayerischer Chronist des Spätmittelalters. Von diesem ausgezeichneten Beobachter sagte Goethe: »Man kann, ohne ein anderes Buch zu gebrauchen, damit einen trefflichen Menschen heranbilden.« Dieser Aventin hat bereits 1477 ein Porträt seiner Landsleute übermittelt: »Das bayerische Volk ist kirchlich, schlecht und recht, geht und lauft gerne wallfahren, hat auch viele kirchliche Aufzüge, legt sich mehr auf den Ackerbau und die Viehzucht als auf den Krieg, dem es nit sehr nachläuft; bleibt gern daheim und zieht nicht viel zu Feld in fremde Länder; trinkt sehr, macht viel Kinder; ist etwas unfreundlicher und eigensinniger, wie es geht bei Leuten, die nit viel hinauskommen, gern daheim alt werden, wenig Handel treiben und wenig fremde Gegenden heimsuchen.«

Natürlich ist, wenn von Bayern die Rede ist, Altbayern gemeint. Die fränkischen und schwäbischen Landesteile, die erst später zum bayerischen Kern hinzukamen (und sich keineswegs als »Beute« empfinden), haben ihren eigenen, wenn auch stark vom Bayerischen mitgeprägten Charakter. Altbayern zerfällt in Ober- und Niederbayern, in Gebirgs- und in Donaubayern, was im Mittelalter auch politisch durch die Teilherzogtümer zum Ausdruck kam. Doch nicht alle Bayern lebten in früheren Jahrhunderten in Bayern. Das echt bayerische Regensburg war jahrhundertelang reichsunmittelbar und nur dem Kaiser untertan. Die bayerischen Herzöge empfanden die Stadt als Pfahl im Fleisch. Die Souveränität der Handelsmetropole gegenüber dem bayrischen Herzogtum hat wohl Regensburgs Aufstieg mitbestimmt, ihm aber auch viel Ärger eingebracht. Der Herzog hatte die Macht, die Handelsverbindungen der einzigen freien Reichsstadt Altbayerns (und ältesten Deutschlands) jederzeit zu unterbinden, so daß die Regensburger auf ihrem berühmten Zindel (schon Wolfram von Eschenbach rühmte den taftartigen Stoff) sitzenblieben.

Die Stadt am nördlichsten Punkt der Donau hat den letzten Krieg unzerstört überstanden. Sie vermittelt als einzige die Anschauung eines noch vornehmlich gotischen Stadtbildes. Doch auch andere Epochen fanden ihren bis heute sichtbaren Niederschlag, einschließlich der römischen Präsenz am rätischen Limes, der während der Kaiserzeit die Donaugrenze befestigt hat.

Die keltischen Bojer hatten, lange vor den Römern, hier bereits eine Stadt angelegt, die Ratisbona hieß. In Frankreich wird Regensburg heute noch Ratisbonne genannt. Der Gründer der römischen Castra Regina (daraus wurde Reganespurc) war der Kaiser Mark Aurel, eben jener, dessen Bronzebild in Rom auf dem Kapitolshügel steht und von dem der schöne Satz stammt: »Lebe so, als ob jeder Tag deines Lebens dein letzter wäre.« Mark Aurel hat südlich der Donau die Markomannen besiegt und dies in einem »steinernen Kriegsbericht« festgehalten, nämlich auf einer Siegessäule, die sich heute noch im Herzen Roms erhebt, auf der Piazza della Colonna.

Vom markaurelischen Regensburg zeugen Spuren des Praetoriums und die Porta Praetoria, deren Torso als ein Mauerteil des Hotels Bischofshof sich wie ein Schiffsbug vorbuckelt. Stolz auf ihren römischen Ursprung, verwendet die Stadt heute noch das Signum SPQR (Senatus Populusque Ratisbonus).

Wo das Praetorium lag, erhob sich später die Residenz der Agilolfinger, der frühesten bayerischen Stammesherzöge. 788 setzte Karl der Große den letzten von ihnen, Tassilo, in Ingelheim ab und verwies ihn in ein Kloster. Nur einmal durfte er danach noch heraus, um auf dem Reichstag in Frankfurt 794 feierlich auf jeden agilofingischen Anspruch zu verzichten. Die Karolinger übernahmen die Residenz; nach der Teilung des Frankenreiches lenkten die Könige Ostfrankens die Geschicke ihres Reichsteils (des späteren Deutschland) von Regensburg aus, so daß die Donaustadt die erste Hauptstadt des Reiches war.

Einige der ostfränkisch-deutschen Karolinger haben in Regensburg ihre letzte Ruhestätte gefunden: Hemma, die Gemahlin Ludwigs des Deutschen († 876), Arnulf von Kärnten, der Normannenbesieger († 899), Ludwig das Kind, der 18-

jährig verstorbene letzte der Nachkommen Karls des Großen im Ostreich († 911). Die Grabmonumente stehen in der Kirche St. Emmeram, die Karl gegründet hat; ein Barockbild des Kaisers mit goldener Reichskrone befindet sich im Chor. Das Interieur ist von den Brüdern Asam heiter-verspielt ausgestaltet. Über den Scheiteln der Arkadenbögen blicken Regensburger Bischöfe und Äbte des Klosters St. Emmeram in den Kirchenraum, in dem die Töne Weiß, Grau, Rosa vorherrschen. Die bemalte Holzdecke zeigt eine Apotheose des Kreuzes, auf einem Gesims darunter stehen Tröge mit grünbemalten Agaven.

In eines der Klostergebäude ist 1792 die Hofhaltung von Thurn und Taxis eingezogen. Die berühmte Familie spielte nicht nur in Regensburg eine gewichtige Rolle, sondern im ganzen Reich als Besitzerin des Post-Monopols.

Eine regelmäßige Post gab es früher nicht. Wer es sich leisten konnte, hielt sich Boten. Anfänge einer Nachrichtenverbindung kannten außer der Hanse nur die italienischen Stadtstaaten. Ein Norditaliener erhielt auch das erste kaiserliche Postprivileg auf deutschem Boden, Janetto Tassis, dessen Sippe bereits im päpstlichen Botenwesen Erfahrung hatte. Unter dem langlebigen Habsburger Friedrich III. richtete Signor Tassis eine gut funktionierende Postverbindung von Brüssel über Innsbruck und Wien nach Prag ein: für die Kaiserdynastie zwecks Verklammerung ihrer Erblande hochbedeutend. 1525 dankte das Haus Österreich (nicht immer war es undankbar) den Tassis durch Verleihung des Reichsadels. Aus Tassis wurde Taxis, und da man den Adel auch abstammungsmäßig legitimieren wollte, fügte man – obwohl die Verwandtschaft nicht gesichert ist – den Namen des Mailänder Geschlechts della Torre hinzu: Torre heißt Turm (= Thurn). Die Thurn und Taxis wurden schließlich Reichsgrafen und Reichsfürsten. Auf älteren, doch weniger mächtigen Adel schauten sie herab, auch viel später noch, was einen der Herren von Salm-Salm zu dem Ausspruch veranlaßte: »Die Thurn und Taxis haben die Postkutsche gezogen, und wir sind daringesessen.«

Ab Mitte des 16. Jahrhunderts übernahm die Familie die Post gegen Pauschalvergütung in eigene Regie. Man baute das Netz des Postmonopols durch Posthaltereien im Abstand von je 3 Meilen und durch Stafettenpost systematisch aus. Noch heute prangt an manchem alten Haus das fürstliche Wappen der Thurn und Taxis. Zu Beginn des 18. Jahrhunderts waren bereits alle wichtigen Städte des Reichs durch Reitpost und Postkutschen verbunden. Die fürstlichen Posthalter gewannen durch ihr Monopol solchen Einfluß, daß sie auf dem Immerwährenden Reichstag in Regensburg – wir werden noch von ihm hören – von 1748 an den Kaiser vertraten. Dies war der Grund, warum sie von Frankfurt, ihrem letzten Sitz, nach Regensburg umzogen. Dort bauten sie ihre Unterkunft im Kloster St. Emmeram im vorigen Jahrhundert zu einem riesigen Schloß im Stil der Neo-Renaissance aus, das in einem ebenfalls geräumigen Park liegt und Regensburg einen neuzeitlichen Residenzcharakter verleiht. Zwar hat die Einführung der Staatspost das Monopol der Thurn und Taxis längst gebrochen, doch die Fürsten hatten für die Zukunft vorgesorgt; ihre Güter reichen bis Füssen, und gleich dem Fürstenberger Pils in Donaueschingen braut man in Regensburg ein Taxis Pils.

Hat St. Emmeram sein ursprünglich romanisches Gesicht verloren, so bietet St. Jakob noch reine Romanik. Die einzigartige Seitenpforte, genannt Schottenportal, zeigt im Tympanon den lehrenden Christus zwischen Jakob d. Ä. und Johannes. Die Säulen der Leibung sind kerbschnittartig ornamentiert. Der Figurenschmuck beschränkt sich nicht auf das Portal, sondern überzieht auch das seitliche Gemäuer: links Figurationen des Guten, rechts des Bösen, diese von geradezu heidnischer Bizarrerie. Der Dualismus der christlichen Weltvorstellung, der hier zum Ausdruck kommt, fand kurz zuvor sein Gegenstück in der Literatur: in dem in Kloster Tegernsee entstandenen »Spiel vom Antichristen«.

Die Kirche St. Jakob geht auf das 12. Jahrhundert zurück, in dem Regensburg längst nicht mehr gesamtdeutsche Hauptstadt war (wie unter den Karolingern), aber doch immer noch Residenz, nämlich Sitz der welfischen Herzöge von Bayern. Erst der Sturz Heinrichs des Löwen hat diese Epoche der Stadtgeschichte beendet. Die nächste bedeutende Phase, die reichsstädtische ab 1250, brachte der Stadt ihren eigentlichen Wohlstand und machte sie zeitweilig zur volkreichsten Deutschlands. Das gotische Gesicht Regensburgs entstammt hauptsächlich diesem Zeitabschnitt; er bescherte der Freien Reichsstadt das hervorragendste gotische Bauwerk Bayerns, den Dom St. Peter.

Zwar hatte das Bauwerk seinen romanischen Vorgänger, doch von diesem zeugt fast nur noch der Eselsturm am nördlichen Querschiff. Die übrige Baumasse ist fast durchweg Gotik, die Helme der Fassadentürme sind allerdings erst in der Mitte des 19. Jahrhunderts aufgesetzt. Im Innern folgte man französischem Bau-Schema, mit Arkaden, Zwerggalerie und Lichtgaden; nur die Schiffe sind breiter als bei den Kathedralen Frankreichs. Zum ältesten Schmuck des Domes zählen staufische Farbfenster und solche aus der Zeit Ludwigs des Bayern. Die volkstümlichste Skulptur im Dom-Innern ist eine gefaßte Verkündigungsgruppe der Frühgotik: der archaisch lächelnde Engel steht zu der hingabefreudigen Maria (jede Figur lehnt, baldachingekrönt, an einem Pfeiler) in engem Bezug. Die an den romanischen Kreuzgang angebaute Allerheiligenkapelle zeigt eines der seltenen Beispiele noch erhaltenen Fresko-Schmucks in einem Sakralraum der Romanik. Der Domheilige St. Peter, zugleich der Stadtpatron, hat Regensburg das Wappen der sich kreuzenden Schlüssel beschert.

Während der Alte Kornmarkt die früheste Geschichtsepoche Regensburgs, die römisch-karolingisch-welfische, beschwört und der Domplatz die reichsstädtisch-gotische Zeit vertritt, lenkt der Rathausplatz unsern Blick auf die dritte »große Zeit« der Donaustadt: als am Ort unzähliger Reichstage 1663 der »immerwährende« eröffnet wurde, der bis 1806 Bestand hatte.

DER IMMERWÄHRENDE REICHSTAG

Daß man als Tagungsort des permanenten Reichsparlaments die Reichsstadt an der Donau ausgewählt hat, ist kein Zufall. Regensburg war die dem Kaiserhof in Wien nächstgelegene freie Stadt, die gleichzeitig auch von den übrigen Reichsteilen leicht erreicht werden konnte. Da der Religionsproporz in den Jahrzehnten nach dem 30jährigen Krieg noch eine Rolle spielte, war man an einem Ort mit gewisser Ausgeglichenheit der Konfessionen interessiert. Und gerade diese bot Regensburg: die reichsstädtische Bevölkerung hing dem protestantischen Glauben an, doch der Fürstbischof und die drei Reichsabteien St. Emmeram, Ober- und Niedermünster bildeten ein katholisches Gegengewicht.

Ein eigentliches Parlament war der »Immerwährende Reichstag« nicht. Das Volk hatte keine Stimme, und man kannte keine »Abgeordneten« im modernen Sinne. Vertreten waren die drei Reichsstände (hoher Adel, hoher Klerus, Städte) durch 160 »Gesandte«. Jeder Stand konnte Anträge stellen, die nach Einzelberatung innerhalb der Stände zum »Reichsschluß« erhoben wurden. Der Kaiser mußte sein Plazet geben. Umgekehrt bedurften Anträge des Kaisers der Zustimmung des Reichstags; öfter hat dieser sie verweigert. Mit seinem Vetorecht bildete das »Parlament« gegenüber Wien ein selbständiges Organ.

Trotz ihrer Rechte hatte die Regensburger Institution nur geringe Wirksamkeit. Ein umständliches und zeitraubendes Zeremoniell stand einer zügigen Funktion im Wege. Man stritt um die Rang- und Sitzordnung. Der sogenannte Prinzipalkommissar (ein den Kaiser vertretender Reichsfürst) saß auf einem vierstufigen Sitz, während die Vertreter der Kurfürsten zweistufige Sitze einnahmen. Die Gesandten der übrigen weltlichen und geistlichen Fürsten bekamen einstufige Sitze zugebilligt. Bei den geistlichen Fürsten handelte es sich fast ausschließlich um katholische Reichsstände, diese aber wollten unter keinen Umständen die evangelischen Bischöfe von Osnabrück und Lübeck in ihren Reihen aufnehmen, so daß man für diese eine kleine Querbank schuf. Die Vertreter der Städte nahmen auf einer »schwäbischen« und auf einer »rheinischen« Bank Platz. Für die Öffentlichkeit räumte man die Emporen ein.

Es muß ein festlicher Anblick gewesen sein, wenn der Kaiser zur Teilnahme am »Immerwährenden Reichstag« (was selten vorkam) in Regensburg einzog. Der Imperator saß zu Pferd oder er benützte eine Sänfte; Ratsherren trugen den kaiserlichen Baldachin mit dem doppelköpfigen Reichsadler und den Wappenbildern der habsburgischen Länder Österreich-Tirol, Ungarn, Böhmen, Burgund, Kastilien-Leon. Die Dokumentation der Reichseinheit im Zeremoniell stellte einen der Positivfaktoren des sonst recht ohnmächtigen »Parlamentes« dar.

Der vielleicht wichtigste Beschluß in den 143 Jahren des »Immerwährenden Reichstags« war seine unterm Druck Napoleons erfolgte Auflösung und die damit verknüpfte Säkularisierung der geistlichen Herrschaften im sogenannten »Reichsdeputationshauptschluß« von 1803. Mit der Vielzahl verweltlichter Territorien belohnte Bonaparte großzügig die mit ihm verbündeten Rheinbundfürsten. Das Ende des »Reichstags« bedeutete auch das Ende des Heiligen Römischen Reichs, dessen Nimbus längst verblichen war, so daß der Spötter Voltaire sagen konnte, es sei weder heilig, römisch noch ein Reich gewesen.

Wie kaum eine andere historische Stätte Deutschlands vermittelt das Gebäude des »Immerwährenden Reichstags« einen unverfälschten Eindruck geschichtlicher Szenerie von überregionalem Rang. Es ist der sogenannte Reichssaalbau, der zusammen mit Altem und Neuem Rathaus eine geschlossene Gebäudegruppe bildet. Wir besitzen Bilddokumente aus verschiedenen Jahrhunderten: zwar hat jede Epoche dem Gebäudekomplex ihre eigenen Attribute aufgezwungen, ihn nach den jeweils gültigen Stilprinzipien »zurechtfrisiert«, doch im Kern blieb die Gebäude-Triade ungeschmälert erhalten bis heute.

Als Mitte der Baugruppe steigt der mittelalterliche Rathausturm empor, der, ursprünglich romanisch, 1360 gotisiert worden ist. Links schließt sich das einst zinnenbewehrte Alte Rathaus mit rückwärtigem Rathaushof an; dieser hieß früher Ungelthof nach dem reichsstädtischen Ungelt, worunter man das dort befindliche Steueramt verstand. Rechts lehnt sich an den Turm die schwere frühbarocke Fassade des Neuen Rathauses an, eines Vierflügelbaus, in dessen Mitte der Neptunhof liegt, mit einem achteckigen Brunnentrog und dem wasserspeienden Gespann des Meergottes.

Der wichtigste Trakt des Rathauskomplexes ist indessen der Reichssaalbau, der mit seiner querliegenden Fassade den Rathausplatz abschließt. Das kompakte Gebäude mit seinen steilen Treppengiebeln besteht aus zwei Geschossen. Das Erdgeschoß diente früher als Ladenfront. Ein fialengeschmückter Erker ruht auf einem Erkerfuß, der einzige Schmuck der Schauseite des Reichssaalbaus. Der Erker gehört zum Reichssaal, der das gesamte Obergeschoß einnimmt. Man gelangt zu ihm durch ein seitliches Stiegenhaus von 1408. Über dem krabbenbesetzten Spitzgiebel des Portals sieht man zwei Kriegsknechte, die sich über Fensterbrüstungen lehnen, der eine hält eine Streitaxt, der andere holt zum Steinwurf aus, als müßten die beiden den Bau gegen einen imaginären Feind verteidigen. Die Figuren versinnbildlichen Schutz und Trutz der Freien Reichsstadt. Im 15. Jahrhundert hatte man am Portalbau die Stadtmaße angebracht, Schuh, Elle und Klafter, die heute noch wahrzunehmen sind.

Der Reichssaal war ursprünglich ein Fest- und Tanzsaal; doch vor seiner Erhebung zum »Plenarsitzungssaal« des Immerwährenden Reichstags hat er auch schon Geschichte erlebt: hier erhob der Habsburger Friedrich III. seine Stimme gegen die Türkengefahr, hier disputierten Melanchthon und Eck, hier verkündete Rudolf II. 1582 den Gregorianischen Kalender, der als letztgültiger den Julianischen ablöste. Die Evangelischen blieben lange Zeit noch beim alten Kalender, da für sie, was vom Papst kam, nicht gut sein konnte.

Der imposante Saal ist von einer mächtigen Decke aus Föhrenholzbohlen frei überspannt, zusammengehalten von einem kräftigen profilierten Mittelbalken mit dem Bildnis St. Peters. Die Decke stammt aus dem Jahre 1408; da man aber auf Dokumentarbildern des 17. Jahrhunderts eine Kassettendecke sieht, wird man annehmen müssen, daß diese, dem Zeitgefühl entsprechend, zeitweise angebracht und später wieder entfernt worden ist. An der Stirnwand des Saales erhebt sich zwischen zwei Maßwerkfenstern der kaiserliche Baldachin, unter dem sich einst der Thron befand; an seiner Stelle steht ein Lehnsessel von 1664 mit dem Reichsadler. Gleich Paneelen sind an der rechten Längswand Gobelins flandrischen Charakters ausgehängt. Über der Fensterfront der linken Längswand breitet wieder der doppelköpfige Reichsadler seine Schwingen aus. Die Fahnen, die in den Raum hineinragen, sind ein Geschenk Bernhards von Weimar; während des 30jährigen Kriegs unterstützte die evangelische Bürgerschaft der Reichsstadt den Feldherrn der protestantischen Union mit 12 Kompanien.

An den Sitzungssaal, der den offiziellen Namen »Re- und Correlationssaal« trug, gliedern sich zahlreiche andere Säle und Zimmer an, darunter die Beratungszimmer der Kurfürsten und Reichsstädte, gewissermaßen die »Fraktionsräume« des alten Reichsparlaments. Kein anderes Land mit demokratischen Einrichtungen verfügt über eine derart originale Anschauung eines parlamentarischen Betriebs mit all seinen Erfordernissen aus alter Zeit. In andern Ländern hat man die Parlamentsräume stets den neuen Bedürfnissen angepaßt und demnach umgebaut, während das jähe Ende des Immerwährenden Reichstags das Tagungsgebäude unangetastet und museal bewahrt hat.

Von Regensburgs reichsstädtischer Vergangenheit zeugen im Altstadtbereich noch einige Patriziertürme aus dem 13. und 14. Jahrhundert, die einst Zinnen trugen. Noch zu Beginn des 19. Jahrhunderts zählte man 50 solcher Turmbauten, die sich sicher beim regen Warenverkehr Regensburgs mit den italienischen Handelsstädten von den Geschlechtertürmen der Toskana, etwa San Gimignanos, ableiten lassen. Auf dem schildförmigen Haidplatz steht solch ein Hausveteran, er hat sogar noch seinen Zinnenkranz. Im 16. Jahrhundert galt das trutzige Gebäude, »Haus zum Goldenen Kreuz« genannt, als feudalste Herberge der Freien Reichsstadt, gewissermaßen als »Grandhotel«. Hier nahm Karl V. 1546 Quartier, hier begegnete er Barbara Blomberg, die ihm den natürlichen Sohn Don Juan d'Austria gebar.

Der Haidplatz davor wurde hundert Jahre später der Schauplatz eines blutigen Ereignisses in engem Zusammenhang mit Wallensteins Ermordung. Das gewaltsame Ende des Herzogs von Friedland in Eger 1634 war zwar inoffiziell von Kaiser Ferdinand II. beordert und in dessen Sinne, dennoch versuchte der Habsburger, sich auf jede erdenkliche Weise von dem Mord zu distanzieren. Später entdeckte Geheimpapiere beweisen, wie ängstlich der Kaiser die Belohnung der Mörder – sie wurden alle mit Ländereien reich dotiert – vor der Öffentlichkeit kaschierte. Um den nie ganz geklärten »Staatsverrat« des Friedländers als solchen darzustellen, ließ Ferdinand einigen von dessen Anhängern in Regensburg den Prozeß machen. Es war ein Scheinprozeß mit politischem Ziel. Alle Angeklagten wurden freigesprochen außer einem, dem Grafen Hans Ulrich von Schaffgotsch, der zur Erhärtung der Verratsthese herhalten und mit dem Leben büßen mußte. Auf dem Haidplatz in Regensburg fiel sein Haupt.

Nahe bei Regensburg hat wiederum Ludwig I., der Wittelsbacher »Grieche«, seine Spuren hinterlassen. Klenze baute für ihn 1830 die Walhalla, einen pompösen Tempel mit gewaltiger Treppenanlage davor, hoch über der Donau. Ursprünglich sollte das Säulengeviert »Pantheon« heißen; der nachher geläufige Name stammt von dem Historiker Johannes von Müller. Büsten berühmter oder damals berühmter Deutscher sind in der Cella des weißglänzenden Ruhmestempels aufgereiht, der dem »Zeus Pangermanikos« gewidmet ist und sich seither manchen Spott hat gefallen lassen müssen. Metternich, allem Pathos abhold, sprach von einem »Wald von abgeschnittenen Köpfen«, während Stifter bemerkte, man vergöttere hier Tote, die man im Leben gekreuzigt habe. Nur Jacob Burckhardt, obwohl sonst ein kritischer Geist, läßt aus seiner Antiken-Verbundenheit heraus die Walhalla gelten, indem er sie »trotz infamer Treppenmassen einen herrlichen dorischen Tempel« nennt. Als letzte fanden 1973 Jean Paul und Richard Strauss hier ihren Platz.

AGNES BERNAUER

Als mächtige Ost-West-Achse, elegant und kaum merklich gekrümmt, durchzieht ein Straßenplatz die Stadt Straubing. In der Platzmitte steigt, von Anbauten umrahmt, der gotische Stadtturm auf; vom Vorbau blickt die Madonna, in einen Goldmantel gehüllt, zum Platz hinab. Das Motiv des mittelalterlichen Turms nimmt an der Nordseite der Marktstraße das gotische Rathaus auf. Ein Modell Straubings von Jakob Sandtner aus dem Jahre 1568 läßt erkennen, wie wenig sich der Grundriß der Innenstadt geändert hat; der gleiche platzartige Straßenzug, von dem, wie die Gräten eines Donauhechts, die Seitengassen abstehen. Der Straßenplatz in der Mitte des Stadtbildes ist durch den Turm so strikt getrennt, daß er zwei Namen trägt, im Westen Ludwigsplatz, im Osten Theresienplatz. Die Dreifaltigkeitssäule von 1709 sowie

Jakobs- und Tiburtiusbrunnen tragen zum altstädtischen Dekor dieses festlichen Stadtprospektes bei.

Die Stiftskirche St. Jakob zwischen Theresienplatz und Donauknie fällt durch ihren hochstrebenden Turm auf, quadratisch im Grundriß, mit oktogonalem Aufbau und welscher Haube, in der Form eines Lebensbaums. Als Anverwandter der Landshuter Martinskirche ist St. Jakob in Straubing bayrische Backsteingotik, eine Hallenkirche, deren Rundpfeiler machtvoll bis zur gewölbten Decke ragen. Die Kanzel, Marmor und Goldstuck, ist von Ornamenten überschäumt gleich dem Barockinventar spanischer Gotteshäuser. Die Jesuitenkirche in der gleichen Gasse besitzt eine flache Tonnendecke, mit Stichkappen, die mit Frucht- und Laubwerk bebordet sind. Am Chor steht eine gotische Madonna mit Kind; der Baldachin darüber ist so hoch wie die Figurengruppe.

Gesteigertes Barock bietet die Ursulinenkirche der Brüder Asam; Johanna Nepomucena, die Tochter Cosmas Damian Asams, war hier Nonne. Der Innenraum ist breiter als tief; drei gestaffelte Altäre, von torsierten Säulen flankiert, schmükken den Chor. Die Decke ist gemalte Ekstase.

Straubing hieß in der römischen Ära Sorviodurum. 1950 hat man aus jener Epoche Goldmasken für Mensch und Roß gefunden, orientalisch geprägt. Die von Ludwig dem Kelheimer gegründete mittelalterliche Stadt lag, ein Kuriosum, fast ganz auf Augsburger Grund und Boden; Straubing mußte an das Domkapitel der Lech-Metropole Erbpacht zahlen und löste diese erst 1535 ab. Nach dem Tod Ludwigs des Bayern, mit dem Altbayern in Teilherzogtümer zerfiel, war Straubing 1353 bis 1425 eine selbständige Herrschaft, vereint mit dem damals wittelsbachischen Holland. Der Sohn des ersten Herzogs, Albrecht II., starb 1397 auf der Heimreise aus den Niederlanden in Kelheim 30jährig. Beigesetzt ist er in der Straubinger Karmeliterkirche, die neben dem Hochaltar des Dürer-Lehrers Michael Wolgemut (Kreuzigung und Beweinung) und späteren Epitaphien (u. a. Graf von Wernberg, wallensteinisch im Habit) das kunsthistorisch bedeutende Prunkmonument Albrechts enthält, ein einziger geschedkter Porphyrblock, auf dem der Verstorbene gebettet liegt. Er trägt eine kolossale Kopfbedeckung und einen kleinen Spitzbart gleich einem Pharao. Engel halten die Enden des Kissens, in das der Kopf eingesunken ist. Der Schild ist merkwürdig klein. Realistisch ausgearbeitet sind Gurt, Schnalle, Beschläge, alles in Porphyr imitiert. Zu Füßen der Liegefigur beißt ein Hund einen Löwen. Die Karmeliterkirche war in den Jahrzehnten der Straubinger Herzogsdynastie wittelsbachische Hofkirche.

Da der 30jährige Albrecht ohne Nachkommen starb, fiel Straubing an die Münchner Linie des Hauses zurück. Herzog Ernst setzte seinen Sohn, den späteren Albrecht III., als Verwalter des Straubinger Landesteils ein. Wir kennen beide Herrscher von Bayern-München aus Hebbels »Agnes Bernauer«, jenem in drei Monaten ohne Stocken niedergeschriebenen Stück, das den Geist des Mittelalters genial in Szenen faßt, darunter die Regensburger Turnierszene des 3. Aktes, mit der sich an fulminanter Dramatik nur die Apfelschußszene aus Schillers »Tell« messen kann.

Im Augsburger Badhaus hatte der wittelsbacher Prinz den »Engel von Augsburg« erstmals erblickt und sich sofort in die Baderstochter verliebt. Die Quellen bekunden, das Bürgermädchen sei so lieblich gewesen, daß »wan sie roten Wein getrunken het, so het man jeden Wein in der Kel sehen hinabgeen«. Man nimmt an, daß Albrecht sie heimlich geheiratet hat; dafür spricht das fürstliche Anwesen bei Niedermenzing, das er ihr schenkte, sowie der Zuschnitt der Hofhaltung, die er gemeinsam mit ihr im Straubinger Schloß unterhielt.

Herzog Ernst war über die Mesalliance seines Sohns empört. In Regensburg verweigerte er ihm 1434 deshalb den Zutritt zum Turnier. Der Chronist Andreas von Regensburg berichtet, Albrecht sei auf dem Turnierplatz »mit Kolben geschlagen worden«. Dies kann den Ausschluß vom »Buhurten« bedeuten, doch auch, daß Herzog Ernst den Sohn tätlich angegriffen hat.

Mit diesem Tag war das Schicksal des »Engels von Augsburg« besiegelt. Herzog Heinrich von Landshut (einer der bayrischen Teilherrscher) erhielt die Aufgabe, Albrecht zu sich zu laden. Während der Abwesenheit des Prinzen wurde die Baderstochter, wahrscheinlich der Eile wegen ohne Urteil, als Hexe in der Donau ertränkt, nach einer Version in einen Sack gebunden, nach der andern mit Stangen in die Tiefe gedrückt.

Hebbel hat im Agnes-Bernauer-Stoff den Konflikt zwischen Individuum und Gesellschaft gesehen, wobei er die Interessen der Gesellschaft mit dem Begriff »Staatsraison« gleichsetzt. Darum stellte er den Herzog Ernst als nicht unsympathischen Pflichtmenschen dar, für den die gesellschaftliche Ordnung, begründet durch die monarchische Hierarchie und deren Spielregeln, wichtiger ist als das persönliche Glück. Er wollte zeigen, »daß das Individuum, wie herrlich und groß, wie edel und schön es immer sei, sich der Gesellschaft unter allen Umständen beugen muß, weil in dieser und ihrem notwendigen formalen Ausdruck, dem Staat, die ganze Menschheit lebt, in jenem aber nur eine einzelne Seite derselben zur Entfaltung gelangt. Das ist eine ernste, bittere Lehre, für die ich von dem hohlen Demokratismus unserer Zeit keinen Dank erwarte.«

Betrachtet man die historische Wirklichkeit der Agnes-Bernauer-Affäre, so konnte von »Staatsraison« keine Rede sein. Es ging nur um den Herrschaftsanspruch eines relativ unbedeutenden Teilfürsten und dessen Sippe. Wäre der »Engel von Augsburg« am Leben geblieben und Albrecht aus der Erbfolge ausgeschlossen worden, so hätte Bayern nur gewonnen, indem die unselig getrennten Teilgebiete wieder vereinigt worden wären – was dann erst 1506 eingetreten ist.

Riezler, der klassische Historiker Bayerns, urteilt darum

mit Recht: »Lieber als Staatsraison wird man, was Ernst zu seiner Untat trieb, jene Abart des nackten Egoismus nennen, die in dem Schlagwort ›dynastisches Interesse‹ eine verschönernde Hülle sucht.«

Die Gewalttat des Herrschers führte zum Krieg zwischen Vater und Sohn. Herzog Ernst von Bayern-München schickte einen Boten zu Kaiser Sigismund, ihm den Vorfall zu berichten und ihn zu bitten, kraft seiner Autorität Albrecht zu besänftigen. Doch er meldete falsch: Agnes habe Albrecht verhext und dessen Vetter Adolf (der an seiner Stelle den Thron erben sollte) vergiften wollen.

Der Kaiser erreichte, daß Albrecht dem Vater die Hand zur Versöhnung gab. Bereits nach einem Jahr heiratete der Thronfolger Anna von Braunschweig. Im Gegensatz zu Hebbels idealistischer Charakterisierung war Albrecht ein Frauenheld; noch in den letzten Lebensjahren machte in München sein Verhältnis zu einer Kürschnersfrau die Runde. Als Herzog in der Nachfolge seines Vaters tat er sich nicht hervor.

Historisch belegt ist, daß Albrecht und sein reuiger Vater 1435 eine ewige Messe für das Seelenheil der Agnes Bernauer gestiftet haben. Außerdem ließ Herzog Ernst eine Kapelle für sie im Friedhof von St. Peter, im Osten Straubings, errichten. Neben dem geräumigen Schloß, in dem die Baderstochter mit dem Thronfolger gelebt hat, und einem aus Backstein erstellten Turm, in dem sie angeblich gefangensaß, ist die Kapelle die eigentliche Agnes-Bernauer-Stätte, mit einem kleinen Renaissance-Altar und einem Stein, der die Inschrift trägt: »Im Jahre des Herrn 1436 starb am 12. Oktober Agnes Bernauer. Sie ruhe in Frieden.« Der Herzog hatte sich bei der Stiftung des Steins – unklar bleibt, ob Grab- oder Gedenkstein – um ein Jahr geirrt, denn der Mord an Agnes Bernauer fiel in das Jahr 1435.

Einer der Ritter auf seiten des Herzogs Ernst im Konflikt zwischen Vater und Sohn war der Edle von Törring, der auch bei Hebbel auftritt. Ein Nachkomme von ihm, Joseph August

Graf von Törring, hat später neben vielen anderen, schwächeren Poeten den Agnes-Bernauer-Stoff zu einem Stück verarbeitet. Um den Herzog zu entlasten, ließ er einen Bösewicht, den Vizedom von Straubing, den von Ernst inzwischen zurückgenommenen Mordbefehl voreilig ausführen. Die Lektüre von Törrings Historiendrama veranlaßte Hebbel zu seiner eigenen »Agnes Bernauer«.

Straubings Hinterland ist der sogenannte Gäuboden, eine fruchtbare Erde, deren tellurische Mächte in die Stadt, eine ausgesprochene Landstadt, hineinreichen. Man feiert in Straubing das ländliche Gäubodenfest, das ein Oktoberfest im kleinen ist. Die Stadt, die aus dem niederbayrischen Boden ihre Kraft zieht, hat zahlreiche Zelebritäten aufzuweisen. Fraunhofer, Sohn eines Straubinger Glasermeisters, hat die chemische Zusammensetzung der Sonne analysiert und das erste einwandfreie optische Glas im größeren Stück erschmolzen – Voraussetzung für die Konstruktion wirklich brauchbarer Fernrohre. Moritz Rugendas hielt das koloniale Brasilien in berühmten graphischen Blättern fest. Utz Schmiedel (an seinem Haus hängt eine Gedenktafel) war mit dabei, als Mendoza die heutige Hauptstadt Argentiniens gründete; in seinem 1507 veröffentlichten Diarium lesen wir: »Da haben wir eine Stadt gebaut, hat geheißen Buenos Aires, das ist auf deutsch: guter Wind.«

Nördlich der Donau ändert sich die Landschaft, sie beginnt, sich zu Hügeln und zu Mittelgebirgen zu fälteln, wenn der Oberbayer diese Höhen auch kaum ernst nehmen wird. Das sanfte Bergland des Bayrischen Waldes gehört noch, zumindest in den Ausläufern, zum Einzugsgebiet von Straubing. Weiter im Norden zieht sich der Fränkische Jura hin, als Fortsetzung des Schweizer und des Schwäbischen Jura. Zwischen beiden Gebirgen fließt die Vils in die Donau, nahe bei Regensburg. Die größte Stadt, die von der Vils berührt wird, ist Amberg; der Fluß tritt ins Stadtgemäuer ein, durch einen zweiteiligen, brillenförmigen Einlaß, der »Stadtbrille« heißt, und durchmißt dann die ganze Innenstadt. Von Ambergs Vergangenheit zeugen eine hübsche Stadtmauerpartie beim Vilstor, der fast 100 m hohe St.-Martins-Turm und das gotische Rathaus, dessen Giebel durch senkrechte Profillinien gegliedert ist und vor dem eine Terrasse mit durchbrochener Balustrade lagert. Amberg war früher Hauptstadt der Oberpfalz, die, räumlich getrennt, zur wittelsbachischen Kurpfalz zählte. Die Kurfürsten in Heidelberg ließen ihre Erbprinzen in Amberg residieren, das als »Regentenschule« diente; die Oberpfalz war also das »Wales« des kurpfälzischen Thronfolgers.

Das Lebensgefühl des fränkischen »Bayern« unterscheidet sich von dem Altbayerns ebenso wie dasjenige des alemannisch-schwäbischen Baden-Württemberg von dem der fränkischen Landesteile im Norden; die alte fränkische Besiedlungslinie – wenn auch eine fließende Linie – zerteilt Süddeutschland in zwei noch immer wahrnehmbare Hälften. Auch das fränkische Bayern hat seine Freie Reichsstadt von europäischem Ruf – es ist sogar diejenige, die wie keine andere Assoziationen zum reichsstädtischen Mittelalter zuläßt, Nürnberg. Mit keiner Stadt verbinden sich so viele von geschichtlicher und folkloristischer Überlieferung geprägte Bilder und Sinnbilder, sei es die Nürnberger »Eiserne Jungfrau« (ein Folterinstrument, das sich als Fälschung erwies) oder der Nürnberger Trichter, die Nürnberger Spielwaren oder die Nürnberger Lebkuchen; auch die unrühmlichen Reminiszenzen an Nürnberger Gesetze, Reichsparteitage und Nürnberger Prozeß gehören dazu, und schließlich das geflügelte Wort, daß die Nürnberger keinen hängen, sie hätten ihn denn.

»AUGE UND OHR DES REICHS«

Trotz der nahezu vollständigen Zerstörung Nürnbergs im Zweiten Weltkrieg ist die Topographie der Stadt Dürers im

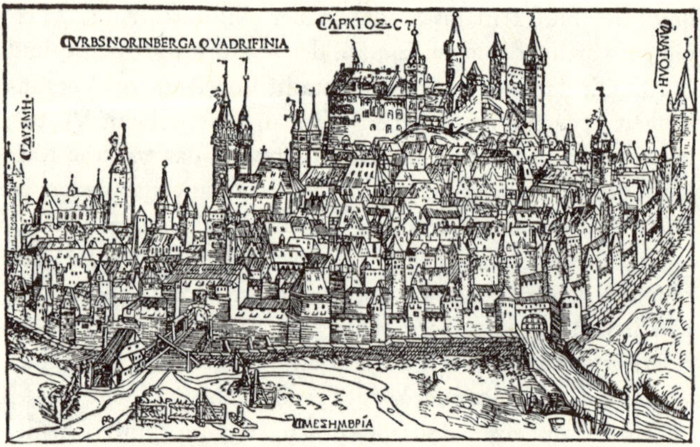

Nürnberg im 15. Jahrhundert.
Anonymer Holzschnitt aus Conrad Celtis'
»Quartuor libri armorum« 1502

sorgsam neugestalteten Areal des alten historischen Bodens leicht zu erkennen. Noch bildet der alte Mauerverlauf der Stadtumgürtung, einschließlich der Wachttürme, eine klar überschaubare Umgrenzung der ehemaligen Freien Reichsstadt, die Dürer als »Auge und Ohr des Reichs« bezeichnet hat. Gleich wenn man den Hauptbahnhof verläßt, hat man einen mächtigen Rundturm mit Kegeldach vor Augen, den Frauentorturm. Als im Winter 1944/45 die Bomben auf Nürnberg fielen und durch Rohrbruch das Wasser durch die halb schon niedergebrannte Altstadt strömte (bald waren bei der Winterkälte alle Straßen Glatteisflächen), diente der mittelalterliche Turm als Luftschutzbunker; das Untergeschoß blieb Frauen und Kindern vorbehalten; alles, was Uniform trug, wurde in das gefährdetere Obergeschoß verwiesen.

Nürnbergs wesentliche Bauwerke lassen sich leicht abschreiten. Sie liegen alle an einer Diagonale (Königstraße-Hauptmarkt-Burgstraße), die vom Frauentorturm zur Burg führt. Die Königstraße, die nach dem Krieg ganz darniederlag, hat mit ihren an die Tradition anknüpfenden, teilweise bemalten Häuserreihen wieder ein Gesicht bekommen, dessen markantestes Profangebäude die auf Arkaden ruhende hochgieblige Mauthalle ist, seit 1572 reichsstädtisches Zollamt. Nur die Frontseite mit dem eigenwillig verschlungenen Blendmaßwerk des Giebels war erhalten geblieben. Bald nach dem Krieg wurde die Mauthalle mit ihren beiden Sandsteingeschossen und den 6 Dachböden wiederaufgebaut.

St. Lorenz, nicht weit davon, ist eine der beiden repräsentativen Bürgerkirchen der Gotik. Der Figurenschmuck der Westfassade hält das Leben Jesu von der Verkündigung bis zum Jüngsten Gericht fest. Die Rosette darüber, Filigran aus Stein, mißt 9 Meter; Straßburg stand Pate. Die Zwickel enthalten Medaillons von Sonne und Mond. Im Hallenchor der Lorenzkirche hängt an eiserner Kette der aus einem Stück Lindenholz geschnitzte riesige »Englische Gruß« des Veit Stoß: Verkündigungsengel und Maria werden von einem Kranz mit sieben Rundbildern umgeben: den sieben Freuden Marias. Die Zahl sieben erscheint im Marienkult öfter; in Italien verehrt man eine Maria mit den sieben Schleiern.

Veit Stoß, der den Englischen Gruß im Auftrag des Patriziers Anton Tucher gefertigt hat, schuf nicht nur Kunstwerke von hohen Graden, er besserte auch Steinstufen aus: noch waren im 16. Jahrhundert Kunst und Handwerk eins, was der Kunst erwiesenermaßen nicht schlecht bekam. Wegen einer Urkundenfälschung, zu der sich der von anderer Seite betrogene Meister im Zorn verführen ließ, mußte Stoß in das berüchtigte Lochgefängnis, ein düsteres, feuchtes Verlies unterm Rathaus, Dokument der drakonischen Gerichtsbarkeit, welche die von rohem Volk reichlich heimgesuchte Reichsstadt für notwendig hielt. Eine Geheimtreppe führte zu den (heute noch betretbaren) unterirdischen Zellen, in denen die Gefangenen in Ketten lagen; einziges Mobiliar waren Pritsche und verdeckter Kübel. Zur Einrichtung des Lochgefängnisses gehörte die Folterkammer. Die Tortur diente den Richtern von damals als legitimes Mittel der Wahrheitsfindung. Sie setzten Daumen- und Beinschrauben ein, den spanischen Bock zwecks Auspeitschens, die Streckleiter, wobei man Steine an die Füße des Delinquenten hängte, jede Art von Feuertortur. Auch Veit Stoß erlitt die Folter, wenn auch auf »sanftere« Art als gewöhnlich: »Item am Montag an St. Barbara, da prennt man dem Veit Stoss durch pede Backen und man hat nie keinen so lind geprennt.«

Was Georg Tucher für Veit Stoß, das war Hans Imhoff für Adam Krafft: Mäzen und Auftraggeber. Glänzend honorierte der 74jährige Ratsherr das Sakramentshaus, das er durch den Bildhauer für die Lorenzkirche anfertigen ließ; es ist das schönste der Welt geworden. Das hochragende, vielfach durchbrochene, figurenreiche Werk der Steinmetzkunst scheint der Materie entrückt. Der Meister selbst und drei seiner Gesellen tragen, in Stein gehauen, das Podest.

Schräg gegenüber von St. Lorenz steht das mehrstöckige Nassauer-Haus, ein patrizisches Turmhaus, wie man ähnliche in Regensburg sieht. Über die Zinnen des Gebäudes legt sich ein Walmdach. Bei der Pegnitz, welche die Altstadt in zwei Hälften teilt, verläßt man die »Lorenzer Stadt«, um in die »Sebalder Stadt« einzutreten, die nach der zweiten gotischen Hauptkirche, St. Sebaldus, heißt. Das Heiliggeisthospital ist über den Fluß gebaut. Es ruht auf zwei Rundbogen gleich der Amberger Brille und läßt das Wasser gemächlich unter sich hindurchfließen.

Die alte Umrahmung des Hauptmarktes ist dem Krieg nahezu total zum Opfer gefallen. Doch wiedererstanden ist die Frauenkirche, wahrscheinlich ein Werk Heinrich Parlers, mit dem berühmten »Männleinlaufen« von 1509 unter der Uhr: die 7 Kurfürsten huldigen Karl IV., dem Bauherrn des Gotteshauses. Der gotische »Schöne Brunnen« ziert den Markt, auf dem man früher zeitweise jährlich die Reichskleinodien ausgestellt hat, und zwar auf dem Heiltumsstuhl, der vor dem Schopperschen Hause stand. Auch veranstalteten hier die

Nürnberger Patrizier ein bürgerliches Turnier, dem Adel abgeschaut und als »Gesellenstechen« bezeichnet.

Vom Hauptmarkt steigt das Gelände nach Norden an, »die Häuser sind auf die Burg zugebaut« – dies fiel schon 1612 Baptist Mondieu, einem französischen Besucher Nürnbergs, auf. Den Rhythmus der bürgerlichen Wohnbezirke zur Veste hin hat Hans Wilhelm Behaim – vielleicht etwas überbetont – dargestellt, als er 1615 Nürnbergs Modell fertigte, eines jener urbanistischen Schauobjekte, wie sie die Renaissance liebte. Die Kirche St. Sebald legt sich beim Gang zur Burg breit in den Weg, eine Hallenkirche, deren Mittelteil noch romanisch ist. Am Außengemäuer zeigt der »Fürst dieser Welt« einen Rücken voll Nattern und Pestbeulen, auch einen Teil des Gerippes, eine Vorstellung, die ähnlich das mittelhochdeutsche Gedicht von der »Frowe Welt« vermittelt. Im Innern der Sebalduskirche beschließen hohe Fenster den gotischen Chor. Im farbigen Glasbild begegnet man Maximilian I., diesmal als ganz jungem Mann, zusammen mit Maria von Burgund. Auch in St. Sebaldus treffen wir auf ein Werkstück von Weltrang: Peter Vischers Sebaldusschrein, ein Messingguß von 1508, der die Gebeine des Heiligen birgt. Hier verbindet sich gleichfalls handfeste Handwerklichkeit mit sublimer Schau, »das Spiel einer Kleinkunst von gewerblicher Emsigkeit lebt mit der Größe der Idee in heilsamem Einverständnis« (Hausenstein). Erst war der Schrein gotisch hochstrebend gedacht, dann drückte ihn die neue Baugesinnung der Renaissance auf die Erde nieder; beide Stile, zwischen denen das Werk zu datieren ist, halten sich die Schwebe. Wic Adam Krafft am Sakramentshaus von St. Lorenz hat sich auch der Erzgießer Vischer zu Füßen seiner Schöpfung abkonterfeit, ein bieder aussehender Werkmeister mit Arbeitskappe, langem Schurzfell und Meißel.

DÜRER, HANS SACHS, BEHAIM

Der führende Name Altnürnberger Kunst ist der jenes Mannes, der das Lebensgefühl und auch die Ängste seiner Zeit, die eine Wendezeit war, im allegorischen Bild festgehalten hat, in der »Apokalypse«, in der »Melancholie«, auch im Gleichnis von Ritter, Tod und Teufel. Nicht weniger als Vischer, Stoß und Krafft hat er sich als Handwerker gefühlt, der minuziös genau seinen Silberstift, sein Stecheisen beherrschte, der schon als 14jähriger sein Antlitz im Spiegelbild scharf beobachtete und aufs Papier bannte, dem später Mutter und Frau die heute unbezahlbaren Blätter auf den Markt trugen, um sie, nicht anders als Hans Sachs seine Schuhe, gegen ein paar Münzen den Leuten in die Hand zu drücken.

Zweimal reiste Dürer nach Venedig, betroffen von einer neuen Wirklichkeit der Kunst, die bereits zwei Jahrhunderte früher, mit Giotto, angebrochen war, ohne über die Alpen zu gelangen. Dürer bewunderte Mantegnas verblüffende Raumtiefe, das Resultat der neu gefundenen Perspektive, Bellinis wiederentdeckte Kunst des Porträts, Tintorettos Beherrschung der menschlichen Anatomie. Als der Nürnberger Meister in sein sprichwörtlich mittelalterliches Haus zwischen St. Sebald und der Nürnberger Burg zurückgekehrt war (man hat es nach dem Krieg wiederaufgebaut), versuchte er, das Erlebte wiederzugeben, ohne daß er im engen Butzenscheibenraum über Modelle verfügt hätte wie die Maestros in Italien; allenfalls waren ihm flüchtige Studien in Nürnberger Badstuben vergönnt. Er bemühte sich um Realität und war doch dem Mystizismus des Mittelalters kaum entronnen, indem er Heilige noch ganz nach dem Duktus der späten Gotik ins Holz schnitt, auf Tafelbilder malte. Dürers Akte sind altfränkisch, oft spröde, ohne die Wärme des Fleisches, ohne die antike Leiblichkeit der Schulen von Venedig und Florenz.

Auch dieser Suchende und unermüdlich Schaffende hatte seinen Mäzen, der ihm Auftraggeber und sogar Freund war:

Pirkheimer. Dürer hat den Patrizier in reichsstädtischer Grandezza gemalt, im prächtigen Gewand des königlichen Kaufmanns, mit jenem Bürgerstolz, der nichts mehr mit dem mittelalterlichen Kollektivbewußtsein zu tun hatte, sondern als Haltung des Individuums hervortrat, ähnlich wie Veronese die selbstbewußten Signori der gleichfalls handelsmächtigen Dogenstadt Venedig sah.

Die Meister der Nürnberger Gilden beherrschten auch die Materie »Wort«, nicht höfisch wie die Minnesänger, sondern ebenfalls als Handwerker, Hans Sachs ist das Beispiel dafür. Die Fastnachtsspiele des von den »Intellektuellen« seiner Epoche kaum beachteten Schneidersohns und Schusters sind in einem Zeitalter, das fast nur in Latein publizierte, das in Deutsch nur Verqueres, mit Bildungsmetaphern Angereichertes lieferte, die einzigen noch heute eingängigen, unprätentiösen Literaturprodukte, Zeugnisse einer bürgerlich-bäuerlichen Humanitas, holzschnittartig, mit der kreatürlichen Lust an der derben Pointe, »Der fahrende Schüler im Paradeis«, »Die ungleichen Kinder Evas«, »Das Narrenschneiden« – dieses Stück hat sehr viel später Goethe in seinem Weimarer Theater auf die Szene gebracht, wie er überhaupt auf den dichtenden Schuhmacher mit Vorliebe zurückgriff, ihm den Knittelvers entlieh; die Frau Marthe im »Faust« ist eine lebensnahe Figur aus dem Repertoire des Hans Sachs, von dem der Weimarer Hofrat sagte: »In Froschpfuhl all das Volk verbannt / das seinen Meister je verkannt.«

Einmal geriet der dichtende Schuhmacher auch mit der Obrigkeit in Konflikt. Diese hielt seine Schrift »Von der Weissagung des Papsttums« für staatsgefährlich. Man gab ihm den Wink, gefälligst »bei seinem Leisten zu bleiben«. Der Rat ließ die Schrift einziehen und einstampfen.

Hans Sachs gehörte zu jener Gruppe von Schreibenden, die sich »Meistersinger« nannten und eine Literaturgattung ihrer Zeit verkörperten, aber auch ein Stück Soziologie: der seiner selbst bewußte Bürger, Ergebnis der Stadtkultur, hat den

Ritter, Ergebnis der Feudalkultur, verdrängt; er ist es, der nun den Zeitstil bestimmt, sein Meistersang löst den Minnesang, sein Wettsingen den Sängerkrieg ab. Doch immer noch ist der feudale Lebensstil das große Vorbild: die Nürnberger »Merker«, welche die strengen »Regeln« des Meistersangs überwachen, lieben es, sich die Namen berühmter Minnesänger zuzulegen. Die Kanzel, von der aus die dichtenden Handwerksleute ihre Kunst darbieten, heißt »Singstuhl«. Sie produzieren Verse nicht anders als handwerkliche Produkte, in einer Beschränkung des poetischen Höhenflugs durch das metrische Gesetz, das Pegasus die Flügel stutzt. Kein Vers darf mehr als 13 Silben haben. »Was sich früher lebendig entwickelte«, meint Uhland zum geschraubten Stil dieser Dichterschulen, »finden wir nun im Zustand der Erstarrung.« So bleibt das Resultat der Meistersinger nur Beckmesserei. Hell und erfrischend unbekümmert wirken neben dem hochgestelzten Wortgedrechsel Hans Sachsens Schnurren, Schwänke, Poeme (er produzierte deren mehr als Schuhe). Erstaunlich, daß man sich damals auch schon an der Pegnitz um »Sprachreinigung« bemühte und ausländische Vokabeln ausmerzte. Das Wort »Nase« empfand man noch als Fremdwort und verdeutschte es in »Gesichtserker«.

Neben den Bastlern des Worts traten in Nürnberg die Bastler einer frühen Technik auf den Plan – einer Technik, lächerlich primitiv verglichen mit dem stürmischen Aufstieg in den letzten Jahrzehnten, aber doch eben der Anfang eines Zeitalters neuer, vom Diesseits gelenkter Denkweisen, Ergebnis der Renaissance, die in einer stagnierenden Welt neue Anstöße gab. Peter Henlein, Hausnachbar Peter Vischers, konstruierte die erste Taschenuhr. Sie kam freilich so teuer, daß nur Hochgestellte sich das »Nürnbergische Ei« leisten konnten. Martin Behaim konstruierte das Astrolabium, Vorläufer des Spiegelsextanten, mit dem man den Standort eines Schiffes auf hoher See bestimmen konnte. Der »Sternaufnehmer« – dies die wörtliche Übersetzung – war bereits in der Antike von Hipparchos konstruiert und von Ptolemäus beschrieben worden. Die Araber übernahmen das Instrument von den Griechen. Im 15. Jahrhundert wurde es von Regiomontanus verbessert. Zwei konzentrische, gegeneinander verdrehbare Kreise sind mit Visiervorrichtung und Gradeinteilung versehen. Erst Behaim hat das Astrolabium für die Seefahrt wahrhaft praktikabel gemacht.

König João II. von Portugal, an dessen Hof Behaim Dienst tat, nahm die Verwendung dieses Instruments so wichtig, daß er den Nürnberger in sein astronomisch-nautisches Gelehrten-Komitee aufnahm. Behaim begleitete den Entdecker Diego Cão 1485 auf zwei Afrikafahrten, die bis zur Kongomündung führten.

Durch die Stadttore Nürnbergs, das Spittler-, Frauen-, Tiergärtnertor, das Neutor und das Laufener Tor, fuhren zur Dürerzeit hochbepackte Wagen, von und nach Venedig, Prag, Amsterdam und anderen führenden Handelsplätzen. In dieser Stadt war Weltweite und altfränkische Enge zugleich. Das Privileg des Handels lag bei den Geschlechtern, die auch den Rat bildeten. Den Nürnberger Handwerkern gelang es nicht, gleich den Augsburgern das Stadtregiment zu erobern oder sich auch nur im Rat Geltung zu verschaffen. Zwar verfügten sie seit 1370 über 8 Sitze (je ein Goldschmied, Metzger, Bierbrauer, Rotgerber, Tuchmacher, Bäcker, Schneider, Kürschner), doch sie wurden vom sehr viel stärker vertretenen Patriziat hoffnungslos überstimmt. Bei der geringen Macht der Gilden gängelten die Geschlechter das Handwerk selbst in Fragen des Metiers. Sie schrieben die Kleider vor (»Es soll fürbaß kein Bürger noch Bürgerin Scharlachgewand tragen«) und reservierten das Tanzvergnügen im Rathaus für ihresgleichen.

Indes, was hinsichtlich einer vernünftigen und gerechten städtischen Ordnung im argen lag, regelte sich im Humanen: in den zahlreichen eng-menschlichen Bindungen zwischen Patriziat und Handwerk. Hier ging der Dichter bzw. Künstler nicht mit dem König, sondern mit dem königlichen Kaufmann, dem Patrizier. Ohne die Pirkheimer, die Imhoff, die Holzschuher sowie deren Bildung und förderndes Kunstverständnis wären auch die großen Meister nicht.

Die Romantik des Mittelalters, für die der Name Nürnberg ein Begriff ist, wurde erst gegen Ende des 18. Jahrhunderts erkannt. Herder brachte Goethe auf den Geschmack des Straßburger Münsters (die Romanik übersahen beide); Wackenroder entdeckte die Stadt an der Pegnitz, die er hymnisch pries. Gotik wurde modern. Zuvor hatte das Wort abschätzige Bedeutung und wurde für alles Ungeformte gebraucht. Daß es keinen festumrissenen Begriff darstellte, ersieht man aus Montesquieus Definition, der als »Style gotique« den Beginn und das Ende einer jeden Kunstepoche bezeichnete. Als charakteristische Merkmale zählte er Steifheit, Härte, fehlende Anmut, geringe Kenntnis der Zeichnung, Mangel an Proportionssinn auf. Die Ägypter seien nicht über das Stadium der Gotik hinausgekommen. Indem Wackenroder die Sinne seiner Zeit für das gotische Mittelalter schärfte, leitete er auch eine ungute Entwicklung ein: den Weg zur Neo-Gotik des frühen 19. Jahrhunderts (die noch anging) und zur Gotik-Inflation der Gründerzeit, die, substanzlos, selbst vor Brauereien und Bahnhöfen, ja vor Bedürfnisanstalten nicht haltmachte.

Wackenroders Nürnberg war eine schöne, romantische, heile Welt, am sinnigsten bei Mondschein zu genießen, als nächtliches Freilichtmuseum. So heil war sie wieder nicht, wir sehen sie heute anders. Um die Gegenseite aufzuzeigen, die viele Facetten hatte, sei der Humanist Konrad Celtis erwähnt, der vom Nürnberger Hochgericht vor dem Frauentor berichtete, daß man bei Wind stets das Aneinanderschlagen der Gehenkten sowie das Krächzen der Raben gehört habe, daß ferner kaum irgendwann Gelegenheit bestanden habe, die Richtstätte auszubessern, weil sie zu jedem Zeitpunkt überbesetzt gewesen sei.

Trotz seines Namens, seiner kulturgeschichtlichen Blüte vor dem Hintergrund gesellschaftlicher Gegensätze – die Historie kam in Nürnberg zu kurz. Keine Belagerung, keine Schlacht, keine Fürstenhochzeit, kein Friedensschluß von Rang verknüpft sich mit der Stadt an der Pegnitz. Als geschichtliche Bühne steht sie Augsburg oder Regensburg entschieden nach, auch wenn Karl IV. 1357 dekretiert hat, jeder neue König habe seinen ersten Reichstag in Nürnberg abzuhalten.

Der »geschichtlichste« Ort ist die Burg, höchster Punkt im Mauerring, ganz im Norden. Sie setzt sich aus drei Gebäudegruppen zusammen, der alten Kaiserveste, der Burggrafenburg und der Stadtfestung, welche die Nürnberger nach Erlöschen der beiden ersten Burgfunktionen und dem weitgehenden Verfall der alten Baumasse errichtet hatten. Vom ältesten Teil, der Kaiserveste, sind ein Fünfeckturm, Teile des Palas und die Kapelle erhalten geblieben.

Seit 1192 residierten die Hohenzollern als Burggrafen in Nürnberg. Das Burggrafenamt war in Reichs- und Bischofsstädten aus dem Amt des königlichen oder bischöflichen Vogts erwachsen. Im Hochmittelalter herrschte zwischen Graf und Bürgerschaft ein gutes Einvernehmen; dies änderte sich seit dem Interregnum. Nun gab es in Nürnberg Gezänk zwischen Burggrafensitz und Rathaus, wie in anderen Städten zwischen Rathaus und Bischofssitz. Die Hohenzollernschen Burggrafen erlebten einen großen Machtzuwachs, als Friedrich III. im 12. Jahrhundert durch Heirat Bayreuth und Kulmbach, Friedrich IV. im 14. Jahrhundert durch Kauf Ansbach erwarben. Von 1417 an war der Burggraf von Nürnberg auch Markgraf und Kurfürst von Brandenburg, da König Sigismund bekanntlich auf dem Konstanzer Konzil Friedrich VI. mit jenem Land belehnte, aus dem später das Königreich Preußen werden sollte. Friedrich VI. nahm als Kurfürst der Mark den Namen Friedrich I. an; seine Belehnung war eines der markantesten Daten deutscher Geschichte, denn damit begann der kometenhafte Aufstieg der neben den Habsburgern mächtigsten und zugleich schicksalsreichsten Dynastie. Friedrich I. residierte, nachdem er das aufsässige Adelsgeschlecht der Quitzows und deren Anhang niedergerungen hatte, vorwiegend in der sandigen Mark. Zwar blieben ihm die fränkischen Landesteile wichtig, doch der Nürnberger Burggrafensitz wurde ihm gleichgültig, so daß er 1427 die kurz zuvor abgebrannte Burganlage an die Bürgerschaft verkaufte. Daß ein erlauchtes Fürstengeschlecht seinen städtischen Edelsitz an die bisher wenig geachteten Stadtbewohner veräußerte, kennzeichnet in grotesker Weise die veränderten Zeitverhältnisse.

1806, als Nürnberg seinen Rang als Freie Reichsstadt verlor, machte es nochmals von sich reden: durch die von dem Buchhändler Palm verlegte Schrift »Deutschland in seiner tiefsten Erniedrigung«. Palm weigerte sich, den anonymen Verfasser zu nennen. Ein Kriegsgericht Napoleons verurteilte ihn in Braunau zum Tode; das Urteil wurde am 26. August durch Erschießen vollstreckt.

ANSBACH-BAYREUTH

Albrecht Achilles, 1414 in Tangermünde geboren, war der dritte Sohn Friedrichs I. Sein homerischer Name zeigt an, daß man in der Renaissance antike Assoziationen liebte. Er war auch seiner Persönlichkeit nach eine Kraftnatur ganz im Sinne Machiavellis. Während sein ältester Bruder das Regiment in der Mark übernahm, residierte Albrecht Achilles seit 1440 in Ansbach; 1460 fiel auch Kulmbach-Bayreuth an ihn. Der Plan des Fürsten, die Stadt Nürnberg zu unterwerfen, scheiterte ebenso wie jener, sich zum Herzog von Franken zu machen. 1470 erhielt er von seinem Bruder, Friedrich II., die brandenburgische Kurwürde und war damit einer der mächtigsten Potentaten des Reichs. Auf der berühmten Landshuter Hochzeit erschien er, allseits bewundert, mit glanzvollem Gefolge, darunter 300 Pferden. Beim Turnier stellte er seinen Mann. Er galt als Hauptstütze des Habsburgers Friedrich III. im Reich und agierte 1478 als Reichsfeldherr in Burgund. Eine Nebenstraße des Kurfürstendamms in Berlin heißt nach ihm.

1473 hatte Albrecht Achilles die beiden fränkischen Fürstentümer durch die Dispositio Achillea (Achilleisches Hausgesetz) zu einer Sekundo-, bzw. Terzogenitur des Kurhauses gemacht. Während der älteste Sohn des Kurfürsten, Johann Cicero, Brandenburg erbte, übernahmen Friedrich und Siegmund die Markgrafschaften Ansbach und Kulmbach-Bayreuth. Johann Ciceros Nachkommen stiegen zu preußischen Königen und zu Kaisern des Zweiten Reiches auf, während die »kleinen Verwandten« im Fränkischen nicht über den Rang von Duodezfürsten hinauskamen.

Dennoch wiesen auch diese Zweiglinien des Hohenzollernschen Hauptstammes nennenswerte Persönlichkeiten auf, die sich vor allem im 18. Jahrhundert als Bau- und Kunstmäzene hervortaten. Bedeutender als die Fürsten waren die fürstlichen Frauen. Die kunstliebende Markgräfin Christine Charlotte von Ansbach ließ 1713 von drei Italienern ein Schloß von ausgewogenen Maßen errichten, viel zu groß für die Verhältnisse der kleinen Markgrafschaft, mit allegorischen Figuren auf dem Dachgesims. Die 25 Prunkräume können besichtigt werden, kein Möbelstück ist verrückt, das Porzellan der Ansbacher Manufaktur scheint unberührt seit dem letzten fürstlichen Gebrauch, man glaubt, die Markgräfin hätte gestern noch bei Kerzenschein ein Fest gegeben.

Wie in vielen alten Residenzen, wirkt auch hier die Stadt wie ein Anhängsel der Schloßanlage, für diese und auf diese zu gebaut. Sie ist etwas verträumt, verwinkelt, museal, mit einem hohen Torturm in der Mitte, der besteigbar ist, zwei Kirchen aus dem Mittelalter (St. Johannes und St. Gumbert) und der klassizistischen St.-Ludwigs-Kirche mit schmucklosen Emporen aus einer Zeit, die sich Schmuck nicht leisten konnte und ihn auch nicht liebte. Im Hofgarten steht ein beschrifteter Stein: »Hier liegt Kaspar Hauser, ein Rätsel seiner Zeit, unbekannt geboren, geheimnisvoll gestorben.« Der Stein erinnert an eine obskure Geschichte aus der Mitte des vorigen Jahrhunderts. Sie hatte damals den Philosophen Feuerbach und in unserer Zeit noch Roman- und Bühnenautoren beschäftigt. Allein bis 1913 hat man 2000 Veröffentlichungen gezählt.

An einem Mai-Nachmittag 1828 meldete sich ein junger Mann auf schwachen Beinen in einer Nürnberger Schuhmacherwerkstatt: er wollte Soldat bei den »leichten Reitern« werden. Der Polizeichef befaßte sich mit dem Unbekannten und registrierte »einen merkwürdigen und in seiner Art einmaligen Fall«. Der Verdacht verdichtete sich, daß der »Findling«, der der Sprache kaum mächtig war, in einem lichtlosen Raum aufgewachsen und hochgestellter Herkunft war; er wies Impfnarben auf, die sich damals nur bei Wohlhabenden fanden. Es hieß, der junge Mann, Kaspar Hauser mit Namen, sei mit dem badischen Thronfolger identisch.

1806 hatte der Enkel des ersten badischen Großherzogs Karl Friedrich, Erbprinz Karl, auf Empfehlung Napoleons (als Rheinbundstaat war Baden Alliierter des Kaisers der Franzosen) Stephanie Beauharnais, die Nichte der Kaiserin Josephine und Adoptivtochter des Korsen, geheiratet. Die Ehe blieb vorerst kinderlos. Nun war der alternde Karl Friedrich in morganatischer Ehe mit einer gewissen Luise Geyer von Geyersberg, späterer Gräfin von Hochberg, verehelicht, die mehrere Kinder gebar; eines von ihnen würde aller Voraussicht nach den Thron erben.

Da brachte 1812 Stephanie doch noch einen Sohn zur Welt. Dieser hatte in der Erbfolge das Erstrecht – Ansprüche der Kinder der Geyersberg gingen dadurch verloren. Kurz darauf hieß es, das Kind sei tot. Der französische Gesandte Graf Nicolay mutmaßte, das tote Kind sei untergeschoben, man habe die Amme in eigentümlichem Dämmerzustand aufgefunden, den Thronfolger halte man an unbekanntem Orte fest. Alexander, das zweite Kind Stephanies, starb mit einem Jahr, angeblich durch »einen schlechten Zahn«. Der kleine Sarkophag

Alexanders befindet sich in der Zähringergruft in Pforzheim. Großherzog Karl, Stephanies Gemahl, starb bald darauf 32jährig, auf ihn folgte sein Bruder Ludwig, auf diesen Leopold, einer der Söhne der Geyersberg, die, wenn die Verdachtsmomente stimmen, das Ziel ihrer Mordintrigen erreicht sah. Die Hochbergsche Linie des Hauses Zähringen war ans Ruder gekommen und herrschte bis 1918.

Zurück zu Kaspar Hauser, dem Findling von Nürnberg, den man unterdessen bei einer Familie in Ansbach untergebracht hatte. Die Stimmen häuften sich, es handle sich um den ersten Sohn Stephanie Beauharnais'; man habe ihn im dunklen Verlies des Mannheimer Schlosses aufwachsen lassen, dort sei er zum Kretin geworden. Kaspar Hauser litt allem Anschein nach unter Verfolgungswahn; er klagte, man trachte ihm nach dem Leben. Bald fand man ihn blutüberströmt im Keller seiner Pflegeeltern. Er kam mit dem Leben davon. Etwas später wurde er durch einen Streifschuß verletzt. 1833 schließlich kam er verstört vom Hofgarten zurück; ein Mann habe mit einem Messer auf ihn gestochen. Tot brach er zusammen – eine Kriminalaffäre des Biedermeier.

Der im Volk geäußerte Verdacht konzentrierte sich auf Major von Hennenhofer als Vollstrecker des Mordbefehls. Merkwürdig genug, daß man nach des Majors Tod 1850 sofort dessen Nachlaß beschlagnahmte. Hennenhofers inzwischen verschwundener Grabstein stand auf Freiburgs berühmtem Alten Friedhof; man las darauf, von unbekannter Hand in Ölfarbe aufgepinselt: »Mörder«. Als zwei Jahre später Großherzog Leopold, der Sohn der Geyersberg, verstarb, hielt er ein Bild des Ansbacher Findlings in Händen.

Prinz Max von Baden, deutscher Reichskanzler nach der Niederlage 1918, äußerte die Absicht, die Überreste Kaspar Hausers in der Pforzheimer Ahnengruft beisetzen zu lassen. Es blieb bei dem Vorhaben, da der Prinz bald darauf zurücktrat und starb.

Residenzluft weht auch in Bayreuth. Hauptstadt der durch das Achilleische Hausgesetz verselbständigten Markgrafschaft Kulmbach-Bayreuth war ursprünglich Kulmbach, doch Markgraf Christian verlegte 1603 seinen Herrschaftssitz in die Nachbarstadt, die nun aufblühte. Die ehemalige »Bayernrodung« (im Wappen sind zwei Rodmesser) ist ähnlich wie Ansbach vom Barock geprägt, namentlich durch die Bautätigkeit des Erbprinzen Friedrich, des »Vielgeliebten«, der ein liebenswürdiger Verschwender war. Die Untertanen mögen unter ihm geächzt haben; wir freuen uns heute, daß in seiner Ära das Neue Schloß, die Eremitage, das Opernhaus (1744/48) entstanden sind. 1731 ehelichte er als Erbprinz die zarte, geistvolle Schwester Friedrichs des Großen, Wilhelmine, die eigentlich erst in die hannoversche Dynastie Englands einheiraten sollte und nun in einer Provinzresidenz »hängenblieb«, worüber die Königstochter (die sich »Königliche Hoheit« nennen ließ) lange nicht hinwegkam. Die drückende Enge, die sie im Bayreuther Milieu empfand, teilte sie in reger Korrespondenz ihrem wesensverwandten Bruder mit; schon den Honoratiorenempfang bei ihrer Ankunft bespöttelte sie, indem sie von den Bayreuther Damen als von »Ungeheuern mit Haarperücken« sprach. Sie versuchte, die fehlende Macht der kleinen Markgrafschaft durch Glanz zu ersetzen, indem sie baute, Bälle inszenierte, ein reiches Theaterleben entfaltete, wobei ihr das von den Brüdern Galli-Bibiena ausgestattete prächtigste Rokoko-Theater auf deutschem Boden der geeignete Rahmen war.

Später wandte sie sich mehr geistigen und musikalischen Interessen zu, komponierte wie ihr Bruder, wechselte Briefe mit Voltaire, neigte zu aufklärerischen Ideen, ohne freilich mit der Religion zu brechen, und verärgerte kurzfristig den ihr innerlich nächststehenden Menschen, ihren Bruder, weil sie aus politischen Rücksichten mit dem Wiener Hof engeren Kontakt pflegte, als es Friedrich in den Jahren des preußisch-österreichischen Konfliktes genehm war. Sie starb 1758, am

Tag der Niederlage des Preußenkönigs bei Hochkirch, so daß sie dessen Triumph am Ende des 7jährigen Krieges nicht mehr erlebte. Friedrich äußerte bei der Todesnachricht: »Das ist der entsetzlichste Schlag, der mich treffen konnte.« Im Park von Sanssouci ließ er ihr einen kleinen Gedächtnistempel errichten, mit der Aufschrift »Wilhelminae Sacrum«. Die Hohenzollerin von Bayreuth ruht, etwas erhöht, zwischen Gemahl und Tochter in der Schloßkirchen-Gruft.

Ein bayrischer Straßenmarkt, die Maxstraße, bildet die Mitte der Residenzstadt, die eintöniger, geradliniger gebaut ist als Ansbach, aber immerhin über die ansehnliche spätbarocke Dreifaltigkeitskirche (mit geschweiften Hauben) verfügt. Was Fremde nach Bayreuth zieht, sind die Wagner-Stätten, Haus Wahnfried, das Festspielhaus, das Haus Siegfried Wagners, wohl auch der reizlose Backsteinbau, in dem Liszt wohnte.

Der »Aufrührer mit dem Samtbarett« (wie man Wagner einmal genannt hat) war bereits 1835 schon einmal flüchtig durch Bayreuth gekommen. Doch der eigentliche Plan, hier eine Kunst- und Kultstätte Wagnerscher Musik zu schaffen, wurde 1870 in Triebschen geboren, wo der Meister mit Frau Cosima kurze Rast fand. Um einen geeigneten Ort auszuwählen, blätterte das Ehepaar im Konversationslexikon; man stieß auf die Markgrafenresidenz; die Konditionen schienen ideal wegen der Abgeschiedenheit, auch wegen des dort befindlichen Theatergebäudes. »Zu unserer Freude«, schrieb Cosima in ihr Tagebuch, »lasen wir darin ein prachtvolles altes Opernhaus aufgeführt.«

Bald erwies es sich, daß das Rokoko-Theater als Festspielhaus kaum in Frage kam. Man bevorzugte ein neues, eigenes Haus. Die hierzu nötigen Mittel schienen unerschwinglich. Vorschläge von anderer Seite: man solle Berlin, London, Chicago wählen – dort wäre die finanzielle Basis vorhanden. Wagner lehnte ab, Bayreuth stand für ihn fest: »Nirgend anders, nur hier!« Der bayerische »Märchenkönig«, Ludwig II., der dem Meister materielle Unabhängigkeit, ja Luxus ermöglicht hatte, war hier wieder der mäzenatische Helfer, ohne den das Festspielhaus-Projekt nicht hätte verwirklicht werden können.

Als sich über dem ersten Teil des »Ring« 1876 erstmals der Vorhang hob, war ein Premierenpublikum zugegen, wie man es kaum je zuvor gesehen hatte: Kaiser Wilhelm I., Kaiser Dom Pedro II. von Brasilien, der König von Württemberg, natürlich auch Ludwig II., der aber am nächsten Tag wieder abreiste, um dem Preußenkönig nicht begegnen zu müssen. Auch viele, die in Wagners Leben eine Rolle spielten, nahmen an der Eröffnung des Wagnerschen Musentempels teil, Mathilde Wesendonk, Liszt, Nietzsche. Zwischen Wagner und dem Autor des »Zarathustra« zeichneten sich erste Unstimmigkeiten ab. Nietzsche legte in Haus Wahnfried, Wagners Bayreuther Domizil, das Triumphlied von Brahms auf das Notenpult des Hausflügels. Wagner faßte dies als eine Andeutung von Kritik auf und warf das Blatt beiseite.

Etwas später kam es in Sorrent zum Bruch. Nietzsche lebte als Gast in der Villa Malvida von Meysenbugs, einer »Künstlerin der Freundschaft«, während sich das Ehepaar Wagner im Hotel Victoria eingemietet hatte. Auf einem gemeinsamen Spaziergang der beiden Freunde, in denen Thomas Mann den ins Europäische übersetzten deutschen Geist gesehen hat, entwickelte Wagner seinen »Parsifal«-Plan, der auf den in Italien gewonnenen religiösen Erlebnissen basierte. Nietzsche, der Freigeist, schwieg, reagierte frostig. Er sah in dem Opernplan plumpen Umfall, Frömmelei und Schauspielerei. Es war die Stunde der Trennung. Die beiden haben sich nach Sorrent nie mehr gesehen. Wagner schritt zu neuen äußeren Triumphen. Nietzsche, kaum in Basel angelangt, eröffnete voll Haßliebe den geistigen Kampf: »Ich kann keine Größe anerkennen, die nicht aufrichtig ist.« Zugleich, des Freundes beraubt, begann der Prozeß der Vereinsamung und der inneren Umnachtung.

Der erste Festspielsommer in Bayreuth war ein Defizit. Es dauerte noch lange, bis die Institution der Wagnerschen Weihestätte endgültig gesichert war und Wagner zum Idol einer ganzen Generation aufstieg, für viele auch zum Ärgernis. »Wer, außer Wagner, hat jemals eine Musik geschrieben«, dies ein Wort des Wagner-Enkels Wieland, »die den Zuhörer so verwandelt, daß er sogar den Inzest, den Ehebruch und den Sohnesmord, wenn wir nur drei Beispiele aus der ›Walküre‹ nehmen, als tragische Notwendigkeit widerspruchslos akzeptiert?«

Das Festspielhaus hat Bayreuth weltberühmt gemacht. Die markgräfliche Herrschaft war längst zerfallen; Napoleon, der Bereiniger der deutschen Landkarte, hatte die Residenz zu Bayern geschlagen. Aber noch immer lebt, selbst vom Festspiel-Rummel nicht überdeckt, das Fluidum des höfischen Rokoko.

BAMBERG UND HEINRICH II.

Das tausendjährige Bamberg, kurz vor der Mündung der Regnitz in den Main, ist alte Kaiserstadt, eng verbunden mit dem Namen des letzten Sachsenkaisers, Heinrichs II., des einzigen heiliggesprochenen deutsch-römischen Imperators, der das Bistum Bamberg gegründet und bis zum Elsaß mit Ländern versehen hat, der sich auch mit Vorliebe in seiner Bamberger Dompfalz aufhielt. Der nicht gerade robuste Sohn Heinrichs des Zänkers wurde 973 laut Aventin in Abbach geboren; die Abbacher sind darum auf »ihren« heiligen Kaiser ebenso stolz wie die Bamberger.

So heilig war Heinrich wiederum nicht. Seine Kaiserpolitik war handfeste Realpolitik. Mit hartem Griff faßte er die – freilich reich dotierten und privilegierten – Kirchenfürsten an, nach seinem Leitsatz: »Wem viel gegeben ist, dem kann viel genommen werden.« Leute aus seiner Umgebung setzte der letzte Liudolfinger – dies der eigentliche Dynastiename –

in die Spitzenpositionen des Reiches ein, wobei er geistliche Ämter bedenkenlos gegen Gebühren vergab – eine Handlung, die später unter dem Namen »Simonie« von der Kurie verdammt worden ist. Auch paktierte Heinrich recht »unheilig« mit den heidnischen Liutizen (den Slawen der Lausitz) gegen die christlichen Polen. Die heidnischen Bundesgenossen durften sogar ihre Götzenbilder in der Schlacht vorantragen. Der Polenkönig verlor in diesem Kampf Böhmen und wurde dem Kaiser lehnspflichtig.

Auch in seiner Italienpolitik setzte sich der Kaiser durch. 1014 empfing er in Rom aus der Hand Benedikts VIII. die Kaiserkrone. Als Verbündeter des Papstes stritt er 6 Jahre danach in Unteritalien gegen Byzanz und eroberte die apulische Stadt Troia. Er unternahm eine Wallfahrt auf den Monte Gargáno, wo er auf dem Bischofsstuhl in der Michaelshöhle von Monte Sant' Angelo, dem ersten und bedeutendsten Heiligtum des Erzengels in Westeuropa, eine lichterfüllte Engelsvision hatte.

Nach dem Aufbruch des Kaisers gelang es dem auf italischem Boden in Defensive befindlichen Ostrom noch einmal, sich zu behaupten, indem die byzantinischen Truppen auf dem gleichen Schlachtfeld von Cannä, wo Hannibal einst die Römer vernichtend geschlagen hatte, die Normannen und den mit ihnen verbündeten aufständischen Melus von Bari, einen Langobarden, 1020 entscheidend besiegten – ein letztes Sich-Aufbäumen Ostroms auf weströmischem Boden, ehe das Normannentum ein neues geeinigtes Süditalien prägte: das Königreich Sizilien.

Der nach der Niederlage flüchtige Melus begab sich nach Bamberg an den Hof Kaiser Heinrichs, um ihn zu einem neuen Vorstoß gegen die balkanische Weltmacht zu bewegen. An der Regnitz freilich starb der Bittsteller unverhofft und wurde 1019 im Dom beigesetzt. Anläßlich der Kaiserkrönung hatte er Heinrich einen kostbaren »Sternenmantel« zum Geschenk gemacht, der sich jetzt in der Dom-Schatzkammer befindet. Auf dem Mantel ist Christus dargestellt, um den die Sternbilder und Bambergs Patrone kreisen. Der Kaiser, der den Mantel Weihnachten 1023 letztmals trug, vermachte ihn dem Dom.

Es wird behauptet, der Mantel stamme von einem Ismael aus Bari. Doch Ismael ist ein islamischer Name; kein Christ hieß so. Undenkbar, daß einer der Sarazenen, die zeitweise die Küste Apuliens heimsuchten, dem christlichen Kaiser ein Krönungsgeschenk übergeben hätte, dazu noch einen Mantel mit christlichen Motiven und zweifellos in Bayern gefertigt. »Ismael« ist niemand anderes als Melus, der langobardische Aufrührer gegen Byzanz, der in Bamberg bestattet liegt.

Heinrich II. starb 1024 in seiner Pfalz Grona bei Göttingen. 15 Jahre später verschied seine Gemahlin Kunigunde in dem von ihr gestifteten Kloster Kaufungen bei Kassel. Nicht nur der Kaiser, auch Kunigunde wurde heiliggesprochen. Das Stifterpaar der Bamberger Bischofskirche ruht in dem von Tilman Riemenschneider geschaffenen Kaisergrab mitten im Dom. Im Auftrag des Fürstbischofs Heinrich Groß von Trokkau hat der Würzburger Meister das Grabmonument von 1513 bis 1533 aus einem Block Solnhofer Marmors hergestellt, mit den Liegefiguren Heinrichs und Kunigundes im Krönungsornat sowie Reliefbildern aus der kaiserlichen Vita: wie St. Benedikt ein Steinleiden Heinrichs heilt, wie Kunigunde die Werkleute der Bamberger Kirche St. Stefan auszahlt, wie der Kaiser auf dem Totenbett sich von seiner Gemahlin verabschiedet, wie der Erzengel Michael die Seele des Kaisers wägt; in der einen Waagschale steht ein Kelch als Sinnbild der guten Taten, während ein Teufel als Sündensymbol die andere belastet.

Das merkwürdigste Reliefbild beruht auf einer Überlieferung der »Legenda Aurea«. Die Kaiserin, im Verdacht der Untreue, mußte sich auf Befehl Heinrichs der Feuerprobe unterziehen, indem sie ein glühendes Eisen betrat – und unversehrt blieb. Daß der Kaiser trotz des grausamen Ansinnens heiliggesprochen wurde, zeigt die ganz andere, in Aberglauben verstrickte Vorstellungswelt des Mittelalters. Friedrich II. verbot zweihundert Jahre später die Gottesurteile, ein Beweis seiner der Zeit vorauseilenden Verstandesklarheit. Im Falle Kunigundes könnte man annehmen, daß der Bamberger Bischof die Feuerprobe manipuliert hat, indem er das Eisen nur scheinbar erhitzte.

Nicht die Zumutung der Feuerprobe, aber doch den falschen Verdacht hat bereits das Mittelalter dem Kaiser angelastet. Wir lesen in der »Legenda Aurea«, der Teufel habe bei der Seelenwägung schon frohlocken wollen, da habe St. Laurentius – auch er hatte ein glühendes Eisen betreten müssen – einen schweren Goldkelch in die Schale der guten Werke geworfen, so daß sie sank. Der um eine Kaiserseele geprellte Teufel habe aus Wut ein Ohr des Kelches abgebrochen. Man wußte, daß Heinrich der Bischofskirche von Eichstätt einen Kelch zu Ehren des hl. Laurentius gestiftet hatte. Nach dem Tod des Kaisers stellte man verblüfft fest, daß einer der Henkel des Gefäßes fehlte.

Außer dem Kaisergrab erinnern zwei Portale des Doms an Heinrich und Kunigunde. Am Adamsportal, so genannt nach den Steinbildwerken des ersten Menschenpaares, waren auch die (inzwischen ins Dominnere versetzten) Statuen des heiligen Kaiserpaares angebracht. An der Marienpforte sieht man beide als Stifterpaar.

Die Heiligsprechung Heinrichs II. 1146 und Kunigundes 1200 im Bamberger Dom waren Ereignisse, deren Feierlichkeit die Stadtchronik hervorhebt. Ebenso vermerken die Annalen, daß der erste Stauferkönig, Konrad III., 1152 im Dom beigesetzt worden ist (sein Grab befindet sich noch in der Krypta des Ostchors), daß 1052, etwa ein Menschenalter nach der Domgründung, Papst Leo IX. festlich in Bamberg einzog – der gleiche Papst, unter dem sich zwei Jahre später das Schisma vollzog – jene Trennung zwischen östlicher und westlicher Christenheit, die heute noch nicht behoben ist. 1208

33 Haus in Eisenach, das Luther als Lateinschüler 1498 bis 1501 bewohnte

34 Denkmal Johann Sebastian Bachs,
von der Stadt Eisenach 1855 zum Gedächtnis
ihres berühmtesten Sohns errichtet

35 Schlafstube im Eisenacher Bachhaus

36 Lutherstube auf der Wartburg,
wo der Reformator sich als Schutzhäftling 1521 bis 1522 aufhielt
und wo er das Neue Testament übersetzte

37 Der Erfurter Dom ist ein frühes Beispiel gotischer Hallenkirchen. Das Sterngewölbe ruht auf hochragenden Achteckpfeilern

38 Der Wittenberger Markt mit dem prachtvollen Bau
des Rathauses aus der Lutherzeit.
Im Hintergrund die spätgotische Schloßkirche,
unter deren Kanzel sich das Grab Luthers befindet.
Auf dem Markt sieht man unter Baldachinen
die Bildwerke Luthers und Melanchthons

39 Der Naumburger Dom weist zwei Chöre
und vier Türme auf. Unter den Stifterfiguren im Innern
befindet sich die Statue Utas von Naumburg,
eines der berühmtesten Zeugnisse romanischer Plastik

40 Halberstadts malerische Altstadt
wurde im 2. Weltkrieg fast total ausgelöscht.
Erhalten blieb der gotische Dom
und daneben das fachwerkgeschmückte Gleimhaus

41 Magdeburger Dom.
Außenansicht des gestaffelten gotischen Chors

42 Kaiser Otto I. und seine Gemahlin
Editha von England.
Sitzstatuen vor ihrer Grabstätte
in der Krypta des Magdeburger Doms

43 Die Dresdener Semperoper, eines der bedeutendsten Häuser
des Musiktheaters, 1838 bis 41 erbaut
nach Plänen von Gottfried Semper.
In dem neuerdings restaurierten Bau erlebten Meisterwerke
von C. M. von Weber, Wagner und Strauß ihre Bühnentaufe.
Auf dem Platz davor das Reiterdenkmal
des Königs Johann V. aus dem Jahre 1889

44 Der 102 Meter lange Gang
mit 22 toskanischen Rundbogen-Arkaden
verband das Dresdener Schloß mit dem Johanneum

45 Groteskfiguren an einem Brunnen des Zwingers, des berühmtesten Bauwerks der sächsischen Hauptstadt

46 Schloß Güstrow in Mecklenburg,
der führende Renaissance-Bau Norddeutschlands

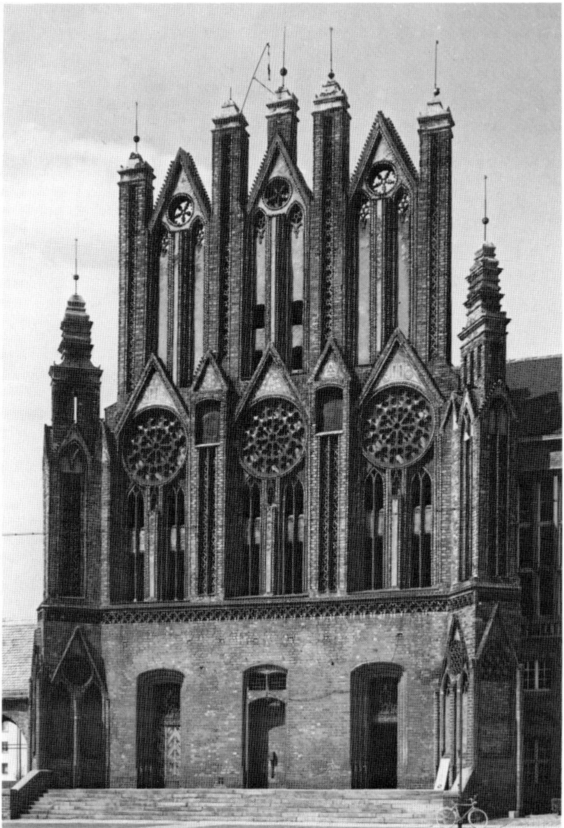

47 Das Rathaus von Frankfurt an der Oder
ist ein typisches Beispiel der hauptsächlich
in Mecklenburg und in der Mark vertretenen Backsteingotik.
Reizvoll die filigranartigen Rosetten
im massiven Mauerwerk

48 Rokoko-Interieur im Potsdamer Schloß Sanssouci

wurde der in der Bamberger Kaiserpfalz ermordete Stauferkönig Philipp von Schwaben in der Bischofskirche beigesetzt, später allerdings nach Speyer umgebettet. Als Mitschuldiger am Mord des Königs galt Bischof Ekbert von Andechs; er geriet deswegen in Reichsacht und wurde erst 1211 rehabilitiert und in sein Kirchenamt wiedereingesetzt.

Dieser Bischof Ekbert hat den kurz zuvor niedergebrannten Dom in der Form wiederaufgebaut, in der er im wesentlichen heute noch vor uns steht, als dreischiffige Gewölbebasilika mit zwei erhöhten Chören. Das Grabmonument Ekberts ist im südlichen Seitenschiff erhalten geblieben, als eines von vielen Bischofsgräbern. Einen der Bamberger Bischöfe hat der Salierkaiser Heinrich III. zum Papst gemacht: Suidger, der als Pontifex den Namen Clemens II. annahm, doch auch in Rom weiterhin seinem Bamberger Episkopat verbunden blieb. Clemens ruht gleichfalls im Dom; sein Grabmonument ist das einzige Papstgrab in Deutschland.

An Innenausstattung gehört die Bamberger Großkirche zu den reichsten des Abendlandes. Neben den Statuen der Ecclesia und der Synagoge (diese ist ikonographisch stets mit Augenbinde dargestellt: blind für Christus) besitzt der Dom den als nationale Symbolfigur etwas abgenutzten Bamberger Reiter aus der Stauferzeit, bald für König Salomo, bald für Philipp von Schwaben oder Friedrich II. gehalten. Veit Stoß ist mit einem Schnitzaltar vertreten, einer Anbetung des Kindes von 1523, zu der ein Engel die Laute zupft.

Vor Jahren stand auf dem Domplatz eine Reiterstatue des bayrischen Prinzregenten Luitpold. Zahllose Besucher richteten ihre Kameras auf den Wittelsbacher – in der irrigen Vorstellung, es handle sich um den Bamberger Reiter. Um dem Irrtum vorzubeugen, hat man das Denkmal entfernt.

Der Bamberger Dombezirk, hoch erhoben über die Stadt, zählt zu den eindrucksvollsten Szenerien kirchenfürstlicher Repräsentanz von einst. Die Alte Hofhaltung bietet sich als ein prächtiger Renaissance-Bau dar, am Ort der großenteils abgerissenen Kaiserpfalz; am »Reichen Tor« lagern Vater Main und Mutter Regnitz, von Wellen umgossen. Auf dem Platz vor der Pfalz erhob sich früher eine Säule, die man als »Nabel des Heiligen Römischen Reiches Deutscher Nation« bezeichnet hatte – der Gedanke des »Nabels« findet sich auch an anderen politisch-geistigen Zentren der Weltgeschichte, in Rom, Jerusalem, Delphi, ja in Cuzco im ehemaligen Reich der Inkas. Die im Barockzeitalter errichtete Neue Hofhaltung wird gewöhnlich Residenz genannt; hinter ihr breitet sich der beliebte Rosengarten mit den Steingöttinnen von Ferdinand Dietz aus.

Die Stadt zu Füßen des Domhügels ist klar getrennt in Insel- und Bischofsstadt. Das Alte Rathaus kennzeichnet die Grenze zwischen geistlicher und bürgerlicher Stadtmacht. Gleich dem Heiliggeisthospital in Nürnberg »schwebt« das Gebäude halbwegs über dem Wasser, von der Regnitz bespült wie ein Schiffsleib, auch eines jener Baudenkmäler, an denen akkumulierend verschiedene Zeiten gearbeitet haben und die dennoch ein in sich geschlossenes Ganzes wurden. Gut vertragen sich das festliche Barocktor, der bugartige Fachwerkanbau, die Rokokofront des Haupttraktes, die Johann Anwander mit heiteren Fresken nach der Flußseite hin bemalt hat. Eine Reihe sich anschließender ehemaliger Fischerhäuser steht im Wasser, so daß man von Klein-Venedig spricht.

Die Bürgerstadt, mit dem Zentrum des geräumigen Maxplatzes, breitet sich zwischen zwei Regnitzarmen aus. In einer der engen Gassen mit ihrem Fachwerk und ihren zahlreichen Madonnen wird in Bambergs beliebtem »Schlenkerla« geräuchertes Bier ausgeschenkt. Am Schillerplatz, dem einstigen Zinkenwörth, wohnte E. T. A. Hoffmann von 1808 bis 1813; im Dachgeschoß zeigt man das Kater-Murr-Fenster. Im »fränkischen Rom« mag sich der Dichter am Biedermeierlich-Verkauzten ebenso erfreut (und manchmal gerieben) haben wie sein Dichterkollege Immermann, der einmal niederschrieb: »Bamberg ist eine Stadt, die steckt voll Raritäten wie die Commode einer alten Großmama, die viel zusammenscharrte.«

DAS MAINDREIECK

Würzburg, Bambergs schwesterliche Bischofsstadt, liegt »amphitheatralisch«, wie es Kleist gesehen hat, zwischen den Mainhängen; Ränge und Logen waren für ihn die Weinterrassen. Da Würzburg über diese unverwechselbare Lage verfügt, konnte es trotz schwerster Wunden leichter als andere, weniger landschaftsgeprägte Städte im alten topographischen Rahmen wiederauferstehen, wie ein neuer Stein in alter Fassung. Die Enge des Talgrundes ließ keine anderen Straßenfluchten zu als die überkommenen. Freilich, gleich nach dem Krieg war der Stadtgrund ein riesiges Antiquitätenlager, jedermanns Zugriff zugänglich; davon mag noch mancher Sandsteinputto zeugen, der in privater Sphäre eine neue Bleibe fand. Das meiste, was an Fassaden stehenblieb, an Trümmerteilen umherlag, konnte, so gut es ging, geborgen und bei der »Montage« des neuen Stadtbildes miteinbezogen werden. Hat sich auch die Moderne in die Altstadt gedrängt, so überrascht dennoch, wieviel Würzburgisches von gestern noch lebendig ist, sei es im Original gerettet, kopiert oder angeglichen.

Breite Anlagen nehmen den Platz des ehemaligen Mauerrings ein, ein Halbkreis, der sich an den Main anlehnt. Mitten in der Altstadt steht der Kiliansdom, nach einem irischen Mönch genannt, der in Franken missionierte. Das Gotteshaus hat im Krieg sein Gesicht verloren, doch es verdient Aufmerksamkeit wegen einiger geretteter Partien, darunter die Schönbornkapelle von Balthasar Neumann sowie die Werke Riemenschneiders, des Bürgers der Stadt: drei lebensgroße Apostelstatuen und die Grabskulpturen zweier Bischöfe verraten den sofort erkennbaren Duktus seiner Kunst.

Das Neumünster schließt sich an den Dom an. In der Gruft ist St. Kilian beigesetzt. Im Kreuzgang, Lusamgärtchen genannt, soll Walther von der Vogelweide bestattet sein; das bezeugte Michael de Leone, Kapitular von Neumünster und bischöflicher Protonotar, im Jahre 1354, also in einer Zeit, die von der Epoche des mittelhochdeutschen Dichters ungefähr so entfernt lag wie für uns der 70er Krieg; da dürften Erinnerungen noch lebendig gewesen sein. Die Kreuzgang-Bögen ruhen auf stämmigen Säulchen, gedreht kanneliert und mit Kerbschnitt-Kapitellen; ein segnender Christus von 1170 entspricht dem ikonographischen Schema der Stauferzeit. Ein moderner Steinblock im Lusamgärtchen hält inschriftlich ein Wort Hugo von Trimbergs, eines jüngeren Zeitgenossen des Dichters, fest: »Her Walther von der Vogelweide, swer des vergaez, der taet mir leide.«

Der populärste Sänger des deutschen Mittelalters verkörpert das Schicksal des Vaganten, dem plötzlich die Gnade der Seßhaftigkeit zuteil wird, im Falle Walthers wahrscheinlich durch die Gunst Kaiser Friedrichs II. Jubelnd rief er aus: »Ich han min lehen«, was so viel heißen könnte wie »Ich habe mein Stück eigenes Land«. Dem Stauferkaiser dankte er mit lobenden Versen. Das gleiche Lob hatte er zuvor auch dem welfischen Antipoden des Staufers, Otto von Braunschweig, gespendet. In einer politisch wirren Zeit predigte er das »maze«, das Maß. Die Stauferepoche, die im wesentlichen durch Mönchschroniken oder kaiserliche Erlasse zu uns spricht, wird von weltlich-privater Seite lebendig. Von Friedrich II., dem meist in Italien lebenden Kaiser, heißt es: »Von Rome vogt, von Pülle künec« – mit »Pülle« ist Apulien gemeint, das hier stellvertretend für das Königreich Sizilien steht; in Foggia in Apulien lag bekanntlich Friedrichs Residenz. Man glaubt, das Lehen, das der Kaiser dem Dichter übereignete, identifizieren zu können, denn 1323 ist eine »curia dicta ze der Vogelweide« in der Nähe von Würzburg urkundlich bezeugt.

Die Geschichte Würzburgs ist großenteils Historie regionaler Fehden, zwischen Bischof und Stadt, zwischen Stadt und umliegenden Feudalsitzen. Kaiser hielten sich gerne hier auf, wohl des Weines und der Landschaft wegen, die Gottfried von Viterbo, Würdenträger Kaiser Rotbarts, ein »irdisches Paradies« genannt hat. Barbarossa würdigte die Bischofsstadt als Ort seiner Eheschließung mit Beatrix von Burgund (1156). Auch legten die Kaiser des Mittelalters mit Vorliebe ihre Reichstage in die Stadt zwischen den bedeutenden politischen Pfeilern Frankfurt und Nürnberg. Auf dem von 1180 setzte Friedrich I. seinen Widersacher Heinrich den Löwen, der die Heeresfolge nach Italien verweigert und damit die Niederlage von Legnano mitverschuldet hatte, als Herzog von Bayern ab, folgenschweres Datum gesamtdeutscher Geschichte.

Ein zweites Mal grub sich der Name Würzburg in die Annalen des Reiches ein, als die Stadt während des Bauernkriegs dem Bischof Konrad verwehrte, in die Stadt einzutreten, um von dort aus gegen die Bauernhaufen zu operieren, die seine Veste Marienberg, am jenseitigen Mainufer, belagernd einschlossen. Unter denen, die gegen den Bischof Partei nahmen, war Tilman Riemenschneider, der Bildschnitzer, der auch in der Stadtpolitik ein Wort mitredete. Er gehörte dem Oberen Rat an und war 1520/21 sogar Bürgermeister. Nach der Niederwerfung der Bauernrebellion saß Riemenschneider als Gefangener auf Burg Marienberg. Man unterwarf ihn der Folter und täuschte, um ihn mürbe zu machen, die Vorbereitung seiner Hinrichtung vor. Wieder entlassen, brachte er kein Werk mehr zustande; die Volkacher Rosenkranz-Madonna war seine letzte Arbeit. Er führte lediglich noch den Auftrag des Frauenklosters von Kitzingen aus, während der Bauernunruhen verstreute Altäre ausfindig zu machen und sinngemäß zusammenzusetzen: eine Vorstufe der Denkmalpflege.

Fällt der Name Würzburg, so denken wir namentlich an Barock. Eng verbunden mit der barocken Ausgestaltung der Stadt ist die Dynastie der Fürstbischöfe von Schönborn. Die mainfränkische Familie stellte zeitweise auch Kurfürsten von Mainz und Bischöfe von Bamberg; einer war Erzkanzler des Reichs. Schönborns leben noch heute in dem von Dientzenhofer am Main errichteten Schloß Pommersfelden. Johann Philipp Franz von Schönborn gab 1709 den Marienberg als fürstbischöflichen Sitz auf, um eine Schloßanlage in der Stadt zu begründen. Ein genialer Architekt stand ihm zur Verfügung: Balthasar Neumann aus Eger, ursprünglich Geschützgießer, dann aber durch die Anregung eines Würzburger Ingenieuroffiziers auf den Geschmack des Bauhandwerks gekommen. Mit einem Würzburger Kontingent war er 1717 bei der Eroberung von Belgrad dabei. Zweiunddreißigjährig wurde ihm der Bauauftrag der neuen Würzburger Residenz zuteil. Der Fürstbischof bezog einen Palast neben der Baustelle, um bei den Bauarbeiten stets zugegen zu sein. Doch deren Ende erlebte er nicht; als er bereits 1724 kaum über 50 starb, stand vom Schloß erst ein Fünftel.

Während Neumann die Pläne entwarf, übernahm Dientzenhofer die Bauleitung. Der dritte große Name, der mit dem schönsten Schloßbau des deutschen Barock in Verbindung steht, ist der des Venezianers Tiepolo, der die weitgespannte, stützenlose Decke des Treppenhauses mit einem 600 Quadratmeter großen Fresko versah; der perspektivisch kühnen Huldigung der irdischen und himmlischen Welt an Fürstbischof Greiffenklau, einen der Nachfolger Schönborns. Tiepolo malte sein eigenes und Neumanns Porträt in die gigantische Komposition hinein. Reichspolitik, historisch und allegorisch, vermittelt des Venezianers Ausgestaltung des »Kaisersaales«. Im Deckenbild führt Apoll auf seinem Sonnenwagen Barbarossa die Braut zu. Die Gewölbefelder der Schmalseiten halten die Kaiserhochzeit von 1156 und die Verleihung der Herzogswürde an den Würzburger Bischof fest.

Würzburger Fürstbischöfe haben auf den weltlichen Rang als Herzöge auch in späteren Jahrhunderten stets großen Wert gelegt. Sie hofften wohl, daß sie als weltliche Herrscher der Auflösung ihres Kirchenfürstentums entgehen könnten, als unter Napoleons Einfluß der Reichsdeputationshauptschluß 1803 die geistlichen Territorien auflöste. Ihre Hoffnung war umsonst. Keine Reichsgewalt bestand mehr, die sich für sie hätte einsetzen können. Würzburg fiel 1814 an Bayern.

Neben der Würzburger Residenz, die Napoleon »das schönste Pfarrhaus in Deutschland« genannt hat, verfügten die Fürstbischöfe über Lustsitze außerhalb der Stadtgrenzen. Der schönste befindet sich in Veitshöchheim, das vom Mainkai aus zu Schiff leicht erreichbar ist. Attraktiver noch als das Schloß ist der von Fürstbischof von Greiffenklau begonnene Rokokogarten, eine akurat abgezirkelte Fläche von Alleen, Rondellen, Heckennischen, Baumgruppen und in der Mitte ein See mit der Felseninsel »Parnaß«, auf der Pegasus sich wasserprustend aufbäumt. Ferdinand Tietz und Johann Peter Wagner haben eine Fülle von Figuren in das Gartenarrangement gestreut, Mythologie, Allegorie, Bizarrerie, Chinoiserie. Veitshöchheim hat auch ein Geschichtsereignis aus der Stauferzeit zu verbuchen. Da Würzburg staufertreu war, wählten die stauferfeindlichen Fürsten hier Friedrichs II. Gegenkönig Heinrich Raspe.

Der südlich von Würzburg nächstgelegene Ort im sogenannten Maindreieck, dort wo Mainfränkisches sich konzentrisch bietet, ist Randersacker, ehemals Eigentum des Domkapitels, am Fuß von Weinterrassen. Aus dem Häusergewirr schaut der spätromanische Pfarrkirchturm. Hier ist das Zentrum des Frankenweins, ein Revier, in dem es wenig Geschichte, geschweige Kriege gab – und doch einen »Krieg« besonderer Art: den Bocksbeutelkrieg. Der Bocksbeutel war bereits 1710 beurkundetes Privileg der Würzburger Fürstbischöfe und ist bis heute geschützte Spezialität Mainfrankens geblieben. Nur Neuweier in Mittelbaden füllt in plattbauchige Flaschen; die fränkischen Winzer müssen es dulden, denn der Ort war Enklave des Würzburger Bistums. Als ein Nachbarort unlängst ebenfalls seinen Rebensaft in Bocksbeutel füllte, prozessierte Mainfranken gegen den »Freibeuter« – und gewann.

In Sommershausen, auch am Maindreieck, steht das Schloß der Schenk von Limpurg, das versucht, sich gegen die Schäden zu wehren, die ihm das Alter zusetzt. Im Torturm des Ortes hat der aus Triest stammende Luigi Malipiero nach dem Krieg das erste Zimmertheater eröffnet, mit rund 50 Plätzen, und damit reüssiert. Ochsenfurt, am Scheitelpunkt des Maindreiecks, verfügt über eine pittoreske Marktstraße, die auf das Rathaus von 1513 zustößt. Die Kunstuhr im Uhrtürmchen zeigt Stunden, Datum und Mondphasen an. Gevatter Tod, unterm Zifferblatt, nickt beim Stundenschlag und dreht das Stundenglas um, während an Miniaturfenstern Bürgermeister und Ratsherren erscheinen, und an der Turmspitze zwei Ochsen mit ihren Hörnern gegeneinanderstoßen. Eine Rathausjungfer weist das Stadtwappen vor.

In Ochsenfurt saß Richard Löwenherz gefangen, während Leopold von Österreich mit Kaiser Heinrich VI. in Regensburg wegen der Auslieferung verhandelte. Als der Staufer bereit war, für den englischen König 100 000 Mark zu zahlen, erfolgte auf dem Regensburger Hoftag die Übergabe. Der Ort der reichsfürstlichen Gewahrsam des englischen Königs heißt in der Chronik »villa quae dicitur Oxefer«. An der Identität Oxefers mit Ochsenfurt ist nicht zu zweifeln.

ZEHNTE REISE:

WESTFALEN UND NIEDERSACHSEN

DAS DAMENSTIFT

Rheinländer und Westfalen führen im gemeinsamen Bundesland heute zwar eine politische Ehe, dennoch unterscheiden sie sich in Physiognomie und Temperament erheblich. Der Rheinländer ist durch seine römischen Ahnen geprägt, die im Schmelztiegel des späten Imperium Romanum mit Ubiern, Tencterern und anderen germanischen Stämmen zusammenwuchsen; die Latinität mag in späteren Jahrhunderten von Westen her mehrfach aufgefrischt worden sein. Am Saum der »nassen« Völkerstraße seßhaft, nahm der rheinische Mensch mit dem Strom stets auch Welt auf. Er ist von schneller Auffassung, wendig, auch clever, mehr urban als rustikal, voll Witz und Mutterwitz. Der Westfale hingegen ist bedächtig, erdschwer, verläßlich, gelegentlich querköpfig. Er hat viel von seiner roten Erde an sich, selbst wo er in Städten lebt. Die Römer hatten das Sauer- und Münsterland nur auf befristeten Stoßtruppunternehmen aufgesucht. Den Anschluß an den Westen fand Westfalen erst, als Karl der Große die Sachsen Widukinds geschlagen und deren Siedlungsraum in das Frankenreich einbezogen hatte. Das Land gehörte im frühen Mittelalter, der Epoche der Stammesherzogtümer, zum Herzogtum Sachsen, wie ja auch die Westfalen der großen niedersächsischen Volksgruppe zugehören – die im Dritten Reich begründete These einer eigenen »fälischen« Rasse ist eine absurde Konstruktion.

Die Industrialisierung im vorigen Jahrhundert hat Rheinländer und Westfalen nähergebracht. Vor allem im Land an der Ruhr berühren und überschneiden sie sich, dort wo industrielle Konjunktur nicht nach Stammesgrenzen fragte, sondern nach günstigem Standort und nach Nähe der Kohle. Das Fluktuieren der Bevölkerung, das sich gemeinhin in Industrierevieren bemerkbar macht, zeigte sich auch im Ruhrgebiet. Die in der Gründerzeit zur Fron unter Tage angeworbenen Polen – das Wort »Gastarbeiter« kannte man noch nicht – blieben im Lande, assimilierten sich und hatten ihren Anteil an der Kreation des Ruhrmenschen von heute; zahlreiche Familiennamen erinnern an den Ostwest-Schub der neuzeitlichen Völkerwanderung. Der Boom der Kohle und des Stahls förderte die Ballung von Industrie, doch auch von Bevölkerung. Der sogenannte »Kohlenpott«, das am dichtesten besiedelte Gebiet der Bundesrepublik, ist ein enggewobener Teppich von Stadtorganismen, die sich kaum voneinander abgrenzen, die sich der Struktur nach gleichen und wenig Individualität aufweisen; nicht Kirchtürme sind die Wahrzeichen, sondern Schlote.

Kaum vorstellbar, daß hier jahrhundertelang Bauernland war. Nur vereinzelt steht, gleich einem Fossil, ein Gehöft zwischen grauen Fabrikanlagen oder Hochöfen, schiefergedeckt, weißgekalkt, mit Fachwerk und grüngestrichenen Fensterläden. Natürliche Anmut, fern von Qualm und Lärm, hat sich das idyllische Ruhrtal retten können. Als Kaiser Wilhelm II. erstmals das Kohlenrevier besuchte, wunderte er sich, daß hier noch Kühe zu sehen waren: »Ich dachte, hier gibt es nur Zechen.«

Es heißt, Essen sei der Inbegriff des Ruhrgebiets, was man unterstreichen kann. Doch auch Essen ist keineswegs nur Industrielandschaft. Am südlichen Saum hat es Anteil an der Ruhr. Zwischen Kettwig und dem zum Baldeneysee aufgestauten Wasserlauf gelangen wir in eine noch wenig berührte, wenig verfälschte Naturlandschaft, zum beliebten Wochenend-Refugium der Ruhrmetropole. Zur Natur gesellt sich im breiten Talgrund die Kultur: die Stiftskirche von Werden ist eines der kunstgeschichtlich bedeutendsten Gotteshäuser karolingischen Ursprungs in der Bundesrepublik. Nördlich der

Ruhr steigt ein Villenvorort Werdens am Hang empor. Er geht in parkartige Forste über, durch die man kilometerweite, mit Gärten aufgelockerte Wohnviertel erreicht. In deren Mitte breitet sich die Gruga aus, Essens grüne Lunge, um die manche andere Metropole die drittgrößte Stadt der Bundesrepublik beneiden dürfte.

Hat man sich durch das enge und verkehrsturbulente Revier des Hauptbahnhofs hindurchgearbeitet, so saugt einen die rege, aufgeregte City auf, die eine pulsierende Geschäftsstadt ist. Durchschnitten von einem glücklich angelegten Fußgängersteg, auf dem man im Sommer Tische und Stühle ausstreut, die zur befristeten Rast einladen, hat man hier im Furioso der Menschenflut eine Insel der Muße geschaffen. Die Innenstadt ist keineswegs monoton; kleine Stufentrakte führen zu verschiedenen Ebenen. An einem riesigen Viereckplatz nimmt ein kleines vorläufiges Rathaus die Spitzen der Stadtverwaltung auf. An der unteren Querseite des Platzes erhebt sich in aparter Bewegung eine überdimensionale grünpatinierte Badende. Überzogen ist die mobile Innenstadt Essens mit ihren Einkaufsburgen und Kommerzpalästen vom Rauch und Ruß der riesigen Eisenschmiede, die das Ruhrland darstellt.

Mitten in der Turbulenz die Stille. Die Essener Münsterkirche, in die vom Schmok patinierte City eingeklemmt, hält wie der Rumpf eines Schiffes der Verkehrsflut stand; gleich einem Schiffsbug liegt die Taufkapelle St. Johannis vor dem Münsterkomplex. Diese, innen mehr breit als tief, hat man stilgerecht renoviert, die mächtigen Säulen, die das Gewölbe tragen, mit weißgefugtem Mauerwerk bemalt, in die Apsiden gotische Tafelbilder und porzellanweiße Barockheilige gestellt. Zwischen der Kapelle und dem Münster, einem Damenstift aus ottonischer Zeit, öffnet sich ein kleines staufisches Atrium mit archaisch-wuchtigen Würfelkapitellen und einem gotischen Holz-Kruzifixus. Durch den stillen Kreuzgang, der einen Rest von Maßwerk rein bewahrt hat, blickt man auf die moderne Szenerie einer City-Straße.

Der mächtige Innenraum des Essener Münsters ist aus den Trümmern auferstanden. Zwar merkt man ihm die Renovation an, doch immer noch hält er mit seinen majestätischen Säulen Ottonisches fest. Namentlich das am unversehrtesten überlieferte Westwerk zieht den Blick an: zwei übereinander angeordnete Arkadenreihen mit »zebragestreiften« Archivolten rufen Reminiszenzen an die Aachener Pfalzkapelle wach; diese diente wohl auch als Modell. Wie dort Karl der Große, nahm hier Otto der Große auf der Empore Platz, wenn er am Gottesdienst teilnahm. In einer kleinen vergitterten Kapelle des Ostwerks steht die älteste freistehende Muttergottes auf deutschem Boden, ein ottonisches Bildwerk aus Holz, mit Goldblech überzogen, idolhaft im starren Ausdruck, eine frühmittelalterliche Verwandte vorgeschichtlicher Muttergottheiten.

Der Sachse Altfried (sein Sarkophag steht in der Krypta, sein Bronzebild vor der Schatzkammer) hat als Bischof von Hildesheim den Grundstein für das erste Gotteshaus gelegt, und zwar am Ort seines Anwesens, das er im Ruhrland besaß. Sein Großvater muß noch wotangläubig gewesen sein, denn im Jahre der Kaiserkrönung Karls des Großen ist Altfried geboren, mit 70 hat er die Essener Kirche gegründet. Die Benediktiner-Abtei im nahen Werden bestand schon seit 800; vielleicht war das Damenstift Essen als weibliches Pendant gedacht. Um das Ansehen der Essener Klosterkirche zu vermehren, beschenkte der Sachsenbischof seine Gründung mit Reliquien der kilikischen Märtyrer-Ärzte Cosmas und Damian und mit reichem Grundbesitz, der durch Dotationen ständig Zuwachs erhielt, so daß das Damenstift um 1100 über 100 Herrenhöfe und 3000 Bauernstellen mit der entsprechenden Anzahl von Leibeigenen verfügte. Die in Essen einkehrenden Damen gehörten höchstem Adel an; sie lebten, ausgenommen die Äbtissin, halb weltlich, indem sie ihr Habit (weißer Chorrock, schwarzer Seidenumhang) nur bei Gottesdiensten und Prozessionen trugen, auch verfügten die 27 Damen weiter über ihr Vermögen. Ein Vogt stand ihnen als Verwalter, 20 Kleriker für ihr Seelenheil zu Diensten.

Erste Äbtissin des Damenstiftes war Altfrieds Schwester Gerswid. Otto I. erhob das fromme Haus 947 zum Reichsstift, was nicht nur ein Gewinn war: nun mußten die Damen dem königlichen Heer Truppen stellen, das kostete Geld, auch mußten sie dem Herrscher und seinem Gefolge auf Reisen umsonst Quartier bieten, doch die Ehre war ihnen wohl die Kosten wert. Zwei Äbtissinnen des Ottonischen Hauses sind von nun an für immer mit dem Ruhm des Damenstifts verbunden: Mathilde, Enkelin Ottos des Großen, und Theophano, die Enkelin der gleichnamigen Kaiserin.

An Mathilde erinnert in der Essener Schatzkammer ein Vortragekreuz, das ihr (wenn auch sicher nicht ähnliches) Bildnis festhält: im Chorhemd kniet sie, auf Emaille dargestellt, als Stifterin vor der Madonna. Von Theophano stammt der Deckel ihres Evangeliars (Beginn des 11. Jahrhunderts), eine in Elfenbein geschnitzte Christgeburt, Passion und Himmelfahrt; die Hand Gottes setzt dem Gekreuzigten die Krone des Himmels auf. Die vier Evangelisten notieren das Heilsgeschehen. Goldblech umrahmt die Reliefbilder. Auf einem Steinsarg von 1056 lesen wir: »Am 5. März starb Theophano, Äbtissin, Tochter der Mathilde, der Tochter des Kaisers Otto III.«

KRUPP SIEGTE BEI SEDAN

Nicht weit vom Münster entfernt steht eine kapellenartige Kirche mit moderner Bronzetür, die apokalyptischen Reiter wiedergebend, und davor die Denkmalfigur eines großen, schlanken Mannes in würdigem Habitus mit gepflegtem Kinnbart, eines neuzeitlichen Namensgleichen des Sachsen Altfried, nämlich die Statue Alfred Krupps, der nicht weniger und doch auf ganz andere Weise mit der Stadt Essen verbunden war. An wirtschaftlicher Expansion gleichen sich die »Unternehmen« beider. Hatte jener den geistlichen Ruhm Essens begründet, so dieser den merkantilen: als »Kanonenkönig« und Schöpfer eines Industrie-Imperiums, ohne das Essen nicht Essen wäre. Jedermann kennt die drei Krupp-Ringe, die nahtlose Radreifen darstellen – für Gegner der Waffenbranche sind es drei Kanonenschlünde.

Der Aufstieg des industriellen Dynastiegründers stand nicht a priori fest. Der Vater betrieb zwar schon das Eisengeschäft, doch er war in Zahlungsschwierigkeiten geraten, so daß der junge Alfred, nach Lehrjahren in England, bescheiden begann, sich dem Vater überlegen fühlend, auch bedächtiger als jener, vor allem aber mehr durch die Zeit begünstigt. Das kleine Haus, Urzelle der Kruppwerke, mehr Kotte als Haus (heute würde kein Arbeiter darin wohnen wollen), steht noch als Denkmal der Kindheitsjahre des Unternehmens zwischen den stählernen Dinosauriern der Industrielandschaft. Krupp, selbst aus Kruppstahl, gelangte mit dem technischen Aufschwung der Gründerepoche mit nach oben und verkörperte diesen wie keiner sonst. Somit ist seine Geschichte zugleich auch Reichsgeschichte der frühen Kaiserzeit.

Krupps eigentliche »Schlager« waren eben jene nahtlosen Radreifen, die das Firmensymbol bildeten und für die er das Patent erworben hatte. Oppenheim in Köln finanzierte ihn. 1847 beschäftigte er 57, kurz vor seinem Tod 20 000 Arbeiter. Als Meister der Public Relation stellte er auf der Londoner Weltausstellung 1851 einen 43 Zentner schweren Stahlblock aus einem Guß vor, die Attraktion der Schau. Außerdem präsentierte er ein Geschützrohr, das nicht wie früher, aus Bronze, sondern aus Gußstahl gefertigt war: Ouvertüre einer Karriere als Waffenschmied des Reichs. Die drei Ringe fehlten auf keiner internationalen Messe.

Um Preußen als Auftraggeber für Waffenlieferungen zu gewinnen, schenkte Krupp König Friedrich Wilhelm IV. eine Kanone. Bestaunt stand sie im Vestibül des Potsdamer Stadt-

Gußstahlfabrik der Firma Krupp aus dem Jahre 1852.

schlosses. Doch der »Romantiker auf dem Thron« war für ein Monstergeschäft nicht die richtige Adresse. Erst sein Nachfolger, der spätere erste deutsche Kaiser, erteilte einen Großauftrag, nämlich die Bestellung von 300 Kruppgeschützen. Der Essener Unternehmer wurde preußischer Geschützlieferant. Manchmal arbeitete die »filzige Suite im Ministerium« für ihn zu schleppend. Er drohte damit, an auswärtige Staaten zu liefern, und tat dies auch. Napoleon III. erhob ihn, eindeutig genug, zum Ritter der Ehrenlegion. Bald stand Krupp an der Spitze aller Konkurrenten, die er ausstach, der größte Gußstahlproduzent Europas. Er fertigte jetzt auch Eisenbahnschienen, Schiffsschrauben – die rapide Verkehrsentwicklung kam ihm zugute. Und er steigerte die Rentabilität, indem er Eisenerz und Schrott mischte, um Stahl zu erzeugen. Krupps Hinterlade-Geschütze waren den französischen Vorderladern um 30 Prozent Feuerkraft überlegen. Man sagt, Krupp habe bei Sedan gesiegt. Die deutsche Artillerie setzte vor Paris auch Krupps Steilfeuergeschütze ein (Vorstufe der Flak), mit der sie die Ballonbrücke von der belagerten Hauptstadt nach Südfrankreich ausschaltete.

Im gleichen Jahr baute der Essener Unternehmer hoch über

der Ruhr die pompöse Villa Hügel, Neo-Renaissance, kalte Pracht und mit 220 Räumen Statussymbol – immer schon hatte es den Aufgestiegenen verstimmt, daß der Geburtsadel auf ihn, den Vertreter des Geldadels, herabblickte, in ihm den »reich gewordenen Grobschmied« sah. Er wollte es jenen gleichtun, sie übertrumpfen.

Die Villa Hügel ist heute Kruppmuseum, außerdem Herberge für Kunstausstellungen auf Bundesebene. Die Vorhalle, holzkassettengedeckt, birgt die »Ahnengalerie« der Krupps, der Hauptsaal Gobelins mit Kopien von Raffaels Stanzen. Neben Jahrhundertwende-Mobiliar sieht man vereinzelt ein Stück von Antiquitätenwert, neben den Krupps die Hohenzollern. Bismarck ist auf einer Kreidezeichnung Lenbachs (1890) vertreten. Zwei Sphinxen flankieren die halbrunde Terrasse, von der aus man das Ruhrtal überblickt. Eine gigantische Schiffsschraube von 13,6 Tonnen zeugt von der Kruppschen Leistungskraft.

Alfred Krupp ist, abgesehen von seiner Arbeit, wohl nie glücklich gewesen. Er war amusisch, im Privatleben kontaktarm, einsam. Mit seinen Prokuristen verkehrte er im allgemeinen durch Übermittlung von Zetteln – dies schloß einen Widerspruch aus, den er ohnehin nicht duldete. Spät hat der Industrie-Allmächtige die Tochter eines Pastetenbäckers des Kölner Erzbischofs geheiratet. Doch die Fabrik blieb seine Braut. Das Management bestimmte seine Existenz bis zum Familiären. Er nannte den größten Eisenhammer der Welt »Friedrich« nach seinem einzigen Sohn. Nach einer peinlichen Szene brannte ihm seine Frau auf Nimmerwiedersehen durch. Aus dem Vestibül der Villa Hügel klang ihr seine steif mahnende Stimme nach: »Bertha, bedenke, was du tust!«

DIE WIEDERTÄUFER

So ausschließlich das Ruhrgebiet der Industrie verfallen ist, so entschieden ländlich erscheint das im Norden sich anschließende Münsterland, das eigentlich klassische Westfalen, das auch jenen Landstrich miteinschließt, der seines tonhaltigen Bodens wegen der ganzen Region den Namen der »roten Erde« verliehen hat. Das Münsterland ist Großbauernland mit weiten Felder- und Wiesenflächen, mit Gehölzen, Bachläufen und Bauernhöfen im schachbrettgemusterten Fachwerkstil, mit der Weite einer nahezu ebenen Landschaft, weiter Horizonte, offen namentlich nach der Windseite hin und abgegrenzt nur im Norden durch den sich lang hinziehenden, mäßig hohen Teutoburger Wald.

Auf der Münsteraner Erde saßen in früheren Jahrhunderten in großer Zahl Feudalherren mit teilweise berühmten Namen; einer von ihnen, der »tolle Bomberg«, wurde so etwas wie eine kauzige Karikatur des westfälischen Landedelmanns, einer vom Schlage der ebenfalls niederdeutschen Spaßvögel Eulenspiegel oder Münchhausen. »Herren« waren im Westfälischen auch die Großbauern, nicht nur die Landedelleute. Wie Monde einen Planeten, umgaben die Herrensitze, sehr oft Wasserschlösser, die Bischofsstadt Münster, die viel »Land« in sich aufgenommen hat, in der die Landbarone einst auch ihre Stadtpaläste unterhielten. Doch meist schalteten sie draußen auf ihren Gütern; im Münsterland zählte man einst um die dreitausend Adelssitze.

Zur Errichtung von Wasserburgen zwang das flache Land. Als größte Anlage dehnt sich im Süden Münsters Nordkirchen aus, das Gottfried Lorenz Pictorius 1712 im Auftrag des Fürstbischofs Friedrich Christian von Plettenberg erbaute. Im Stil absolutistischer Gründungen strahlen vom Schloß Alleen weit ins Land hinaus. Mythologische Figuren bevölkern, barock beschwingt, das mächtige Geviert des Schloßbereichs mit seinen Terrassen, Pavillons und Wasserbecken. Westlich von Münster liegt das anmutige, verträumte, sehr viel privatere Wasserschloß derer von Hülshoff, in dem die Dichterin Annette ihre Jugend verbrachte. Schloß Wilkinghege im Norden, ebenfalls von Pictorius erbaut, dient heute als

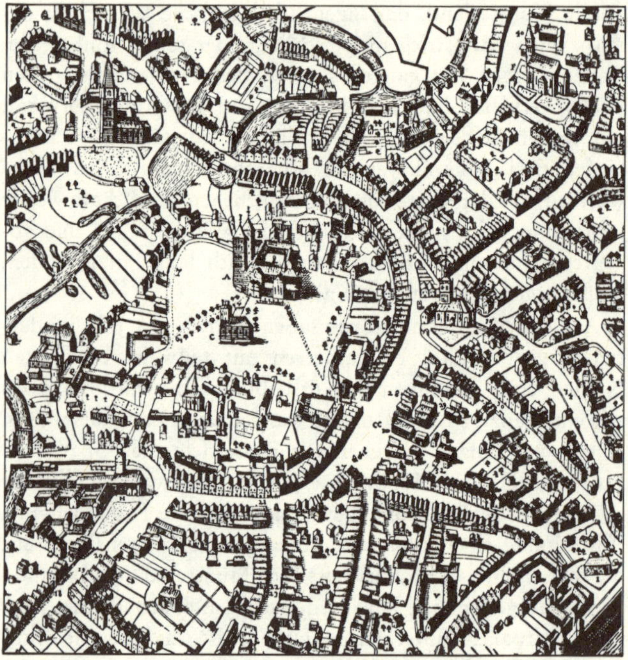

Münster im 17. Jahrhundert.
In der Mitte der Dombezirk, um den die »Bögen« einen Halbkreis bilden. Das Rathaus am Prinzipalmarkt ist mit CC bezeichnet

Luxushotel. In der Geschichte Münsters spielte der Bau eine bemerkenswerte Rolle; Fürstbischof Franz von Waldeck hatte 1534/35 von hier aus seinen Kampf gegen jene absonderliche Bewegung geleitet, die mit der Reformation auf ihre Weise »konkurrierte«: die Sekte der Wiedertäufer.

Das Wiedertäufertum war von der Schweiz ausgegangen und hatte sich namentlich in den Niederlanden festgesetzt. Zum weltgeschichtlichen Spektakel wuchs es sich jedoch in Münster aus, wobei man sich wundern muß, daß die im Grunde nüchtern denkenden Westfalen dem Pandämonium verfallen sind. Doch der Mensch des Münsterlandes war immer auch ein wenig Spökenkieker, wie man es gerade bei Leuten des Flachlandes gerne antrifft; das »zweite Gesicht« ist ihnen nicht fremd.

Münster neigte zur Reformationszeit mehrheitlich dem Luthertum zu. Der Fürstbischof sah sich gezwungen, seiner Stadt 1533 den Rücken zu kehren und nach Schloß Wilkinghege auszuweichen. Die Kräfte, die in der Bischofsresidenz der Reformationskirche zum Sieg verholfen hatten, wurden jedoch bald überspielt von der aus dem nahen Holland importierten extremistischen Richtung der Wiedertäufer, die ein »Neues Zion« aufzurichten gedachten, wobei anfänglich noch wohlgemeinte Ideen, den Gedanken des Urchristentums nahe, die Szene beherrschten. Doch bald arteten sie aus in Fanatismus und Hysterie. Sie drohten, die städtische Ordnung einzureißen. Man zerschlug Altäre und Heiligenfiguren und ließ Meßgewänder in Flammen aufgehen.

An der Spitze der Wiedertäufer standen der Münsterer Tuchhändler Knipperdolling und der aus Leiden stammende Schneider, Schankwirt und Bänkelsänger Jan Bockelson. Dieser riß bald als »König« die alleinige Führung an sich. Mit dem Ruf »Tut Buße« rannte er, das Schwert schwingend, durch die Gassen der Stadt. Zweifellos verfügte er über das Charisma des Volksverführers, denn große Teile der Einwohnerschaft fielen auf ihn herein.

Als wichtigstes Anliegen forderten die Wiedertäufer, wie der Name anzeigt, die Erwachsenentaufe, der auch ernsthaftere Reformer gegenüber der Kindertaufe den Vorzug gaben. Daneben predigte die Sekte die Vielweiberei, die sie aus der Bibel ableitete. Bockelson ging mit 16 Frauen »beispielhaft« voran. Dem »König« trat ein »Kanzler« namens Krechting zur Seite, während Knipperdolling das Amt eines »Scharfrichters« ausübte. Richtstätte für Oppositionelle war der Domplatz.

Inzwischen schloß der Fürstbischof einen Belagerungsring um die Stadt. Da der Reichstag von Worms ihm für eine Strafaktion gegen die Wiedertäufer 105 000 Goldgulden bewilligt hatte, verfügte er über erhebliche Streitkräfte. Die Belagerung löste in Münster Hungersnot aus; man aß Hunde, Katzen, Ratten. Greise, Frauen, Kinder, welche die Vorräte vermindern halfen, ohne für die Verteidigung nützlich zu sein, jagte man aus der Stadt. Während die breite Masse darbte, lebten Bockelson und sein Anhang aus dem vollen. Eine seiner 16 Frauen hielt es ihm vor. Jähzornig schlug er ihr vor dem Rathaus mit dem Schwert den Kopf ab. Mit den übrigen Frauen umtanzte er die Leiche, unter Anstimmung des reformatorischen Liedes »Allein Gott in der Höh' sei Ehr'«.

Der Spuk dauerte bis zur Johannisnacht 1535. Überläufer wiesen um jene Zeit die Belagerer auf eine Befestigungslücke hin. Der bischöfliche Oberbefehlshaber Wilken Steding nahm darauf Münster im Sturm. Seine Truppen machten alle der Wiedertäuferei Verdächtigen nieder. Bockelson, Knipperdolling und Krechting gerieten in Gefangenschaft, ebenso die Hauptfrau des »Königs«, Divera von Haarlem, die man, da sie der Wiedertaufe nicht abschwor, im Domhof enthauptete. Der »König« und seine beiden Helfer wurden monatelang zu jedermanns Schau durch die Lande geführt und dann, im Januar 1536, auf dem Prinzipalmarkt hingerichtet. Das Protokoll des letzten Verhörs ist erhalten. Franz von Waldeck fragte den Rädelsführer: »Bist du ein König?« Dieser stellte die höhnische Gegenfrage: »Bist du ein Bischof?« An Grausamkeit standen die Sieger den Besiegten nicht nach. Die Schergen marterten die Delinquenten mit glühenden Zangen, ehe sie sie richteten. Dann schleiften sie die leblosen Körper zum Turm der Lambertikirche, dicht beim Prinzipalmarkt. Ein zeitgenössisches Flugblatt schildert, was nun folgte: »Es standen drei eiserne Körbe bereit; in deren einen haben sie den toten König mit eisernen Bändern um Hals und beide Arme gefesselt. So hat das Volk ihn im Korb den Turm hinaufziehen und hoch an einen Haken hängen müssen. In der gleichen Weise hat man auch Knipperdolling und Krechting in die zwei anderen Eisenkörbe angebunden, Knipperdolling auf der linken, Krechting auf der rechten Seite des Königs, und sind etwa eine Manneslänge niedriger als der König von der Bevölkerung hinaufgezogen und an zwei eiserne Haken gehängt worden.«

Die Käfige hängen heute noch am Turm der Lambertikirche. Und in der Bürgerhalle des wiederaufgebauten Rathauses sind die eisernen Zangen, die man bei der qualvollen Hinrichtung eingesetzt hat, sowie der Harnisch des »Königs« ausgestellt. Als die Anführer der Wiedertäufer im Gefängnis saßen, hat der Kupferstecher Heinrich Aldegrever sie porträtiert, so daß wir genau wissen, wie sie ausgesehen haben.

Die an Sinnesverwirrung und Gewalttat reiche Episode der Wiedertäufer blieb für Münster nicht ohne Folgen. Das Luthertum war, obzwar Luther selber sich von der Sekte scharf distanziert hatte, am Ort diffamiert. Die Stadt wurde leicht rekatholisiert. In Münster kam die Gegenreformation vor allen anderen Städten des Reiches zum Zuge. Darum ist das Barock, das man als Stil der gegenreformatorischen Bewegung bezeichnen kann, in Münster reich vertreten.

Im 18. Jahrhundert wirkte in der Bischofsstadt ein Barockbaumeister, der für das Münsterland das gleiche bedeutete wie Balthasar Neumann für das Frankenland: Johann Conrad Schlaun. Für den prunkliebenden Kurfürsten Clemens August von Köln aus dem Hause Wittelsbach errichtete er die aparte Clemenskirche, einen auf elegant geschwungenem Grundriß erstellten Rundbau aus Backstein, gekrönt von einer Laterne. Nach der Zertrümmerung des Gotteshauses im letzten Krieg hätte man eine Wiederauferstehung kaum für möglich gehalten; die Denkmalpfleger haben sie dennoch zuwege gebracht. Von Schlaun stammen auch die fürstbischöfliche Residenz, ein Dreiflügelbau, der heute die Universität beherbergt, sowie die kurkölnischen Schlösser Brühl und Clemenswerth. In Münster zeugt von Schlauns Genialität weiterhin der Erbdrostehof – »Droste« waren die Vögte auf den bischöflichen Gütern. Trotz des beengten Eckgrundstücks, das an der Salzstraße (heute Fußgängerzone) zur Verfügung stand, hat der Architekt den Eindruck von Weiträumigkeit und nobler Repräsentanz erzielt. Der Krieg hat auch dem Erbdrostehof zugesetzt, doch er ist wiedererstanden, der konkave Fassadentrakt ebenso wie der vielgerühmte Emporensaal. Man kann Münster insgesamt das Kompliment machen, daß es, über die Trümmer hinweg, das alte Stadtantlitz bestmöglich rettete, darin an denkmalpflegerischer Qualität den Städten Bayerns und Bayerisch-Schwabens vergleichbar.

Von den sieben bedeutenden Kirchen Münsters waren fünf fast ganz dem Bombenregen zum Opfer gefallen. Sie sind, einschließlich des Doms, der Stadt zurückgegeben worden, wobei Dokumentarfotos im Kircheninnern anzeigen, wie wenig Bausubstanz geblieben war, wie hervorragend sich die neuen architektonischen Teile den alten anpassen. Wiedererstanden sind St. Ludgeri, St. Aegidi und die Überwasserkirche mit dem schönsten gotischen Kirchturm Westfalens; kraftvolle Spitzbogenreihen gliedern das Turmgemäuer. An einem Pfeilertorso des Doms war nach dem Untergang des Sakralbaus St. Christophorus aus dem 16. Jahrhundert einsam stehengeblieben, einen echten Baum-Ast in der Hand. Jetzt steht er, in den gotischen Kirchenraum integriert, wieder wie ehedem unter der mächtigen Decke mit ihren Scheitelrippen. Die Auferstehung des Doms war eine Leistung, die allgemeine Anerkennung fand. Nur die modernistische, aus Rundlöchern bestehende Rosette des Westwerks hat das Volk den Neuplanern nicht abgenommen; man nannte sie »Wählerscheibe«.

Betrachtet man die Vogelschau-Ansicht der Stadt Münster, die Simon Beckenstein 1648 geschaffen hat, so wundert man sich, wie verblüffend genau die Topographie des Stadtbildes von heute dem von damals entspricht. Ein runder Straßenring, dessen Häuser ihre Giebelseiten dem Beschauer zuwenden, umkreist zum großen Teil den Dombezirk des »Monasterium Westualiae«. Ein Stück dieses Straßenrings, gewissermaßen seine Verbreiterung, ist der Prinzipalmarkt, heute wieder einer der schönsten Plätze Deutschlands und Münsters »Gute Stube«.

DER FRIEDENSSCHLUSS

Der Prinzipalmarkt ist in der Tat eine Stube oder ein Saal im Freien in seinem geschlossenen, sich nach Westen trichterförmig verengenden Verlauf, von strahlender Festlichkeit, wenn abends die Lampenbatterien auf die Front patrizischer Häuser, ihre Lauben und Staffelgiebel gerichtet sind. Die Häuser waren 1945 wie fast ganz Münster ausgebrannt. Sachverständige plädierten dafür, die Fassaden-Torsos abzureißen zugunsten einer Neugestaltung des Marktes in Beton, Stahl und Glas. Erfreulicherweise ist das Unternehmen unterblieben. Man hat die Bauten wiederaufgerichtet, allerdings – des bescheidenen Budgets und der befristeten Bauzeit wegen – mit abgewandelten, vereinfachten Giebelstrukturen. Man bedauert dies, empfindet aber dennoch Genugtuung darüber, daß Münsters »Gute Stube« ihr überkommenes Gesicht annähernd wieder erhalten hat.

Das gotische Rathaus ist das Prunkstück von Münsters Prinzipalmarkt. Kühn strebt die reichgegliederte Fassade empor, mit vier Arkaden-Spitzbögen der erdgeschossigen Gerichtslaube, mit einer Zone prächtiger Maßwerkfenster darüber, mit krabbenbesetzten Fialen, die sich auf den Giebelstaffeln erheben. Das nachbarlich sich anschließende Stadtweinhaus hat, obwohl barock, das Fialen-Motiv ebenfalls aufgenommen. Den Dreiklang der repräsentativsten Gebäude des Prinzipalmarktes beschließt jenes Haus, das mit der Gaststätte »Stuhlmacher« eine der stimmungsvollsten Stätten altstädtischer Wirtskultur beherbergt.

Auch das Rathaus ist in großartiger handwerklicher Einfühlung in den Geist profaner Gotik wiedererstanden. In der Eingangshalle erinnert ein historisches Schiffsmodell an die Zeit, in der Münster dem hansischen Städtebund angehörte. Die Innenausstattung des dahinterliegenden, die ganze Rathausbreite beanspruchenden »Friedenssaales« war im letzten Krieg abgenommen und ausgelagert worden; man hat sie danach in die Raumkopie original wiedereingebaut, so daß der Saal ebenso historische Legitimität beanspruchen kann wie etwa der Reichstagssaal zu Regensburg. Ein riesiger Fächerschrank nimmt die ganze Stirnwand ein; auf den einzelnen Fächer-Feldern sieht man St. Martin mit dem Bettler, einen Löwen mit Stadtwappen, zwei kämpfende Landsknechte. Auf einem Renaissance-Kachelofen sind Justitia und, am Sockel, fröhlich Zechende abgebildet. Allegorische Darstellungen in den Fensternischen betonen den Wert von Wissenschaften und Musen für den Frieden. Ein Decken-Schild hält den Spruch fest »Audiatur et altera pars« – dazu die frühneuhochdeutsche Übersetzung »Man hoere beide parte«. Ein Originalstich aus den Jahren der Friedensverhandlungen macht deutlich, wie wenig sich das Gesicht des Friedenssaals geändert hat. Über den Paneelen der rückwärtigen Breitseite hängen die Bildnisse der maßgeblichen Potentaten, die den Westfälischen Frieden beschlossen, sowie von deren Gesandten, die ihn beraten haben, in zahllosen Sitzungen zähen diplomatischen Ringens von 1641 bis 1648. Neben dem Päpstlichen Nuntius Fabio Chigi sieht man den spanischen Habsburger Philipp IV. mit seinem aufgezwirbelten Bart und seiner mächtigen Halskrause, jenen Monarchen, dessen Hauptverdienst die mäzenatische Förderung von Velasquez gewesen ist. 230 Kongreßbevollmächtigte weilten zeitweise in Münsters Mauern, zusammen mit ihrem Gefolge und den vom säkularen Ereignis des Friedensschlusses Angelockten oft mehr Fremde als Einwohner. Das kaiserlich-katholische Münster hatte während der 30 Kriegsjahre dank seinen mächtigen Festungswerken wenig gelitten; es hielt den Friedens-Gästen eine intakte Stadt bereit.

In den zwanziger Jahren machte man im Friedenssaal eine amüsante Entdeckung. Man stutzte, weil eines der Felder des Fächerschrankes an der Saal-Stirnwand nicht wie die anderen mit einem Relief versehen war. Schließlich fand man eine wächserne Knetmasse, die ein geschnitztes Medaillon verklebte: die bildliche Darstellung des Götz-Zitates. Eine spätere, puritanisch ausgerichtete Zeit mochte das Motiv als obszön empfunden und verdeckt haben. Da sich das anstößige Relief dicht beim Konterfei des Landesfürsten befand, darf man annehmen, daß sich hier Untertanen-Unmut gegenüber fürstlicher Despotie drastisch Luft gemacht hatte.

Im Zuge der Friedensverhandlungen spielten Prestige und Etikette eine gewichtige Rolle. Besonderen Wert auf seinen Rang legte der französische Gesandte Graf d'Avaix. Als man den in Münster eintreffenden päpstlichen Nuntius feierlich einholte, begehrte der Graf den Vortritt vor dem spanischen Gesandten. Zwölf bewaffnete Reiter erhielten von ihm den Befehl, am Wagen des Spaniers die Stränge zu zerhauen, falls dieser versuchen sollte, sich vor die französische Kalesche zu setzen.

Während im Rathaus von Münster der Friede zwischen dem Kaiser und Frankreich sowie dessen Verbündeten zustande kam, handelte man in Osnabrück den Frieden zwischen dem Kaiser und den Schweden sowie deren Verbündeten aus. Wien-Habsburg trat an die französische Krone das Ober- und Unterelsaß, den Sundgau und die Landvogtei über 10 elsäßische Reichsstädte ab; rechtsrheinisch erhielt Frankreich die Veste Breisach und das Besatzungsrecht in der Veste Philippsburg, die gegenüber der Bischofsstadt Speyer liegt. Die 1552 von Moritz von Sachsen den Franzosen zugespielten Städte Metz, Toul, Verdun blieben durch erneute Bestätigung endgültig französisch. Schweden erhielt Vorpommern, Stettin, die Insel Rügen sowie die Stettin vorgelagerten Inseln Usedom und Wollin, ferner die Städte Bremen, Verden, Wismar und 5 Millionen Reichstaler. Brandenburg gewann Hinterpommern, Halberstadt und Minden hinzu. So versteht es sich, daß der Große Kurfürst heute auf der Mindener Weserbrücke steht, ein patriarchalischer Preuße in standesbewußter Positur, befehlsgewohnt; schon eine leise Bewegung der Augenbraue, so denkt man, bewirkte, daß jedermann ihm zu Diensten war. Doch der vitalste der Hohenzollern konnte einem Untertan auch einmal jovial auf die Schulter klopfen und einen ganz und gar unfürstlichen Witz machen, ein breitbeiniger, nie maßloser Märker, der jeden Raum füllte, den er betrat. Das gleiche Bronzebild, und dies kennzeichnet Preußens weit über Brandenburg hinausgreifende Expansion, steht im Hafenbezirk von Emden, wo man es aus der Innenstadt hinausverwiesen hat. Preußens Vormachtpolitik in Norddeutschland hatte in Münster und Osnabrück eine entscheidende Etappe erlebt.

Weiteres Ergebnis der Kontaktgespräche in Westfalen: die Selbständigkeit der Schweiz und der Niederlande erhielt das Ja und Amen der solennen Versammlung; schon lange zuvor war für ähnliche Separationen das Wort »schweizerisch werden« aufgekommen. Der Aufstieg des Bürgertums kam in Münster und Osnabrück dadurch zum Ausdruck, daß von nun an die Reichsstädte Gesandte in den Reichstag beorderten. Die Kurfürsten durften selbständig Bündnisse schließen, auch mit auswärtigen Mächten, soweit dies nicht den Interessen des Reichs widersprach. Dies schwächte die Reichsgewalt, lockerte die Reichseinheit.

Auf religiösem Sektor brachte der Westfälische Friede keine Entscheidung – insofern war er »umsonst« geführt worden. Im Remis von Münster und Osnabrück fand die Augsburger Religionsvereinbarung von 1555 das Plazet der Verhandlungspartner; die Koexistenz von Rom- und Luthergläubigen war endgültig besiegelt; in den Religionsfrieden, dies war neu, wurden die Kalvinisten miteinbezogen. Konfessionszugehörigkeit und Besitzstand der geistlichen Güter erfuhren eine

Revision im Sinne eines Status quo ante, wobei man sich auf 1624 als Stichjahr einigte. Das Friedenswerk fixierte eine Grenze der Bekenntnisse, die im wesentlichen bis heute erhalten blieb: protestantischer Norden, katholischer Süden. Daß es im Gegeneinander der Kräfte manchmal nicht ohne »Kuhhandel« ging, wird aus der absurden Bestimmung deutlich, in Osnabrück solle abwechselnd der katholische Bischof und das protestantische Haus der Welfen das Stadtregiment übernehmen; dieser Zustand dauerte bis 1803.

Der Friede von Münster und Osnabrück kam auf Kosten des Reiches zustande. Die Zeit, in der die römisch-deutschen Kaiser als führende weltliche Autorität des Abendlandes galten, war endgültig vorbei. Auswärtige Mächte waren die Gewinner. Der deutsche Volkskörper hatte ein Drittel seines Bestandes verloren, wobei freilich Hunger und Pest noch erfolgreichere Vernichtungsschlachten schlugen als jeglicher Feldherr von Liga und Union. »Friede« folgte keineswegs auf den Friedensschluß: die »arbeitslos« gewordenen entlassenen Söldnermassen, die sich aus vielen Nationen rekrutiert hatten, zogen marodierend noch Jahre durch das ohnmächtige Land. Daß zur Aufstockung der Volkssubstanz nach 1648 befristet Vielweiberei erlaubt gewesen sei, ist ein Gerücht.

Die Ratifikationsurkunden des Westfälischen Friedens wurden am 24. Oktober 1848 ausgetauscht. So augenfällig das Friedenswerk auch Flickwerk gewesen ist, man erblickte in der Bischofsstadt doch in der Beendigung der jahrelangen Verhandlungen ein Signum dafür, daß eine aus den Fugen geratene Welt nun endlich zur Ruhe zu kommen schien. Entsprechend emphatisch fielen die Friedensfeiern in den Mauern Münsters aus. Von einer Tribüne auf dem Prinzipalmarkt zischten die Raketen eines fulminanten Feuerwerks in den westfälischen Himmel, stiegen Luft- und Wasserkugeln empor. Ein monströses Transparent verkündete die lapidaren Worte »Vivat Pax«; tausendfach nahm die Menge die Parole auf; jedermann ließ in euphorischem Hoffnungstaumel den Frieden hochleben, als sei er eine Erscheinung aus Fleisch und Blut. Im Domhof zündete man unter einem riesigen doppelköpfigen Papieradler ein Feuer an; die warme Luft trieb ihn unter allgemeiner Akklamation in die Höhe – ein Emblem von hohem Ansehen und geringer Macht. Laternen brannten auf Münsters Türmen, Pechfackeln auf dem Stadtmauerkranz.

In einem Ziegel-Fachwerkhaus, das nicht von einem »Ziegelbäcker« vergangener Zeiten, sondern neuerdings im Altmünsteraner Stil erbaut worden ist, hat sich ein Studentenlokal etabliert, das den Westfälischen Frieden zum Leitmotiv historisch fundierter Gastlichkeit erkoren hat. Auf einem Freskobild in alter Manier ist der »freud- und friedenbringende Postreuter« zu sehen, im Vordergrund ein Wald von Kreuzen, die traurige Ernte des 30jährigen Kriegs. In Nischen von Chambre-séparée-Charakter hängen Kopien jener Gesandtenbilder, deren Originale den Friedenssaal zieren. Einige Schritte weiter erreichen wir, mit einer Brauerei verbunden, Münsters weithin legendäre Studentenkneipe von Pinkus Müller, dem kabarettistisch begabten singenden Wirt, der seine Songs zu obergärigem Altbier (Aoltbeer) und Töttchen bot, jenem Kalbs-Kleingehackten, das seine und Münsters Spezialität ist, einst, der Fama nach, eine Henkersmahlzeit. Delfter Kacheln umrahmen den Kamin des altbürgerlichen Schankraums, »Bullenköppe«, Steingut, Zinnernes garnieren die Theke, die Deckenbalken halten weinselige Weisheitssprüche fest, die Holztische sind mit Namen beschnitzt, und wer sich retirieren will, muß sich dorthin wenden, wo auf münsterländisch »Mannslüde« oder »Fraunslüde« steht.

Auch Osnabrück besitzt seinen Friedenssaal, das Pendant des Saals in der Nachbarstadt und diesem ähnlich. Das Rathaus, in dem sich der Friedens-Versammlungsraum befindet, ist nicht hoch aufstrebend wie das münsterische, sondern, aus Quadersteinen gefügt, breit hingelagert, mit doppelläufiger Treppe, an der Scheide von Spätgotik und Renaissance. Die Jahrhundertwende hat an der Fassade Kaiserstatuen auf Konsolen gestellt und mit Baldachinen gekrönt. Das eichene Gestühl im Saal stammt aus der Mitte des 16. Jahrhunderts. Die spätgotischen Wandschränke der Fensterseite standen ursprünglich in den drei der Stadt unterstellten Hospitälern. Auf einem der Schränke ist Maria als Mater Leprosorum (Mutter der Pestkranken), auf einem anderen eine geschnitzte Taube, auf einem dritten die hl. Elisabeth und der hl. Antonius wiedergegeben, der in Westfalen als »Swiene-Töns« verehrt wurde, weil ihm bekanntlich das Schwein heilig ist.

Ähnlich wie in Münster, sind auch in Osnabrück die Staatsoberhäupter und Gesandten, die das Friedenswerk zuwege brachten, in Bildnissen gegenwärtig; der holländische Maler Anselm von Hulle hat sie gefertigt. Als wichtigste Porträts blicken der Sonnenkönig, Kaiser Ferdinand III. und Christine von Schweden von der Wand zu uns herab. Fabio Chigi ist als Papstgesandter sowohl in Münster als auch in Osnabrück bildlich vertreten; in einem Reisebericht, den er in lateinischen Distichen abgefaßt hat, ließ er sich übrigens auch über Westfalens »graute Baunen« (Saubohnen) aus. Der schwedische Unterhändler Johann Oxenstierna, der die Osnabrücker Verhandlungen 32jährig leitete, hatte anfänglich Bedenken, ob er der Konfrontation mit so ehrwürdigen Persönlichkeiten gewachsen sei. Sein Vater, der Kanzler Oxenstierna, sprach ihm Mut zu: »Wenn du wüßtest, mit wie wenig Weisheit die Welt regiert wird!«

Die Bierstraße, an der Osnabrücks Rathaus liegt, entzückte vor dem Krieg jedermann wegen der hübschen Giebelhäuser mit ihren beschnitzten Holz-Architraven. Kaum eines ist erhalten geblieben; Holz ist ein williges Opfer der Flammen. Am Rathausplatz steht noch die Stadtwaage aus dem 16. Jahrhundert mit Treppengiebel und das 1944 zerstörte, 1958 »aus Ruinen neu erbaute« Wohnhaus Justus Mösers, ein schlichter dreistöckiger Bau, dessen Obergeschosse vorragen.

Auf Möser ist Osnabrück nicht weniger stolz als auf Remarque. Mit seinen 1775 edierten »Patriotischen Phantasien« hat sich der Volkserzieher aus der Epoche der Aufklärung in der Tat als »den tüchtigsten Menschenverstand selbst« ausgewiesen. Das hat Goethe gesagt, der Möser als »deutschen Franklin« bezeichnete und die Schriften des Osnabrückers oft bei sich trug. »Wann, wo ich sie aufschlage, wird mir's ganz wohl.« Mösers Grabmal befindet sich in der Marienkirche von 1300, ebenfalls am Markt.

St. Katharinen, eine der mächtigsten Kirchen, verfügt über einen 103 m hohen Turm, den die früher am Ort stationierte Leichte Feldartillerie als Richtpunkt benützte. Ähnlich wie in Verden hat man 1950 den Versuch gemacht, den weißgekalkten Innenraum mit einem Rotanstrich der Gewölbezone zu versehen; dies wirkt für die ihrem Charakter nach hochstrebende Gotik zu lastend.

Am breiten Domplatz (mit Möser-Denkmal) steht der wuchtige Bau des romanischen Doms St. Peter mit seinem ungleichen Fassadenturm-Paar und einem achteckigen Vierungsturm mit gefächertem grünpatiniertem Helm. Über dem Eselsrücken des Portals öffnet sich eine filigranartige gotische Rose. Blendarkaden zieren die Nordflanke. Die Gewölbejoche im Innern türmen sich kuppelartig gleich Baldachinen auf. Gotische Apostel lehnen an den Pfeilern. Eine Verwandtschaft zwischen den Hauptkirchen in Münster und Osnabrück erklärt sich daraus, daß Widukind von Waldeck, Mitte des 13. Jahrhunderts, zuerst als Propst in Münster, dann als Bischof in Osnabrück wirkte.

DIE HERMANNSSCHLACHT

Der Teutoburger Wald südlich von Osnabrück ist streckenweise kaum viel mehr als eine leichte Bodenschwellung. Die Bahnlinie Köln-Hamburg, die eine Hauptlinie für Fernschnellzüge ist, hat es nicht schwer, die Schwelle hinter sich zu bringen, ein sachter blauer Streifen, dann einige Unebenheiten des Bodens, mit Laub- und Nadelwäldern bestanden – schon ist der Teutoburger Wald überwunden. Weit öffnet sich, nun von keiner Erhebung mehr unterbrochen, die norddeutsche Tiefebene, das Vorspiel des Meeres.

Von manchem Punkt sieht das 100 km lange Waldgebirge dennoch recht respektabel aus, vor Tecklenburg etwa, das auf einem Kamm des Höhenzuges sitzt. Wohlproportioniert baut es sich um den gebirglichen Grundstock auf, mit einem Miniatur-Fachwerkmarkt, der die Kulisse zu Kotzebues »Kleinstädtern« abgeben könnte, und einem Fachwerk-Torbogen, der bereits die Burg ankündigt, zu deren wappengeschmücktem Hauptportal ein Aufweg mit Steinrampe hinführt – Tecklenburg wäre in seinem Genre zu vollkommen, wenn die Burg auch noch dastünde, doch die Preußen, die 1707 die kleine Herrschaft den letzten Herren (Solms-Braunfels) für 250 000 Taler abkauften, haben sie bis auf den Mauerring und einige Bastionen leider abgetragen; im einstigen Burg-Areal breitet sich jetzt eine Freilichtbühne aus.

Burg Tecklenburg, am Nordwestzipfel Westfalens, ist neben lauter Wasserburgen die einzige Höhenburg des Landes gewesen. 1650 hatte Graf Moritz die Hausleinenindustrie begründet. Die Bewohner trugen ihre Ware (60 bis 80 Pfund) rücklings als sogenannte »Hollandgänger« über die Grenze. So begann auch das Haus Brenninkmeyer im nahen Mettingen, wo man für Firmenzusammenkünfte eines der schönsten Hotels der Bundesrepublik geschaffen hat. Ein Turm auf der Anhöhe Tecklenburgs, der aus dem 19. Jahrhundert stammt, ist dem am Ort gestorbenen Arzt Dr. Johann Wier gewidmet, der als einer der ersten den Hexenwahn brandmarkte.

Westernkappeln bei Tecklenburg, ein Pferdesport betreibendes Dorf, besitzt das bedeutendste Kirchenbau-Denkmal des Landes, eine breit und niedrig eingewölbte gotische Pfarrkirche mit dem Weltenrichter im Tympanon des seitlich angebrachten Hauptportals.

Der vom Schafberg (156 m) bis zum Eggegebirge reichende Teutoburger Wald weist die Attraktion seltsam erodierter Sandsteingebilde auf, die wie Klippen aussehen; Dörenther Klippen heißen auch die im äußersten Nordwesten. Zwischen Ibbenbüren und Brochterbeck erhebt sich der Dreikaiserstuhl. Die fünf Externsteine, bis zu 40 m hoch, hat man ihrer bizarren Form wegen als »Hahnenkamm« bezeichnet. Eisenstiegen laden dazu ein, die Steine zu erklimmen, deren Romantik – sie spiegeln sich in einem Teich wider – es Moritz von Schwind angetan hatte, indem er sie zum Hintergrund seiner »Pferdetränke« wählte. Die in einen der Felskolosse im 12. Jahrhundert gehauene Kreuzabnahme (5 m hoch) gilt als Deutschlands älteste Großplastik.

Auf der Grotenburg, in der Nähe der Externsteine, erhebt sich das Pendant zur Germania bei Rüdesheim als steinernes Monumentalsymbol des Wilhelminismus: das Hermannsdenkmal, 26 m hoch, 856 Zentner schwer. 37 Jahre hat der Bildhauer Brandel auf den Cheruskerhäuptling verwendet, der bereits 100 Jahre lang voll Pathos sein Schwert erhebt. Als das Monument 1875 vor 30 000 Zuschauern unter Anwesenheit Wilhelms I. eingeweiht wurde, war dies fast eine Staatsaktion. Man dachte dabei mehr an den Sieg des gleichen Jahres als an den des Jahres 9 n. Chr., in dem der Furor teutonicus dem Imperium Romanum im Zeitpunkt seiner größten Machtentfaltung eine Niederlage bereitete, so vernichtend wie sonst nur die Schlacht von Cannä. Wo die Zerschlagung der 3 Legionen des Quintilius Varus genau stattgefunden hat, ist ein noch nicht beendeter Gelehrtenstreit; die Quellen widersprechen sich. Für die Grotenburg zeugt der noch im Mittelalter übliche Name »Teut« für die Anhöhe, die das Denkmal trägt, der Name »Teutehof« für ein Gehöft am Fuß des Berges. Die Hermann-Tradition machte sich im nahen Dorf Hiddesen, zwischen dem »Saltus Teutoburgensis« und der Stadt Detmold gelegen, gewinnbringend breit, wo Arminius-Stuben und ein Tusnelda-Café ein welthistorisches Ereignis lokal ausmünzen.

Der Kaiser Augustus hatte die römische Grenzlinie weit in das rechtsrheinische Germanien vorgeschoben, ohne auf ernstlichen Widerstand zu stoßen. Daß Drusus 9 v. Chr. an der Weser hatte umkehren müssen, war fast schon vergessen. Die germanischen Stämme legten Wohlverhalten an den Tag. Das änderte sich mit dem neuen Legaten Varus, der nicht durch Tüchtigkeit, sondern durch Verwandtschaft mit dem Julischen Haus zu seiner Berufung gekommen war. Eine Zeitlang verwaltete er in Antiochia die Provinz Syrien, die er ausbeutete: »Arm betrat er das reiche Syrien, und reich verließ er das arme Syrien.« Er gehörte zu jenen Gouverneuren Roms, die Tiberius mit »vollgesogenen Fliegen« verglich. Nach dem Tod des Herodes I. warf er einen Aufstand in Jerusalem nieder und kreuzigte 2000 Juden. Auch in Germanien bereicherte er sich. Er führte drückende Steuern und die strenge römische Gerichtsbarkeit ein. Das brachte die Germanen gegen Rom auf.

Die Stunde der Befreiungsschlacht hätte aber im Jahre 9 nicht geschlagen ohne Arminius, den Sohn des Sigimer. Er war römischer Bürger (damals noch eine Auszeichnung), in Rom militärisch ausgebildet, »Freund« des Varus. Als die Legionen weit auseinandergezogen durch unwegsam-sumpfiges Gelände marschierten, griffen die von Arminius mobilisierten Stämme bei andauerndem Regenwetter die durch ihre Trosse behinderten Kolonnen an; erst kurz zuvor hatte der Anführer sich aus dem römischen Verband zu den Angreifern begeben. Am letzten Tag erfolgte die Liquidation. Auch die kapitulierenden Reste der Römer-Armee wurden fast ausnahmslos niedergemetzelt, voran die Advokaten.

Varus hatte sich rechtzeitig ins Schwert gestürzt. »Varus, Varus, gib mir meine Legionen wieder!« rief Kaiser Augustus entgeistert aus. Sechs Jahre später geleiteten landeskundige Führer den Germanicus zum Schlachtfeld, um die Gebeine der Gefallenen zu bestatten. Heute zeugt nichts mehr von der Hermannsschlacht, kein Schädel, keine Speerspitze, kein Grab. Als Verkörperung der totalen Niederlage geisterte der unglückselige Varus durch die Zeiten, bis zu Scheffels Studentenulk »Als die Römer frech geworden«.

Arminius-Hermann hingegen verkörperte, bei weit überhöhter Dimension des Mythos gegenüber der historischen Wirklichkeit, für das Deutschland des 19. Jahrhunderts den Freiheitshelden par excellence. Dies führte in unserer Epoche der Absage an das Heldische zu einer Unterbewertung: die Schlacht im Teutoburger Wald habe keine nennenswerte Entscheidung gebracht. Dem widerspricht das Urteil des Tacitus, der von dem Cherusker sagte, er sei »in Schlachten nicht immer glücklich, im Kriege aber unbesiegt gewesen«; lapidar nennt er ihn »liberator haud dubie Germaniae« (zweifellos Germaniens Befreier). Nach der Schlacht, die ihn berühmt gemacht hatte, waren die Sterne dem Arminius nicht mehr gewogen. Thusnelda, seine Frau, und Thumelicus, sein Sohn, gerieten in die Gewalt der Römer und wurden im Triumphzug des Germanicus in der Caput mundi mitgeführt. Im Jahre 20 fiel der »Liberator« unter den Streichen seiner Anverwandten.

1868 entdeckten preußische Musketiere bei der Anlage eines Schießstandes am Hildesheimer Halgenberg ein silbernes Tafelgeschirr aus der römischen Kaiserepoche, 74 Einzelteile von 108 Pfund. Gutachter vermuteten alexandrinische Herkunft. Hartnäckig hielt sich die Auffassung, es handle sich um das von Arminius erbeutete Geschirr des Varus. Inzwischen stellte sich heraus, daß der Silberfund etwa aus der Zeitspanne von 50 bis 100 n. Chr. stammt. Die Ausgrabungsobjekte liegen in Berlin.

Dem Schloß derer von Lippe-Detmold gegenüber wuchs als Sohn des Zuchthausvorstandes einer der größten Dichter Westfalens auf: Christian Dietrich Grabbe, der Jahre nach Kleist eine »Hermannsschlacht« niederschrieb. Das Stück war keine Kampfansage an Napoleon (wie das Kleistsche Drama), denn dieser hatte längst seinen Thron verloren, außerdem war Grabbe ein glühender Verehrer des Korsen – die tatenlose Zeit des Biedermeier war ihm zu windstill. In der »Hermannsschlacht« koppelte er den Geist der Historie mit dem farbigen, rotbackigen Volksleben des Heimatbodens. In einer Gerichtsszene ließ er die römische Justiz in Sachen Ernesto Klopp kontra Kater major verhandeln.

Der Atem von Grabbes Dialogen fasziniert noch heute. Hinter jedem seiner Sätze spüren wir die Mahnung: Leute des Zipfelmützen-Zeitalters, erkennt, daß Europa vor einer Wende steht! Er war ein geistiger Bruder des Karl Moor. Im Detmolder Gasthaus »Zur Stadt Frankfurt« stieg ihm aus Rum und Grog prophetisch die Vision der westlichen Hemisphäre: »Nordamerika wird binnen vierzig Jahren ein größeres Karthago, der Atlantische Ozean ein größeres Mittelmeer, um das die Alte und Neue Welt sich lagern.«

Für Grabbe war im Gegensatz zu den meisten seiner Zeitgenossen das Leben Vorbild und Impuls zum Schaffen, nicht Literatur und der literarische Betrieb. Ihm genügte nicht mehr die Form des spätklassischen Dramas; er ist bereits Naturalist und mehr: Gestalter auf einer imaginären Bühne, einer Weltbühne, und somit ein verfrühter Drehbuchautor, noch ehe die Technik den Film ermöglichte. Mit seinem »atomisierten Theater« eilte er Wilder voraus.

Seine irdische Existenz war ein seelisches Ausbrennen. Er blieb zeitlebens Vagant, gejagt vom Dämon Schicksal, Kämpfer gegen Philistertum mit den künstlerischen Mitteln von Scherz, Satire, Ironie und tieferer Bedeutung. Pathologische Züge unserer Gegenwart sind in Grabbe vorweggenommen.

ZUM WESERBERGLAND

Im Winkel zwischen Teutoburger Wald und Eggegebirge liegt Paderborn, östlicher Eckpfeiler Westfalens mit einer stark fundierten Katholizität, für die der starkgliedrige, mit vielen kleinen Fenstern »bespickte« Turm des Libori-Doms Symbol ist. Daß Karl der Große, Gründer des Hochstifts, am Ort der einzigen Königspfalz im besiegten Sachsenland mit Papst Leo III. zusammengetroffen ist, wurde bei Betrachtung von Karls Vita erwähnt. Neuere, sehr gewissenhafte Grabungen haben auf der Nordseite des Doms, nahe der von Kaiser Karl geschätzten Quellen (Born der Pader) die Grundmauern der Palatia zutage gebracht: Palastaula, Atrium, Pfalzkirche und einen Thronunterbau aus Kalksteinplatten, mit eingetieften Löchern an den vier Ecken, um das Gestänge des Thronbaldachins einzulassen. Rund eine Viertelmillion an Fundstücken gibt ein Bild der opulenten Ausstattung der Anlage, die der historische Schauplatz des König-Papst-Treffens von 799 gewesen ist; das berühmte »Paderborner Epos« vermittelt einen Eindruck der glanzvollen Zusammenkunft.

In der imperialen Ausgestaltung der Paderborner Pfalz, im aufwendigen Empfang des Pontifex, den man eigens in das sächsische Neuland – statt nach Aachen – kommen ließ, will man neuerdings erkennen, daß Karl 800 in Rom mit der vom Papst vorgenommenen Kaiserkrönung nicht »überrumpelt« worden ist, sondern daß sie in Paderborn abgesprochen war: der Frankenkönig wollte dem Papst seinen cäsarischen Anspruch bildhaft vor Augen führen, unter Einsatz eines kostspieligen Propaganda-Apparates, der die Machtentfaltung des Frankenreiches imponierend ausdrückte.

Unter dem üppigen Figurenschmuck des Libori-Doms sind besonders populär drei im Kreise springende Hasen, die im Maßwerk eines Kreuzgangfensters so zusammengestellt sind, daß sie zwar einzeln jeweils zwei, alle gemeinsam jedoch nur drei Ohren besitzen: ein altes Dreifaltigkeitssymbol.

Das Rathaus von Paderborn (1613/16) ist mit der straffen Gliederung seiner auf Arkaden ruhenden dreigiebligen Front ein Musterbeispiel der sogenannten Weser-Renaissance. Zwar strömt die Weser jenseits des Eggegebirges der norddeutschen

Tiefebene zu, doch von Paderborn ist sie auf direkter Straße beim malerischen Höxter und dem mächtigen karolingischen Kloster Corvey leicht zu erreichen. Die Weser-Renaissance beschränkt sich nicht auf die unmittelbaren Ufer-Orte, sondern strahlt weiter aus. Der Strom hatte indessen wesentlichen Anteil an ihrer Geburt, denn ohne ihn als Schiffahrtsweg wäre der Transport des Baumaterials von den Sandsteinbrüchen der Weserberge zu so zahlreichen Bau-Objekten nie möglich gewesen. Man versorgte auf dem Stromweg selbst die Baustellen des Rathauses von Antwerpen, der Fleischhalle von Haarlem, des Schlosses Kronborg bei Helsingör. Im Ausland sprach man vom »Bremer Stein«, obwohl dies irreführt; doch Bremen war Verschiffungshafen.

Um 1600 stiegen die Getreidepreise. Agrarkrisen am Mittelmeer, Hungersnöte in Westeuropa brachten dem kornreichen Weserland als Getreidelieferanten Gewinn. Das »Wirtschaftswunder« am Strom ließ die Preise von 22 auf 40 Taler pro Fuder ansteigen. Außerdem vergrößerten die weserländischen Landeigner durch »Abmeiern« von Kleinbauern ihren Grundbesitz, und viele von ihnen gewannen als Kriegsoberste in bewegter Zeit reichen Sold und reiche Beute. Die »Spekulanten in Landsknechten« konnten es sich leisten, große Schlösser zu bauen, auch wenn sie kleiner Adel waren. Die Herrensitze von Stadthagen und Celle sowie die gerne besuchte Hämelschenburg sind Exempel der feudalen Weser-Renaissance, denen sich bald die bürgerliche anschloß.

An den Bauten des wesereigenen Stils fallen zunächst die Zwerchhäuser auf, jene an den Traufseiten aufstrebenden, oft mehrstöckigen Gauben, deren Satteldächer fast den Hausfirst erreichen; dies trifft beim Rathaus in Hannoversch-Münden zu. Die Auslucht, weiteres Element der Weser-Renaissance, ist ein risalitartiger Vorbau der Fassade mit rechteckigem Grundriß, vom Boden bis zum Dachgesims aufragend, auch meist mit illuminierten Reliefs. Deutlich zeigt dies die Apotheke in Lemgo. An manchen Bauten wie dem Hochzeitshaus in Hameln wechseln Horizontalstreifen von ornamentierten Bossensteinen mit glatten Zonen kontrastreich ab. Schließlich fallen an der Weser-Renaissance die steilen Giebel mit ihren Schmuckrändern auf, teils tragen die Staffeln mythologische Figuren wie in Minden, teils Halbkreise wie in Stadthagen.

Nördlichster Ausläufer der Weser-Renaissance ist Schloß Bückeburg, Residenz des Fürstengeschlechts Schaumburg-Lippe. Fürst Ernst, die überragende Gestalt der Ahnenreihe, hat die Anlage kurz vor dem 30jährigen Krieg erbauen lassen: ein Turm mit Portikus und angelehntem Schloßflügel, zwerchhaus-gekrönt. Ein Nachfahre, Fürst Adolf, fügte um die Jahrhundertwende einen zweiten Flügel sowie zwei freistehende Seitentrakte hinzu, so daß ein kleiner Platz entstanden ist, zu dem man durch ein Repräsentationsportal und eine kleine Parkbrücke mit kapriziösen Bronzen von Adrian de Vries (Raub der Proserpina, Adonis und Venus) gelangt. Im Schloß ist die Kapelle bemerkenswert, ein ursprünglich gotischer Raum, den man in einen Dschungel von Renaissance-Zierat verwandelt hat. In der Ahnengalerie des Festsaals ist außer Fürst Ernst der um ein Jahrhundert jüngere Fürst Wilhelm vertreten, der als portugiesischer Feldmarschall die Spanier besiegte und von dem in der Umgebung von Lissabon noch eine Reihe von ihm angelegter Kastelle zeugen. Ein Familienbild des Jahres 1643 stellt Fürst Philipp mit Gemahlin und zehn Kindern dar. Da zwei schon gestorben waren, blicken sie von den Wolken herab. Vier, die erst später kamen, setzte der Maler nachträglich auf das Bild, so daß sie gleichaltrig mit den inzwischen älter gewordenen Geschwistern erscheinen.

Neben der Prunkanlage des Schloßbezirks besteht durchaus das in Rosa gehaltene Stadthaus (einst Rentamt) mit der schlichten Gliederung durch geschwellte ionische Halbsäulen. Die Lange Straße (mehr breit als lang) führt in residenzlicher Eleganz und doch auch bürgerstolz in sanfter Kurve hinauf zur Stadtkirche von 1611/15, dem bedeutendsten Bauwerk der frühprotestantischen Kirchenarchitektur. Im Mittelalter hätte man in einer Kirche nie etwas anderes gesehen als ausschließlich das Haus Gottes. Nun, am Beginn des 17. Jahrhunderts, begann man, ein Sanktuarium mit den Augen der Kunst zu betrachten, unabhängig von seinem sakralen Zweck. Die Aufklärung bahnte sich an, ein säkularisiertes Weltgefühl. Das war sicher nicht im Sinne des Erbauers, des Fürsten Ernst, denn er ließ auf die schon ganz barock empfundene Fassade meißeln: »Exemplum religionis non structurae« (Ein Beispiel des Glaubens, nicht der Baukunst). Herder, der im 18. Jahrhundert an der Kirche als Prediger gewirkt hat und mit einer Büste auf dem Kirchplatz vertreten ist, hat hingegen, trotz seiner Frömmigkeit, ganz gewiß schon die »Struktur«, d. h. den kunstgeschichtlichen Rang, des Bauwerks bedacht.

Das Ende der romantischen Weser-Strecke ist die Porta Westfalica, der Durchbruch des Stroms durch Wiehen- und Wesergebirge, die Pforte zugleich von Westfalen nach Niedersachsen. Kaiser Wilhelm I. schaut von einem bombastischen Denkmal des Wittekindbergs zum Strom und zu den unten vorbeirollenden Schnellzügen hinab.

Das nahe Minden besitzt einen mächtigen Dom, der im kubisch sich aufbauenden Westwerk romanische Triforien bietet. Wertvollstes Inventar ist ein ausdrucksstarker Bronze-Cruzifixus von 1070, das sogenannte »Mindener Kreuz«. Bei Minden überquert der Mittellandkanal die Weser, so daß Schiffe regelrecht über den Strom fahren. Auf einem Brückenkopf der Stadtbrücke mahnt der bronzene Große Kurfürst: »Bedenke, daß du ein Deutscher bist.« Für seinen Urenkel, Friedrich den Großen, wurde bei Minden 1759 eine Schlacht des 7jährigen Kriegs gewonnen: Preußen, Braunschweiger, Hannoveraner, Hessen, Schaumburg-Lipper, Engländer schlugen unter dem Kommando des Herzogs Ferdinand von Braunschweig Franzosen und Sachsen. Man kann in der Phantasie die Schlacht nachvollziehen: anhand der 1500 zeitgenössischen

Zinnsoldaten in einem Diorama des Mindener Museums. Pulverdampf hängt in der Luft – natürlich aus Watte.

Englische Bataillone tragen noch heute das Signum »Minden« auf ihren Fahnen. Namentlich die Briten zogen aus dem Sieg Gewinn, da der glückliche Ausgang der Schlacht sich auf das parallel verlaufende Kriegsgeschehen in Nordamerika günstig auswirkte – wie man mit einigem Recht den 7jährigen Krieg auch als den frühesten Weltkrieg bezeichnet hat.

In Bodenwerder zwischen Minden und Höxter wird heute noch ein Mann hochgeschätzt, der im allgemeinen als Figur der Sage gilt, aber dennoch gelebt hat: der Freiherr von Münchhausen. Im Dienste des Zaren kämpfte er gegen Türken und Schweden. 1750 nahm er als Rittmeister seinen Abschied. Im alten Herrenhaus des Münchhausenschen Gutshofes zeigt man die Kanonenkugel, auf welcher der »Lügenbaron« durch die Lüfte ritt, in der romanischen Dorfkirche von Kemnade sein Grab. Der an einer Weserschleife von Vogler, Eckberg und Hopfenberg eingerahmte hübsche Ort kultiviert die Münchhausen-Tradition, wiewohl der Baron gar kein Aufschneider gewesen ist. Ein nach England entwichener Weserländer hat ihm die Lügengeschichten in einem dort 1785 edierten Buch in den Mund gelegt, zum größten Ärger des pensionierten Rittmeisters – damals gab es noch keine Verleumdungsklage.

AM RANDE DES HARZES

Roswitha von Gandersheim ist eine niedersächsische Hildegard von Bingen. Freilich keine Mystikerin von durchsichtiger Spiritualität, sondern handfester, dinghafter in der Aussage. Um die Bewahrung der Jungfräulichkeit zu preisen, scheute sie burleske Komik nicht. Sie schilderte Hetären und einen im Bordell einkehrenden Eremiten. In virtuos beherrschtem Latein wollte sie Terenz besiegen, dessen Trivialitäten durch christliche Sentenzen übertrumpfen. Neben Hildegard ist sie die wichtigste, ja nahezu einzig wichtige weibliche Feder der

Roswitha von Gandersheim überreicht Kaiser Otto I. die von ihr verfaßten »Gesta Oddonis«. Holzschnitt von Albrecht Dürer

mittelalterlichen Literatur auf deutschem Boden. Sie hat rührend gut gemeinte Stücke geschrieben, die heute aber kaum mehr lesbar sind: »Gallicanus«, »Dulcitius«, »Abraham«. Was ihr aber einen unvergänglichen Namen sichert, ist ihre Biographie Ottos des Großen – »Gesta Oddonis I. imperatoris« –, aus der wir ausführlich über den größten Liudolfinger und Sieger in der Ungarnschlacht unterrichtet sind. Roswitha überreichte dem Imperator kurz vor dessen Tod ihr Geschichtswerk; Dürer hat diesen Vorgang in einem Holzschnitt festgehalten.

Stammten die Staufer aus der Gegend von Göppingen, die Salier aus dem Worms-Gau, so lag die Heimat des dritten großen Kaisergeschlechts, der Liudolfinger, westlich des Harz. Herzog Liudolf von Sachsen, der Großvater König Heinrichs I., gründete 852 das Kanonissinnenstift Gandersheim. Die im 13. Jahrhundert posthum gefertigte Gründerfigur, die Stiftskirche in der Hand, liegt in einem Holzsarg der Antoniuskapelle im Gandersheimer Dom. Prinzessinnen aus seinem Hause übten bis ins 12. Jahrhundert das Amt der Äbtissin aus, beginnend mit seiner Tochter. Später leiteten welfische Herzogstöchter die Abtei.

Theophano, die in St. Pantaleon in Köln beigesetzte Kaiserin, schloß in Gandersheim ihren Ehebund mit Otto II. Die Urkunde war jahrhundertelang im Dom verwahrt worden: ein purpurnes Pergament mit einer Grundierung von symbolhaften Tierszenen, einem mit Goldtinte abgefaßten Text und vegetabiler Umrahmung. Als Leibniz 1685 daranging, eine Geschichte des Hauses Braunschweig-Lüneburg zu verfassen, brachte er das wertvolle Dokument erstmals wieder ans Tageslicht und besorgte dessen Publikation. Heute liegt es im Staatsarchiv von Wolfenbüttel. Theophano war mit der Äbtissin Gerberga, einer Nichte Ottos des Großen, eng befreundet, ihr vertraute sie ihre Tochter Sophia an, die später selber an die Spitze der Abtei trat.

Das Leitmotiv Gandersheims ist neben dem Fachwerk die Romanik. Selbst der Bahnhof huldigt ihr eklektizistisch. Von ihm aus schauen wir hinunter zur Stadt und auf die Kontur des Doms, der aus der Distanz seine Monumentalität verliert, aber um so mächtiger vor uns aufsteigt, wenn wir unmittelbar vor dem massiven Westwerk stehen, einer nahezu quadratischen schmuckarmen Fläche über der Portalzone, von zwei Achtecktürmen gekrönt, die unmittelbar aus dem Fassadengemäuer aufragen. Die nächst dem Westwerk ältesten Dombestandteile sind die angebaute Michaelskapelle, das Privatbethaus der Äbtissin mit einem Anbau im Stil der Weser-Renaissance sowie die dreischiffige Krypta mit Palmetten-Kapitellen, eine Gründung Adelheids, der Schwester des salischen Kaisers Heinrich IV.

Das Rathaus am Domplatz faßt unterschiedliche Gebäudeteile einschließlich eines Turms zusammen; der Ostteil gehörte zu der 1580 abgebrannten Moritzkirche. An dem Baukomplex hat die Geschichte selber akkumulierend gearbeitet. Gegenüber streckt Niedersachsens ältestes Fachwerkhaus, der »Braken« von 1473, seine rustikale Brust vor.

In und um den Harz lagen einst zahlreiche Kaiserpfalzen verschiedenen Ranges, an der Spitze Goslar, Verla, Königslutter. Während Verla bis auf Reste verschwunden ist und in Königslutter nur der Kaiserdom erhalten blieb, bietet Goslar das Beispiel einer zwar um die Jahrhundertwende verfälschten, doch im Kern erkennbaren Anlage eines imperialen Profanbaus des 11. Jahrhunderts. Der Rammelsberg, die »Silberkammer des Reichs«, machte die Gegend begehrenswert.

Die ergiebigen Gruben haben neben der Pfalz auch die Stadt aufblühen lassen. Sie zählt zu jenen harmonisch geschlossenen deutschen Stadtbildern, die man an den Fingern aufzählen kann, mit teilweise erhaltenem Mauerring, der hochragenden Neuwerk- und Jacobikirche, einem Rathaus von 1500 mit Huldigungssaal sowie vielen figurenreichen Fachwerkhäusern. Am Schnitzwerk jenes Hauses von 1526, das den Namen »Brusttuch« führt, erkennt man eine Frau, die, mit der Peitsche in der Hand, auf dem Rücken eines zum Pferd aufgezäumten Mannes reitet. In Goslar ist noch alles in wohlgesetzter Ordnung, wie es planender Verstand, doch auch die Zeit selber zuwege gebracht hat; nirgendwo ist ein Mißklang. Tief verschneit offenbart die Stadt am Tor des Harzes ganz besonders seinen unnachahmlichen Zauber.

Der hoch über den schieferbedeckten Häusern gelegene Pfalzbau ist ein langgestrecktes, zweigeschossiges Gebäude mit

Steildach. Einst lag ein Terrassenbau davor, auf dem der jeweilige Kaiser sich dem Volke zeigte. Im Erdgeschoß hielt sich die Palastwache auf, das Obergeschoß nahm der Festsaal ein. Im Süden schloß sich die doppelstöckige Hofkapelle St. Ulrici an, mit der Grabplatte Heinrichs III. – er selber ruht in Speyer – und seinem von silberner Kapsel umschlossenen Herzen. Auf die Frontalseite der Pfalz stieß der zweitürmige Pfalz-Dom (Capilla Imperii) zu. 1819 wurde er leider bis auf das Nordportal mit den mehrreihigen Stuckfiguren des Giebelfeldes abgerissen.

Das späte 19. Jahrhundert hat vor die Pfalz eine riesige Freitreppe gesetzt, flankiert von Reiterstatuen Barbarossas und Wilhelms I. Das Sicherheitsbedürfnis mittelalterlicher Cäsaren hätte nie eine so einfach zugängliche Eingangspartie gestattet. Der Festsaal enthält Historienmalerei im Wagnerstil, wobei außer Reichsgeschichte auch Luthers Auftritt in Worms und Szenen aus dem Bismarckreich den Beschauer beeindrucken sollen.

Die Kaiserpfalz von Goslar ist vorwiegend die Schöpfung der Salier; man hat sie als »Karawanserei der deutschen Wandermonarchen« apostrophiert. Namentlich Heinrich III. (1039 bis 1056) betätigte sich als Bauherr. Bei der Fülle seiner Macht – er war König von Deutschland, Burgund, Italien, Herzog von Schwaben, Bayern, Kärnten, Lehnsherr von Polen, Böhmen, Ungarn – verlangte ihn nach entsprechender Repräsentanz. Von ihm stammt auch der Torso des Pfalz-Doms. Die augenfällige Betonung der Religio an seinem führenden Herrschersitz entsprach seinem Willen, zwischen Kurie und Königsthron ein gutes Einvernehmen zu pflegen, doch nicht in subalterner Unterwerfung, sondern in gleichwertiger wohlwollender Koexistenz der beiden polaren Kräfte des Abendlandes. Noch mußte er im Kampf der beiden Schwerter nicht die Klinge führen gegen die geistliche Macht. Viermal setzte er deutsche Bischöfe als Nachfolger Petri ein. Das Priesterliche seines Auftretens entsprach fast dem byzantinischen Kaiserzeremoniell. Am Gründonnerstag wusch er zwölf Armen die Füße, wie Christus den Aposteln. Er trat als Bußprediger auf. Gleich der Gottheit ließ er sich in einer Aureole darstellen. Echte Frömmigkeit? Geniale Schauspielerei? Politisches Kalkül? Jedenfalls: Regnum und Sacerdotium glichen sich später nie mehr so an wie unter dem dritten Heinrich.

In zweiter Ehe war der Salierkaiser mit der Französin Agnes von Poitou verheiratet, einer fanatischen Anhängerin der cluniazensischen Glaubensreform. 1050 wurde in Goslar der Thronfolger geboren, der spätere Heinrich IV. Fünf Jahre später traf Papst Viktor II., ehemaliger Bischof von Eichstätt, in der Kaiserpfalz ein. Die Glocken läuteten. Man veranstaltete eine gemeinsame Jagd. Dann gab man sich im Festsaal den Tafelfreuden hin.

Kurz darauf erkrankte Heinrich nach dem Genuß einer Hirschleber. Er starb 39jährig. Hätte er länger gelebt, so hätte er vielleicht Goslar, wo er fünfmal das Weihnachtsfest beging und zahlreiche Hoftage abhielt, zur Dauerresidenz erhoben. Heinrich IV., der zunächst unmündige Nachfolger, liebte die Pfalz am Nordrand des Harzes nicht weniger. Fast jährlich hielt er sich dort auf; insgesamt widmete er »der herrlichsten Hausung des Reichs« mehr als dreißig Besuche.

CANOSSA 1077

Der vierte Heinrich ist eine der bemerkenswertesten Gestalten der mittelalterlichen Kaisergeschichte, auch tritt er uns menschlich besonders nahe. War er bedeutend, »außerordentlich«, wie Friedrich II.? Wir wissen es nicht. Er war hineingezogen wie keiner vor und nach ihm in den Machtkampf zwischen Kaiser und Kurie, auf Triumph folgte stets unmittelbar die tiefste Demütigung. Auch wenn er gegenüber dem Papst den Standpunkt der Priorität weltlicher Macht vertrat, war er doch ganz von der Priorität des christlichen Dogmas durchdrungen. Sein Denken war mönchisch, gepeinigt von der Angst ewiger Verdammnis. Wenn ein deutscher Shakespeare Königsdramen geschrieben hätte – Grabbe trug sich einmal mit dem Gedanken –, so hätte das Leben Heinrichs IV. neben dem Friedrichs II. von Hohenstaufen den dankbarsten Stoff abgegeben.

Im 11. Jahrhundert saß auf dem Papstthron in Rom ein Mann unbeugsamen Willens: Gregor VII., Sohn eines Bauern, zuerst Mönch (unter dem Namen Hildebrand) und – wie es heißt: durch nicht ganz durchsichtige Manipulationen – zur Tiara gelangt. Der kleine, schmächtige Kleriker mit schwacher Stimme vertrat die Reformbewegung von Cluny, welche die Kirche zu urchristlichem Denken zurückführen und den Papst zum Herrn des Abendlandes machen wollte – hoch über jedem weltlichen Souverän. »Das Königtum«, dies Gregors Worte, »ist eine Erfindung menschlichen Verstandes, aber die Bischofswürde stammt von Gott.« Als Verfechter der Reform setzte er sich das missionarische Ziel, über alle Rücksichten hinweg den Primatsanspruch des Heiligen Stuhls im Abendland zum Sieg zu führen. Bevor Gregor selbst Papst war, manipulierte er die Wahl von Päpsten und Königen – ohne ihn hätte Wilhelm der Eroberer sich niemals die Krone der Angelsachsen aufs Haupt setzen können. Der ehemalige Mönch fühlte sich berufen, auch im Königreich der Deutschen die maßgebliche Stimme zu sein. Der salische König Heinrich IV. hatte das Unglück, daß während seiner Regierungszeit dieser willensmächtige Nachfolger Petri den Weg der Kirche bestimmte. Der Anspruch des Papstes, über dem König zu stehen, war für Heinrich unerträglich. Der Rivalitätskampf zwischen weltlicher und geistlicher Macht erfuhr in der Auseinandersetzung Heinrichs und Gregors seinen dramatischen Höhepunkt.

Hier muß man einen Begriff ins Spiel bringen, der im Ringen zwischen Kaiser und Papst von fundamentaler Bedeutung war: den Begriff der »Investitur« (Einkleidung). Es handelte

Kaiser Heinrich IV.
Zeichnung aus der Kaiserchronik des Ekkehard von Aurach 1114 bis 1125

sich dabei um die Frage, ob hohe Geistliche, die damals gleichzeitig große weltliche Herren waren, von geistlicher oder weltlicher Hand eingekleidet werden sollten. Der Kaiser beanspruchte die Investitur für sich, als Voraussetzung souveräner Machtausübung innerhalb seines Hoheitsgebiets. Würde der Papst die Kirchenfürsten einsetzen oder sie von papsttreuen Gremien einsetzen lassen, so würde er auch über weltliche Gebiete des Königreichs unmittelbaren Einfluß gewinnen. Die geistlichen Territorien wären damit ein selbständiger Kirchenstaat im Staate.

Wie vorauszusehen, beanspruchte Gregor die Investitur für die Kirche. Im gespannten Verhältnis zu Heinrich ergriff er die Partei der deutschen Fürsten, die gegenüber der Krone ihre Partikular-Interessen verfochten und dem König die Ausübung der Zentralgewalt schwermachten. Die Fürsten stimmten dafür, daß die Investitur dem Papst oder den örtlichen kirchlichen Gremien, den Kapiteln, zukommen solle. Da die Kapitel unterm Einfluß des hohen Adels standen, besaß dieser bei geistlicher »Einkleidung« ein machtvolles Instrument der »Personalpolitik« gegen den König und den von ihm verfochtenen Einheitsstaat.

Der Kampf um die Investitur gegen Papst und Fürsten nahm solche Formen an, daß Heinrich seine ersten Regierungsjahre damit verschwenden mußte, den Widerstand der von Rom gegen ihn aufgewiegelten Territorialgewalten zu brechen. Vor allem die Sachsen boten ihm die Stirn. Obwohl Karl der Große bereits zweihundert Jahre früher die Sachsen unter sein Joch gezwungen hatte, war in ihnen noch immer tief der Haß gegen die Franken verwurzelt. Dies wirkte sich im Unterbewußtsein in der sächsischen Aufsässigkeit gegen den fränkisch-salischen König aus. Nachdem die sächsischen Adligen einige Reichsburgen auf ihrem Boden eingeäschert hatten, schlug Heinrich mit Hilfe der ihm lebenslang treuen Schwaben die Unbotmäßigen in der Schlacht an der Unstrut, einem Nebenfluß der Saale. Die Ritter entkamen, die zu Fuß kämpfenden Knechte wurden »wie das Vieh« abgeschlachtet. Heinrich hatte sich freigekämpft, um seinem eigentlichen Gegner entgegenzutreten: Gregor VII.

Zu den mächtigsten Fürsten des Reiches zählten die Erzbischöfe. Der Krone verdankten sie Investitur und Macht, und zur Krone hielten sie auch. Es mag heute paradox scheinen: im Kampf gegen das Oberhaupt der Kirche bediente sich Heinrich IV. vor allem der führenden Glieder eben dieser Kirche. Er berief im Januar 1076 vierundzwanzig der angesehensten Bischöfe zu einer Synode nach Worms. In einer der

Die weltlichen Herren des Abendlandes huldigen dem Nachfolger Petri. Im Hintergrund Abt und Bischof. Holzschnitt von Hans Baldung Grien

dramatischsten Szenen der deutschen Geschichte faßten die Anwesenden den Beschluß, daß Gregor den Stuhl Petri, den er widerrechtlich bestiegen habe und zu verhängnisvollen Reformen benütze, verlassen müsse. Sämtliche Bischöfe unterzeichneten ein Manifest, in dem sie dem Pontifex den Gehorsam aufkündigten. Auch der König gab sein Signum: »Heinrich, nicht durch Anmaßung, sondern durch Gottes heilige Einsetzung König, an Hildebrand, nicht den Papst, sondern den falschen Mönch.« Noch herausfordernder klang der Zusatz: »Ich Heinrich, König von Gottes Gnaden, rufe dir mit allen meinen Bischöfen zu: Steige herab, steige herab!«

Es vergingen drei Wochen, ehe der Bote des Königs mit dem Manifest von Worms in Rom anlangte. Gregor hielt im Lateran gerade eine päpstliche Versammlung ab. Der Bote verlas den unerhörten Inhalt des Manifests und sagte zu den anwesenden Vertretern der Tiberstadt: »Ihr werdet am nächsten Pfingstfest aus der Hand des Königs einen anderen Papst erhalten, denn dieser da ist nicht Papst, sondern ein reißender Wolf.«

Gregor, der Gefühle verbergen konnte, blieb unbewegt. Doch im Versammlungsraum entstand Tumult. Man zückte Schwerter. Der Papst deckte den Boten; er mochte sich wie Christus vorkommen, der Petrus wehrte, den Häscher im Garten Gethsemane zu strafen. Doch zu Entschlüssen sah er sich zur Stunde außerstande. Er vertagte die Versammlung auf den nächsten Morgen. Nach schlafloser Nacht erschien er tags darauf in der Laterankirche, bleich und unnahbar, die ihn begleitenden Kardinäle murmelten Gebete, die Anwesenden sanken in die Knie. Nach Erteilung des Segens rief Gregor den Apostelfürsten Petrus an: »Neige, ich flehe, dich liebevoll zu uns herab, und höre deinen Knecht, den du von Kindheit an geschirmt und bis zu diesem Tage vor der Gewalt des Bösen bewahrt hast. An deiner Statt verfluche ich König Heinrich, weil er es unterlassen hat, wie ein Christ zu gehorchen. Du bist Petrus, du bist der Felsen, auf dem der Sohn des lebendigen Gottes seine Kirche erbaut hat; im Glauben an dich schlage ich ihn nun in Fesseln vor aller Welt.«

Im Einverständnis mit der Versammlung erklärte Gregor die Wormser Beschlüsse für ungültig, die Bischöfe, die unterzeichnet hatten, für abgesetzt. Dann sprach er den Bann über Heinrich aus, erklärte ihn der Krone für verlustig und entband dessen Untertanen vom Treueid.

Daß Gregor sich bei der Formulierung des Bannspruchs auf den obersten der Apostel berief, zeigt die Entschiedenheit seiner Frontstellung gegen das weltliche Schwert, beweist aber auch sein diplomatisches Geschick. Drohender hätte er das geistliche Schwert nicht ziehen können. Noch war die Gottergebenheit des im Mystizismus verhafteten, in religiösen Kategorien denkenden Mittelalters ungebrochen – die Berufung auf den »Felsen« Petrus, auf dem die Kirche ruhe, verlieh dem päpstlichen Wort metaphysischen Klang, vor dem eine von Ängsten erfüllte Welt erzittern mußte. Der Bannstrahl hatte die Wirkung eines Blitzstrahls.

Die bisher zu König Heinrich hielten, waren wie gelähmt. Parteinahme für einen Gebannten, das hieß: sein Seelenheil aufs Spiel setzen. Selbst die Bischöfe der Wormser Synode unterwarfen sich Rom, sagten sich von Heinrich los, und pilgerten zerknirscht an den Tiber. Gregor hatte die geistige Situation seiner Zeit richtig eingeschätzt und mit dem Einsatz des äußersten Mittels das Äußerste erreicht. Nie hätte Heinrich, der nunmehr Gebannte, mit so radikalem Umschwung im Spiel der Kräfte gerechnet.

Auch die weltlichen Fürsten, die bisher zu Heinrich hielten, fielen ab. Vielleicht war für einige der Bann willkommene Gelegenheit, auch ihrerseits die lästige Königsmacht zu schwächen. Eine Fürstenversammlung in Tribur am Rhein, gegenüber Oppenheim, beschloß am 16. Oktober, dem König ein Ultimatum zu setzen: falls er sich nicht bis zum Fürstentag von Augsburg am 22. Februar 1077 vom Bann gelöst habe, werde er nicht mehr in seinen königlichen Rechten anerkannt. Für Heinrich bestand die Gefahr einer neuen Königswahl. Die Versammlung lud Papst Gregor zum entscheidenden Tag in die Freie Reichsstadt am Lech ein.

Dies ist die Vorgeschichte von Canossa, dem 25. Januar 1077, einem Schulbuchdatum des Geschichtsunterrichts. Bis zum Augsburger Stichtag mußte etwas geschehen, sonst war Heinrich verloren. Nichts sprach dafür, daß der Pontifex bis dahin den Bannstrahl zurücknahm und damit seinen Trumpf im

Kampf der beiden Schwerter aus der Hand gab. Die Lage schien für Heinrich ausweglos. Und so entschloß er sich zu jenem außergewöhnlichen Schritt: nach Italien zu ziehen und kniefällig seinen Gegner um Widerruf des Bannes anzuflehen. »Canossa« ist seither ein geflügeltes Wort, das so viel besagt wie politische Schwäche, Unterwerfung bis zum Verlust der Würde.

Man hat dieses Urteil heute teilweise revidiert und sieht in Canossa auch einen klug erdachten politischen Akt. Nur durch die Lösung vom Bann konnte Heinrich weiterhin Herr im Hause bleiben, seine Krone retten. Als Politiker mit weltlichem Machtanspruch wäre Gregor in keinem Fall bereit gewesen, den nahen Sieg im Kampf der beiden Schwerter zu verspielen. Als Priester, und hierin war er in seiner Handlungsweise gebunden, konnte er nicht anders, als einem Zerknirschten zu vergeben. Diese geistlich-moralische Waffe, den Appell an die Gnadenmittel der Kirche, setzte Heinrich ein: einem Bußfertigen durfte kein Stellvertreter Christi, und sei er sonst noch so ränkevoll, seinen geistlichen Beistand versagen; er hätte sich sonst als »Heilsvermittler« in der christlichen Welt unglaubwürdig gemacht. Gewiß spielte beim Gang nach Canossa die politische Notlage, die menschliche Verzweiflung mit – vor allem aber leitete Heinrich die richtige Einschätzung der Lage und staatsmännisches Kalkül – zu dieser Stunde war er Gregor ebenbürtig.

Mit seiner Gemahlin Bertha und dem dreijährigen Sohn Konrad überquerte der König, nur von einem Diener begleitet, in mühseliger Wanderung die Paßhöhen der verschneiten Alpen. Es heißt, man habe die Königin auf Ochsenhäuten die Steilpfade hinabgelassen. Schnell ging die Nachricht von der Ankunft des gebannten Saliers durch die Lombardei. Die freiheitlich eingestellten Lombarden waren keine Freunde des autoritären Papstes. Sie empfingen den König wohlgesinnt und boten ihm eine Streitmacht an. Gregor, in großer Besorgnis, zog sich vorsichtshalber auf die toskanische Stammburg

Canossa im nördlichen Apennin zurück, wo die päpstlich gesinnte, dem Charisma dieses Papstes verfallene Markgräfin Mathilde von Tuscien ihren Sitz hatte.

Barfuß, im Büßergewand, stand König Heinrich am 25. Januar mit kleinem Gefolge vor dem Burgtor und erbat Einlaß. Das Tor blieb verschlossen. Am 26 und 27. Januar kam er wieder und hielt stundenlang in der Winterkälte vor dem Burggemäuer aus. »Er hörte nicht eher auf«, registrierte Gregor später, »mit vielem Weinen die Hilfe und die Tröstung des apostolischen Erbarmens zu erflehen, als bis er alle, die da zugegen waren und zu denen die Kunde davon gelangte, zu so großer Milde bewog, daß sie für ihn mit vielen Bitten und Tränen eintraten und alle über die ungewohnte Härte Unseres Sinnes sich wunderten, einige aber laut riefen, daß in Uns nicht der Ernst der apostolischen Strenge, sondern die Grausamkeit eines Tyrannen zutage trete.«

In Zwiespalt zwischen politischer Erwägung und priesterlicher Pflicht ließ Gregor öffnen. Wenig später lag Heinrich, die Arme kreuzweise ausgestreckt, vor ihm am Boden – wie die Chronisten berichten »in einem Strom von Tränen gebadet«. Beide, Kaiser und Papst, standen sich am Tag von Canossa zum ersten- und letztenmal gegenüber, jeder vom andern überwunden. Gregor konnte nicht anders, als den Bannspruch aufzuheben, allerdings nur »bedingungsweise«: der Fluch des hl. Petrus trete sofort wieder in Kraft, wenn Heinrich sich erneut ungehorsam zeige. Nach Abfassung eines entsprechenden Textes überreichte Gregor in der Burgkapelle dem wieder in den Schoß der Kirche aufgenommenen König das Abendmahl. Sie setzten sich dann gemeinsam an ein und denselben Tisch »und erquickten sich in Ehren an einfachen Speisen«.

Am 29. Januar, einem strahlenden Wintertag, verließ der König die Burg Canossa, um durch die verschneite Lombardei in sein Königreich Deutschland zurückzukehren.

DIE LESSINGSTADT

Setzt man sich von Goslar nordwärts nach Wolfenbüttel ab, so gelangt man von der Kaiserherrlichkeit wieder in die Sphäre des deutschen Duodez. Nachdem der Freiheitssinn der Braunschweiger die welfischen Herzöge aus ihrer Stadt verwiesen hatte, wählten diese von 1432 bis 1753 Wolfenbüttel zu ihrem Herrschersitz. In der Zeit der Renaissance stellten sie beachtliche Persönlichkeiten, die monumentale Bauten errichteten, heute noch der Stolz Wolfenbüttels. Herzog Julius, der »Techniker auf dem Herzogsthron«, machte durch Schleusen die Oker zwischen Harz und Residenz schiffbar, ließ 1580 seine Festung in künstlichen Nebel hüllen und erzielte 1588 mittels langrohrigen Hinterladers den ersten Weitschuß der Weltgeschichte (8 km). Herzog Heinrich Julius hingegen war der »Gelehrte auf dem Herzogsthron«. Von ihm stammen die ältesten deutschen Prosa-Dramen. Und der von ihm begründete »Aviso« (1609) war Deutschlands älteste Zeitung. Auch das erste stehende Theater geht auf ihn zurück (1600). Wenn zuvor die englischen Mimen durch die Lande zogen, rief jedermann: »Hängt die Wäsche weg – die Komödianten kommen!« Nun wurden diese, in die Hofwelt integriert, seßhaft, manierlich, ohne das Odium spitzbübischer Vaganten.

1753 kehrte der Herzog von Braunschweig-Lüneburg wieder in die Stadt Heinrichs des Löwen zurück. Wolfenbüttel blieb Erbprinzen-Residenz, verlor als solche natürlich viel von ihrem Glanz. Das war die Epoche, in der Lessing hier gelebt, geschrieben, ausgeharrt hat.

Wolfenbüttel nennt sich Lessingstadt, und das mit Recht. Denn ganze elf Jahre, die letzten seines Lebens, hat Lessing als Fürstendiener hier zugebracht. Als Bibliothekar des Erbprinzen von Braunschweig-Lüneburg erhielt er jährlich 600 Taler (die Mätresse des alten Herzogs erhielt 60 000). Er empfand in der Miniatur-Residenz, zu der die Stadt herabgesunken war, Stickluft. In Briefen ließ er sich darüber aus. Aber geblieben ist er doch. Und seinen kreativen Impulsen hat die Enge nicht geschadet, ja er wurde vielleicht gerade dadurch zur schöpferischen Leistung angetrieben. Im Renaissance-Schloß, dem Werk von Herzog Heinrich Julius, welches das größte Niedersachsens ist, hat er eine Zeitlang seine Dienstwohnung gehabt. Dort schrieb er die »Emilia Galotti«, die aus politischen Rücksichten zwar in Italien spielt, aber genauso in der Klein-Welt Wolfenbüttels hätte spielen können. Und in seinem dreiflügligen Mansarden-»Bungalow«, den er dann neben dem Schloß bezog und wo er mit Eva König in kurzen Ehejahren das einzige Glück seines Daseins erlebte, gelang ihm der Wurf des »Nathan«, dieser ewiggültigen dramatischen Parabel von der Toleranz.

Lessing, dem Wolfenbütteler Bibliothekar, kommt vor jedem anderen das Verdienst zu, daß auf deutschem Boden Literatur Weltliteratur geworden ist. Er verdammte die glatte Virtuosität französischer Alexandriner. Er wies auf Shakespeare hin und auf die Antike, wenn auch in einem Sinne, der heute überholt erscheint. Er schuf eine Bresche für das deutsche Nationaltheater. Er kämpfte mit geharnischtem Zorn gegen den puristisch-orthodoxen Pastor Götze in Hamburg. Liberalität, Freizügigkeit, Menschlichkeit waren die Religion dieses Freigeistes in der Sphäre des Absolutismus.

Als »Dichter« gefühlt hat er sich nicht. Er gab es unumwunden zu. Keine Muse hat ihn geküßt, seine Suada ist die des kontrollierenden Verstandes, der reformistischen Überzeugung. Mit seiner Produktion wollte er keine Meisterwerke, sondern Modelle schaffen, Akzente setzen für andere, weiter nichts. Und doch haben diese »Modelle« die Zeit überdauert. »Minna von Barnhelm« aus der Welt des 7jährigen Kriegs und ihrer überspitzten Ehrauffassung ist das führende deutsche Lustspiel geblieben in einem Volk, das für Lustspiele im allgemeinen keinen Nerv hat und neben der »Minna« eigentlich nur noch zwei gleichwertige Stücke des Genres besitzt,

Kleists »Zerbrochenen Krug« und Hauptmanns »Biberpelz«. Durch die Fachwerkgassen Wolfenbüttels ist Lessing gegangen. Wenig hat sich geändert. Vielleicht steht in der fürstlichen Bibliothek, die nach Auflösung der Helmstedter Universität mit deren Beständen aufgestockt worden war, noch mancher Band, den Lessing als letzter aus dem Regal genommen hat. Bibliotheks-Rotunde (1887 wurde sie erneuert), Herzogsschloß, Rokoko-Wohnhaus – alles, was auf Lessing Bezug hat, ist dicht beisammen am festlichen Schloßplatz. Da steht auch noch ein dreistöckiges Fachwerkhaus mit kleinem Mittelgiebel, in dem Lessing in der ersten Wolfenbütteler Zeit gewohnt hat. Großstilig wie das Schloß ist am Kornmarkt die Kirche »Beatae Mariae Virginis«, niedersächsische Renaissance; an den kunstvoll verzierten Seitengiebeln kann man von außen die Zahl der Joche ablesen. Ein Klein-Venedig besitzt die einstige Erbprinzen-Residenz auch, und einen idyllischen Friedhof, der sich in sanft geschwungener Landschaft hinter der breiten, fast klassizistisch wirkenden Barockfront der Trinitatiskirche ausdehnt, mit altertümlichen Grabsteinen und -inschriften, ein Friedhof-Park, so idyllisch und versonnen-still wie die ganze liebenswerte kleine Stadt, die ein Relikt des 18. Jahrhunderts ist, im besten Sinne. Nur aus der Lessing-Bar dröhnt laut ein moderner Schlager.

BRAUNSCHWEIGS »TRADITIONSINSELN«

Wolfenbüttel liegt im Schatten von Braunschweig, dem Partner im Duett der beiden Residenzen. Da die Braunschweiger Welfen sich im Gegensatz zu denen Hannovers 1866 nicht gegen Preußen stellten, war ihnen eine Galgenfrist herzoglicher Selbständigkeit bis 1918 gegeben, während Hannover »geschluckt« wurde. Treitschke nannte Braunschweig damals »die letzte Scholle welfischer Erde«. Die Selbständigkeit dauerte nach dem Sturz der Dynastie im braunschweigischen Freistaat weiter bis 1945, dann wurden Stadt und Land ein Bestandteil des neugeschaffenen Niedersachsen. Zwischen den Weltkriegen, 1930, hat Braunschweig einen gewissen Österreicher zum Regierungsrat ernannt, damit er die deutsche Staatsangehörigkeit erhalten und sich als Kandidat zur Reichspräsidentenwahl stellen konnte. Keine glückliche Stunde Braunschweigs, wie heute jedermann weiß und damals mancher ahnte.

Braunschweig hat es verstanden, aus seiner in Schutt gesunkenen Fachwerk-Altstadt nach 1945 das Beste zu machen. Die Lücken waren so groß, daß sich kein geschlossenes »altes« Stadtbild wiederherstellen ließ. Darum hat man »Traditionsinseln« geschaffen, aus dem Krieg einigermaßen gerettete oder doch restaurierungsfähige Partien, meist um eine gotische Kirche geschart, konservierend zu kleinen Einheiten formiert, die in der ganzen Innenstadt verteilt sind. Dazwischen ist Beton, Stahl, Glas, flutet Verkehr.

Eine Traditionsinsel ersten Grades ist der abends angestrahlte Altstadtmarkt. An ihm steht das alte gotische Rathaus (das neue ist Jahrhundertwende), das mit seinen zwei Flügeln eine der Marktecken bildet. Über einem durchlaufenden Laubengang erheben sich krabbenbesetzte Giebeldreiecke, die dem Vorbild der Kirchenarchitektur folgen. Das gegenüberliegende Gewandhaus, das einst die Gewandschneider als vornehmste Gilde innehatten, ist mit seinem prachtvoll gestuften Giebel meisterliche Renaissance; der Keller bietet zwischen alten Pfeilern gehobene Gastlichkeit. St. Martin wendet seine Blendmaßwerk-Giebel dem Markt zu. Weitere Traditionsinseln gruppieren sich um die kleine gotische Michaelskirche, um das hochgelegene Gotteshaus St. Ägidien, um St. Magni (auf den Grundmauern einer Dorfkirche von 1031).

Von Karl Theodor Ottmer, einem Sohn der Stadt, stammte das klassizistische Schloß der Braunschweig-Lüneburger Herzöge des vorigen Jahrhunderts. Trotz Kriegseinwirkung hätte man den vornehmen, durch Risalite rhythmisch gegliederten Bau retten können. Stimmen im Stadtparlament rieten, das Gebäude als »Denkmal der Monarchie« abzureißen. Die Bevölkerung inszenierte eine Protestversammlung unter freiem Himmel. Doch 1960 vollführte ein Abbruchunternehmen sein zerstörerisches Werk. Nicht einmal die Trümmer, die man ursprünglich als »Braunschweiger Akropolis« in einer geplanten Grünanlage belassen wollte, blieben übrig.

Auch ein zweiter Ottmer-Bau, die Bülow-Villa am Petritor, riß man ab. Und nach der Tragödie die Posse: Zwar hatte die Stadt Braunschweig nahezu alle Zeugnisse ihres großen Sohns vernichtet – doch ließ sie pietätvoll durch einen städtisch besoldeten Gärtner die Grabstätte des Architekten auf dem Domfriedhof pflegen.

Unter den erhaltenen Werken des Vorgängers Ottmers als herzoglicher Baudirektor, Peter Joseph Krahe, beansprucht ein Obelisk auf dem Löwenwall historische Bedeutung: er erinnert an den bei Auerstedt 1806 gefallenen Herzog Karl Wilhelm Ferdinand und an Friedrich Wilhelm, den »schwarzen Herzog«, der bei Quatrebras 1815 fiel, kurz vor dem endgültigen Sieg über Napoleon bei Waterloo, den er nicht mehr erlebte. Die Witwe Karl Wilhelm Ferdinands, Augusta von England, hatte sich als Erbprinzessin südlich von Braunschweig das Rokoko-Schloß Richmond erbaut, mit dem aparten Grundriß eines annähernd vierblättrigen Kleeblatts.

Die vom geschichtlichen Aspekt wichtigste Traditionsinsel Braunschweigs ist der Burgbezirk. Hier wird eine Persönlichkeit lebendig, deren Name eng mit der Welfenstadt verbunden ist und der wir schon mehrfach begegnet sind: Heinrich der Löwe, Herzog von Sachsen und Bayern, Herr des Obotridenlandes, Vetter Barbarossas, dessen Mutter Judith eine Welfin war. In Braunschweig stand Heinrichs Residenz. Er liebte die Stadt und erweiterte sie um den Ort Hagen (heute ein Stadtteil), wo er ausgewanderte Friesen ansiedelte. Dort steht er vor St. Katharinen auf einem Brunnen, den von ihm gegründeten Dom im Arm.

DIE SPUR DES LÖWEN

Der letzte Salier hatte auf dem Totenbett eigentlich einen Welfen als Nachfolger bestimmt: Heinrich den Stolzen. Durch Manipulation des Fürstbischofs von Mainz war aber bekanntlich der Staufer Konrad III. auf den Königsthron gelangt. Zwischen den Söhnen beider, Heinrich dem Löwen und Friedrich Rotbart, hätte demnach rivalisierender Streit herrschen müssen. Doch keineswegs: sie standen sich persönlich nahe, und ohne die Hilfeleistung des Welfen wäre Barbarossa nicht so zielsicher aufgestiegen. Friedrich I. lohnte es ihm, indem er den sächsischen Herzog auch noch mit Bayern belehnte.

Beider Interessensphären berührten sich kaum. Der Staufer betrieb seine Reichs- und Italienpolitik, der Welfe griff weit in den Norden und Osten aus, eroberte und erneuerte Schwerin, beschenkte Lübeck mit reichen Privilegien, förderte den Ostseehandel. Holstein und Mecklenburg waren ihm untertan. Bayern lag ihm schon räumlich ferner, doch engagierte er sich auch dort – mit der Gründung Münchens.

Heinrichs europäisches Ansehen wuchs noch, als er 1168 in zweiter Ehe – die mit einer Zähringerin war annulliert – die Tochter des Plantagenetkönigs Englands, Heinrichs II., ehelichte: Mathilde, die zugleich auch die Schwester des späteren Königs Richard Löwenherz gewesen ist. Aus Anlaß der Vermählung wurde ein Silberpfennig (Braktat) geprägt, mit dem Löwenbild und der Unterschrift: »Dux Heinrici«.

Die ungeheure Machtfülle, die dem Welfen durch geschickte und tatkräftige, doch auch rücksichtslose Politik zuteil geworden war, stellte ihn ebenbürtig neben den deutsch-römischen Kaiser. Dies mochte angehen, solange er seine Machtmittel für die Belange des Reiches einsetzte. Doch Heinrich maßte sich, durch seine Erfolge verblendet, souveräne Rechte an. Er benahm sich wie ein unabhängiger Monarch. Die Gefahr der Zweiteilung des Reichs bestand, falls sich der Löwe bei einer Auseinandersetzung als der Stärkere erwies.

Um jene Zeit rüstete Barbarossa, durch die Lage in Italien beunruhigt, zum fünften Römerzug. Ohne die Unterstützung durch den mächtigsten Reichsfürsten fühlte er sich den lombardischen Städten gegenüber zu schwach. Doch Heinrich verweigerte seine Teilnahme. Bei einem gemeinsamen Treffen in Chiavenna, nördlich des Comer Sees, beschwor er den Vetter um Heeresfolge. Der Löwe stellte eine Gegenforderung: die Stadt Goslar und die dortigen Silberbergwerke sollten seinem Herzogtum einverleibt werden. Für die kaiserliche Autorität war dies unannehmbar. Als Barbarossa ablehnte, ließ der Löwe ihn im Stich.

Chiavenna gehörte damals zu Schwaben. Eine Volksüberlieferung besagt, die Begegnung zwischen Kaiser und Herzog habe in Partenkirchen stattgefunden; dies ist dort an der Fassade eines Bankhauses in der Ludwigstraße vermerkt; in der Nähe weist man auf den Kistnerhof aus staufischer Zeit. Historisch steht lediglich fest, daß der Löwe vor dem Treffen mit seinem Vetter mit 1500 sächsischen Rittern in »Bartenkircke, einem Platz am Fuße der Alpen« gelagert habe.

Wie bekannt, endete der Römerzug des Kaisers mit der Niederlage von Legnano 1176. Friedrich sah sich gezwungen, mit seinem päpstlichen Gegenspieler, Alexander III., Frieden zu schließen, indem er dessen Primat anerkannte; in Venedig hielt er dem Nachfolger Petri die Steigbügel. Daß der Kaiser sich in Italien nur mit Konzessionen behaupten konnte, dafür machte er seinen welfischen Vetter verantwortlich. Er lud ihn viermal zwecks Rechtfertigung zu Reichstagen ein, doch der »Löwe« blieb fern; er dachte nicht daran, Rede und Antwort zu stehen. 1180 sprach Barbarossa über ihn die Reichsacht aus und erklärte ihn der Herzogtümer für verlustig. Die Wittelsbacher erhielten Bayern. Sachsen wurde aufgeteilt und gelangte je zur Hälfte an die Askanier und an das Erzbistum Köln.

Der Löwe antwortete mit Krieg, zwei Jahre lang. Schließlich stieß das kaiserliche Heer, an der Festung Braunschweig vorbei, siegreich bis Lüneburg vor. Die Zentralmacht siegte über die Territorialmacht. Heinrich gab auf. Während des Reichstags von Erfurt warf er sich, um Gnade flehend, dem Kaiser zu Füßen.

Die Gnade wurde ihm gewährt, doch er mußte als Verbannter das Reich verlassen. Er begab sich nach England an den Hof seines Schwiegervaters Heinrich II. Unterwegs wollte er in Bardowick bei Lüneburg übernachten. Die Bürger, erbost darüber, daß Lübecks Bevorzugung ihnen Handelsnachteile brachte, verhöhnten ihn vom Mauerring aus. Es heißt, sie hätten ihn mit dem blanken Allerwertesten »begrüßt«. Als der Welfe ein Jahr vor Barbarossas Kreuzfahrertod zurückkehren konnte, rächte er sich; er ließ die Männer Bardowicks erschlagen, Frauen und Kinder vertreiben und die Stadt anzünden. Am Dom, der mit seinem kraftvollen Portal noch steht, soll er angeschrieben haben: »Die Spur des Löwen.«

Sachsen und Bayern erhielt der Löwe nicht zurück. Holstein und Mecklenburg blieben selbständig. Lübeck wurde Freie Reichsstadt. Nur Braunschweig verblieb ihm. Der Zwist zwischen Kaiser und Herzog hatte schwerwiegende Folgen: das Zeitalter der Stammesherzogtümer war endgültig vorbei; die territoriale Zersplitterung Deutschlands begann.

Heinrich der Löwe starb 1195 mit 66 Jahren, tief gefallen im Vergleich zur einstigen Größe, laut Chronik »beato Hiob in hoc non dissimilis« (dem seligen Hiob darin nicht unähnlich). Die welfisch-staufische Kontroverse überdauerte seinen Tod. Otto von Poitou, Heinrichs in England aufgewachsener Sohn, machte Barbarossas Sohn Philipp von Schwaben die Thronrechte streitig und ließ sich von der Welfenpartei als Otto IV. zum Gegenkönig küren. Nach Philipps Ermordung verteidigte er sein Königsrecht auch gegenüber dessen Neffen, dem genialen Friedrich II., den er seiner jungen Jahre wegen nicht ernst nahm. Das sollte ihm schlecht bekommen, denn in Konstanz unterlag er, wie wir sahen, dem »Kind von Pulle«.

Als Parteigänger seiner englischen Verwandten versuchte er auch sein Glück in der Auseinandersetzung zwischen Plantagenets und Kapetingern, zwischen London und Paris. In der welthistorischen Schlacht von Bouvines 1214, die den französischen Zentralstaat begründete, unterlag das englisch-welfische Heer. Der siegreiche König Philipp Auguste sandte das eroberte welfische Banner als Geste der Sympathie dem jungen, gleichfalls siegreichen Stauferkönig. Otto zog sich resignierend nach Braunschweig zurück, wo er 1218 starb.

Das Sinnbild welfischer Macht, ein in Bronze 1166 gegossener Löwe, steht auf hohem, sich verjüngendem Sockel vor der Braunschweiger Burg. Ursprünglich war der Löwenleib vergoldet. Es ist die älteste Großplastik Deutschlands. Der Leu blieb das heraldische Tier der Welfen bis zum 14. Jahrhundert. Er wurde abgelöst vom weißen Roß auf rotem Grund. Heute ist es das Wappenbild Niedersachsens – und der Herrenhäuser Brauerei.

Den Braunschweiger Löwen hatte man während des Zweiten Weltkriegs in einem Schacht des Silberbergwerks Rammelsberg bei Goslar evakuiert. Er wurde an jenem Ort vor der Vernichtung gerettet, der einst den Anstoß zum Sturz des »Löwen« gegeben hatte.

Der welfische Palas, Dankwarderode, gleicht der Goslarer Palatia: dies deutet darauf hin, daß Heinrich in allem seine königsgleiche Stellung herauszukehren trachtete. Vom ursprünglichen Baubestand blieb die Burgkapelle erhalten, deren Turm den Palas überragt, außerdem das Fundament der Kemenate und der Knappensaal im Erdgeschoß, den Pfeilerarkaden in zwei Schiffe teilen. Der mächtige Raum, legitime Stätte des Hochmittelalters, ist museal genutzt. In einer Vitrine hängt Ottos IV. purpurseidener Königsmantel.

Ein moderner Laufgang verbindet Burg und Dom, sicher anstelle eines alten, der dem zwischen Pfalz und Pfalzkapelle in Aachen glich. Der Dom ist eine Pfeilerbasilika mit Querschiff, drei Apsiden und zwei unvollendeten Achteck-Fassadentürmen, von flachen Hauben abgedeckt, dazwischen ein 1275 eingesetztes maßwerkdurchbrochenes Mauerstück, zwecks Verankerung der Glocken. 1474 hatte man das nördliche Seitenschiff abgebrochen; nun trennen 7 torsierte Säulen den netzgewölbten gotischen Part vom Hauptschiff ab. Fresken des 13. Jahrhunderts zeigen u. a. Thomas Becket, den im Dom von Canterbury ermordeten Primas der Kirche Englands, naheliegend bei den engen verwandtschaftlichen Bindungen zwischen Welfen und Plantagenets. Den beiden Domheiligen, Blasius und dem Täufer, hat man 1226 den englischen Märtyrer als Nebenpatron beigesellt.

Heinrich der Löwe, der den Dom nach einer Pilgerfahrt ins Heilige Land 1173 begonnen hatte, ist mit seiner 1189 – ein Jahr nach der Einweihung – verstorbenen Gemahlin hier beigesetzt. Im Hauptschiff tritt man in Altarnähe zu den beiden Liegefiguren aus dem Jahre 1220. Im Gegensatz zur zeitgenössischen Darstellung in seinem Evangeliar ist Heinrich hier bartlos wiedergegeben, mit idealisiertem Jünglingsgesicht; um sein Schwert windet sich ein Band. In der Hand hält er das Dom-Modell, das ein gotisches Vierpaß-Fenster aufweist, woran man die bereits staufische Entstehungszeit des Kenotaphs erkennen kann – unabhängig von der stilistischen Zuordnung. Mathildes Statue ähnelt dem Typus der Uta von Naumburg. Ihren Namen hat die britische Normannin übrigens von der »guten Methild«, Gemahlin des Salierkaisers Heinrich v., die ihre Großmutter gewesen ist.

1935 hat man die Gruft unter den Steinbildern geöffnet. Es wird gesagt, man habe, der Zeittendenz entsprechend, die »germanische Reckenfigur« des Löwen nachweisen wollen. Zutage getreten sei ein wohlerhaltenes Skelett, doch von einer Körpergröße von nur 1,65 m und mit einem Rest schwarzer Locken. Die unpassende Entdeckung habe man strikt geheimgehalten.

Diese Überlieferung ist tendenziös verfärbt. Heinrich war, wie die Gruftöffnung ergab, mittelgroß, braunhaarig und (der Grabfigur entsprechend) bartlos. Der Anatom Eugen Fischer stellte am Skelett fest, daß das linke Bein Heinrichs fast handbreit verkürzt war und daß die Hüfte starke Knochenveränderungen aufwies, wie sie eine ungünstige Heilung nach einem Bruch des Schenkelhalses und des Hüftknochens hinterläßt. In der Tat wissen wir von einem Reitunfall des Löwen: im Winter 1193/94 stürzte er beim Ritt nach Saalfeld vom Pferde und wurde gehunfähig zum Kloster Walkenried am Südhang des Harzes gebracht.

Der Anatom registrierte ferner einen auffälligen Schwund des linken Oberschenkelknochens. Auch dies hat seine Erklärung. Dem Chirurgen Sudeck verdanken wir nämlich die Entdeckung, daß nach schweren Verletzungen von Knochen oder Gelenken im kranken Körper der Kalk aus den benachbarten Knochen gelöst und nach der Bruchstelle hintransportiert wird. Dies führt zu einem Knochenschwund von durchschnittlich 18,3 Prozent. Heinrichs Oberschenkelknochen wies eine Verminderung von 15,6 Prozent auf.

Der Marienaltar zwischen Kenotaph und Chor ist eine Stiftung des herzoglichen Gründerpaares. Die Weihurkunde befindet sich in einer bleiernen Reliquienkapsel im Kapitell der mittleren der fünf Bronzesäulen, welche die marmorne Altartischplatte tragen. Im Vorchor steht ein 7armiger Bronzeleuchter, der auf Löwen und Drachen fußt, Auftragsarbeit des Welfenherzogs. Ein Kruzifix aus der Mitte des 12. Jahrhunderts, das vor der nördlichen Chor-Apside hängt, ist feierlich-strenge Romanik aus vorwelfischer Zeit. In der Apsis selbst erinnert ein Epitaph an den Sohn des Löwen, den Gegenkönig Otto IV., der 36jährig hier beigesetzt worden ist; die bronzene Schriftplatte entstammt dem Barock.

Der Burgplatz war ehedem von einer Mauer umgürtet, den die Oker umfloß. In der Neuzeit hat sich an dem einst fürstlich-sakralen Bezirk auch das Bürgertum angesiedelt. Würdig fügt sich das Huneborstelsche Haus in Braunschweigs geschichtliche Mitte, ein Giebelhaus mit kunstvollen Balkenschnitzereien der Renaissance und verwandt dem »Brusttuch« in Goslar. Als Meister der Holzskulpturen nimmt man den gleichen Bildschnitzer an: Simon Stappen. Man darf froh sein, daß diese Beispiele städtischer Holzbaukunst des 16. Jahrhunderts noch stehen, nachdem das dem gleichen Genre zugehörige prachtvolle Knochenhaueramtshaus in Hildesheim nicht mehr ist.

HANNOVER UND SEIN VERSAILLES

Was Ottmer für Braunschweig, das war Georg L. Laves für Hannover: der für zahlreiche Bauten federführende Klassizist, mit dem einen Unterschied, daß seine Handschrift im Stadtbild noch zu erkennen ist. Einer der schönsten, feierlichsten Theaterbauten in Deutschland ist das von ihm aus antikem Geist gestaltete Opernhaus in der Georgstraße. Auch Portikus und Wintergarten des Leineschlosses, das er 1816 restauriert hat, stammen von ihm. Als Brückenschlag nach London schuf er auf dem Waterloo-Platz mit einer riesigen Säule ein Gegenstück zum Nelson-Monument des Trafalgar Square. In der Schlacht, die Napoleon die endgültige Niederlage bescherte, kämpfte unter Wellington ein Kontingent von Hannoveranern mit, ebenso in der Schlacht von Talavera im Guerillakrieg und beim Sturm auf Gibraltar. Eine hannoversche Einheit trug noch zu Beginn des Ersten Weltkriegs die Uniformaufschrift »Gibraltar« zum Gedächtnis an den Einsatz im 18. Jahrhundert. Einige Angehörige der Einheit gerieten in britische Gefangenschaft. Die Engländer hielten sie für eine Spezialtruppe, darauf gedrillt, 1914 das Felsenkap den Briten abzunehmen.

Die einzige Großstadt des Mittelalters in Niedersachsen, Braunschweig, ist in unserer Zeit an Größenordnung von Hannover weit überflügelt worden. Hannover ist zu Recht niedersächsische Landeshauptstadt. Betrachten wir den Raum, den Hannover verwaltungsmäßig betreut, im historischen Sinne, so kann man ihn im wesentlichen mit dem frühmittelalterlichen Sachsen des Herzogs Widukind und mit dem Stammesherzogtum Sachsen gleichsetzen, aus dem die erste deutsche Kaiserdynastie erwuchs. Jenes andere Gebiet, das heute Sachsen heißt und das dem bis 1918 bestehenden Königreich gleichen Namens entspricht, hat mit dem sächsischen Volksstamm wenig gemein. Hier haben wendische Einflüsse das Bevölkerungsbild so stark verändert, daß vom ursprünglich »Sächsischen« typologisch nur mehr Rudimente übrigblieben. Die besondere Kreativität des Sachsen zwischen Leipzig und Dresden ist das Ergebnis der Begegnung zweier Zweige der großen indoeuropäischen Völkerfamilie.

Die eigentlichen »Sachsen« sind also die Niedersachsen. Während der Völkerwanderung hat eine große Gruppe des Stammes das keltoromanische Britannien erobert (449). Von diesem Ereignis leitet sich das vor allem im vorigen Jahrhundert in Deutschland vielgebrauchte, nur bedingt richtige Wort von den »englischen Vettern« her. Gemeinsam mit den Sachsen setzten Jüten aus Jütland und Angeln aus Schleswig auf die Briteninsel über. Die Jüten nahmen Kent, die Insel Wight und den Küstensaum von Hampshire, die Sachsen das Themsegebiet und das Land bis Warwick und Northampton, die Angeln das nördliche Britannien. Ein Teil der Briten wich vor dem Ungestüm der Eroberer in jenen Teil Nordfrankreichs aus, der seither den Namen Bretagne trägt.

Heimatforscher machten sich Gedanken darüber, wo sich der Ausgangspunkt der sächsischen Invasion befunden hat. Besonders Bad Bramstedt bemüht sich um die Ehre. Es liegt zwar in Holstein, doch dort saßen die Niedersachsen auch, als Anrainer von Nordfriesen, Angeln und Slawen.

Die Wasserläufe, die dem Harz entspringen, um sich durch fruchtbares Land in Aller und Weser zu ergießen, haben Städtegründungen im Herzen Niedersachsens begünstigt. Ist die Oker Braunschweigs Hausfluß, so siedelten sich die ersten Hannoveraner am »hohen Ufer« der Leine an – aus »Vicus Hanovere« wurde Hannover. So wenigstens schrieb sich der Stadtname in der frühesten Erwähnung, nämlich in den um 1100 in Hildesheim niedergeschriebenen »Miracula St. Bernwardi«. Der hl. Bernward, eine der großen Gestalten der sächsischen Kaiserepoche, war Erzieher Ottos III., zugleich Gründer des Hildesheimer Domes und Michaelsklosters. 1163 hielt Heinrich der Löwe bereits in »Hanovere« einen Hoftag ab. Doch nicht Fürstengunst, sondern Bürgerinitiative ließ die Stadt an der Leine aufblühen.

In der frühen Neuzeit erlebte das welfische Herzogshaus durch Erbteilungen eine ähnliche Territorialzersplitterung wie die Wittelsbacher im Mittelalter. Durch den Teilungsvertrag von 1636 erhielt im Zuge dieser Entwicklung der welfische Herzog Georg die Herrschaft Calenberg. Ihm erschien der gleichnamige Burgberg als Herrschersitz nicht sicher genug, so daß er es vorzog, seine Residenz im günstig gelegenen, aufstrebenden Hannover zu errichten. Das war gar nicht im Sinne der Hannoveraner. Sie wehrten sich gegen das Ansinnen des Landesherrn, denn sie wünschten weder einen »Zwingherrn« noch eine »Zwingburg« in ihren Mauern. Es blieb ihnen aber letztlich nichts anderes übrig, als Residenzstadt der Calenberger Linie des Hauses Braunschweig-Lüneburg zu werden, was ihnen schließlich nicht übel bekam, denn dies begründete den Aufstieg Hannovers zur Kurfürsten- und Königsresidenz.

Zunächst entwickelte die Hofhaltung wenig Glanz. Das Geld reichte nur für ein Fachwerkschloß, wenig repräsentativ für Fürsten aus dem Hause der Welfen. Am Ende des 17. Jahrhunderts ging deshalb der damals regierende prachtliebende Herzog Ernst August daran, das Schloß mit solidem, kostbarem Haustein auszubauen. Es entsprach dem Luxusbedürfnis des Zeitalters der Allongeperücke, daß Ernst August gleich noch ein Opernhaus mit fünf Logenreihen hinzufügte, das 1300 Zuschauer faßte. In weiterer Aufwertung seines Renommees vermählte sich der Herzog mit Sophie von der Pfalz, der Tochter des »Winterkönigs« und Enkelin des Stuartkönigs James I., nach Zar Peter »eene kloke Fru«. Doch wichtiger als ihre Klugheit war die Tatsache, daß sie den Calenbergern das Erbrecht auf die Krone Englands einbrachte. Die Krönung seiner fürstlichen Laufbahn erlebte der ehrgeizige Herzog, als er 1692 für sein relativ kleines Herrschaftsgebiet die Kurwürde erlangte.

Trotz der recht respektablen Annalen der hannoverschen Vergangenheit ist die Leine-Metropole eine junge Stadt, deren wesentliche Züge von der Moderne geprägt sind. Der Wiederaufbau hat ihr klare und funktional brauchbare Verkehrsstränge und Ausfall-Trassen beschert, dazu eine mitten durch die City geleitete Hochstraße. Trotz seiner urbanen Progressivität ist Hannover eine »Stadt im Grünen«, vorteilhaft für eine Hauptstadt, die mit ihrem Messe-Ruhm viele Fremde in ihre Mauern zieht. 1935 hoben Greifbagger auf den Maschwiesen im Süden der City den Maschsee aus, eine Oase des Wassersports, technisch ermöglicht durch die größte »Tondichtung« der Welt, worunter kein Musikstück, sondern eine Dichtung aus Tonerde zu verstehen ist. Das in das Riesenbecken einströmende Leinewasser hat eine großartige Naturlandschaft entstehen lassen, nicht weit vom etwas protzigen Rathauskoloß aus dem 19. Jahrhundert mit seiner grünpatinierten Kuppel. Es scheint, Preußen habe im 1866 annektierten Hannover mit dem Monumentalgebäude darlegen wollen, daß die abgehalfterte Königsresidenz auch ohne welfische Prachtentfaltung noch markanter, keineswegs provinzieller Mittelpunkt sei.

Hinter dem Leineschloß und dem glänzend gebauten, arrangierten und bestückten Historischen Museum ist noch ein

Torso der Altstadt stehengeblieben. Man hat in Burg- und Kramerstraße einige Beispiele althannoverscher Bürgerkultur in Form restaurierter Fachwerkhäuser bewahren können. Leider ist das Leibnizhaus, eines der prächtigsten, dahin, Wohnstätte jenes Denkers, der die Welt für der Welten denkbar beste hielt. Wiedererstanden ist die Marktkirche, deren 100-Meter-Turm auf dem Merianstich von 1654 die Stadt überragt; selbst der von Klinkersäulen gestützte gotische Innenraum hat seine mächtige Raumwirkung zurückgewonnen. Im Chor ruhen unter einer Pyramide die Gebeine des Urbildes des »Deutschen Michel«, des Generalleutnants Michael von Oberntraut, der dänischer Reiterführer war und im 30jährigen Krieg gegen Tilly unterlag. Der Feldherr der Liga drückte dem sterbenden Gegner auf dem Schlachtfeld noch die Hand. Ein nicht weniger berühmtes Grab treffen wir im »Saal« der barocken Hof- und Stadtkirche an: eine in den Steinboden eingelassene Grabplatte mit der Aufschrift »Ossa Leibnitii«.

Nahe dem Aegidienplatz, einem der Knotenpunkte der verkehrsdurchfluteten Innenstadt, hat man die ausgebrannte Aegidienkirche als Mahnmal stehengelassen. Am Gemäuer lehnt der »Siebenmännerstein«, der die 7 Verteidiger der Stadtfreiheit im 15. Jahrhundert ehrt: damals suchte der Welfenherzog Heinrich von Braunschweig-Lüneburg die noch vorhandene Stadtfreiheit durch den Trick eines »trojanischen Pferdes« zu brechen, indem er Reisige in Kornfuhrwerken in die Stadt schmuggelte, wo sie ihre Waffen erhoben. Doch die 7 Bürger verhinderten den Anschlag. Im Kampf um den Döhrener Turm kamen sie ums Leben; die Stadt blieb frei.

Hannover besitzt sein »Versailles«, angelegt etwa um die gleiche Zeit: Herrenhausen, im Westen der City. Die Baulichkeiten können sich allerdings mit der Residenz des Sonnenkönigs nicht messen. Das Schloß ist im Krieg zerstört worden; das Galerie- und Orangeriegebäude, die beiden klassizistischen Zutaten von Laves, Bibliothek und Mausoleum, sind kein

Trianon. Doch der Garten hält heute noch die ganze Pracht des kurfürstlichen Absolutismus fest: ein Teppich von längs- und querliegenden Weg-Achsen nach Art französischer Garten-Arrangements oder der Anlagen des rheinischen Brühl, angelegt von Martin Charbonnier im Jahre 1682. Die halbenglische Tochter des Winterkönigs, Herzogin Sophie, hat den von ihrem Schwiegervater begonnenen Lustgarten zu dem gemacht, was er später geworden ist; sie sagte »Le jardin est ma vie« (Der Garten ist mein Leben), und er war es bis zu ihrem Tod; 1714 starb sie als Witwe in ihren Anlagen. Zusammen mit Kurfürst Ernst August, ihrem bereits 1698 verstorbenen Gemahl, ruht sie unter dem von Christian Rauch für das Herrenhauser Mausoleum geschaffenen Grabmonument. Die Hainbuchenhecken ihres barocken Tuskulum steigen drei Meter hoch, vergoldete Bleifiguren zieren das Gartentheater, das weiße Gold der Kaskade umspielt barocke Wassergottheiten, 67 Meter hoch steigt die glitzernde Wassersäule der Fontäne.

Die Fontäne war zur Zeit von Hannovers Fürstenherrlichkeit nicht Gemeingut aller. Man durfte sich der dort aufgestellten Bänke »nur alsdann bedienen, wenn solche für Standespersonen nicht nötig fallen«.

Zum französischen Garten gesellte sich hundert Jahre später der englische, Georgengarten genannt, teils der naturschwärmerischen Zeitmode folgend, teils auch als Abbild der inzwischen vollzogenen hannoverisch-britischen Personalunion unter dem Zepter der Welfen. Teiche und Baumgruppen beleben riesige englische Rasenflächen. Der Berggarten schließlich bietet Exotisches, der Welfengarten das Welfenschloß, erbaut erst im Ausgangsjahr der hannoverschen Monarchie, als romantischer Schlußakkord der Königsherrlichkeit. 1300 Lindenbäume führen von Garten zu Garten und dann zur Stadt: die berühmte Herrenhäuser Allee. Vor einiger Zeit hat man die alten Bäume durch junge ersetzt.

WELFEN AN THEMSE UND LEINE

Georg Ludwig, Kurfürst von Hannover, schwerfällig, plump, 54 Jahre alt, wird im Morgengrauen eines Augusttages 1714 jäh aufgeweckt. Der Lord-Oberrichter Thomas Parker aus London überbringt ihm in Herrenhausen die sensationelle Nachricht, daß er bereits seit 4 Tagen König von Großbritannien ist.

Die Stuart-Königin Anna – ebenso bekannt durch das von ihr erbaute Viertel St. Anne in London wie durch Scribes Komödie »Ein Glas Wasser« – war kinderlos gestorben. Eigentlich wäre ihr Halbbruder James als neuer König an der Reihe gewesen, doch als Katholik hatte er vor dem englischen Parlament keine Chance; man wollte keinen »Papisten«. So kam als nächster Anwärter nur der Kurfürst von Hannover in Frage, durch seine Mutter Sophie ein Neffe Annas und Urenkel James' I. – außerdem Protestant. Man nahm in Kauf, daß er kein einziges Wort Englisch sprach und daß ihm keine Königin zur Seite stand.

Das heißt: die Gemahlin des neuen Königs von Großbritannien, Sophie Dorothee von Celle, lebte – doch in lebenslanger Haft. Bei einem der zahllosen Maskenfeste in Herrenhausen hatte sie als 28jährige Erbprinzessin eine Liaison mit dem Obersten von Königsmarck begonnen, sie trafen sich heimlich, wollten gemeinsam nach Dresden fliehen, wo Königsmarck zu arrivieren hoffte, die Affäre kam heraus, Königsmarck fiel durch eine Mordkugel im Kellergewölbe des Leineschlosses, Sophie Dorothee wurde nach Schloß Ahlden in der Lüneburger Heide verbracht, ihr Gefängnis auf Lebenszeit. Ihr Name verschwand aus den Kirchengebeten. Ihre Kinder wurden ihr genommen; sie sah sie niemals wieder. Als »Prinzessin von Ahlden« alterte und starb sie hinter Gittern.

Das grausame Urteil über die lebensfrohe Gemahlin des Landesherrn war nicht das Resultat eines Puritaners, dem die Heiligkeit der Ehe über alles ging: der Kurfürst hielt sich schon lange nicht eine, sondern gleich zwei Mätressen, Ehrengard Melusine von Schulenburg und Melanie Charlotte von Kielmansegg, ihrer Figuren wegen am Hof tuschelnd als »Elefant« und »Maibaum« tituliert.

Mit den beiden Mätressen überquert nun der neue König im Spätsommer 1714 an Bord des »Pilger« den Kanal, um die englische Dynastie Hannover zu begründen. Am Pier von Greenwich empfängt man ihn mit Ovationen: »Long live the King!« In den Pubs gibt es Freibier. In effigie verbrennt man den Teufel, den Papst, den katholischen Thronanwärter James Stuart, den man nicht haben will.

Englands König steht zwar dynastisch mit einem Bein in London, mit dem andern in Hannover – doch nur das Londoner zählt, denn er nistet sich im St.-James-Palast mit seinen zwei Mätressen – inzwischen Herzogin von Kendal und Gräfin von Dulington – endgültig ein, samt seinem von der Leine mitgebrachten Hofstaat, darunter Minister, Berater, Mohren, mit einer Apanage von 1 Million jährlichen Pfund. Damit ist er zufrieden. Als Gegenleistung mischt er sich nicht in die Politik ein, läßt den Briten ihre Konstitution, ja er wird recht eigentlich zum Begründer der vom Parlament kontrollierten Monarchie. In Hannover hingegen läßt er ein Geheimes Ratskollegium gemeinsam mit den Ständen schalten. Die Direktiven kommen von der Themse. »Hannover«, notiert Lieselotte von der Pfalz, die scharfe Beobachterin, »ist ein England im kleinen geworden.«

Im Sommer 1727 will der König seine alte Residenz an der Leine nochmals sehen. Er kommt nur bis Osnabrück, in der Kutsche ereilt ihn der Schlag. In der Kapelle des Leineschlosses in Hannover wird er beigesetzt, 1957 in das Mausoleum von Herrenhausen, wo seine Eltern liegen, übergeführt.

Auf Englands Thron folgt der Sohn des Verstorbenen, Kurfürst Georg August, als Georg II. Sein Wunsch, der gefangengehaltenen Mutter nach dem Tod des Vaters die Freiheit zurückzugeben, kann nicht mehr erfüllt werden: ein Jahr vor ihrem hartherzigen Gemahl ist sie bereits in Ahlden verstorben. Sie ruht in der Fürstengruft der barocken Stadtkirche von Celle zusammen mit anderen Angehörigen des Hauses Braunschweig-Lüneburg, zusammen auch mit einer Königin ähnlichen Schicksals, Mathilde von Dänemark, die an ihrer Liebe zu dem Minister Struensee gescheitert war.

Während Sophie Dorothees Sohn nun als Georg II. neuer englischer König wird, lebt ihre Tochter in Potsdam und Berlin als Gemahlin des preußischen Soldatenkönigs und Mutter des Kronprinzen Friedrich, des späteren Fridericus Rex.

Die englisch-hannoversche Personalunion dauert bis 1837. König Wilhelm, der in diesem Jahre stirbt, hinterläßt zwar fünf Söhne, doch diese sind für die Regierungsgeschäfte zu alt. Ihrerseits haben sie gleichfalls zahlreiche Söhne, doch ausschließlich von Mätressen. Um dem Dilemma abzuhelfen, treten sie an deutschen Fürstenhöfen als Freier auf – das Ergebnis bleibt spärlich: die Prinzessin Victoria von Sachsen-Coburg schenkt dem Herzog von Kent eine Tochter, die gleichfalls Victoria heißt. Sie erbt die Krone Großbritanniens und wird als Queen später die »Großmutter Europas«. Da aber in Hannover nur die männliche Erbnachfolge gilt, verzweigt sich nun die Dynastie: an der Leine kommt ihr Onkel Ernst August, bisher Herzog von Cumberland, ans Ruder, nicht als Kurfürst, sondern als König, denn nach der napoleonischen Episode ist das Kurfürstentum 1814, zusammen mit erheblichem Landgewinn, zum Königreich avanciert. Der neue König schaut heute noch, hoch zu Roß, als Denkmalfigur auf das Hauptbahnhofs-Gewimmel seiner einstigen Residenzstadt hinab. Auf seinem Sockel steht: »Dem Landesvater sein treues Volk.« Seit Jahrzehnten dient das Reiterstandbild als beliebter Treffpunkt. Man verabredet sich »unterm Schwanz«.

DIE 7 GÖTTINGER

Schon einmal hatten 7 Niedersachsen für bürgerliche Freiheit gekämpft, damals im Kampf um den Döhrener Turm am Ende des Mittelalters. Jetzt waren es wieder 7, und zwar ausschließlich Professoren: die berühmten »Göttinger Sieben«. Sie forderten von dem »Landesvater« das Recht des Volks.

Im Zuge der demokratischen Strömungen zu Beginn des 19. Jahrhunderts hatte der Vizekönig Wilhelms IV., der Herzog Adolf Friedrich von Cambridge, 1833 im Staatsgrundgesetz den Hannoveranern freiheitliche Rechte, darunter politische Mitbestimmung, zugesagt. Ernst August, feudalreaktionär gesinnt, liquidierte das Gesetz seines Vorgängers. Seine Devise lautete: »Man muß der Demokratie die Flügel beschneiden.«

Der Monarch forderte dadurch den Protest weiter Kreise heraus, zumal an der fortschrittlich gesinnten Göttinger Universität. Dort taten sich besagte 7 Professoren in gemeinsamer Empörung gegen den königlichen Verfassungsbruch zusammen, lauter prominente Namen: die Brüder Grimm, der Historiker Dahlmann, der Jurist Albrecht, der Orientalist Ewald, der Literarhistoriker Gervinus, der Physiker Weber. Sie erarbeiteten ein Manifest, in dem sie sich auf das von ihnen beeidigte und vom König verworfene Grundgesetz beriefen: »Sobald wir vor der studierenden Jugend als Männer erscheinen, die mit ihren Eiden ein leichtfertiges Spiel treiben, ebensobald ist der Segen unserer Wirksamkeit dahin.« Am 18. November 1837 ging das Manifest an das »Hohe Königliche Universitäts-Kuratorium«. Zugleich fand es schnelle Verbreitung in ganz Deutschland, rascher, als daß die königlich-hannoverschen Zensurbehörden es hätten verhindern können. Der Widerhall war ungeheuer. Die Göttinger Sieben erhielten von überall Solidaritätserklärungen.

Der König sah in dem Professoren-Protest eine »revolutionäre, hochverräterische Tendenz, die nach der Macht des peinlichen Richters verlangt«. Auf seinen Druck hin erfolgte die Amtsenthebung der Sieben. Jacob Grimm, Dahlmann und Gervinus wurden als Wortführer des Landes verwiesen. Kollegen der gemaßregelten Professoren machten beim König geltend, mit der Vertreibung der Göttinger entstünde der Wissenschaft schwerer Schaden. Ernst August entgegnete: »Professoren, Huren und Ballettänzerinnen kann man überall für Geld haben.«

Den drei Ausgewiesenen war auferlegt, innerhalb von drei Tagen das Staatsgebiet zu verlassen. Doch nicht still und unbemerkt verließen sie den Ort ihres gelehrten Wirkens, sondern unter starker Teilnahme der Öffentlichkeit, zumal der Studentenschaft. Als sie, mit Zwangspässen ausgestattet, bei Witzenhausen die Grenze nach Kurhessen überschritten hatten, wurde ihnen dort gleiche Zustimmung zuteil. Hunderte von Studenten erwarteten an der Werrabrücke die Abgeschobenen, spannten die Pferde aus und zogen den Wagen bis zum Schlagbaum. Die Universität Göttingen erlitt durch das zwangsweise Ausscheiden ihrer bedeutendsten Hochschullehrer ernstlichen Schaden. Die Immatrikulationen gingen zurück. Auswärtige Studierende mieden den »hannoverschen Staat der Rechtlosigkeit«.

Der Versuch der 7 Göttinger, an anderen Universitäten Deutschlands einen neuen Wirkungskreis zu finden, stieß zunächst überall auf die Intervention Hannovers, indem Ernst August die ihm verwandten oder gleichgesinnten Nachbar-Souveräne zum Boykott bestimmte. Als die Bürger Elbings eine Solidaritätskampagne für Professor Albrecht unternahmen, wetterte der preußische Innenminister von Rochow, dem Untertanen stehe es nicht an, »die Handlungen des Staatsoberhaupts an den Maßstäben seiner beschränkten Einsicht anzulegen«. Die Formulierung »beschränkte Einsicht« stieß auf den Protest einer breiten Öffentlichkeit. Bald schon sprach man, in leichter Abwandlung des Attests bürgerlicher Unmündigkeit, vom »beschränkten Untertanenverstand«.

Die aufrechte Haltung der entlassenen Professoren wurde zum Fanal einer freiheitlichen Bewegung gegen Fürsten und Kabinette sowie deren angemaßte Bevormundung der »beschränkt einsichtigen« Untertanen. Die Bewegung kam nicht mehr zur Ruhe und gipfelte im Kampfjahr 1848/49. Als in der Frankfurter Paulskirche die erste deutsche Nationalversammlung zusammentrat, waren jene, die man damals »konstitutionelle Märtyrer« nannte, fast vollzählig zugegen.

ELFTE REISE:

IM BANNE DER KÜSTE

HAMBURG IN FLAMMEN

Obwohl die großen Brände und das Zerstörungswerk der Spitzhacke die Hansestadt Hamburg fast aller historischen Bauten beraubt haben, ist die Tradition in seinem von salzigen Brisen blankgescheuerten Gesicht sofort abzulesen. Man hat das Gesicht mit dem eines Ratsherrn im Zobelpelz verglichen. Es ist ein nobles, nicht allzu musisches, selbstherrliches, gemessen kühles und ausgeglichenes Antlitz voller Weitblick und Lebensbejahung.

Das quadratische Becken der Innenalster und das ovale der Außenalster scheinen von den Stadtplanern bewußt angelegt, um die City durch große Wasserflächen aufzulockern. Doch die beiden »Seen«, die so viel zum herben Charme der Hansestadt beitragen, sind aus Nützlichkeitsgründen aufgestaut worden. Der Jungfernstieg war ursprünglich ein Mühlendamm, die Lombardsbrücke eine Festungswehr. Von der Alster aus gelangt man, an der vorwiegend neugotischen Petrikirche vorbei, zum Alten Fischmarkt. Die Gegend um den Markt ist ein ausgesprochenes Geschäftsviertel mit Hochhäusern, Kaufhallen und Autosilos. Zwischen den Neubauten stehen alte, verrußte Backsteinhäuser, die den Krieg überdauert haben. Ein Wirt läßt durch Aushang wissen, daß es heute Aalsuppe gibt. Die Fenster seiner Kneipe sind blind von Tabakrauch. Über einem pseudobarocken Hauseingang hängt ein Schild: »Hunde- und Katzenfutter hier im Keller.«

Zwischen Petrikirche und Fischmarkt stand einst der Hamburger Dom, ein Gebäude in Backsteingotik. 1808 hat man ihn leider abgebrochen. Die Petrikirche ist ein Abklatsch davon, wie man anhand des Modells im Museum für Hamburgische

Geschichte leicht erkennen kann. Den Standort des Doms, dessen Steine zur Befestigung von Deichen dienten, nahm seit der Biedermeierzeit die Gelehrtenschule des Johanneums ein. 1943 ging der klassizistische Bau in Trümmer. Das Grundstück wurde nicht mehr bebaut und dient bis heute als Parkplatz.

Kaum einer, der seinen Wagen hier abstellt, ist sich bewußt, daß er sich auf dem Boden des ältesten Hamburg befindet und daß die Umgrenzung des Parkplatzes ungefähr dem Verlauf des Walles entspricht, der die Stadt im 9. Jahrhundert umgeben hat – in einer Zeit, in der Hamburg noch Hammaburg hieß.

Vor hundert Jahren noch stand hier eine halbrunde Häuserzeile. Sie folgte genau dem Verlauf des Erdwalls der Hammaburg. Hamburg lag nicht immer an der Elbe. Die alte Siedlung erhob sich auf einem flach auslaufenden Geestrücken inmitten der weiten ebenen Marschen zwischen Alster und Bille. Der Wall hatte die Form eines Vierecks mit abgerundeten Ecken und bestand aus Plankenwerk, das man mit Erdreich angefüllt und mit Grassoden abgedeckt hatte. In der Wallumzäunung, die durch Palisaden noch erhöht war, standen auf einem Areal von etwa einem Hektar die schlichte hölzerne Taufkirche des Bistums Hammaburg mit den Klostergebäuden der in der Stadt ansässigen Benediktiner sowie eine Reihe von Häusern, deren stattlichstes der Burgvogt bewohnte.

Im Vorgelände des Erdwalls lag das sogenannte »Suburbium«, die Vorstadt mit den Unterkünften der Kaufleute und Handwerker. Neben Pfostenhäusern standen hier auch eingetiefte Grubenhütten, die vorwiegend als Keller, Magazine, Mieten dienten. Die Vorstadt grenzte an einen durch Faschinen abgesicherten Hafen, der an einem der Nebenarme der Alster lag. Der Nebenarm entsprach dem vor längerer Zeit zugeschütteten Reichenstraßenfleet, dessen einstigen Verlauf noch viele Hamburger kennen. Die Errichtung der Hammaburg stellte für das Bauwesen des frühen Mittelalters eine erstaunliche Leistung dar. Man bewegte 20 000 Quadratmeter Erde. 8000 Bäume wurden gefällt und verarbeitet.

Kurz nach ihrer Gründung in der Karolingerzeit gewann die Hammaburg durch einen berühmten Kirchenmann geistlichen Glanz: durch Ansgar, den »Speer Gottes«, der als Apostel des Nordens und »Athleta Dei« in die Kirchengeschichte eingegangen ist und in Ur-Hamburg als erster Bischof gewirkt hat. Ansgar war als Zögling des flandrischen Benediktinerklosters Corbie nach Corvey an der Weser gekommen, wo er als Lehrer wirkte. Ludwig der Fromme beorderte den Kirchenmann als Missionar nach Skandinavien. Mit einem Troß voll Kirchengeräten, Büchern, Sutanen, Schreinen und Zelten begab sich der Streiter des Wortes an die nördliche Glaubensfront. Sein fester Sitz und Missions-Ausgangspunkt war die Hammaburg, die sich damals schon kaiserlicher Markt-, Zoll- und Münzrechte erfreute. Um die Bischofsstadt breiteten sich Moore aus. Weder Ansgar noch die paar hundert Bewohner des frühesten Hamburg hielten es für möglich, daß jemals ein Feind das unwegsame Gelände durchdringen und bis zu dem Glaubenszentrum in der Wallumgrenzung vorstoßen könne. Es sollte anders kommen. Moore und Sümpfe bildeten für den Feind kein Hindernis. Denn er kam von der Wasserseite.

Eines Morgens, im Sommer 845, tauchten im Nebel der Elbemündung Dutzende von Meeresdrachen auf, die statt Schuppen rotbemalte Schilde an den langgestreckten Leibern hatten. Jeweils dreißig Paar Riemen dienten als Flossen, die das todbringende Geschwader stromauf jagen ließen. Die mächtigen, quergestellten Segel wuchsen zu bedrohlicher Größe an. Die Grimassen der Drachen- und Schlangensteven wendeten sich der Alstermündung und dann dem Hafenfleet der Hammaburg zu, in das die leichten Boote mit ihrem geringen Tiefgang mühelos einfuhren. Die Wachen auf dem Palisadenwall des Bischofssitzes schlugen Alarm.

Bei der plötzlich auftauchenden Flotte handelte es sich um Raubschiffe der Normannen, skandinavischer Seepiraten, die von Norden her das Frankenreich ähnlich hart attackierten wie von Süden her die Sarazenen. Sie äscherten viele Städte ein, darunter Duisburg, Köln, Aachen. Priester und Laien beteten: »A furore Normannorum libera nos, Domine!« (Vor dem Terror der Normannen befreie uns, o Herr!).

Die Nordmänner waren Meister des Überraschungsangriffs, am Rhein ebenso wie an der Elbe. Hier hatten sie ausgekundschaftet, daß der Burgvogt von Hamburg gerade auf Reisen war. Ihre Schiffe bewegten sich schnell und fast lautlos. Mit spontaner Wildheit eröffneten sie den Kampf. Mit knapper Not entkam der Bischof mit den Reliquien, die ihm wichtiger waren als der Kirchenschatz. Auch die Einwohner versuchten zu entkommen; viele wurden erschlagen. Die Normannen plünderten die Stadt und zündeten sie an.

Als die Seedrachen mit Beute beladen der offenen See zutrieben, stellte sich ihnen auf der unteren Elbe ein sächsisches Aufgebot in den Weg. Zahlreiche Piratenschiffe gingen auf Grund, doch die Hilfe von außen kam zu spät. Ur-Hamburg war ein Aschenhaufen.

Die Stadt führte danach ein Schattendasein. Erst mit der Verlagerung des Handels von der Ost- zur Nordsee und zum Atlantik blühte sie eigentlich auf. Auch die Selbständigkeit des Bistums war dahin. Man vereinte Hamburg und Bremen zu einem Erzbistum. Der Erzbischof hatte seinen Sitz an der Weser. Mit dem Ausfall des Elb-Stützpunkts ist der Sieg des Christentums in den nordischen Ländern um anderthalb Jahrhunderte verzögert worden.

Nach der Katastrophe des Normannen-Überfalls hat die Metropole, die man heute als »Tor zur Welt« bezeichnet, noch manchen schwarzen Tag erlebt. Der Sommer 1284 brachte ihr die Totalvernichtung durch Großbrand. Dasselbe wiederholte sich in der Nacht vor Himmelfahrt 1842. Man zählte 1750 niedergebrannte Wohnhäuser und Warenspeicher. 20000

Menschen verloren ihr Haus. Und zum viertenmal wurde die Hansestadt im Zweiten Weltkrieg ein Opfer der Flammen. Schwärme von Bombern warfen im Sommer 1943 in mehreren Angriffen ihre vernichtende Last über dem Welthafen ab. Leuchtschirme, »Christbäume« genannt, machten den Himmel taghell. Viele lösten sich im Niedersinken auf. Es sah aus, als flössen glühende Metalltropfen auf die Stadt. Über 50 000 Bewohner kamen ums Leben.

Nach dem Bombenangriff auf Hamburg lag die Altstadt fast vollständig in Trümmern. Gleich nach dem Krieg räumte man den Schutt weg. Das Gelände der alten Hammaburg lag frei. Damit bot sich eine einmalige Gelegenheit: Die Wissenschaftler stellten sich mit Greifbaggern und Spaten ein, um das Hamburg von 845, die von den Normannen zerstörte Hammaburg, durch Untersuchung der Bodenstruktur und mögliche Funde nachzuweisen.

Dr. Reinhard Schindler, ein junger Archäologe, war nach Entlassung aus der Gefangenschaft in das weitgehend zerstörte Hamburg gekommen. Da er in seinem Beruf keine Arbeit fand, betätigte er sich als Nachtwächter in der Trümmerlandschaft. Als er dann die Stellung eines Kustos für Bodenforschung im Museum für Hamburgische Geschichte angetreten hatte, begann er im Juli 1947 in der Altstadt zu graben. Er sagte sich zu Recht: In wenigen Jahren würde hier ein neues Hamburg emporwachsen – wollte man die Chance wahrnehmen, nach dem ältesten, nach dem Ur-Hamburg zu fahnden, so mußte man sie jetzt und keinen Tag später ergreifen.

Ein kleiner Trupp von Arbeitern begann mit der »Tiefenforschung« auf dem Schuttgelände der Kleinen Bäckerstraße. Der Bagger eines Aufräume-Kommandos hob die letzten verbogenen Eisenträger und die Armaturen eingestürzter Baukörper beiseite. Die unterirdischen »kulturgeschichtlichen Archive« lagen offen. Systematisch untersuchte Schindler mit seinen Helfern das Gelände zwischen Petrikirche und Altem

Fischmarkt. Manchmal spielte das Hochwasser den archäologischen Schatzsuchern einen Streich. Im Herbst 1948 stießen die Spaten des Ausgrabungstrupps auf die alte Hammaburg. Der Wall zeichnete sich deutlich ab. Erdverfärbungen rührten von den Palisaden her. Auch fand man Indizien für einen gewaltsamen Einbruch in die Wallumzäunung; sie bewiesen die Einnahme des befestigten Platzes durch die Normannen. Brandreste im Südwesten des Walls und im südlichen Wallvorgelände ließen erkennen, daß der Angriff von der Wasserseite erfolgt war.

Der Spitzfindigkeit der Ausgräber gelang auch die Feststellung der Jahreszeit, in der die Hammaburg von den normannischen Seepiraten eingenommen und eingeäschert worden ist. Man fand winzige Insektenflügel, die mit den obersten Erdmassen des Walls in den vorgelagerten Graben gelangt waren. Da es sich um die Flügel von Mistkäfern handelte, die nur in den Monaten Juni und Juli ausschwärmen, muß die Brandkatastrophe der Hammaburg im Hochsommer erfolgt sein.

Wo zur Zeit der normannischen Piraterie die Elbe als ungestalteter Wasserlauf durch Urwald und Heide strömte, ist heute die dynamische Landschaft des »schnellen Hafens«, des viertgrößten europäischen – nach London, Rotterdam, Antwerpen. Man fährt an der Elbe-Riviera von Blankenese mit ihren weißen Kapitänsvillen vorbei und erreicht die Landungsbrücken, die einen Blick auf Werften und Überseeschiffe, auf Hafenschlepper, Schuten und Barkassen gewähren. Bei Ausbaggerung des Elbstroms hat man im Schlick der Fahrrinne wikingische Waffen, Schwerter und Lanzenspitzen, gefunden, Zeugnisse des Überfalls auf die Hammaburg im Jahre 845.

Der Hafenteil, der dem Standort der frühmittelalterlichen Siedlung am nächsten liegt, ist der Freihafen. Wo vor über tausend Jahren die Normannen ungefragt eingedrungen sind, verkündet heute ein Schild an der Kornhausbrücke: »Bitte

Zollvorschriften beachten! Durchfuhr von Waren nur mit Durchfuhrschein!« Statt der Wikingerhelme sieht man weißgestrichene Stahlhelme. Werkleute, die mit Schweißgeräten Brückenschäden beheben, tragen sie als Arbeitsschutz.

Ein Gebäude in der Nähe beherbergt den Hamburger Adreßbuchverlag. In dem dicken Band, der hier hergestellt wird, sind Hunderttausende von Namen vermerkt. Hätte es zur Zeit des hl. Ansgar schon Adreßbücher gegeben, so wäre man mit einem oder zwei Blättern ausgekommen. Denn die Einwohnerzahl des Bischofssitzes, den die Normannen eingenommen haben, wird auf ungefähr 300 Köpfe geschätzt.

DIE BAUERNREPUBLIK

Das Gebiet der Hansestadt Hamburg geht nahezu unmerklich in das von Holstein über. Wer zwischen den flachgedeckten Backstein-Mietskasernen im Norden der Elb-Metropole nicht danach fragt, weiß nicht, ob er noch auf hanseatischem Boden steht. Die Hansestadt frißt sich nach Holstein hinein. Und Holstein blickt nach Hamburg. Norderstedt ist ein Klein-Hamburg, dessen Bewohner frühmorgens mit der Vielzahl der Verkehrsmittel südwärts zu ihren Arbeitsplätzen streben. Pinneberg überschüttet das Asphaltmeer im Süden mit »Planten un Blomen«.

Dann aber beherrscht meist flaches Frucht- und Weideland die Szene, Marsch und Geest, eine Landschaft, die den gefangennimmt, der weite Horizonte liebt, mit einem Wikingerhimmel darüber. Knicks, windabwehrende Buschwerk-Zäune aus Hainbuchen, Holunder, Schwarzdorn, grenzen ländliche Herrschaftsgebiete ab. Schwarzweiße Kühe weiden zeitlos zwischen aufgeladenem Draht. Die Gehöfte verkriechen sich vor Wetter und Sturm hinter der Palisadenwand von dichtem Gehölz. Viele Häuser sind noch mit Reet bedeckt; leider wird es immer mehr vom Blechdach verdrängt, teils weil die heimischen Reet-Bestände erschöpft sind, teils weil es einfacher und billiger ist. Auf den Gehöften sitzen Großbauern, die kleine Könige sind. Gleich den Feudalherren des Mittelalters schauen sie auf die Größenordnung ihres bäuerlichen Macht- und Wirkungsbereichs, die ihnen einen bestimmten Platz in der hierarchischen Ordnung des ländlichen Holstein sichert. Der bauernaristokratische Sinn für Unabhängigkeit, der die rustikalen Patriarchen des Marschlandes auszeichnet, hat Tradition. Schon im Mittelalter wehrten sie sich dagegen, jemandes Untertan zu sein. Zwischen Eider und Elbe gab es keine slawischen Leibeigenen wie in Ostholstein, nur freie Bauern, ja sogar etwas Ähnliches wie eine selbstverwaltete »Bauernrepublik«. Insofern nahm Westholstein eine Entwicklung vorweg, die sich in Mittel- und Süddeutschland erst in relativ später Neuzeit anbahnte.

Hemmingstedt ist ein kleiner Ort zwischen Meldorf und Heide, jener größeren Stadt, die Deutschlands größten Markt besitzt. In Hemmingstedts Umgebung gehen seit Jahren die saurierartigen Pumpen der Ölsonden ächzend auf und nieder; eine Raffinerie am Ortsrand streckt Stahlgeäst starr in den Himmel. Jedes Holsteinsche Kind lernt den Namen des Ortes in der Schule, denn hier haben die dithmarsischen Bauern am 12. Februar 1500 ihre »Republik« gegen das Heer des Dänenkönigs Johann I. (1455 bis 1513) verteidigt. Auf der Dusenddüwelswarf erinnert ein Denkmal aus Natursteinen an die Freiheitsschlacht.

Ein Vierteljahrhundert früher, 1476, hatte der Habsburger Friedrich III. die Lehnsherrschaft über Diethmarschen dem Dänenkönig Christian zugesprochen, obwohl es nicht feststand, daß es sich um Reichsland handelte, über das der Kaiser verfügen durfte. Die dithmarsischen Bauern sahen ihre Selbständigkeit gefährdet, zumal bald darauf Christians Sohn Johann – beim Volke »Hannß« genannt – systematisch ihre Eingliederung in das von ihm neugeschaffene Herzogtum Holstein betrieb. Der neue König plante, mitten in der Bauernrepublik

Festungen anzulegen, und forderte 15 000 Mark Tribut. Die Dithmarscher lehnten das königliche Ansinnen ab.

Was ihm verweigert wurde, wollte »Hannß« mit Gewalt holen. Er verfügte über einen stattlichen Heerbann, der sich aus dem dänisch-holsteinischen, dem König dienstverpflichteten Adel rekrutierte; an der Spitze stand ein bewährter Feldhauptmann: Hans von Ahlefeld, Amtmann zu Segeberg. Außerdem verpflichtete er eine damals berühmt-berüchtigte internationale Landsknechtstruppe von nahezu 4000 Mann, die sogenannte »Schwarze Garde« unter dem Kommando eines Junker Slentz.

Als das königliche Heer sich Meldorf näherte, warnte der kriegserfahrene Söldnerführer vor einem vorschnellen Angriff: das um jene Jahreszeit aufgeweichte Gelände behindere den Einsatz schwergepanzerter Ritter; auch könne sich Kavallerie nur schwer entfalten. Ungeachtet des Rates, ließ König Johann seine Streitmacht in einem 6 km langen Heerwurm, behindert durch Regen und Hagel, in die Marschen des Bauernstaates einmarschieren, dessen Kampfkraft er unterschätzte. Bei Hemmingstedt stießen die Königlichen auf die Abwehrstellung der Dithmarscher, die auf das Kommando eines Bauern hörten: Isebrandt von Oldenwöhrde. Wie in anderen Schlachten jener Zeit erwies sich auch hier die Überlegenheit beweglicher, leichtbewaffneter Verbände gegenüber der starren Formation eines in Eisen gezwängten Ritterheeres. Aber was die Schlacht des Februartages 1500 darüber hinaus bemerkenswert macht: die geländekundigen Bauern öffneten die Schleusen der Dusenddüwelswarf, so daß die Flut die tiefergelegene Marsch überschwemmte und den landfremden Truppen die Orientierung nahm. Die beiden Anführer des Königs fielen, »Hannß« selbst zog sich mit den Resten des Heeres nach Rendsburg zurück.

Das Ergebnis der Schlacht rettete nicht nur die Autonomie der dithmarsischen Bauernrepublik – es zeitigte auch Folgerungen nordeuropäischer Politik. Die militärische Verletzlichkeit des Dänenkönigs stärkte den Mut der damals von der dänischen Krone abhängigen Schweden, die bald darauf unter Gustav Wasa gegen das Regiment von Kopenhagen aufstanden und ihre Eigenstaatlichkeit zurückgewannen.

In unserem Jahrhundert fand man bei Straßenarbeiten zwischen Epenwöhrden und Dehling ein Massengrab mit Menschen- und Pferdeknochen. Die Schädel wiesen Verstümmelungen auf. Man glaubt, daß es sich um die Gefallenen der mörderischen Schlacht von Hemmingstedt handelt, in der dithmarsische Bauern ihre Freiheit erstritten.

VORBILD DER HANSE

Starke Scheinwerfer lenken ihr Licht auf den Schleswiger Dom. Der Widerschein des angestrahlten Turms zittert im dunklen Wasser der Schlei, die kein Fluß, sondern ein Meeresarm ist. Lichtpunkte schließen sich an die illuminierte Dompracht an und bilden um die nächtliche Bucht eine Perlenkette. Man vermutet eine Großstadt.

Tagsüber sieht alles bescheidener aus. Man hat eine Kleinstadtkulisse vor sich, registriert residenzlichen Charme, nordländische Herbheit und den Ruch des nahen Meeres. Trotz der krähwinkligen Enge des »Lollfuß«, der Straße, die den Dom mit Schloß Gottorp verbindet, spürt man einen Hauch von Weite, von offenem Land und offenem Himmel. Man läßt sich gerne zum »Holm« hintreiben, dem verträumten Fischerviertel Schleswigs mit der Idyllik seiner ein- und zweistöckigen Backsteinhäuser, die sich um eine schlichte Kirche scharen.

Im Dom steht man, leider zu sehr auf Distanz, vor dem Figurenwald des Altarschreins, den Meister Brüggemann, der berühmteste gotische Holzschnitzer Norddeutschlands, für das Augustiner-Chorherrenstift Bordesholm geschaffen hat. Der träumende Wärter an Christi Grab ist ein Reisiger nach Art der Montur des späten Mittelalters. Der baumlang aufragende Christophorus zur Seite des Altars, gleichfalls von Brüggemann, erweckt den Anschein, er wolle das Christuskind geradewegs zum Ufer der Schlei tragen, dorthin, wo Fischernetze eine Hecke aus Strickgeflecht bilden.

Das nahe Schloß Gottorp der ehemaligen Herzöge von Schleswig-Gottorp ist ein herrschaftlicher Renaissancebau, königlich im Vergleich zur bescheidenen Dynastie eines in Landfetzen zerrissenen Zwergstaates, die hier residierte. Und dennoch alle Hochachtung – die Gottorper haben viele Länder Europas mit gekrönten Häuptern versorgt, selbst Rußland. Nur die Glücksburg-Sonderburger aus der Schleswiger Nachbarschaft sind ihnen hierin noch überlegen.

Der fürstliche Glanz Gottorps ist längst verblaßt. Das Schloß beherbergt jetzt ein Kunstmuseum und die Schleswig-Holsteinische Landessammlung für Vor- und Frühgeschichte. Hier ist zusammengetragen, was jahrzehntelange Forschungs- und Grabungsarbeit in allen Teilen Schleswig-Holsteins an Gegenständen hervorgebracht hat. Das Museum verwahrt neben anderen Funden frühgeschichtliche Opfer grauenvoller Riten und grausamer Justiz: Moorleichen. Gewebeart und Schnitt der Kleiderreste weisen auf das 5. Jahrhundert. Die Körper sind merkwürdig verkrümmt und mit gewaltsam verursachten Knochenschäden behaftet. Das rötlichblonde Haar eines Mannes ist zu einem Seitenknoten geflochten. Die Augen tragen eine Binde, die Fußknöchel Stoffgurte. Es besteht kein Zweifel: bei den aus der Nacht des Moores und der Vergessenheit Emporgeholten hat es sich nicht um Ertrunkene, sondern um Ertränkte gehandelt.

Nahe bei Schleswig, südlich der Schlei, befindet sich einer der bedeutendsten Fundplätze des frühen Mittelalters: Haithabu. Das merkantile Zentrum war einst Knotenpunkt auf der Strecke Rheinland–Schweden. Es nahm eine wesentliche Schlüsselstellung ein, als sich der nordfränkisch-friesische Küstensaum wirtschaftlich entfaltete.

Die günstige Verkehrslage hat Haithabu aufblühen lassen. Bald war es dänisch, bald schwedisch, bald deutsch. Die Anfänge der Siedlung liegen im Dunkel schriftloser Überlieferung. Im Jahre 804 nennen die fränkischen Reichsannalen einen Ort Sliestorp – einen Platz also an der Schlei. 808 bezeichnet die gleiche Quelle den Ort »portus« (Hafen). Ende des 9. Jahrhunderts nahm ein norwegischer Handelsmann namens Ottar an der Schlei Aufenthalt, und zwar an dem Ort »at Haethum« (auf der Heide). Im 10. Jahrhundert stattete der Geschäftsreisende At-Tartuschi aus der spanischen Kalifenstadt Córdoba einen Besuch ab. Dieser Ex- und Importkaufmann islamischen Glaubens hat nicht nur für Warenballen, Edelmetalle und gutgewachsene Sklaven ein Auge gehabt. Er war auch ein genauer Beobachter von Land und Leuten. Den an der Schlei gelegenen Platz bezeichnet er als »eine sehr große Stadt am äußersten Ende des Weltmeers«. Er schildert den Fischreichtum der Bucht, die Tischmanieren und Kulthandlungen der Bewohner und anderes, was ihm aufgefallen ist. Manches liest sich wie Kolportage. Man habe Kinder ins Meer geworfen, um die Unterhaltskosten zu sparen. Germanische Sangesfreudigkeit kennzeichnet der Mann aus Córdoba mit den Worten: »Niemals hörte ich häßlicheren Gesang als den der Leute von Haithabu. Das Brummen, das ihren Kehlen entweicht, ist wie das Bellen der Hunde.«

Daß Haithabu nicht nur Wohnstätte von Halbwilden gewesen ist, wie es dem Muselmann vorkam, das beweisen die aus aller Welt stammenden Funde, Zeugnisse weittragender Handelsverbindungen. Doch auch die einheimischen Produkte wie Keramik und Metallschmuck legen ein beachtliches Kulturniveau an den Tag.

Zur Zeit seiner Blüte gehörte Haithabu teils zum dänischen, teils zum schwedischen Machtbereich. Von jener Epoche zeugen vier Runensteine, die man in der Umgebung des Handelsplatzes aufgefunden hat, der Erik-, der Skarden-, der große und kleine Sigtryggstein. In die Steinstellen sind Runen eingeritzt. Auf dem Erikstein lesen wir: »Thorulf, der Gefolgsmann Svens, errichtete diesen Stein nach seinem Genossen Erik, der den Tod fand, als die Krieger Haithabu belagerten; er war Steuermann und ein wohlgeborener Krieger.«

1050 ging Haithabu unter. Der Norwegerkönig Harald Hadraada äscherte im Streit mit dem Dänenkönig Sven Esdridsen die damals gerade dänische Stadt ein und suchte mit vollbepackten Schiffen das Weite. König Sven setzte ihm nach. Am Kattegat warfen die Norweger zur Ballasterleichterung ihrer Seedrachen die gesamte Beute über Bord. »Hoch schlugen die Flammen aus den Häusern«, lautete der Sensationsbericht des Isländers Snorri, »als ich heute nacht vor Tagesgrauen auf dem Wall stand.«

Haithabu hat sich nicht mehr erholt. Die nun aufkommenden Zweihunderttonner der Hansekoggen überforderten die Schlei als Binnenwasserweg. Auch die Handelsroute änderte sich. Die Lübecker Bucht trat die Nachfolge an. Die überlebenden Einwohner der Stadt am Haddebyer Noor ließen sich nördlich der Schlei, in Schleswig, nieder. Sie bieten nicht das einzige Beispiel eines Gemeinwesens, das mit Sack und Pack umgezogen ist.

Haddeby heißt Haithabu auf dänisch. Der Name der untergegangenen Stadt ist als Bezeichnung einer Gaststätte erhalten geblieben, die am Südufer der Schlei liegt, gegenüber von Schleswig. Neben dem Gasthaus steht eine Stadt auf Abbruch: farbenfreudige Campingzelte. Von hier aus gelangt man, immer am Haddebyer Noor entlang, nach kurzer Wegstrecke zu einer Erdaufschüttung, auf die eine Holzstiege hinaufführt. Auf dem Kamm des Walls erkennt man ohne Mühe, daß er einen Halbkreis beschreibt, der sich zur Bucht hin öffnet. Buschwerk aus Eiche, Buche und Haselnuß, das sich streckenweise auf dem Wall erhebt, macht die Halbkreisform der ehemaligen Stadtumgrenzung noch deutlicher. Das ehemalige Stadtareal Haithabus mißt 28 Hektar, während Köln zur gleichen Zeit nur 24 Hektar Stadtgrund aufzuweisen hatte.

Der Blick über die Bodenfläche im Innern des Walls überzeugt uns, daß Haithabu einmal an Grundfläche den Rekord der Städte des Nordens hielt.

Diese Überlegung setzt sich kaum in ein starkes Augenerlebnis um. Die Stadt war, wie damals im Norden üblich, aus vergänglichem Material, aus Holz, Reisig, Lehm und Schilf, erbaut. Eine Straße führt mitten durch das ehemalige Stadtgelände und überquert einen Bach. Auf Feldparzellen steht Korn und Klee. Kühe liegen behaglich wiederkäuend im Gras. Es fällt dem Betrachter schwer, sich auf dem heute unbebauten Grund strohbedeckte Häuser, speertragende Wachen und lastenschleppende Sklaven vorzustellen, am Ufersaum ein- und auslaufende, ladende, löschende »Knarren«. Und doch lag hier einmal eine Stadt mit der ganzen Lebendigkeit eines Knotenpunkts, mit gutmütigen und abgefeimten, trägen und fleißigen, herrischen und buckelnden Bewohnern und Besuchern, mit Schachern, Klatsch und Festefeiern, wie nur je eine Stadt von heute Leben in allen Spielarten aufzuweisen hat.

DANEWERK UND DÄNENKRIEG

Ein Blick auf die Landkarte genügt, die glückliche handelspolitische Lage Haithabus zu erkennen. Die Vorgängerin der Hanse lag an der »Wespentaille« der jütländischen Halbinsel, dort, wo sich die Wasserarme der Schlei im Osten, der Treene im Westen sehr nahe kommen. Bis Hollingstedt konnten Schiffe die Treene flußauf fahren, kiellose Boote wahrscheinlich sogar über die Rheider Au bis auf wenige Meilen an Haithabu heran. Die Verkehrsverkürzung zwischen Nord- und Ostsee stellte eine ideale Ostwestverbindung dar – Vorwegnahme des weiter südlich verlaufenden Nord-Ostsee-Kanals unserer Tage.

Der Wasserweg war zugleich auch jahrhundertelang die Grenze zwischen Nord- und Westgermanen, zwischen Dänen und Sachsen. König Göttrik, dänischer Zeitgenosse Karls des

Großen, baute den 7 km langen Kograben vom Selber Noor zur Rheider Au, die »Maginotlinie« des 9. Jahrhunderts. Die Nachfolger des Königs erweiterten die Befestigungslinie zum Danewerk, einem heute noch wahrnehmbaren Erdwall, den eine Palisade krönte, erst aus Holz, dann aus Feldstein, dann aus Ziegel. 1860 verstärkten dänische Pioniere den Wall.

Am 6. Februar 1864 war die jahrhundertealte Befestigungslinie des Danewerks Schauplatz einer kriegerischen Auseinandersetzung, welche die deutsche Reichsgründung einleitete: des Ansturms der verbündeten preußisch-österreichischen Truppen als Auftakt des von Bismarck »gelenkten« Kriegs gegen Dänemark.

Es ist bekanntlich ein Kuriosum der deutschen Geschichte vor 1871 gewesen, daß auswärtige Herrscher in Personalunion gleichzeitig Fürsten des Reiches waren. So verfügte der dänische König Christian IX. über die beiden »Elbherzogtümer« Schleswig und Holstein, die sich dadurch unterschieden, daß Holstein dem Deutschen Bund angehörte, Schleswig hingegen nicht. Dennoch war es ausgemachte Sache, daß beide »meerumbrandete« Länder ihrer Struktur nach eine Einheit bildeten und daß man sie nicht auseinanderreißen dürfe. Dieser Grundsatz war unter dem Schlagwort »up ewig ungedeelt« im Volke tief verwurzelt. Das sogenannte Londoner Protokoll von 1852 sanktionierte ihn, indem die europäischen Großmächte, vor allem Preußen und Österreich, eine Garantie für die Unteilbarkeit abgaben.

Einen Anschlag gegen die schleswig holsteinsche Einheit stellte nun das Ansinnen Christians IX. dar, Schleswig dem dänischen Staatsgesetz zu unterstellen und damit ein Land zu annektieren, das laut internationaler Absprache gegenüber Kopenhagen einen Sonderstatus beanspruchen durfte. Die Annexion hätte ein Auseinanderbrechen Schleswig-Holsteins bedeutet. Das Volk empörte sich.

Es empörte sich auch der Deutsche Bundestag in Frankfurt,

das Reichsparlament seit 1815. Man beschloß eine militärische Aktion gegen Dänemark, mit dem Ziel, die »up ewig ungedeelten« Herzogtümer von Kopenhagen loszutrennen und dem Herzog von Augustenburg zu übereignen.

Bis hierher stellte der Fall nichts weiter dar als einen Territorialkonflikt ohne allzu großen geschichtlichen Belang. Was ihn über das Regionale hebt, ist die Intervention Bismarcks, der nun zum erstenmal die europäische Bühne betrat – nach außen als Schiedsrichter, in Wahrheit als Sachwalter massiver Interessen der Krone Preußens. Der preußische Ministerpräsident lehnte den Augustenburger kategorisch ab; er wünschte kein im »Bier-Enthusiasmus der Demokraten« gegründetes neues deutsches Großherzogtum. Was er bezweckte, das äußerte er inoffiziell bei einem Neujahrsfest: »Die up ewig Ungedeelten müssen einmal Preußen werden.«

Bismarck wandte sich entschieden gegen eine Aktion des Bundestags; auch rügte er dessen Eigenmächtigkeit, sich ohne Rücksprache bei den Garantiemächten des Londoner Protokolls mit der schleswig-holsteinschen Frage zu befassen. Nicht der Bundestag, sondern allein Österreich und Preußen seien in der Lage, den dänischen König zur Räson zu bringen. Brüsk setzte sich der Ministerpräsident über das Parlament hinweg, dessen Ohnmacht mit einemmal jedermann bewußt war. Es gelang ihm, Österreich auf seine Seite zu bringen und von der Notwendigkeit eines gemeinsamen militärischen Vorgehens gegen Dänemark zu überzeugen.

Ganz gleich, wie man Bismarcks Politik beurteilen mag, respektabel ist das taktische Geschick, mit dem er sich ins Recht zu setzen und die Entwicklung nach seiner Vorstellung zu lenken verstand. Um die dänische Krone zu diskriminieren, trat er betont als Sachwalter des Londoner Protokolls auf, das es zu schützen gelte. Man zog in den Krieg – angeblich zum Schutz des Sonderstatus, der Unteilbarkeit der Herzogtümer. Doch das wahre, ganz andere Ziel stand vor Beginn der Kriegshandlungen fest: Eingliederung der Herzogtümer in die

Machtsphäre Preußens und damit Abrundung der preußischen Großmacht zur Küste hin.

Man übermittelte an Kopenhagen ein Ultimatum. Die dänische Regierung lehnte ab. Damit begann nach Moltkes Aufmarschplan, unter dem Kommando des 80jährigen Marschalls Wrangel, der Dänenkrieg. Bei der erdrückenden Übermacht Preußen-Österreichs war er gewonnen, ehe am Danewerk der erste Schuß fiel. Schnell war die historische Linie überrollt. Im Zuge der Einnahme der Düppeler Schanzen, die den Weg zur Insel Alsen frei machte, verbuchte der Kriegsbericht nochmals eine Episode mittelalterlicher Kriegführung – nämlich die entscheidende Tat eines Einzelkämpfers, wie sie moderne Kriege kaum mehr kennen: Um eine Bresche in die dänische Palisadenreihe zu schlagen, zündete der Pionier Klinke, ein preußischer Winkelried, seinen Pulversack an und flog mit ihm selbst in die Luft.

Schlußpunkt war der Friede von Wien. Dänemark trat die Herzogtümer ab, Schleswig wurde von Preußen, Holstein von Österreich besetzt. Eine Woge nationaler Begeisterung ging durch das Reich – ganz nach Bismarcks Sinn, der die Reichseinheit erstrebte, selbstredend unter Preußens Führung. Um den Siegespreis, die beiden Herzogtümer, entzweiten sich bald darauf die Sieger, und dies war wiederum – neben anderen Motiven – ein Anlaß zum Preußisch-Österreichischen Krieg von 1866, dem, gleichfalls in ursächlichem Zusammenhang, der Deutsch-Französische und die Reichsgründung folgten.

All dies gleicht einem genial erdachten, konsequent durchgeführten Konzept Bismarcks, das auf Versailles zusteuerte. In Wahrheit sah sich der Ministerpräsident mehrmals vor überraschende, von ihm nicht einkalkulierte Situationen gestellt, die ihn zur Improvisation, zum »einsamen Entschluß« zwangen. Aus dem Gespür des geborenen Politikers tat er das jeweils Richtige – oft aber auf dem schmalen Grat zwischen Erfolg und Mißlingen.

»Das lernt sich in diesem Gewerbe recht«, schrieb er an seine

Frau, »daß man so klug sein kann wie die Klugen dieser Welt und doch jederzeit in die nächste Minute geht wie ein Kind ins Dunkle.«

Südschleswig brachte Preußen ausschließlich deutsche Untertanen ein, Nordschleswig auch dänische – wiewohl die volklichen Grenzen wie in allen Grenzgebieten nicht klar zu ziehen sind; worunter sich dänisch sprechende Deutsche und deutschsprechende Dänen unterscheiden, ist nicht so recht auszumachen, und, was sie sind, hängt oft von den politischen Umständen ab. Minderheiten sind jedenfalls oft in besonderem Maße national, das galt auch für die Deutschen Nordschleswigs, die, Preußen geworden, in ihrem Land eine Statue des »Eisernen Kanzlers« aufzustellen beliebten.

Als nach dem Ersten Weltkrieg Nordschleswig an Dänemark verlorenging, zogen viele Bewohner der Provinz nach Süden, und sie nahmen ihren Kanzler mit. Nicht weit von der Stelle, wo der Feldzug 1864 begonnen hat, auf dem Aschberg südlich der Schlei, stellten sie ihn wieder auf. Die »Entführung« mußte heimlich geschehen, und da der preußische Hüne nicht in den dafür ausersehenen Eisenbahnwaggon paßte, mußte man den Kopf absägen. Man brachte die Statue in eine Rendsburger Lagerhalle, sie geriet in Brand, Bismarck schmorte, endlich, 1927, konnte der Kopf wieder angenietet werden, worauf Bismarck redivivus auf besagter Anhöhe der Hüttener Berge, im Land seiner ersten Triumphe, einen neuen Platz fand.

Heute gibt es keine »heimattreuen Nordschleswiger« mehr, für die der Alte vom Sachsenwald eine Art Idol wäre. Bismarck steht noch an seinem Platz, blickt in Richtung der Grenze, die er nicht vorausgesehen hat, die Sträucher umwachsen seinen Leib, so daß fast nur die preußische Pickelhaube zu sehen ist. Über Bismarck ist kein Gras, aber Gesträuch gewachsen, und für niemanden mehr ist der Kanzler Wilhelms I. eine Gestalt, an der sich die Geister trennen.

HANSESTADT LÜBECK

Ost- und Westholstein unterscheiden sich nicht nur im Menschenschlag. Auch die Landschaft hat ihre – wenn auch strichweise nur nuancierten – Unterschiede. Nördlich der Lübecker Bucht breiten sich weite Anbauflächen von Korn und Raps aus, eine Landschaft von großer Schönheit, wenn die Frucht sich verfärbt; überall sind dann leuchtend gelbe Laken ausgebreitet. Der Boden ist »wellig«, Fortsetzung der Wellen der nahen Ostsee. Die Wellen werden zum Wogenschlag westlich von Eutin, wo aus dem Tiefland fast so etwas wie Bergland aufsteigt, waldüberzogen und von Seen in jeder Größenordnung durchsetzt, die Holsteinsche Schweiz. In Eutin erklingt romantische Musik – doch nur in Phantasie. Keine Wolfsschlucht ist hier, die eher in den Schwarzwald passen dürfte oder in den Wienerwald, dafür stehen wir entzückt vor dem rokoko-verzierten Geburtshaus des Wolfsschlucht-Komponisten Carl Maria von Weber, der zu jenen Musensöhnen gehört, die aus der einstigen Residenz der Gottorper Bischöfe so etwas wie ein Holsteinsches Weimar gemacht haben. Um das efeuumrankte Schloß, den von Wasservögeln belebten See, die von Rosen überschäumten Rasenflächen kreisten noch andere Namen von Rang, so Johann Heinrich Voß, der in Filzpantoffeln Homers unsterbliche Werke verdeutschte, Tischbein, der Goethe in der Campagna malte, Johann Gottfried von Herder, der – wir sahen es in Bückeburg – mit Vorliebe in Residenzen wirkte, in diesem Fall als Prinzenerzieher, Friedrich Leopold von Stolberg, einer der Stolberg-Dioskuren, die Goethes Reisebegleiter in den Süden waren und selber recht leidliche Verse schmiedeten im Versmaß des Alkaios und der Sappho. Auch seinen Herzog Carl August hatte Eutin, um beim Weimarer Beispiel zu bleiben: den oldenburgischen Landesherrn Peter Friedrich Ludwig (1785 bis 1829), der Künstlern das Leben leichter machte, so daß sie sich in der Rosenstadt wohl fühlten und schwärmen konnten wie Stolberg: »Ich schwelge in der Schönheit der hiesigen Gegenden und sammle Honig für die Langeweile des übrigen Tages.«

Lädt die Westküste Holsteins zwar zum Baden, doch nicht zum Ankern großer Schiffe ein, so ist die Ostküste eine ideale Startrampe für den Seeverkehr. Der Küstensaum ist an natürlichen Häfen reich, deren man sich schon im Mittelalter rege bedient hat, zumal es auch nicht an Häfen fehlte, um anzukommen – sie lagen überall dicht gereiht am Rande des Baltischen Meeres, in Schweden, in Finnland, an der Baltischen Küste. Hier entwickelte sich schon früh ein schwungvoller Handel. Da Handel damals des militärischen Schutzes bedurfte, konnte er nur dort mit positiver Bilanz ausgeübt werden, wo Macht war. Vereinte Macht bedeutete mehr als isolierte, darum taten sich die handeltreibenden Städte des Nordens zu einem mächtigen Verband zusammen, der Hanse – »Hansa« heißt auf althochdeutsch »bewaffnete Schar«. Somit bildeten sich im mittelalterlichen Europa drei große Handelskreise aus, die wiederum enge Verbindungen untereinander unterhielten: die norditalienischen Stadtstaaten, die Handelsstädte Schwabens und Frankens, die Hanse.

»Hauptstadt« der Hanse war Lübeck, jene Stadt, die bereits Heinrich der Löwe mit besonderen Handelsvorrechten ausgestattet hatte. Die Blüte Lübecks ist heute noch an der reichen Topographie seiner Stadtlandschaft, an seiner Vieltürmigkeit, an der Nobilität abzulesen, welche die Stadt immer noch aufweist, obwohl die Lübecker heute nur mehr auf ihren Auto-Nummernschildern Hanseaten sind. Lübeck expandierte dabei nicht nur kommerziell, auch Kunst war Exportartikel. Treten wir auf der Stockholmer Altstadt-Insel in die Hauptkirche der schwedischen Hauptstadt, so stehen wir vor des Lübeckers Bernt Notke St.-Jürgen-Monument; Notke – der Name bedeutet »Nüßchen« – hat es für niemand anderen geschaffen als Sten Sture, Reichsverweser und Befreier seines Landes von dänischer Vorherrschaft; unter dem Reiterbild, an dem kein

Niet der Rüstung, kein Riemen des Saumzeugs fehlt, befindet sich der Grabschrein des Auftraggebers. So schätzten die Stockholmer das Werk des Lübecker Goldschmieds und Erzgießers, daß sie auf einem kleinen Platz am Altstadtrand gleich noch eine Kopie des lübischen Drachentöters aufgestellt haben. Indessen war der Radius Lübeck–Stockholm während der Blüte der Hanse nicht der einzige. Radien zogen sich durch ganz Norddeutschland, durch das Ostseegebiet, nach Rußland und Skandinavien. Lübecks Koggen beherrschten das Nordmeer. Zwar waren die Schiffe klein, mit 200 Tonnen kleiner als Fischdampfer von heute, doch sie fuhren in Konvois bis zu hundert Seglern aus, so daß die Menge der Einheiten einen respektablen Transportraum ergab.

164 Städte vom Niederrhein bis Livland gehörten zur Zeit der größten Entfaltung der Hanse an. Außerhalb ihres Verbandes unterhielten sie Kontore in Brügge, London, Bergen, Nowgorod, zudem an vielen Orten Lagerhallen. Die Statuten des Städteverbandes, 1347 in Lübeck abgefaßt, galten im ganzen Norden. Die Teilnahme an dem bei Dringlichkeit einberufenen »Hanse-Tag« (= Bundestag) war für jedes Mitglied verpflichtend, bei Strafe des Ausschlusses. Der letzte »Hanse-Tag« fand 1669 statt, als es kaum mehr eine Hanse im eigentlichen Sinne gab: nur mehr 6 Städte nahmen daran teil.

Die Hanse brachte Fertigwaren – flandrisches Tuch, englische Wolle, rheinische Eisenprodukte – in den Osten und handelte dort dafür Naturerzeugnisse ein, Kupfer, Pelzwerk, Honig, Wachs, Bernstein, Teer. Nach Norden beförderte man Getreide, Salz, Wein, Bier und empfing Trockenfisch, gesalzene Heringe.

Zwei Gegner machten der Hanse das merkantile Leben schwer. Zunächst Dänemark. 1361 bis 1370 führten die Städte mit der dänischen Krone einen regelrechten Krieg, der mit der Einnahme Kopenhagens und dem Frieden von Stralsund endete; man erwirkte sogar ein Mitspracherecht bei der dänischen Königswahl. Die Hanse stand auf dem Gipfel ihrer

Macht. Der zweite Gegner waren die Vitalienbrüder, die als Seepiraten die Küste verunsicherten. Ihren Namen haben sie von den Vitalien (= Lebensmitteln), mit denen sie das von Königin Margarethe 1389 bis 1392 belagerte Stockholm versorgten, natürlich gegen immensen Gewinn. Auch mit diesem Gegner wurde die Hanse fertig, indem die Verbands-Flotte die Raubschiffe der maritimen Nomaden bei Helgoland und an der Emsmündung aufrieb und vernichtete. Die Piraten-Häupter Klaus Störtebeker und Godeke Michels fielen den »Hansen« in die Hände und wurden 1402 in Hamburg hingerichtet. Später wertete man die Flibustier, ähnlich wie den Schinderhannes, zu »edlen Räubern« auf.

Der Niedergang der Hanse hatte viele Gründe. Die politische Erstarkung Skandinaviens durch die Vereinigung der drei Nord-Reiche in der Kalmarischen Union von 1397 schmälerte den hanseatischen Einfluß im nördlichen Europa. Ebenso minderte der Untergang der russischen Teilfürstentümer zugunsten eines Großreichs aller Reußen die Basen und Privilegien des Städteverbandes im Osten. Der Deutsche Orden, an dem die Hanse einen Rückhalt hatte, brach zusammen. Innerhalb des Reiches waren die immer mächtigeren Fürsten der hansischen Freiheit nicht wohlgesinnt; sie zwangen die ihnen untertanen Städte zum Austritt. Als endlich Holland begann, neben England die größte See- und Überseemacht der Erde zu werden, mußte die Hanse vollends kapitulieren. Während der Wirren des 30jährigen Krieges schied sie als Wirtschaftsfaktor aus. Nur drei Hansestädte überlebten: Hamburg, Bremen und Lübeck.

»Venedig ist ein ins Orientalisch-Phantastische übersetztes Lübeck.« Dieses Wort des lübschen Hanseaten Thomas Mann könnte man auch umdrehen: »Lübeck ist ein ins Nordisch-Räsonable übersetztes Venedig.« Zwar besitzt die Stadt an der Trave weder Lagunen noch Fleets, doch Wasser tritt über-

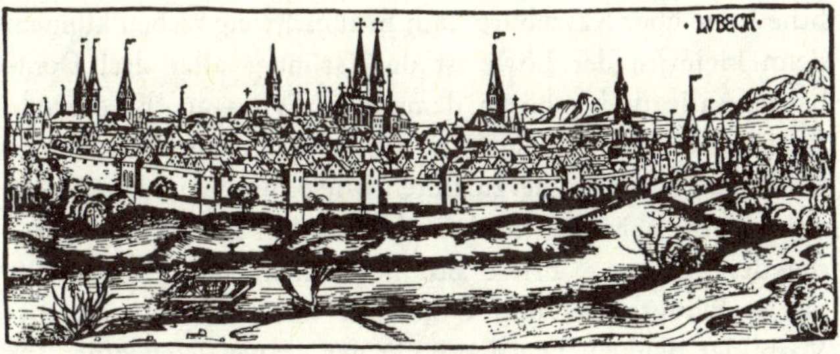

Stadtsilhouette Lübecks aus Hartmann Schedels Weltchronik 1493.

all ins Blickfeld, die Hansestadt ist von Trave-Armen geradezu umspült. Merkur, der mit seinem Flügelhut auf der Lübekker Puppenbrücke steht, beherrscht in beiden Städten ebenso das Terrain wie St. Markus oder St. Jürgen. Beide Seeplätze sind von der späten Gotik geprägt. Hätte Lübeck seinen Veronese, so besäßen wir Bildnisse ähnlicher Grandezza, wie sie die Dogen dokumentieren; die zahlreichen Epitaphe und Grabsteine von Bürgermeistern und Räten in Lübecks Kirchen vermitteln zumindest eine Ahnung vom hochgemuten Bürgersinn der Stadtoligarchie, die sogar den Luxemburger Kaiser Karl IV. bewogen hat, die Oberhäupter des Gemeinwesens mit »Ihr Herren von Lübeck« anzureden. Zehn Tage blieb er 1375 während der Hanse-Blütezeit an der Trave, die Lübecker haben es nicht an Aufwand fehlen lassen und die beiden Häuser in der (heutigen) Königstraße, in denen der Imperator und seine Gemahlin vis-à-vis Quartier nahmen, aufmerksam mit einer Holzbrücke verbunden.

Lübecks Altstadt-Grundriß gleicht dem eines Schiffes. Bug und Heck sind der Burg- und der Dombezirk. An die Burg im Norden erinnert nur noch das hochragende, barock behelmte Burgtor. Der Dom hingegen erhebt sich mächtig auf einer lindenbestandenen Grünfläche, sich die Bürgerstadt ein wenig auf Distanz haltend, ein romanisch-gotischer Backsteinbau, von dem aus wir eine geschichtlich-kunstgeschichtliche Linie über Ratzeburg nach Braunschweig ziehen können, denn Heinrich der Löwe ist der Gründer aller drei Dombauten, alle drei gehören demselben Typus an. Eine große finanzielle Anstrengung war nötig, den stark demolierten Sakralbau wieder so herzurichten, wie er uns heute vor Augen steht. Turmgebäude, Mittel- und Querschiff sprechen die Sprache des »Löwen«. Friese sich überschneidender Spitzbögen zieren Hauptgiebel und Querschiff und lassen an Orient-Vorbilder denken. Die Kapitelle der grauen Pfeiler des Innenraums bieten in Kerbschnitt Pflanzliches. Unterm Triumphbogen hängt großmächtig Bernt Notkes Triumphkreuz, das über 70 Figuren besaß, von denen einige im St.-Annen-Museum verwahrt sind, einer in der Nähe befindlichen vorzüglichen Sammlung lübischer und anderer küstennaher Kunst des Mittelalters im legitimen Rahmen des einstigen St.-Annen-Klosters.

Die Verbindung Lübeck–Braunschweig blieb auch später erhalten, da die Welfen-Kapitale zeitweise der Hanse angehörte, ebenso wie Münster, dessen Einfluß auf die Trave-Stadt sich wiederum in der Gotik geltend machte, indem sich Lübeck aus Westfalen den Effekt der Hallenkirche und des Chorumlaufs holte; leider hat der Zweite Weltkrieg den Domchor von Lübeck zum Backstein-Skelett gemacht, doch bei St. Marien ist er noch erhalten.

Wollen wir beim Vergleich des Schiffs-Grundrisses bleiben, so markiert St. Marien den Standort des Mastes. Die Turmhöhe dieser Kirche (125 m) rechtfertigt es, von einem Mast zu sprechen, beziehungsweise von zwei Masten. St. Marien, der bürgerlich-städtische Gegenpol zur Herzogskirche, war noch größer geplant als der Dom und hat sich im Bau-Schema ganz an diesen angelehnt. Der Innenraum gemahnt an die Raumwirkung normannischer Großkirchen, wozu die hohen Lanzettbögen und eben auch der Chorumlauf beitragen. Da sich die im mittelalterlichen Kirchenbau übliche Zwerggalerie in Backstein kaum herstellen läßt, hat man die Galeriezone mit

Fresken versehen: alt- und neutestamentliche Figuren unter Baldachinen. Der Freskenschmuck greift auf die Gewölbe-Joche über, deren Gurte und Rippen mit Blumenmustern dekoriert sind; man kennt dergleichen auch in Bayern, darum hat eine Andechser Werkstatt unserer Tage sie auch könnerisch aufgefrischt. Die noch blaß erkennbaren Bildzyklen der Chorwände zu restaurieren, war dem Maler Malskat aufgetragen; aus der Restaurierung wurde eine Neuschöpfung im genial erfaßten Malduktus der Gotik, so daß sich sogar Kunsthistoriker düpieren ließen. Als die Fälschung publik wurde, kamen die Fresken wieder von der Wand und der lübische »Megeeren« hinter Gitter. Manch einer bedauerte, daß die guten Nachempfindungen extirpiert wurden, aber eine Kirche kann nicht mit einer Lüge leben.

Beim Bombenwurf auf St. Marien im letzten Krieg stürzten die Glocken des Südernturms aus schwindelnder Höhe auf die unterste Plattform und drückten den Steinboden tief ein. Das kann man noch wahrnehmen, denn man hat die zerschellten Bronze-Kolosse zum Gedächtnis an die Toten Ostdeutschlands liegengelassen. Auf dem Torso des einen liest man gerade noch »...nostris«. Als »Sonntagsglocke« wurde sie 1508 von Hinrich von Kampen gegossen. Sie wog 40 Zentner und läutete 434 Jahre. Eine spätere, von Albert Benningk in der Glockengießerstraße gefertigte Glocke von 1699 hatte sogar ein Gewicht von 144 Zentnern.

Vor dem Chor trägt als riesiges Wandbild Christophorus, den man im Banne der Küste besonders schätzte, das Kind durchs Wasser. Im Chor selber steht eine samt figürlichem Schmuck in einem Stück gegossene Bronzetaufe (1337), von knienden Engeln getragen, ein Antwerpener Altar-Triptychon, teils Plastik, teils Fresko, das Marienleben darstellend, sowie vier volkstümliche Relieftafeln: Fußwaschung, Abendmahl, Gefangennahme, Auferstehung. Nach der Vorstellung des Meisters muß das Herrenmahl opulent gewesen sein: aus einer Schüssel äugt ein Schweinekopf; der Tisch ist ein Klapptisch, wie er 1500 üblich war, dem Entstehungsjahr des Tafel-Quartetts. Im Geranke des Abendmahls verfängt sich eine Maus.

In der Nachbarschaft von St. Marien liegt der Markt, Stadtzentrum schon zur Zeit des »Löwen«. Die patrizischen Treppengiebel, die den Platz einrahmten, sind ebenso verschwunden wie die Markthalle in der Mitte, die Stiche des vorigen Jahrhunderts noch zeigen. Erhalten blieb das Rathaus, neben dem in Münster sicher das schönste in Deutschland. Zwei Halbseiten des Marktes einfassend, ist es so beherrschend, daß es trotz nichtssagender Neubebauung des Platzes nach dem Krieg die Atmosphäre einer Altstadtkulisse vermittelt. Das Rathaus ist in drei Etappen, die sich als Einzeltrakte voneinander abheben, von Romanik bis späte Gotik entstanden. Kraftvolle Arkaden tragen die geschwärzten Backsteinmauern, die in ihrem Oberteil mächtige Schauwände mit Windlöchern und zierlichen Türmchen aufweisen. Die Renaissance hat das Gebäude mit einem Vorbau und einer schränken Prunktreppe bereichert.

Die Mengstraße, die von St. Marien zum Holstenhafen führt, ist das Zentrum des alten Handelsreviers, des Kopfs der Hanse, mit stolzen Giebelhäusern, deren eines schon im 19. Jahrhundert der Familie Mann gehörte. Hier spielte sich die Geschichte vom Abstieg einer lübischen Familie ab, die »Buddenbrooks« von Thomas Mann. Der Autor zeichnete als Realist der Feder das Bürgertum seiner Stadt ohne Illusion und Schonung, so daß die Lübecker ihm ebenso gram waren wie die Nackenheimer ihrem Zuckmayer. In den letzten Jahren fanden sie sich wieder, Hansestadt und hanseatischer Romancier. Der Écrivain wurde Ehrenbürger, freilich nicht einstimmig, und das ausgebrannte »Buddenbrook-Haus« hat seine noble Fassade wieder, bis hin zur Messingtürklinke.

In der gleichen Straße steht das Schabbelhaus, ein Gastraum mit Spindeltreppe und Empore, alten Deckenbalken, einem Seilaufzug zum Hochhieven der Waren, mächtigen Renaissance-Schränken: eine Stätte kultivierten Lebensgenusses, wie es im Banne der Küste Ähnliches nur noch im Essighaus in Bremen gibt.

Was die Reeder und Handelsleute der Mengstraße in ihren Kontoren auskalkulierten, fand unten am Trave-Kai seine bildhafte Verwirklichung. Noch stehen drei der riesigen Speicher mit windschiefen Luken, in denen man unter anderem Lüneburger Salz stapelte, wo schon die Hanse lud und löschte.

Hatte man in den Patrizierhäusern des Handels-Stadtteils von Lübeck Silber und Porzellan in den Vitrinen der guten Stube, so war das Signum des Handwerker-Stadtteils die Davenport-Fayence, jene weißen Hündchen mit schwarzgewelltem Langohr, die im Viktorianischen England zu Tausenden gefertigt wurden, indem man puritanisch Dirnenquartiere als »Antiques«-Läden tarnte; die Kunden durften oder mußten (bezahlt) die Hunde mitnehmen, auch ein Beweis der seebedingten Internationalität der Hanse-Handelsstadt.

Für das Viertel der »Unterschicht« in der hansischen Hierarchie sprechen die 72 Gänge und 26 Höfe, zu denen man durch Rundtore gelangt. Die pittoreskesten liegen in der Glockengießerstraße. Haus reiht sich puppig-biedermeierlich an Haus, Blumenkästen stehen davor und Bänke für Ruheständler, die diese spitzwegischen Quartiere bewohnen, ins Leben gerufen durch den Sozialsinn der Großreeder von einst und keineswegs herabgesunken; die adrette Biedermeierwelt des Nordens wird von Fremden so gerne besucht wie Córdobas strukturell ähnlich gegliedertes ehemaliges Judenviertel, eine heimelige Welt für sich, aber kein Getto. Mittellose Alte haben nicht weit davon ein weiteres Asyl, so stimmungsvoll wie Augsburgs Fuggerei, das Allerheiligenspital mit seiner Dreigiebelfront nebst hochragenden Kaminen. Die Eingangshalle ist, auf zwei Pfeiler gestützt, gotisch überwölbt, an der Breitseite zieht sich eine durchbrochene Balustrade entlang, unter der al fresco eine originale Kreuzigung das Altersheim zugleich zum Museum macht.

Im gleichen Viertel trafen sich die Schiffer in einem eigenen Gildehaus, besprachen ihre Routen, die Geheimnisse der Konkurrenz, die Gefahren des Wetters, Kauderwelsch in Platt, zu Häupten alte Schiffsmodelle. Es ist die »Schiffergesellschaft« mit ihren aus alten Schiffsplanken gezimmerten Tischen, das seemännische Gegenstück zum hochfeinen Schabbelhaus; man glaubt, Kuttel Daddeldu, Ringelnatzens klassischer Seebär, setze sich zu den Kapitänen und kippe einen Köm.

Vor allem anderen aber – ausgenommen das von einem Ulmer eingeführte Marzipan – verkörpert das Holstentor Lübeck. Es hat ausgedient, der Verkehr flutet um den doppeltürmigen Torbau mit seiner Backsteinornamentik herum, nützlich war er zeitweise nur noch als Briefmarke. Aber er ist mit seinem harmonischen Zusammenklang gedrungener und leichter Bauformen optisch so eingängig, daß er unumgänglich zum Stadtsymbol werden mußte. Der Erbauer, Henrich Helmwede, hatte ihn in der Spätgotik weniger als Festungstor denn als Prachtportal konzipiert, Etikett hansischer Wohlhabenheit, denn schon damals spielte Prestige-Aufwand im Geschäftsleben eine gewichtige Rolle, bei Hanseaten mehr als anderswo. Stolz steht am Torbau neben den Buchstaben SPGL (Senatus Populusque Lubecensis) der Satz angeschrieben: »Eintracht im Innern, Friede nach außen.« Mit beidem war es nicht immer weit her. Wo Konkurrenz ist, gibt es Kontroversen. Einmal gab es in Lübecks Mauern sogar fast eine kleine Revolution. Das war, als Jürgen Wullenwever, der in Lübeck die Reformation einführte, die Stadtgeschicke leitete. Er war eine Art Volkstribun wie Cola di Rienzi im spätmittelalterlichen Rom, wie jener wollte er die sinkende Macht seiner Stadt wiederherstellen und dem Volk zur Geltung verhelfen. Er mischte sich auch in auswärtige Händel mit Dänemark, unterlag, fiel 1537 dem stockkatholischen Herzog Heinrich d. J. von Braunschweig-Lüneburg in die Hände, wurde wiedertäuferischer Neigungen angeklagt und 1537 hingerichtet.

Mit den Schweden harmonierten die Lübecker in ihrer Geschichte mehr als mit den Dänen. Abgesehen von Bernt Notkes Ruhm am Mälar-See, halfen sie der Dynastie Gustav Wasas in den Sattel und erfreuten sich danach der Gunst des Königs. Und in Lübeck begann die Karriere des neuzeitlichen Dynastiegründers von Schweden. Jean Baptiste Bernadotte, Gastwirtssohn, Marschall Napoleons und Bezwinger Blüchers, befreite 1813, nachdem er die Fronten gewechselt hatte und schwedischer Kronprinz geworden war, Lübeck von den französischen Truppen. Was im übrigen Deutschland nicht mehr jedermann weiß: das ganze Küstengebiet von Emden bis Lübeck gehörte jahrelang zu Frankreich, viele französische Ortsbezeichnungen, Ausdrücke, Sitten sind in den Küstenstädten hängengeblieben. Napoleon hatte ein Interesse daran, im Rahmen der Kontinentalsperre den Nord- und Ostseeraum gegen den Handel mit seinem Todfeind England abzuriegeln, ein rigoroses und zugleich geniales wirtschaftspolitisches Konzept. Nur die französische Souveränität garantierte dem Kaiser der Franzosen die strikte Einhaltung der Sperre.

VON SCHWERIN NACH GREIFSWALD

An der Fassade des Rathauses von Rostock, der größten Stadt an der Mecklenburger Ostseeküste (250 000 Einwohner) sieht man die Stadtwappen von Hansestädten wiedergegeben, darunter auch das Wappen von Lübeck, das den ersten Platz des hansischen Handelsimperiums einnahm. Die Seestädte standen großenteils unter lübischem Recht, und schon an der Bauweise und ehemaligen Stadtkultur war die Gemeinsamkeit des Städteverbandes mit Lübeck und auch untereinander abzulesen. Hier vor allem trifft man die für Norddeutschland bezeichnende Backsteingotik an. Wie die Weserrenaissance in Westfalen stellt der Baustil des Küstenbereichs bis weiter südwärts nach Tangermünde einen der großen Stile früherer Zeiten dar, aber doch durch bezeichnende Zutaten zu einer neuen Form erweitert. An erster Stelle prägt das

Material, der rote Backstein, die Eigenart der Kirchen, Rat- und Bürgerhäuser, wie auch der Stadttore, deren eine große Zahl erhalten blieb. Bezeichnend sind die oft mehrfach gestaffelten Schauseiten der profanen und sakralen Bauten. Sie prunken nicht mit Ornamentik, da schon das Baumaterial ornamentale Wirkungen abgibt. Doch gelegentlich finden wir auch Figürliches einbezogen wie etwa die 9 Frauengestalten in langen Kittelkleidern an Neubrandenburgs Stargarder Tor oder die kleinfigürlichen Mönche in den Kleeblattbögen von Sankt Marien in Rostock. Das älteste Beispiel von Backsteingotik an der Ostseeküste ist die Ruine des 1199 gegründeten Klosters von Eldena in einem Waldrevier bei Greifswald.

Die Annalen der Geschichte Mecklenburgs weisen kaum Fakten auf, die über die unmittelbare Region hinausgehen. Im häufigen Wechsel war man bald kaiserlich-habsburgisch, bald preußisch, bald schwedisch. Wallenstein trug während des Dreißigjährigen Kriegs den Titel eines Herzogs von Mecklenburg. Das mächtigste Dokument einstiger feudaler Herrschaft steht auf einer Insel in Schwerin, der »Stadt der 7 Seen«. Das Gebäude wirkt aus der Ferne imposant, aus der Nähe überladen, Kreation des 19. Jahrhunderts, eine norddeutsche Parallele zu Neuschwanstein.

ZWÖLFTE REISE:

BERLIN BLEIBT BERLIN

RESIDENZ DER HOHENZOLLERN

Berlin ist unter den großen europäischen Hauptstädten die jüngste. Ganz zu schweigen von Rom, Athen, Istanbul, deren Jahresringe in die Antike reichen, hatten die meisten urbanen Zentren des Erdteils schon im Mittelalter Macht und Ruhm; selbst Madrids hauptstädtischer Rang ist in einer Zeit begründet, die halbwegs noch mittelalterlich gewesen ist. Berlin stieg erst mit Preußen auf, war aber noch als Kapitale der Hohenzollern in vieler Hinsicht provinziell, zumal gegenüber der altehrwürdigen, weltläufigen Kaiserstadt Wien. Der eigentliche Weltstadtcharakter der Metropole auf märkischem Sand umfaßt die kurze Zeitspanne von 1871, dem Datum der Reichsgründung, bis 1933, als in der nationalistischen Isolierung die weltweite Ausstrahlung verlorenging. Die Ereignisse nach dem Zweiten Weltkrieg haben aus Berlin zwar eine interessante, vielbeachtete Stadt gemacht, doch geographisch und politisch eingeengt in ihrem Wirkungsbereich; die Isolation ist geblieben.

Da Berlin erst spät in die Weltgeschichte eingetreten ist, verfügt es über nur wenige Bauten, die in ältere Zeitschichten reichen als das 18. Jahrhundert, es sei denn, man rechnet die schon entfernter liegenden Zeugnisse der norddeutschen Backsteingotik dazu, so die Klöster Chorin und Lenin, die aber nie zum eigentlichen Berlin gehörten. Auch die Dorfkirche Marienfelde, ein spätgotischer Granitquaderbau mit wuchtigem Westturm aus dem 13. Jahrhundert, ist nicht eigentliches Urberlin. Schon eher könnte man an den Beginn der Ahnenreihe Berliner Bauten das Jagdschloß Grunewald setzen, das Kurfürst Joachim II. 1542 hat errichten lassen. Das mit Geweihen geschmückte Gemäuer des Renaissance-Baus ist jedem Grunewaldbesucher bekannt. Um das Schloß durch die Sümpfe im Westen seiner Residenz erreichen zu können, befahl Joachim einen Dammbau, den Kurfürstendamm. Später wurde eine Prachtstraße daraus, der »Kudamm«, Berlins Champs-Elysées.

Der Kurfürstendamm und seine Umgebung (Gedächtniskirche, Bahnhof Zoo, Joachimstaler und Tauentzienstraße) sind heute Mittelpunkt West-Berlins. Das Zentrum des Ostens liegt am Alexanderplatz und im Bezirk um die ehemalige Frankfurter Allee. Das Herz Berlins während des Kaiserreichs und in den Jahren danach, der Potsdamer Platz, hat zu schlagen aufgehört. Er war einmal Sinnbild für Verkehrsdichte. Heute ist er verwaist, eine große leere Fläche. Bei einem Wettbewerb zur Neugestaltung erhielt ein Münchner Architekturbüro den ersten Preis.

Der Corso »Unter den Linden«, auf dem Kurfürstin Dorothea 1673 die erste Linde pflanzte, hat im wesentlichen seine alte Struktur zurückerlangt; neues Leben durchpulst die Paradestraße, die einst wie keine andere Glanz und Glorie des Hohenzollernreiches zur Schau bot. Ihr westliches Ende war vor 1989 unüberschreitbare Grenze: das von Langhans 1789 den Athener Propyläen nachgebildete Brandenburger Tor, eingängigstes der Symbole, die sich die Stadt neben anderen geschaffen hat, die Kaiser-Wilhelm-Gedächtnis-Kirche etwa oder das Luftbrückendenkmal. Die Quadriga auf dem märkischen Triumphtor hat ihre Geschichte: Napoleon holte sie nach Paris, die siegreichen Preußen geleiteten sie zurück, im Zweiten Weltkrieg ging sie in Trümmer, heute krönt sie wieder, restauriert, die Attika der spree-athenischen Siegespforte.

Friedrich I. von Hohenzollern, der die Askanier als Markgraf von Brandenburg abgelöst und dazu noch den Kurhut erhalten hatte, stattete der Mark nur vorübergehende Besuche ab. Das Land war zivilisatorisch-kulturell mit den übrigen Reichsteilen nicht vergleichbar, zumal nicht mit dem bisherigen fränkischen Herrschaftsgebiet der Dynastie, die sich hier auch weiterhin mit Vorliebe aufhielt. Der zweite brandenburgische Hohenzoller, Friedrich II., fühlte sich im Norden schon mehr zu Hause; doch als Aufenthalt zog er Tangermünde der märkischen »Streusandbüchse« vor. 1443 errichtete er in Coelln, einem der beiden Stadtplätze, aus denen später Berlin wurde, ein Schloß. Der Turm mit seiner patinierten Kupferhaube – »Grüner Turm« genannt – stand noch bis 1945 innerhalb des von Schlüter erbauten späteren Barockschlosses. Mit den Einwohnern der Stadt-Zwillinge Coelln und Berlin vertrug sich Friedrich schlecht. Diese sahen im Schloß eine Zwingburg. Sie schacherten mit dem Kurfürsten um Vorrechte. Die zwei Städte fühlten sich der Hanse zugehörig und demnach frei. Auf hansische Unterstützung hoffend, muckten die Bürger 1448 im sogenannten »Berliner Unwillen« gegen Friedrich auf. Sie vertrieben die kurfürstlichen Beamten aus ihren Mauern. Da die hansische Hilfe ausblieb, gelang es dem Kurfürsten, den Aufstand niederzuschlagen. Er warf die Rolandsäule, Zeichen der freien Stadt, in die Spree. Das damalige Berliner Wappen erinnert an den landesherrlichen Sieg: der Hohenzollern-Adler hält den Berliner Bären in den Klauen.

Zu Ende war es mit der Selbständigkeit; Berlin-Coelln wurde kurfürstliche Residenz, auf Gedeih und Verderb mit dem Schicksal des Landesherrn verbunden – wobei man nicht ahnen konnte, wie gut die erzwungene Liaison der Entwicklung des späteren Berlin bekommen sollte. Vom Aufstieg Brandenburgs als Machtfaktor profitierten die Bürger schon bald. Zwischen den beiden Schwesterstädten blieb allerdings noch lange eine deutliche Zäsur. Kleists »Michael Kohlhaas«, dieser klassische Rapport des Gerechtigkeitsfanatismus und seiner Folgen, hatte Coelln zur Zeit Luthers zum Schauplatz: damals ein durchaus eigenes Gemeinwesen. Als Neukölln lebt es heute als Stadtbezirk fort, südöstlich vom Stadtkern.

Durch Jahrzehnte war Berlin Festung. Am Spittelmarkt und am Hausvogteiplatz lassen sich noch die alten Bastionen erkennen. Die Glacis mußten erweitert werden, Berlin wuchs über seine früheste Gemarkung hinaus, ergriff polypenhaft umliegende Dörfer, deren Namen ebenfalls in Stadtteilen fortleben, so Weißensee, Pankow, Reinickendorf. Wedding war ursprünglich ein Rittergut, von Berlin gleichfalls aufgesogen, Tempelhof eine Komturei des Templerordens. Als der Große Kurfürst durch Bau eines Oder–Spree-Kanals Berlin zum Umschlagsplatz zwischen Breslau und Hamburg machte, blühte Berlin auch als wirtschaftlicher Faktor auf.

Unter dem Großen Kurfürsten baute Schlüter den gewaltigen Komplex des neuen Schlosses mit seinen vier Höfen. Die Bomben des Zweiten Weltkriegs konnten dem mächtigen Gemäuer nichts anhaben; nur das Innere brannte aus. Man hätte das respektheischende Gebäude restaurieren können, doch Grotewohl riß es 1950 ab, gegen den Protest vieler Berliner. »Wenn das Schloß erst fort ist«, kommentierte er das Werk der Spitzhacke, »dann kräht kein Hahn mehr danach.« Schlüters Reiterdenkmal des Großen Kurfürsten stand auf einer kleinen Brücke, die nahe beim Schloß einen Spree-Arm überquert. Während des Kriegs sollte es evakuiert werden, der Spreekahn, der das bronzene Standbild beförderte, sank. Seit 1950 nimmt das Bildwerk den Platz vor dem Charlottenburger Schloß ein, dem repräsentativsten Zeugnis der Stadtgeschichte in Westberlin (1695/99). Über dem Giebel des Mittelrisalits erhebt sich ein Achteckturm mit grüner Kuppel und Laterne. Auf den Portalpfosten schwingen zwei nackte Krieger ihre Schilde. In der Gruft des Schlosses befindet sich das Grabdenkmal der Königin Luise.

Die Gemahlin König Friedrich Wilhelms III., des guten Hausvaters, aber schwachen Regenten, hatte nach der Niederlage Preußens bei Jena und Auerstedt im fernen Tilsit 1807 vergeblich versucht, ihren stolzen und herben Charme im Ringen um die Friedens-Konditionen einzusetzen: Napoleon, der Sieger, benahm sich als Kavalier, doch er blieb im Verhandeln oder besser Diktieren hart. Preußen wurde zerstückelt, der König Bündnispartner des Kaisers der Franzosen unter Zwang. Berlin, dessen Kommandant beim Einmarsch der französischen Armee die Ruhe als höchste Bürgerpflicht deklariert hatte, wurde Garnisons- und Etappenstadt des korsischen Eroberers bei seinem wahnwitzigen Vormarsch gegen Rußland, das Napoleon namentlich deswegen niederzwingen wollte, weil es sich der Kontinentalsperre gegen seinen Erzfeind England nicht anschloß. In der Grande Armee – 900 000 Mann –, die wie viele Armeen vor- und nachher dem »General Winter« zum Opfer fiel, war auch ein kleines preußisches Kontingent, gerade nur 13 000 Verbündete, das die Nordflanke deckte. Der Kommandant, Yorck von Wartenburg, sah die Stunde gekommen, im allgemeinen Chaos der geschlagenen, sich auflösenden Großen Armee die Front zu wechseln und mit den Russen gegen den »Tyrannen« anzutreten: Auftakt der Befreiungskriege. In der Mühle von Tauroggen bei Tilsit schloß er am 30. Dezember 1813 mit dem russischen General Diebitsch den berühmten Vertrag, zu dem er vom König nicht autorisiert war, ja mit dem er diesen, der sich in der Gewalt der Franzosen befand, desavouierte und in Gefahr brachte. Der Brief, den Yorck nach der Konvention seinem Monarchen zukommen ließ, ist ein Dokument des selbständigen Handelns eines Untergebenen, fernab von Untertanengeist; die Zeilen verdienen die wörtliche Wiedergabe: »Der Schritt, den ich getan, ist ohne Befehl Ew. Majestät geschehen. Die Umstände und wichtige Rücksichten müssen ihn aber für die Mit- und Nachwelt rechtfertigen. Ich erwarte den Ausspruch Ew. Majestät, ob ich gegen den wirklichen Feind vorrücke, oder ob die politischen Verhältnisse erheischen, daß Ew. Majestät mich verurteilen. Beides werde ich mit treuer Hingebung erwarten, und ich schwöre Ew. Majestät, daß ich auf dem Sandhaufen ebenso ruhig, wie auf dem

Schlachtfelde, auf dem ich grau geworden bin, die Kugel erwarten werde. Ich bitte daher Ew. Majestät um die Gnade, bei dem Urteil, das gefällt werden muß, auf meine Person keine Rücksicht nehmen zu lassen.«

Yorck war bereits unter Friedrich dem Großen wegen Ungehorsams im Dienst mit Festungshaft bestraft und aus dem Heer ausgestoßen worden. Er diente dann als holländischer Offizier in Ostindien und trat 1787, nach dem Tod des Alten Fritz, wieder in die preußische Armee ein. Nach der Konvention von Tauroggen wurde er von Friedrich Wilhelm III. abgesetzt – doch nur zum Schein. Als der Preußenkönig aus der Klammer der Streitmacht Napoleons nach Breslau ausgewichen war, sprach er im Februar 1813 Yorck von aller Schuld frei. In diesen Tagen erfolgte auch der Aufruf des Königs »An mein Volk«.

Die Zeit des Empire stellte für Berlin eine Kulturblüte dar. In den »Salons« tauschte man freiheitliche und aufklärerische Gedanken; auch die Judenemanzipation ging namentlich von der preußischen Hauptstadt aus. Die berühmtesten »Salons« waren die Häuser Mendelssohn, Nicolai, Herz. Die verwitwete Herzogin Dorothea von Kurland sammelte 1800 in ihrem Palais »Christen, Juden, Gelehrte, Hofleute, große Damen, Schauspieler, Künstler, Diplomaten – alles, was Namen, Rang, Wert hatte«, darunter Madame de Staël, Schlegel, Gentz, der Goethe-Freund Zelter, sogar der Preußenprinz Louis Ferdinand, der bald darauf, 1806, bei Saalfeld fallen sollte. Die Salons waren Oasen geistiger Freiheit im Klima politischer Unfreiheit. Die sublime Geistigkeit, für die das Empire-Berlin offen war, hatte ihre düstere Kehrseite: Im gleichen Berlin, am Wannsee, nahm sich der vielleicht größte Geist der Zeit, Heinrich von Kleist, zusammen mit der unheilbar kranken, verheirateten Henriette Vogel, das Leben, verzweifelt an der Umwelt und an sich. Das Grab ist am Ufer bezeichnet.

War Schlüter der Maßgebliche der Barockarchitektur, so trat nun, in der Epoche des Klassizismus, neben anderen Schinkel auf den Plan. Er war der Schöpfer bedeutender Bauten im Geist der Antike, so des Schauspielhauses am Gendarmenmarkt. Am Tegeler See, im Nordwesten der Stadt, baute er für die Familie Humboldt 1821/23 das viertürmige sogenannte Humboldtschlößchen um. Es wurde gleichfalls ein Treffpunkt erlauchter Geister.

Von den Brüdern Humboldt, Alexander und Wilhelm, blieb Wilhelm, der Humanist, auf die preußisch-deutsche Sphäre beschränkt, während Alexander, der Forscher, weltweiten Ruf erlangte. Der im Hofklima des friderizianischen Berlin geborene Gelehrte stand zuerst im Schatten seines älteren Bruders, dessen klassischer Idealismus dem Geist der Goethezeit entsprach. Alexander hätte sein Leben als braver ansbach-bayreuthischer Bergbeamter mit respektabler Karriere beendet, hätte nicht 1796 eine Erbschaft die in ihm schlummernden Neigungen mobilisiert: ein unabhängiges Forscherleben auf globaler Ebene zu führen. »Es ist selten«, so schrieb Wilhelm von Humboldt über seinen Bruder an Goethe, »daß das Schicksal einen Menschen so begünstigt, das zu werden, wozu ihn die Natur bestimmt hat, und noch seltener, daß ein Mensch selbst diese Bestimmung so früh und ganz findet.«

BERLIN TRITT IN DIE WELTGESCHICHTE

Die Enttäuschung demokratisch gesinnter Kreise Deutschlands gegen die Metternichsche Restauration entlud sich nicht nur im Wartburgfest, im Hambacher Fest, in der Ermordung Kotzebues, in der Schlacht von Kandern, sondern – turbulenter und blutiger als sonstwo – in Berlin, im berühmten Märzaufstand 1848.

Es rumorte in den Kaffeehäusern, den »Zelten« am Tierpark, den Bierstuben; das Wort »Knechtschaft« kursierte. Man forderte, wie anderswo, Pressefreiheit. Am 13. März bezog Militär am Brandenburger Tor Stellung. Es sprach sich herum, eine der Versammlungen in den Zelten solle gesprengt werden. Passanten warfen Steine, das Militär schlug zurück. Die Gärung wuchs, am 14. März fielen die ersten Schüsse, erst auf dem Schloßplatz, dann unter den Linden.

Am 18. März drängte sich das Volk vor dem Schloß zusammen, um den König zu sprechen: Friedrich Wilhelm IV., den »Romantiker auf dem Thron«. Dieser erschien auf dem Balkon, zunächst umjubelt, da man meinte, er lenke ein, dann aber, als er sich weigerte, das Militär abzuziehen und sich unter den Schutz einer Bürgerwehr zu stellen, geschmäht. Die Aufständischen errichteten nun Barrikaden, wie die Barrikade überhaupt zum Sinnbild der Berliner Märzunruhen geworden ist. Natürlich siegten die gegen die Bürger vorrückenden bewaffneten Kräfte mühelos. Überall lagen Tote. Obwohl der König alle Trümpfe in der Hand hielt, entschloß er sich, ratlos, zum Kompromiß; dieser kam einer Kapitulation gleich. Der Monarch ließ sich dazu herab, vor den Märzgefallenen, deren Särge man im Schloßhof aufgebahrt hatte, zu salutieren. Die Revolution 1848 in Berlin endete mit einem Remis.

Um die Jahrhundertmitte war Berlin noch eine Mischung von Klassizismus und spätem Biedermeier. Zuzügler oder Besucher von auswärts fanden die monotonen langen Straßen fad. Heine spottete über die »Langeweile der Unendlichkeit«; er meinte: »Die Stadt enthält so wenig Altertümlichkeit und ist so neu; und doch ist dieses Neue schon so alt, so welk und abgestorben.« Auch Gustav Freytag, ein Menschenalter später, suchte vergebens die Verve des Weltstädtischen; er sprach von einer »ostdeutschen Kolonialstadt, die ihre geistigen Kräfte fast immer importieren müsse.«

Solche Urteile sind aus heutiger Sicht ungerecht. Zwar wies Berlin nicht das Fluidum von London und Paris auf, doch die städtebauliche Konzeption eines Schinkel, eines Gilly, eines Gontard hatte Größe. Die Linden konnten als eine der prachtvollsten Straßen Europas bestehen, nicht organisch gewachsen, aber umsichtig, verstandesklar geplant. Knobelsdorffs Opernhaus, später von Langhans umgestaltet, das Zeughaus mit Schlüters Masken sterbender Krieger im Innenhof, die von Wilhelm von Humboldt begründete Universität – das sind Zeugnisse eines Säkulums, das noch ein Lebensgefühl in Stein umzusetzen vermochte: Dokumente preußischen Maßes, berlinischer Ratio, klassizistischer Strenge.

In der Mitte der Prachtstraße, wo sie von der Friedrichstraße überquert wird, stand Berlins berühmtestes Café, Kranzler, Treffpunkt der Gesellschaft der Gründerzeit, die den Linden zu ihrem Rang königlicher Repräsentanz einen Zug von Geschäftigkeit beigesteuert hat. Dieser Epoche, dem Fin de siècle, gehört auch Deutschlands damals berühmtestes Hotel an, das Adlon, Absteige gekrönter und anderer prominenter Häupter bis weit ins 20. Jahrhundert hinein.

Hinter dem Brandenburger Tor breitet sich der Tiergarten aus, wo S. M. täglich auszureiten pflegte, wo sich die neuzeitlichen Monumente sämtlicher Hohenzollern zu einer Ahnengalerie in Marmor fügten, wo sich 67 m hoch die Siegessäule von 1873 erhebt, von deren Gipfel die vergoldete Viktoria über das Häusermeer schaut. Einst stand die Säule vor Wallots Reichstagsgebäude, nach 1918 hat man sie auf den sogenannten »Großen Stern« versetzt, der die Mitte jener Tiergarten-Achse bildet, die vom Brandenburger Tor zum »Knie« führt, dem heutigen Ernst-Reuter-Platz.

Die alten Griechen hegten die naive Vorstellung einer ungeflügelten Viktoria, und sie haben ihr auf der Athener Akropolis einen kleinen Tempel erstellt: damit der Sieg, den man einmal errungen hat, nicht mehr davonfliegen könne. Auch der Berliner Viktoria hätte man die Flügel stutzen müssen – sie ist nach dem Sieg von 1871, als Bismarck an der Spitze der siegreichen Truppen durch die Linden ritt, für immer davongeflogen; Berlin und Deutschland erlebten nur noch Niederlagen, nur noch geschlagene, abgerissene Armeeteile zogen durchs Brandenburger Tor, und schließlich erlebte die Reichshauptstadt die Apokalypse von 1945.

DIE GRÜNDERZEIT

1871 hatte Viktoria ein neues Zeitalter eingeleitet, durch den Sieg im Deutsch-Französischen Krieg nicht allein ausgelöst, doch mitbedingt: den Aufstieg Berlins zur Weltstadt. Bald überschritt die Metropole die Millionengrenze, ein Run in die neue Kapitale des Kaiserreiches setzte ein, wobei man etwas übertrieben behauptete, jeder vierte Neubürger käme aus Breslau. Berlin wuchs ins Gigantische, dem Historismus der Epoche entsprechend in jenem bombastischen Stil, der aus Wohnhäusern Pseudopaläste machte, mit den zeittypischen Atlanten und Karyatiden, die Türstürze und Balkone auf fleischigen Schultern trugen. Dahinter, von den Prunkfassaden verborgen, öffneten sich die Hinterhöfe ohne Schmuck, dabei vielfach echter berlinisch als die neureichen Schaufronten: die Berliner Fixigkeit und Schnoddrigkeit, das manchmal Großsprecherische, hinter dem sich, unterbetont, Gemüt verbirgt, das, was man »Herz mit Schnauze« nennt, war namentlich in den Hinterhöfen zu Hause.

In den Beletagen grassierte vielfach das Unsolide, die Spekulation, die Raffsucht. Die Gründungen von Gesellschaften, angeheizt vom Boom, überstürzten sich; das hat der Zeitphase nach 1871 den Namen »Gründerzeit« gegeben, sie war nicht gesund. Auf die Hochkonjunktur folgte die Krise: von den 1875 im Reich ins Leben gerufenen Unternehmen gingen bereits drei Jahre später 160 in die Liquidation. Den Anfang machte die Quistorpsche Vereinsbank in Berlin mit ihrem Gefolge von 27 industriellen Gesellschaften. Es war ein Glücksspiel ungeheurer Gewinne und ruinöser Verluste.

Dies berührte Berlins Weltstadtrang nicht. Daß die Metropole ein Faktor im politischen Spiel globaler Kräfte war, drückte sich aus im Berliner Kongreß 1878, zu dem Staatsmänner aus aller Welt in die junge deutsche Hauptstadt reisten. Anton von Werner hat die Versammlung in Öl festgehalten; als Spiritus rector steht Bismarck dominant in der Mitte; man hat ihn damals den »ehrlichen Makler« genannt, der (so wollte er es von den Deutschen) nur Gott fürchtete und sonst nichts in der Welt, der auf der Höhe seiner Macht und seines Ansehens stand; der Lotse dachte noch lange nicht daran, von Bord zu gehen. So »ehrlich« war er wiederum nicht; er verstand es, Mächte gegeneinander auszuspielen, auch Konflikte weiterschwelen zu lassen, wo es opportun schien, doch dies gehört zum politischen Handwerk. In Berlin ging es darum, den Krisenherd auf dem Balkan zu lokalisieren – ein Geschwür, das sehr viel später, als es keinen Bismarck mehr gab, dennoch aufbrechen sollte. Doch damals, auf dem Kongreß, gelang es noch einmal, in den Grenzen des Möglichen den Frieden zu retten.

Während das Wilhelminische Berlin zum urbanen »Wasserkopf« anwuchs bis zu Havel und Müggelsee – der »Gründerstil«, nicht Barock oder Empire prägte das eigentliche Gesicht der Weltstadt –, sank das friderizianische Berlin zum Status von Slums herab: die Friedrichsgracht mit ihrem holländischen Fluidum aus der Zeit des Großen Kurfürsten, die Sperlingsgasse, in der Raabe noch die Idylle sah, Krögel und Fischerstraße, später »Wanzenburgen« genannt, der ganze spreeumschlungene Altstadtbereich bis hin zur Janowitzbrücke, einst biedermeierlich, jetzt proletarisch, eine schwärende Wunde am Leib der Reichshauptstadt. Das herabgesunkene Alt-Berlin hat ein Genie der Zeichenfeder künstlerisch-dokumentarisch festgehalten, ein Mann, der kein Berliner war, sondern 1858 in Radeburg in Sachsen das Licht der Welt erblickte: Heinrich Zille.

»Der Kerl nimmt einem ja die ganze Lebensfreude«, sagte indigniert ein junger Leutnant, der in der Berliner Sezession vor

Blättern Heinrich Zilles stand. Das Wort kennzeichnet die damalige Lage; das Wilhelminische Reich des Gründungsrausches wollte von seiner düsteren Kehrseite, vom Elend der Berliner Slums, nichts wissen. Der Bildungsbürger empfand es als ungemütlich, wenn er an die Existenz des fünften Standes erinnert wurde, und es bedurfte eines mitleidig schlagenden Herzens, dazu einer scharfsichtigen Beobachtung und einer virtuosen Hand, um die Welt im Schatten des Talmi-Glanzes ins allgemeine Bewußtsein zu rücken.

Der zum Ärger seiner Zeit dies soziale Gewissen darstellte, der »Pinsel-Heinrich«, blieb immerzu unter und mit seinen Modellen, der »Kellner-Fränze«, dem »Buckligen Lieschen«, dem »Blechmaxe«, der »Tippelfrieda« und dem »Kaschemmenkarle«. Merkwürdig: sobald diese nimmermüde Zeichenfeder ihr ureigenstes Revier, die Quartiere der kleinen Leute Berlins, verläßt, wird die Illustrationstechnik ausdrucksarm, mittelmäßige Schulbuch-Zeichnung. Ist sie in ihrem Element, dann wird sie brillant. In den Hinterhöfen und Destillen der Roßstraße und all der anderen Schluchten des zu Elendsvierteln herabgesunkenen Alt-Berlin fand er sein eigentliches Feld und seine eigentliche Kraft; man kannte dort das »Professorchen« wie seinesgleichen, und selbst als er bereits in den Westen Berlins übergesiedelt war, fühlte er sich beim Altberliner Volk, seiner Not und seinem Humor am wohlsten. Im »Nußbaum«, der Kneipe im unterweltlichen Revier seiner Skizzenjagd, sah er das ihm angemessene »Milljöh«.

Verkennend hat man später dem Meister den Vorwurf gemacht, er verniedliche und karikiere das Elend, er nehme der Last des Lebens die schweren Gewichte. Gerade das Gegenteil stand fest: sein Humor war immer Galgenhumor, und hinterm Berliner Jargon des Wahlberliners erklang die wehmütige Poesie des Menschenfreundes, dem Sarkasmus die beste Waffe schien gegen Teilnahmslosigkeit des offiziellen Berlin, des offiziösen Reiches.

Das »Milljöh« des Meisters ist dahin. Im Feuerbrand des

Zweiten Weltkriegs schmorte es nieder, soweit nicht Sanierungsmaßnahmen der 30er Jahre schon den makabren Reiz dieser abgesunkenen Idylle beseitigt hatten. Auch die »Zille-Typen« der frühindustriellen Gesellschaft existieren in dieser Form nicht mehr. Doch wenn der Schauplatz verschwand – das Anliegen blieb; nie schien uns das Genie des Galgenhumors moderner als heute. Denn in gewandelter Form lebt die Bitterkeit der Armut noch immer in der Nachbarschaft wirtschaftlicher Blüte, und nicht weniger aktuell ist Zilles anklagendes Wort: »Man kann mit einer Wohnung einen Menschen genau so töten wie mit einer Axt.«

JAHRHUNDERTWENDE

Eben erst zu einem Block scheinbar unbegrenzter Macht zusammengefügt, glaubten die Deutschen am Jahrhundertbeginn dazu berufen zu sein, eine erste Stimme im Konzert der Völker zu spielen. Diese Stimme war von Hybris getragen. Die Oberschicht, voran der Monarch, besaß kein Augenmaß für neue Konstellationen und neue Erfordernisse. Die Armee wurde zum Prunkstück und Idol. Die von dem tüchtigen Organisator Tirpitz geschaffene Flotte, obwohl militärtechnisch nutzlos und politisch ein Unfug, galt als Aushängeschild nationaler Größe. Fortschrittsglaube und Idealismus, die zwei mächtigsten Impulse des 19. Jahrhunderts und ursprünglich dem Geistesleben verhaftet, wurden nationalpolitisch umgemünzt und zu Triebkräften des Imperialismus – verhängnisvoll, daß ihr Geist dem neuen Herrscher und seiner romantischen Schwärmerei so verblüffend entgegenkam. Das an sich pompöse und fragwürdige Wort Bismarcks »Wir Deutschen fürchten Gott und sonst nichts in der Welt« wurde von dem hochtrabenden Ausspruch Wilhelms II. »Ich werde euch herrlichen Zeiten entgegenführen« übertrumpft.

Mitte des deutschen Nationalstaates, der Traumverwirklichung der Alldeutschen (Gründung des Alldeutschen Verbands 1891), war Berlin, die nunmehr zweit- oder drittgrößte Stadt der Welt, die Stadt der Gala-Aufmärsche und der Gala-Redouten, die neue Weltstadt der Deutschen mit Fabriken, Maschinen und Mietskasernen; sie erschien jedermann in Ostpreußen, Schlesien oder Westfalen in lockendem Licht. »In Berlin«, so schrieb Mario Krammer in seiner Kulturgeschichte Spree-Athens, »war das Leben mit seinen Höhen und Tiefen.« Diesen Satz könnte man im Sudermannschen Sinne auch so formulieren: »In Berlin war Vorder- und Hinterhaus.«

Denn es schwelte untergründig in der Hohenzollern-Metropole weiter. Hinter dem Sarg des in Berlin O verhungerten Kindes ging als einziger Begräbnisteilnehmer – Christus her. So wenigstens stellte es bitter der Berliner Romancier Max Kretzer in seinem Roman »Das Gesicht Christi« (1898) dar, der am Kurfürstendamm, in Halensee und Grunewald schokkierte. »Die Kinder erkannten ihn zuerst« beginnt das Werk sozialistischer Anklage. Christi Erscheinung ist von Dämmerlicht, Nebelstimmung umspielt. Eine von seliger Wonne taumelnde Menge von Lahmen, Krüppeln, Armen und Kranken folgt ihm nach. Das ist fast trivial platter Naturalismus, Kehrseite des Gründer-Euphorismus, und trotz aller Schwüle des Jahrhundertwendestils ein sarkastisches Bild damaliger Sozialzustände. Das Berliner Volk verpackte seine bittere Zeitkritik in das Gewand der Schnulze:

Immer langsam voran,
immer langsam voran,
halb soviel Dampf!
Halb soviel Krampf!
Immer langsam voran,
Steuermann,
daß die Steuer nachkommen kann.

Als Steuermann pflegte sich Seine Majestät der Kaiser zu bezeichnen.

Was nach Kraft aussah, war vielfach Kraftmeierei. Das

Nationalgefühl schien im Selbstkult der Gründerjahre und des Wilhelminismus nicht mehr von subtiler Geistigkeit getragen, sondern verflacht, aufgebauscht und so hohl wie die Bronze-Germania des Niederwalddenkmals. Vorbei die Zeiten der Paulskirche und demokratisch-freiheitlichen Strebens. Geboren wurde der Typ des obrigkeitshörigen Philisters, des »Untertanen«, wie ihn Heinrich Mann in seinem berühmten Roman verbildlichte, des Stammtischpatrioten und zackigen Vereinsredners, der vom »Volk der Mitte«, vom »Salz der Erde« und von den »höchsten Gütern der Nation« faselte. Man schuf einen ganz äußerlichen Ehrenkodex, für den das Duell(un)-wesen, die Rang- und Ordenshierarchie sowie bestimmte Formen der studentischen Korporationen bezeichnend sind.

Doch man vergesse nicht: Nach jahrhundertelanger Zersplitterung in ein Mosaik von Klein- und Kleinststaaten mit entsprechendem politischem Horizont war man nun endlich eine Nation. Man war sich als Bürger dieser Nation der deutschen Stellung in der Welt bewußt, wenn es auch vermessen klang, daß »am deutschen Wesen die Welt genesen« müsse. Zur Zeit der Großväter kämpften Nord- und Süddeutsche in verschiedenen Lagern. Jetzt schlugen ihre Herzen gemeinsam höher, wenn die Nationalhymne erklang. Deutsche Ware galt etwas in der Welt; das deutsche Handwerk war solid; Aufträge wurden zeitlich korrekt ausgeführt; man kannte Arbeitsethos. Nach England wies man den höchsten Lebensstandard der Erde auf; es gab eine breite, lebens- und arbeitsfrohe Mittelstandsschicht.

Aber freilich: in dieser Wohlstandsgesellschaft war doch nicht jedermann vor dem Gesetz gleich. Noch herrschte das angeblich von Gott eingesetzte System der Stände, der Ränge, der Privilegien. Nur der Adel konnte zu bestimmten Positionen des Militärs und des Beamtentums aufsteigen. In Preußen hielt sich bis in den Krieg das Drei-Klassen-Wahlrecht. Und der privilegierte »Einjährige« zeigte, daß selbst die militärische Dienstpflicht ungleich verteilt war.

Kaiser Wilhelm II. hatte das Volk in 62 Gruppen gegliedert, von denen jede folgende der vorangegangenen an Würde nach- und seinem Thron ferner stand. Die ersten Ränge nahmen Hof und Generalität ein. Dann folgte das Kabinett. Die Rektoren der Universitäten des Landes der Dichter und Denker fanden sich erst an 47. Stelle. Nochmals neun Stufen tiefer standen die Abgeordneten – bezeichnend für die Einschätzung des Mitspracherechts der Staatsbürger.

Die Hierarchie des Wilhelminismus ließ Untertanentreue und kaiserliches Gottesgnadentum als höchste sittliche Werte erscheinen. »Jeder möge seine Aufgabe so auffassen«, hatte der Kaiser proklamiert, »daß, wenn er dereinst zum himmlischen Appell berufen wird, er mit gutem Gewissen vor Gott und seinen alten Kaiser treten kann.«

Die einzigen, die die gottgewollte Ordnung störten und die höchsten Güter der Nation gefährdeten, waren nach offizieller Meinung die Linken, die Anarchisten der Sozialdemokratie und die Schmierfinken des Naturalismus. Seine Majestät hatte schon recht mit dem schneidigen Wort: »Die janze Richtung paßt mir nicht.«

Nichtbürgerliche Parteien galten als suspekt; der Bourgeois sprach verächtlich von der »roten Rotte«. Die besten und produktivsten geistigen Regungen jener Zeit, der literarische Naturalismus, die Kritik an der Obrigkeit, der Wunsch nach demokratischer Ordnung, die Stimme der Warner und der Propheten des 20. Jahrhunderts hatten ihren Platz außerhalb Deutschlands – man knebelte sie zwar nur in Ausnahmefällen, denn das Reich war kein Büttelstaat, doch man ließ sie nicht aufkommen und erklärte sie für nicht stubenrein.

Das nationale Hochgefühl ohne die Kontrolle der Kritik erzeugte eine Art Byzantinismus. An den Höfen der deutschen Hauptstädte sammelten sich Kreaturen, deren Dünkel ihre Umwelt verletzte. Dies hatte schon den pensionierten Bismarck in Friedrichsruh vergrämt: »Um den Kaiser ist eine gallertartige Masse. Wie er hintritt, gibt sie nach.« Nur im

Klima der Beamten- und Militärallmacht der preußisch-deutschen Monarchie konnte eine so groteske Geschichte wie die um den Hauptmann von Köpenick geschehen, über die die Welt kurz vor Kriegsausbruch lauthals lachte. Es war eine Epoche äußeren Friedens und Burgfriedens, doch zahlreicher ungelöster innerer Konflikte, die mit dem Krieg ihren Abschluß fand. Zwar schaute man behaglich und vertrauensselig ins neue Jahrhundert, auf die wachsende Zahl der Fabriken, der Schutzgebiete, der Flotteneinheiten, auf den ersten Zeppelin und die ersten Kraftwagen – aber zugleich erkannte, wer zu sehen vermochte, daß es im Gebälk, ja, in den Fundamenten des Kaiserreiches krachte, daß es eine Dissonanz gab zwischen dem optimistischen Brustton der Worte und den düsteren Anzeichen der Wirklichkeit. In diese scheinbare Ruhezeit, die Pax Wilhelmina, fiel der Erste Weltkrieg, dieser verhängnisvolle, durch Unentschlossenheit ausgelöste Krieg, von dem Ballin bitter aussagte: »Es hätte keines Bismarcks bedurft, um diesen dümmsten aller Kriege zu vermeiden.«

Im August 1914 befand sich Europa auf Sommerurlaub. Seine Majestät, der Kaiser, hielt sich in Norwegen auf. Die Straßen und Plätze der Reichshauptstadt waren heiß und leer.

DER KRIEG, DEN KEINER WOLLTE

Als die Schüsse von Sarajewo am 28. Juni 1914 dem Leben des österreichischen Erzherzog-Thronfolgers Franz Ferdinand und seiner Gemahlin, der Herzogin Sophie von Hohenberg, ein Ende bereiteten, hallten sie in eine scheinbar unversehrte, gefestigte, saturierte Welt – die »gute alte Zeit«, wie nachtrauernde Gemüter nach dem von Sarajewo ausgelösten Ersten Weltkrieg meinten. Die Throne der Monarchen schienen gesichert; die ständisch bedingte Ungleichheit der Untertanen nahm man weitgehend als gottgewollte Ordnung hin. Die Ergebnisse der Gründerzeit, die koloniale Expansion, die evolutionistische Vergottung des Fortschritts weckten das Gefühl, es herrlich weit gebracht zu haben. Im Deutschen Reich gab neben den Hofkreisen das nationale Bürgertum den Ton an, zitierte selbstzufrieden falschverstandenen Schiller, gefiel sich im Pathos des »Es ist erreicht« und sah in einem kritischen Geist wie dem jungen Gerhart Hauptmann einen »gefährlichen Kerl«.

In diese Endzeit des kaiserlichen Deutschland, des monarchisch-imperialistischen Europa, peitschten die Schüsse von Sarajewo. Die an fruchtbaren Konzeptionen arme europäische Diplomatie, die Unkenntnis der Schrecken eines totalen Kriegs, der Optimismus einer im Idealismus des 19. Jahrhunderts stagnierenden Erfolgsgesellschaft – all das und vieles mehr führte dazu, daß man in einen abendländischen und danach globalen Krieg hineinschlitterte, daß aus einem lokalen Konflikt, dem balkanischen Nationalitätenstreit, ein Völkerringen wurde. Es endete keineswegs mit den Verträgen von 1918, sondern zog sich, genaugenommen, bis in die Jahrhundertmitte hin – der Zweite Weltkrieg war die Fortsetzung des Ersten. Mit dem 28. Juni 1914 begann recht eigentlich ein neues Zeitalter, und alles, was davor lag, war – nach Stefan Zweig – »Welt von gestern«.

Wie grundlegend sich die Perspektiven des Weltbildes, die Fundamente des Daseins verschieben sollten, das blieb unseren Eltern oder Großeltern noch in seiner Tragweite verschleiert. Im großen und ganzen sah man, wie zeitgenössische Berichte erkennen lassen, das Kommende nicht. Erst der Rückblick aus der Sicht von heute erweist, wie sehr die gute alte Zeit eine Spätzeit war, wie die Schüsse von Sarajewo eine Wende von epochalem Ausmaß ankündigten. Das von Goethe nach der Französischen Revolution gesprochene Wort, es beginne ein neues Menschheitskapitel, vernahm man im Sommer 1914 – obwohl damals noch berechtigter – nirgendwo. Einsam nur erklang Edward Greys düstere Stimme: »Jetzt gehen die Lichter aus über Europa, und niemand von den Lebenden wird sie mehr leuchten sehen.«

Doch neben der Finsternis die Wandlung. Zwar zerbrachen alte Formen, aber neue drängten zur Gestalt. Was sich schon vor 1914 abzeichnete, gewann nach dem Dammbruch klare Konturen. Mit dem Ersten Weltkrieg entfaltete sich die industrielle Welt, hub das Zeitalter der Technik an mit seiner Glorie und seiner Gefahr: der Vergötzung der Maschine, der Standardisierung und Nivellierung nicht nur der Lebensbedingungen, sondern auch des Lebensgefühls. Es begann das Zeitalter der Massen, der Massenansprüche und der Massenversorgung. Massenmedien ersetzten individuelles Denken. Man begann in größeren Räumen zu planen; Großmachtpolitik war nun von Raum und Rohstoffülle abhängig. Wer hätte 1914 das Positive vorausgeahnt: daß die Arbeiterschaft bürgerlichen Wohlstand erreicht, daß Rationalisierung der Produktion die Arbeitszeit rapid verkürzt, daß mit der Entwicklung der Verkehrstechnik Entfernungen zusammenschrumpfen, daß Geist und Kunst, in spätzeitliche Sackgasse geraten, neue Aussichten gewinnen. Wer hätte 1914 das Negative vorausgesehen: daß das Abendland seine Weltstellung verliert, daß eine »machtmäßige Enteuropäisierung der Erde« vor sich geht, daß die Funktionalisierung des Daseins in der technischen Welt den Menschen »unbehaust« existentieller Not aussetzt, daß wir uns der Maschine, statt sie zu beherrschen, als Fatum ausliefern, daß statt der »Freiheit« die »Freizeit« zur Parole der Menge wird?

All dies wurde noch nicht einmal geahnt, als der fanatisierte Serbe Gabriel Princip 1914 seine verhängnisvollen, die Welt erschreckenden Schüsse abgab. In Berlin herrschte bei der Generalmobilmachung Sieges-Euphorie. Die Truppen sangen: »Bleibt, ihr Linden, grün / Lebe wohl, Berlin!« Die bei Kriegsbeginn mit eichenlaubgeschmückten Gewehren auszogen, glaubten das 19. Jahrhundert zu verteidigen. Ungewollt stritten sie für das zwanzigste.

Von seinen Mitschülern in Schulpforta war er »Die Gouvernante« genannt worden. Er war Pazifist, eine fleißige Kanzlistennatur, bei Entschlüssen zögernd, kein Mann der Tat. »Lieber nicht!« meinte er ängstlich, als man ihn 1909, wenige Jahre vor dem Ersten Weltkrieg, zum Kanzler des Deutschen Reiches vorschlug: Bethmann Hollweg, 1,90 Meter groß, ältlich, zerfurcht, servil, Mann des geringsten Widerstandes, auf Ausgleich erpicht nach allen Seiten hin, befangen im Standesdenken der Ranggesellschaft des 19. Jahrhunderts. Zu jedermann freundlich, glaubte er selber an seine Friedensmission, indem er während des Kanzleramtes von sich behauptete: »Europa traut mir, vor allem traut mir England! Ich kann ohne Überhebung sagen, ich bin die Säule des europäischen Friedens geworden.«

Der entlassene bisherige Kanzler, Fürst Bülow, war es, der die nachmalige »Säule des europäischen Friedens« seinem kaiserlichen Herrn nominiert hatte. Ballin, der jüdische Reeder und Freund Wilhelms II., der später am Krieg zerbrechen sollte, äußerte in jenen Tagen lakonisch: »Bethmann ist Bülows Rache.«

Der Kaiser, alles andere als ein Menschenkenner, urteilte über seinen neuen Kanzler, den baldigen Kriegskanzler, in seinem naiven Optimismus: »Er ist treu wie Gold, ein Biedermann durch und durch, ein kolossaler Arbeiter, auch sehr schneidig, er wird mir den Reichstag aufmöbeln.« Einleuchtend, warum der neue Kanzler dem Kaiser lag: er war bequem, ohne Meinung und Widerstand gegenüber den außenpolitischen Eskapaden Seiner Majestät, die den Krieg zwar nicht beabsichtigten, aber herausforderten.

Der Spiritus rector der englischen Politik am Vorabend des ersten globalen Völkerringens, Außenminister Grey, galt als Mann des Ausgleichs und des Friedens. Ebensowenig martialisch und kriegslüstern war Sasonow, der Außenminister des Zaren. Kränklich und weich, neigte er zu mystizistischer Schwärmerei. Seine Großmutter war eine Deutsche, so daß sich Sasonow mit seinem deutschen Kollegen in dessen Muttersprache unterhalten konnte. Von Rußlands Größe und balkanischer Mission – Schutz den Slawen, Schutz den Orthodoxen – war er überzeugt, nicht aber von der Notwendigkeit eines überregionalen Krieges.

Am Ruder der österreichischen Außenpolitik stand ein Kavalier Budapester Schule, Graf Berchtold, ein Freund der Jagd und der Mode, von dem der Klatsch behauptete, in seinem Vorzimmer hätten vier Überzieher, vier Hüte, vier Paar Handschuhe und vier Stöcke gehangen, um dem Minister zur jeweiligen Gelegenheit stets die rechte Bekleidung zu bieten. Er war furchtsam, unkriegerisch und alles andere als ein Draufgänger. Als man während des Krieges von Kaiser Franz Joseph die Entlassung des Außenministers forderte, mit der Begründung, er tauge nicht für den Posten, kommentierte der Graf – und diese Selbstverspottung macht ihn uns fast sympathisch: »Aber bittä – ich sog es ihm schon lang! Aber mir glaubt er es nicht!«

Auch die Monarchen an der Spitze der europäischen Nationen wünschten den Krieg nicht. Wilhelm II. rasselte zwar gern mit dem Säbel, war stolz auf seine militante Flotte wie auf ein Spielzeug und hielt die Balkanesen für eine Räuberbande – aber im Grunde war er eine harmlose, dem Frieden und der Verständigung zugetane Natur, die vor dem Äußersten zurückschreckte. Sein Vetter Nicky, Zar Nikolaus II., konnte gleichfalls nicht als Berserker gelten. Mit Wilhelm ließ er sich in Friedenszeiten verwandtschaftlich umschlungen fotografieren, tauschte er freundschaftliche Adressen aus. Er wußte, daß sein Zarentum auf tönernen Füßen stand. Georg V. von England – obgleich über die Großspurigkeit des gleichfalls blutsverwandten Kaisers oft verärgert – beteuerte noch wenige Tage vor Kriegsbeginn gegenüber dem Prinzen Heinrich, einem Bruder Wilhelms, daß England die Neutralität wünsche. Franz Joseph schließlich, der greise und populäre Monarch Österreich-Ungarns, Frühaufsteher und Bühnenheld der

Wiener Operette, lebte viel zu sehr in den Anschauungen altehrwürdiger, ethisch verwurzelter Konvention, um Pläne für einen Angriffskrieg zu hegen. Er war kein Napoleon. »Was wollt ihr von Franz Joseph?« sagte seine Gemahlin Elisabeth von ihm, »er ist ja nur ein Feldwebel.« Der Feldwebel zog 1914 seinen Degen lediglich zu einer balkanischen Polizeiaktion, bedrängt von innerpolitischem Dilemma des Vielvölkerstaates. Man sieht: sie alle waren friedliche Naturen – bis auf einige russische Militärs vielleicht und den Lothringer Poincaré, der Revanchegelüste vertrat, doch ängstlich zu vermeiden trachtete, bei einem Konflikt der Angreifende zu sein. Gefahr lag freilich in der Luft. Im Zeitalter des Nationalismus und Imperialismus stießen Interessen aufeinander; es gab Wettlauf, Konkurrenz, Neid. Der geringste Anlaß konnte zur Explosion führen. Es gab viele, die den Krieg zwar nicht wünschten, doch für unvermeidlich hielten. Niemand aber wollte die Lunte entzünden.

Auf das Entsetzen über den Mord am österreichischen Thronfolgerpaar durch einen serbischen Fanatiker folgte wochenlanges Schweigen. Man fuhr in den Urlaub, bei besonders schönem Sommerwetter. Dann plötzlich, am 23. Juli, erfolgte das Wiener Ultimatum an Belgrad und ließ die Welt aufhorchen: österreichische Funktionäre sollten auf serbischem Staatsgebiet nach den Tätern fahnden dürfen. Nichterfüllung der kurzbefristeten Forderung bedeute Krieg.

Bismarck hatte noch gesagt, ein balkanischer Konflikt sei nicht die Knochen eines einzigen pommerschen Grenadiers wert. Nun aber, nach der serbischen Ablehnung, kam nahezu automatisch das verzwickte System der Bündnisse in Gang, das staatsmännische Finesse zuvor errichtet hatte. Depeschen gingen hin und her. Friedensmahnungen und -beteuerungen. Sie alle, die sehr viel später ihre Memoiren schrieben, erklärten feierlich, der Krieg wäre vermieden worden, hätten die Entscheidungen allein von ihnen abgehangen. All die Männer, die sich für Aktivisten des Friedens hielten und den Gedanken an

Krieg stets von sich wiesen, wurden nun zu Statisten, ja Marionetten des Schicksals, das sie nicht mehr lenken konnten und dem sie unterlagen. Der Lauf der Dinge entglitt ihrer Kontrolle.

Soll man abwarten, soll man mobilisieren? Soll man den anderen einmarschieren lassen oder dem Einmarsch zuvorkommen? Ist Mobilisierung schon Krieg, so daß man zum Eigenschutz mit präventiven Maßnahmen antworten muß? Nicht Tat sondern Zögern, nicht entschlossene Löschung des Brandes, sondern ängstliche Halbheit, des Prestiges und der vermeintlichen Aufgabe günstiger Positionen wegen, brachte die Maschinerie des Krieges in Gang – des Krieges, den keiner wollte.

Hatten die Generäle erst einmal die Hände im Spiel, so war es aus mit der Politik. Es galten die längst ausgeklügelten Aufmarschpläne. Auf die Frage, wie es zum Krieg gekommen sei, erwiderte Bethmann Hollweg verzweifelt: »Ja, wer das wüßte!« Wie hatte Bismarck ein Menschenalter zuvor prophetisch geäußert? »Jede Politik halte ich für besser als eine schwankende.«

Rein äußerlich betrachtet, geschah folgendes: nach der österreichischen Intervention in Serbien mobilisierte Rußland; dessen Bereitschaft wurde wiederum von Deutschland als Bedrohung angesehen und desgleichen mit Mobilisierung erwidert; Frankreich als Rußlands Verbündeter rief ebenfalls seine Wehrpflichtigen zu den Waffen; um im verhängnisvollen Zweifrontenkrieg nach Schlieffens Aufmarschplan den ersten Schritt tun zu können, erklärte Berlin an Moskau und Paris den Krieg; da der Schlieffenplan zur Umgehung des französischen Festungsgürtels den Einmarsch durch Belgien nach Nordfrankreich vorsah, war man notgedrungen zu dieser Verletzung des Völkerrechts gezwungen, was wiederum den Verbündeten Belgiens, Großbritannien, auf den Plan rief. Auf den heißen 1. August, den Kriegsbeginn, folgte eine Kettenreaktion automatisch gebotener Handlungen. Die entfesselten Kräfte waren nicht mehr zu bändigen.

Noch aber glaubte alle Welt an ein kurzes Ringen, an einen Blitzkrieg nach dem Vorbild Anno 1870/71. Nur so läßt sich die Begeisterung der Augusttage erklären. Man zog freudig ins Feld, wie zu einem erlösenden Abenteuer, ausgeruht in 43 Friedensjahren, berauscht vom Wahn einer gerechten Sache.

Zur kleinen Zahl derer, die schon vor Ausbruch des Ersten Weltkrieges, der eigentlich ein europäischer Bürgerkrieg gewesen ist, das ganze Ausmaß des Unheils vorausschauten und die Vision der bevorstehenden Materialschlacht hatten, gehörte August Bebel, der deutsche Sozialistenführer. Seine Rede vor dem Reichstag, in der er die Katastrophe ankündigte, ist protokollarisch vermerkt. Es lohnt sich, ihren Wortlaut zu wiederholen, wie sie die Stenographen notiert haben:

»Alsdann wird in Europa der große Generalmarsch geschlagen, auf den hin 16 bis 18 Millionen Männer, die Blüte der verschiedenen Nationen, ausgerüstet mit den besten Mordwaffen, gegeneinander als Feinde ins Feld rücken. Aber nach meiner Überzeugung steht hinter dem großen Generalmarsch der große Kladderadatsch (Lachen) – ja, Sie haben schon manchmal darüber gelacht; aber er kommt, er ist nur vertagt (Heiterkeit). Hinter diesem Krieg steht der Massenbankrott, steht das Massenelend, steht die Massenarbeitslosigkeit, die große Hungersnot (Widerspruch rechts). Das wollen Sie bestreiten? (Zuruf von rechts: Nach jedem Krieg wird es besser!)«

VOM KAISERREICH ZUR REPUBLIK

Am 31. Januar 1917 gab Berlin den uneingeschränkten Unterseebootkrieg bekannt. Am 1. Februar setzte er ein. Dies hatte zur Folge, daß die Vereinigten Staaten die diplomatischen Beziehungen zum Reich abbrachen. Am 5. April erklärte Präsident Wilson den Krieg. Auf amerikanischen Druck schlossen sich fast alle Staaten der westlichen Hemisphäre dem Beispiel der USA an. Langsam senkte sich die Waagschale des Geschicks zugunsten der weltumspannenden Allianz, die nun rundum ihr Sperrfeuer um Deutschland und seine Verbündeten legte.

Damit begann auch ein weltgeschichtlicher Vorgang, der den ferneren Verlauf der Historie im 20. Jahrhundert bestimmen sollte: Amerika trat aus seiner Splendid isolation heraus und machte Weltpolitik. Die USA stiegen zur größten Macht des Erdballs auf. Sie wurden die eigentlichen Sieger des Ersten Weltkrieges, ähnlich wie Rußland allein vom Zweiten Weltkrieg profitierte.

Nach der Rückkehr Amerikas nach Europa nützte auch die verzweifelte Offensive des Frühjahrs 1918 nicht. Wieder, wie in den ersten Kriegstagen, stand man an der Marne, doch Paris blieb nach wie vor ein verwehrtes Ziel. Unter dem Eindruck, daß die letzte Chance verspielt sei, und erschüttert vom großstiligen Panzerangriff der Engländer, der die Deutschen auf die Ausgangsstellung der Siegfriedlinie zurücktrieb, entschloß man sich in Berlin zum Angebot des Waffenstillstands. Nach zwei Schattenkanzlern, die Bethmann gefolgt waren, übernahm der vernunftbegabte Prinz Max von Baden die politische Führung und ernannte parlamentarische Staatssekretäre. Nicht mehr der autoritative Herrscher, nicht mehr die Diktatur des Militärs bestimmte nun den Gang des Schicksals, sondern die Stimme des Volkes. Am 5. Oktober bat man um Frieden.

Das Angebot war durch einen gewichtigen Umstand mitbestimmt worden: Der amerikanische Präsident Wilson hatte als Verfechter der in den USA kreierten »Menschenrechte«, doch gewiß auch unter dem Eindruck der Umwälzungen in Osteuropa, 14 Punkte für das Kriegsende und das zukünftige Zusammenleben der Völker verkündet. Sie garantierten das Selbstbestimmungsrecht der Völker und schlossen ein Haßdiktat des Siegers aus.

Das Manifest der »14 Punkte« war kein Trug. England und Frankreich hatten sich, ohne exakte Bindung freilich, zu ihm bekannt, solange sie Amerikas Militärkraft brauchten. Nun, als Deutschland das Schwert aus der Hand legte, geriet das transatlantische Evangelium des Friedensprogramms in die Hände sich widerstrebender Interessen, der einseitigen Auslegung, des Hasses. Nicht Wilson, sondern der »Tiger« – Clemenceau – formte den Frieden, jener Mann, der einmal geäußert hatte, es gebe »20 Millionen Deutsche zuviel«. Es wurde ein Frieden der Revanche.

Voraussetzung des Friedens war nach den Bedingungen der Sieger das Verschwinden des angeblichen Urhebers des Völkerunheils, Wilhelms II. Die Abdankung erfolgte ohne nennenswerte Erschütterung. Sie wurde erleichtert durch die Revolution, die, bei der Flotte in Kiel beginnend, sich über Deutschland breitete. Der letzte Hohenzollernherrscher begab sich ins holländische Asyl. Die Monarchie des sogenannten »Zweiten Reiches« hatte aufgehört zu bestehen, nachdem die Kronen der verbündeten Staaten mit diesen zusammen schon zuvor zerbrochen waren.

Die Ereignisse überstürzten sich. Prinz Max übertrug Friedrich Ebert, einem Sozialdemokraten, die Kanzlerschaft – zum Glück einem schlichten, integren, gescheiten Mann. Beim Abschied wandte sich der Exkanzler an der Tür nochmals um: »Herr Ebert, ich lege Ihnen das Deutsche Reich ans Herz!« Ebert antwortete darauf: »Ich habe zwei Söhne für dieses Reich verloren.« Es bleibt das Verdienst Eberts und seiner Helfer, die Ordnung in jenen Tagen gerettet zu haben. Es waren keine Monarchisten, keine Nationalisten und Hurrapatrioten, diese Ebert, Scheidemann, Rathenau und wie die neuen Männer alle hießen, es waren nüchterne, klar denkende Köpfe, die nicht die Kunst des Unmöglichen, sondern des Möglichen versuchten. Eine Generation später wurden sie von neuer nationaler Hybris zu Vaterlandsverrätern erklärt, und wenn man auf ihre Politik der »Erfüllung« anspielen wollte, zitierte man Scheidemanns »verdorrte Hand«, weil dieser im Widerstreit, ob er den diktierten Frieden unterzeichnen solle, zuerst erklärt hatte, eher würde seine Hand verdorren.

Am 9. November rief Scheidemann vom Fenster des Reichstagsgebäudes die Deutsche Republik aus. Truppen des Arbeiter- und-Soldaten-Rats bezogen in Berlin Posten hinter Maschinengewehren. Am 11. November folgte im Wald von Compiègne durch Erzberger die Unterzeichnung der Kapitulation.

Abschluß und trübes Ende des Kriegsdramas und zugleich belastende Hypothek der jungen Weimarer Republik, die das Kaiserreich ablöste, war im folgenden Jahr der Vertrag von Versailles, mit haßvoller Absicht im Saal der Reichsgründung abgeschlossen. Er diktierte Reparationen sowie erhebliche Gebiets- und Machtverluste, aber er bewahrte die Einheit des Reiches. Dennoch lagen die Keime kommenden Unheils in ihm, zumal auch durch die Deklaration der alleinigen Kriegsschuld Deutschlands, und spätere, noch grauenvollere Entzweiung Europas strafte Clemenceaus Voraussicht Lügen: »Wir werden für die notwendigen Vorkehrungen und Sicherungen sorgen, damit auf diesen zweiten Versailler Frieden, der einen so schrecklichen Krieg abschließt, kein weiterer folge.«

Zu den Verhältnissen der Vorkriegsepoche, zur »guten alten Zeit«, kehrte man nicht mehr zurück. Der Krieg und seine verwandelnde Kraft hatten neue Fragen aufgeworfen. Denken und Lebensform umgestaltet. Kultur und Kunst auf neue problematische Bahnen gebracht, der Materie zum Sieg verholfen. Das technische, wirtschaftliche Zeitalter mit all seinen Konsequenzen zeichnete sich ab. Neue Schichten bestimmten anstelle der untergegangenen die Geschicke der Welt. Europa hatte, sich selbst zerfleischend, Macht abgegeben an die Völker anderer Kontinente. Eine Periode des Umbruchs begann, die Jahrzehnte währen sollte, und in der Tieferblickende bald erkennen konnten, wie bereits neues Unheil seinen Schatten vorauswarf.

Erst heute können wir erkennen, was mit der Umwälzung jenes Krieges, den keiner wollte und den doch vielleicht das Schicksal gewollt hat, eingeleitet worden ist: das Ende der Neuzeit.

DIE GOLDENEN UND DIE BRAUNEN JAHRE

Das Jahrzehnt nach dem Ersten Weltkrieg war eine Zeit politischer Krisen – Kapp-Putsch, Rathenaus Ermordung, Inflation – zugleich aber auch eine Epoche kultureller Hochblüte, die man als »goldene zwanziger Jahre« bezeichnete. Sie spielten sich vor allem in der Reichshauptstadt ab, die nun wahrhaft zur Internationalität aufstieg. Die Auflösung alter Normen eröffnete die Aussicht auf eine neue und ungewohnte Freiheit, der man sich optimistisch und avantgardistisch hingab. Der Expressionismus als Programm einer neuen, manchmal provokativen Humanität eroberte Kunst, Literatur, Bühne, Film. Die »Dreigroschenoper« Bert Brechts stellte ethische Begriffe in Frage: »Erst kommt das Fressen, dann die Moral.« Mit virtuosem Stift und bitterer Satire zeichnete und überzeichnete George Grosz den Typ des Kriegsgewinnlers, des Schiebers, des Neureichen. Kunst- und Bühnenereignisse Berlins hatten sofort Welt-Resonanz. Was den Deutschen im Gegensatz zu den Nachbarländern immer gefehlt hatte, ein eigentliches Zentrum und ein beispielgebender Ausstrahlungspunkt, jetzt, nach dem verlorenen Krieg und in einem reduzierten Reich, war er plötzlich vorhanden. Was nicht Berlin war, war Provinz; selbst Isar-Athen nahm sich neben Spree-Athen bescheiden aus. Es waren turbulente Jahre, die »goldenen zwanziger«, kein Markt für schöngefärbte Unterhaltung, sondern voll von aufreizenden, Beifall und Widerspruch wachrufenden Tendenzen, umstritten wie nur eine Epoche, reich an optimistischem Höhenflug und reich auch an Trivialität, immer aber lebendig. Wer etwas gelten, sein unübersehbares Podium gewinnen wollte, der mußte nach Berlin, wo eine sich ändernde Gesellschaft sich spiegelte wie nirgendwo, und jeder, der sich in diesen Schmelztiegel der Ideen, der Meinungen, der Aktivitäten begab, bekam etwas vom Berliner Fluidum mit, das man einmal »Berliner Luft« genannt hat, das sich aber nicht auf ein heiter gestimmtes märkisches Savoir-vivre beschränkte, sondern zu allererst kritisch war, voll hellwachem Esprit, geistig aggressiv, wie die Kritik damals auch nirgendwo so gefürchtet wurde – und nirgendwo so ernst genommen wie in Berlin.

Auch staatlich-politisch war Berlin nun wahrhaft Mitte. Hier amtierte die Reichsregierung, hier fungierte das Parlament im Reichstag als echte Volksvertretung, während es in der Kaiser-Ära oft nichts weiter war als Befehlsempfänger. Wallots Reichstagsgebäude am Tiergarten, vis-à-vis der Krolloper, wurde zum baulichen Symbol der jungen Demokratie, zugleich aber auch zum Jahrmarkt der politischen Meinungen, vertreten durch eine breite Palette von Parteien, der vernünftigen und hellsichtigen, doch auch der verstiegenen und irregeleiteten Gedanken, der »kämpferischen« Ideologien. Das »Kämpferische« tobte sich in handgreiflichen Parlamentsschlachten aus.

Denn gerade in Berlin formierten sich die Radikalen von rechts und von links. Der Unmut gegen den Versailler Vertrag und seine Folgen, die Weltwirtschaftskrise und daraus resultierende Arbeitslosigkeit, die politisch-wirtschaftliche Klemme, in der sich die Weimarer Republik nur mit dem Dirigismus der Notverordnungen zu helfen wußte, brachten radikale Emotionen zur Siedchitze. Goebbels »eroberte« Berlin, politische Randalierer beherrschten die Straße, die Braunhemden im Plenarsaal des Reichstags schwollen an, Berlin stellte in Horst Wessel, den in Berlin O auf ungeklärte Art umgekommenen Pfarrersohn, den symbolträchtigen Märtyrer, welcher der Parteihymne – bald der zweiten Nationalhymne – den Namen gab.

Hatte die Welt in den goldenen zwanziger Jahren auf das erregende Abenteuer einer ungemein kreativen Reichshauptstadt geschaut, so sank diese in den braunen dreißiger Jahren zur geistigen Provinz herab. Nur im ersten Jahr des »Dritten Reiches« blickte man noch einmal auf Berlin, doch zweier dubioser Ereignisse wegen: im Februar brannte der Reichstag nieder (die den Kommunisten angelastete Brandstiftung gab den Weg frei zum Ermächtigungsgesetz), im Mai ließ Goebbels auf dem Opernplatz in einer abendlichen Scheiterhaufen-Aktion die dem Regime unerwünschte Literatur in Flammen aufgehen, ein Autodafé des freien Geistes, das ein Wort von Heine wahrmachte: »Dort wo man Bücher verbrennt, verbrennt man auch am Ende Menschen.« Blasphemisch, geschichtsklitternd, zitierte der Propagandaminister in seiner Ansprache das berühmte Wort Ulrich von Huttens: »O Zeiten, o Wissenschaften! Es ist eine Lust zu leben!«

Die Lust ist den Berlinern bald vergangen. Doch wenn sich irgendwo geheime Kritik, geheimer Widerstand gegen die Unfreiheit regte, dann an Spree und Panke. Die Mittwochsgesellschaft, die führende Kräfte der Opposition regelmäßig zusammenführte, wurde zu einer Zelle des 20. Juli 1944, des Attentats auf Hitler. Bei den Prosa-Worten »Sir, geben Sie Gedankenfreiheit!« aus Schillers »Don Carlos« klatschte das Publikum der Berliner Kammerspiele Beifall. Durch verstohlenen Eingang gelangte man auf dem Kurfürstendamm zu »entarteter Kunst«.

Die Hitlerdiktatur endete in dem zu 65 Prozent zerbombten Berlin mit der Eroberung durch die Rote Armee vom 23. April bis 2. Mai 1945. Die Nachfahren jener, die 1813 unter den Linden als Befreier eingezogen waren, handelten nun im Sinne des Aufrufs, den Ilja Ehrenburg kurz zuvor erlassen hatte: »Die Rotarmisten brennen, als seien sie aus Stroh, um die Deutschen und ihre Hauptstadt zur Brandfackel ihrer Rache zu machen. Nach Berlin! Diese Worte lassen sogar die Toten auferstehen, das bedeutet Leben. Ihr Rotarmisten, die Stunde der Rache hat geschlagen.«

Die Menschen in der Trümmerstadt verkrochen sich bei der warnend schrillen Stimme des Panzeralarms in Keller, Bunker, U- und S-Bahn-Schächte. Die Russen-Panik erfüllte die Herzen mit lähmender Angst. Nur vereinzelte Geschäfte gaben Lebensmittel aus. Einheiten des Volkssturms, Alte und halbe Kinder, rüsteten sich mit Panzerfäusten zum Widerstand, viele von ihnen mit der geheimen Absicht, sich bei nächstbietender Gelegenheit ebenfalls zu verkriechen. Gespenstisch klang durch die makabre Landschaft einer Millionenstadt, die nur ans Überleben, aber an keinen Sieg mehr glaubte, Goebbels' suggestiv gesprochenes Rundfunk-Wort: »Wenn Deutschland heute noch lebt, wenn Europa und mit ihm das gesittete Abendland mit seiner Kultur und Zivilisation noch nicht ganz im Strudel des finsteren Abgrundes, der sich gähnend vor uns auftut, versunken ist, sie haben es dem Führer allein zu danken. Denn er wird der Mann dieses Jahrhunderts sein.«

Der »Mann des Jahrhunderts« – er war es in der Tat, wenn auch in anderer, verhängnisvoller Hinsicht – klammerte sich inzwischen, krank, ausgehöhlt, totenblaß, mit zitternden Händen, an illusionäre Hoffnungen, die ihm an seiner letzten Lebensstation, dem Bunkerverlies der Reichskanzlei, verblieben waren: an die Änderung des politischen Kurses in Amerika nach dem plötzlichen Tod Roosevelts (in dem Hitler einen Akt der »Vorsehung« erblickte), an die Möglichkeit einer Wendung des Kriegsgeschehens durch Entzweiung der Westalliierten und der Sowjets, durch einen wirksamen Widerstand der letzten verbliebenen deutschen Armeen Wenks und Henricis gegen die rote Flut des Marschalls Konjew.

Doch als die Russen in den östlichen Vororten Berlins auftauchten, Ströme von Ostflüchtlingen vor sich hertreibend, war außer dem dezimierten 57. Panzerkorps keine ernstlich einsatzbereite Truppe mehr zur Stelle, welche die Verteidigung der Reichshauptstadt hätte übernehmen können. Die Russen hatten leichtes Spiel. Nach lang anhaltendem Artilleriefeuer fiel Stadtteil auf Stadtteil, Straße auf Straße, Haus auf Haus in die Hände der Sieger. Tausende kamen in den letzten Stunden des Krieges um. Niemand vermochte es, die unaufhaltsam in die Stadtmitte vordringenden Panzer aufzuhalten. Das »Komm Frau« wurde zum Schreckwort der in Kellern zusammengedrängten Berlinerinnen. Ein brandroter Himmel lag über den Hausskeletten.

Es war der Tag der Götterdämmerung. Im bebenden Bunker der Reichskanzlei rieselte der Kalk von den Wänden. Man kennt die gespenstischen Szenen, die sich in der letzten und schon ganz unwirksamen Befehlszentrale dieses Krieges abgespielt haben: die Flucht in euphorische Trunkenheit, die Versuche Maßgeblicher, in letzter Minute auszuscheren, die Todesurteile, die der »Führer« über alte Kampfgefährten fällte, schließlich das tödliche Finale unter der Begleitmusik russischer Einschläge, den Selbstmord Hitlers nach der Farce seiner Eheschließung im Angesicht des Todes. An die noch im Kampf stehenden Verbände außerhalb der Reichshauptstadt erging die Funkmeldung: »Der Führer ist für Deutschland in Berlin gefallen.« In Berlin selber sprach sich das Ende Hitlers nicht sofort herum. Noch kämpften Wundergläubige verbissen weiter. Andere versuchten, die russischen Linien zu durchbrechen, im Schutz der Nacht dem Inferno zu entkommen. Langsam nahmen die Salven und Gewehrschüsse ab. Die Ruhe eines Gräberfeldes lag über der ausgeglühten Stadt.

Am 2. Mai kletterten Sowjetsoldaten auf das Dach des Reichstagsgebäudes und pflanzten die rote Fahne auf. Die Kapitulation von Hitler-Deutschland erfolgte in der Nacht vom 8. zum 9. Mai im russischen Hauptquartier. Der Waffenstillstand trat am 9. Mai um 1 Uhr in Kraft. Der Zweite Weltkrieg war zu Ende.

ZWISCHEN WEST UND OST

Suchen wir heute auf einem Rundgang durch die alte Reichshauptstadt nach der Vergangenheit, so stellen wir fest, daß das Schicksal, das in dieser Metropole so oft Tabula rasa machte, 1945 und danach klaffende Lücken in ihr historisches Antlitz schlug. Im Feuerorkan des Krieges war Berlins vielleicht schönster Platz, der Gendarmenmarkt mit Schinkels Schauspielhaus und Gontards Deutschem und Französischem Dom untergegangen. Das Adlon, Quartier der Prominenzen, sank ebenso dahin wie das berühmte Romanische Café, der klassische Treffpunkt prominenter Literaten in Berlins goldenen zwanziger Jahren. In Schutt gesunken waren die großen Bahnhöfe, der Anhalter, der Potsdamer, der Stettiner Bahnhof, Zeugnisse der Gründerzeit. Rauchs Reiterstatue des Alten Fritz, ehedem unter den Linden, wechselte mehrfach ihren Platz, doch man hat sie an den alten Standort zurückgebracht. Der Invalidenfriedhof beim Lehrter Bahnhof mit den Grabsteinen so vieler namhafter Berliner und zugleich Weltbürger wurde eingeebnet. Tradition war im Osten der Stadt unerwünscht. »Nicht genug zu beklagen«, schrieb August Kopisch zu Beginn des vorigen Jahrhunderts, »wenn ein Land, die Denkmäler der Väter zerstörend, sich selbst seiner Geschichte beraubt und so langweiliger Prosa anheimfällt.«

Die Stadt an der Spree hat indessen immer wieder neue Triebe angesetzt. Trotz ihrer Ausnahmesituation und mancher begründeten Resignation bewies sie unverwüstliche Lebenskraft. Obwohl ihr viele Lebensadern abgeschnitten wurden, bot sie in ihrem freien Westteil markanteste Beispiele moderner städtebaulicher und baugestalterischer Gesinnung, ungeachtet der räumlichen Grenzen, die ihrem Wachstum gesetzt waren. Das Hansaviertel als Experimentierfeld eines globalen Architektenteams, das – freilich umstrittene – Märkische Viertel mit seiner kühnen Farbpalette setzten als riesige »Architekturausstellungen« Akzente urbanistischer Planung. Mies van der Rohe baute in der Potsdamer Straße die Neue Nationalgalerie, Scharoun am Tiergarten die Philharmonie, Eiermann im Herzen des Westens die neue Kaiser-Wilhelm-Gedächtniskirche, ein Glas-Beton-Oktogon neben dem Stumpf der kriegszerstörten Vorgängerin von 1895, deren Abriß die berlinische Anhänglichkeit verhinderte – ein Turmstumpf von geringem kunstgeschichtlichem Wert, aber fast schon ein Stadtsymbol gleich dem Brandenburger Tor. Der nazarenische Christus, der im funktionslos gewordenen Portikus der alten Kirche steht, war jahrelang mit schreiender Rotfarbe überpinselt. Außerdem trug Christus tendenziöse Aufschriften: »Nun bin ich doch wie ein Dieb in der Nacht gekommen.« Und: »Jesus ist in Babel (Berlin).« Dem preußischen Feldherrn, der auf einem Bas-Relief die Truppen über die Beresina führt, hatte man, gleich der Sprechblase eines Comic strips, in den Mund gelegt: »Verdammt, schon wieder 'ne Laus.« – Der Portikus ist heute eine geschlossene Gedächtnishalle.

Einen neuen historischen Bau hat Berlin am 13. August 1961 hinzugewonnen, von der Welt beachtet wie keiner sonst: die 30 km lange Mauer mitten durch den Organismus der Metropole. Sie zeigte das tragische Los einer Stadt und eines Landes – Resultat einer fatalen geschichtlichen Entwicklung, die mit dem Kriegsende begonnen hatte.

Damals, im Frühjahr 1945, hatten die Alliierten beschlossen, Berlin, ähnlich wie das ganze Deutschland, in vier Sektoren aufzuteilen. Die Sowjets ließen sich die Räumung von 12 der 20 Verwaltungsbezirke mit der Überlassung Thüringens sowie Teilen von Sachsen und Anhalt vergüten. Die Potsdamer Konferenz entschied unter Vorsitz der »Großen Drei«, daß Berlin Sitz des Kontrollrats werde, also der obersten Regierungsgewalt im besiegten und besetzten Deutschland: eine (wenn auch ominöse) neue Hauptstadtsituation. 1948 brachte es der Kalte Krieg mit sich, daß der russische Kommandant aus der alliierten Kommandantur auszog: erster Schritt zur Zweiteilung Berlins. Zwei Wochen später setzte jene Blockade Westberlins ein, welcher die Welt durch die Luftbrücke bis 1949 standhielt: Das monumentale Luftbrückendenkmal vor dem Flugfeld Tempelhof legt Zeugnis über dieses Kapitel neuerer Stadtgeschichte ab.

Seit 1961 lebten die Berliner mit der Mauer. Keine andere Stadt der Erde hatte dergleichen. Ein Lebensstrom war abgeschnitten, beide Hälften Berlins drehten sich den Rücken zu, jede führte ihr Eigenleben, entwickelte sich trotz engster familiärer Bindungen von der anderen weg, an der Mauer krachten Schüsse.

Westberlin ohne Hinterland, ohne die vom Berliner so geliebte, von Fontane gepriesene Mark, die Seen, die Kiefernwälder, die märkische Schweiz, die Kirschblüte von Werder, Zielpunkt der Herrenpartien – ein unmöglicher Zustand, an den sich Europa, an den sich fast schon das übrige Deutschland gewöhnt hatte, der wie kein anderer die aus den Fugen geratene Welt charakterisierte. Düsseldorf mag mondäner, München brillanter, Essen mobiler, Hamburg weltläufiger sein – doch keine der Städte im Westen hat das besondere Klima einer Kapitale der Deutschen an sich. »Berlin bleibt Berlin«, wie man sagt, und nicht nur an der Spree.

Und dann war er plötzlich da wie ein Naturgesetz, der Tag, an dem die Mauer fiel. Ein neues Kapitel im Buch der Geschichte wurde aufgeschlagen ...

Anhang

PERSONEN- UND ORTSREGISTER

BILDTEILE

1 *Das Hambacher Fest von 1832 – Auftakt der Revolution gegen Fürsten und Kabinette.* Bildarchiv: F. Bruckmann KG, München.

2 *Markgraf Ludwig Wilhelm von Baden, »Türkenlouis« genannt, Feldherr gegen Türken und Franzosen.* Foto: Werner Stuhler.

3 *Der Kölner Dom gilt als Deutschlands bekanntestes Baudenkmal.* Bildarchiv: Deutsche Presse-Agentur. Foto: dpa-Hemann.

4 *Protestantische Fürsten und Würdenträger vor Kaiser Karl V. auf dem Reichstag von Augsburg 1530.* Von links nach rechts: Kurfürst Johann von Sachsen, Markgraf Georg von Brandenburg, Herzog Ernst von Lüneburg, Landgraf Philipp von Hessen, die Vertreter der Freien Reichsstädte Nürnberg und Reutlingen. Bildarchiv: Stadtbildstelle Augsburg.

5 *Lechfeld. Schlacht Ottos I.* Lavierte Federzeichnung von Hektor Mülich in einer Abschrift der Meisterlin-Chronik 1457. Bildarchiv: Stadtbildstelle Augsburg.

6 *Verlesung der »Augsburger Konfession« auf dem Reichstag 1530.* Auf dem Thronsessel Kaiser Karl V. Kupferstich von Michael Herz und Georg Köhler, Nürnberg. 1630. Bildarchiv: Stadtbildstelle Augsburg.

7 *Gebäude des »Immerwährenden Reichstags« in Regensburg.* Bildarchiv: Bildstelle der Stadt Regensburg.

8 *Das gotische Rathaus von Münster.* Hier wurde ein wesentlicher Teil des Westfälischen Friedens beraten. Bildarchiv: Bavaria-Verlag, Gauting. Foto: Dr. Herwig Happe.

9 *Blick in die Pfalzkapelle Karls des Großen in Aachen.* Bildarchiv: Bavaria-Verlag, Gauting. Foto: Eduard Renner.

10 *Ludwigs II. Monsterschloß Neuschwanstein im Allgäuer Voralpenland.* Bildarchiv: Bavaria-Verlag, Gauting. Foto: Max Bickel.

das Neue Testament übersetzte. Bildarchiv: Bildagentur Jürgens, Köln.

37 *Der Erfurter Dom ist ein frühes Beispiel gotischer Hallenkirchen.* Das Sterngewölbe ruht auf hochragenden Achteckpfeilern. Bildarchiv: Bildagentur Jürgens, Köln.

38 *Der Wittenberger Markt mit dem prachtvollen Bau des Rathauses aus der Lutherzeit.* Im Hintergrund die spätgotische Schloßkirche, unter deren Kanzel sich das Grab Luthers befindet. Auf dem Markt sieht man unter Baldachinen die Bildwerke Luthers und Melanchthons. Bildarchiv: Bildagentur Jürgens, Köln.

39 *Der Naumburger Dom weist zwei Chöre und vier Türme auf.* Unter den Stifterfiguren im Innern befindet sich die Statue Utas von Naumburg, eines der berühmtesten Zeugnisse romanischer Plastik. Bildarchiv: Bildagentur Jürgens, Köln.

40 *Halberstadts malerische Altstadt wurde im 2. Weltkrieg fast total ausgelöscht. Erhalten blieb der gotische Dom und daneben das fachwerkgeschmückte Gleimhaus.* Bildarchiv: Bildagentur Jürgens, Köln.

41 *Magdeburger Dom.* Außenansicht des gestaffelten gotischen Chors. Bildarchiv: Bildagentur Jürgens, Köln.

42 *Kaiser Otto I. und seine Gemahlin Editha von England.* Sitzstatuen vor ihrer Grabstätte in der Krypta des Magdeburger Doms. Bildarchiv: Bildagentur Jürgens, Köln.

43 *Die Dresdener Semperoper, eines der bedeutendsten Häuser des Musiktheaters, 1838 bis 41 erbaut nach Plänen von Gottfried Semper.* In dem neuerdings restaurierten Bau erlebten Meisterwerke von C. M. von Weber, Wagner und Strauß ihre Bühnentaufe. Auf dem Platz davor das Reiterdenkmal des Königs Johann V. aus dem Jahre 1889. Bildarchiv: Bildagentur Jürgens, Köln.

44 *Der 102 Meter lange Gang mit 22 toskanischen Rundbogen-Arkaden verband das Dresdener Schloß mit dem Johanneum.* Bildarchiv: Bildagentur Jürgens, Köln.

45 *Groteskfiguren an einem Brunnen des Zwingers, des berühmtesten Bauwerks der sächsischen Hauptstadt.* Bildarchiv: Bildagentur Jürgens, Köln.

46 *Schloß Güstrow in Mecklenburg, der führende Renaissance-Bau Norddeutschlands.* Bildarchiv: Bildagentur Jürgens, Köln.

47 *Das Rathaus von Frankfurt an der Oder ist ein typisches Beispiel der hauptsächlich in Mecklenburg und in der Mark vertretenen Backsteingotik.* Reizvoll die filigranartigen Rosetten im massiven Mauerwerk. Bildarchiv: Bildagentur Jürgens, Köln.

48 *Rokoko-Interieur im Potsdamer Schloß Sanssouci.* Bildarchiv: Bildagentur Jürgens, Köln.

Autor und Verlag danken für die freundliche Genehmigung zum Abdruck.

INHALT

DRITTE REISE:

GESCHICHTLICHE SPUREN IN HESSEN

VIERTE REISE:
DEUTSCHLANDS GRÜNES HERZ: THÜRINGEN

FÜNFTE REISE:
VON DER SAALE ZUR ELBE

SECHSTE REISE:
SÄCHSISCHE STÄDTEFAHRT

SIEBTE REISE:

VOM OBERRHEIN ZUM BODENSEE

ACHTE REISE:

SCHWÄBISCHE STÄDTEFAHRT

NEUNTE REISE:

VON BAYERN NACH FRANKEN

ZEHNTE REISE:

WESTFALEN UND NIEDERSACHSEN

ELFTE REISE:

IM BANNE DER KÜSTE

ZWÖLFTE REISE:

BERLIN BLEIBT BERLIN

ANHANG